汉译世界学术名著丛书

人类理智新论

上 册

〔德〕莱布尼茨 著

陈修斋 译

商務印書館
创于1897 The Commercial Press

Gottfried Wilhelm Leibniz

NOUVEAUX ESSAIS SUR L'ENTENDEMENT HUMAIN.

译文据格哈特(C. I. Gerhardt)编:《莱布尼茨哲学著作集》(Die Philosophischen Schriften, von G. W. Leibniz 柏林,七卷,1875—1890)第五卷法文翻译。

本书提要

十七世纪,西欧哲学界在认识论上爆发一场经验论与唯理论的大争论,先是唯物主义经验论者弗·培根奠定了认识起源于经验的原则;继而笛卡尔创导唯理论,宣扬天赋观念说,遭到霍布斯、伽森狄等的反驳;到十七世纪末,洛克以其《人类理智论》详尽地批驳了天赋观念说,并系统地论证了经验论的原则;紧接着,莱布尼茨又站在唯心主义唯理论和维护天赋观念说的立场,从"单子论"和"前定和谐"的观点出发,写成本书,以对话体的形式,与洛克的《人类理智论》逐章逐节逐段进行了针锋相对的辩驳和多方面的讨论。本书对了解欧洲近代哲学史上这场斗争以及当时的科学和哲学都有重要意义。

汉译世界学术名著丛书
出 版 说 明

我馆历来重视移译世界各国学术名著。从五十年代起，更致力于翻译出版马克思主义诞生以前的古典学术著作，同时适当介绍当代具有定评的各派代表作品。幸赖著译界鼎力襄助，三十年来印行不下三百余种。我们确信只有用人类创造的全部知识财富来丰富自己的头脑，才能够建成现代化的社会主义社会。这些书籍所蕴藏的思想财富和学术价值，为学人所熟知，毋需赘述。这些译本过去以单行本印行，难见系统，汇编为丛书，才能相得益彰，蔚为大观，既便于研读查考，又利于文化积累。为此，我们从 1981 年着手分辑刊行。限于目前印制能力，1981 年和 1982 年各刊行五十种，两年累计可达一百种。今后在积累单本著作的基础上将陆续汇印。由于采用原纸型，译文未能重新校订，体例也不完全统一，凡是原来译本可用的序跋，都一仍其旧，个别序跋予以订正或删除。读书界完全懂得要用正确的分析态度去研读这些著作，汲取其对我有用的精华，剔除其不合时宜的糟粕，这一点也无需我们多说。希望海内外读书界、著译界给我们批评、建议，帮助我们把这套丛书出好。

商务印书馆编辑部

1982 年 1 月

译者序言

莱布尼茨及其哲学简介

《人类理智新论》是莱布尼茨的一部主要著作。在这部书中，莱布尼茨站在唯心主义唯理论的立场，对洛克在《人类理智论》①一书中所发挥和详细论证的唯物主义经验论的观点，进行了系统的反驳。在西欧近代哲学史上，经验论与唯理论的斗争，一直持续不断。从哲学的基本问题来看，莱布尼茨的唯心观点当然是错误的，但其中也还包含着积极的内容。莱布尼茨不仅仅是一位唯心主义的哲学家，而且更重要的是一位伟大的科学家和渊博的学者；他的哲学中也确实包含着相当丰富的辩证法因素。当他攻击洛克的认识论中的形而上学观点时，虽然是站在错误的唯心主义立场上，但往往也发挥了某些有辩证法意义的合理思想，不乏可供我们在批判形而上学观点时用作借鉴之处。因此，莱布尼茨的《人类理智新论》，作为一部西方古典哲学名著，在哲学史上自有其确定的地位。

一

莱布尼茨的《人类理智新论》，虽然主要是关于认识论的著作，

---

① 该书中译本名为《人类理解论》，关文运译，1959年商务印书馆版。

但因内容所涉极为广泛，实无异莱布尼茨哲学的一部百科全书。因此要了解莱布尼茨这书的内容，必须对他的整个哲学体系先有一个概括的了解。他的哲学体系，是他所处的十七世纪后半期到十八世纪初的德国以及整个西欧的历史条件的产物，是当时德国资产阶级特殊的历史地位和阶级利益在意识形态上的集中反映，并与他的个人生活经历有着密切联系。为此我们又有必要先简略回顾一下他所处时代的西欧特别是德国的历史状况，以及他个人的主要经历。

十七世纪的西欧，总的来看，正处在资本主义新制度开始在若干国家代替封建主义旧制度而开辟了人类历史新纪元的重要时期。40 年代至 80 年代的英国资产阶级革命，标志着世界历史从此开始进入了资本主义时期。这是一个天翻地覆的时代，同时也是革命与反动、进步与落后的各种社会阶级和集团、各种政治力量进行着错综复杂的尖锐斗争的时代。西欧的各个国家，一方面由于资本主义发展的不平衡而各自有其特殊的社会状况，另一方面又并非各自孤立地发展而是彼此间有着密切联系和相互影响，这就更增加了这种斗争的复杂性。我们将可看到，正是当时西欧整个社会的阶级斗争和各种矛盾的复杂性，造成了莱布尼茨的全部思想和活动中正确的东西和错误的东西、进步的东西和反动的东西、精华和糟粕纷然杂陈的状况。

十七世纪西欧资本主义发展最先进的国家是英国和荷兰。英国从 40 年代爆发了资产阶级革命起，经过前进与倒退、复辟与反复辟的反复斗争，终于以 1688 年的所谓“光荣革命”，即以资产阶级与贵族的阶级妥协而结束了这个革命的全过程，资产阶级成了统治阶级的一部分，英国从此走上了资本主义得以迅速发展的道路。在这场划时代的资产阶级反封建大革命运动的前后，随着资本主义经济与政治的发展，英国的科学文化和哲学也得到了光辉灿烂的发展，为人类历史提供了一批有巨大贡献的科学家和哲学家，其中特别重要的如牛顿，以及波义耳、虎克等在自然科学方面，和培根、霍布斯、洛克等在唯物主义哲学方面，都作出了卓越的贡献。

荷兰的资产阶级革命，甚至发生得比英国更早。远在十六世纪 60 年代，荷兰就已开始掀起了摆脱西班牙封建王室统治的民族解放斗争和资产阶级革命风暴了，经过几十年的战争，终于在十七世纪初叶争得了独立，同时建立起了历史上第一个资产阶级的共和国。虽然这场革命也远没有彻底铲除封建势力，资产阶级还有巩固新建立的政权、防止封建复辟的任务，但毕竟使荷兰成了“十七世纪标准的资本主义国家”①。由于资产阶级革命的胜利，荷兰不仅在经济发展上居于前列，政治上是当时各国中相对说来最民主、最自由的国家，同时在文化上也达到了空前的繁荣，著名的科学家惠更斯，最早进行了对微生物的观察的斯瓦默丹、雷汶胡克，自然法学派的著名代表、近代国际法的奠基人胡果·格劳修斯，现实主义画派的大师伦勃朗等人都产生在这个时期的荷兰，而在哲学上则有对唯物主义的发展作出巨大贡献，并对莱布尼茨的思想有过直接影响的斯宾诺莎。

十七世纪的法国，由于某些特殊的历史原因，资本主义的发

① 马克思：《资本论》，《马克思恩格斯全集》第 23 卷，第 820 页。

展，比英国和荷兰落后了一步，资产阶级的力量虽有所发展，但还比较软弱，不足以提出革命的要求，可以说和封建势力处于势均力敌、谁也不能战胜谁的状态。在这种条件下，专制王权就以表面上超乎封建贵族和资产阶级的对立之上的姿态出现而大大发展起来。十七世纪上半期，路易十三的首相黎世留就已为强化专制王权奠定了基础，到了下半期路易十四统治的时代，王权达到了极盛，同时也取得欧洲大陆的霸主地位。当时的法国，虽然就其经济和政治制度的发展来说不如英国和荷兰先进，但由于其军事和政治上的这种霸主地位，却使其首都巴黎成了欧洲政治和文化的一个中心，同时也使法语成了欧洲政治、外交和文化界最通行的语言。在这种历史条件下，巴黎不仅是各国科学、文化界著名人物荟萃之所，同时法国本身也出了许多有贡献、有影响的科学家和哲学家，如最早制造了计算机、并为概率论奠立基础的巴斯噶，代数学的奠基人韦达等等，而最值得注意的则是不仅在数学和物理学等自然科学方面作出过伟大贡献，并且在哲学上成为近代唯理论派的开创者和古典的二元论的创导者以及在“物理学”范围内的机械唯物主义者的笛卡尔，和笛卡尔派的哲学家马勒伯朗士与勒罗阿等人，以及以复兴伊壁鸠鲁的原子论著名的唯物主义哲学家伽森狄。此外，在十七世纪末，有以怀疑为武器批判了神学和为之张目的形而上学，成为十八世纪法国启蒙运动的先驱，并与莱布尼茨本人进行过反复辩难的比埃尔·培尔，也还有一批与莱布尼茨有过密切交往的神学家如鲍修爱、阿尔诺等人。

意大利虽是资本主义关系最早形成的地方，也是“文艺复兴”的策源地，但后来由于新航路的发现，资本主义发展的中心向大西洋沿岸的英国、荷兰等国转移，意大利的经济发展相对地落后了，政治上也远未能成为统一的独立国家，许多地方长期为欧洲其他国家的封建王室所分割、占领、统治。不过，意大利作为早期资产阶级文化的发祥地，不仅产生过一大批"人文主义者"，而且在十六、十七世纪也还产生了像康帕内拉、布鲁诺这样英勇地为真理而献身的战士和伟大的唯物主义哲学家，伽利略这样为近代自然科学的发展开辟道路和奠定基础的伟大科学家。

德国虽然早在中世纪末期也和西欧其他国家一样产生了资本主义萌芽和相当繁荣的工商业城市，而且正是在德国进行了资产阶级和人民群众反封建的第一次大起义，即以路德和闵采尔为代表的宗教改革运动和农民战争。但其经济发展，到了十六世纪后期，本来因新航路开辟后商路的转移，也和意大利一样日渐低落而比英国、荷兰乃至法国都大大落后了。再加上这次宗教改革运动，由于以路德为代表的市民阶级的不坚决和背叛，最后转过来和封建势力一起镇压农民起义，实际上使这次轰轰烈烈的反封建斗争完全失败了。运动的结果虽然产生了一个路德教的教派，但其实无非是使一部分封建诸侯利用这一新教教派的名义来摆脱天主教会的控制，没收天主教会的部分财产而加强自己的势力，反而强化了在各自领地内的封建统治而使广大农民重新沦为农奴。同时，由于宗教改革的结果又形成了信奉新教的诸侯和仍旧信奉天主教的诸侯之间的对立。在十七世纪初，就先后成立了"新教同盟"和"天主教同盟"这样两个对立的营垒，每个营垒内部，也还有不同派系的斗争。这种德国封建诸侯之间争权夺利的斗争，又受到了外国的利用和干涉，终于在 1618 年酿成了历史上有名的"三十年战争”，直到1648年订立了“威斯特伐里亚和约”才告结束。这是欧洲近代史上第一次大规模的国际战争，瑞典、丹麦、英、法、荷兰、西班牙等许多国家都参加进去了，又和德国内部各派诸侯之间以及诸侯与皇帝之间的混战交织在一起，形成了错综复杂又旷日持久的混战局面。这场战争主要都是在德国境内进行的，这就给德国的经济造成了极大的破坏，使得原来已经落后的经济更大大地落后了。恩格斯在谈到当时德国的状况时写道：“在整整一代的时间里，德意志到处都遭到历史上最没有纪律的暴兵的蹂躏。……到处是一片人去地荒的景象。当和平到来的时候，德意志已经无望地倒在地下，被踩得稀烂，撕成了碎片，流着鲜血。”①当时虽然名义上有一个“德意志神圣罗马帝国”，但皇帝除了其直属的奥地利及捷克等部分地区外，对德国境内其他诸邦从来未能行使有效的统治权。“三十年战争”之后，皇帝建立统一帝国的希望完全破灭，威斯特伐里亚和约更承认帝国诸侯有独立的外交权力，这就使这种分裂局面更进一步固定下来。当时的“德意志”实际上无非是个地理名词，境内有三百多个邦，此外还有许多不属任何邦国的城市以及近千个骑士领地。这些邦、城市和骑士领地都是各自独立而不相统属的。这种极端分散的封建割据局面严重地阻碍了资本主义的发展，也使得当时德国实际上不可能形成一个统一的资产阶级。所谓当时德国的资产阶级，其实无非是分散在各邦为诸侯宫廷、官府、贵族和军队的需要服务而经营一些小规模工商业的市民而已，充其量只是依附于封建王室或诸侯的一些分散的狭隘的地

① 《马尔克》，《马克思恩格斯全集》第19卷，第366页。

方小集团。这样的资产阶级，经济力量既极端软弱，政治上也只能仰承封建诸侯和贵族的鼻息，完全提不出什么革命的要求，相反地只能向封建势力奴颜婢膝地阿谀逢迎。可以想见，在这样的历史条件下，是不可能产生具有革命意义的唯物主义哲学的。这就是决定作为这一时期德国资产阶级思想代表的莱布尼茨，在哲学上仍只能是个唯心主义者的主要原因。

哥特弗利德·威廉·莱布尼茨(1646—1716)恰恰是在"三十年战争"结束前二年，出生在莱比锡的一个知识分子家庭。他的父亲是莱比锡大学的道德哲学教授，在他年仅六岁的时候就去世了；他幼年虽接受了虔信宗教的母亲的教育，但在他未读完大学以前母亲也去世了。他父亲留下了丰富的藏书，使莱布尼茨从小就接触到了许多古典作家的作品，相当熟悉古希腊罗马的思想文化。他十五岁时进入了莱比锡大学，虽然学的是法律，但同时又读了许多近代哲学家和科学家如培根、康帕内拉、刻卜勒、伽利略以及笛卡尔等人的著作。他在大学时第一个对他有影响的老师是一位精通古典和经院哲学的教授雅可布·托马修斯，因此他也接受了传统的经院哲学的训练。在他的第一篇公开发表的作品即他的毕业论文《论个体性原则》中，就可看出这种经院哲学教育对他思想的明显影响。在这篇文章中他是维护唯名论观点的。虽然在这个时期他由于读了许多近代科学家和哲学家的作品，一度为机械唯物主义和原子论的观点所吸引，但早在他 15 岁时就本已考虑过是否应当把经院哲学中的"实体的形式"保留下来，果然不久他就感到那种机械唯物主义的观点有许多缺点而加以抛弃，回到与经院哲学相通的唯心主义路线上去了。这诚然有他个人思想上的原因，但归根到底是由于当时德国资产阶级那种必须仰承封建势力鼻息的软弱地位，使他不能接受有革命意义的唯物主义而只能宣扬封建统治阶级可以接受和需要的唯心主义。1666 年，莱比锡大学显然因莱布尼茨还过于年轻而拒绝给他法学博士的学位，但邻近的另一个大学即阿尔特道夫大学却接受了他的论文，给了他博士学位，并要聘他为教授，而他却另有打算，没有接受这个职位，并从此离开了莱比锡。

离开莱比锡之后，莱布尼茨经人介绍到美因茨大主教手下工作，开始成为一位外交官。这位大主教，也是一位选帝侯，深感教派之间的斗争引起了“三十年战争”，不仅弄得满目疮痍，国土残破，而且也危及自己的统治。因此为了免蹈覆辙，竭力想使新教与天主教之间取得和解，重新统一起来。这种新旧教之间和解的谈判本来已在进行，莱布尼茨也就参加了这一活动，并且以后一生都以各种方式不断地进行了这一徒劳的工作。为此目的他特别研究了关于面包和酒转化为耶稣的血肉这种基督教教义，这涉及所谓实体转化的问题，而他认为笛卡尔派关于物质实体的本性就在于纯广延的学说不论与天主教或路德教的教义都是不可调和的，因此竭力想来找出一种新的关于实体的理论，要使新旧教双方都能接受，以便作为调和新旧教的哲学理论基础。这也是促使他抛弃了机械唯物主义的物质实体观点而另创立那种唯心主义的实体学说即关于“单子”的理论的一个重要原因。但其实这种企图使双方都能接受的理论只能是使双方都加以拒绝。莱布尼茨的这种努力也只能以失败告终。

美因茨的大主教除了怕教派纷争危及自己的统治之外，还非常害怕当时成为欧洲大陆霸主的法国国王路易十四的军事威胁。莱布尼茨为之出谋划策，企图去说服这位国王当向异教的埃及进军而不要来进攻同样信基督教的德意志。在这位大主教的赞同下莱布尼茨果然于1672年到了巴黎，想去游说法国国王。他的计划未被采纳，当时也不为人所知。据说后来拿破仑出征埃及失败后，于1803年占领汉诺威时，才发现了这一计划。莱布尼茨去巴黎的本来目的虽未达到，但他因此在巴黎留居了四年，对他一生的思想和事业却有极其重要的影响。如上所说，巴黎本是当时欧洲一个文化中心，尤其是在哲学和数学方面，可说居于当时世界的最前列。莱布尼茨在这里遇到了一些著名的科学家和哲学家，例如惠更斯、马勒伯朗士，以及阿尔诺等人。他本来主要想从事于法律和历史的研究，正是和惠更斯的交往，使他又转而研究高等数学，并促使他终于在1675—1676年间发明了微积分，当时他称为“无穷小算法”。牛顿早于莱布尼茨已对这问题作出了成绩，但并未发表，莱布尼茨在发明微积分时并不知道牛顿的工作。莱布尼茨关于微积分的著作发表于1684年，而牛顿的则发表于1687年，或认为还更迟到1693年。为此引起的一场关于发明权的争论是科学史上一桩著名的公案，但现在已可肯定微积分是莱布尼茨和牛顿各自独立地发明的，没有根据可以说是谁剽窃了谁。在巴黎期间，莱布尼茨还发明了一具能作加、减、乘、除和开方的计算机，比巴斯噶的仅能作加减的计算机前进了一大步。他这个时期和马勒伯朗士的交往对于他进一步研究和讨论笛卡尔及其学派的哲学，以及对于他自己的哲学体系的形成和发展都显然有重大影响。他和阿尔诺的结识以及后来长期的通信，对他思想的影响更是不可低估。阿尔诺是一位冉森派的神学家，同时也是一位数学家和哲学家，是著名的《王港逻辑》一书的作者之一。罗素认为莱布尼茨正是在与阿尔诺的通信中讲了一套与他公开宣扬的哲学不同的“好”的哲学，而由于遭到阿尔诺的反对，就把他的这另一套哲学秘而不宣了。[①]且不管这看法对不对，阿尔诺对莱布尼茨思想的影响总是不能否认的。留居巴黎这段时期在莱布尼茨思想和学术事业的发展上的重要性，并不仅仅限于他和某些著名人士的交往，而在于他的思想和活动从此超出了当时处于极端落后状态的“德意志”的狭隘界限，投身到整个欧洲乃至世界的学术文化活动之中去了。例如他虽被有些人看做“德国哲学之父”，但他用德文写作的作品在他全部著作中却只占很小的比例，他的大部分著作除了用拉丁文写的之外，更多的部分，包括这部《人类理智新论》和他生前发表的唯一一部篇幅较大的著作《神正论》以及许多重要的短篇作品在内，都是用法文写的。这正表明他要向国际学术界发言，因此要用当时国际上比较最通行的文字。

就在这留居巴黎期间，他于 1673 年初又曾短期访问了英国。在伦敦他又结识了著名科学家波义耳，和英国皇家学会的秘书奥尔登堡。这对促进他的数学研究也起了重要作用。他本来早就曾写信给霍布斯，表示对他的哲学的赞赏和钦佩，这时也曾想去访问霍布斯，但因霍布斯当时已过于年迈而神志不清，故未得见面。

由于美因茨的大主教已于 1673 年逝世，莱布尼茨想另谋一外

① 参阅罗素：《莱布尼茨哲学述评》(*A Critical Exposition of the Philosophy of Leibniz*，伦敦，1958 年版)第二版序言等处，以及他的《西方哲学史》下卷第十一章。

交官职位未成，终于在1676年接受了汉诺威的不伦瑞克公爵的王家图书馆长的职位，并从此以它为终身的正式职务。在他离开巴黎去汉诺威就职途中，他又特地经过荷兰去访问了斯宾诺莎。据说他在海牙可能和斯宾诺莎相处了约一个月，经常在一起谈论，并且在他的坚持要求下，斯宾诺莎给他看了自己未发表的《伦理学》一书的手稿。由于斯宾诺莎被看做大不敬的无神论者而受到教会当局和反动势力的攻讦，莱布尼茨后来力图掩饰他和斯宾诺莎的密切关系，说和他仅见过一面，听他讲了些政治逸闻，竭力缩小乃至否认自己所受斯宾诺莎思想的影响，甚至也参与对斯宾诺莎的攻击。这也鲜明地表现了德国资产阶级的软弱性乃至向封建势力妥协投降的反动性在莱布尼茨思想上打上的烙印。实际上斯宾诺莎对莱布尼茨哲学的重大影响是他自己所抹杀不了的。

到汉诺威定居以后，莱布尼茨又继续和许多人通信，从事于重新使天主教与新教联合起来的活动，结果都失败了。就这个问题和他通信的人之中最重要的是法国的鲍修埃主教，和他的通信断断续续地进行了25年之久。鲍修埃一心想使莱布尼茨皈依天主教，但莱布尼茨毕竟是一位科学家，不愿使教会的束缚影响他研究科学的自由而未使鲍修埃如愿。担任不伦瑞克的图书馆长之后，他又受聘为不伦瑞克编修历史，为了弄清不伦瑞克公爵与意大利的一个古老贵族家族艾思特家族的亲缘关系，他又曾于1689年短期出游意大利。在此期间又有人想劝他皈依天主教，并为此要任命他为梵蒂冈教廷的图书馆长，和许以其他可望更加飞黄腾达的高位。但莱布尼茨毕竟不想给自己套上天主教会的枷锁而未答应。据说当他参观罗马曾成为早期受迫害的基督教徒避难处的墓窖时，带回了一小块染有当初殉教者的血迹的玻璃，为的是想来对它做一番化验！这件逸事也很可以使我们看到，莱布尼茨作为一位伟大的科学家，还是远超过他作为替宗教张目的卫道士。尽管他竭力想用他的哲学来为重新统一基督教的事业服务，为之提供一种哲学理论基础，但他本人一生并不进教堂，甚至死时也并无一个教士在场，而教士和其他的人们甚至给了他一个绰号，称之为Lövenix（下德意志方言，意即"什么也不信的人"）。

经过多年的探索和观点的反复转变，莱布尼茨终于在1686年前后确立了他自己的哲学体系的主要原则。从此以后他的基本思想就没有什么大的改变，只是以各种方式就各个方面对它作了阐述和发挥。他最终确定了的主要哲学观点也许最早在1686—1690年与阿尔诺的通信中已经提出来了，但这些通信是到1846年才由后人全部发表的，当时并不为人所知。学术界最初知道莱布尼茨的哲学观点，主要是通过他1695年在莱比锡的《学报》（*Acts Eruditorum*）上发表的一篇拉丁文的动力学论文（Specimen Dynamicum）和法文的《学者杂志》（*Journal des Savants*）上发表的《新系统》一文。此后，莱布尼茨也并没有写一部系统的大部头著作，把自己的哲学体系全面地加以阐述，而往往只是在与别人的通信中，对别人的著作或哲学观点的评论中，对别人的反对意见的答复或解释中，来论述或发挥自己对某个问题或某一方面的问题的见解。例如这部《人类理智新论》，就是通过对洛克的《人类理智论》的评论，来发挥他自己的观点的。洛克的《人类理智论》最早发表于1690年，接着曾多次再版。莱布尼茨读到这书以后，随手就其中的某些问题写了一些评论。这些评论的一部分曾通过一位朋友之手转给了洛克。洛克在给另一位朋友的信中对莱布尼茨的意见表示了轻视，并不屑置答。1700 年，出版了《人类理智论》的法译本，这是科斯特(Pierre Coste)根据洛克作了增补的第四版翻译的。莱布尼茨对英文不如法文精通，有了这法译本后才对这书又作了更深入钻研。他首先对洛克作了重要增补的两章，即“论观念的联合”的第二卷第三十三章和“论狂信”的第四卷第十九章，作了一个摘要和简评，发表在《每月文摘》(*Monatliche Auszug*)上。接着就着手来写这部《新论》。为了论辩的方便以及免使读者不断去翻阅洛克原书计，他采取了两个朋友对话的方式，一个代表洛克，一个代表他自己。这样断断续续地写了好几年，大约在 1704 年才把初稿写完。他先把稿子给一位法国朋友去作文字上的润色，又由于在 1706 年他和科斯特通了信，科斯特告诉他说洛克的原书译本还要有重大的修改，劝他等知道了这些修改之处后再发表，这样就把这书的发表拖延下来了。同时，洛克又已于 1704 年去世了，莱布尼茨觉得很不愿意发表一部反驳一位已去世的作者的作品，而想另写一部独立地发挥自己的思想的书。这样，这部《新论》就被搁置下来，生前一直未发表。虽然内容基本上已是完整的，但形式上则是一部未经最后审订润色的手稿。直到莱布尼茨逝世后约五十年，即 1765 年，拉斯普(Raspe)在编纂出版莱布尼茨的拉丁文和法文哲学著作集时，才首次把这部书公开发表。拉斯普是根据经法国人润色过的稿子发表的，以后埃德曼(Erdmann)编的莱布尼茨哲学著作集也是根据拉斯普的版本，而格尔哈特编的七卷本《莱布尼茨哲学著作集》则是重新根据莱布尼茨原来的手稿发表，而未考虑法国人的修改。这就是两种版本有某些不同的原因。但这主要只涉及第一卷的前面部分,后面的绝大部分并无重要区别。

除了这部《人类理智新论》之外,莱布尼茨所写的另一部篇幅较大的著作就是1710年发表的《神正论》。这是他生前发表的唯一一部大部头著作。《神正论》实际上也是与人论战性质的作品,主要是针对着法国启蒙运动的先驱培尔的论难来维护自己调和信仰与理性以及所谓"乐观主义"的主张的,同时也借此发挥了自己的哲学的主要原则。这书也是作为莱布尼茨与普鲁士的苏菲·夏洛蒂王后谈话的结果,在这位王后的怂恿下写成的。莱布尼茨生前已成为一位学术界的名人,经常与欧洲许多国家的王公后妃及显贵们交往,他的另一些哲学著作也是为王公后妃们写的。例如,一般认为他的《单子论》一文,就是应萨瓦亲王欧根(Eugene)之请而写的自己哲学体系的纲要,但格尔哈特认为他给欧根亲王写的是《自然与神恩的原则》一文而不是《单子论》。不管怎样,两者都是他逝世前不久于1714年写的概括自己的主要哲学观点的作品,内容基本相似,只是《单子论》较完备些。莱布尼茨的许多重要思想,又多在和别人的通信中表达。其中比较最重要的,如和著名数学家让·贝尔努依先后经二十余年(1694—1716)的通信,主要讨论数学和物理学以及它们和形而上学的联系问题;和德·鲍斯经十年(1706—1716)的通信,主要讨论他的实体学说与基督教的圣体转化的教义相结合的可能性问题;和布尔盖的通信(1614—1616),讨论他的主要哲学观点和生物学的某些关系问题;以及和克拉克的通信(1714—1716),主要讨论关于空间和时间问题,也是他和牛顿物理学的主要分歧问题,等等。

莱布尼茨的学术活动,范围非常广泛,除了哲学和数学之外,在其他许多学科上都曾作出重大贡献。他在大学里本来学法律，在法学上有许多论著；在史学上，他编纂了不伦瑞克家族的历史；在逻辑学上，是他首先提出了充足理由律，作为传统的同一律、矛盾律、排中律之外的另一条基本思想律；更重要的是他关于数理逻辑问题的研究，罗素认为他这方面的研究成果如果当初就发表，“他就会成为数理逻辑的始祖，而这门科学也就比实际上提早一个半世纪问世”①；在物理学上，他对牛顿派和笛卡尔派的物理学观点都提出过有重要意义的批评或异议，例如他既不同意牛顿派关于“绝对空间”的观点，也批判了笛卡尔派关于物质的本性就在于广延性的观点，同时针对着笛卡尔关于运动量守恒的观点，论证了在自然中保持不变的不是运动量而是力的量，以 $mv^2=c$（质量与速度的平方的积是一个常数）的公式，补正了笛卡尔的 $mv=c$（质量与速度的积是一个常数）的公式；甚至在技术科学上，莱布尼茨也对哈茨山的开矿事业作出过贡献，并为此研究了地质学而写了论著。此外如对于医学，比较语言学，图书分类学或目录学以及其他许多门科学，莱布尼茨都作过研究，有自己的见解和或多或少的贡献。总之他是历史上少数几个最博学的人之一，普鲁士的腓特烈“大王”甚至曾说莱布尼茨“本人就是一所科学院”。莱布尼茨不仅自己研究了各门科学，而且非常热心于推动科学事业的发展。正是在他的努力之下，在柏林建立起了科学院，他本人也在 1700 年被任命为柏林科学院的第一任院长。他也为了在全欧洲推广和发展科学事业，曾先后向波兰的国王、俄国的沙皇彼得一世、奥地利

① 罗素：《西方哲学史》，商务印书馆，1976 年版，下卷，第 119 页。

的皇帝建议，在德累斯顿、圣彼得堡、维也纳都建立起科学院。只是当时欧洲还充满了战争动乱，这些封建帝王们忙于争权夺利，并无心发展科学事业，莱布尼茨的这些努力也都失败了。据说莱布尼茨也曾给我国清朝的康熙皇帝写信，建议在北京也创设一所科学院，这愿望当然也未能实现。莱布尼茨的这些努力虽大都只是徒劳，但他这种热心科学事业的精神还是值得肯定的。

由于最初任命莱布尼茨为王家图书馆长的不伦瑞克公爵及其继承者都先后去世，新接任的公爵就是后来成为英国国王的乔治一世，对莱布尼茨似乎素无好感，当他接任英王的时候，就未把莱布尼茨带往英国而仍让他留在汉诺威。据说这主要也是因为莱布尼茨与牛顿为微积分的发明权等问题的争执，使英国人不喜欢莱布尼茨的缘故。不管怎样，莱布尼茨的暮年似乎颇不得意，1716年9月14日就在汉诺威冷落地去世了。

从上述西欧和德国当时的历史条件以及莱布尼茨个人的一生经历，我们可以看出莱布尼茨为什么会一方面宣扬落后乃至反动的唯心主义哲学，另一方面又在科学上有卓越成就，并在其总的唯心主义哲学体系中包含着某些合理的、进步的因素。这种复杂的、矛盾的状况，并不是偶然的。他本来早在青少年时代就已接触到反映当时西欧较先进国家资产阶级利益的唯物主义哲学如霍布斯以及伽森狄、笛卡尔等人的思想，并表示曾为它所吸引。但他终于放弃了唯物主义而转向唯心主义，这绝不能以他个人的“一念之差”或仅用思想方法上的错误或片面性来解释，而应看到正是他所代表的当时德国资产阶级的软弱地位和向封建势力屈膝投降乃至讨好献媚的政治需要决定了他不得不如此。如前所述，他自己就曾明白表示他之所以不能接受例如笛卡尔的关于物质实体的观点，要另外提出一种关于实体的学说，是为了给重新统一基督教提供一种哲学理论基础。他的唯心主义哲学是一种为宗教教义提供新的理论基础的反动的僧侣主义，是为资产阶级迎合封建势力的需要这一政治目的服务的，对于他的哲学的这一主导方面必须给予彻底的批判。但当时德国的资产阶级毕竟还是一个新兴的阶级，虽然由于自身力量的软弱而不得不向封建势力妥协投降，但终究还是有求得自身的发展的愿望，并且不能不对其他较先进国家资产阶级的地位特别是其所创造的新的科学文化有所向往。这就是在莱布尼茨的反动唯心主义哲学体系中又包含有一些有进步意义的辩证法思想的合理因素，以及在科学上能作出积极贡献的主要原因。我们从上述莱布尼茨的一生经历中可以看出，他与当时整个西欧的几乎所有最主要、最著名的科学家和哲学家都有直接间接的联系，而他不仅十分勤奋好学，又十分善于吸取别人的长处和成就，并加以综合、提高，从而作出自己创造性的贡献。他的科学成就，并不仅仅是德国一国的产物，而是当时整个欧洲在资本主义发展条件下所取得的科学成果的结集，是那一时代整个科学水平的反映。科学技术历来是人类共同创造的财富，不应该也不可能受人为的国界的限制。产生在经济、政治状况都十分落后的德国的莱布尼茨，在科学上却可以达到当时国际最先进的水平，就是这个道理。我们在考察莱布尼茨思想产生的历史背景时，之所以不能限于德国一国，而要看到当时西欧其他主要国家的社会状况，以及在这些国家里产生的主要哲学家和科学家对莱布尼茨的影响，道理也就在这里。

应该指出，莱布尼茨因为以他的勤奋和卓越的才能对人类科学文化事业作出了伟大的贡献，也因为他的哲学思想中还是包含有可贵的辩证法的合理因素，不仅得到历来进步思想家的推崇，也得到马克思主义创始人的高度评价。例如狄德罗在为他自己主编的《百科全书》撰写的“莱布尼茨主义”一条中就写道：“当一个人考虑到自己并把自己的才能和莱布尼茨的才能来作比较时，就会弄到恨不得把书都丢了，去找个世界上极偏僻的角落躲藏起来以便安静地死去。这个人的心灵是混乱的大敌：最错综复杂的事物一进入他的心灵就弄得秩序井然。他把两种几乎彼此不相容的品质结合在一起了，这就是探索发现的精神和讲求条理方法的精神；而他借以积累起最广泛的各种不同种类知识的最坚毅又最五花八门的研究，既没有削弱这一种品质，也没有削弱另一种品质。就哲学家和数学家这两个词所能具有的最充分的意义来说，他是一位哲学家和一位数学家。”①而马克思在 1870 年 5 月 10 日致恩格斯的信中也曾说：“你知道，我是佩服莱布尼茨的。”②当然，这不是说对莱布尼茨该无批判地全盘肯定。对其哲学中反动的唯心主义和形而上学方面，从他同时代的进步思想家如培尔等人，到伏尔泰以及包括狄德罗本人在内的“百科全书派”唯物主义者，都是一再加以批判、否定，乃至嘲笑的；马克思主义经典作家们对此更是作了彻底的揭露和批判。总之，不能因为莱布尼茨是个唯心主义者就抹杀他哲学中的合理因素，特别不能抹杀他在科学上的伟大贡献；同

① 见狄德罗主编《百科全书》“莱布尼茨主义”条；又见 Assézat 主编《狄德罗全集》第十五卷，第 440 页。

② 《马克思恩格斯全集》第 32 卷，第 489 页。

时也不能因为他是一位伟大的科学家就忽视对他哲学上反动的唯心主义和形而上学的批判。应该对他一分为二地、实事求是地作出恰当的评价和阶级的、历史的分析。

二

莱布尼茨的哲学体系，通常被称为“单子论”，他自己也常称之为“前定和谐系统”。这是一个客观唯心主义的形而上学体系，是在和当时西欧资本主义发展较先进国家新兴资产阶级的机械唯物主义作斗争中形成和发展起来的。在他最初发表他已趋成熟的哲学观点的《新系统》一文中，他概述了自己思想发展的过程，表明他在少年时代本来接受了经院哲学中所讲的亚里士多德的观点，后来读了近代一些科学家和哲学家的著作，一度为他们那种“机械地解释自然的美妙方式”所吸引，就摒弃了经院哲学那种用“形式”或“功能”等实际上什么也不能说明的东西来解释自然的方法，而相信了“原子”和“虚空”，也就是为伽桑狄所复活了的伊壁鸠鲁的“原子论”观点。可是当他作了进一步思考之后，发现这种观点有许多缺点和困难，因此就又抛弃了这种观点而想到要把当时已身价大落的“实体的形式”重新召回，不过要给以新的解释。这无异于表明他又放弃了唯物主义而回到了经院哲学的唯心主义路线，不过不是简单地回到原封不动的旧观点，而是要给予旧观点某种改造以适应新的需要。

莱布尼茨之所以要抛弃唯物主义而仍旧转向唯心主义，诚然是当时十分软弱的德国资产阶级向封建势力妥协投降的政治需要所决定的，但就理论上来说，也确实是由于他看到了当时那种唯物主义的机械论的局限性，看到了那种机械论的自然观，特别是关于物质实体的观点所陷入的矛盾困境和难以自圆其说。

照莱布尼茨看来，当时那种机械论的物质观，首先就陷入了所谓"连续性"与"不可分的点"的矛盾。在他的《神正论》一书的序言中，他写道："我们的理性常常陷入两个著名的迷宫：一个是关于自由和必然的大问题，特别是关于恶的产生和起源的问题；另一个问题在于有关连续性和看来是它的要素的不可分的点的争论，而这问题牵涉到对于无限性的考虑。前一个问题烦扰着几乎整个人类，而后一个问题则只是得到哲学家们的注意。"[①]前一个问题是他在《神正论》中企图解决的，这里撇开不谈，后一个问题则正是他作为哲学家所面临的主要问题。莱布尼茨认为，在当时的哲学家和科学家中，如伽桑狄等原子论者和另一些科学家，肯定万物是由不可再分的原子或微粒构成，就是只肯定了万物都是一些"不可分的点"的堆集，而否定了真正的"连续性"；反之如笛卡尔及其学派乃至斯宾诺莎，则只是肯定了"连续性"而否定了"不可分的点"，因为如笛卡尔既肯定物质的唯一本质属性就是广延，有广延就有物质，从而否定了"虚空"，也否定了为"虚空"所隔开的"原子"即"不可分的点"。这样，这些哲学家们在"连续性"和"不可分的点"这个问题上就各执片面而形成了不可调和的对立。这个问题，实质上

① 见 Die Philosophischen Schriften von G. W. Leibniz，herausgegeben von C. J. Gerhardt，Berlin，1875—1890(以下简称 G 本)6 卷，29 页；God. Guil. Leibnitii opera philosophica quae extant latina，gallica，germanica omnia，ed. J. E. Erdmann，Berlin，1840(以下简称 E 本)，第 470 页 a。

和"全体"与"部分"或"一般"与"个别"的关系问题密切相联，甚至就是同一个问题。凡是肯定"连续性"而否定"不可分的点"的哲学家，也就肯定"全体"或"一般"，而否定了"部分"或"个别"的实在性；肯定"不可分的点"而否定"连续性"的哲学家则与此相反。可是，在莱布尼茨看来，"连续性"的规律是宇宙间的一条基本规律，是不能否定的；同时，万物既是复合的，就必须是由一些真正的"单位"或"单元"构成，否则就不成其为复合物，因此作为真正的"单元"的"不可分的点"也是不能否认的。必须把两者结合起来。但是，当时的机械唯物主义者都只是就广延性、就量的规定性着眼来看物质的本性，就始终无法把两者真正结合起来而陷入了不可解决的矛盾。

其次，照莱布尼茨看来，那种唯物主义的原子论的观点，虽似乎肯定了"不可分的点"，但那种原子既是物质的，就必须有广延，而凡是有广延的东西，总是无限可分的；广延就意味着"重复"，"重复"的东西就不是"单纯"的，不是不可再分的东西，不是事物的最后的"单元"。或认为原子的不可分是在于它的坚硬，但坚硬性也总只能是相对的，不可能有绝对坚硬到永远不可分割的东西。因此，如果说"原子"照希腊文的原意就是"不可分"的意思，则"物质的原子"在莱布尼茨看来就是个自相矛盾的概念。这也就是他虽一度认为"原子"与"虚空"的学说最能满足想象而加以接受，但经过深思熟虑后又觉得不能成立而加以抛弃的主要理由。

再次，莱布尼茨认为，当时的唯物主义物质观，不论是肯定"连续性"或肯定"不可分的点"的，既都只从广延着眼，就无法说明事物的运动变化。因为广延本身不能成为运动的原因，那种机械的物质观就都只能把物质本身看作不能自己运动的东西，运动是从外加到物质中去的。而照莱布尼茨看来，完全只是被动而不能自己运动的东西，是和“实体”的观念不合的。因为“实体”意味着自身独立存在而不受他物决定的东西，它的运动变化也应该出于自身的原因而不受他物的决定。物质既是完全被动的，也就是受他物决定的，因此照莱布尼茨看来就不可能是真正的实体，“物质实体”这个概念也是自相矛盾而不能成立的。

就是针对着所看到的机械唯物主义观点的这些缺陷和矛盾，莱布尼茨提出了他自己的一套观点，企图来弥补这些缺陷，克服这些矛盾。

首先，针对着“物质的原子”不可能是原则上不可分的这一缺陷，他提出了一种真正不可分的“单元”即“单子”的学说来与之相对立。在他看来，既有复合物存在，就必须有组成复合物的“单纯”实体。所谓“单纯”，就是没有部分的意思。只有不包含部分的单纯实体，才能成为构成复合物的真正“单位”或“单元”。而物质的原子既具有广延性，就必包含有部分。因此这种真正的“单元”必须根本不具广延性。但不具广延性的东西也就不可能是物质，因此构成事物的最后单位只能是精神性的东西，这就是他所说的“单子”。莱布尼茨认为，“数学的点”是真正不可分的，但这种点只是抽象思维的产物而并不是实在存在的东西；而物质的原子作为“物理学的点”虽是实在的，却不是真正不可分的；只有这种“单子”才是既真正不可分又是实在存在的，他也称之为“形而上学的点”。因此这种“单子”似乎既与数学上的点和物质的原子根本不同而又同时兼有两者的某些特性。莱布尼茨最初也把他所设想的这种

“单纯”的实体叫做“实体的原子”，或者就用经院哲学的名词称之为“实体的形式”等等，只是到后来才称之为“单子”。它在一定意义下也可以说就是精神化了的原子，这种“单子论”也可以说就是一种唯心主义的原子论。唯物的原子论者认为万物都是由物质的原子构成的，莱布尼茨的“单子论”则认为万物都是由精神性的单子构成的。单子既是精神性的东西，莱布尼茨也就把它比之于一种“灵魂”。因此列宁指出：“单子＝特种的灵魂。莱布尼茨＝唯心主义者。而物质是灵魂的异在或是一种用世俗的、肉体的联系把单子粘在一起的糨糊。”[①]物质，在莱布尼茨那里，有“初级物质”和“次级物质”之分。所谓“初级物质”，是抽象地就赤裸裸的物质本身来看，就是具有某种广延性即占据一定空间，同时具有某种抵抗他物进入其所占位置的不可入性的东西，在他看来只是一种纯粹被动的东西，可以说只是一种赤裸裸的被动性。而所谓“次级物质”，则是指由单子所构成的事物对感觉或想象所呈现的某种现象，只是抽象地被看做一种暂时的堆集的某种单子之间的关系。总之，只有精神性的单子才是唯一真实存在的东西，是真正的“实体”，而“物质”则只是某种纯粹的被动性或某种对混乱知觉所呈现的现象，而不是“实体”。虽然莱布尼茨有时也谈到“物质实体”，这在他看来就好比哥白尼也可以谈到太阳的运转或日出日落一样，只是随俗的说法，不是指严格意义而言的。诚然，他也说到“次级物质”作为一种现象，和纯粹的幻觉或梦境之类不同而是“有良好根据的现象”，但它终究只是“现象”而不是真正的“实体”。这样，

① 列宁：《哲学笔记》，第430页。

莱布尼茨就由于当时机械唯物主义者的物质实体观念的某种局限性而把物质实体本身否定掉，并转向彻底唯心主义的实体观了。

从这种精神性的实体“单子”是真正不可分的，即没有部分的这一点出发，莱布尼茨就演绎出了单子的一系列特性：

第一，由于单子是没有部分的，它就不能以自然的方式通过各部分的合成而产生，也不能以自然方式通过各部分的分解而消灭，它的产生和消灭都只能是由于上帝的创造和毁灭，即由于“奇迹”[①]。这实际上等于说自有世界以来，单子都是不生不灭，永恒存在的。莱布尼茨也从这里很自然地引申出了“灵魂不死”的教义，甚至肯定一切生物都是并无真正的生死的，而只有与灵魂相联系的机体的展开或缩小。[②]

第二，由于单子没有部分，也就不能设想有什么东西可以进入其内部来造成变化，“单子没有可供事物出入的窗子”，“不论实体或偶性，都不能从外面进入一个单子”。[③] 这样，单子就是一个彻底孤立的东西，各单子之间不能有真正的相互作用或相互影响。

第三，由于单子没有部分，实际上不具有广延性，没有量的规定性，彼此之间也就没有量的差别。这样，每个单子就必须各自具有不同的质，否则事物之间就不能有任何区别了。由此也就引申出：世间任何一个事物都是与任何其他事物有某种不同的，甚至普天之下也找不出两片完全相同的叶子。莱布尼茨明确肯定世上没

---

① 参阅《单子论》§3—§6，见《十六—十八世纪西欧各国哲学》，商务印书馆，1976年版，第483页。

② 参阅《新系统》，G本第四卷，第480页以下等处。

③ 《单子论》§7。

有两个不可识别的个体，他把这叫作“不可识别者的同一性”，这也是他的一个著名论点。①

第四，由于单子没有部分，“没有可供事物出入的窗子”，就不能由外来的原因造成其变化发展；而莱布尼茨肯定“一切创造物都是有变化的，因而创造出来的单子也是有变化的”，既然变化的原因不能来自单子之外，就只能来自单子内部，因此“单子的自然变化是从一个内在的原则而来”。②

其次，针对着当时机械唯物主义者把物质实体的本性看做仅在于广延，因而把物质与运动割裂开来，无法说明事物的自己运动变化，使物质成了完全依赖外力推动的东西而不成其为自身独立的实体这种缺点，莱布尼茨提出了实体本身就具有能动的“力”，因而能够自己运动变化的观点来与之相对立。在《新系统》一文中，他讲了当时的物质实体观念的缺陷之后，接着就写道：“因此，为了要找到这种实在的单元，我就不得不求援于一种可说是实在的及有生命的点，或求援于一种实体的原子，它当包含某种形式或能动的成分，以便成为一个完全的存在。……因此我发现这些形式的本性是在于力，由此跟着就有某种和知觉及欲望相类似的东西；因此我们应该拿它们和对于灵魂的概念相仿地来设想。”③这就是说，莱布尼茨后来称之为“单子”的这种“实体的形式”，本身就具有一种“力”，在他看来，每一个单子也就是一个“力”的中心；同时它

① 《单子论》§8，§9；并参阅本书第二卷第27章§3.（第240页），及“给克拉克的第四封信”（见G本第七卷，第372页；E本第755页b，756页a）。

② 《单子论》§10，§11。

③ G本第四卷，第478—479页；E本第124页。

也是一种“有生命的点”，是和“灵魂”同类的东西。由于他把单子看做“特种的灵魂”，因此他认为每个单子也都像灵魂一样具有“知觉”和“欲望”，所谓单子的能动的“力”，在他看来归根到底无非也就是这种“欲望”的推动力。各个单子的特殊状态或性质的不同，莱布尼茨把它归结为这种“知觉”的模糊或清晰的程度的不同；事物的发展变化，也被莱布尼茨看做就是单子的这种“知觉”由模糊、混乱到明白、清楚或相反的变化发展；而推动这种变化发展的“内在原则”，也就是“欲望”或“欲求”。这样，我们又再一次看到，莱布尼茨因为当时机械唯物主义者的物质实体观念的局限性就根本否定了物质实体本身，把实体看成完全是精神性的东西了。

最后，针对着当时机械唯物主义者由于单从量的方面着眼无法解决“不可分的点”和“连续性”的矛盾这一困难，莱布尼茨企图从质的方面着眼来解决“单子”作为“不可分的点”与“连续性”的关系问题，并提出了所谓“前定和谐”的学说，来作为解决这一问题的一个关键。

如上所说，照莱布尼茨看来，如果只从量的规定性着眼，把物质看成就是具有广延性的东西，是无法找到真正不可分的点的；而如果像原子论者那样武断地肯定有这种“不可分的原子”，则又必须同时承认有把这些原子彼此分开的“虚空”从而否定了“连续性”。从广延或量的方面着眼既无法解决这个矛盾，莱布尼茨就企图另辟蹊径，根本撇开量而单从质的方面着眼来解决这个问题，把“不可分的点”和“连续性”结合起来。我们看到他的“单子”就是根本不具有广延性，也无法说它有形状或大小的量的差别而只是各自具有不同的质的精神实体。它在这个意义下是真正“不可分的点”。而这种“不可分的点”既因没有部分而没有“窗子”可供事物出入，是不能互相作用而彻底孤立的，又如何构成一个连续体呢？

照莱布尼茨看来，每个单子既然都如灵魂一样具有知觉，凭它的知觉就都能反映整个宇宙，这在一定意义下也就可以说宇宙间无限的单子的全体就包含在每一单子之中。而如以上所说，每个单子都在质的方面与其他任何单子不同，这不同就意味着每个单子反映宇宙的“观点”或角度的不同。也就是说，全部单子都各自从每一可能的“观点”反映着宇宙。单子的数目是无限的，否则宇宙就将不能从每一可能的观点被反映或表象，这样宇宙就会是不完全的了。而单子的数目既是无限的，并且每一单子在质上都与别的单子不同，那么就可以把全部单子设想成有如一个序列，其中每一项即每一单子都与其相邻的单子既有不同，而在质上不同的程度又是无限地小，这样就使相邻的单子紧密相连，而使全部单子形成一个无限的连续的链条。他认为这样就解决了“不可分的点”与“连续性”的矛盾了。在他看来，单子由于“知觉”的清晰程度的不同，大体上可分为三类：其中如通常认为无生命的东西即无机物以至植物，也是由同样有知觉和欲望的单子构成，不过这类单子仅仅具有极不清晰的“微知觉”，他借用亚里士多德的名词称之为原始的“隐德莱希”；比这高一级的单子则具有较清楚的知觉，也有了某种记忆，这就是动物的“灵魂”；更高一级的单子则不仅有了清楚的知觉和记忆，而且有了具有“自我意识”的“察觉”（或译“统觉”）和“理性”，这就是人类的灵魂，可特称之为“心灵”。在人类的“心灵”之上，他认为也还有无数更高级的“心灵”就是“天使”之类，直到最高的无所不知，也无所不能的唯一创造其他单子的单子，这就是“上帝”。在这由上帝直到最低级的物质这一无穷序列中，虽大体上可分为“心灵”、“灵魂”、“隐德莱希”这样一些等级，或与之相应的人类、动物、植物和无机物等物种，但实际这些类别之间并不能划出明显的界限，往往有许多东西介乎两者之间而难以归入哪一类，如“植虫”之类的有些生物就介乎植物与动物之间。因此，他认为人和动物连接着，动物和植物连接着，植物又和“化石”之类的东西连接着，如此类推，宇宙万物就构成了一个“连续体”，中间并无空隙。他一再明确地肯定“自然是不作飞跃的”。这样他认为就既肯定了单子这种真正“不可分的点”，又肯定了由无限的单子构成的宇宙的“连续性”。

但是，如果仅仅停留在这一步，则充其量只是肯定了在抽象的静态条件下的全部单子的连续性。而单子及其所构成的事物，是在欲望的推动下不断地变化发展的，莱布尼茨也明确肯定宇宙间没有什么绝对静止的事物，所谓静止，在他看来也只是运动速度无穷小而不为人所觉察的一种状态。既然如此，则在由无数单子构成的这个连续的序列中，一个单子有了某种变化，如果其余的单子不随之而作相应的变化，则整个序列的连续性就被破坏。可是每个单子又是彻底孤立而不能与其他单子互相影响的，那么又怎样来解释每个单子都在不断地变化发展而全部单子构成的序列又仍旧保持其连续性呢？莱布尼茨就用所谓“前定和谐”的学说来解决这个困难问题。照这种学说看来，当一个单子有了某种变化时，宇宙间的其他所有单子也就作相应的变化而保持了整个序列的连续性。但这种相应的变化并非由于某个单子的变化直接影响其他单子的结果，而是由于上帝在创造每个单子时，就已预见到一切单子的全部变化发展的情况，预先就安排好使每个单子都各自独立地变化发展，同时又自然地与其余一切单子的变化发展过程和谐一致，因此就仍然保持其为一个连续的整体。用他自己的比喻来说，整个宇宙好比一个无比庞大的交响乐队，每一乐器的演奏者都按照上帝事先谱就的乐曲演奏出各自的旋律，而整个乐队所奏出的却自然地是一首完整的和谐的交响乐曲。

这个“前定和谐”的学说，本来莱布尼茨是用来解决笛卡尔所遗留下来的身心关系问题。笛卡尔的古典二元论既把物质与精神看做两种截然对立而不能互相作用的实体，就始终无法圆满地说明身体与心灵又交互影响这种显著的现象。他的门徒中的一派如马勒伯朗士等人就提出一种“偶因论”的学说来企图解决这个问题。照“偶因论”者看来，是上帝在心灵有某种变化时使身体产生了相应的运动或变化，又在身体有某种运动时使心灵产生了相应的变化；身心双方变化的直接原因都在上帝，而一方的变化只是另一方的变化的“偶因”或“机缘”。莱布尼茨既把各个单子看做彼此孤立而不能互相作用的，也同样无法用交互影响来说明身心关系问题。而他认为“偶因论”的解释则无异于把上帝看做一个“很坏的钟表匠”，须随时守着来调整身心这两个“钟”使之走得彼此一致。针对着“偶因论”的这种缺点，莱布尼茨就提出一种看法，认为上帝既是万能的，就应当在他制造身心这两个“钟”时就造得非常精密准确，使之各走各的又自然彼此一致。这也就是身心之间的“前定和谐”。但莱布尼茨把这“前定和谐”的学说运用到了一切单子、一切事物之间，身心之间的和谐一致就只是这种普遍的“前定和谐”的一个特例了。

这个"前定和谐"的学说，是莱布尼茨哲学的一个中心，也是最能表现他的哲学的特征的。他也利用这个学说不仅来证明上帝的存在，证明上帝的全智、全能、全善，并由此来证明这个世界是"一切可能的世界中最好的世界"，从而导致他的所谓"乐观主义"。莱布尼茨是主张当用一切手段来证明上帝的存在的，以往安瑟仑和笛卡尔所用过的所谓"本体论的证明"，或托马斯·阿奎那等人所用的"宇宙论的证明"之类，他认为都可以用，只是不够完善而须加以补充修正。[1] 而他认为他的"前定和谐"学说，正可以为上帝的存在提供一个新的证明。这无非是说宇宙间千差万别的无数事物，既都是独立发展的，却又是这样显然地和谐一致，若不是有一种万能的心智加以安排是不可能设想的，因此这正证明了万能上帝的存在。他自诩他的"前定和谐"假说远比"偶因论"优越，更能证明上帝的万能。其实，如培尔在当时就指出，他的假说倒正是如他自己谴责"偶因论"的那样，在无法自圆其说时就只好求援于上帝的奇迹，和希腊戏剧舞台上每当剧情陷入困境时就从机器里放出神(deus ex machina)来以解危难的做法一样。[2] 在我们看来，任何企图证明上帝存在的理论都只能是唯心主义、僧侣主义的荒谬理论。莱布尼茨自以为证明了上帝的存在以后，又认为上帝既是最完满的存在，就必定是全智、全能，并且全善的。因此他所创造的世界也必须是"一切可能的世界中最好的世界"，因为否则上帝就不是全善的了。既然这世界是最好的世界，那么为什么世上

---

① 参阅本书第四卷第十章§7(第528—529页)等处。

② 参阅G本第四卷，第521页等处。

又显然有这许多坏事或“恶”呢？莱布尼茨认为“恶”的存在正可以衬托出“善”，使善显得更善，说这个世界是一切可能的世界中最好的世界，并不表示这个世界没有恶，只是说这个世界善超过恶的程度比任何其他可能的世界都高。这套理论，即莱布尼茨的所谓“乐观主义”，典型地表现了为当时德国那种最落后、最反动的现实状况进行粉饰的反动作用，正是软弱资产阶级向封建势力献媚讨好，奴颜婢膝的卑鄙庸俗态度的绝妙写照。连罗素也指出：“这套道理明显中了普鲁士王后的心意。她的农奴继续忍着恶，而她继续享受善，有一个伟大的哲学家保证这件事公道合理，真令人快慰。”① 这倒是相当机智地指出了莱布尼茨这套哲学在当时的反动社会作用的。

以上所述，特别是(1)关于“单子”及其种种特性，(2)关于“连续性”和(3)关于“前定和谐”的学说，是莱布尼茨哲学体系的一些主要原则。他运用这些原则所阐述的有关哲学中其他一些问题的见解，在这里不能一一详述。顺便可以指出的是：罗素在其《莱布尼茨哲学评述》及《西方哲学史》的“莱布尼茨”一章中，都认为通常人们所讲的莱布尼茨的这套哲学，都只是他用来“讨王公后妃们的嘉赏”以追求世俗的名利的东西，而他另有一套“好”的哲学，是他秘而不宣，也为人们所不注意，仿佛是罗素独具慧眼，首先发现的。他的《莱布尼茨哲学评述》就着重在阐述他那另一套“好”的哲学。而它之所以“好”，无非是在于它是从少数几条“前提”出发，经过相当严密的逻辑推理而构成的一个演绎系统。不过罗素同时也还是

① 罗素：《西方哲学史》，商务印书馆，1976年版，下卷，第117页。

认为莱布尼茨所据以构成整个系统的几条“前提”或原则彼此之间并不一致，而其推理过程中也还是有许多漏洞。这样看来似乎也并不怎么“好”。我们并不否认罗素对莱布尼茨哲学的阐述和评论有某些可供借鉴之处，例如上引他对莱布尼茨所谓“乐观主义”的实际社会作用的见解就不无可取。我们也不否认莱布尼茨有一些未公开发表或虽已发表而并未引起注意的有价值的思想，值得进一步发掘和探讨。但总的说来罗素对莱布尼茨哲学的上述评价只能是一种资产阶级的偏见。马克思主义认为一种哲学的“好”或“坏”主要在于它是否符合客观实际，能否正确或比较正确地说明世界以至改造世界，是否为社会历史上进步的阶级服务，从而推动历史的前进。这是评价一种哲学好坏的唯一科学的标准。因此即使如罗素自诩为新发现的莱布尼茨的另一套哲学那样，能从少数几条作为前提的原则出发经过较严密的逻辑推理而构成一个演绎系统，如果这些原则及其结论并不符合客观实际，并不能正确说明世界，就完全谈不上什么“好”，而莱布尼茨的哲学，不论是罗素所说“流俗的”或“秘而不宣的”，都是唯心主义的，因此总的说来都不能正确说明世界，也就都说不上什么“好”；而那套东西既是“秘而不宣的”，并无多大社会作用，也并不值得对它比他公开的哲学更加重视。这就是我们并不和罗素一起去穷究他那一套“秘而不宣”的哲学，而仍着重阐述其为一般人所熟知、从而有较大社会影响，起过较重大历史作用的哲学观点的主要理由。其实，照罗素所阐述，莱布尼茨的所谓“秘而不宣的”哲学和“流俗的”哲学之间，也并无截然的鸿沟，其基本原则和基本结论也并非有什么本质的区别，至多只是在论证方式上有所不同而已。诚然，在他原先未公开发表的手稿中，有些观点，若加以逻辑的推演，则可以得出接近斯宾诺莎的唯物主义的结论而排除了上帝创世的作用，这是值得注意的。例如，在其有关逻辑的残篇中，有一条关于存在的定义的论述，说到“存在就是能与最多的事物相容的，或最可能的有，因此一切共存的事物都是同等可能的”。罗素认为，照此推论下去，则这世界就可以是凭定义就自身存在而无需上帝的“天命”，这就落到斯宾诺莎主义中去了。① 但其实即使在其未发表的手稿中莱布尼茨也从未明确地作出过唯物主义的结论，而在其公开发表的哲学中，也未尝不包含某些论点，如果把它逻辑地贯彻到底，就可得出和他自己所宣扬的唯心主义相抵触的结论。因此也不能说他未公开发表的哲学和他公开发表的哲学有什么本质上的不同。他的整个哲学本来就是包含着各种矛盾的因素，应该作一分为二的辩证分析的。

我们看到，就莱布尼茨哲学思想发展过程及其定型后的整个体系来说，是在一度接受机械唯物主义观点之后又抛弃了唯物主义，转而在与唯物主义的斗争中发展成了一套唯心主义的体系。他的唯心主义，如他自己所说是要把经院哲学所讲的“实体的形式”之类的东西重新召回，并大力论证上帝的存在和万能，论证这个世界是上帝所创造的“一切可能世界中最好的世界”等等，在一定意义下的确是经院哲学唯心主义、僧侣主义的一种复辟，是软弱资产阶级向封建势力献媚讨好的表现，在当时整个西欧哲学阵营中，是站在和新兴资产阶级反封建的革命路线相对立的妥协投降

---

① 参阅罗素：《莱布尼茨哲学评述》第二版序言，1958 年伦敦版，第 vi—vii 页。

路线一边，因而就其哲学的主导方面来说是保守乃至反动的，必须予以严肃的批判和否定。但同时也必须看到，莱布尼茨所宣扬的唯心主义，毕竟不同于传统的经院哲学，是处在萌芽状态的软弱资产阶级的意识形态而并不就是封建的意识形态。他所论证其存在的上帝，并不就是传统宗教中那个喜怒无常、能任意祸福人的人格神，其实也只是和其他事物的组成单位"单子"一样的一个"单子"，不过是最高的、创造其他"单子"的"单子"而已，而且上帝也是必须按照理性行事，不能违背理性任意胡来的。列宁在论到亚里士多德的神的观念时曾指出："当然，这是唯心主义，但比起柏拉图的唯心主义来，它客观一些，离得远一些，一般化一些，因而在自然哲学中就比较经常地＝唯物主义。"①莱布尼茨的唯心主义和上帝观念，比起经院哲学的来，似乎多少也有类似的情况。再如拿他的"前定和谐"和所谓"乐观主义"的观点来看，当然，这也是唯心主义、僧侣主义的荒谬理论，并且历来最为人所诟病，如伏尔泰在其小说《老实人》中就对它作了极辛辣的讽刺和嘲笑，早在莱布尼茨最初发表这观点时就也受到如培尔等许多人的批判和反驳。这种"前定和谐"当然只能是上帝的"奇迹"，而且是最大的"奇迹"，是为宗教迷信张目的。但同时也要看到，莱布尼茨其实是要拿"前定和谐"这个唯一的最大的"奇迹"，来排除其他的一切奇迹。他就说过："我不愿我们在自然的通常过程中也不得不求助于奇迹。"②又说："说上帝平常也老是施行奇迹，这本身也就是荒唐无稽的。"③一

① 列宁：《哲学笔记》，《列宁全集》第38卷，第316页。

② 本书"序言"16(第19页)。

③ 本书"序言"22(第26页)。

劳永逸地假定了“前定和谐”这一最大的“奇迹”之后，莱布尼茨就主张对一切事物的自然过程必须就其本身来寻求合理的自然的解释，实质上是肯定每一事物都按照其本身已“前定”的固有规律而自己变化发展，从而排除了上帝对事物变化发展过程的具体干预。这和“自然神论”肯定上帝作为世界的最初原因或“第一推动力”产生或推动了世界万物之后，世界万物就按其本身的规律而运动变化，不再受上帝的干预的主张，至少是相似的。我们知道马克思和恩格斯都一再指出过“自然神论”是在当时条件下摆脱神学而宣扬唯物主义的方便途径，并把它看做唯物主义的一种形式。莱布尼茨的哲学体系当然是唯心主义而不能说像“自然神论”一样也是一种形式的唯物主义。但就其“前定和谐”学说与“自然神论”有某种相似之处这一点来看，能否说它也是在唯心主义的体系中隐藏着或偷运了须按世界的本来面目来说明世界的唯物主义观点呢？甚至那种显然为现存的腐朽封建统治涂脂抹粉的“乐观主义”思想，我们也要看到，它在另一种意义下也还是新兴资产阶级对前途具有希望和信心的表现，而不是完全腐朽没落的封建统治阶级的思想。封建统治阶级所宣扬的宗教观念毋宁是把这个尘世看得一片阴暗，宣扬禁欲主义来教人弃绝现世生活而把希望寄托于来世，也并不把这世界看做是什么“最好的世界”而抱“乐观主义”思想的。普鲁士王后是会因莱布尼茨的学说使她得到暂时的安慰而感到中意的。但她如果真有点哲学眼光而能看到她所属那个阶级的前途和命运，也未必真的会相信这个世界对她来说是个什么“最好的世界”。当然，我们说莱布尼茨的唯心主义哲学体系中也包含有上述这些有积极意义的因素，并不是要以此来否定或减弱他的哲学体系主导方面的保守性和反动性,只是要借此来表明他的哲学毕竟不同于完全反映封建统治阶级利益的经院哲学唯心主义,还是属于新兴资产阶级思想的范畴;但它和当时已产生并已得到相当高度发展的西欧其他一些国家的资产阶级的唯物主义比较起来,则是站在资产阶级反封建革命路线的对立面,而代表了一条向封建势力妥协投降的路线,因此不仅大大落后,甚至是倒退了。

就莱布尼茨哲学的总的体系来说,不仅是唯心主义的,而且也是形而上学的。首先他为了要找到一种构成事物的最后单位,就企图撇开量而单从质着眼来寻求一种"不可分的点"的思想,就是把事物的质和量加以割裂的典型的形而上学思想。这也是使他从唯物主义走向唯心主义在思想方法上的一个关键之点或失足之处。任何真实存在的具体事物总有质和量两个方面的规定性,把两者割裂开来就必然难免由这种形而上学的思想方法而陷入唯心主义的虚构。莱布尼茨的"单子"正是这种情况的显著例证。其次,由于他的这种形而上学思想方法,也使他把单子看成彻底孤立的而否定了事物的真正的普遍联系。他虽然又提出"连续性"的观点试图来说明事物之间的联系并把"不可分的点"和"连续性"结合起来,但他的企图是不可能完成的,这种结合也只能是虚假的。因为已被人为地彻底孤立起来的单子就不能与其他单子有真实的联系或相互作用,他所设想的"连续"也就只能是他在思想上的一种抽象的、武断的肯定,始终未能真正解决"连续性"和"不可分的点"的矛盾问题。再次,由于他片面地强调了"连续性",就否定了自然界的"飞跃",这显然也是只承认渐变而否认突变,即只承认量变而否认质变的形而上学思想。最后,他的"前定和谐"学说,尽管如我们以上所分析，可以暗含着接近自然神论的思想而有某种积极意义，但就这种观点本身的主要方面来说，是把世上一切事物的发展变化都看作已由上帝预先决定的宿命论，不仅是唯心主义的，也正是典型的形而上学思想。

可是另一方面我们也看到，莱布尼茨在与机械唯物主义作斗争时，的确也抓住了这种机械唯物主义的一些形而上学的局限性并发挥了一些可贵的辩证法思想。首先，他正确地看到了机械唯物主义把物质实体的本质仅仅归结为广延性就无法说明事物的自己运动，把物质与运动割裂开来了，并因此而提出了构成事物的"单子"本身就具有"力"，是由于"内在的原则"而自己运动变化的思想。正如列宁所指出的："莱布尼茨通过神学而接近了物质和运动的不可分割的（并且是普遍的、绝对的）联系的原则。"①这显然是包含着辩证法因素的，因此列宁又说："大概马克思就是因为这一点而重视莱布尼茨。"②其次，莱布尼茨也抓住了机械唯物主义由于把物质的本质归结为广延而把物质本身看作仅有量的规定性而无质的区别这种形而上学的片面性，并因此提出单子及其所构成的事物本身就各自具有不同的质的思想。虽然他自己也有妄图撇开量而单只考虑质的另一种片面性，但肯定世界万物的质的多样性，并肯定每一单子由于其"内在原则"即"欲望"的推动而在质的方面有变化发展的思想，也还是有辩证法因素的。再次，莱布尼茨明确提出了"连续性"与"不可分的点"的矛盾问题，并力图以自己的方式来加以解决，这在一定程度上也是抓住了机械唯物主义

①② 列宁：《哲学笔记》，第427页。

各执片面的形而上学局限性而企图加以克服。虽然如上所说他也并未能真正正确地解决这个问题,但他因此而提出的每一单子都由于其知觉而反映全宇宙,以及各自独立的单子又构成整个连续的序列等思想,实际上还是包含着关于个别与一般、部分与全体,以及间断性与连续性的对立统一的观点的。正是针对着这一点,列宁指出:"这里是特种的辩证法,而且是非常深刻的辩证法,尽管有唯心主义和僧侣主义。"①此外,在认识论问题上,莱布尼茨也还是有些辩证法思想,我们将在后面再作论述。总之,莱布尼茨的哲学,虽然总的来说是个唯心主义形而上学的体系,但却包含有较丰富的辩证法因素。这和十八世纪末至十九世纪初从康德到黑格尔的德国古典唯心主义比较起来,虽然程度上有很大不同,特别是和黑格尔比起来,莱布尼茨的辩证法思想不是那么自觉和系统,但性质上还是一样的。这是因为从莱布尼茨的时期直到黑格尔的时期,德国社会的基本性质和基本特征并没有根本改变,他们的哲学也都是德国软弱资产阶级既要向封建势力妥协投降,又要有求自身的发展的进步愿望这样一种矛盾地位的反映,只是发展程度上有所不同而已。因此莱布尼茨理应被看作十八世纪末至十九世纪初德国古典哲学的先驱。

三

在了解了莱布尼茨哲学体系的主要的基本原则的基础上,我

① 列宁:《哲学笔记》,第431页。

们就可以来看一看莱布尼茨在《人类理智新论》中所阐述的认识论的基本观点以及他和洛克进行斗争的主要问题了。莱布尼茨的认识论，是他的“单子论”体系的一个组成部分，无非是关于人类灵魂这种“单子”如何凭其较其他动物等所具有的更清晰的“知觉”即“察觉”或“理性”反映宇宙万物的学说而已。他的认识论的基本理论，是他的关于“单子”、“连续性”和“前定和谐”的哲学基本原则在关于人类认识问题上的一种具体运用。从根本上说来，认识只是人类心灵这种较高级的单子的“知觉”在其“内在原则”推动下的某种发展，而单子既无“窗子”可供事物出入就是彻底孤立的，因此这种认识即或多或少清楚的“知觉”就不可能是外物对心灵影响的结果而是内在固有的。这就决定了他的认识论的根本立场是与唯物主义反映论相对立的唯心主义先验论。诚然他也说单子是凭其知觉“反映”了全宇宙的，但这所谓“反映”与我们所理解的“反映”是根本不同的，它并不是外物作用于我们感官的结果，而是指单子的知觉自身的发展变化与宇宙万物的发展变化的“前定和谐”。他就是站在这种唯心主义先验论或唯心主义唯理论的立场来与洛克进行论战。

在显然是《人类理智新论》全书基本完稿以后写的该书“序言”中，莱布尼茨对他和洛克的主要分歧和争论之点，自己作了一个总结。他首先就从路线上把自己和洛克对立起来，指出：“他（指洛克——引者）的系统和亚里士多德关系较密切，我的系统则比较接近柏拉图，虽然在许多地方我们双方离这两位古人都很远。”①我

① 本书“序言”2（第2页）。

们知道，亚里士多德的哲学是动摇于唯物主义与唯心主义之间的，虽然最后仍倒向唯心主义，但当他对柏拉图派的“理念论”进行批判时，往往是站在唯物主义的立场上。特别是在认识论上，其出发点是有强烈的唯物主义经验论倾向的。通常也认为正是亚里士多德首先确立了“凡是在理智中的，没有不是先已在感觉中的”这一经验论的原则。说洛克的系统和亚里士多德关系较密切，实际上就是说洛克和亚里士多德一样基本上都是站在唯物主义经验论的立场。这是符合实际情况的。而且洛克也和亚里士多德一样有动摇性和不彻底性，只是具体情况有所不同。至于柏拉图，则不仅是客观唯心主义的典型代表，而且他的“回忆说”认为人的认识只是灵魂对自己在降生以前在“理念世界”原已具有的知识的“回忆”，这正是唯心主义先验论的最粗野的原始表现。莱布尼茨自己承认他的系统接近柏拉图，也就是承认不仅他的“单子论”是和柏拉图的“理念论”一样的一种客观唯心主义，而且他的认识论也是和柏拉图的“回忆说”一样的一种唯心主义先验论。这也是符合实际情况的。这样也就把他自己和洛克的对立的实质明确地指出来了，这就是唯心主义先验论和唯物主义经验论即反映论的对立和斗争。此外，在本书正文的开头，莱布尼茨又借书中代表洛克的“斐拉莱特”之口对代表莱布尼茨本人的“德奥斐勒”指出：“您是拥护笛卡尔和拥护《真理的追求》一书的著名作者(即马勒伯朗士——引者)的意见的；我却发现贝尼埃所阐明的伽桑狄的意见比较容易些和自然些。”①接着并指出：“他(指洛克——引者)的思想大体上

① 本书第一卷第一章(第30—31页)。

是足可在伽森狄的体系中找到的，后者则骨子里就是德谟克利特的体系；他赞成有虚空和原子；他相信物质能够思维；他认为没有天赋观念；我们的心灵是'白板'；我们并不是永远在思维；并且他似乎有意于赞成伽森狄对笛卡尔所作的绝大部分反驳。"[①]这实际上就表明洛克和莱布尼茨之间的斗争，是德谟克利特路线与柏拉图路线之间的斗争的继续和发展，同时也是近代最初以伽森狄等为代表的唯物主义经验论和以笛卡尔为代表的唯心主义唯理论的斗争的继续和发展。虽然接着"德奥斐勒"也表明他"已不再是笛卡尔派"，并自诩他的体系似乎已"把柏拉图和德谟克利特、亚里士多德和笛卡尔、经院哲学家和近代哲学家、神学、伦理学和理性，都结合起来了"，[②]但这实际只表明莱布尼茨力图把各种对立的思想加以折衷调和的一贯倾向（这也是符合莱布尼茨的实际情况的），以及他和笛卡尔在某些具体观点上已发生分歧，而就根本立场上来说，他还是仍旧站在笛卡尔派的唯心主义唯理论即先验论一边。例如他"一向是并且现在仍然是赞成由笛卡尔先生所曾主张的对于上帝的天赋观念，并且因此也认为有其他一些不能来自感觉的天赋观念的"，[③]这也是他自己公开承认的。这表明他在认识论的根本观点上和笛卡尔一样是个唯心主义先验论者。

由于这种根本立场上的分歧，莱布尼茨就和洛克在一系列重大问题上进行了斗争。

斗争的第一个重要问题，就是人的心灵究竟是"白板"，还是具

---

① 本书第一卷第一章（第 31 页）。

② 同上书（第 32 页）。

③ 同上书第一卷第一章 § 1（第 37 页）。

有某种“天赋观念”或“天赋原则”的问题。洛克在《人类理智论》的第一卷中,从各个方面大力驳斥了“天赋观念”或心灵中有某种天赋的“理性原则”或“实践原则”的学说,主张人心原来是一块“白板”。他的矛头也许直接的是针对他当时英国剑桥大学某些新柏拉图主义者,但当然同时也是针对笛卡尔的。莱布尼茨虽然自称已“不再是笛卡尔派”,但在这个问题上则仍然公开承认自己赞成笛卡尔的关于天赋观念的主张,并且说他按照自己的新的体系已比笛卡尔的主张还走得更远了,“甚至认为我们灵魂的一切思想和行动都是来自它自己内部,而不能是由感觉给予它的”。① 这就是说,笛卡尔还只承认关于上帝的观念以及其他有些观念如关于逻辑的基本思想律和几何学公理之类的观念是天赋的,并不认为一切观念都是天赋的;而莱布尼茨则根据他的“单子”没有“窗子”可供事物出入的主张,就认为一切观念都不能来自心外,都是天赋的了。这在一定意义下是把“天赋观念”的先验论学说推到了极端而陷入更加绝顶荒谬的境地了。不过就另一意义来看又可以说莱布尼茨从笛卡尔的观点后退了一步,不是像笛卡尔那样认为这些观念就是现成地、清楚明白地天赋于人心之中,而只是认为“观念和真理就作为倾向、禀赋、习性或自然的潜能天赋在我们心中,而不是作为现实天赋在我们心中的,虽然这种潜能也永远伴随着与它相应的、常常感觉不到的某种现实。”②总之,心灵既不是像一块空白的板或完全一色的大理石,也不是在上面已有完全刻成了的像,

① 本书第一卷第一章§1(第37页)。
② 本书“序言”4(第7页)。

而是像“一块有纹路的大理石”，“如果在这块石头上本来有些纹路，表明刻赫尔库勒的像比刻别的像更好，这块石头就会更加被决定〈用来刻这个像〉，而赫尔库勒的像就可以说是以某种方式天赋在这块石头里了，虽然也必须要加工使这些纹路显出来”。[①] 尽管似乎作了些让步，莱布尼茨维护“天赋观念”的基本立场仍然未变，而且如上所说还比笛卡尔走得更远。这里值得注意的是莱布尼茨把观念看作并非一下完成、一成不变的，而是有个发展过程，需要加工使之清晰，或由模糊而变成清楚明白。这是和洛克与笛卡尔都不同的。洛克与笛卡尔虽然在是否有天赋观念的观点上根本对立，但就把观念都看成是一成不变的这一点来说，则是共同的。这种观点当然是形而上学的，而莱布尼茨的看法则有某种辩证法的因素，尽管是唯心主义的先验论。

与此相联系的另一个问题，用莱布尼茨自己的话来说，就是：“究竟是一切真理都依赖经验，也就是依赖归纳与例证，还是有些真理更有别的基础。”[②]洛克是明确主张：“我们的全部知识是建立在经验上面的；知识归根到底都是导源于经验的。”[③]这是经验论的根本主张。莱布尼茨与此相反地认为有些真理性的知识并非来自经验而是天赋的。这是与前一个关于“白板”与“天赋观念”的争论问题密切相关的，或可以说只是前一个问题的另一种提法。它也是经验论与唯理论斗争的焦点所在。洛克的观点虽不彻底，也有形而上学的局限性，但基本上是站在唯物主义反映论立场上的。

---

① 本书“序言”4(第6—7页)。

② 本书“序言”3(第3页)。

③ 洛克：《人类理智论》第二卷第一章§2。

莱布尼茨则是从唯理论的观点出发反对了洛克的经验论,虽也抓住了这种经验论的形而上学局限性而有某些辩证法因素,但归根到底陷入了唯心主义先验论。照莱布尼茨看来,“像我们在纯粹数学中,特别是在算术和几何学中所见到的那些必然的真理,应该有一些原则是不依靠实例来证明,因此也不依靠感觉的见证的”。[①]不仅是纯粹数学,还有逻辑以及形而上学和伦理学,乃至神学、法学,也“都充满了这样的真理,因此它们的证明只能来自所谓天赋的内在原则。”[②]必须指出,莱布尼茨把真理分为两种:理性的真理和事实的真理。理性的真理是必然的,事实的真理是偶然的。理性的真理是根据“矛盾律”,它的反面因包含矛盾而是不可能的;事实的真理则是根据“充足理由律”,它的反面是可能的,如果说某一事实的真理的反面不是真的,也不是因为它包含矛盾而不可能,而只是因为它与其他事实的“不可并存”或不是“共同可能”的。[③] 总之,在莱布尼茨看来,只有“事实的真理”在一定意义下可以说是根据经验的,而“理性的真理”或必然的真理则不是依赖经验而是来自一些“天赋的内在原则”。它们或者是凭理性的直觉得到的一些自明的同一性命题如 A 是 A,B 是 B 之类,或者是运用理性、根据“矛盾律”从这类自明的公理推论出来的。他认为:“诚然理性也告诉我们,凡是与过去长时期的经验相符合的事,通常可以期望在未来发生;但是这并不因此就是一条必然的、万无一失的真理,……只有理性才能建立可靠的规律,并指出它的例外,以补

①② 本书“序言”3(第 4 页)。

③ 参阅本书第四卷第二章§1(第 420 页以下)及《单子论》§31—§33 等处。

不可靠的规律之不足，最后更在必然后果的力量中找出确定的联系。这样做常常使我们无须看实际经验到影像之间的感性联系，就能对事件的发生有所预见”。①

这里我们看到，莱布尼茨在“理性的真理”之外，也承认有“事实的真理”，并且承认它在一定意义下是根据经验的。也正是他在“矛盾律”之外又提出“充足理由律”作为建立“事实的真理”的基本原则，这还是他在逻辑学上的一个贡献。有的资产阶级学者如拉塔(R. Latta)，在他的《莱布尼茨单子论及其他哲学著作》的“序言”中认为“矛盾律”和“充足理由律”在莱布尼茨的全部哲学中是二元并列着而始终未能统一起来，也并未把其一归结为其他。莱布尼茨也把根据经验的事实的判断或命题看作是一类的“真理”而并不像笛卡尔乃至斯宾诺莎那样把感觉经验贬低为完全不可靠的，甚至是谬误的来源。这样看来，莱布尼茨似乎是要把理性和经验、唯理论和经验论结合起来而并不是彻底的唯理论或先验论者。这在一定意义下也确是符合莱布尼茨的实际情况的，他本来在各个方面都有折中调和的倾向。作为一位科学家，他本来也不能完全抹杀经验或事实。但必须看到，莱布尼茨所说的经验，并不是唯物主义者所理解的外物印入人类心灵中的印象或观念，而只是心灵固有的某种较“理性”为模糊或混乱的“知觉”，因为心灵作为没有“窗子”的单子是始终不能从外界接受什么东西的。所谓“理性的真理”和“事实的真理”的区别，归根到底只是同一种内在固有的“知觉”较清楚明白和较混乱模糊的程度上的差别而并不是种类或

① 本书“序言”3(第5—6页)。

本质上的差别。真正说来，所谓“事实的真理”，也只是因为它所包含的概念是无限复杂的，为演绎有关一个主语的谓语所作的分析也必须是无限复杂的过程，这对于人类来说是办不到的，因此只能凭借经验，并把它看作“偶然的”。对于无所不知无所不能的上帝来说，则一切都是必然的，例如某人于某年某月某日生于某地这样一个事实，都是从创世以来就已预先决定，也是在关于某人的一个完全的概念中自始就包含着的。只是对于凡人来说，要全部掌握关于某一个体的完全概念，由于其无限的复杂性是不可能的，因此只能凭借经验来把握其中的某一谓语，而把这一谓语与某一个体作为主语的联系看作偶然的。总之所谓“理性的真理”和“事实的真理”或“必然的真理”和“偶然的真理”的区别只是对于凡人来说才有意义，对于上帝来说是根本不存在的。罗素认为这套观点是属于莱布尼茨的“秘而不宣”的学说，其实从他关于每一单子都是孤立存在，其全部发展过程都已预先决定因而形成“前定和谐”的学说，稍加推论，也就可以得出这样的结论。所以归根到底说来，莱布尼茨还是把偶然的事实真理也归结为必然的理性真理，这就意味着他还是把唯理论的观点推到了极端而成了彻头彻尾的先验论者。只是在一定意义下，即在作为常人的认识的范围内，他也确实向经验论作了些让步，或容纳了一些经验论的成分。

莱布尼茨虽然归根到底是个彻头彻尾的先验论者，在认识论的全体上是完全错误的，但他在与经验论的斗争中也确实抓住了洛克那种旧唯物主义经验论的形而上学弱点而表现出有某些合理的辩证法思想。例如他写道：“禽兽的联想纯粹和单纯的经验主义者的联想一样；他们以为凡是以前发生过的事，以后在一种使他们觉得相似的场合也还会发生，而不能判断同样的理由是否依然存在。人之所以如此容易捕获禽兽，单纯的经验主义者之所以如此容易犯错误，便是这个缘故。因此那些由于年岁大、经验多而变得很精明的人，当过于相信自己过去的经验时，也难免犯错误，这是在民事和军事上屡见不鲜的。"[①]据此他指出单凭经验不能得到普遍必然的真理，不能掌握事物的必然的规律，只有理性才能做得到这一点。这是有合理的辩证法因素的。正是这一点告诉我们，旧唯物主义的经验论即消极被动的反映论是不能战胜唯心主义先验论的，必须提高到辩证唯物主义的革命的能动的反映论的高度才能真正战胜先验论。同时也告诉我们必须在两条战线上作战，既要反对唯心主义先验论，也要反对消极被动的反映论；既反对片面的唯理论，也要反对片面的经验论；既反对教条主义，也要反对狭隘经验主义。

莱布尼茨与洛克斗争的另一个重大问题，就是关于物质能否思想的问题。其实，洛克也并没有明确地肯定思想就是高度发展了的物质即人脑的功能，而是也承认有某种精神实体作为从"反省"得来的观念，包括思想在内的支撑者。不过在他看来精神实体的实在本质和物质实体的实在本质一样都为我们所不知道，因此也不能肯定精神实体或灵魂一定是非物质性的，物质能够思想在他看来也有可能。莱布尼茨则认为洛克就是维护"在自然秩序的范围内，物质也有进行思想的可能性"这样一种主张的。[②] 照莱布

① 本书"序言"3(第 5 页)。

② 参阅本书"序言"16 以下(第 20 页以下)。

尼茨看来，感觉和思想都是物质按其自然本性不能具有的能力，而只能是非物质性的心灵这种精神实体的能力。如果认为物质也能够思想，就是把物质“以奇迹的方式提高”了。他之所以反对物质能够思想，无非是为了维护“灵魂的非物质性”，最终为维护“灵魂不死”这种宗教教条提供理论根据。而他据以反对物质能够思想的论据，也无非是利用当时机械唯物主义者的物质观的狭隘性，把物质本身看作是惰性的、死的、完全被动的东西，这样自然就无法理解物质如何能够思想了。这种物质观本身的狭隘性当然不能成为否认物质能够思想的真正理由。科学已完全证明思想正是高度发展了的物质即人脑的功能，而什么非物质性的自己存在的“精神实体”则只是导源于原始人们的迷惘无知的唯心主义的虚构。洛克在这个问题上的缺点倒在于他并不坚定明确地肯定物质能够思想，而莱布尼茨在这个问题上则是完全错误的。

除了以上这些有关认识论的带根本性的重大原则问题上的斗争之外，由于莱布尼茨和洛克在根本立场上的对立，在其他一系列具体问题上也都表现出分歧而进行了争论。例如在关于物质的本性和关于空间的问题上，洛克基本上接受了原子论者和牛顿的观点，把物质的微粒看作是坚实性的物体，并认为有虚空即空的空间以作为运动的条件，莱布尼茨则认为空间中都充满了无限可分的流动的物质，否认有空的空间（当然这只是就现象范围内或就物理学上来说的，因为莱布尼茨根本不承认物质是实体）。同时正如承认有空的空间一样，洛克也承认心灵并不永远在思想，例如在无梦的睡眠时那样，而莱布尼茨则既否认有绝对的虚空，否认有绝对的静止，也否认有绝对没有感觉或思想的心灵，而认为心灵即使在沉睡或昏迷时也还是有某种模糊的知觉即那种“微知觉”的。在关于无限性的问题上，莱布尼茨一方面同意洛克的意见，认为真正说来我们不能有无限的空间、无限的时间或无限的数的积极观念，所谓“无限的全体”及其对立物“无穷小”都只是数学家们在演算中所用的东西，就像代数中的虚根一样，并非实际存在的东西；但莱布尼茨还是肯定有真正的无限，它是只存在于“绝对”之中的。洛克认为心灵把有限和无限看作是广延和绵延的样态，而莱布尼茨认为真正的无限并不是一种样态，而是绝对，无限并不是由各部分的相加构成而是先于一切组合的。又如洛克主张本质可分为名义的本质和实在的本质，莱布尼茨则认为事物的本质总只能是指其实在的本质，只有定义才可分为名义的定义和实在的或原因的定义。洛克对于逻辑的形式以致其基本的思想律如同一律等表示出某种轻视，认为没有什么用处，而莱布尼茨则认为这些形式规律非常重要，不仅就逻辑本门范围内来说很重要，对于建立形而上学乃至其他学科也是重要的。如此等等。这类具体问题上的分歧和争论当然还有很多，原书俱在，也无需一一论列了。

此外当然也应看到，莱布尼茨并不是在每个问题上都与洛克有意见分歧。在许多并不涉及两条路线对立的问题上，莱布尼茨也往往同意洛克的观点。特别是洛克由于本身的不彻底性而同样表现出唯心主义观点的地方，莱布尼茨也更是加以附和甚至赞许，并利用它们来反对洛克自己的唯物主义观点。例如洛克在“感觉”之外又承认对心灵本身的活动的“反省”也是观念的另一个来源，莱布尼茨就不仅赞同而且正利用这一点来证明心灵本身就不是白板而是有一些内在的天赋观念。至于洛克也承认并要来证明上帝的存在，更是莱布尼茨所附和和赞同的，只是认为洛克的证明也和笛卡尔等人的证明一样还有漏洞而需要修正补充。当洛克也来证明"那第一个永恒的存在物不能是物质"①时，莱布尼茨更是竭力加以称赞。这类情况，在本书中也屡见不鲜。

总起来看，莱布尼茨在《人类理智新论》中所表现的认识论观点，也和他的整个哲学体系一样，总的原则和根本立场是完全错误的唯心主义先验论，但其中也包含着某些合理的辩证法因素，在一定意义下和一定范围内也有企图克服唯理论的片面性而把理性和经验结合起来的倾向。他和洛克的斗争，总的说来是站在错误的唯心主义先验论立场上对唯物主义反映论的一种反扑，但在许多问题上也往往抓住了旧唯物主义反映论的形而上学弱点而表现出辩证法思想的闪光。此外，在本书中涉及的一些并不与认识论的根本问题相关而是与其他科学有关的问题，特别是关于逻辑与数学的问题上，则莱布尼茨作为一位大科学家，特别是作为杰出的数学家和逻辑学家，其见解往往有远远高出于洛克之处。这些方面的内容对于研究这些科学的发展史的人来说，更是有参考价值的。就其主要作为在认识论上唯心主义先验论与唯物主义反映论斗争的历史上一部比较最集中、最有代表性的著作来说，其中也有许多理论斗争上的正反两方面的经验教训，可供我们吸取。至于具体地来总结这些经验教训以便为现实的思想战线上的斗争服务，以及对莱布尼茨的全部哲学思想作出科学的分析、批判和评价，则是须待广大哲学史工作者和理论工作者来协力完成的任务。这里只

① 本书第四卷十章§10(第531页)。

是对莱布尼茨其人及其哲学，和本书的主要内容，作一概括的介绍，以供参考。不妥之处，切望批评指正。

译　者

1981年4月

关于译注的几点说明

一、本书全名原为 Nouveaux essais sur l'entendement humain, par l'auteur du système de l'harmonie préétablie(《前定和谐系统的作者所作的人类理智新论》),也常被简称为 Nouveaux essais(《新论》)。中译系据 Die Philosophischen Schriften von G. W. Leibniz, hrg. von C. I. Gerhardt, Berlin, 1875—1890,(简称 G 本)Bd V,参照 God. Guil. Leibnitii: Opera Philosophica Omnia, ed. J. E. Erdmann, Berolini, 1840(简称 E 本)pp. 194—418 所载法文原文译出,两种文本有异文时,因 G 本是参照手稿重新校订过的后出版本,故以照 G 本为主,但也有 G 本显然有误而照 E 本的,凡有较重要的异文处,都已在边注中注出。翻译时也参考了 New Essays concerning Human Understanding, by G. W. Leibnitz, tr. by A. G. Langley, 2nd ed., Chicago, 1916(简称英译本)。英译本一般较忠实于原文,对译者很有帮助,但也有若干误译或不妥之处,则仍照译者认为正确的理解照原文译出。英译也曾参考过 M. A. Jacques: Œuvres de Leibniz, Paris, 1842(简称 J 本), Janet: Œuvres Philosophiques de Leibniz, Paris, 1866(简称 Janet 本),和 Dutens, Foucher de Careil, R. E. Raspe 等编的各种版本,以及 K. Schaarschmidt 的本书德文译本等,这些文本译者均并未亲见,

注中偶有提及，都是据英译本的注。

二、为便于读者理解计，译本加了一些边注。这些边注，除个别条目为原编者所加，已随文标明之外，其余均系译者所加，其中很大一部分，特别是有关人名资料方面的，多采自英译本的注，但曾酌量作了增删，尤其是英译本注中涉及许多参考书目，大都为拉丁文著作或其他国内不易得的著作，除少数对理解原文较有用者之外，都删去了，有需要在这方面作深入研究的读者，请直接参考英译本。此外，本书内容所涉极为广泛，有关于逻辑、数学、物理、法学、医学、历史、比较语言学等等方面的问题，在翻译及加注过程中曾直接或辗转请教过武汉大学哲学系、数学系、历史系、物理系等单位的许多位同志，得到他们的热情帮助，特别是数学系齐民友同志，哲学系康宏逵同志，帮助尤多；书中又用了很多拉丁文和希腊文，英译本也都径用原文未译，中译本在本文中也仍用原文，但在边注中或随文注中注出其大意，中译者不谙拉丁文，这方面译注多承哲学研究所傅乐安同志帮助；这些在注中都不再一一指明，一并在此声明并致衷心谢意。这些方面的译注中有错误或不妥之处，自当仍由译者负责。此外也有若干有关莱布尼茨本人或西方哲学史上其他一些哲学家的重要观点的带评论性的注解，除少数也参考了英译本的注之外，大部分系译者就自己理解所加，其中更必有错误或不妥之处，希读者批评指正。

三、本书中所用方括弧［ ］，全是 G 本原书本来有的，谅系根据手稿，英译本也都照加，但 E 本则一概删去，现中译本也仍保留以供读者参考。但原书加这些方括弧的意义很不清楚。圆括弧（ ）除有些是译者附注原文所用的之外，也都是按照原书。尖括弧〈 〉则系译者所加，表明尖括弧内文字本原文所无，为补足语气或求译文意义较显明易解起见由译者所加的。

四、本书“序言”部分，原曾收入北京大学哲学系外国哲学史教研室编译：《西方古典哲学原著选辑·十六—十八世纪西欧各国哲学》一书（见该书 1975 年商务版第 500—522 页），为译者以前所译，此次翻译全书，曾对照原文将“序言”译文重新校订，有所修改，并增加了一些边注。

五、本书既系作者用两人对话的体裁与洛克的《人类理智论》（*J. Locke*：*An Essay concerning Human Understanding*）进行逐段辩论的著作，因此翻译过程中曾理所当然地逐段参考过洛克该书的中译本（关文运译，1959 年商务版，中译书名作《人类理解论》），也有所借鉴；但本书中的“斐拉莱特”虽代表洛克的观点，他所说的话也并非照抄洛克该书中的原文，因此这里仍直接从本书法文原文译出，也并未照抄洛克原书中译文，有些名词术语等的译法也与该书中译有所不同，间或也在脚注中指明。

译者虽力求在忠实于原文的前提下使译文较能通顺易读，并在可能范围内加些注释以便利读者，但由于水平及条件所限，译文和注释中定有许多错误和不足之处，切望读者批评指正。

译 者

目 录

序　　言

1. [①]一位有名的英国人[②]所著的《人类理智论》，是当代最美好、最受人推崇的作品之一，我决心对它作一些评论，因为很久以来，我就对同一个主题以及这书所涉及的大部分问题作过充分的思考；我认为这将是一个好机会，可以在《理智新论》这个标题下发表一点东西，并且希望我的思想借着和这样好的同道相伴随，可以更有利于为人所接受。我还认为，借助于别人的工作，不仅可以减轻自己的工作（因为事实上遵循一位优秀的作者的线索，比自己完全独立地重起炉灶要省力些），而且可以在他提供给我们的之外再加上一点东西，这总比从头做起要容易些；因为我认为他留下完全未解决的一些难题，我已经予以解决了。因此他的名望对我是有好处的；此外我的秉性是公平待人，并且绝不想削弱人们对这部作品的评价，因此如果我的赞许也有点分量的话，我倒是会增加它的声望。诚然我常常持不同的意见，但是我们在觉得有必要不让那些著名作者的权威在某些重要之点上压倒理性时，表明自己在哪些地方以及为什么不同意他们的意见，这绝不是否认他们的功绩，

---

① 本书正文各节都按洛克《人类理智论》原书加了编号，如§1，§2，……，但序言部分本来没有编号。现为参考引证方便计，译本在序言部分也按原书自然段加了编号。

② 指洛克。

而是为他们的功绩提供证据。此外，在酬答这样卓越的人们的时候，我们也就使真理更能为人所接受，而我们应当认为他们主要是为真理而工作的。①

2. 事实上，虽然《理智论》的作者说了许许多多很好的东西，是我所赞成的，但我们的系统却差别很大。他的系统和亚里士多德关系较密切，我的系统则比较接近柏拉图，虽然在许多地方我们双方离这两位古人都很远。他比较通俗，我有时就不得不比较深奥难懂和比较抽象一点，这对我是不利的，尤其是在用一种活的现代语言②写作的时候更是如此。但是我想，采用两个人谈话的方式，其中一个人叙述从这位作者的《理智论》中引来的意见，另一个人则加上我的一些看法，这样的对照可以对读者比较方便些，否则只写一些十分枯燥的评论，读起来就一定要不时地中断，去翻阅他的原书以求了解我的书，这就比较不便了。但是有时把我们的作品对照一下，并且只从他自己的著作去判断他的意见，也还是好的，虽然我通常都保留着他自己的用语。诚然我在作评论的时候，由于要随着别人的叙述的线索，受到拘束，因而不能梦想取得对话体易有的那种动人的风格，但是我希望内容可以补偿方式上的缺点。

---

① 此段从"我还认为，借助于别人的工作……"以下，E本作："我还认为，借助于别人的工作，不仅可以减轻我的工作，而且可以在他提供给我们的之外再加上一点东西，这比从头做起和完全重起炉灶要容易些。

诚然，我常常和他持不同意见；但我绝不因此否认这位著名作者的功绩，而是通过在我觉得有必要不让他的权威在某些重要之点上压倒理性时，表明在哪些地方以及为什么不同意他的意见，来公平对待他。"以下紧接下段，不另起。

② 当时欧洲的学者在写作学术著作时还多用拉丁语，洛克的《人类理智论》是用英语写的，而莱布尼茨的这书则是用法语写的。

3. 我们的差别是关于一些相当重要的主题[①]的。问题就在于要知道:灵魂本身是否像亚里士多德和《理智论》作者所说的那样,是完完全全空白的,好像一块还没有写上任何字迹的板(Tabula Rasa[②]),是否在灵魂中留下痕迹的东西,都是仅仅从感觉和经验而来;还是灵魂原来就包含着多种概念和学说的原则,外界的对象是靠机缘把这些原则唤醒了。我和柏拉图一样持后面一种主张,甚至经院学派以及那些把圣保罗(《罗马书》第二章第十五节)说到上帝的法律写在人心里的那段话用这个意义来解释的人,也是这样主张的。斯多葛派称这些原则为设准(Prolepses),也就是基本假定,或预先认为同意的东西。数学家们称之为共同概念(χοινὰς ἐννοίας[③])。近代哲学家们又给他们取了另外一些很美的名称,而斯加利杰[④]特别称之为 Semina aeternitatis, item Zopyra[⑤],好像说它是一种活的火,明亮的闪光,隐藏在我们内部,感官与外界对象相遇时,它就像火花一样显现出来,如同打铁飞出火星一样。认为这种火花标志着某种神圣的、永恒的东西,它特别显现在必然真理中,这是不无理由的。由此就产生了另外一个问题:究竟是一切真理都依赖经验,也就是依赖归纳与例证,还是有些真理更有别的基础。因为如果某些事件我们在根本未作任何验证之前就能预先见到,那就显然是我们自己对此有所贡献。感觉对于我

---

① G本原文为"sujets"("主题"),E本和J本作"objects"("对象")。

② 拉丁文,意即:"白板"。

③ 希腊文,意即:"共同概念"。

④ Jules或Julius Caesar Scaliger,1484—1558,意大利古典语文学家、哲学家和诗人,也是医生。

⑤ 拉丁文,意即:"永恒的发光火花的种子"。

们的一切现实认识虽然是必要的，但是不足以向我们提供全部认识，因为感觉永远只能给我们提供一些例子，也就是特殊的或个别的真理。然而印证一个一般真理的全部例子，不管数目怎样多，也不足以建立这个真理的普遍必然性，因为不能得出结论说，过去发生过的事情，将来也永远会同样发生。例如希腊人、罗马人以及地球上一切为古代人所知的民族，都总是指出，在24小时过去之前昼变成夜，夜变成昼。但是如果以为这条规律无论在什么地方都有效，那就错了。因为到新地岛①去住一下，就看到了相反的情形。如果有人以为至少在我们的地带，这是一条必然的、永恒的真理，那还是错了，因为应该断定，地球和太阳本身也并不是必然存在的，也许会有一个时候，这个美丽的星球和它的整个系统不再存在下去，至少是不再以现在的方式存在下去。由此可见，像我们在纯粹数学中，特别是在算术和几何学中所见到的那些必然的真理，应该有一些原则是不依靠实例来证明，因此也不依靠感觉的见证的，虽然没有感觉我们永远不会想到它们。这一点必须辨别清楚，欧几里得就很懂得这一点，他对那些凭经验和感性影像就足以看出的东西，也常常用理性来加以证明。还有逻辑以及形而上学和伦理学，逻辑与前者结合形成神学，与后者结合形成法学，这两种学问都是自然的，它们都充满了这样的真理，因此它们的证明只能来自所谓天赋的内在原则。诚然我们不能想象，在灵魂中，我们可以像读一本打开的书一样读到理性的永恒法则，就像在布告牌上

① Nova Zembla，在北极圈内，夏天整段时期太阳永不落，即有昼无夜，冬天则有夜无昼。

读到审判官的法令那样毫无困难，毫不用探求；但是只要凭感觉所提供的机缘，集中注意力，就能在我们心中发现这些法则，这就够了。实验的成功也可以用来印证理性，差不多像算术里演算过程很长时可以用验算来避免演算错误那样。这也就是人类的认识与禽兽的认识的区别所在。禽兽纯粹凭经验，只是靠例子来指导自己，因为就我们所能判断的来说，禽兽绝达不到提出必然命题的地步，而人类则能有经证明的科学知识。也是因为这一点，禽兽所具有的那种联想的功能，是某种低于人所具有的理性的东西。禽兽的联想纯粹和单纯的经验主义者的联想一样；他们以为凡是以前发生过的事，以后在一种使他们觉得相似的场合也还会发生，而不能判断同样的理由是否依然存在。人之所以如此容易捕获禽兽，单纯的经验主义者之所以如此容易犯错误，便是这个缘故。因此那些由于年岁大、经验多而变得很精明的人，当过于相信自己过去的经验时，也难免犯错误，这是在民事和军事上屡见不鲜的，因为他们没有充分考虑到世界在变化，并且人们发现了千百种新的技巧，变得更精明了，而现在的獐鹿或野兔则并没有变得比过去的更狡黠些。禽兽的联想只是推理的一种影子，换句话说，只是想象的联系，只是从一个影像到另一个影像的过渡，因为在一个和先前的境遇看起来相似的新境遇中，它们就重新期待它们先前发现连带发生的事物，好像因为事物在记忆中的影像彼此相联，事物本身也就实际上彼此相连似的。诚然理性也告诉我们，凡是与过去长时期的经验相符合的事，通常可以期望在未来发生；但是这并不因此就是一条必然的、万无一失的真理，当支持它的那些理由改变了的时候，即令我们对它作最小的期望，也可能不再成功。因为这个缘故，最明智的人就不那样信赖经验，而毋宁只要可能就努力去探求这事实的某种理由，以便判断在什么时候应该指出例外。因为只有理性才能建立可靠的规律，并指出它的例外，以补不可靠的规律之不足，最后更在必然后果的力量中找出确定的联系。这样做常常使我们无须看实际经验到影像之间的感性联系，就能对事件的发生有所预见，而禽兽则只归结到这种影像的感性联系。因此，证明有必然真理的内在原则的东西，也就是区别人和禽兽的东西。

4. 也许我们这位高明的作者意见也并不完全和我不同。因为他在用整个第一卷来驳斥某种意义下的天赋知识之后，在第二卷的开始以及以后又承认那些不起源于感觉的观念来自反省。而所谓反省不是别的，就是对于我们心里的东西的一种注意，感觉并不给予我们那种我们原来已有的东西。既然如此，还能否认在我们心灵中有许多天赋的东西吗？因为可以说我们就是天赋予我们自身之中的。又难道能否认在我们心中有存在、统一、实体、绵延、变化、行为、知觉、快乐以及其他许许多多我们的理智观念的对象吗？这些对象既然直接而且永远呈现于我们的理智之中（虽然由于我们的分心和我们的需要，它们不会时刻为我们所察觉①），那么为什么因为我们说这些观念和一切依赖于这些观念的东西都是我们天赋的，就感到惊讶呢？我也曾经用一块有纹路的大理石来作比喻，而不把心灵比作一块完全一色的大理石或空白的板，即哲学家们所谓 Tabula rasa（白板）。因为如果心灵像这种空白板那

① 察觉，原文为 appercevoir，在莱布尼茨是与 percevoir（知觉）有别的，即指清楚明白的、有意识的知觉。本书中这个词及其名词形式 apperception 一律译作“察觉”。

样,那么真理之在我们心中,情形也就像赫尔库勒[①]的像之在这样一块大理石里一样,这块大理石本来是刻上这个像或别的像都完全无所谓的。但是如果在这块石头上本来有些纹路,表明刻赫尔库勒的像比刻别的像更好,这块石头就会更加被决定〈用来刻这个像〉,而赫尔库勒的像就可以说是以某种方式天赋在这块石头里了,虽然也必须要加工使这些纹路显出来,和加以琢磨,使它清晰,把那些妨碍其显现的东西去掉。也就是像这样,观念和真理就作为倾向、禀赋、习性或自然的潜能天赋在我们心中,而不是作为现实天赋在我们心中的,虽然这种潜能也永远伴随着与它相应的、常常感觉不到的某种现实。

5. 我们这位高明的作者似乎认为在我们心中没有任何潜在的东西,甚至没有什么不是我们永远现实地察觉到的东西。但是这意思不能严格地去了解,否则他的意见就太悖理了,因为虽然获得的习惯和我们记忆中储存的东西并非永远为我们所察觉,甚至也不是每当我们需要时总是招之即来,但是我们确实常常一有使我们记起的轻微机缘就可以很容易地在心中唤起它,正如我们常常只要听到一首歌的头一句就记起这首歌[②]。作者又在别的地方限制了他的论点,说在我们心中没有任何东西不是我们至少在过去曾察觉过的。但是除了没有人能单凭理性确定我们过去的察觉能够达到什么地步——这些察觉我们可能已经忘记了,尤其是照

---

① Hercule,希腊神话中最著名的英雄,曾完成了十二件巨大业绩的大力士。因常被用作雕刻等艺术作品的题材,故这里举以为例。

② E本和J本作“le commencement d'une chanson pour nous fair ressouvenir du rest”,即“一首歌的头一句就使我们记起它的其余部分。”

柏拉图派的回忆说，这个学说尽管像个神话，但至少有一部分与赤裸裸的理性并无不相容之处[①]——，除了这一点之外，我说，为什么一切都必须是我们由对外物的察觉得来，为什么就不能从我们自身之中发掘出点什么呢？难道我们的心灵就这样空虚，除了外来的影像，它就什么都没有？这（我确信）不是我们明辨的作者所能赞同的意见。况且，我们又到哪里去找本身毫无变异的板呢？因为绝对没有人会看见一个完全平整一色的平面。那么，当我们愿意向内心发掘时，为什么就不能从我们自己心底里取出一些思想方面的东西呢？因此使我们相信，在这一点上，既然他承认我们的认识有感觉和反省这两重来源，他的意见和我的意见或者毋宁说和一般人共同的意见归根到底是并无区别的。

6. 我不知道是否能那样容易使这位作者和我们以及笛卡尔派意见一致起来，因为他主张心灵并不是永远在思想的，特别是当我们熟睡无梦时，心灵就没有知觉，而且他反驳说[②]，既然物体可以没有运动，心灵当然也可以没有思想。但是在这里我的回答和通常有点两样。因为我认为在自然的情况之下，一个实体不会没有活动，并且甚至从来没有一个物体是没有运动的。经验已经对我的主张是有利的，而且只要去看一看著名的波义耳先生[③]反对

① E本作“n'a rien d'incompatible avec la raison toute nue”，即“（但）与赤裸裸的理性丝毫没有不相容之处”。

② E本和J本作“Il dit que”，即“他说”，G本为“et il object que”。

③ Robert Boyle，1627—1691，著名的英国科学家，即关于气体体积与压强、温度的关系的“波义耳—马略特定律”的发明者之一，莱布尼茨常提到他。参阅本书第三卷第四章，§16。这里提到的他的著作，即《论物体的绝对静止》，见于Birch编的《波义耳全集》，伦敦，1772年版，第1卷，第443—457页。

绝对静止的著作，就可以深信这一点。但是我相信理性也有利于我的主张，而这也是我用来驳斥原子说的证据之一。

7. 此外，还有千千万万的征象，都使我们断定任何时候在我们心中都有无数的知觉，但是并无察觉和反省；换句话说，灵魂本身之中，有种种变化，是我们察觉不到的，因为这些印象或者是太小而数目太多，或者是过于千篇一律，以致没有什么足以使彼此区别开来；但是和别的印象联结在一起，每一个也仍然都有它的效果，并且在总体中或至少也以混乱的方式使人感觉到它的效果。譬如我们在磨坊或瀑布附近住过一些时候，由于习惯就不注意磨子或瀑布的运动，就是这种情形。并不是这种运动不再继续不断地刺激我们的感觉器官，也不是不再有什么东西进入灵魂之中，由于灵魂和身体的和谐，灵魂是与之相应的；而是这些在灵魂和在身体中的印象已经失去新奇的吸引力，不足以吸引我们的注意和记忆了，我们的注意力和记忆力是只专注于比较显著的对象的。因为一切注意都要求记忆，而当我们可以说没有警觉，或者没有得到提示来注意我们自己当前的某些知觉时，我们就毫不反省地让它们过去，甚至根本不觉得它们；但是如果有人即刻告诉我们，例如让我们注意一下刚才听到的一种声音，我们就回忆起来，并且察觉到刚才对这种声音有过某种感觉了。因此是有一些我们没有立即察觉到的知觉，察觉只是在经过不管多么短促的某种间歇之后，在得到提示的情况下才出现的。为了更好地判断我们不能在大群之中辨别出来的这种微知觉，我惯常用我们在海岸上听到的波浪或海啸的声音来作例子。我们要像平常那样听到这声音，就必须听到构成整个声音的各个部分，换句话说，就是要听到每一个波浪的声音，虽然每一个小的声音只有和别的声音在一起合成整个混乱的声音时，也就是说，只有在这个怒吼中，才能为我们听到，如果发出这声音的波浪只有单独一个，是听不到的。因为我们必须对这个波浪的运动有一点点感受，不论这些声音多么小，也必须对其中的每一个声音有点知觉；否则我们就不会对成千成万波浪的声音有所知觉，因为成千成万个零合在一起也不会构成任何东西。我们也从来不会睡得那样沉，连任何微弱混乱的感觉都没有；即令是世界上最大的声音，如果我们不是先对它开始的小的声音有所知觉，也不会把我们弄醒，就好比世界上最大的力也不能把一根绳子拉断，如果它不是被一些小的力先拉开一点的话，尽管这些小的力所拉开的程度是显不出来的。

8. 因此这些微知觉，就其后果来看，效力要比人所设想的大得多。就是这些微知觉形成了这种难以名状的东西，形成了这些趣味，这些合成整体很明白、分开各部分则很混乱的感觉性质的影像，这些环绕着我们的物体给予我们的印象，那是包含着无穷的，以及每一件事物与宇宙中所有其余事物之间的这种联系。甚至于可以说，由于这些微知觉的结果，现在孕育着未来，并且满载着过去，一切都在协同并发（如希波克拉底[①]所说的 σύμπνοια πάντα[②]），只要有上帝那样能看透一切的眼光，就能在最微末的实体中看出宇宙间事物的整个序列。

Quae sint，quae fuerint，quae mox futura trahantur.[③]这些感

---

① Hippocrate，公元前五世纪希腊最伟大的医学家，也是哲学家。

② 希腊文，意即："一切都在协同并发"。

③ 拉丁文，意即："现在的、过去的、将来要发生的事物"。G本作 que mox，显系误植。

觉不到的知觉,更标志着和构成了同一的个人。它们从这一个人的过去状态中保存下一些痕迹或表现,把它与这一个人的现在状态联系起来,造成这一个人的特征。即令这一个人自己并不感觉到这些痕迹,也就是不再有明确的记忆的时候,它们也能被一种更高级的心灵所认识。但是它们(我是说这些知觉)凭着有朝一日可能发生的一些定期发展,在必要的时候,也提供出恢复这种记忆的手段。就是因为这个缘故,死亡只能是一种沉睡,甚至也不能永久保持沉睡,因为在动物中间,知觉只是不再分明,并回到一种混乱状态,使察觉中断,但这种状态是不能永远延续的;在这里不谈人,人为了保持他的人格,是应当在这方面有一些大的特权的。①

9. 也就是用这些感觉不到的知觉,说明了②灵魂与身体之间的这种奇妙的前定和谐,甚至是一切单子或单纯实体之间的前定和谐,这种前定和谐代替了它们彼此之间那种站不住脚的影响,并且照那部最优美的《辞典》的作者③的看法,把那种神圣圆满性的伟大提高到了超乎人从来所曾设想过的程度之上。此外我还要补充一点,我说就是这些微知觉在许多场合决定了我们而我们并没有想到,它们也常常显出半斤八两毫无区别的样子欺瞒了普通人,好像我们向(例如)右转或向左转完全没有区别似的。我在这

① E本和J本略去了"在这里不谈人……"以下的一句。

② E本和J本作"j'explique",即"我说明了",G本作"s'explique"。

③ 指比埃尔·培尔(Pierre Bayle,1647—1706),是法国哲学家,启蒙运动的先驱,他曾在所作《历史批判辞典》(*Dictionaire historique et critique*)中的"罗拉留"(Rorarius)条下评论和批判了莱布尼茨的"前定和谐"学说,莱布尼茨曾和他进行了反复的辩论。见G本第四卷,第517页以下;E本第150页以下。

里也不需要如在本书中那样指出，这种微知觉也是那种不安的原因，我指出这种不安就是某种这样的东西，它和痛苦的区别只是小和大的区别，可是他常常由于好像给它加了某种刺激性的风味而构成我们的欲望，甚至构成我们的快乐。同样也是由于我们感觉得到的知觉中那些感觉不到的部分，才使得在颜色、热及其他感觉性质的知觉之间有一种关系，并且在和它们相应的身体运动之间有一种关系。反之，笛卡尔派和我们这位作者，尽管他观察透辟，却都把我们对这一切性质的知觉看作武断的，就是说，好像上帝并不管知觉和它们的对象之间的本质关系，而任意地把这些知觉给了灵魂似的。这种意见使我惊讶，我觉得这和造物主的尊严不相称，造物主无论造什么东西都是不会不和谐和没有理由的。

10. 总之，这种感觉不到的知觉之在精神学①上的用处，和那种感觉不到的分子在物理学上的用处一样大；如果借口说它们非我们的感觉所能及，就把这种知觉或分子加以排斥，是同样不合理的。任何事物都不是一下完成的，这是我的一条大的准则，而且是一条最最得到证实了的准则，自然绝不作飞跃。我最初是在《文坛新闻》②

① 原文为 Pneumatique，是由希腊文的 Pneuma 一词变来的，Pneuma 原义指“嘘气”、“呼吸”，转义为“精神”、“灵魂”或“心灵”等，因此照字面译作“精神学”，也可译作“灵学”。其实其意义与 Psychologie（心理学）是一样的，Psychologie 也来源于希腊文 Psukhê，意思也是指“灵魂”、“心灵”，故这里本来也可径直和 Psychologie 一样译作“心理学”，但因为它如下文所说也包括讨论上帝、精灵等等的即所谓“灵学”的内容，故虽觉生僻，仍译作“精神学”。

② Les Nouvelles de la République des Lettres，是培尔创办的一种杂志，后由巴斯那日（Basnages）接编，改名为《学者著作史》（L'Histoire des Ouvrages des Savans），莱布尼茨曾在该杂志 1698 年 6 月号上发表了《对培尔先生在关于灵魂和身体的结合的新系统中所发现的困难的说明》一文，见 G 本第四卷第 517—524 页，E 本第 150—154 页。

上提到这条规律，称之为连续律；这条规律在物理学上的用处是很大的。这条规律是说，我们永远要经过程度上以及部分上的中间阶段，才能从小到大或者从大到小；并且从来没有一种运动是从静止中直接产生的，也不会从一种运动直接就回到静止，而只有经过一种较小的运动才能达到，正如我们绝不能通过一条线或一个长度而不先通过一条较短的线一样，虽然到现在为止那些提出运动规律的人都没有注意到这条规律，而认为一个物体能一下就接受一种与前此相反的运动。所有这一切都使我们断定，那些令人注意的知觉是逐步从那些太小而不令人注意的知觉来的。如果不是这样断定，那就是不认识事物的极度精微性，这种精微性，是永远并且到处都包含着一种现实的无限的。

11. 我也曾经指出过，由于那些感觉不到的变异，两件个体事物不会完全一样，并且应该永远不止是号数不同，这就摧毁了那些所谓灵魂的空白板，没有思想的灵魂，没有活动的实体，空间中的真空，原子，甚至物质中不是实际分割开的微粒，绝对的静止，一部分时间、空间或物质中的完全齐一，从原始的正立方体产生的第二元素的正球体，[①]以及其他千百种哲学家们的虚构。这些虚构都是由他们的不完全的概念而来的，是事物的本性所不容许的，而由于我们的无知以及对感觉不到的东西的不注意，就让它们通过了。但是我们除非把它们限制于心灵的抽象，是不能使它们成为可容忍的，心灵对于它撇在一边，认为不应该放在当前来考虑的东西若不加以否认，是要提出抗议的。否则如果我们真的认为我们察觉

① 参阅本书第四卷第二十章§11“德”及注(本书第643页)。

不到的东西就既不在灵魂中也不在物体中，我们在哲学上就会犯过失，正如在政治上忽略了（τὸ μικρόν）①亦即感觉不到的进展就会犯过失一样；反之，只要我们知道进行抽象时所隐藏着的东西是在那里的，则抽象并不是一种错误。正如数学家们就是这样运用抽象的，他们谈到他们向我们提出的那种圆满的线，齐一的运动，以及其他全合规矩的结果，虽然物质（也就是环绕着我们的无限事物所产生的种种结果的混合物）永远总是有某种例外的。为了区别所考虑的情况，为了在可能范围内由结果追溯原因，以及为了预见它们的某种后果，我们就这样来进行。因为我们愈是注意不要忽略我们所能控制的任何情况，实际就愈符合于理论。但是只有一种包揽无遗的最高理性，才能清楚地了解整个无限，了解一切原因和一切结果。我们对于无限的东西所能做到的，只是混乱地认识它，以及至少清楚地知道无限的东西是存在的，否则我们就太不认识宇宙的美和它的伟大了，我们也就不能有一种说明一般事物的本性的好的物理学，更不能有一种包含关于上帝、灵魂以及一般单纯实体的知识的好的精神学了。

12. 这种对于感觉不到的知觉的认识，也可以用来解释两个人的灵魂或其他属于同一类的灵魂②为什么以及如何从来不会完全一样地从造物主手中造出来，并且每一个都和它在宇宙中将有的观点有一种原初的关联。但这从我关于两个个体的看法就已经可以推出来了，这看法就是说：它们的区别永远不只是号数上的区

---

① 希腊文，意即：“细节”、“小事”。

② 此处照G本；若照E本当作：“两个人类灵魂或两件同类事物”。

别。此外还有另一个重要之点，我不但不得不和这位作者意见不同，而且也和大部分近代人意见不同；这就是我和大部分古代人一样认为一切精灵①、一切灵魂、一切被创造的单纯实体都永远和一个身体相结合，从来没有什么灵魂是和身体完全相分离的。这一方面我有先天的理由。但是也可以发现，在这种学说中有这种好处，它可以解决如下所说的一切哲学上的困难问题，如关于灵魂的状态，关于它们的永久保持，它们的不死，以及它们的作用。因为灵魂的一种状态和另一种状态的区别，无论过去和现在都从来不是什么别的，只是能感觉的程度较高对较低、完满程度较高对较低，或倒过来的区别，这就使灵魂过去和将来的状态也和现在的状态一样能解释。只要稍稍反省一下，就足以明白这是很合理的。而一个状态一下跳到另一个无限不同的状态，是不合自然之道的。我很惊讶，为什么经院学派的哲学家们要毫无理由地抛弃了自然的解释，有意跌进很大的困难中去，使那些离经叛道的自由思想者得到表面的胜利。用这个解释来说明事物，他们的一切理由就一下都垮了。从这个解释来看，要设想灵魂（或照我看毋宁是动物的灵魂）的保存，就并不比设想毛虫变成蝴蝶有什么更大的困难，也不比设想睡着时仍保持着思想有更大的困难；耶稣基督就曾经神圣地把死亡比之于沉睡。我也已经说过，没有任何沉睡能永远持续下去的；而在有理性的灵魂，沉睡就将更少持久或几乎根本不能持续，它们永远注定要保存它们在上帝之城中所接受的人格和记

① les génies，就是指莱布尼茨认为其地位在人类之上而在上帝之下的天使、大天使之类。

忆,这是为了能更好地接受赏罚。我还补充一点:一般说来不论把可见的器官如何变换,都不能在动物中使事物完全陷于混乱,或者摧毁一切器官,使灵魂完全脱离了它的有机身体和去掉一切先前痕迹的不可磨灭的残余。但是人们很容易抛弃天使也和一种精妙的身体相结合(人们常常把这种身体与天使本身的形体性相混)的古老学说,并把一种所谓与身体分离的心智(intelligence)引进被创造物之中(亚里士多德的"心智"使诸天运行的说法大有助于这种看法),并且持一种误解了的意见,以为要是禽兽的灵魂能保存,就不能不落入轮回,并让它们从一个身体到另一个身体漫游,不知道该怎么办而引起困惑。[①] 照我看,就是这些原因使人们忽略了解释灵魂的保存的自然方式。这就大大地损害了自然宗教,并且使许多人以为我们的不死只能是上帝的一种奇迹的恩惠,连我们有名的作者也将信将疑地谈到这一点,如我马上就要说到的那样。不过所有持这种意见的人要是都说得像他那样明智,那样有信仰,那倒也好了;因为恐怕有许多人说到的灵魂由于神恩而不死,只是为了顾全表面,而骨子里是接近于阿威罗伊[②]派和有些很坏的寂静派[③]的,他们是想象着灵魂被吸收进神性的海洋之中与神合为一体。这种概念,也许只有我的系统才能使人看出它的不可能性。

---

① E本和J本无"并让它们……困惑"一句。

② Averroes,1126—1198,即伊本·鲁世德(Ibn Ruschd),出生于西班牙哥尔多华的阿拉伯哲学家,以注释亚里士多德著名,有较强烈的唯物主义和泛神论倾向,主张物质是永恒的,否认个人的灵魂不死,因此被正统派所谴责。他的学说在中世纪以致文艺复兴时期在法国、意大利等都曾有很大影响。

③ Quietistes,十七世纪西班牙的莫利诺(Molinos)、法国的基永夫人(Mme. Guyon)、费纳隆(Fénelon)等所创导的一种神秘主义宗教派别。

13. 在我们之间，关于物质的意见，似乎还有这一点差别，就是这位作者认为虚空是运动所必需的，因为他以为物质的各个小部分是坚不可摧的。我承认，如果物质是由这样的部分合成的，在充满之中运动就是不可能的，就像一间房子充满了许多小石块，连最小一点空隙都没有的情形那样。但是人们并不同意这种假设，它也显得没有任何理由；虽然这位高明作者竟至于以为这种微粒的坚硬或黏合构成了物体的本质。我们毋宁应该设想空间充满了一种原本是流动的物质，可以接受一切分割，甚至在实际上被一分再分，直至无穷。但是有这样一种区别，就是在不同的场所，由于运动的协同作用的程度有所不同，物质的可分性以及被分割的程度也就不相等。这就使得物质到处都有某种程度的坚硬性，同时也有某种程度的流动性，并且没有一个物体是极度坚硬或极度流动的，换句话说，我们找不到任何原子会有一种不可克服的坚硬性，也不会有任何物质的团块对于分割是完全不在乎的。自然的秩序，特别是连续律，也同样地摧毁了这两种情形。

14. 我也曾指出，**黏合**本身要不是冲击或运动的结果，就会造成一种严格意义的**牵引**。因为如果有一个原本坚硬的物体，例如伊壁鸠鲁所说的一个原子，有一部分突出作钩状（因为我们可以设想原子是有各种各样的形状的），这个钩被推动时就可以把这个原子的其余部分也就是没有被推动并且没有落到冲击线上的部分，也带着一起动了。可是我们这位高明的作者自己又反对这种哲学上的牵引，就像从前人们把它们归之于惧怕真空那样的；他把这种牵引归结为冲击，和一些近代人一样主张一部分物质对另一部分物质只有通过接触加以推动才直接起作用。在这一点上我认为他们是对的，因为否则在这作用中就没有什么可理解的东西了。

15. 可是我应该不加掩饰地表明我曾注意到我们这位卓越的作者在这方面有过一种退缩的情形，我在这里不禁要赞扬他那种谦逊的真诚态度，正如我在别的地方曾钦佩他的透辟天才一样。那是在他给已故的沃塞斯特主教先生[①]的第二封信的答复中，印行于1699年，第408页，在那复信中，为了替他曾经坚持而反对这位博学的教长的主张，即关于物质也许能够思想的意见作辩护，他在别的事情之外曾说到："我承认我说过(《理智论》第二卷第八章§11)，物体活动是靠冲击而不是以别的方式。我当时写这句话的确是持这种意见，而且现在我也还是不能设想有别的活动方式。但是从那时以后，我读了明智的牛顿先生无可比拟的书，就深信想用我们那种受局限的概念去限制上帝的能力，是太狂妄了。以我所不能设想的方式进行的那种物质对物质的引力，不仅证明了上帝只要认为好就可以在物体中放进一些能力和活动方式，这些都超出了从我们的物体观念中所能引申出来，或者能用我们对于物质的知识来加以解释的东西；而且这种引力还是一个无可争辩的实例，说明上帝已实际这样做了。因此我当留意在我的书重版时把这一段加以修改。"我发现在这书的法文译本中，无疑是根据最后几版译出的，这§11是这样的："显然，至少就我们所能设想的范围内来说，物体彼此之间是靠冲击而不是以别的方式起

① 原名 Edward Stillingfleet，1635—1699，自1689至1699年任沃塞斯特(Worcester)主教。

作用的，因为我们不可能理解物体如何能作用于它没有接触到的东西，这就正如我们不可能想象它能在它所不在的地方起作用一样。”

16. 我不能不赞扬我们这位著名作者谦逊的虔敬态度，他承认上帝的行事可以超出我们所能理解的范围，并因此在信仰的事项里可以有一些不能设想的神秘事物。但我不愿我们在自然的通常过程中也不得不求助于奇迹，并且承认有绝对不可解释的能力和作用。否则就会托庇上帝所能做的事，给那些坏哲学家以太多的方便了。如果承认那种向心力或那种从远处的直接引力，而不能使它们成为可理解的，我就看不出有什么理由可以阻止经院哲学家们说一切都单只由那些功能所造成，和阻止他们主张有一种意象(les espèces intentionelles)①从对象达到我们这里，甚至能找到办法进入我们的灵魂之中。如果这样也行，那么

Omnla jam fient, fieri quae posse negabam. ②

因此我觉得我们这位作者，虽然很明智，在这里却有点太过于从一个极端跳到另一个极端了。他对于灵魂的作用感到困难，其实问题只涉及承认那种不可感觉的东西，而请看他竟把不可理解的东西给了物体了；因为他承认物体有那种引力，甚至从很远的地方就能发生作用，并没有任何作用范围的限制，这样就是给了物质一些能力和活动，照我看来是超出一个被创造的心灵所能做到和理解的整个范围的；而这样做是为了支持一种显得同样不可

① 参阅本书第三卷第十章 § 14“德”注(第395页注①)。

② 拉丁文，意即：“过去我不认为会发生的一切都将马上发生”。

解释的意见,就是:在自然秩序的范围内,物质也有进行思想的可能性。

17. 他和这位攻击过他的教长所讨论的问题是:物质是否能够思想。因为这是个重要之点,甚至对本书来说也是这样,我不免要稍稍深入讨论一下,并且来考察一下他们的争论。我要来说明一下他们在这个问题上的争论的实质,并不揣冒昧说一说我对它的想法。已故的沃塞斯特主教恐怕(但是照我看来并无多大理由)我们这位作者关于观念的学说会引起一些有害于基督教信仰的弊病,就在所著的《三位一体教义辩解》①中有些地方对它加以考察。他先对这位卓越的作者作了一番公道的评价,承认他把心灵的存在看成和物体的存在同样确实,虽然这两种实体是同样不为人所知,然后他就问(第241页以下),如果照我们这位作者在第四卷第三章中的意见,上帝也可以给物质以思想的功能,那么反省如何能使我们确信心灵的存在,因为如果这样,应该用来辨别②什么东西适合于灵魂,什么东西适合于身体的那种观念的方式,就变成无用的了,反之他在《理智论》第二卷第二十章§15、§27、§28里又说:灵魂的作用为我们提供了心灵的观念,而理智和意志使这观念成为我们所能理解的,正如坚实性③和冲动使物体的本性成为我们所能理解的一样。我们的作者在第一封信中是这样答复的(第65页以下):"我认为我已经证明了在我们里面有一种精神实体,因为

① Vindication de la doctrine de la Trinité,发表于1696年秋。

② G本作"discerner"("辨别"),E本和J本作"discuter"("讨论"或"辩论")。

③ Solidité,参阅本书第二卷第四章标题的注(第98页注①)。

我们经验到在我们里面有思想;然而〈思想〉这种活动或这种样式,不能是关于一件自己存在之物的观念的对象,因此这种样式需要有一个支持者或附着的主体;这种支持者的观念就造成了我们所称的实体……因为对于实体的一般观念既是到处一样的,所以那种称为思想或思想能力的样式和它相结合,就使它成为心灵,而不必考虑它还有什么别的样式,就是说,不必考虑它是否具有坚实性;而另一方面,具有所谓坚实性这种样式的实体就是物质,不管它是否与思想相结合。但是如果您所谓精神实体是指非物质的实体,我承认我没有证明在我们里面有,并且也不能根据我的原则用推证的方式来证明它有,虽然我就关于物质的各种系统所说的话(第四卷第十章§6),已经证明了上帝是非物质的,从而使那在我们之中思想的实体的非物质性具有最高度的概然性……但是我已经指出(作者在第68页上又说),宗教和道德的伟大目标,是由灵魂不死来保证的,并没有必要假定灵魂的非物质性。"

18. 这位博学的主教在他对这封信的答复中,为了表明我们的作者在写他的《理智论》第二卷时,是持另一种意见,就从其中第51页引了这一段话(引自同卷第二十三章§15),他在那里说:"用我们从我们心灵的活动推出来的一些简单观念,我们可以构成对于一个心灵的复杂观念,并且把思想、知觉、自由、推动我们身体的能力等观念放在一起,我们就有了一个非物质实体的概念,和物质实体的概念一样明白。"他又引了另外几段,表明作者是把心灵和物体对立起来的,并且说(第54页),要是证明了灵魂就其本性说是不死的,亦即非物质的,就给了宗教和道德的目标以更好的保证。他又引了这一段(第 70 页):“我们对于各种特殊的、各别的实体的观念,不是别的,只是一些简单观念的不同组合。”因此我们的作者曾认为思想和意志的观念提供了另一种实体,与坚实性和冲动的观念所提供的实体不同;并且(§17)他指出这些观念构成了与心灵对立的物体。

19. 沃塞斯特主教先生还可以说,从实体的一般观念既在物体方面也在心灵方面这一点,并不能推出它们的区别就在于同一件东西的各种样式的区别,如我们这位作者在我们所引的第一封信中那个地方所说的那样。我们应该把样式与属性好好区别开来。具有知觉和活动的功能、广延、坚实性都是属性或永久的、主要的谓词;但是思想、动力、形状、运动则是这些属性的样式。此外,我们还应该把物理的(或毋宁说实在的)类与逻辑的或理想的类区别开。属于同一个物理的类或同质的东西,是可以说属于同一种物质的,并且常常可以因样式的变化而由一个东西变成另一个东西;如圆与方。但是两个异质的东西也可以属于一个共同的逻辑的类,而这时它们的差就不是同一主体或同一形而上学的或物理的物质的一些单纯偶然样式之差了。因此如时间和空间就是非常异质的两样东西,而如果想象着有一种不知是什么的实在的共同主体,它只有一般的连续量,而它的样式就是时间或空间的由来,这种想法就将是错误的。可是它们的共同的逻辑的类就是连续量[①]。有些人也许会讥笑哲学家们关于两种类的这种区分,一种只是逻辑的,另一种又还是实在的;又区别两种物质,一种是物

① G 本无此一句,照 E 本、J 本加。

理的，就是物体的物质，另一种只是形而上学的或一般的，以为这就好像有人说两部分的空间是属同一种物质，或者说两个小时属于同一种物质一样可笑。可是这种区别并不只是名词上的区别，而是事物本身的区别，并且在这里似乎显得非常恰当，在这里，由于它们之间的混乱，就产生了一种错误的结论。这两个类有一个共同的概念，而实在的类的概念则为两种物质所共同的；所以它们的谱系应当是这样的：

- 类
  - 仅仅是逻辑的类，因单纯的差而变异
  - 实在的类，其差为种种样式，即物质
    - 仅仅是形而上学的，其中有同质性
    - 物理的，其中有一种坚实性的，同质的质量

20．我没有看到作者给这位主教的第二封信；而这位教长对此的答复几乎没有触及物质的思想这一点。但我们这位作者对这第二次复信的再答复又回到了这一点上。“上帝（他说的差不多就是用这样的词句，第397页）把他所喜欢的性质与圆满性加给物质的本质；在某些部分里只有单纯的运动，但是在植物里有生长，在动物里有感觉。有些人到此为止都同意，但当我们再进一步，说上帝也可以给物质以思想、理性、意志时，他们就叫喊起来了，好像这样就摧毁了物质的本质似的。但是为了证明这一点，他们只引证说思想或理性是不包含在物质的本质之中的；这丝毫也没有证明什么，因为运动和生命也同样并不包含在其中。他们又说，我们不能设想物质能思想。但是我们所设想的概念并不是上帝的能力的尺度。”这以后，在第99页，他又引了物质的引力的例子，尤其是在

第408页，说到归之于牛顿先生提出的物质对物质的万有引力(用我以上所引的话)，同时承认我们绝不能设想它是怎么样的。这其实是回到隐秘性质①，或者简直是回到不可解释的性质去了。他在第401页又说，没有比否认我们所不了解的东西更适于为怀疑论张目的了；又在第402页说，我们甚至也不能设想灵魂如何思想。他想着(第403页)，既然物质的与非物质的两种实体，可以就它们的没有任何能动性的赤裸裸的本质去设想，那么就全靠上帝来给这一种或另一种实体以思想的能力了。他又想乘机利用他的对手自己承认的意见来取胜，因为他的对手承认禽兽也有感觉，但是不承认它们有某种非物质的实体。他认为自由、自觉意识(第408页)以及进行抽象的能力(第409页)都可以给予物质，不过不是作为物质的物质，而是作为被一种神圣能力所丰富了的物质。最后他又引证了(第434页)一位很可尊重也很明智的旅行家德·拉·卢贝尔②先生的观察，说东方的异教徒都承认灵魂不死，却并不能了解它的非物质性。

21. 关于这一切，在说明我自己的意见之前，我要指出，确实如我们的作者所承认的那样，物质之不能机械地产生感觉，是和不能产生理性一样的。并且我确实承认我们不能对不了解的东西就加以否认，但是我还要再说一句，我们确有权利否认(至少是在自

① les qualités occultes，这是经院哲学家们的一种遁词，把解释不了的东西都归之于"隐秘性质"。

② Simon de la Loubère，1642—1729. 他于1687年由法国国王路易十四派往暹罗，去建立法国与暹罗王国之间的外交和通商关系。他在那里搜集了有关暹罗的历史、风俗习惯、宗教等等的大量资料，回国后发表了他的《暹罗王国》(*Du royaume de Siam*，巴黎，1691)一书。

然秩序范围内)那种绝对不可理解,也不能解释的东西的。我还认为,实体(物质的或非物质的)是不能光就它的没有任何能动性的赤裸裸的本质去设想的。能动性是一般实体的本质。最后,我承认被创造的东西所设想的概念并不是上帝的能力的尺度,但是被创造的东西的能设想性或设想能力却是自然的能力的尺度,因为一切符合于自然秩序的,都能为某种被创造的东西所设想或了解。

22. 凡是知道我的系统的人,将会看出我对这两位卓越的作者都不能完全同意,可是他们之间的辩论是很有教益的。但是为了清楚地说明我的意见,首先要考虑到,能够自然地或不赖奇迹地归属于同一主体的各种样式,应该来自一个实在的类或一种经常的、绝对的原始本性的限制或变异。因为哲学家们就是这样来区别一个绝对存在物的样式和这存在物本身的,例如我们知道大小、形状和运动显然就是物体的本性的限制或变异。因为很清楚,如何一种广延加以限制就给人各种形状,而其中所发生的变化不是别的,就是运动。并且无论何时,每当我们在一个主体中发现某种性质时,我们就应该相信,如果我们了解这主体和这性质的本性,我们就能设想这种性质如何能从这主体产生出来。因此,在自然秩序范围内(把奇迹撇开),上帝并不是武断地、无分别地给实体以这种或那种性质的;他从来不会给它们别的,只给它们自然的性质,也就是那些能作为可解释的样式从它们的本性中抽引出来的性质。因此我们可以断定,物质凭它的本性是不会有上述的那种引力的,并且凭它本身也不会在一道曲线上运动,因为我们不能设想它如何能这样,就是说,我们从机械的观点不能解释这种运动;反之凡是自然的东西都应该能够成为清楚的可设想的,如果我们能够深入了解事物的秘密的话。把自然的、可以解释的东西与不可解释的、奇迹的东西区别开,就除去了一切困难。排除这种区别,就会是维护比那种隐秘性质更坏的东西,并因此而抛弃了哲学和理性,以一种糊涂的系统为无知与懒惰开辟庇护所。这种系统不仅承认有我们所不了解的性质(这种性质只能说太多了),并且还承认有那样一些性质,连最伟大的心灵,即使上帝给它打开了尽可能广阔的道路也不可能了解的,换句话说,这种性质或者是出于奇迹的,或者是荒唐无稽的。而说上帝平常也老是施行奇迹,这本身也就是荒唐无稽的;所以,这种怠惰的假说,既摧毁了我们寻求理由的哲学,也同样地摧毁了那供给理由的神圣智慧。

23. 现在说到思想,确实,并且我们的作者也不止一次地承认,它不能是物质的一种可以理解的样式,或者是包含在物质之中并能以物质来解释的东西①,换句话说,一个能感觉或能思想的东西不能是一种机械的东西,像一只表或一副磨子那样,以致我们可以设想大小、形状、运动等的机械组合能够在一堆原来并无能思想与能感觉的东西的物质中产生出某种能思想甚至能感觉的东西,并且当这种机械组合弄乱时这种思想或感觉也就以同样的方式终止。因此,物质能感觉和思想,并不是自然的事,它要能如此,只能由于两种方式:一种方式是上帝使它和另一种自然能思想的实体相结合,另一方式是上帝用奇迹把思想放在物质之中。所以在这

① E本无"或者是……的东西"一句。

方面我完全同意笛卡尔派的意见，只是我还把它扩充到禽兽，并认为禽兽也有感觉和（真正说来）非物质的心灵，也和德谟克利特或伽森狄所说的原子一样不会毁灭；反之笛卡尔派则毫无理由地对禽兽的灵魂感到困惑，而如果禽兽的灵魂也能保存，他们就不知道该怎么办（因为他们没有想到动物本身是缩小了保存着的），因此不得不与一切显然的现象及人类的判断相反，连禽兽有感觉也拒不承认了。但是如果有人说上帝至少能把思想的功能加给一种如此准备好了的机器，则我可以回答说，如果是这样，如果上帝把这种功能加给物质而并不同时放进一种作为这功能所依附的主体的实体（如我所设想那样），换句话说，并不加进一种非物质的灵魂，那么，物质就应当是被以奇迹的方式提高了，以便来接受一种它照自然的方式不能有的能力。正如有些经院哲学家主张①，上帝把火提高了，甚至给了它一种力量，能直接焚烧与身体相分离的心灵，这将是纯粹的奇迹。这已足够使我们不能主张物质也在思想，除非是在物质之中放进一种不能毁灭的灵魂，或者放进一种奇迹。因此，我们灵魂的不死②是随着自然本性来的，因为我们不能主张它们熄灭，除非是由于奇迹，或者把物质提高，或者把灵魂化为乌有。因为我们完全知道，既然上帝能把灵魂化为乌有，则灵魂尽管可以是非物质的（或者单凭自然本性是不死的），上帝的能力仍能使我们的灵魂有死。

24. 然而灵魂的非物质性这一真理无疑是重要的。因为对宗

---

① E本和J本此句作："有些经院哲学家曾主张过某种和这很近似的东西，就是："。

② G本作 immortalité（不死），E本作 immaterialité（非物质性）。

教和道德来说，尤其是在我们这个时代（现在许多人对于单单的天启和奇迹是几乎不尊重的[①]），指出灵魂就自然本性说是不死的，而如果它不是这样则是一种奇迹，比之于主张我们的灵魂就自然本性说是应该死的，但由于一种奇迹的恩惠，仅仅基于上帝的恩许，它才不死，要有无限地更大的好处。大家也久已知道，有些人想摧毁自然宗教而把一切归结为天启宗教，好像理性在这方面丝毫不能教我们什么，这样的人是被人看作可疑的；而这并不是始终没有理由的。但我们的作者并不属于这一类人之列。他主张对上帝的存在要证明，并且认为灵魂的非物质性有最高度的概然性，因此可以被当作一种道德上的确定性；所以我相信，有了这样的真诚和通达，他是能够同意我刚才所陈述的学说的，这学说在全部合乎理性的哲学中是根本性的。因为否则我就看不出我们如何能避免重新陷于像佛留德[②]的《摩西哲学》那样的狂信哲学[③]，它要为一切现象找根据，就把它们用奇迹直接归之于上帝；或者陷于野蛮哲学，如过去时代某些哲学家和医学家那样的，他们还依旧显出他们那个时代的野蛮性，而这在今天已理所当然地受到人们的轻视。他们要为现象找根据，就明目张胆地捏造出一些隐秘性质或功能，把它们想象成好像是一些小精怪或幽灵，能够不拘方式地作出一切你所要求的事，好像怀表凭某种怪诞的功能就能指示时间而不需要齿轮，或者磨子凭一种能磨碎的功能就能粉碎谷物而用不着

---

① E本和J本无括弧内这一句。

② Robert Fludd，1574—1637，是一位英国的医生和神秘主义哲学家，他的《摩西哲学》（*Philosophia Mosaica*）出版于1638年。

③ E本与J本作“la Philosophie ou fanatique”（“哲学或狂信”）。

磨石之类的东西似的。至于好些人都存在的那种设想一种非物质的实体方面的困难，(至少大部分)是很容易解决的，只要他们不要求那些和物质分离的实体，事实上我认为在被创造的东西是绝不会自然地有这种实体的。

第一卷 论天赋观念

第一章[①] 人心中是否有天赋原则？

斐拉莱特 当我在英国办完事情以后重新渡海回来时，先生！我首先想着要来拜访您，以便重温我们的旧谊，并且和您谈谈那些一直萦绕我们心中的问题，我认为在我长期[②]留居伦敦期间，对这些问题已得到一些新的启发。当我们从前在阿姆斯特丹彼此很接近住着时，我们俩都非常喜欢探讨各种原则和深入事物内部的方法。虽然我们的意见常常不同，当我们在一起讨论时，这种分歧却只增加了我们满意的心情，尽管有时有争论冲突，却丝毫没有掺杂什么不愉快的情绪。您是拥护笛卡尔，和拥护《真理的追求》一书的著名作者[③]的意见的；我却发现贝尼埃所阐明的伽桑狄[④]的意见

---

① 洛克的《人类理智论》卷一共四章，第一章是引论，莱布尼茨这书第一章相当于洛克那书的第二章。

② E本无“long”(“长期”)一词。

③ 指马勒伯朗士(Nicolas de Malebranche,1638—1715)，法国唯心主义哲学家，笛卡尔派，其主要著作 De la Recherche de la Vérité(《真理的追求》)发表于 1674 年。

④ 伽桑狄(Pierre Gassendi,1592—1655)，法国唯物主义哲学家，经验论者，以复兴古希腊伊壁鸠鲁的唯物主义原子论学说著名。贝尼埃(François Bernier)曾编撰《伽森狄哲学撮要》(*Abrégé de la Philosophie de Gassendi*,8 vols,1678,第二版,7 vols,1684)。

比较容易些和自然些。现在，我觉得已由于一部卓越的著作而使自己极大地更加坚强有力了，这部著作是我荣幸地特别熟悉的一位英国人那时发表的，并以《人类理智论》这一谦逊的书名[①]在英国已多次重印。人们甚至确定说它不久前已以拉丁文和法文出版，对此我深为欣慰，因为这样就能更广泛地为人所利用。我从这著作得益极大，甚至更得益于和作者本人的谈话，我和他在伦敦常常交谈，有时在奥茨(Oates)，在著名的柯特渥兹先生的令爱玛香姆夫人[②]家，柯特渥兹先生是英国的大哲学家和神学家，《理智体系》的作者，她从父亲那里继承了深思的精神和对优美知识的爱好，这种性格特别在她和上述《理智论》作者所保持的友谊中表现出来。当这位作者受到一些有声誉的博士攻击时，我也很高兴在读到他本人所作的辩护之外还读到一位聪明睿智的女士为他所作的辩护。他的思想大体上是足可在伽森狄的体系中找到的，后者则骨子里就是德谟克利特的体系；他赞成有虚空和原子；他相信物质能够思维；他认为没有天赋观念；我们的心灵是“白板”；我们并不是永远在思维；并且他似乎有意于赞成伽森狄对笛卡尔所作的绝大部分反驳。他已经以千百种美好的思考丰富和加强了这个体系；而我毫不怀疑，现在我们这一派已对它的敌手逍遥学派和笛卡尔派取得了巨大

---

① 洛克的《人类理智论》原名《An Essay concerning Human Understanding》。Essay一词本有“尝试”的意义，用以指文体也通常是指一种题材较轻微、篇幅较短小的随笔、短评、杂文之类的文章，洛克的书本是一部哲学巨著，而以Essay为名，故说是“谦逊的书名”。

② 柯特渥兹(Ralph Cudworth，1617—1688)，其主要著作为The True Intellectual System of the Universe(《关于宇宙的真理智体系》)发表于1678年。其女儿Lady Masham也曾和莱布尼茨通信。

的胜利。就因为这样，所以您要是还没有读过这本书，我要请您读一读；而如果您已经读过了，我就请您对我谈谈您对它的看法。

德奥斐勒 在您长期外出以后，我很高兴看到您回来了，愉快地结束了要务，身体健康，牢固保持着对我的友谊，并且始终具备一种和追求最重要的真理相称的热情。我也以同样的精神继续了我的沉思；并且自认为也和您一样深为得益，若不是自诩，也许比您还得益更多。我也比您更需要得益，因为您原比我先进。您对思辨哲学家较为亲近，我却更多地倾向于道德学。但我已愈来愈见到道德学从真正哲学的坚实原则受到多大的助力，为此我从那时以来已更加勤奋地研究了这些原则，并且已进入了一些颇为新颖的沉思。这样，我们将可以通过相互交流我们的阐述，而长期彼此相娱。但我必须作为一件新闻告诉您，我已不再是笛卡尔派了，但离您们的伽桑狄也比一向更远了，只是对他的知识和功绩我是承认的。我已为一个新的体系所打动，我是在巴黎、莱比锡和荷兰的《学者杂志》[①]，以及培尔先生那部卓异的《辞典》的《罗拉留》条[②]下读到有关这一体系的一些东西。从此我认为已看到事物内部的一种新面貌。这体系似乎把柏拉图和德谟克利特、亚里士多德和笛卡尔、经院哲学家和近代哲学家、神学、伦理学和理性，都结合起来了。它似乎从一切方面采取了最好的东西，然后又走得更远，达到前人所未及的地步。我在其中发现了关于灵魂和身体的结合的一种很可以理解的解释，对这事我从前是曾感到绝望的。我在这

---

① Journaux des Savans 1665 年在巴黎创办的学术刊物，莱布尼茨在该刊 1695 年 6 月号上发表了《论实体的本性和交通，兼论灵魂与身体的结合的新系统》。

② 参阅“序言”第 9 段注(第 11 页注③)。

体系所提出的诸实体的单一性中，以及由“原始实体”[1]所确定的诸实体的前定和谐中，找到了事物的真正原则。我在其中发现了一种惊人的单纯性和齐一性，以致我们可以说这种实体到处和永远是一样的，只是在圆满性的程度上有所差别。我现在看到了：当柏拉图把物质看做一种不完善的、瞬息万变的东西时，他的意思是什么；亚里士多德提出他的“隐德来希”[2]是想说明什么；照普林尼[3]所记的德谟克利特本人所允许的来世生命是指什么；怀疑论派所宣扬的反对感觉的论点在多大程度上是有道理的；怎么动物照笛卡尔所说其实是自动机器，但怎么照人类的意见它们又是有灵魂和有感觉的；应该怎么来合理地解释那些把生命和知觉给予一切事物的人的观点，如卡儿唐[4]、康帕内拉[5]，以及比他们更好的如已故的坎纳威伯爵夫人[6]，一位柏拉图主义者，还有我们的朋友，已故的范·赫尔蒙先生[7]（虽然在别处充满了不可理解的悖论）和他的朋友，已故的亨利·莫尔[8]；怎么那些自然规律（在这体系出现

---

① “诸实体”指单子，原文为复数，“原始实体”原文为单数，即指作为唯一最高单子的上帝。

② Entelechie，亚里士多德哲学用语，原意指每一事物具有的内在目的性。莱布尼茨关于“隐德来希”的观点参阅其《单子论》§18。

③ Pline，23—79，罗马著名学者，所著《自然史》是古代自然科学史的重要著作。

④ Cardan，即 Girolamo Cardano，1501—1576，意大利哲学家，数学家，医生。

⑤ Tommaso Campanella，1563—1639，意大利哲学家，空想社会主义者。

⑥ la Comtesse de Cannaway，死于 1678—1679，英国女贵族，曾热心于研究柏拉图哲学和新柏拉图派的哲学，也写过一些这方面的著作。

⑦ François Mercure van Helmont，1618—1698，坎纳威伯爵夫人的朋友和医生，曾鼓励她研究柏拉图的哲学。参阅第二卷第二十七章§6.“德”(2)。

⑧ Henry Morus，或 More，1614—1687，一位英国国教会的神学家，也是坎纳威伯爵夫人的朋友。

前有一大部分是不为人们所知的)是在高超于物质的那些原则中有其根源,但一切事物却又是机械地在物质中发生的,对这一点,我以上所提到的那些使事物精神化的作家,用他们的 Archaei①却未能说明,甚至笛卡尔派也是如此,他们认为,非物质性的实体,如果不是改变了物体运动的力,至少也改变了它的方向或规定性,而灵魂和身体,按照这新体系,却是各自完全保持其本身的规律的,但又按照所必须的程度而一个服从另一个。最后,是我自从思考了这个体系以来,我已发现怎么禽兽的灵魂及其感觉,丝毫无害于人类灵魂的不死,或者毋宁说,发现怎样没有比这样更适合于确立我们的自然不死性的了,这就是设想一切灵魂都是不灭的(morte carent animae②),却又不必怕陷于灵魂轮回,因为不仅灵魂,而且连动物也都保存着并且将来也保持是活的,有感觉的,能动的;这是到处都和这里一样,并且永远和到处都和在我们这里的情形一样的,照我已经告诉过您的那样,只除了是动物完善和发展程度有或多或少的差别,却绝不需要灵魂完全分离独立,同时我们却始终具有尽可能纯洁的心灵,而我们的身体器官又不会以任何影响扰乱我们〈灵魂的〉自发性的规律。我发现虚空和原子已被排除了,排除的办法和笛卡尔派那种基于把物体和广延的观念擅自认作合一的诡辩是完全不同的。我发现所有事物都是以在迄今

① 近代拉丁文,源出希腊文 αρχαῖος,αρχή,原意为开始的东西,本原,根源,第一原则,"始基"等。近代初期有些哲学家、科学家,包括上述的范·赫尔蒙等人,引用此术语而作了各种各样神秘化的、唯心主义的解释。按 E 本无此词,而代之以"……",G 本原作"Archées",英译本作"Archaei"。

② 拉丁文,意即:"灵魂不死"。

人们所设想的一切之外的方式被决定着和被装饰着的；物质到处都是有机的，丝毫没有虚空的、多余无用的，或被忽视的东西，没有什么过于齐一的东西，一切都是千变万化的，但又秩序井然，还有超乎想象之外的是，整个宇宙，都作为缩影，但以不同的光景，在它的每一个部分，甚至在它的每一个实体的单元①之中。除了对于事物的这种分析之外，我还更好地了解了关于概念或观念以及真理的分析。我懂得了什么是真的、明白、清楚、贴切②（如果我敢用这个词的话）的观念。我懂得了什么是原始真理，和真正的公理，必然真理和事实真理之间的区别，人的推理和动物的联想之间的区别，动物的联想是人的推理的一种影子。最后，您将会很惊讶，先生，听到我要对您讲的一切，尤其是了解到对于上帝的伟大和圆满性的认识在这里被提高到何等程度。因为我不能隐瞒您，对您我一向是毫无隐瞒的，我现在对于事物和美的这一至高无上源泉，是充满了何等的赞美和爱（如果我们敢用这个词的话），因为，我看到了这体系所发现的那些东西，超过了迄今人们所曾设想的一切。您知道我从前曾走得太远了一点，并且我开始是倾向于斯宾诺莎派这一边的③，他们只留给上帝一种无限的能力，既不承认上帝的圆满性，也不承认上帝的智慧，并且轻视对目的因的寻求，他们就

---

① unités de substance，即指单子，莱布尼茨认为整个宇宙都反映在每一单子之中。

② adéquante，一译恰当，斯宾诺莎在笛卡尔所提出的清楚、明白之外又加上贴切，作为真观念的标志，本意是指观念与对象不多不少相适合。莱布尼茨在这里沿用了斯宾诺莎的这一用语，但其实质内容是与斯宾诺莎不同的。

③ 参阅《关于认识、真理和观念的沉思》在 a 下的注解。（cf. quae ad Meditationes de cognitione, veritate et ideis sub a notavimus）——E 本原注。

从盲目的必然性中引申出一切。但这些新的光辉启发拯救了我；而从那时以来我有时就自己采用了德奥斐勒[①]这个名字。我已读过您刚才说的那位著名英国人的那本书。我对它有很高的评价，并且从其中发现有些美好的东西，但必须更向前进，甚至得背离他的意见，因为他常采取了一些超过必要程度地限制了我们的观点，并且不仅对人的情况，而且连对宇宙的情况，都有点太过于贬低了。

斐　您给我讲的这许多奇妙的东西确实使我吃惊，只是您把它们讲得太好了一点，使我不能轻易相信。不过我愿希望您想用来款待我的这许多新奇东西之中确有些坚实可信的成分。在这点上您将会发现我是非常随和的。您知道我的性情永远是服从理性。因此我有时就采用斐拉莱特[②]这个名字。所以，要是您喜欢，我们现在起就用这两个名字，这对我们是非常贴切的。有办法来尝试证明这一点，因为既然您已读过这位著名英国人的那本使我深为满意的书，而它又讨论了您刚才对我讲的大部分问题，尤其是关于我们的观念和知识的分析，所以最简便的办法就是照着它的线索，来看看您有什么要说的。

德　我赞成您的提议。这里就是那本书。

§1. 斐　〔这书我已经读得很熟，以至其中的表达用语我全记得，我将小心地遵照着这些用语。因此我用不着去翻书，除非碰

---

① Theophile，由源出希腊文的 theos（即"神"、"上帝"）和 philos（即"爱"、"朋友"）两个词合成，意即"爱上帝者"。

② Philalèthe，由源出希腊文的 Philos（即"爱"）和 aletheia（即"真"或"真理"）两个词合成，意即"爱真理者"。

到我们认为必要的地方去翻一下。

我们将首先谈到观念或概念的起源(卷一)，然后是观念的不同种类(卷二)和用来表示这些观念的语词(卷三)，最后是从这些得到的知识和真理(卷四)，而这最后一部分将对我们最关紧要。

关于观念的起源，我和这位作者以及许多明智人士一样，认为没有天赋的观念，也没有天赋的原则。〕而要驳斥那些承认有天赋观念和天赋原则的人的错误主张，只要如以后所显示的，指出并无这种需要，而人们不必求助于任何天赋的印象也能得到自己全部的知识，这就够了。

德　〔您知道，斐拉莱特，我是长期以来持另一种意见的：我一向是并且现在仍然是赞成由笛卡尔先生所曾主张的对于上帝的天赋观念，并且因此也认为有其他一些不能来自感觉的天赋观念的。现在，我按照这个新的体系走得更远了；我甚至认为我们灵魂的一切思想和行动都是来自它自己内部，而不能是由感觉给予它的，如您以后将会看到的那样。但当前我将把这方面的探讨撇在一边，而沿用已被接受的说法，因为事实上这些说法是好的，可以采取的，而且我们在一定意义下也可以说外部感觉部分地是我们的思想的原因，我将来考察一下，怎么照我的意见我们应该说，即使在通常的体系中(谈到身体对灵魂的作用，就像哥白尼派也和旁人一样谈到太阳的运动，并且是有道理的)，也有一些观念和原则，并非来自感觉，而我们发现它们是在我们心中，却并非我们把它们形成的，虽然是感官给了我们机缘，使我们察觉到它们。我想象，您那位高明的作者曾经指出过，在天赋原则的名义下，人们常常坚持自己的成见，并且想借此避免讨论的劳苦，大概就是这种滥用，激起了他要来反对这种假设的热情。他大概是想抨击那样一些人的懒惰和肤浅的思想方式，这些人在天赋观念和自然地铭刻在我们心中，我们很容易给予同意的真理那种貌似有理的借口下，就毫不用心去对这些知识的源泉、联系和可靠性加以研究和考察。在这一点上我是完全赞同他的意见的，甚至我还更进一步。我但愿对我们的分析丝毫不要加以限制，凡是可以下定义的名词都要下定义，并且对一切并非原始的公理都要给以证明或给出证明的方法，而不去区别人们对它们是什么意见，也不管人们对它是否同意。这样将会比人们所想的还更有益。但这位作者似乎为他的热情所驱使而向另一方面走得太远了，这种热情本来是很可赞许的。照我看来，他没有把源出理智的必然真理的起源，和来自感觉经验，甚至来自我们心中那些混乱知觉的事实真理的起源，作充分的区别。因此，先生，我不同意您作为事实所肯定的，说我们不需要天赋的印象就能得到我们全部的知识。以后将会显出我们究竟谁对谁错。〕

§2. 斐 确实等我们以后看吧。我向您承认，亲爱的德奥斐勒，没有一种意见比这更为通常所接受的了，这就是认定有某些真理的原则是人们所一般地同意的；正因为如此它们才被叫做共同概念，χοιναὶ ἐννοιαι[①]；由此人们就推论出，这些原则当是我们的心灵生来就已接受的那样一些印象。

§3. 但虽然事实上确实有一些原则是全人类都一致同意的，这种普遍同意却丝毫不能证明它们是天赋的，如果人们能够表明，正如我相信的那样，有另外的途径人们可以达到这种意见一致。

① 希腊文，即“共同概念”。

§4. 但更坏的是，这种普遍同意是哪里也找不到的，即使是对于这两条著名的思辨原则（因为我们以后还将谈到实践原则），即：凡物是，则是；以及一物不能同时既是又不是；因为人类中有很大一部分，对于在你们无疑当作必然真理和公理的这两个命题，是连知道也不知道的。

德 〔我并不把天赋原则的确实性建立在普遍同意的基础上，因为我已经对您说过，斐拉莱特，我的意见是人们应该要努力工作以便能够证明一切并非原始的公理。我也承认，一种很一般但并非普遍的同意，可能来自一种遍及全人类的传统，就像抽烟的习惯是不到一个世纪以来几乎已为一切民族所接受的，虽然也发现有些岛上的居民因为还不知道用火所以还不会抽烟。正因为如此，有些高明人士，甚至在神学家中间，不过是属于亚尔米纽[①]派的，也有人认为对于神的认识是来自一种很古老也很一般的传统；我还相信这种认识是由于训教而得到加强和纠正了的。但看来自然界是曾有助于人的不借学习教理而得到这种认识的；宇宙的奇妙曾使人想到一种至高无上的力量。有人曾看到一个生来聋哑的孩子表现出对满月的崇敬，人们也发现有一些民族，并未看到他们曾学到其他民族的别的东西，却也怕那种不可见的力量。我承认，亲爱的斐拉莱特，这还不是我们所具有和所要求的那种对于上帝的观念；但这观念本身仍然是在我们灵魂深处，而不是被放进去的，如我们将看到那样；而上帝的永恒法则部分地是以一种还更显然可见的方式并且是由一种本能铭刻在灵魂之中的。但这些是实践

① James Arminius，1560—1609，一位荷兰的著名神学家。

原则，对它们我们将也有机会谈到。可是必须承认，我们所具有的认识上帝观念的倾向，是在人的本性之中的。而且，即使把首次教人上帝观念归之于天启，人们所显出的那种很容易接受这种教理的〈心理状态〉也还是来自他们灵魂的本性的。① 但我们将认为，这些天赋观念包含着一些不相容的概念。〕

§19. 斐　您主张人们一听到说就承认为真的那样一些特殊的、自明的命题（如说绿的不是红的），是被作为从另外一些被人看作这么许多天赋原则的更一般命题所得的结论来接受的，当您这样主张时，先生，您似乎丝毫没有考虑到，这些特特殊的命题，是被那些对这种更一般的公则毫无认识的人，作为无可怀疑的真理来接受的。

德　对上述这一点，我已经作了答复了。我们以这些一般公则为根据，就像我们根据那样一些大前提一样，当我们作省略三段论推理时，这些大前提是被略去的。因为虽然我们常常没有分明地去想当我们推理时都做些什么，也就像我们不去想当我们走路或跳跃时做了些什么一样，但这一点总永远是真的，就是那结论的

① 自此处以下一大段，G 本与 E 本在文字次序上有较大差异。G 本在这以下的一句，“但我们将认为”这几个字在 E 本第 207 页 b 第 31 行“这些天赋观念……”以下则在 E 本第 211 页 a 第 26 行，正在 §19 之前，而从这以下两种版本又一致，直到 §26，G 本第 72 页，E 本第 212 页。这里 G 本作：“如果有天赋的真理，那岂不是必须接着得出结论，即外来的教理仅仅只是刺激起原在我们心中的东西吗？”从“接着得出结论……”以下，又和 E 本第 207 页 b 第 32 行以下相同，直至 G 本 79 页 25 行，E 本 211 页 a 26 行。接着从 G 本 79 页 26 行以下与 E 本 212 页末行起直至本章之末，两种文本又基本一致。大体说来，E 本文字是照着洛克原书的顺序，而 G 本则将 §19—§26 移到 §5 之前，并在首尾相接处有些不同。G 本为何作此变动，原因不明。但鉴于 G 本系对照原稿作了校订，据推测当系原来手稿是如此，为求忠实于原稿之故。现译本也仍照 G 本顺序。但就内容看，当以 E 本顺序较为合理，可能 G 本所据原稿有舛讹。

力量，部分地是在那种我们略去了的东西之中，而不可能来自别处，当你要对这结论加以证明时，就会找到这种东西。

§20. 斐 但情况似乎是：那些一般的和抽象的观念，对于我们的心灵来说，是〔比那些特殊的概念和特殊的真理更陌生的；因此这些特殊的真理，将比那矛盾律对心灵更为自然，您是想把这些特殊真理仅仅作为矛盾律的应用的。〕

德 诚然我们毋宁更通常地是从察觉那些特殊真理开始的，正如我们是从那些比较复杂和粗大显著的观念开始的那样。但这丝毫也不排除自然的秩序是从最单纯的东西开始的[①]，不排除较特殊的真理的理由有赖于较一般的真理，特殊真理只是一般真理的一些例子。而当我们想来考虑那潜在地，并且在全部察觉[②]之先在我们之中的东西时，我们从最单纯的东西开始是有道理的。因为那些一般原则进入我们的思想之中，形成了我们思想的灵魂和联系。它们对思想是必需的，正如肌肉和筋对于行走是必需的一样，虽然我们一点也没有想到它们。心灵每时每刻都依靠这些原则，但它并不容易把它们区别出来和清晰、分明地表象出来。因为这要求这样做的人有一种很大的注意力，而大部分的人，不习惯于沉思，却几乎没有这种注意力。中国人不是和我们一样也有有节音的语言吗？但他们由于依照了另外一种书写方式，却还没有

---

① 按莱布尼茨认为宇宙万物都是由“单子”构成，而“单子”的最根本特性就在于它是“单纯”的，即不包含任何“部分”的，不是由任何部分复合而成的。参阅其《单子论》§1以下各节。

② apperception(察觉)在莱布尼茨哲学中和 perception(知觉)的区别，在于“知觉”是一切单子都具有的，而“察觉”则是清楚的、自觉的意识，是较高级的单子如人类心灵才有的。参阅《单子论》§14等处。

想到给这些声音作成一份字母表。人们有着许多东西却并不知道,情况就是像这样的。

§21. 斐 如果心灵这样迅速地承认某些真理,那么这种承认,与其说是由于这些命题是凭本性铭刻在心中的,难道不能说毋宁是由于考虑到事物的本性不允许作别样的判断吗?

德 两方面都是真的。事物的本性和心灵的本性是彼此一致的。而既然您把对事物的考虑和对铭刻在心中者的察觉对立起来,那么,先生,这种反驳本身就使人看出,您所属那一派的人,是把天赋的真理,仅仅理解为人们凭本能自然地赞同的东西,并且甚至并不认识的,除非是混乱地有所认识。是有这样性质的东西,我们也将有机会谈到它;但人们称为自然的光[①]的东西,是假定着一种清楚的认识,并常常是认为对事物本性的考虑,它不是别的,无非是对我们心灵的本性和对这些无需向外寻求的天赋观念的认识。因此,我是把这样一些真理叫做天赋的,要证实这些真理,除了这种考虑之外不需要别的。我已在§5回答了§22的反驳,这反驳是想说,当人们说天赋概念是隐含在心灵中时,这应该只意味着它有认识这些概念的能力;因为我已指出,除此之外,它还有在本身之中发现这些概念的能力,并且有当它认为必要时对这些概念加以认可的禀赋。

§23. 斐 那么,先生,似乎您是想说,那些有人第一次向他们提出这些一般公则的人,也丝毫没有学到什么对他们来说是全

① la lumière naturelle,笛卡尔以来的唯理论者认为人的心灵具有这种"自然的光",即"天赋的灵明",天赋的理性认识能力。

新的东西了。但显然他们首先是学到了名称,然后又学到了一些真理以及甚至是这些真理所依赖的观念。

德 这里丝毫不涉及名称,名称在某种意义下是武断的,而观念和真理则是自然的。但就这些观念和真理来说,先生,您把一种我们所强烈排斥的学说归之于我们了,因为我仍然同意,我们是学到这些天赋的观念和真理的,或者是通过注意它们的源泉,或者是通过用经验来对它们加以证实。因此我并没有作您似乎在谈到我们没有学到什么新东西这种情况下所说的那种假定。并且我也不能承认这样的命题,即凡是人所学到的东西都不是天赋的。数的真理是在我们心中的,但我们仍不失为学到它们的,或者是通过从它们的源泉把它们抽引出来,当我们靠证明的推理来学到它们时(这就使人看出它们是天赋的)就是这样;或者是通过用例子来验证,如平常的算术教师所做的那样,他们因为不知道证明的道理,只是靠传统学到他们那些规则的,而至多在教这些规则之前,用经验来表明它们是正确的,这办法他们可以继续做下去,直到他们认为适当的地步为止。而有时甚至一位非常精明的数学家,由于不知道别人的发现是怎么来的,也不得不满足于由这种归纳的方法来考察它,如在巴黎有一位著名的作者就是这样做的,当我在那里时,他继续不断地搞了相当长一段时间,来试验我的算术的化圆为方的方法①,把它和鲁道尔夫②数来作比较,认为从中找出了某种

① 原文为 tétragonisme arithmétique,其内容可参阅本书第四卷第三章§1—§6一段“德”的本文及注(第441页注②)。

② 指 Ludolph van Ceulen 或 Keulen,1539—1610,荷兰数学家,曾计算圆周率 π 之值达小数35位,在德国,圆周率即通称鲁道尔夫数。

错误；而在人家把那证明告诉他以前，他确是有理由来怀疑的，这种证明使我们免除了这些试验，这种试验人们是可以一直做下去的，而永远也不会得到完全的确定。而正是这件事，即归纳的不完全性，却是可以用经验的实例来证实的。因为有一些进程，在人们注意到在其中所发现的变化和其中的规律之前，是可以进行得很远的。

斐　但难道就不可能是这样，即不仅我们所用的名词和语词，而且连那些观念都是从外来到我们心中的吗？

德　那么就必须是我们自己就在我们之外了，因为那些理智的或反省的观念是从我们心灵中抽引出来的。而我倒很愿意知道，我们怎么能有对于存在的观念，要不是我们本身就是存在，并因此在我们自己之中发现了存在。

斐　但对于我的一位朋友的这样一种挑战，先生，您将说什么呢？如果有人能够找到一个命题，它的观念是天赋的，那么就请他把它的名称给我指出来，没有比这更会使我高兴的了。

德　我将为他指出，算术和几何的命题，全都是这样性质的；并且对于必然真理来说，也不能发现别的命题。

§25. 斐　这一点对大多数人来说将会显得是奇怪的。能够说那些最难、最深的科学是天赋的吗？

德　就它们的现实的知识来说不是天赋的，但很多可以称为潜在的知识是天赋的，如大理石的纹路所构成的形象，在人通过工作而发现它们以前，就是在大理石之中的。

斐　但是说那些儿童，一方面接受了那些从外来的概念并给以认可，另一方面却可以毫不认识那些你假定为他们一生下来就天赋着的,而且是作为他们心灵的组成部分的东西,并且你说它们是以一种抹不掉的字迹印在心中作为一种基础的,这是可能的吗?如果是这样,那自然将会是徒劳无益地自找麻烦了,或者至少是它把这些字迹刻印得很坏,因为那看别的东西看得很清楚的眼睛也竟不能察觉它们。

德 对于那些在我们心中的东西的察觉,有赖于一种注意力和一种秩序。而因为注意力是受需要所制约的,所以儿童更多地注意那些感觉观念,这不仅是可能的,而且甚至是适宜的。但事情的结局以后将会使人看到,自然给我们印上那些天赋的知识并不是徒劳无益的自找麻烦,因为没有它们就将无法达到对那些证明的科学中的必然真理的现实知识,以及对事实的理由的认识;而我们就会没有什么超出禽兽之上的东西了。

§26. 斐 如果有天赋的真理,那岂不是必须接着得出结论,那外来的教理仅仅只是刺激起那原在我们心中的东西吗?我得出结论认为在人们之间相当一般的一种同意,是天赋原则的一种标志而不是一种证明;但对于这些原则的确切而有决定性的证明,是在于表明:它们的确定性只能来自我们心中的东西。为了进一步答复您所说的反对那人们给予那两条大思辨原则(但却是最好地确立了的)的一般赞同的那些话,我可以告诉您,即使这两条原则不为人所认识,它们仍不失为天赋的,因为一旦人们听到这两条原则就会立刻承认它们。但我还要再说一点,归根到底是每个人都知道这些原则的,并且每时每刻都在运用(例如)矛盾律而并没有清楚地考虑到它。没有一个野蛮人,在他认为严肃的事情上,不会对一个自相矛盾的骗子的行为觉得受了冒犯的。因此,这些公则是被人们不加明确考虑地运用着的。这近似于在作省略三段论推理时那些被省略的命题是潜在地在人心中的，这些命题我们不仅在外面把它们抛在一边，而且在思想中也把它们抛在一边了。①

§5. 斐 〔您所说的关于这些潜在的知识以及关于内心的省略的话使我吃惊，〕因为说有一些真理印在灵魂之中，而灵魂对它们又毫不察觉，这在我看来是一个真正的矛盾。

德 〔如果您是抱着这样的成见，那我就无怪乎您要否认天赋知识了。但我倒很奇怪您怎么就没有想到，我们有无数的知识是我们并不总是察觉到的，甚至当我们需要它们时也还察觉不到；这就要用记忆来保持它们，并且要用回忆来把它们重新向我们呈现出来，就像有需要时常常所做的那样，但并不永远总是如此。那就很好地被叫做回想（Subvenire）②，因为回忆是要求某种帮助的。而在这样繁多的知识中，我们当然一定得受某种东西决定来把这一种而不是那一种知识重新呈现出来，因为要一下子把我们所具有的知识全部想起来是不可能的。〕

斐 在这一点上我相信您是对的；而这种太过一般的断语，说我们永远察觉到在我们灵魂中的一切真理，是我的失误，而我没有给以充分的注意。但您将稍微要多费点心来回答我就要向您提出

① 按此段从第二句“接着得出结论……”以下到此段之末，在E本是接在§4“德”的“但我们将认为”之后（第207页b第33行以下；参阅本书第40页注），当译作：“但我们以后将认为，那外来的教理仅仅只是刺激起那原在我们心中的东西。”然后接“我得出结论……”整段是代表莱布尼茨本人观点的“德奥斐勒”的话，而本译文所据G本作此改变，则成了代表洛克观点的“斐拉莱特”的话，就内容看是不合的。姑记此以供进一步研究。自§5以下至§18之未两种文本又基本一致。

② 拉丁文，意即“回想”，或“回忆”，法语Souvenir（回想，回忆）即来自拉丁文subvenire，这词原义包含有“帮助”的意思，因此下文说“回忆要求某种帮助”。

的问题。这就是：如果能够说某种特殊的命题是天赋的，那么以同样的理由也就将能主张一切命题，凡是合理的以及心灵总能认为它是合理的，就都已经印在灵魂之中了。

德　对于我作为是和感觉的幻象相对立的纯粹观念，以及对于我作为是和事实真理相对立的必然真理或理性来说，我同意您以上所说的这一点。在这种意义下，我们应该说，全部算术和全部几何学都是天赋的和以潜在的方式在我们心中的，所以我们只要注意地考虑并顺次序安排好那已在心中的东西，就能在其中发现它们，而无需乎利用任何凭经验或凭旁人的传统学到的真理，如柏拉图在一篇对话①中所显示的，在这篇对话中他讲到苏格拉底对一个小孩，只是对他提一些问题而丝毫没有教他什么，就引导他达到了一些抽象玄妙的真理。因此我们只要在自己书房里甚至闭着眼睛就可以为自己形成这些科学，既不必用眼睛甚至也不必和我们所需要的真理接触来学到什么；虽然我们要是从来就什么也没有看见或接触过，诚然是不会来审察有关的这些观念的。因为由于大自然的一种可赞叹的经营结构，我们不会有什么抽象的思想是不需要某种可感觉的东西的，即使这可感觉的东西不过是一些记号，就像字母的形状以及声音那样；虽然在这样的武断的记号和这样的思想之间，并无任何必然的联系。而如果这感觉的形迹是不必要的，那么灵魂和身体之间的前定和谐，这我将有机会和您更充分地讨论，就无从发生了。但这并不妨碍心灵是从它自身中得到必然真理的。我们有时也可以看到，不借任何帮助，只凭一种纯

① 《美诺》篇 82 以下。

粹自然的逻辑和算术，能够走得多么远，就像那个瑞典的少年，如果人家告诉我记得不错，他单靠自己用脑筋，并没有学过通常的计算方法，甚至也不会读不会写，就能在头脑里立刻作出很大数目的运算。诚然有些很麻烦的问题，就像那种要求方根的问题，他是不能解决的。但这也并不能阻止他通过心里某种新的转折，也许还是能够从心里把那结果得出来。因此这只是证明，要察觉那在我们心中的东西，是有困难程度的不同。有一些天赋原则是很普通的和对一切人都很容易的；有一些定理，人们也是同样立即发现的，而它们构成各门自然科学，则在一种情况下比在另外的情况下较多地为人所理解。最后，在一种更广的意义下——为了有包罗更广和更确定的概念，用这广义是好的——凡是能从原始的天赋知识引申出来的一切真理也都可以叫做天赋的，因为心灵能从自己内部把它们抽引出来，虽然这常常不是一件容易的事。但如果有人要给这些话语另一种意义，我并不想就字眼来作什么争论。

斐 〔我已经同意您所说的，我们可以在灵魂中有那我们所并不察觉的东西，因为我们并不总是在特定的片刻都记得我们所知道的全部东西，但它总永远必须是我们曾经学到的，是我们以前曾经明确认识了的。因此，〕如果我们能说一样东西是在灵魂之中的，虽然灵魂还不认识它，这只能是因为灵魂具有认识它的能力或功能。

德 〔为什么这就不能还有另外一种原因呢？就比如下列的原因：灵魂能在自己之中有这样东西而人对它并不察觉；因为既然您所承认的，一种获得的知识能够由记忆隐藏在心中，为什么自然就不能在其中也隐藏着某种原始的知识呢？难道对于一个认识自身的实体是自然的一切东西，就一定得为它一下就现实地全部认识吗？像我们的灵魂这样一种实体，难道就不能也不应该有很多种特质和性情，是它不可能立刻一下全都审察到的吗？这是柏拉图派的意见，认为我们的一切认识都是回忆，并且因此灵魂随着人的出生而带来的和叫做天赋的那些真理，应该是一种先前的明确认识的一些残余。但这种意见是毫无根据的，并且很容易认定灵魂在前世（如果有前世的话）就应该已经有天赋知识了，不管它可能多么遥远，全部情况就像这里的一样；这些知识因此应该来自另一更在先的前世，或者[1]它们毕竟是天赋的或〈和灵魂〉同时被创造出来的；否则就得作无穷追溯而使灵魂成为永恒的，在这种情况下这些知识实际上也得是天赋的了，因为它们在灵魂中从来就没有个开始；而如果有人硬要说每一前世都从更在先的前世得到点什么而它并没有留给来世，我们将答复他说：很清楚，某些显然的真理应该是灵魂在所有这些世代都有的，而不管采取什么方式，在灵魂的所有各个世代的状态都是很清楚的，必然真理是天赋的并且是靠内在的东西来证明的，而不能是像我们建立事实真理那样靠经验来建立的。为什么我们又一定不能在灵魂中具有一些从来没有利用过的东西呢？有一样东西而不加利用，和仅仅具有获得这种东西的功能，是一回事吗？如果是这样，那我们就会从来只有那些讨我们喜欢的东西了；与此相反，我们知道，除了功能和对象之外，在功能方面或在对象方面，或在两者，常常须有某种禀赋，才

① G本、E本都作 ou，即“或者”，而J本作 où，即“在那里”，即指在更先的前世。

能使功能得以作用于对象。〕

斐　如果照这样的方式，那么我们将可以说，有一些真理铭刻在灵魂之中，但灵魂却从来并没有认识它，而且甚至也将永远不认识它，这在我看来是很奇怪的。

德　〔我在这里看不出有什么荒谬的地方，虽然也不能保证确有这样的真理。因为那些比我们在这一生过程中所能认识的更崇高的东西，可能当我们的灵魂在另一世的状态中时，有朝一日会发展出来。〕

斐　但假定有些真理能够被印在理智之中而不被理智所察觉，我看不出怎么对于它们的起源来说，它们能和那些理智只能够认识的真理有所不同。

德　心灵不是只能认识它们，而且还能够在自身之中找出它们，而如果它只有单能接受知识的能力或对此是被动的能力，就像蜡块接受印迹或空白板接受字迹的能力一样不被决定，那么它就不会是必然真理的源泉，而我刚才已表明它是那样的源泉；因为无可争辩的是感觉不足以使人看出真理的必然性，而因此心灵有一种禀性（既是主动的也是被动的），来自己从自己内部把这些必然真理抽引出来；虽然感觉也是必需的，为的是来给心灵这样做的机会和注意力，使它把注意力放在某些方面而不放在另外的方面。因此，先生，您看到，那些在别的方面很精明而持另外一种意见的人，对于我已经指出并为我们的全部争论所表明的、那种必然或永恒真理与经验的真理之间的区别所产生的后果，似乎没有作充分的思考。必然真理的原始证明只来自理智，而别的真理则来自经验或感觉的观察。我们的心灵能够认识两种真理，但它是前一种真理的源泉；而对于一个普遍的真理，不论我们能有关于它的多少特殊经验，如果不是靠理性认识了它的必然性，靠归纳是永远也不会得到对它的确实保证的。

斐　但如果在理智中这几个词包含着什么积极的东西，则它的意思就是指为理智所察觉和理解，这难道不是真的吗？

德　这些词对我们来说意思指完全另一回事。在理智中的东西只要能在其中找到就够了，而所说的真理的源泉或原始证明只是在理智中的；感觉可以为这些真理作出暗示、证实、确认，但不能证明它们万无一失的和永久的确定性。

§11. 斐　可是凡是愿意稍微注意费点力对理智的运用作些思考的人，都会发现心灵毫无困难地给予某些真理的这种同意，是依赖于人类心灵的功能的。

德　很好。但正是人类心灵对这些真理的这种特殊关系，使得这种功能对它们的运用成为容易的和自然的，并使人把这些真理叫做天赋的。因此，这不是仅在于只是理解这些真理的可能性的一种赤裸裸的功能；这是一种禀赋，一种才能，一种先已形成的东西，它决定着我们的灵魂，并使得这些真理能够从灵魂中被抽引出来。这正如在那些人们不管怎样把一块石头或大理石雕成的形象，和那些工匠若加以利用，则大理石的纹路已经显出或生好了可以显出的形象之间，是有区别的。

斐　但真理是在它们从之产生的观念之后的，这难道不是真的吗？而观念是从感觉来的。

德　那些理智的观念，是必然真理的源泉，并不是从感觉来的；而您也承认，有一些观念是从心灵省察它自身时的反省得来的。此外，这一点是真的：对真理的明确认识是后于（tempore vel natura[①]）对观念的明确认识的；正如在我们明确地形成真理与观念之前，真理的本性是依赖于观念的本性的，并且那些来自感觉的观念进入其中的真理，至少部分地是依赖于感觉的。但来自感觉的观念是混乱的，而依赖于它们的真理也至少部分地是混乱的；至于理智的观念以及依赖于它们的真理，则是清楚的，并且两者都不以感觉为其起源；虽然要是没有感觉我们也许的确永不会想到它们。

斐　但是，照您的看法，数是理智的观念，可是人们发现其中的困难就取决于明确形成观念；例如一个成年人知道 18 加 19 等于 37，这和他知道 1 加 2 等于 3 是一样显然的；但一个小孩知道前一个命题就不像他知道第二个命题一样快，这是由于没有在认得这些字的同时立即形成这些观念。

德　我可以同意您所说的明确形成真理的困难常常取决于明确形成观念的困难。可是我认为在您所举的例子中，问题是涉及运用已经形成的观念。对于那些已经学会数到 10，并且知道通过 10 的某种重复继续往前数的方法的人，能够毫无困难地懂得什么是 18、19、37；这就是 1、2 或 3 个 10，加上 8、9 或 7；但要从这里得出 18 加 19 等于 37，则比知道 2 加 1 等于 3 是需要更多的注意力，后者归根到底无非是 3 的定义。

§18. 斐　提供一些人们一听到就会绝无失误地予以承认的命题，这绝不是属于您称之为理智的那些观念或数的特权。您在

① 拉丁文，意即："就时间或本性来说"。

物理学以及其他一切科学中都会碰到这样的命题，甚至感觉也提供这样的命题。例如这个命题：两个物体不能同时在同一地点，是和下列这些公则同样使人深信不疑的真理，如：一物不能同时既是又不是；白不是红；方不是圆；黄不是甜。

德 在这些命题之间是有区别的。第一个命题，宣告物体的不可入性，这是需要证明的。凡是相信真正的和严格意义的密集和疏散的人，如逍遥学派和已故的狄格比爵士①就事实上拒绝这种观点；更不必说基督徒了，他们大部分都采取相反的观点，即认为空间方面的透入，对上帝来说是可能的。但其余的命题是同一的或很接近于同一的，而同一的或直接的命题是不容证明的。那些把感觉看做提供了这样的命题的人，就像那个说黄不是甜的人，无非是把一般的同一性的公则应用于特殊事例。

斐 每一命题，凡是由两个不同的观念构成，而其中一个是另一个的否定，如说方不是圆，黄不是甜，这种命题只要它的名词一被理解，就一定也会和一物不能同时既是又不是这条一般公则一样被作为无可怀疑的而接受下来。

德 这是因为一个(即一般公则)是原则而另一个(就是一个观念对另一个对立观念的否定)是这原则的应用。

斐 在我看来毋宁说那一般公则是依赖于这种否定的，这否定是那公则的根据；并且说凡是同样的东西就不是不同的比那排除矛盾的公则还更容易理解。而照这样说来，就得把无数像这一

① Sir Kenelm Digby，1603—1665，英国的自然哲学家，曾在法国居住，和笛卡尔及其他一些学者相友善，著有《论物体的本性》(*Treatise on the Nature of Bodies*)等。

类一个观念否定另一观念的命题都作为天赋真理，且不说其他一些真理了。再加上一个命题除非构成它的观念是天赋的就不能是天赋的，就得假定我们所有的关于颜色、声音、滋味、形状等等的一切观念都是天赋的了。

德　我看不出怎么凡是同样的东西就不是不同的会是矛盾律的根源并且还更容易；因为在我看来，提出 A 不是 B 是比说 A 不是非 A 给了自己更多的自由。而阻止 A 成为 B 的理由，是 B 包含着非 A。此外，甜不是苦这一命题，按照我们给予天赋真理这一名词的意义，并不是天赋的。因为甜和苦的感觉是来自外感官。因此这是一种混杂结论（hybrida conclusion①），在其中把公理应用于一种感性的真理上了。至于方不是圆这一命题，我们可以说它是天赋的，因为当你考察它时，你是把矛盾律应用于理智提供给自己的东西，或把后者归之于矛盾律所适用的范围之内，一旦你觉察到了这些天赋观念〈包含着一些不相容的概念〉。②

德　绝不是这样，因为思想是一些活动，而知识或真理，就它们是在我们心中来说，即使我们没有想到它们，乃是一些习性或禀赋；而我们知道一些东西是我们极少想到它们的。

斐　如果心灵从来没有想到一种真理，又说这种真理是在心灵之中，这是很难设想的。

① 拉丁文，意即“混杂结论”。

② 尖括弧〈　〉内词句系照 E 本增补。按 G 本这些天赋观念“包含着一些不相容的概念”这一句被移到 § 4 之末，然后从这里起和 E 本一样下接 § 19，（参阅以上第 40 页注。）又照 E 本，自此以下一段（“德　决不是这样……”）系作为 § 26 第二段；而 § 26 的第一段是：“斐　如果有天赋观念，不是也必须得有天赋思想吗？”然后接“德　绝不是这样……”以下至本章之末，两种文本一致。照上下文意看，当以 E 本为是。

德 这就好比一个人说，在人们发现大理石中的纹路以前，说大理石中有纹路是很难设想的一样。这种反驳也有点太近乎以未决问题为论据的诡辩[①]了。所有承认天赋真理而并不以柏拉图的回忆作为其根据的人，都承认天赋真理中有一些是人们还没有想到过的。此外，这种推理也证明太过头了；因为如果真理是思想，则我们不仅被剥夺了从未想到过的真理，并且那曾经想到过而且现在不再实际想到的真理也都被剥夺了；而如果真理并不是思想，却是一些自然的或获得的习性和禀性，则丝毫无碍于在我们心中有一些真理是我们从未想到过或将来也永不会想到的。

§27. 斐 如果一般公则是天赋的，它们应该在有一些人的心中显得更鲜明，可是我们在那里却找不到它们的任何痕迹；这些人我是指儿童、白痴和野蛮人，因为在一切人中，正是这些人的心灵是最少受习俗以及外来意见的印象所改变和干扰破坏的。

德 我想我们在这里应该完全照另一种方式来推论。天赋的公则只有通过人们给予注意才会显现出来；但这些人却很少有这种注意力，或者是只有对完全别样事物的注意力。他们几乎只想到身体上的需要；而纯粹和超然的思想则是以更高尚的关心为代价，这是合理的。诚然儿童和野蛮人的心灵较少受习俗的改变，但他们的心灵也是受了给予注意的训教而成长起来的。说最明亮的光应该在那比较不配并且受较浓密的阴云包围着的心灵中更好地

---

① pétition de principe，通常用拉丁文作 petitio principii，即以正在讨论中的未决问题作为论据的论证方法。或译作“丐辞”论证。英语为“the begging of the question”。

闪耀,这是不大正当的。因此,我但愿像您,斐拉莱特,以及我们那位卓越的作者这样高明的人,不要给无知和野蛮这样崇高的荣誉;这样将会贬低了上帝所赐予的禀赋。有人将会说,一个人越是无知,就越是接近一块大理石或一块木头的好处,大理石和木头是绝不会犯错误也绝不会犯罪的。但不幸我们并不是靠无知才接近这种好处;而就我们是能够具有知识的来说,我们是因忽视获得知识而犯罪,并且越少受教育就越容易犯错误的。

第二章 没有天赋的实践原则

§1. 斐 道德学是一门推证的科学;可是它并没有什么天赋的原则。甚至要产生一条道德规则,它的本性能通过像对于凡物是、则是这条公则一样一般和一样迅速的同意来加以决定,都将是非常困难的。

德 绝对不可能有什么理性的真理是和那些同一的或直接的真理一样显明的。而我们虽然能够真正地说道德学有一些不能加以推证的原则,并且最首要和最得到实践的原则之一就是应该追求快乐和避免痛苦,但必须加一句说这并不是纯粹靠理性认识到的一条真理,因为它是以内心经验或混乱的认识为根据的;因为我们并不知道快乐和痛苦是什么。

斐 只是通过推理,通过言谈和某种心灵的应用,我们才能确信实践的真理。

德 虽然是这样,它们却仍然同样是天赋的。可是我刚才所引述的那条公则却显得是属于另一种性质;它不是由理性所认识,而可以说是由一种本能所认识的。这是一条天赋原则,但它并不成为自然之光的组成部分;因为人们并不以一种明亮的方式认识它。可是这条原则一经设定,人们就能从它引出一些科学的结论;而我极其赞赏您刚才所说的,道德学是一门推证的科学。也让我们注意看到道德学教人一些如此显明的真理,以致小偷、海盗、土匪也不得不在自己人之间遵守它们。

§2. 斐 但匪徒们在自己人之间遵守公道规则却并不把它们看做什么天赋原则。

德 这有什么要紧?难道世界上的人在乎这些理论问题吗?

斐 他们遵守公道的公则只是把它们当作一些方便的规则,实行这些规则对于保存他们的社会是绝对必需的。

德 〔很好。一般对所有的人也不会有什么更好的要说的了。而且这些法则也就是如此铭刻在灵魂之中,就是说,是作为我们的保存和我们真正的善的后果而铭刻在其中的。您以为我们是要把那些真理之在理智中,看做是彼此独立的,就像审判官的法令在告示上或布告牌上那样的吗?这里我且把那促使人爱人的本能放在一边,等一会儿再来谈它;因为现在我只想说说那些由理性所认识的真理。我也承认,有某些公道规则,要不是假定上帝存在和灵魂不死,是无法充分和完满地证明的;而且这些规则,在人类的本能没有推动我们的场合,也只是和别的派生出来的真理一样铭刻在灵魂之中的。〕可是,有这样一些人,他们把公道的基础放在此生的必要上和放在他们生活的需要上,而不是放在他们应该在其中取得的这样一种快乐上,这种快乐,当以上帝为基础时,是最大的一种快乐;这样一些人,是倾向于有点像那匪徒的社会了。

Sit spes fallendi, miscebunt sacra profanis.①

§3. 斐 我同意您所说的自然在一切人心中放进了对幸福的渴望和对苦难的强烈厌恶。这些是真正天赋的实践原则,并且,按照一切实践原则的目标,它们是对我们的一切行动有一种继续不断的影响的。但它们是灵魂趋向于善的倾向,而不是铭刻在我们理智中的某种真理的印象。②

德 〔我很高兴,先生,看到您实际上承认了天赋真理,如我马上要说的。这一原则和我刚才已指出的那条促使我们趋乐避苦的原则是充分符合的。因为幸福不是什么别的,无非是一种持久的快乐而已。可是我们的倾向并不是向着真正的幸福而是向着快乐,即向着现在;是理性才使我们向着将来和持久的东西。而倾向为理智所表示出来,就过渡到了训条或实践的真理;并且如果倾向是天赋的,则真理就也是天赋的,在灵魂中的东西没有什么是不会在理智中表示出来的,只是如我已充分表明的那样,并不永远是以一种现实的清晰的考虑的方式表示出来的而已。本能也并不永远是实践的;其中有一些包含着理论的真理,如各门科学和推理的内在原则,当我们不知其所以然而凭一种自然的本能运用它们时就是这样。而在这种意义下您是无法避免地得承认天赋原则的,即使您想否认那些派生出来的真理是天赋的也罢。但这在我对我所

---

① 拉丁文,意思是:"你把神圣与亵渎混为一谈,这是虚伪的希望。"参阅拉丁作家贺拉西(Horace)的《书信》(Epist., I. 16, 54.)贺拉西原文作"miscebis"。

② E本和J本都作"des imperfections de quelque vérité"("某种真理的不完善性"),G本作"des impressions de quelque vérité"("某种真理的印象"),洛克原书作"impressions of truth"("真理的印象"),见卷一第三章§3。

叫做天赋的是什么意思作出解释之后只不过是一个名称的问题而已。如果有人只愿意把这称呼给予那些首先凭本能接受下来的真理，我将不和他争论这一点。〕

斐 那很好。但如果在我们灵魂之中确有某些自然铭刻着的字迹，就像这许多认识的原则那样，则我们不能不察觉到它们在我们之中起作用，正如我们感到那两条原则的影响那样，它们是经常在我们之中起作用的，这就是渴望幸福和害怕苦难的原则。

德 〔有一些认识原则也是经常地在我们推理过程中有影响，就如同这些实践原则在我们的意志中一样；例如，每一个人都以一种自然的逻辑运用着那些推理的规则而并没有清楚地察觉到它们。

§4. 斐 道德的规则是需要证明的；因此它们不是天赋的，就像这一条规则，它是有关于社会的德性的源泉，这就是：仅以己所欲于人者施于人[①]。

德 您总是向我提出一种我已经驳倒了的反对意见。我同意您所说的有些道德规则不是天赋的原则，但这并不妨碍它们是天赋的真理，因为一种派生的真理，当我们能把它从心灵中抽引出来时，就是天赋的。但有一些天赋真理，是我们用两种方式在我们之中发现的，就是靠〈自然之〉光和靠本能。那些我刚才指出的真理，

① 按这句话照原文用白话直译应该是："只对旁人做那你愿旁人对你所做的事"，洛克《人类理解论》中译本译作："以己所欲于人者施于人"（参阅商务印书馆 1959 年版，第 28 页），也未译出"只"字的意义。其实原义不过是"己所不欲勿施于人"的另一面的说法，本来也可以径译作"己所不欲，勿施于人"，为求尽量忠实于原文，也为照顾下文计，姑参照《人类理解论》中译文改译如上。

由我们的观念表明了那自然之光做了些什么。但有一些自然之光的结论,是一些本能的原则。因此我们由本能促使我们去做人道的行为,因为它使我们喜欢,又由于理性而这样做,因为它是正义的。所以在我们之中有一些本能的真理,它们是天赋的原则,是我们所感到和赞成的,虽然我们并没有对于它们的证明,但当我们给予本能一种理由时却就能得到这种证明。就像这样,我们循着一种混乱的认识并且好像是凭本能运用着那些演绎推理的规律,而逻辑学家则表明了它们的理由,正如数学家对那在行走和跳跃时所做而并不想到的事给予理由一样。至于说到仅以己所欲于人者施于人的这条规则,则不仅需要证明,而且还需要予以宣告。一个人要是自己做得了主,所欲的就会过多;那么施于人的是否也就该过多呢?你会对我说,这条规则无非意味着一种正当的意愿。但这样一来这条规则就远不足以用作衡量标准,倒是它自己就需要有一个衡量标准了。这条规则的真正意义是:当一个人要来作判断时,得以旁人的地位作为看问题的真正立足点才能判断公平。〕

§9. 斐 人们做坏事时常常良心上并无悔恨;例如,当攻取城市时,士兵们无恶不作而毫无顾忌;有些文明民族也遗弃了自己的小孩,有些加勒比人①把自己的孩子阉割了以便养肥了供食用;加西拉索·德·拉·维伽②报道说秘鲁有几种人抓了女俘虏来做

① Caribes,指加勒比海西印度群岛土著居民。

② Garcilasso de laVega,1540—1616,是秘鲁印第安人"印加(Inca)帝国"的一位"公主"和一个西班牙征服者所生的儿子,著有 Commentarios reales(《实录》)一书,分两部,上部写西班牙征服前秘鲁印第安人的历史及当地的传统、习俗,下部也称《秘鲁通史》,主要记载西班牙对秘鲁的征服。

妾，让她们生孩子养到十三岁后就吃了，而等到他们的母亲不能再生孩子时也就同样办理。包姆加登①的游记中报道说，在埃及有一个伊斯兰教修士，是被当作圣人的，eo quod non foeminarum unquam esset ac puerorum，sed tantum asellarum concubitor atque mularum。②

德 道德科学（超乎那些如使人趋乐避苦的本能之上）也和算术并无两样地是天赋的，因为它也同样依赖于内在的光所提供的推证。由于这些推证并不是一下跳到眼前来的，所以，如果人们不是永远立即察觉到那些自己心中具有的东西，并且不是很快地就能读出照圣保罗所说③上帝刻在人们心里的那些自然法的字迹，这并没有什么好大惊小怪的。可是因为道德比算术更重要，所以上帝给了人那些本能，使人得以立即并且不必经过推理就能处理理性所要求的某些事。这就像我们走路是按照力学的规律的，但并没有想到这些规律，又如我们吃东西，不仅因为这对我们是必要的，而且还更多地是因为这使我们感到愉快。但这些本能并不是以一种不可克服的方式来促使我们行动的；我们得以情感来抗拒它们，以成见来模糊它们，以相反的习惯来改变它们。可是我们最通常的情况是符合这些良心的本能，并且当更大的印象并没有压倒它们时也还是顺从它们。人类之中最大部分和最健康部分可以为之作证。东方人以及希腊人或罗马人，《圣经》和《可兰经》都和它们相符合；伊斯兰教的治安机关惯例是要惩处包姆加登所说那

---

① Martin Baumgarten，1473—1535，著有《埃及、阿拉伯等地游记》。

② 拉丁文，大意为："他同妇女或男孩没有交媾过，只同猴子和骡子交媾过"。

③ 参阅《新约·罗马书》第2章第15节，及第1章第19节。

种事的；而且也只有像美洲野蛮人那样的未开化，才会赞成他们那些充满甚至超过野兽的残酷性的习俗。可是同样这些野蛮人，在其他机会也很知道什么是正义的；还有，虽然也许没有一样坏事不是在某些地方某些时机被允许来干的，但却极少这样的坏事不是最通常地为人类的最大部分所谴责的。那种不是毫无道理地发生，又不是只通过推理而发生的事，应该部分地归之于自然的本能。习俗、传统和训练都在其中混杂着，但自然本能则是使习俗最通常地转向这些义务的良好一边的原因。**自然本能**[1]也是关于上帝存在这种**传统**所自来的原因。而自然给了人甚至大部分动物那种对同类的亲爱温柔的感情。甚至老虎也 parcit Cognatis masculis[2]，一位罗马法学家的嘉言：Quia inter omnes homines natura cognationem constituit，unde hominum homini insidiari nefas esse[3]，就是从这里来的。几乎只有蜘蛛是例外，它们互相吞噬到了这样的程度，以至雌的享用了雄的之后就把它吞吃掉了。这种一般的**社会**本能，在人就可以叫做**博爱**，在这种一般的本能之外，还有一些比较特殊的本能，如两性之间的爱，父母对子女的爱，这在希腊人就叫做 στοργή[4]，还有别的一些类似的倾向，它们就造成了

---

[1] E 本和 J 本都作 Le naturel...，G 本作 C'est comme le naturel...（"正如自然本能……"）。

[2] 拉丁文，意思是："珍惜雄的配偶"。见朱维纳利斯（Juvenalis）的《讽刺诗》（Sat.）15，159—160。

[3] 拉丁文，意思是："因为在一切人之间构成了自然的联系，因此就有人与人之间的尔虞我诈"。unde，E 本作 inde。

[4] 希腊文，意思是"亲子之爱"，按 G 本作 ὀργὴν，有误，此处从英译本。英译本注云据 E 本和 J 本，但 E 本作"soργήν"，疑也有误。

这种自然法,或毋宁说是法的影像,照罗马法学家的说法是自然教给动物的。但在人类之中特别有某种对尊严和礼仪的关心,这就导致人们把那些使我们鄙贱的东西掩盖起来,导致保持廉耻,厌恶乱伦,埋葬死尸,绝不吃人,也不吃活的动物。人们也被导致爱惜名誉,甚至超出需要以至生命之上;导致会感到受良心的谴责而悔恨,感到这些 laniatus et ictus①,这些痛苦和烦恼,如塔西佗②跟着柏拉图所说的③;此外则对于未来和对于一种至高无上的力量的恐惧,也就很自然地随之而来了。在这一切之中都有实在性的;但归根到底这些印象,不论它们可能多么自然,都只是理性的一些辅助和自然的策划的一些征验。习俗、教育、传统、理性对此都有很多贡献;但人的本性仍不失为参与其中。诚然,要是没有理性,这些辅助是不足以给道德一种完全的确定性的。最后,您是否要借口发现有些人只爱谈肮脏淫猥的事物,甚至有些人的生活方式迫使他们要弄粪污,又还有那些不丹人,他们把国王的粪便当作某种香的东西,因而否认人是自然地被导致例如要远离卑污的事物的呢?我想,先生,对于那些趋向正直的事情的自然本能来说,您骨子里是同意我的意见的;虽然您也许会说,正如您对于那种趋向快乐和幸福的本能已经说过的那样,这些印象不是天赋的真理。但我已经回答过了,每一种感受④都是对一种真理的知觉,而自然的

① 拉丁文,意思是:"宰割和刺杀",即"肝肠寸断和心如刀割"。

② Tacitus,约 55—120,著名的罗马史学家。

③ 参阅柏拉图《高尔吉亚》篇,524E;塔西佗《编年史》6,6。

④ 原文为 semtiment,意义较广泛,在本书中用得很多,英译在这里作 feeling(感觉,感情),在别处有时也译作 opinion(意见),总之与相对于"理性"的 sens 或 sensation(感觉)有别,在这里姑译作"感受",以示区别。

感受则是对一种天赋真理的知觉，但常常是混乱的，正如外感官的经验是混乱的一样；因此我们可以把天赋真理和自然的光(它只包含可以清楚地认识的东西)区别开来，正如属应该和它的种区别开来一样，因为天赋真理既包括本能也包括自然的光。

§11. 斐 一个人要是知道正义和不正义的自然界限而仍旧把两者加以混淆，则只能被看作他所在社会的安定和幸福的公开敌人。可是人们每时每刻都把两者混淆起来，因此他们是并不知道它们的。

德 〔那样来看问题有点太理论性了。每天都会发生这样的事：当人们把心转向别处以便循情欲行事时，他们就把对这界限的认识对自己掩盖起来而逆着自己的认识来行动；要不然我们就不会看到有些人要吃喝那些他们明知会致病甚至致死的东西了；他们就不会忽视自己的事务了；他们就不会做那整个民族在某些方面已经做了的事情了。未来和理性是很少和当前及感觉同样打动人的。那位意大利人就很知道这一点，他在受刑以前要人让他在受刑过程中不断地能看到那绞刑架，以便能抵挡受刑的痛苦，并且人们听到他有时说：Jo ti veda①；以后当他逃脱了刑罚时对这点作了解释。除非坚定地下决心面对真正的善和真正的恶，以求遵循或避开它们，我们发现自己总是心不在焉，而这种情况关于这一生最重大的需要方面也会发生，正如在那些最相信天堂地狱的人关于天堂地狱方面会发生的一样：

Cantantur hæc, laudantur hæc,

① 意大利文，意思是："我看到你了"。

Dicuntur, audiuntur.

Scribuntur hæc, leguntur hæc,

Et lecta negliguntur.①〕

斐 人们所假定为天赋的每一条原则,只能是每个人都知道是正义的和有益的。

德 〔您总是回到这样一个假定,认为一切天赋真理都永远被一切人所认识,这我已经驳斥过多次了。〕

§12. 斐 但一种法则得到了公众的允许可以违反,就证明这种法则不是天赋的;例如爱孩子和保育孩子的法则,当古代人允许遗弃孩子时,在他们那里就被违反了。

德 即使假定了这种违反,也只能从之得出结论,说明人们没有很好地看清自然铭刻在我们灵魂之中,但有时由于我们的放肆无度而被弄得相当模糊了的字迹;此外还不说为了确切地看到这种义务的必然性,就必须能看到对它的推证,这是很不常见的。要是几何学也和道德学一样地反对我们的情欲和当前利益,我们对它的抵触和违反也不会少多少,尽管有欧几里得和阿基米德的那些推证,我们也会当它们是些梦呓,并认为它们充满了谬论;而约瑟夫·斯加利杰②、霍布斯③和其他一些写了作品反对过欧几里得

① 拉丁文,意思是:"人们歌颂它们,宣扬它们,议论它们,倾听它们,描述它们,诵读它们,而忽视了作出选择"。

② Joseph Scaliger,1540—1609,寄居法国的意大利学者、医生、语言学家,以博学著称,开创了一个历史批判的新学派,其父 Julius-Caesar S. 也是意大利医生和学者。参阅序言第3段注(第3页注④)。

③ Thomas Hobbes,1588—1679,英国著名唯物主义哲学家,关于他和欧几里得相对立的几何原理的论述,见于他的 De corpore(《论物体》)一书的英译本的附录。

和阿基米德的人，也不会像现在这样很少找到同道了。只是由于求名心切，这些作者才会自以为找到了化圆为方以及解其他难题的方法，这种心情竟会使这样一些有巨大功绩的人士也盲目到这步田地。而如果别的人有同样的利害关系，他们也会一样干的。

斐 每一种义务都连带有法律的观念，而一种法律不能如人所假定那样没有一个立法者来颁布它，或没有报偿和不受惩罚。

德 〔可以有自然的报偿和惩罚而并没有立法者；例如无节制就受疾病的惩罚。可是因为它并不立刻伤害一切人，所以我承认几乎没有什么戒律是人们非遵守不可的，要是没有一位上帝来不让任何罪恶不受到惩罚，也不让任何善行不受到报偿的话。〕

斐 那么关于上帝以及关于来世的观念也得是天赋的了。

德 〔在我已经解释过的那种意义下我仍旧同意这一点。〕

斐 但这些观念远不是自然铭刻在一切人心中的，甚至有许多深有研究的人心中也并没有很明白很清楚地显出这些观念，他们还是以精确考察事务为业的；要说它们为一切人所认识，就该更加远不是这样了。

德 这又是回到那同一个假定，以为不被认识的就不是天赋的了，这却是我已驳斥过多次的。天赋的东西并不立即就被清楚明白地认识到是这样，常常需要很大的注意力和用很多照规矩的办法才能察觉到它。有研究的学者也并不永远总办得到这些，一切普通人就更加办不到了。

§13. 斐 但要是人们对于天赋的东西可以不知道或可以引起疑问，那么你跟我们谈论天赋原则和自认为使人看到它的必要性都是徒劳无益的了；它们远不是如人所以为的那能用来教我们真理和事物的确定性，我们将发现自己有了这些原则也和它们并不在我们心中一样处于不确定的状态。

德　人们并不能对所有的天赋原则都引起疑问。对于那些同一的命题或对于矛盾律来说，先生，既然您承认了有一些无可争议的原则，您也已经同意了这一点的，虽然您那时不承认它们是天赋的；但由此并不能得出结论，以为凡是天赋的以及和这些天赋原则必然地相联系的就也立即有一种无可怀疑的显明性。

斐　就我所知，还没有一个人企图给我们一份这些原则的确切目录。

德　可是迄今难道已有人给了我们一份完全而确切的几何公理的目录了吗？

§15. 斐　赫巴特勋爵[①]曾愿提出这些原则中的若干条，它们是：1. 有一位至高无上的上帝；2. 上帝是应当侍奉的；3. 德性和虔敬相结合是〈对上帝〉最好的崇拜；4. 对自己所犯的罪恶必须忏悔；5. 在此生之后，必有赏罚。我同意这些是显明的真理，并且具有这样的性质，只要加以很好的解释，一个有理性的生物是不能不予以同意的。但我们的朋友说，要说这就是这么多天赋的印象那还差得远。而如果这五个命题是上帝亲手铭刻在我们灵魂之中的共同概念，那么还有很多别的也应该放在这一类里面。

德　我同意这一点，先生，因为我把一切必然真理都作为天赋的，并且我甚至还加上本能。但我向您承认这五个命题并不是天

① Lord Edward Herbert of Cherbury，1581—1648，英国人，他的De veritate（《论真理》）一书1624年出版于巴黎，曾对英国哲学和宗教思想有相当大影响，对解释关于洛克《人类理智论》的争论也有某些重要性。

赋原则,因为我主张这些命题是我们能够并且应该加以证明的。

§18. 斐 那第三个命题,说德性是最为上帝所中意的崇拜,其中德性是什么意思是不清楚的。如果对它照人们给予它的最普通的意义来理解,我的意思就是说,把它看作依照流行于不同国度的各种不同意见所认为值得称赞的事,那么这命题就远不是显明的,甚至不是真的。如果是把那些合上帝的意的行为叫做德性,那这几乎就是 idem per idem[①],而这命题也就没有教我们什么大不了的东西;因为那将只是要说:上帝把合他的意的事看作中意的。在第四个命题中的罪恶这个概念也是同样的情况。

德 我不记得曾提出过人们普通把德性作为某种依赖于意见的东西;至少哲学家们是不这样做的。诚然德性的名称是依赖于那样一些人的意见,他们按照他们判断善恶和运用理性的方式而把这名称给予各种不同的习性或行为;但对于一般的德性概念大家都是相当一致地同意的,虽然在应用上各有不同。按照亚里士多德[②]和其他一些人的看法,德性是一种以理性来抑制情欲的习性,或者更简单地说就是一种遵照理性行事的习性。而这是不会不使那作为万物的最高和最后理由者[③]中意的,对他来说,没有什么是好坏不分毫无所谓的,而有理性的生物的行为比起其他一切来更不会如此。

§20. 斐 人们常说,习俗、教育以及与之交谈的人们的一般意见,能够把人们认为天赋的那些道德原则弄模糊。但如果这种

---

① 拉丁文,意思就是"同语反复"。

② 参阅亚里士多德:《尼哥马可伦理学》第Ⅱ卷6。

③ 指上帝。

答复是对的，那么它就把人们自以为从普遍同意中得出的那证明否定了。很有些人的推理是可以归结为这样的：凡是有健全理智的人所承认的原则是天赋的；我们以及和我们同样看法的人是有健全理智的人；所以我们的原则是天赋的。多么引人发笑的推理方式啊！它一直就通向不谬性[①]！

德　就我自己来说，我并不是把普遍同意用作一种主要的证明，而是用它来作一种进一步的印证（confirmation）；因为天赋的真理，作为理性的自然之光来看，也像几何学那样自身带有自己的标志，因为它们是被您自己也承认是无可争议的一些直接的原则包裹在里面的。但我承认要把本能和其他一些自然习性，跟那些风俗习惯区别开来是比较困难的，虽然在最通常的情况下却似乎是可能的。此外，在我看来，心灵已得到开化的民族，把运用健全理智毋宁归之于他们自己而不归之于野蛮人，是有些道理的，因为他们既能几乎像制服禽兽一样容易地制服野蛮人，他们就充分显示出自己的优越性了。而如果说他们并不总是能达到这一目的，那是因为也还是像禽兽一样，这些野蛮人躲在浓密的森林里很难迫使他们出来，而要去捕猎还值不得耗费的蜡烛。心灵得到开化无疑是一种好处，而如果要站在野蛮一边说些反对文明的话，则人们将也有权袒护禽兽而攻击理性，并且把德普莱奥先生[②]在他的一首讽刺诗中的机智妙语作认真看待，在那诗里，为了与人争论人

① infallibilité，即绝对不会犯错误的。如天主教会声称教皇就具有这种“不谬性”。

② Nicolas Boileau—Despréaux，1636—1711，法国诗人和文艺批评家，著有《讽刺诗》、《诗的艺术》等。

对动物的特权，他问道：究竟是

熊怕过路人还是过路人怕熊？

而如果照利比亚的牧人的命令，

狮子就得让出奴米地[①]的公园。等等[②]。

可是我们也得承认在若干重要之点上野蛮人超过了我们，尤其是在体力方面；而甚至在灵魂方面我们也可以说在某些方面他们的道德实践是比我们更好的，因为他们没有积聚财富的贪婪和统治人的野心。甚至我们还可以说基督徒和他们的交往使他们在许多事情上变坏了。他们教会了他们酗酒（带给他们烧酒），赌咒发誓，亵渎神灵，以及别的一些罪恶，这些他们本来是很少知道的。我们的好处和坏处都比他们多。一个坏的欧洲人比一个野蛮人还更坏，他能文过饰非，把坏事也加以美化。可是并没有什么会阻止人们把自然给予这些野蛮人的好处和理性给予我们的好处结合起来。

斐 但是您将怎样来回答我的一个朋友所提出的这个两难问题呢？他说，我但愿那些主张有天赋观念的人能告诉我，这些原则究竟能够还是不能够被教育和习惯所抹去。如果它们不能被抹去，那么我们就应该能在所有的人之中发现它们，并且它们应该在每一个个别的人心中清晰地呈现出来。如果它们能够被外来的观

① Numidie，北非古国名，在今阿尔及利亚。

② 据本书英译者考证，这几行诗引自德普莱奥《讽刺诗》8，62—64，而原诗通常各种版本后两句均作："而如果照奴比的牧人的命令，巴加的狮子得让出利比亚"，其中"奴比"(Nubie)是非洲古国名，在埃及与埃塞俄比亚之间；巴加(Barca)则为迦太基一些贵族家庭的称号。莱布尼茨可能有误引，也可能是据其他版本。

念所改变，那么它们就应该越接近它们的起源时就显得越清楚和越明亮，我的意思就是说在那些儿童和无知的人之中，对于他们，那些外来的意见造成的印象是比较少的。不论他们愿意站在哪一边，他说，他们都将清楚地看到，这种主张已为坚定不变的事实和连续不断的经验所否定。

德　我很惊讶您的高明的朋友竟把弄模糊和抹去混淆起来，正如你们那一派有人把不存在和不出现混淆起来一样。天赋的观念和真理是不会被抹去的，但它们在所有的人(像他们现在那样)之中，都被他们趋于肉体需要的倾向，尤其常见的是被无端发生的坏习惯弄模糊了。这种内在之光的标志，如果不是感官的混乱知觉转移了我们的注意力，是会在理智中永远明亮，并且会给意志以热量的。这就是圣经也和古代及近代的哲学家们一样常谈到的那种战斗。

斐　这样，那我们就发现自己和没有这样的光一样处在浓厚的黑暗之中，和处在同样巨大的不确定状态之中了。

德　上帝不容许这样；否则我们就将既没有科学，也没有法律，甚至也没有理性了。

§21.22. 等等。斐　我希望您至少会同意那偏见的力量，它常常使人把那来自听任儿童去接受的坏教训，以及来自教育和交往所给予他们的坏习惯的东西，当作自然的。

德　我承认您所追随的这位卓越的作者在这个问题上说了一些很好的东西，而如果能够恰如其分地加以对待，是有它们的价值的；但我不相信它们是和正确理解的关于那自然的或关于天赋真理的学说相冲突的。而我深信他不会想把他所指出的扩展得太远;因为我也同样深信有很多被当作真理的意见只是习惯和轻信的结果,也有许多意见,某些哲学家想让人把它们当作偏见,却是在健全理智上和在自然中有根据的。也有同样或更多的理由来提防那样一些人,他们由于野心,最通常地是自诩创新,而不是对老的印象提出挑战。而在对老的和新的思想作了充分思考以后,我发现大部分已被人接受的学说是经得起健全理智的考验的。因此我但愿明智的人们要寻求什么来满足自己的野心时,宁可多从事于建设和前进而不要搞后退和破坏。我祈求人们宁可像那些罗马人来建造那些美好的公共建筑,而不要像那位汪达尔王①,他的母亲嘱咐他,既然不能希望达到和这些伟大建筑同等的光荣,就设法把它们破坏掉。

斐 攻击天赋真理的高明人士的目的,就是要防止人们在这美名之下放纵偏见和设法掩盖自己的懒惰。

德 在这一点上我们的意见是一致的,因为我远不是赞成人们接受那些可疑的原则,对我来说,我但愿能设法甚至连欧几里得的那些公理也要加以证明,如有些古人也曾做过的那样。而当你要问认识和考查天赋原则的方法时,我照我以上所说的回答:除了那些不知其所以然的本能之外,应该致力于把它们还原为一些最初原则,即通过下定义的办法得到那些同一的或直接的公理,所谓下定义不是别的,无非是把那些观念清楚地揭示出来。我甚至不

① 汪达尔人(Vandales)是古代日耳曼民族的一支,这里所说的汪达尔王是指克洛可斯(Chrocus),据说他和苏维汇人(Sueves)及阿兰人(Alans)一起在美茵兹附近渡过了莱茵河,听了他母亲的坏主意,在高卢和日耳曼进行了大破坏。事见伊达修斯(Idatius)的编年史第62章。

怀疑，迄今反对天赋真理的您的朋友们，也会赞同这个方法，这似乎是符合他们的主要目标的。

第三章　关于思辨和实践的两种天赋原则的其他一些考虑

§3. 斐　您想要人们把真理还原为最初原则，而我承认，如果有任何这样的原则，则无可争辩地就是这样一条：**一物不可能同时既是又不是**。可是似乎很难主张它是天赋的，因为这就得同时深信不可能性和同一性这些观念是天赋的。

德　赞成天赋真理的人就是一定得主张并且深信这些观念也是天赋的；而我承认我是同意他们的看法的。**是**、**可能**、**同**，这些观念就是十足天赋的，以至它们进入了我们的一切思想和推理之中，而我把它们看成对我们的心灵说来是本质的东西；但我已经说过，我们并不总是给它们以特殊的注意，并且我们只是随着时间的流逝才把它们分辨出来。我还说过，我们也可以说是“是”，“我们”这个“是”就是天赋的①；而对于“是”的认识是包裹在我们对我们自己的认识里面的。在其他一些一般概念中也有某种相近的情况。

---

① 这两句话原文是：“… puisque nous sommes des êtres，l'être nous est inné”。这里的 être，本来也可译作“存在”或“有”，这样译文可能通顺一点。但这话是接着上文“‘是’的观念是天赋的”来说的，而这又是由上文表述“矛盾律”的“一物不可能同时既是又不是”这个命题来的，为求上下文一致起见，故仍译作“是”，原文本无引号，为求表示这里的“是”是作名词用，姑加上个引号。本来也可把表达“矛盾律”的那个命题中的“是”也译作“存在”，如洛克《人类理解论》中译本就是这样译的，但这命题既是个形式逻辑上的基本思想律，并不是个古典哲学中所谓“本体论”上的命题，似乎以译作“是”较妥，因为它其实并不涉及所说对象客观上“存在”与否。

§4. 斐 如果同一性的观念是自然的，并且因此是如此显明和当下出现在心灵之中的，以至我们应该从在摇篮里的时候起就认识它，我但愿一个七岁的孩子或甚至一个七十岁的老人能够告诉我，一个人，作为一个由身体和灵魂复合成的生物，当他的身体已改变了时，究竟是否还是同一个人；还有，要是假定了灵魂轮回，欧福伯是否和毕达哥拉是同一个人。①

德 我已经充分地说明过，对我们是自然的东西，并不是我们以此从摇篮里就认识的；并且甚至一个观念可以是为我们所认识的，而我们并不能立即解决由此可能形成的一切问题。这就好比有人硬说一个小孩因为不会费心去认识正方形的对角线和它的边是不能通约的，他就不会认识什么是正方形和它的对角线。对于这个问题本身，我认为用我在别处已阐明的关于单子的理论②已用推证的方式予以解决了，我们以下也还将更充分地来谈这个问题。

§6. 斐 〔我看得很清楚，要是我借口全体和部分这两个观念是相对的，是依赖于数和广延性的观念的，而对您提出反驳说，

① 古希腊最早的唯心主义哲学家毕达哥拉(Pythagore 或 Pythagoras，公元前六世纪)宣扬灵魂轮回的谬论，自称是黑梅斯神的一个儿子的第五次降生，并从他接受一种能力，能记得自己以往各代的情况。这里欧福伯(Euphorbe 或 Euphorbus)当是传说中毕达哥拉的灵魂在另一世降生成人时的名字。可参阅〔法〕罗斑：《希腊思想和科学精神的起源》，1965，商务版，第 92 页。

② 莱布尼茨在本书中借"德奥斐勒"之口所宣扬的理论以及对洛克的反驳，都是根据他的关于"单子"的唯心主义学说。他在写作本书的前后，在一系列论著和书信中，都曾对他的"单子论"作了各种方式的阐述，其中较重要的有原无标题的《关于形而上学的谈话》以及《论自然和神恩的原则》、《关于自然和实体及它们之间的交通以及灵魂和身体之间的联系的新系统》，等等，而最集中的、纲领性的著作则就是《单子论》，目前已出版的中译文，可参阅《十六—十八世纪西欧各国哲学》，商务印书馆，1975 年版，第 483—499 页《单子论》一文。

宣称全体大于部分这条公理不是天赋的，我这种反驳将是徒然的，因为您显然将主张有这样一些各自是天赋的观念，并且那些数和广延性的观念也是天赋的。①〕

德　您是对的，并且我甚至毋宁认为广延性的观念是后于全体和部分的观念的。

§7. 斐　〔您对于上帝是应该受崇拜的这一真理怎么说呢？它是天赋的吗？〕

德　我认为崇拜上帝的义务是说必要时当表示尊崇上帝超过其他一切对象，而这是上帝的观念和上帝的存在的必然后果；在我看来这就意味着这一真理是天赋的。

§8. 斐　但无神论者似乎以他们的例子证明了上帝的观念并不是天赋的。且不说古代人已提到过的那些人，人们不是发现有一些民族整个地既没有任何上帝的观念，也没有用以表示上帝和灵魂的名称吗？如在苏尔达尼亚湾、在巴西、在加勒比诸岛、在巴拉圭就是这样。

德　〔已故的法布利丘先生②，一位著名的海得尔堡的神学家，曾为人类作了一个申辩，以清除加给它的无神论的罪名。这是

---

① 按这最后两句各本法文原文均为"puisque vous soutiendrez apparemment, qu'il y a des idées innées respectives et que celles des nombres et de l'étendue sont innées aussi."而英译文作："since you would apparently maintain that there are ideas conditionally innate, and those of number and extension are to such a degree innate."（"因为您显然将主张有一些观念是有条件地天赋的，并且那些数和广延性的观念是在这样的程度上天赋的。"）录此以供参考。

② J. L. Fabricius, 1632—1697，海得尔堡大学希腊文教授和哲学、神学教授，曾作《人类对无神论的责难的申辩》(*Apologia generis humani contra calumniam atheismi*)一书，发表于1662年。

一位有很大的精确性，并且远远超出许多偏见的作家；不过我不想进入这种关于事实的讨论。我承认是有整个民族从未想到过至高无上的实体，也未想到过灵魂是什么的。我记得，当在我的请求和维特生先生[①]的赞助下，有人想在荷兰为我搞一本祷告文的巴朗多拉[②]语译本时，他在愿你的名成为神圣这个地方停住了，因为他无法让巴朗多拉人懂得神圣是什么意思。我也记得在为霍屯督人[③]准备的信条中，不得不用在当地意思是指一种温和的风的一些语词来解释圣灵(这不是没有道理的)，因为我们的希腊文和拉丁文的 πνεῦμα，anima，spiritus[④] 这些词，原意也无非是指人所呼吸的空气或风，有如一种最精细的东西，是我们用感觉认识到的；而人们是从感觉开始，以便一点一点地引导人达到那超出感觉之上的东西。可是，在达到抽象知识方面所发现的这全部困难，丝毫也不产生什么能以否定天赋知识的东西。有一些民族根本没有一个相当于“是”的这个词；难道有谁怀疑他们对于“是”是什么的知识吗？尽管他们很少抽象地想到它。此外，我读了我们这位卓越的作者论到上帝观念的那段文字，(《理智论》第一卷，第3章[⑤]

① Nicolas Witsen，约1640—1717，荷兰人，曾任荷兰驻俄国大使，阿姆斯特丹市参议员、市长等，曾和莱布尼茨交往并通信。

② Barantola，按系我国西藏拉萨的旧名称。

③ Hottentos，非洲南部的黑人部族。

④ 希腊文 πνεῦμα，或音译作“普纽玛”，原义就是“嘘气”，如古希腊斯多葛派就把它作为既是由火和气造成的，又是有理性的，能思想的，是生命的原则或精神；拉丁文 anima，Spiritus 也是由气的原义转化为有生命的、灵魂、精气、精神等意义。

⑤ 洛克原书(Bohn 版)为第4章，中译本也是第四章，参阅中译本1959年，商务版，第51—52页。这里引文的译文未照录洛克原书的中译，而是照莱布尼茨所引法文译文作了重译。

§9)发现它是这样美,这样使我喜欢,使我情不自禁地要加以引述。这就是他的原文:"人们总免不了对这样一些事物有某种观念,这些事物是和他们交往的人总常有机会以某种名称向他们提到的,而如果这是这样一种东西,它本身带有卓越、伟大,或某种异乎寻常的性质的观念,使人在某一点上发生兴趣,并且以一种绝对的和不可抗拒的力量的观念印在人心中,以致使人不禁产生恐惧"(我还要加一点:并且以一种至高至大的善的观念使人不禁产生爱),"这样一个观念,按照一切现象来看,应该比任何其他观念都造成更强烈的印象和传播得更广,如果这是一个和最单纯的理性之光相一致,并且是从我们知识的每一部分自然地流出的观念,就尤其是如此。而上帝的观念就是这样的观念,因为一种异常的智慧和力量的光辉灿烂的标志,在一切创造的作品中都表现得如此明显可见,以至一切愿作反省的理性生物,都不能不发现这些奇妙作品的作者;而发现这样一个存在,应该在所有听说过一次的人灵魂中就自然地造成印象,这印象是如此巨大,并且本身带着有如此重大的分量和如此适于在世界上传播的思想,以致使我完全感到奇怪的是在地球上竟能找到整个民族的人都如此愚蠢,竟会没有任何上帝的观念。我说这在我看来就如同想象人们竟会没有任何对于数或火的观念一样令人惊奇。"我但愿总能允许我逐字逐句地抄录我们这位作者的其他大量卓越的段落,这些我们不得不放过去了。这里我只想说:这位作者,既谈到和上帝观念一致的最单纯的理性之光,和谈到从之自然地流出的东西,似乎和我关于天赋真理的意见也相去不远了;而关于这一点,就是他感到竟会有人毫无上帝的观念,这和竟能找到有人没有任何数与火的观念一样奇怪,我将指出，马里亚纳群岛，是以曾扶持派往该群岛的布道团的西班牙女王的名字命名的，岛上的居民，当被发现时是毫不认识火的，那位负责管理国外布道团的法国耶稣会士郭比安神父[①]曾公开发表并寄送给我的一份报道中就出现过这样的记载。〕

§16. 斐 如果从一切开化的人都有上帝观念这个事实就能得出结论，说上帝的观念是天赋的，那么因为开化的人也总是有对于德性的真正观念，德性也就应该是天赋的了。

德 不是德性，而是德性的观念，是天赋的，也许您想说的也只是如此。

斐 有一位上帝是确定的，也就像两条直线相交所造成的对顶角相等是确定的一样。大概绝不会有什么有理性的生物，认真地致力于考察过这两个命题的真理性，而不予以同意的。可是毫无疑问的是，有不少的人，没有把思想转向这个方面，就同样地不知道这两条真理。

德 〔我承认这一点，但这丝毫也不妨碍它们是天赋的，就是说，是能够在自己心中找到它们的。〕

§18. 斐 要是具有一个对于实体的天赋观念，将会是更有好处的；但事实是我们没有这样的观念，不论天赋的还是获得的都没有，因为不论是通过感觉或通过反省都没有。

德 〔我的意见是，只要反省就足以在我们自身中发现实体的观念，我们自身就是一些实体。而这概念是属于最重要的概念之列

---

① Charles le Gobien，1653—1708，法国都尔大学的哲学教授，曾任派到中国的布道团的秘书和负责人，写过并发表过很多有关在中国传教的作品；他的《马里亚纳群岛史》(*Histoire des Isles Mariannes*)1700年出版于巴黎。

的。但我们也许将在我们这谈话的以后部分更充分地来谈到它。〕

§20.[①]斐　如果有天赋观念在心中而心灵并没有现实地想到它们，那么至少它们当是在记忆中，通过回忆应该能把它们从记忆中抽引出来，这就是说，当人把它们从记忆中重新唤起时，它们应该被认识到是从前在灵魂中的这样一些知觉，否则除非回忆能够没有回忆也还继续存在。因为人们在内心觉得靠得住的这种深信，即相信这样一种观念是从前曾经在我们心中的，恰正是使回忆区别于其他一切思维方式的东西。

德　〔要知识、观念或真理是在我们心中的，并不必要我们总曾经现实地想到过它们；这只是一些自然的习性，也就是说是一些禀赋，以及主动和被动的态度，而不只是空白板。可是的确柏拉图派的人是相信我们在我们心中重新发现的东西是我们已经现实地想到过的；而要驳斥他们，光说我们一点也不记得是不够的，因为的确有无数思想回到我们心中来而我们已忘了我们曾经有过的了。有时一个人自信做了一句新的诗，结果发现是很久以前在某一位古代诗人那里逐字读到过的。我们常常觉得异常容易设想某些事物，因为我们以前曾想过它们而不记得了。一个小孩，眼睛变瞎了，就把他曾经看见过的光和颜色都永远忘记了，这是可能的，就像那位著名的乌尔利克·勋柏格[②]，在两岁半时由于出天花而瞎了眼就发生了这样的情况，他是上巴拉底纳的魏德[③]地方人，

① E本无此标号。G本及洛克原书Bohn版均有此标号。又洛克原书弗雷塞(Fraser)编的版本标为§21，并在注中说明这一节是第二版加的。

② Ulric Schönberg，生平已略见正文。

③ Weide au haut Palatinat，巴拉底纳分上下两部，是原德意志帝国内两个邦的名称，上巴拉底纳就包括在以后的巴伐利亚邦内。

1649年死于普鲁士的柯尼斯堡，他曾在那里教授哲学和数学而得到所有人的赞赏。也可能是那些老印象的效果遗留在这样一个人心中而他并不记得。我相信做梦就常常像这样重新唤起我们的一些旧有思想。尤利乌斯·斯加利杰①，在用诗称颂了斐罗纳(Verone)的一些著名人物以后，一位自称布鲁诺鲁斯(Brugnolus)的人，原籍巴伐利亚而已定居于斐罗纳的，在梦中出现向他抱怨说把他忘记了。尤利乌斯·斯加利杰并不记得以前曾听到说起过他，但还是就这个梦做了挽诗称颂了他。最后他的儿子约瑟夫·斯加利杰②到了意大利，经过进一步特别的调查研究，才弄清以前在斐罗纳有过一位著名的语法学家或有学问的批评家是叫这个名字，他对意大利文艺的重建有过贡献。这个故事连同那挽诗可以在老斯加利杰的诗集中找到，在他儿子的信中也曾提到。它在《斯加利杰言行录》③中也有记述，这是记录约瑟夫·斯加利杰的谈话的集子。情况很像是这样：尤利乌斯·斯加利杰曾经知道过布鲁诺鲁斯的一些事情，但他已不再记得了，而那个梦部分地是一种以前的观念的复活，虽然他可能并没有那种真正所谓的回忆，这是使我们知道我们已经有过这同样的观念的；至少我看不出有什么必然性迫使我们断定，当没有足够的迹象使我们记起曾有过一个知觉时，就不会遗留下这个知觉的任何痕迹。〕

§24. 斐 〔我必须承认，您对我们为反对天赋真理所提出的

---

① 见“序言”第三段注(第3页注④)。

② 见第一卷第二章§12，“德”注(第65页注②)。

③ Scaligerana，这是约瑟夫·斯加利杰的朋友和学生记录和他的谈话的两个集子，第一集是他的朋友维尔吐尼安(François Vertunien)用拉丁文记录的，第二集是他的两个学生伐桑(Vassan)的用拉丁文和法文追记的。

那些困难，答复得是足够自然的。也许我们的作者，对您所主张的那种意义下的天赋真理也并不反对。因此我只想回头对您说一点，先生，〕我们是有某种理由怕认为有天赋真理的意见会被懒汉们用作借口，使人为自己免除了探索之劳，并给了那些学者和大师们一种方便来提出一种主张作为〈原则的〉原则，使那些原则不得被看作是有疑问的。

德 〔我已经说过，如果您的朋友们的目的，是劝人要去寻求真理所能得到的证明，而不去区别它们是天赋的与否，这样我们的意见是完全一致的；而认为有天赋真理的意见，照我所采取的那种方式，是不应该使任何人转向而不去研究的，因为除了去寻求本能的理由是很好的以外，我的一条大原则就是甚至对那些公理也要去探求加以证明才好，我还记得在巴黎时，已故的罗伯伐尔先生①那时已经老了，因为他想效法阿波罗纽②和普罗克洛③的榜样来对欧几里得的那些公理作出证明而受到人的嘲笑，我还指出他这种探索的用处。至于有些人说，跟那否认原则的人是不必争论的，他们的这条原则，除非对于那些既不会受到怀疑也不会得到证明的原则是完全不适用的。诚然，为了避免引起丑事和混乱，对于公开的辩论和某些其他的演说，可以订立一些规则，以便禁止对某些已确立的真理提出争议。但这毋宁是治安机关的事而不是哲学的事了。〕

① Gilles Personne de Roberval，1602—1675，法国的几何学家，曾任法兰西皇家学院数学教授多年。

② Apollonius de Perge，公元前三世纪希腊最值得注意的几何学家之一，特别以研究圆锥曲线问题著名，他所用的方法很近似解析几何。

③ Proclus Diadochus，410—485，亚历山大里亚的新柏拉图派哲学家和数学家，以注释柏拉图的对话，特别是《蒂迈欧》篇著名。

第二卷　论观念

第一章　通论观念并顺带考察人的心灵是否永远在思想

§1. 斐　在考察了观念是否天赋的问题以后，让我们来考察观念的本性和它们的区别。观念是思想的对象，这难道不是真的吗？

德　〔我承认这一点，只要您加上一点，说这是一种内在的直接的对象，并且这对象是事物的本性或性质的表现。如果观念是思想的形式，那么它将是和与之相应的现实的思想同时产生和停止的；而如果它是思想的对象，那么它就会在思想之前和之后都可能存在。外在的可感觉的对象只是间接的，因为它们不能直接地作用于灵魂①。只有上帝是外在的直接对象。我们可以说灵魂本身是它自己的直接的内在对象；但这只是就它包含着观念或相应于事物的东西这个范围内来说的。因为灵魂是一个小宇宙，在其中的清楚的观念是上帝的一种表象，而那些混乱的观念是宇宙的

① 可参阅本书第四卷第九章和第十一章。本书英译者注中认为，这里所提出的直接知识和间接知识的对立，相当于康德所讲的先天知识和后天知识的区别。

一种表象。〕

§2. 斐 我们那些假定灵魂在开始时是一块白板，空无一切字迹且无任何概念的先生们，要问它是怎么接受观念以及用什么办法获得这么丰富的大量观念的？他们对此用一个词来回答：来自经验。

德 〔人们谈论得这么多的这个白板，在我看来只是一种虚构，是自然所不容许的，是建立在哲学家们那些不完全的概念的基础上的，就像虚空、原子和静止，或者是绝对的静止，或者是一个整体的两个部分之间的相对的静止，或者像那种人们所设想的没有任何形式的原始物质那样。不包含任何花样变化的齐一的事物，从来就只是一些抽象，就像时间、空间，以及其他一些纯数学上的东西那样。没有什么物体，它的各部分是静止的，也绝无一个实体是没有什么可以和其他一切相区别的。人类的灵魂不仅和别的灵魂有区别，它们自己彼此之间也是有差别的，虽然这种差别不是属于那种所谓种差的性质。而按照我认为我们所具有的证明，每一实体性的东西，不论它是灵魂或身体，都有它和其他每一个实体性东西的本当有的关系；而这一个和那一个之间应该永远是以内在固有的名称相区别的。且不说这样谈论白板的那些人，把概念都从它去掉之后，就说不上还给它留下什么了，就像那些经院哲学家什么也没给他们的原始物质留下一样。也许人家会回答我说，哲学家们提出的这个白板，是想说灵魂自然地原本只有一些赤裸裸的功能。但没有任何现实活动的功能，一句话就是经院哲学家中所讲的那种纯粹的潜能，也只是一些虚构，是自然所不知道的，只是人们由抽象得来的。因为世界上哪里去找一种功能，只是把自己关闭在潜能之中而不作任何现实活动的呢？永远有一种要活动的特殊禀性，并且毋宁是要这一个活动而不要另一个活动的。而除了禀性之外，还有要活动的倾向，并且每一主体都永远同时具有无数这种倾向；而这些倾向又绝不会没有某种效果。我承认，要使灵魂被决定作这样或那样的思想，以及要使它注意到在我们心中的那些观念，经验是必需的；但经验和感觉用什么办法才能给予观念呢？灵魂有窗户吗？它们是像一些小木板吗？是像蜡块吗？很显然，凡是对灵魂这样想法的人，骨子里都是把灵魂作为有形体的东西。人们将会提出哲学家们所接受的这条公理来反对我，这就是：凡是在灵魂中的，没有不是来自感觉的。但灵魂本身和它的那些情性应该除外。*Nihil est in intellectu, quod non fuerit in sensu*, excipe: *nisi ipse intellectus*. ①而灵魂中包含着：是、实体、一、同、原因、知觉、推理，以及大量其他概念，是感觉所不能给予的。这一点和您那位《理智论》的作者是相当一致的，有一大部分观念他是从心灵对它自己本性的反省中去寻找的。〕

斐　〔那么我希望您将会同意这位高明作者的观点，即一切观念都来自感觉或反省，也就是说，来自我们所作的对外在可感觉对象的观察，或对我们灵魂内部活动的观察。〕

德　〔为了避免那种我们已停留得太久的争论，我事先向您声明，先生，当您说观念来自这些原因中的这一个或那一个时，我把

① 拉丁文，意思就是：“凡是在理智中的，没有不是先已在感觉中的，但理智本身除外。”

它理解为它们的现实的知觉，因为我相信我已经指明，这些观念，就其具有某种清楚的东西这个范围内来说为我们所察觉之前，它们就在我们心中。〕

§9. 斐　〔其次让我们看看，什么时候我们得说灵魂开始知觉到并且现实地想到了观念。我很知道有一种意见是说，灵魂是永远在思想的，并且现实的思想是和灵魂不可分的，就像现实的广延性是和物体不可分的一样。§10. 但我不能设想，灵魂永远在思想，比物体永远在运动有什么更多的必然性，对观念的知觉对于灵魂和运动对于物体的关系是一样的。这在我看来至少是非常合理的，我倒很愿意听听，先生，您对这一点有什么意见。〕

德　〔您已经说了，先生，活动与灵魂的联系，并不多于它和物体的联系，灵魂的无思想状态，和物体的绝对静止状态，在我看来是同等地违反自然，并且在世界上没有实例的。一个实体，一旦有了活动，就将永远活动，因为一切印象都继续留在那里而只是和其他新的印象相混合。击打一个物体，我们就在其中激起或毋宁说决定了无数的旋涡，就像在一种流体中一样，因为归根到底一切固体都有一定程度的流动性而一切流体也都有一定程度的坚实性，而这些内部的旋涡是永远无法使它们完全停止的。现在我们可以相信，如果物体是永不静止的，则和它相应的灵魂也同样永远不会没有知觉。〕

斐　但这也许是万物的创造者和保持者的一种特权，他既是无限圆满的，因此是不眠不睡的。对任何有限的存在，或至少对任何一个像人的灵魂这样的存在，这是不适合的。

德　〔确实我们是要眠要睡而上帝是不眠不睡的。但并不因

此能得出结论，当我们睡觉时就没有任何知觉。如果我们注意考察一下，情况毋宁正好相反。〕

斐 在我们之中是有某种东西具有思想的潜能；〔但并不因此就能说我们永远有现实的思想活动。〕

德 〔真正的潜能从来不只是单纯的可能性。它们永远是具有倾向和活动的。〕

斐 但这个命题：灵魂永远在思想，并不是自明的。

德 〔我也不说它是自明的。要发现它必须要加一点注意和推理；普通人是不大察觉到它的，也正如他们不大察觉到空气的压力和地球是圆的一样。〕

斐 我怀疑我昨夜是否在思想。这是一个事实问题。它得靠感性经验来决定。

德 〔已决定了这一点就像已证明了有不可知觉的物体和不可见的运动一样，虽然有些人当它们是荒谬可笑的。同样也有一些很不突出的知觉，没有足够的区别可以使人察觉或记起它们，但它们通过某些后果就为人所认识了。〕

斐 有某一位作者对我们提出了一种反驳意见，说我们主张因为当我们睡眠时不感觉到灵魂的存在，灵魂就停止存在了。但这种反驳只能是由一种奇怪的成见引起的，因为我们并不是说因为我们在睡觉时不感觉到灵魂的存在，在人之中就没有灵魂了，而只是说人不能在思想而又不察觉到在思想。

德 〔我没有读过包含着这一反驳的那本书。但人家对你们提出这样的反驳也许并没有错，就是说，不能因为人没有察觉到在思想，就说思想因此而停止了；因为否则照同样的道理人家也将可以说，当我们没有察觉到灵魂时，也就没有灵魂了。而要驳斥这种反驳，就必须指出，特别对于思想来说，它要被察觉到这一点是它的本质性的东西。〕

§11. 斐 说一个东西能够思想而又不感到它在思想，这是很不容易设想的。

德 这无疑是事情的症结和使高明人士困惑的困难所在。但这里下面说的就是摆脱这种困境的方法。必须考虑到，我们是同时想着许许多多东西的，但只注意到那些最突出的思想；而事情也不可能照别的方式进行，因为如果我们注意到一切，那我们就得在同一时刻注意地想到我们所感到的一切以及对我们的感官造成印象的无数事物了。我说甚至还不止于此，所有我们以往的思想也都还遗留下某些东西；它们全都不可能完全抹掉的。而当我们熟睡无梦时，以及当我们由于挨了闷棍、跌跤、急病症状或其他意外事件而陷于昏迷时，在我们之中就形成无数混乱的微小感觉，而死亡本身对于动物的灵魂也不会造成别样的效果，这些动物的灵魂无疑迟早当重新获得清楚的知觉的，因为在自然中一切都是有秩序地进行的。可是我承认，在这种混乱状态之中，灵魂是没有快乐和痛苦的，因为苦乐是能注意到的知觉。

§12. 斐 我们现在正和他们打交道的那些人，〔也就是笛卡尔派，他们相信灵魂是永远在思想的，〕他们把生命赋予和人不同的一切动物，却不给它们一个从事认识和思想的灵魂；而同样的这些笛卡尔派的人，又说灵魂能够不与一个身体相结合而从事思想，而并不发现这说法中有任何困难，这难道不是真的吗？

德 〔就我自己来说，我是持另一种意见，因为我虽然同意笛卡尔派所说的灵魂永远在思想，但对他们的另外两点我是不同意的。我相信禽兽是有不灭的灵魂的，而人和其他一切的灵魂是绝不会没有某种身体的；我甚至主张唯独上帝，作为一种纯粹的现实性①，才是完全不具形体的。〕

斐 如果您曾经是抱着笛卡尔派的意见的，我将由此推论：卡斯多或包鲁斯②的身体能够一时有灵魂一时又没有灵魂，虽然他们仍旧永远是活的，而灵魂也能够一时在这个身体中一时又在别的地方，这样这两个人的身体就可以共只有一个灵魂，它轮番在时醒时睡的这两个人的身体之中活动；这样这一个灵魂就可以是分明的两个人，正如卡斯多和赫尔库勒③可以是分明的两个人那样。

德 轮到我，我将为您提出另一个假定，这看来会更自然些。我们永远得承认，在经过某种中断或某种巨大变化之后，一个人可以陷入一种一般的遗忘状态，这难道不是真的吗？（据说）斯莱丹④在临死之前把他所知道的全都忘光了。其他也还有大量这类悲惨事件的例子。假定这样一个人又重新变年轻了并且重新学得了一切。他难道因此就成为另一个人了吗？所以并不是记忆使人恰正成为同一个人。可是，幻想着一个灵魂轮番在不同的身体中

① 中世纪的经院哲学歪曲利用亚里士多德的观点，认为"质料"或物质只是"潜能"，"形式"才是"现实"的，上帝作为最高的存在，是"形式的形式"或"纯形式"，因此也说他是"纯粹的现实性"。莱布尼茨这里所宣扬的就是经院哲学的这种传统观念。

② Castor，Pollux，希腊神话中宙斯和莉达所生的双生子。

③ G本和E本均作 Hercule 或 Hercules，但英译本作 Pollux（包鲁斯）。

④ John Sleidan，原名 Philipsohn，约 1506—1556 年，宗教改革时期的历史家，曾编写了一部记述宗教改革史的大部头著作，其中包含着大量当时的文献资料。

活动，而在这个身体中时所发生的一切又和它在另一个身体中时毫不相干，这是那些和事物的本性相反的虚构之一，这些虚构都是从哲学家们的那些不完善的概念来的，如没有物体的空间，没有运动的物体之类，当我们稍微向前深入一步时，这些虚构就消失了；因为要知道每一个灵魂都保持着以往的一切印象，而不能像刚才所说那样把自己对半分开的。在每一个实体中未来都和过去完全联系着。这就是造成个体的同一性的东西。而记忆并不是必需的，甚至也并不是永远可能的，因为当前的印象以及和我们当前的思想合流的过去的印象都太多了，因为我不信在人之中会有一些思想没有某种效果，至少是混乱的效果，或没有某种残余和随后的思想混杂着的。我们可能忘记了很多东西，但我们也能在很久以后还追忆起许多东西，要是作必要的回想的话。

§13. 斐　那些正熟睡了一觉而完全未做梦的人，是绝不能使他们深信他们的思想在活动的。

德　〔当人睡着时并不是没有某种微弱的感觉的，即使无梦时也是如此。醒来的过程本身就表明这一点，而你越是容易醒过来，你对外面发生的事情就越有感觉，虽然这感觉并没有强烈到足以把你弄醒。〕

§14. 说灵魂这一刻在一个睡着的人之中在思想，而下一刻在一个醒了的人之中又不记得他的思想，这是很难设想的。

德　〔不仅这是很容易设想的，而且某种和这类似的事情甚至是当我们醒着时每天都能观察到的；因为我们永远有一些对象打动着我们的眼睛或耳朵并因此也触动了我们的灵魂，但我们却并没有注意到它们，因为我们的注意力被另外一些对象吸引住了，直到那对象通过加倍增加了它的活动或通过其他原因而变得足够强烈了，才把我们的注意力引向它；这就好比是对这一对象来说的一种特殊的睡眠，而当我们的注意力对于全部对象一起全部停止了时，这种睡眠就变成一般的睡眠了。这也就是当我们分散注意力以便削弱它时用来自己催眠的一种方法。〕

斐　我曾经从一个人那里知道，他在年轻时曾致力于研究学问并且记忆力相当好，他在得了一次热病以前从来没有做过一次梦，当他和我谈这件事时他的热病才好不久，那时已是二十五或二十六岁。

德　〔有人也跟我谈起过一个研究学问的人，年纪还大得多，也从来没有做过梦。但灵魂的知觉的经常性，并不应该是单单建立在做梦的基础上的，因为我已经指出，灵魂甚至在熟睡时，对于在外面所发生的事怎么也有某种知觉。〕

§15. 斐　常常思想而又连一刻也没有保持对所想的东西的记忆，这是用一种毫无用处的方式来进行思想了。

德　〔一切印象都有其效果，但并不是一切效果都永远能被注意到的；我毋宁转向这一边而不转向另一边，这常常是由于一连串我没有察觉到的微小印象，使得这一种运动比起另一种运动来稍微不适意一点。所有我们未经深思的行动，都是一些微知觉的一种共同作用的结果，而甚至对我们的深思熟虑有如此巨大影响的那些习惯和情感，也是从这里来的；因为这些习惯是一点一点养成的，而因此，要不是这些微知觉，我们是不会达到这种显然可见的禀性的。我已经指出过，那种在道德学上否认这些效果的人，是步那些在物理学上否认感觉不到的微粒子的无教养的人的后尘；可是我看到，在那些谈论自由的人之中，有些人没有注意到这些察觉不到的印象能够使天平倾向一边，就想象着在道德行为中有一种完全无差别的状态，就像布里丹①的驴把两边的草地作对半分毫无差别那样。关于这一点我们将更充分地谈到。不过我承认，这些印象只是造成倾向而并不起必然的决定作用。〕

斐 也许人们可以说，在一个醒着并在思想着的人之中，他的身体是有点作用的，而记忆是由大脑中的痕迹保存着的，但当他睡着时，灵魂就分离独立地由自己进行思想了。

德 我远远不是这样说，因为我相信在身体和灵魂之间永远有一种密切的符合，又因为我用我们不论在醒时或在睡眠中都察觉不到的一些身体上的印象，来证明灵魂自身也有同样的这些印象。我甚至主张，在灵魂之中也有某种东西在进行，相当于身体中血液的循环和脏腑的一切内部运动，对这些我们却是察觉不到的，正像那些住在水磨附近的人听不到水磨发出的噪音一样。其实，如果当睡着或醒着时在身体中有一些印象，而灵魂并不为它们所触及或并无任何感受，则就得给灵魂和身体的结合一些限制，好像身体的印象需要有一定的形状和大小才能使灵魂得以察觉到它们；这种主张是完全站不住脚的，要是灵魂是无形体的话，因为在

① Jean Buridan，生卒年不详，是十四世纪著名的唯名论者，曾在巴黎就学于另一著名的唯名论者威廉·奥康(Willian of Occam，? 1347)，后来多年任巴黎大学哲学教授并曾任校长。他对意志自由问题的观点，结论是和洛克近似的。所谓“布里丹的驴”是历史上很著名的一个典故，据说是布里丹提出作为犹豫不决的一个例子的，大意是说：一头驴，又饥又渴，但被放在等距离的一桶水和一堆荞麦中间，它不知该先吃好还是先喝好。而据莱布尼茨在这里所说，则这驴应该是放在两块等距离的草地中间，而不知先吃哪一边的好。据有人考证，在布里丹自己的著作中，并没有找到这个典故。

一个无形体的实体和物质的这样或那样的性状之间，是无比例关系可言的。总之一句话，认为在灵魂之中除了它所察觉到的之外就没有任何知觉，这是种种错误的一个巨大根源。

§16. 斐 我们记得的梦大部分都是荒诞不经和不相连贯的。那么我们就该说灵魂得靠身体才有合理地进行思想的功能，否则它的任何合理的独白都保不住。

德 〔身体是和灵魂的一切思想相呼应的，不论它们合理与否。而那些梦也和醒着的人的思想同样在大脑中有它们的痕迹。〕

§17. 斐 既然您是这样坚信灵魂是永远现实地在进行思想的，那么我倒很想您能告诉我在灵魂和身体结合以前，或在它刚刚结合而还没有通过感觉接受观念以前，在一个小孩的灵魂中的那些观念是什么。

德 用我们的原则是很容易满足您的要求的。灵魂的知觉永远自然地和身体的构造相符合，而当在大脑中有很多混乱而很难分别的运动时，就像在那些很少经验的人之中发生的情况那样，灵魂的思想（按照事物的秩序）也不会更清楚些。可是灵魂是永不会没有感觉的帮助的，因为它永远表现着它的身体，而这身体是永远以无数的方式受着周围的东西打动的，但这常常只给予一种混乱的印象。①

① 最后一句G本原文是"... frappé par les ambians d'une infinité de manières, mais qui souvent ne donnent qu'une impression confuse."而E本和J本作"... frappé par les autres, qui l'environnent, d'une infinité de manières, mais qui souvent ne font qu'une impression confuse."("……永远以无效的方式受着环绕着它的其他物体打动的，但这常常只造成一种混乱的印象。")

§18. 斐 但这里还有《理智论》作者提出的另一个问题。他说,我但愿那些以如此自信主张人的灵魂或(这是同一回事)人永远在思想的人,能告诉我他们是怎么知道这一点的。

德 我不知道,要否认在灵魂中有某种我们察觉不到的事物在进行,是否还需要更大的自信;因为察觉得到的东西是由那些察觉不到的部分所合成的,没有什么东西是突然一下产生的,思想和运动也都一样。最后,这也好比有人到今天还来问,我们是怎么认识那种感觉不到的微粒子的。

§19. 斐 我不记得那些告诉我们说灵魂永远在思想的人,也说过人永远在思想。

德 〔我想这是因为照他们的理解,这说的是分离独立的灵魂。可是他们也很愿意承认人当〈灵魂与身体〉结合时是永远在思想的。就我自己来说,我既有理由主张灵魂是绝不会和一切身体分离的,我就相信我们绝对能够说人不论现在和将来都是永远在思想的。〕

斐 说物体有广延却没有部分,和说一个东西在思想却不察觉到它在思想,这两个断语显得是同等地不可理解的。

德 〔请原谅,先生,我不得不告诉您,当您提出来说在灵魂中没有什么东西是它所不察觉的时,您是在作以未决论点作为论据的论证,这种论证方法在我们以前的全部讨论中已经是很盛行的了,或者[①]您是想用它来摧毁天赋的观念和真理。如果我们同意

---

① 原文各本均作"ou"("或者"),疑是"où"("在那里",即指在以前的全部讨论中)之误。

这一原则，则除了我们认为是触犯经验和理性之外，我们还将毫无理由地放弃我认为已使之足可理解的意见。但我们的对手，尽管他们那样高明，却对他们如此经常又如此肯定地提出的这方面的论点没有提出证明，除此之外，我们还很容易给他们指出正好相反的情况，这就是说，我们要对我们的一切思想永远明确地进行反省是不可能的；否则心灵得对每一反省又进行反省以至无穷，而永不能过渡到一个新的思想。例如我察觉到某种当前的意见，我就得永远想着我想着它，又想着我想着我想着它，这样以至无穷。但我一定只得停止对所有这些反省进行反省，而最后得有某种思想我们就让它过去而不去想它；否则我们就会永远停止在同一件事情上了。〕

斐 但我们岂不是也同样有根据来主张：只要说人可能饥饿而不察觉到它，人是永远饥饿的吗？

德 〔这是很有区别的；饥饿有一些特殊的因由并不是永远存在的。可是，即使当你饥饿时你也并不每时每刻都想到它，这也还是真的；但当你想到它时你就察觉到它；因为这是一种很容易被注意到的情状。在胃中永远有一些刺激，但它们要变得足够强烈才能引起饥饿。在一般的思想和能被注意到的思想之间也永远应该作同样的区别。因此人家想拿来使我们的意见变得可笑的东西，倒可用来进一步印证它。〕

§23. 斐 现在我们可以问，人在什么时候开始在他的思想中有了观念，而在我看来我们得回答说是从他有了某种感觉开始。

德 〔我也是抱同样的意见；但这是由于一条有点特别的原则，因为我认为我们是从来不会没有思想，也从来不会没有感觉的。我只是在观念①和思想之间作了区别；因为我们永远是独立不依于感官而具有一切纯粹或清楚的观念的；但思想永远和某种感觉相呼应。〕

§25. 斐　但心灵在对简单观念的知觉中只是被动的，这些简单观念是知识的原料或素材，而当它在形成复杂观念时则是主动的。

德　〔既然照您自己所承认的，有一些简单观念其知觉是从反省得来的，并且心灵至少②给了自己那些反省的思想，因为是心灵自己在反省的，又怎么可能心灵就其对于一切简单观念的知觉来说只是被动的呢？心灵是否能够拒绝这些简单观念，那是另一个问题，而无疑要是没有某种原因，在适当时机使心灵从这些观念那里转开，它是不可能拒绝它们的。〕

斐　〔到此为止我们的讨论显得都是 ex professo③。现在我们将要来讨论观念的细节，我希望我们将会有更多的一致意见而只是在某些特殊之点有所分歧。〕

德　〔我将很高兴看到高明人士采取了我认为真的意见，因为他们是很适于使这些意见增加价值并使它们得以发扬光大的。〕

第二章　论简单观念

§1. 斐　那么我希望您将承认，先生，有简单观念和复杂观

① G本作“idées”（“观念”）；E本和J本作“Sensations”（“感觉”）。

② “至少”(au moins)两字照E本加，G本无。

③ 拉丁文，是古典文献中的一个专门用语，意思是指“以肯定的、确切的方式”，“断然宣布的前述的方式”等等。莱布尼茨在这里意思是说：到此为止我们已各自提出了自己的思辨的观点并为它作了辩护；现在要来讨论某些种类的观念，将会比前此有较多彼此同意之点。

念；这样，蜡的热和软，以及冰的冷，就提供了简单观念，因为灵魂对它们有一种齐一的概念，它是不能被区别为不同的观念的。

德 〔我认为我们可以说这些感觉观念在表面现象上是简单的，因为它们既是混乱的，就使心灵无法区别它们所包含的内容。这就好像远处的东西显得是圆的，因为我们分辨不出它的那些棱角，虽然我们也接受了这些棱角的某种混乱的印象。例如，显然绿是由蓝和黄混合在一起而产生的；因此我们可以认为绿的观念也是这两种观念合成的。可是绿的观念对我们显得也像蓝的观念或暖的观念一样是简单的。因此得认为这些蓝的观念和暖的观念也只是就表面现象说是简单的。可是我愿同意人们把这些观念作为简单的来看待，因为至少我们的察觉并没有把它们分开；但应该按照人们能使它们比较更可理解的程度，用其他的经验和用理性来对它们进行分析。① 而从这里我们也可以看出，是有一些知觉是人们所没有察觉到的。因为对于表面显得是简单的那些观念的知觉，是由对于合成这些观念的各部分的知觉合成的，但心灵并没有察觉到它们，因为这些混乱的观念对心灵显得是简单的。〕

第三章 论单由一种感官来的观念

斐 现在我们可以把这些简单观念，按其给予我们知觉的方

① E本J本本章到此为止；G本有以下几句。

式来排一个队，因为我们知觉这些观念，是或者(1)通过单独一种感官，或者(2)通过不止一种感官，或者(3)通过反省，或者(4)通过感觉的一切途径同时也通过反省。就那些通过唯一特别适合于接受这些观念的感官进入的来说，光和色是单单通过眼睛进入的；一切种类的噪音、声音和音调是通过耳朵进入的；各种不同的滋味是通过上腭进入的；而气味是通过鼻子进入的。这些器官或神经把它们带到大脑，而如果这些器官中有一些受到了扰乱，这些感觉是不会被允许通过不对路的门径进入的。触觉方面的性质中最重要的是冷、热和坚实性。其他的触觉性质或者是在于可感觉的各部分的外形配置，如光滑和粗糙，或者是在于各部分的结合，如紧密、柔软、坚硬、松脆。

德 〔先生，我很同意您所说的，虽然我可以指出，按照已故的马略特先生①对于视觉在有关视神经方面的缺陷的实验，似乎毋宁是网膜而不是神经接受那种感觉的，还有，对于听觉和味觉来说，是有一些不对路的门径的，因为牙齿和颅顶对于使人听到某种声音是有作用的，而滋味在某种方式下是由鼻子来使人感到的，因为这些器官是联系在一起的。但所有这一切，就其对于观念的解释来说，并不使事情在根本上有什么改变。而关于触觉的性质，我们可以说，光滑或粗糙以及坚硬或柔软，只是抵抗力或坚实性的一些可变性状。〕

---

① Edme Mariotte，1620—1684，法国的著名物理学家，完成了伽利略所提出的关于物体运动的理论，并发现了关于气体的体积与压强温度的关系的定律，即波义耳—马略特定律。他可说是法国实验物理学的首创者。这里所说的实验，结果发现了视神经入口处的盲点，是在1668年完成的。

第四章 论坚实性[①]

§1. 斐 您无疑是会同意，坚实性的观念是由抵抗力引起的，一个物体，当另一物体实际进入它所占据的位置时，直到它离开原有位置，我们都可在它之中发现这种抵抗力。因此当一个物体和另一个物体彼此相向运动时，那阻止这两个物体相遇合的，我就叫做坚实性。如果有人认为叫做不可入性还更恰当些，我也同意。但我认为坚实性这个名词带有某种更积极的意义。这个观念似乎对物体来说是最本质的东西，并且是和物体联系得最紧密的，而我们也只有在物质中才能找到它。

德 诚然，当另一个物体不愿意把位置让给我们的身体时，我们在触觉中是感到了抵抗力，并且各个物体厌恶共处在同一位置，这也是真的。但很多人怀疑这种厌恶是否不可克服的，并且最好也要考虑到，在物质中发现的这种抵抗力，是以不止一种的方式，并且由于很不相同的各种原因从物质中派生出来的。一个物体抵抗另一个物体，或者是在它得要离开它已占有的位置时发生的，或者是当它准备进入一个位置，但由于另一物体也尽力要进入因而使它未能进入那位置时发生的，在后一种情况，就可能发生这样的

---

① “坚实性”一词，原文为 Solidité，沿用洛克原书的 Solidity。这词通常有“固体性”、“立体性”等多种含义，而洛克又另给予一些特殊的含义，因此较难找到一个妥当译名。照洛克自己的解释，它实际是指物体的“不可入性”，但又不仅是消极的意义，而有比“不可入性”更积极的意义。固然我们通常所理解的固体是有 Solidity 的，但洛克认为如水这种流体也有和金刚石这样硬的东西一样多的 Solidity。中译《人类理解论》译作“凝性”，似也未能妥当表达原意。现姑且译作“坚实性”，希注意其特殊含义。

事,即一个不让另一个,它们就都停住或互相推挤着。抵抗力是在那被抵抗者的变化中使人看到的,它或者失去了力量,或者改变了方向,或者两样同时发生。而我们可以一般地说这种抵抗力是来自两个物体的厌恶于共处在同一位置,这我们可以叫做不可入性。因此当一个物体努力要进入一个位置时,它同时就努力要使另一物体从那里出来,或阻止另一物体进入那位置去。但使一个或另一个物体或两个物体一起作出让步的这一类不相容性一旦被假定了之后,则除了上述那一个原因之外还有别的好多个原因使一个物体来抵抗那尽力要使它让位的物体。这些原因或者在这物体本身之中,或者是在邻近的物体之中。在它本身之中的有两个,一个是被动的和永久的,另一个是主动的和变化的。第一个我照开普勒[①]和笛卡尔称之为惯性,它使物质抗拒运动,并且要移动一个物体时得用力来使这惯性消失,假定既无重力也无附着力时也得如此。这样,一个物体要推动另一个物体时就得因此而经受到这种抵抗力。另一个是主动的和变化的原因,它就在于物体本身的冲力,当一个物体由它本身的冲力把它带到一个地方时,它是不会毫无抵抗就让步的。当一个在抵抗着的物体不能自己让位而不使别的物体也让位时,同样的这些原因也重新出现在那些邻近的物体中。但这时就进来了一种新的考虑,这就是要考虑到固定性(fermeté),或一个物体对另一个物体的附着力(attachement)。这种附着力常常[②]使得要推动一个物体时不能不同时也推动另一个

① Johannes Kepler,1571—1630,德国著名天文学家,近代天文学的奠基人之一。

② G 本无"souvent"("常常")一词,照 E 本、J 本加。

附着于它的物体，这对于那另一个物体来说就造成了一种牵引。这种附着力也使得即使当我们撇开惯性和明显的冲力时，也还会有抵抗力；因为如果把空间设想为充满一种完全流动性的物质，又如果我们在其中放进单独一个硬的物体（假定在流体中既无惯性也无冲力），它将会在其中运动而不发现任何抵抗力；但如果空间中充满了一些小立方体，则要在这些小立方体中运动的那个硬的物体就会发现有抵抗力，这种抵抗力就来自这样的事实，即那些小立方体，由于它们的硬，或由于它们各部分彼此之间的附着力，将会很难像所必需那样把它们分开，以便作环形的转动和来填补那运动着的物体离开时的位置。但如果两个物体同时从两端进入一根两头开口的管子，来同等地充满它的容积，则在这根管子里的物质，不管它是怎么样流动性的东西，将会单凭它的不可入性来进行抵抗。因此在这里所涉及的抵抗力中，就要考虑到物体的不可入性、惯性、冲力和附着力。的确，照我的意见来看，物体的这种附着力是来自一个物体向着另一个物体的一种更精细的运动；但因为这是一个可以引起争论的论点，我们不应该首先予以假定。而出于同样的理由，我们也同样不应该首先假定有一种原始的本质的坚实性，使物体永远占有同等的位置，这就是说，那不相容性，或更确切地说，那种诸物体在同一位置的不可共存性(inconsistence)，是一种完全的不可入性，既不多接受也不少接受，因为既然有很多人主张，那可感觉的坚实性可能来自诸物体对共处一个位置的厌恶，但这种厌恶不是不可克服的。因为所有通常的逍遥学派的人和许多其他人都相信，同一种物质可以充满或较多或较少的空间，这种现象他们叫做疏散或密集，这不仅是表面现象（如在海绵里挤出水来时那样)，而是严格意义的，如经院哲学对空气所设想的那样。我并不同意这种看法，但我也看不出人们就应该首先假定与此相反的意见，感觉没有推理是不足以确立这种完全的不可入性的，这种不可入性我认为在自然的秩序上是真实的，但不是单靠感觉知道的。有人也可以主张，物体对于压缩的抵抗力，是来自它的各部分当没有完全自由时要自行扩散的一种努力。此外，要证明这些性质，眼睛有很大的助力，它来帮助了触觉。而归根到底，坚实性就其给人清楚的概念的范围内来说，是由纯粹理性来设想的，虽然感觉也为推理能力提供了某种东西来证明它是在自然之中的。

§4. 斐 我们至少都同意，一个物体的坚实性，带有这样的性质，就是它充满了所占据的空间，以致绝对排斥所有其他物体〔要是它不能找到一个它以前所不在的地方①〕；至于那坚硬性〔或毋宁说坚固性(consistence)，有人叫做固定性(fermeté)〕，是物质的某些部分的一种坚强结合，它们构成了具有可感觉得到的大小的一些团块，以致整个团块不会容易地就改变形状。

德 〔这种坚固性，如我所已经指出的，正是那样一种东西，它使人很难推动一个物体的一部分而不及于另一部分，以致当人推动其一部分时，就会使并未被推动并且也不落在这一动向的路线上的另一部分，却也以一种牵引的方式被带到朝这个方向去了；还有，如果这后一部分遇到某种障碍阻住或推动了它，它就会把前一

① 〔〕E 本作( )，其中文句 G 本原文作：〔s'il ne peut trouver une espace où il n'estoit pas auparavant〕，E 本 où 误作 ou。英译作：〔if a space can be found in which there was none before〕(“要是能找到一个地方其中以前什么也没有”)，疑有误。

部分也拉向后退或也阻住；而这种作用永远是相互的。同样情况有时也在两个物体之间发生，这两个物体并不彼此接触，也并不构成一个连续的物体而自身作为其连续的各部分；可是一个被推动时使另一个未被推动的也去了，就像感觉可以使我们认识到的那样。对这一点，磁石①、电的引力，以及以前人们归之于害怕真空②的那种东西，都提供了例证。〕

斐　一般说来，硬和软似乎是我们仅仅相关于我们身体的特殊构造而给予一些事物的名称。

德　〔但这样很多哲学家就不会把硬归之于他们的原子了。硬这个概念并不依赖于感官，我们用理性是可以设想它现实地存在于自然中的可能性的，虽然我们是通过感官而进一步深信这一点。可是我宁愿用固定性(fermeté)这个词(如果能允许我照这个意义来用这个词的话)而不用硬这个词，因为在软的物体中也还是有某种固定性的。我甚至还寻求一个更适宜、更一般的词，如consistence(坚固)或cohésion(凝聚力)之类。因此我以硬与软相对立，而以固定与流动相对立，因为蜡是软的，但没有被热融化时它并不流动而是保持着它的限界的；并且在流体本身通常也有凝聚力，如我们在水滴和水银珠子中看到的那样。我也认为一切物体都有一定程度的凝聚力，正如我也同样认为没有一个物体没有

① 按G本作animant，E本原也作animant，是指本身有生命也能使生物具有生命的一种"灵气"，是十七世纪流行的一种概念，但E本在勘误表中改作aimant，J本也作aimant，德译本也作der Magnet(磁石)，英译本虽照G本作animant，但在注及补遗中也认为以aimant(磁石)为是，故径译作"磁石"。

② "自然害怕真空"是中世纪经院哲学家流行的一种伪科学的观点，如他们认为水随着唧筒活塞流动是因为"水的本性害怕真空"之类。

某种流动性，并且其凝聚力是不能克服的；这样一来，照我看来伊壁鸠鲁的原子，它的硬性是被假定为不可克服的，也就和笛卡尔派所说的完全流动的精细物质一样不可能有的。但这里既不是来为这种意见作辩护，也不是来为凝聚力的合理性作解释的地方。〕

斐　物体的完全的坚实性似乎是用实验证明了的。例如，在佛罗伦萨，有人把水放在一个中空的金球内，加以巨大压力，球内的水再无处可去，就从金球的小孔中渗了出来。

德　〔对于您从这实验所作出的推论，以及对于那水所发生的情况，是有些话要说的。空气也和水一样是一种物体，而它却至少照感觉上看来(ad sensum)是可压缩的，而那些主张一种严格意义的疏散和密集的人将会说，那水已经过于压缩了以致不能再向我们的机械让步，正如空气已经被压缩得很紧时也会抵抗再进一步的压缩一样。可是我另一方面也承认，如果我们可以看到水的体积有某种小的变化，这可以归之于其中包含着的空气。现在我们不来讨论纯粹的水本身是否就不能压缩，如同当它沸腾时是能够膨胀的那样，可是我确实是同意那样一些人的看法，他们认为物体是完全不可入的，而疏散和密集只不过是表面现象。但这一类的实验是不能证明这一点的，正如托里拆利[1]氏管或盖利克[2]的机械装置不足以证明完全的真空一样[3]。〕

---

① Evangelista Torricelli，1608—1647，意大利的著名物理学家和数学家，他所发明的水银气压计长期来被称为“托里拆利氏管”。

② Otto von Guerike，1602—1686，德国物理学家，曾专门致力于有关真空的实验，后来发明了一个空气装置，做了一系列有关真空的各种不同效果的实验。

③ 笛卡尔也是坚决主张不可能有真空的，参阅其《哲学原理》第二章§16，商务印书馆，1959年版，第42页。

§5. 斐 如果物体是在严格意义下可以疏散和密集的，那它就会能够改变体积或广延，但它并不是这样，而是永远相等于同一空间，可是物体的广延和空间的广延又永远是有区别的。

德 物体可以有它自身的广延，但并不能由此推论说它永远被决定于或相等于同一空间。可是，尽管我们在设想物体时，可能确实设想它不止是空间而还有某种东西，但也不能由此推论出有两种广延，即空间的广延和物体的广延；因为这就好比我们同时一下设想几件事物时，我们是想到数以外的某种东西，即 res numeratas①，可是并没有两种多少，一种是抽象的，即数的多少，另一种是具体的，即被计数的事物的多少。同样我们也可以说，不必设想有两种广延，一种是抽象的空间的广延，一种是具体的物体的广延；那具体的只有通过那抽象的才能成为如此。而正如物体从空间的一处过渡到另一处，即改变它们之间的次序一样，事物也从次序或数的一点过渡到另一点，例如从第一变成第二又从第二变成第三，如此等等。事实上空间和时间都不过是一种次序②，而在这次序中，那空的地方（对于空间来说就叫做真空），如果有的话，只不过表示一个东西相对于其实有来说完全没有的一种可能性。

斐 我很高兴您毕竟和我一样认为物质不改变其体积。不过您似乎走得太远了，竟不承认有两种广延，并且您竟接近笛卡尔

① 拉丁文，意即："被计数的东西"。

② 参阅莱布尼茨《给德·鲍斯的信》(*Ad R. P. Des Bosses Epistolæ Tres.*)(1712年6月16日)，(见G本第二卷第450页，E本第682页b)："空间是并存现象的次序，正如时间是接续现象的次序"，又见《给克拉克的信》，G本第七卷第345页以下，E本第746页以下。

派，他们是对空间和物质不作区别的[①]。而如果竟发现一些人没有（关于空间以及充满空间的坚实性）这些清楚有别的观念而是把它们混同起来，当作一个观念，我不知道他们怎么能和其他人交谈。他们就像一个盲人那样，别人跟他说朱红色，他却以为它像一个喇叭的声音。

德　〔但我同时主张广延和坚实性的观念并不在于一种我不知道是什么的东西[②]之中，正如那朱红的颜色那样。我和笛卡尔派的观点相反，是把广延和物质加以区别的。可是我还是不认为有两种广延；但既然那些就广延和坚实性的区别问题进行争论的人们之间，在关于这个问题的若干真理上是意见一致的，并且有某些清楚的概念，他们是能够找到办法来摆脱这种分歧的；这样，对于这些观念的那种假想的分歧就不应该被用作借口以使争论永远进行下去，虽然我知道有些笛卡尔派的人，尽管在别方面很高明，是惯于固执他们自以为具有的观念的。但如果他们能利用我以前所提出的、我们以下还要谈到的那种辨认真假观念的方法，他们是会离开那种站不住脚的立场的。

第五章　论从各种不同感官来的简单观念

斐　对有些观念的知觉是从不止一种感官来的，这些观念就

① 参阅笛卡尔《哲学原理》第二章，§8—15，商务印书馆，1958年版，第37—41页。

② 原文为 un je ne sais quoi，意指一种不可知的实体。

是对于空间，或广延，或形状的观念，对于运动和静止的观念。

德 〔被说成来自不止一种感官的这些观念，如空间、形状、运动、静止的观念，毋宁是来自共同感官，即心灵本身的，因为它们是纯理智的观念，但和外界有关而且是感官使我们察觉到的；它们也是能下定义和加以推证的。〕

第六章 论从反省来的简单观念

斐 通过反省来的简单观念就是那些关于理智和关于意志的观念，〔因为我们是通过对自身进行反省而察觉到它们的。〕

德 〔是否所有这些观念都是简单观念是值得怀疑的，因为很显然，例如意志的观念就包含着理智的观念，而运动的观念就包含着形状的观念。〕

第七章 论从感觉和反省两者来的观念

§1. 斐 有一些简单观念是通过感觉的所有一切途径同时也通过反省而使心灵察觉到的，这就是：快乐、痛苦、能力、存在、统一。

德 〔感官若没有理性的帮助似乎是不能使我们深信可感觉事物的存在的。因此我将认为存在的观念[①]来自反省。那对于能

① 原文为 la considération de l'existence（“对存在的考虑”），英译作 the idea of existence（“存在的观念”）。

力和统一的观念也来自同一来源，这些观念我觉得是和快乐与痛苦的知觉属于完全不同的性质的。〕

第八章　对简单观念的其他一些考虑

§2. 斐　对于那些消极的性质的观念，我们将说什么呢？在我看来，静止、黑暗和冷这些观念，是和运动、光亮和热的观念同样积极的。可是，我也提出这种缺乏作为这些积极①观念的原因，这是随俗；但归根到底将很不容易决定是否确实有任何观念来自一种消极的原因，除非已经决定静止是否比起运动来毋宁是一种缺乏。

德　〔我不相信我们有理由来怀疑静止的消极性。对静止来说，只要我们否定了物体中的运动就够了；但对于运动来说，只否定静止就不够，而是还必须再加上某种东西来决定运动的程度，因为运动实质上是有多有少的，而一切静止都是相等的。当我们谈静止的原因时是另一回事，那当是在次级的物质②或团块中的积

① G本和E本原文均作"positives"("积极")，但英译作"privative"("消极")，疑误。

② 莱布尼茨在给许多人的书信和其他一些著作中经常谈到"初级物质"和"次级物质"的区别。所谓"初级物质"是指属于每一分离独立的存在物的一种原始的、被动的潜能，它和那活动的原则或"隐德莱希"是不可分地结合在一起的，两者结合就成为一个完满的实体即"单子"，但它本身则只是一种纯粹的抽象或潜在的可能性而不是实体。它相当于混乱的观念，或精神的一种不完满的表现或现象，因为照莱布尼茨的唯心主义观点看来，物质归根到底也是精神或在精神中有其最后根源的。所谓"次级物质"则是指许多"单子"或完全的实体结合成的一种团块(masse)，其中每一单子各有其"初级物质"和"隐德莱希"，以及各自的派生出来的力或活动能力。它本身不是一种实体，它的广延性是由非广延的单纯实体的结合而产生的一种现象，是由我们的混乱知觉所造成的，是由单子的被动方面的不可入性、抵抗力或惯性等构成的，当单子的活动变得纯粹和完满时这种广延性就会消失。

极的东西。我还进一步认为静止的观念本身也是消极的，就是说，它只在于否定。诚然那否定的行为本身是积极的事。〕

§9. 斐 事物的性质是事物所具有的在我们心中产生观念的知觉的功能，把这些性质加以区别是好的。有第一性的性质和第二性的性质。广延、坚实性、形状、数目、可动性是物体原始的和不可分离的性质，我称之为第一性的。§10. 但我把物体的这样一些功能或能力称为第二性的性质，它们能在我们心中产生某些感觉，或在其他物体中产生某些效果，就例如火使蜡融化时在蜡中产生了某种效果那样。

德 〔我想我们可以说，当能力是可理解的并能被清楚地解释的时，它当被算在第一性的性质之内；但当它只是可感觉的并给人一种混乱的观念时，应该把它放在第二性的性质里面。〕

§11. 斐 这些第一性的性质表明物体是如何互相作用的。而物体只有通过冲击来起作用，至少就我们所能设想的范围内来说是这样，因为不可能理解物体如何能作用于它没有接触到的东西，这就正如不可能想象它能在它所不在的地方起作用一样。

德 〔我也认为物体只有通过冲击来起作用。可是在我刚才所听说的证明中是有某种困难的；因为吸引并不是永远没有接触的，①而且我们没有任何显然可见的冲击也能接触和牵引，如我在上面谈到硬时所指出的那样②。如果有伊壁鸠鲁的那种原子，那

① 此句G本和E本原文均作"car l'attraction n'est pas tousjours sans attachment"，但英译作"for attraction sometimes occurs without contact"，("因为吸引有时没有接触也发生")，意思似乎更清楚些，录此供参考。

② 参阅上文第二卷第四章§4"德"(第101—102页)。

么它们那被推动的一部分是会把另一部分拖带着走的，并且通过使它进入运动而接触到它却并没有冲击。在连接着的事物之间的吸引这种情况下，我们不能说那把另一个拖带着走的东西是在它所不在的地方起作用。这个理由只能用来攻击那种远距离的吸引，如对于某些学者所提出的所谓 vires centripetas① 可能有的情况那样。〕

§13. 斐　现在，某些微粒，以某种方式打动了我们的器官，在我们之中引起了某种颜色或滋味的感觉，或是具有产生这些感觉的能力的其他第二性的性质的感觉。我们不难设想上帝能把这样一些观念（如热的观念）和那些同它们并无相似之处的运动联系在一起，正如我们不难设想他把痛的观念和那刀片割开肉的运动联系在一起一样，这种运动和痛是就任何方式来说都不相似的。

德　〔不应该想象着如颜色或痛之类的观念是武断的，是和它们的原因没有关系或毫无自然的联系的；这样不照秩序和毫无道理地行事可不是上帝的习惯。我毋宁说其间是有某种相似性的，这种相似不是完全的和可以说是 in terminis② 的，而是表现式的（expressive），或者说是一种顺次序的关系，就像一个椭圆和甚至抛物线或双曲线以某种方式相似于一个圆一样，它们是圆在一个平面上的投影，因为在被投影者和所作的投影之间是有某种精确而自然的关系的，其中一方的每一个点都是照一定的关系和另一方的每一个点相符合的。这一点是笛卡尔派所没有充分考虑到

---

① 拉丁文，意即“向心力”。

② 拉丁文，意即“最终”、“归根结蒂”。

的，您本来一向不习惯于跟从他们，也没有理由要跟从他们，但这一次却跟从了他们了。〕

§15. 斐　我告诉您对我来说情况显得是怎样，这现象就是：物体的第一性的性质的观念和这些性质是相似的，但第二性的性质在我们心中产生的观念则和这些性质就任何方式来说都不相似。

德　〔我刚才已经指明怎么对于第二性的性质来说也和第一性的性质一样有相似性或有精确的关系的。结果和它的原因相应，这是很合理的；并且既然我们不论对于（例如）蓝的感觉或是产生这种感觉的运动都并无清楚的认识，又怎么能肯定情况准保相反呢？痛和针的运动诚然是不相似的，但它很可以相似于这针在我们身体中引起的运动，并在灵魂中表象这种运动，正如我毫不怀疑它是这样做的。也正是因为这一点我们说痛是在我们身体之中而不是在针之中。但我们说光是在火中，因为在火之中是有那些运动，它们离开了火是不能清楚地感觉到的，但它们的混合或结合则变成可感觉的，并为我们以光的观念来作了表象。

§21. 斐　但如果对象和感觉之间的关系是自然的，那怎么可能如我们事实上所注意到的那样，同样的水对一只手显得是热的而对另一只手显得是冷的呢？这也表明热不是在水中，正如痛不是在针中一样。

德　〔这至多只能证明热不是一种完全绝对地使人感觉到的可感性质或能力，而是相对于相应的器官的；因为手本身固有的一种运动能和它混在一起而改变了它的现象。光对于构造不好的眼睛也还是显不出来的，而当眼睛本身充满了一种大的光时，对一种较小的光也就感觉不到了。甚至那些第一性的性质(照您所用的名称),例如统一性和数,也可能显得不是像它们所当显出那样的;因为如像笛卡尔先生曾经说过的,用手指以特定的方式按住一只眼球时就会显得一个东西变成两个,而反光镜或玻璃剖成许多小面也会使其映象一个变多个。所以不能因此就说,那不是永远显得同样的就不是对象的一种性质,以及它的影像就和它不相似。至于说到那热,当我们的手很热时,水的温热就感觉不到,而毋宁把手上的热倒减弱了,并因此水对我们就显得是冷的了;正如把波罗的海的盐水和葡萄牙海①的水相混合就会减少其特有的含盐量,虽然前者本身也是含盐的。因此在某种方式下我们可以说,热是属于那一盆水的,虽然它对于某一个人可能显得是冷的,正如蜜是被称为绝对地甜的,而银子是白的,虽然对于有些病人来说,一个显得是苦的,另一个显得是黄的,因为这些称呼都是根据最通常的情况来定的;但这仍然是真的,即当器官和媒介是照其正当方式构成时,内部的运动以及在灵魂中表象这些活动的观念,是和那些引起颜色、痛等等的对象的运动相似的,或者说,这在这里是同一回事,是以一种充分精确的关系表现了这些运动的,虽然这种关系并不清楚地为我们显示出来;因为我们不能把这许多微小的印象分解开来,不论是在我们灵魂中的,在我们身体中的,或在我们之外的东西中的都是一样。

§24. 斐　我们考虑太阳那些使蜡变白和变软,或使泥土变硬的性质时,只把它们看成简单的一些能力,而毫不想到在太阳里

---

① 大西洋在葡萄牙沿岸那一部分的旧名,今已废弃不用。

有什么东西和这白、软或硬相似;但热和光则通常被看做太阳的实在的性质。可是,仔细地考虑起来,光和热这些性质,也是在我之中的一些知觉,而不是在太阳之中的,和当它使蜡变白和融化时在蜡中产生的变化其方式并不两样。

德〔有人把这种学说推得很远,甚至想使我们相信,如果有人能触到太阳,他也将不会发现在那里有什么热。在一面反光镜或晒热的玻璃透镜的焦点上使人可以感到的那模拟的太阳,就可以使这些人恍然大悟。但对于那使蜡变热和使蜡融化的能力之间的比较,我敢说,如果那融化或变白了的蜡也有感觉,它将也会感觉到某种跟太阳晒热我们时我们所感觉到的相近似的东西,并且要是它也能说话,它也将说太阳是热的,并不因为它的白相似于太阳,因为否则当人的脸皮在太阳下暴晒时,它的棕色也会是相似于它了,而是因为在蜡之中有一些运动,是和太阳中引起这些运动的运动相关的。它的白可能来自其他的原因,但它在从太阳接受这白时所已具有的那些运动并不是这样。〕

第九章 论知觉

§1. 斐 现在让我们来谈特别属于反省的观念。知觉是充满着我们的观念的灵魂的第一种功能。它也是我们通过反省所接受的最初和最简单的观念。思想常常是指心灵当其主动并以一定程度自觉的注意力考虑一件事物时对它本身的观念的一种操作;而在所谓知觉中,心灵通常是纯粹被动的,对它实际察觉的东西就不能不察觉。

德　〔我们也许可以加上一点说禽兽也有知觉，但没有必要说它们也有思想，就是说也有反省或可以是反省的对象的东西。我们自己也有那些我们在当前状态下察觉不到的微知觉。诚然，如果我们不是因为被这些微知觉之多分了心而转了向，或者如果它们不是被较大的知觉抹去或毋宁说弄模糊了，我们是很能够察觉到它们并对它们作反省的。〕

§4. 斐　我承认，当心灵极度忙于思考某些对象时，它对于某些物体在听觉器官上造成的印象就怎么也察觉不到，尽管那印象足够强烈，如果灵魂对它不作任何认知的话，也不发生任何知觉。

德　〔我毋宁更喜欢对知觉(perception)和察觉(s'appercevoir)加以区别①。例如我们察觉到的光或颜色的知觉是由我们察觉不到的一些微知觉构成的，又如一种噪音，我们对它是有知觉的，但是没有注意，只要再稍为增加一点就变得是可察觉的了。因为如果在加这一点以前的东西对灵魂什么也没有造成，那么加这一点也造不成什么，而这整个也同样不能造成什么了。我在上面本卷第二章②第11、12、15等各节已经接触到过这一点。〕

§8. 斐　在这里指出这样一点是适宜的，这就是：来自感觉的那些观念，常常不知不觉地为成年人的心灵的判断所改变。一

---

①　可参阅莱布尼茨的《基于理性的自然和神恩的原则》(*Principes de la nature et de la grâce fondés en raison*)一文§4："最好是在知觉和察觉之间作一区别：知觉是单子表象外界事物的内部状态；察觉则是对这种内部状态的意识或反省的认识，它不是赋予一切灵魂的，也不是永远赋予同一个灵魂的。"该文也是莱布尼茨对自己的哲学体系的一个简要的概述，全文见G本第六卷第598—606页，E本第714—718页。按"察觉"或译作"统觉"，但在用作动词时似乎不通，故在本书中一律译为"察觉"，既作名词，也作动词用。

②　当为"第一章"之误。

个同一颜色的圆球的观念代表着一个具有不同明暗的平面的圆。但因为我们已习惯于区别物体的种种影像和区别光线的反射随着物体表面形状而形成的种种变化,我们就用这影像的原因本身来代替了那向我们显现的东西,而把判断和视觉的现象混同起来了。

德 没有比这更正确的了,并且正是这一点使得绘画能有办法人为地造成一种极广阔的远景来欺骗我们。当物体的外沿是平的时,我们要表现它就可以不用明暗阴影而只用轮廓,就简单地像中国画那样的画法,不过比他们的更合比例些。在画纪念章之类的图样方面也有这样的习惯,以便画图者尽量能少脱离那种古物的精确的轮廓线条。但我们只画轮廓而不求助于明暗阴影,就不能把一个圆的内部和以这圆为界的一个球面的内部精确地区别开来,这圆和这球面的内部就既无被区别的点,也无作区别的轮廓线条,虽然两者却是有应该表明的巨大区别的。就是因为这样,笛萨格先生①才提出了一些关于浓淡明暗的力量的条规。因此,当一幅画骗了我们时,我们的判断中是有双重的错误;因为第一,我们是以原因代替了结果,以为直接看到了那作为影像的原因的东西,在这一点上我们有点像一只对镜吠影的狗。因为真正说来我们只看到影像,而且我们仅只是感受到光线。并且,既然光线的放射需要时间(不管它是多么短暂),则那对象在这间隙中就可能已毁灭,而当光线到达我们的眼睛时这对象已不再存在,而已不再存在的

① Gaspard Desargues,1593—1662,法国的几何学家和工程师,和笛卡尔、伽森狄、巴斯噶等都曾交往,写过有关几何学在艺术上的应用等方面的作品,讨论了有关透视等方面的问题,其作品已散佚,笛卡尔在给梅塞纳(Mersenne)的信中曾提到他的这一著作并给予很高评价,见 Cousin 编《笛卡尔全集》第六卷第 250—256 页。

东西是不能成为当下显现于视觉的对象的。其次，我们以一种原因代替了另一种原因，把那仅只是从一幅平面的画来的东西认为是从一个物体派生出来的，这样就进一步自己骗了自己，以致在这种情况下，在我们的判断中是同时既有一种转喻又有一种隐喻；因为即使是修辞学上的比喻辞藻本身要是使我们强以为真时也就变成了诡辩。这种或是真的或是假装的的因果混淆，在其他方面也常常进入我们的判断。就是像这样，我们感觉到了我们的身体或触及身体的东西，并且用一种直接的物理上的影响移动我们的手臂。这我们就断定是构成了灵魂和身体的交感，而真正说来，我们其实只是感觉到了并且以那样的方式改变了在我们心中的东西。①

斐 在这个时机，我要向您提出一个问题，这是有学问的莫邻诺先生②传给著名的洛克先生的，莫邻诺先生曾非常有益地运用他卓越的天才来推进科学。以下差不多就是他自己的原话：假定有一个生来盲目的人，现在已经成年，并学会了用触觉可以区别出用同样金属制成的差不多大小的一个圆球和一个立方体，以致当他摸到一个或另一个时能够说出哪一个是立方体，哪一个是圆球。再假定那立方体和圆球都放在桌子上，而那盲人已变得能看见了。现在要问：如果他只是看到这两个东西而没有触摸到它们，他能否

① 按照莱布尼茨的观点，身体和灵魂是不能互相影响的，它们之间的"结合"或"会合一致"是"由于一切实体之间的前定的和谐"，可参阅《单子论》§78、§81等处，特别是《关于实体的本性和它们的交通兼及灵魂和身体之间的联系的新系统》一文。见G本第四卷第477页以下，E本第124页以下。

② William Molyneux，1656—1698，是英国的一位数学家，他曾在都柏林仿照伦敦的皇家学会建立了一个哲学会。这里所引的他给洛克在一封信中所提出的问题，除洛克在《人类理智论》中所引述者外，贝克莱在《视觉新论》§132也曾加引用。原信见《洛克全集》，伦敦1824年第12版，第九卷第34页以下。

加以辨别而说出哪一个是立方体，哪一个是圆球。我请您，先生，告诉我您对这个问题是怎样看法。

德 得给我时间来仔细思考一下这个问题，这问题在我看来是很奇怪的；但既然您逼我要马上回答，我只好冒失地在我们两人之间说说，我认为，假定那盲人知道他所看到的两个东西的形状是立方体和圆球，他是能够加以辨别，并且不用手摸就说出哪个是圆球哪个是立方体的。

斐 我怕您得放在那对莫邻诺先生答错了的一堆人中间去了。因为他在包含着这个问题的那封信中说到，当他借谈论洛克先生的《理智论》的机会把这问题向各个不同的心灵敏锐的人提出时，他发现几乎没有一个立即就能给出他认为正确的答案，虽然听了他说明理由以后他们都深信自己错了。这位敏锐机智的作者的答案是否定的；因为（他又说）虽然这位盲人凭经验已经知道圆球和立方体是以怎样的方式刺激他的触觉，他却还不知道以这样那样的方式刺激他的触觉的，应该以怎样的方式刺激他的眼睛，也不知道那立方体的突起的角，那使他的手感到不平的，在他眼里应该显出是怎样在那立方体上显现出来的。《理智论》的作者宣布他也完全同意他的意见。

德 也许莫邻诺先生和《理智论》作者的意见跟我的意见也并不是像最初看来那样相差很远的。他们的意见的那些理由，显然是包含在前者的信中的，他曾成功地用它们来说服人们承认自己的错误，而在后者那里，为了让读者的心灵作更多的锻炼起见，把这些理由故意删掉了。如果您愿意权衡一下我的答案，先生，您将发现我是在其中提出了一个条件的，这条件也可以看做是包含在那问题之中的，这就是：这里所涉及的仅仅是辨别，而那盲人是知道他要来辨别的那两个有形状的物体是在那里的，并且他所看到的每一个现象因此就是那立方体或那圆球的现象。在这种情况下，我觉得那已不再是盲人的盲人，用理性的原则，结合着触觉以前提供给他的感性知识，毫无疑问是能够把它们加以辨别的。因为我并不是说，在当时他被那种崭新的情况弄得眼花缭乱也弄糊涂了，此外或者也很不习惯于通过推理得出结论的情况下，他事实上并且马上可能会怎么干。我的意见的根据是：在圆球中是没有从球本身边上突出的点的，全部是一样平而没有角的，至于在立方体则有八个突出的点和所有其他的不同。如果没有这种方法来辨别形状，一个盲人就不能靠触觉来学习几何学的初步知识。可是我们看到那些生来就盲目的人是能够学习几何学的，并且甚至永远总有一种自然几何学的某些初步知识，而最常见的情况是人们单只靠视觉来学习几何学而不用触觉，就像一个风瘫者或其他几乎全无触觉的人所可能甚至应该做的那样。而这两个几何学家，盲人几何学家和疯瘫的几何学家，应是互相遇合和彼此一致，甚至归到同样的观念上来的，虽然他们并无任何共同的影像。这也进一步表明如何必须区别影像(images)和精确的观念(idées exactes)，后者是在于由定义形成的。确实，好好考察一下一个天生盲人的观念来了解他对形状所作的描述，将是一件很令人好奇也非常有教益的事情。因为他能够达到这一点，并且他甚至能够懂得光学理论，只要这光学理论是依靠清楚的和数学的观念的，虽然他不可能达到设想那有混乱的光亮(clair—confus)的东西，就是说，光和各种颜色的影像。就是因为这样，有一个天生盲人，听了光学的课以后，也似乎很能理解，而当有人问他认为光是怎么样的时，他回答说他想象着这该是某种和糖一样令人适意的东西。考察一下天生聋哑的人对那些不具形状的东西可能有的观念也很重要，这些东西我们通常是用言语来描述，而那聋哑人应该是以完全不同的方式来描述的，虽然它可能也和我们的描述等值，就像中国文字的写法也和我们的字母的写法有等值的效果，虽然它和我们的字母的差别简直大得无限，并且可能显得像是一个聋子发明出来的。我叨惠于一位伟大的王公，知道在巴黎有一个生来聋哑的人，后来终于达到能够运用听觉了，现在已经学会了法国语言（因为这是不久前由法国宫廷里的人传他去说的），而且能够说到有关他在先前状态中所具有的概念，以及当听觉开始起作用时他的观念的改变等方面的许多奇奇怪怪的事。这些生来聋哑的人能够达到比人们所想的更远的地步。在奥尔登堡①，在前伯爵在位时期，有这样一位生来聋哑的人，已经成了一位很好的画家，并且也表现得非常通情达理。有一位很有学问的人，就民族出身说是不列塔尼人②，曾告诉我说，在离南特③十法里的布兰维尔(Blainville)地方，是属于罗昂公爵(Duc de Rohan)的领地，那里在1690年前后有过一个穷人，他住在城外靠近城堡的一所茅屋里，是生来就聋哑的，人们常雇用他送信和送其他东西到城里去，并能照着惯常雇用他的人们指示他的某些记号找到要去的房子。最后这穷人又变瞎了，他仍不放弃做些服役的工作，照着人家用触觉指示他的把信送到城里

① Oldenbourg，德国北部一个邦。

② Breton，法国西北部不列塔尼(Bretagne)半岛的人。

③ Nantes，法国西北部一城市。

指定的地方去。他茅屋里有一块板，一头伸到门边，一头伸到他放脚的地方，要是有人进他屋里来，这板一动，他就知道了。人们没有留心去获得对这样人的思想方式的确切知识，是极大的疏忽。如果他已不再活着了，或许也还有当地的什么人能告诉我们一些关于他的情况，使我们知道人家是怎么样指示他，让他去做他要做的事情的。但还是回头来谈那位天生盲人，开始看得见时，看到而没有摸到一个圆球和立方体，对它们是怎样判断的，我的回答是，如我刚才所说他是能够对它们作出辨别的，要是有人告诉他，他对它们所具有的知觉或现象中这一个或那一个是属于立方体或属于球形的；但如果不是这样先教过他，我承认他不会贸然立即就想到，在他眼底造成的，并且可能是来自桌上一幅平面的图画的这些画面，是代表着两个物体，直到触觉使他相信了这一点才罢，或者是直到这样一步：依靠按照光学对这些光线进行推理的力量，他由那些光亮和阴影懂得了有一样东西阻住了这些光线，而那一定正是他在触觉中还遗留着的东西；这结果到这样一个时候就会最后达到，就是：他看到这圆球和这立方体转动了，并且随着这转动而改变着阴影和现象，或者甚至是这样的时候：这两个物体仍旧不动，而照亮它们的光改变了位置，或者是他的眼睛改变了地位。因为这差不多就是我们从远处来对一幅表现一个物体的图画或透视图和这物体本身加以辨别时所用的方法。

§11. 斐　〔让我们回头来谈一般的知觉。〕它是使动物有别于低等生物的东西。

德　〔我倾向于认为植物也有某种知觉和欲望，因为在植物和动物之间存在着很大的类似；而如果像普通所假定的那样有一种植物灵魂，那么它一定得是有知觉的。可是我仍旧把在植物和动物体内所发生的一切归之于机械作用，只是它们的最初形成除外。因此我还是同意那被称为有感觉的植物的运动是出于机械作用，并且我不赞成问题在涉及解释植物和动物的现象的细节时求助于灵魂。〕

§14. 斐 我自己的确不禁要认为像牡蛎、淡菜一类的动物是有某种微弱的知觉的；因为鲜明敏锐的感觉只会不便于这样一种动物，它永远只能停留在一个地方，碰巧把它放在哪里就是哪里，在那里又受着水的浇灌，不论是冷水或热水，清水或盐水，来什么就是什么。

德 很好，而且我认为对植物差不多同样也可以这样说，但说到人的情况，则他的知觉是伴随着反省的潜能的，当有机会时就会过渡到现实的活动。但当他被弄到这样一种状态，即好像是在昏睡病中，几乎没有什么感觉了时，反省和察觉就都停止了，也不想到普遍真理了。可是那些天赋的和获得的功能和禀赋，以及甚至他在这种状态中所接受的印象，却并不因此而停止，也没有被抹掉，虽然他把它们忘记了；甚至有一天会轮到它们来贡献某种值得注意的效果的，因为在自然中没有什么东西是徒然无用的，一切混乱状态都要自行发展，那些达到愚钝状态的动物，有一天也当回到更高级的知觉，而既然单纯的实体是永远继续存在的，我们不应该根据若干年的情况来对永恒的情况作出判断。

第十章 论保持力

§1.2. 斐 心灵的另一种功能，用了它，比起用简单的知觉来，就向对于事物的知识更前进了一步，这就是我叫做保持力(rétention)的功能，它把通过感觉或通过反省接受来的知识保留下来。保持力以两种方式起作用：一是现实地保留当前的观念，这我叫做思考(contemplation)；一是保持把这些观念重新引回心灵之前来的能力，这就是所谓记忆(mémoire)。

德　〔我们也保持和思考天赋的知识，并且常常并不能分清天赋的和获得的知识。也有一种对影像的知觉，这些影像或者是已经存在了一段时间的，或者是在我们心中新造成的。〕

§2. 斐　但在我们方面，我们相信，这些影像或观念，一旦不被现实地察觉到，就不再是什么了；并且说有些观念保存在记忆中，这意思归根到底无非是说心灵在许多场合有一种能力，能把它曾经有过的知觉重新唤醒，并伴随着一种感觉，能使它同时深信它以前已经有过这同类的知觉。

德　〔如果观念只是思想的形式或方式，那它们是会随着思想的停止而停止其存在的；但您自己也已承认，先生，它们是思想的内在对象，而在这种方式下它们是能够继续存在的。并且我很惊奇您竟能永远自己满足于这种赤裸裸的能力或功能，这些在经院哲学家们那里讲时您显然是将予以排斥的。应该更清楚一点地说明，这种功能是在于什么，以及它是怎样起作用的，而这样就会使人认识到，有一些禀赋，是过去印象的残余，现在灵魂中也在身体中留存着，但除非等到记忆有机会发现它们，人们对它们并不察觉。而如果过去的思想，一旦人们不再想到它们就什么也没有留下来，那就将不可能解释怎么人们又能保留对它们的记忆；而为此目的求助于这赤裸裸的功能，这就丝毫没有说出了什么可理解的

东西。〕

第十一章 论分辨观念的功能

§1. 斐 被当作天赋真理的有些命题的显明性和确定性，依赖于辨别观念的功能。

德 〔我承认要思考这些天赋真理和把它们分清是需要分辨能力的；但它们并不因此就不再是天赋的。〕

§2. 斐 而心灵的敏锐(vivacité)在于迅速地唤起观念；但判断则在于明白地表现它们和精确地辨别它们。

德 〔也许这两者都是想象力的敏锐，而判断则在于按照理性来考察命题。〕

斐 〔我并不反对这种机智①和判断的区别。而有时有种判断就没有太多用这种机智。例如用有关真理和正确推理的严格规则去考察某些机智的思想，这在某种意义下就是对这种机智思想的侮辱。〕

德 〔这一点提得很好。机智的思想至少看起来也得有某种理性上的基础，但不要过于仔细地去挑剔它，就像看一幅画时不要离得太近一样。在我看来，布乌尔神甫②就是在这方面，在他的

---

① 原文为 esprit，照上下文意这里当作"机智"、"机灵"，也即"敏锐"之意，英译本也译作 mind(心灵)，似不妥，因洛克原书作"wit"。

② Dominique Bouhours，1628—1702，法国的语言学家和文学家，耶稣会神父。他的著作书名原为 Manière de bien penser dans les ouvrages d'esprit，G 本作 Art de penser dans les ouvrages d'esprit，现照 E 本所引原书名译。

《机智作品中正确思想的方式》中不止一次地出现了败笔，如他就轻视鲁坎[①]的这样一句俏皮话：

Victrix causa diis placuit，sed victa Catoni. [②]〕

§4. 斐　心灵对它的观念的另一种作用是比较，它拿一个观念和另一个观念就其范围、程度、时间、地点或某种其他情况方面来作比较；在关系这个名称之下所包含的那大量观念就是靠这种作用。

德　〔照我的意见，关系是比比较更为一般的。因为关系或者是比较的，或者是协同的，第一种是关于相合或不相合的（我取这些名词的较狭的意义），包括相似、相等、不相等，等等。第二种包括某种联结，如原因和结果，全体和部分、处境和次序等等。〕

§6. 斐　将简单观念加以组合，以造成复杂观念，是我们心灵的又一种作用。把观念加以扩大的功能也可以归于这种作用，这就是把同一种类的观念合在一起，如以若干个单位为一打。

德　〔这一个无疑和另一个一样是组合；但相同观念的组合比不同观念的组合较为简单。〕

§7. 斐　一条狗会给小狐狸哺乳，和它们玩耍并且像对自己的小狗一样喜欢它们，要是能够使小狐狸吃狗奶达到必要的时间以使它的乳汁能够遍布它们全身的话。还有，那些一胎下了很多仔畜的动物，似乎对仔畜的数目是丝毫不知道的。

德　〔动物的爱是起于一种随着习惯而增加的快感。至于说

---

① Lucain，39—65，拉丁诗人，史诗《法萨尔》（*Pharsale*）的作者。"法萨尔"本凯撒打败庞贝的地方的名称，该诗即咏叙凯撒与庞贝间的斗争。

② 《法萨尔》I.128.意谓："神喜欢胜利者而加图喜欢失败者。"

到确切的多少,是连人本身也只有借助于某种技巧才能知道事物的数目的,如用一些数的名称以便计数,或者是用一些办法把东西安排成一定的形状,使人在缺少了什么东西时用不着点数立刻就能知道。〕

§10. 斐 动物也没有形成抽象思想。

德 〔我也是这样看法。它们显然也认识白色,并且注意到白色在白垩中和在白雪中一样;但这还不是抽象,因为抽象要求考虑到那共同的、和个别相分离的东西,并因此有对普遍真理的认识进入其中,这是没有赋予禽兽的。指出这一点也很好,就是:那些会说话的鸟兽并不是用语言来表达一般观念,而人被剥夺了运用语言文字的能力却仍旧能造出别的一般的记号。而我非常高兴您在这里和别处能这样很好地指出人性的好处。〕

§11. 斐 如果禽兽也有某些观念,而不是像有些人所主张那样的纯粹机器,我们就不能否认它们在某种程度上也具有理性,而就我来说,我觉得它们显然也能推理,正如它们能感觉一样。但它们只是按照感觉为它们表象的对那些特殊观念进行推理。

德 〔禽兽是借助于它们以前所感到的联系而从一种想象过渡到另一种想象的,例如当主人拿起棍子时,狗就怕挨打了。而在很多场合,儿童和别的成年人也一样,他们在一个思想到另一个思想的过渡中,也并没有什么别的进行方法。在一种极广的意义下我们也可以把这叫做推论和推理。但我宁愿遵循一般人所接受的习惯用法,把这些词只用之于人,并把它们限制在对知觉的联系的某种理由的认识上,对这种理由的认识,仅仅靠感觉是不能提供的;它们的效果仅仅是使人自然而然地期待下一次能有人们以前

所已注意到的这同一种联系，尽管那些理由也许已不再是同样的了；这就常常使那些仅受感觉支配的人受骗。〕

§13. 斐　那些白痴是在理智功能中缺乏敏锐性、活跃性和运动的，由此可看到他们是被剥夺了运用理性的能力。那些疯子似乎正好是在另一极端，因为我觉得疯子并不是丧失了推理的功能，而是把某些他们当作真理的观念胡乱结合起来了，这就和那些根据一些假的原则作正确推理的人一样欺骗了自己。这样你会看到一个疯子，想象着自己是国王，就根据一种正确的推论要人照国王的尊严所当受的那样来伺候他、尊崇他、服从他。

德　〔白痴并不运用理性，他们和有些蠢人不同，蠢人是有良好判断的，但只是没有敏捷的概念，他们之受人轻视和叫人不舒服，就像一个人想和一些达官贵人玩纸牌①，太长久和太经常地想着自己该扮演个怎样的角色似的。我记得有一位很精明的人，由于吃了某种药而丧失了记忆力，就陷入了这样的状态，但他的判断能力还是始终显现出来的。一个完全疯了的人是几乎在一切时机都缺乏判断力的。可是他想象力的敏锐也可以使他很讨人喜欢。但有一些特殊的疯子，在他们生活的某一重要之点上形成一种错误的假定，而就根据这个来作正确的推理，就像您所很好地指出的那样。就有这样的一个人，在某一宫廷里是很出名的，他自信是命定要来纠正新教的事情和使法国纳入理性的，而因此上帝曾使许多最伟大的人物通过他的身体以使他变得高贵；他看到可娶的公主都想和她们结婚，然后使她们成为神圣的，以便有一个神圣的子

① 原文为 hombre，是十七、十八世纪时流行的一种西班牙纸牌戏。

孙世系好来统治这世界，他把一切战争的不幸归因于世人没有恭听他的劝告。在和某些君主谈话时，他采取一切必要措施以便不降低他的尊严。最后当人们和他讨论讲理时他能很好地维护自己，以致我不止一次地怀疑他的疯癫是不是假装的，因为看不出什么害疯病的样子。但那些更知道他底细的人向我保证说他的疯癫完全是真的。〕

第十二章　论复杂观念

斐　理智很有点像一间一片漆黑的小房间，只有几个小孔能让一些外部的和可见的影像从外进入，像这样，要是来画在这暗室中的这些影像能够停留在那里并且照次序在其中安排好，以致人们在适当时机能发现它们，那么在这小房间和人的理智之间就会有一种很大的相似性。

德　〔要使这种相似性更大些，就应该假定这暗室中有一幅幕布来接受这些影像，这幕布不是一色平平直直的，而是有各色各样的许多折皱，这就代表着各种天赋知识；还有，这幕布或薄膜既是绷紧的，就有一种弹性或活动的力量，并且甚至对于已有的折皱也和对新来的影像所造成的印象一样都有一种相应的作用或反作用。而这种作用就在于某种颤动或振动，就像当人拨动一根绷紧的琴弦以使它发出一种乐音时所看到的那样。因为我们并不只是在大脑中接受这些影像或痕迹，而是当我们考察那些复杂观念时还自己造成新的影像。因此那代表我们大脑的幕布应该是能动的和有弹性的。这一比喻相当好地说明了在大脑中所发生的情况；

至于灵魂,则是一种单纯的实体或单子,它并无广延而表象着有广延的团块的同样这些变化多端的情状,并且有对它们的知觉。①〕

§3. 斐　复杂观念或者是关于样式②的,或者是关于实体的,或者是关于关系的。

德　〔把我们思想的对象这样区分成实体、样式和关系,我很满意。我认为性质(les qualités)只是实体的一些样态(modifications),而理智在其中加上了关系。它所导致的后果超出人们所想的。〕

斐　样式或者是简单的(如"一打"、"二十",它们是同类的简单观念即一些单位的复合),或者是混合的(如"美"),进入其中的是不同类的简单观念。

德　〔也许一打或二十只是一些关系并且只是通过与理智相联系而构成的。那些单位是分离的,而理智把它们合在一起,不管它们是多么分散的。可是,关系虽然来自理智,却不是没有根据和没有实在性的。因为首先理智是事物的根源;而且甚至一切事物的实在性,除了那些单纯的实体,归根到底只在于单纯实体对现象的知觉。对那些混合的样式来说常常也是一样,就是说毋宁应该把它们归之于关系。〕

---

①　这是根据莱布尼茨所提出的所谓"前定和谐"的原则。可参阅其《新系统》§14、§15;见G本卷4,第484、485页;E本第127、128页;又参阅本书第四卷,第十章§7、§9中"德奥斐勒"的话;以及《单子论》§78、§79、§81等处。

②　"样式"原文为modes,参阅笛卡尔《哲学原理》第一章§56,中译本第22页;斯宾诺莎《伦理学》第一部分,定义五,中译本第3页。按笛卡尔《哲学原理》中译本及洛克《理智论》中译本modes均译作"情状",斯宾诺莎《伦理学》中译本则译作"样式",有时也译作"样态",现在将modes一律译作"样式",而把modifications译作"样态"。

§6. 斐 实体的观念是一些简单观念的某种组合，这些简单观念被假定是代表一些自身继续存在的、特殊的、分明的事物的，在这些观念中，人们永远把那实体的模糊概念看做是第一和主要的，这种实体是人们所假定的，却并不知道它本身究竟是什么。

德 〔实体的观念并不是像您所想那样模糊，人们能够知道它应该是什么，以及它在其他事物中认识自己的是什么。甚至对具体事物的认识永远是先于对抽象事物的认识的；人们对热的东西比热本身更知道些。〕

§7. 斐 对于实体也有两类观念；一类是对单个实体的观念，如一个人、一只羊的观念；另一类是对集合在一起的多个实体的观念，如一军人和一群羊的观念；这些集合体也形成一个单一的观念。

德 〔这种集合物的观念的统一性是很真实的；但归根到底必须承认这种集合体的统一性只是一种联合或关系，它的基础是在那每一个分离独立的单个实体中所能找到的东西中的。因此这些集合成的东西，除了心理上的之外并无其他完成的统一性；所以它们的实质(Entité)在某种方式下也只是心理的或只是现象，就像天上的虹似的。〕

第十三章 论简单样式，并首先论空间的样式

§3. 斐 空间，就其相关于分隔开两个物体的长度来看，就叫做距离；相关于其长、宽、高来看，可以叫做容积。

德 〔更清楚点说，两个位置固定的东西(不论它们是点还是

有广延的东西)的距离,是我们可以从这个东西到那个东西画出的一条尽可能最短的线的长度。这距离可以绝对地来考虑,或者在一个包含着这相距的两个东西的一定的形中来考虑。例如直线绝对地是两个点之间的距离。但这两个点要是在同一个球面上,这两点在球面上的距离就是我们从这一点到那一点所画的最小圆弧的长度。最好也要注意到,距离不仅仅是就物体之间而言,它也是就面、线、点之间而言的。我们可以说,容积,或毋宁说两个物体之间,或两个别的有广延的东西之间,或一个有广延的东西和一个点之间的间隔,是从这一个东西的各点和另一个东西的各点之间所能画出的所有最短的线构成的空间。这间隔是立体的;除非两个固定位置的东西是在同一个面上,并且这两个固定东西的各点之间的最短线也当落在这个面上或当在这面上明示出来。〕

§4. 斐 除了那在自然中的之外,人们也在自己心中确立了某些确定长度的观念,如一时或一呎。

德 〔他们做不到这一点。因为要有一个精确地确定的长度的观念是不可能的。用心灵既不能说出也不能理解什么是一时或一呎。只有借助于被假定为不变的实在的量具才能保持这些名称的意义,凭借这些量具就永远能重新找到这些长度。就是这样,英国的数学家格里夫斯先生[①]曾想到埃及的金字塔——它们已经持续了很久的时间,而且显然还将会再持续一段时间——来保存我们的量度,把画在一座金字塔上的那些一定长度

---

① John Greaves,1602—1652,牛津大学天文学教授(1643—1648),曾发表过《关于埃及金字塔的谈话》(*Pyramidographia,or a Discourse on the Pyramids in Egypt*),1646。

的比例[1]传给后世。的确,不久以后,人们发现了钟摆,用来永久保持度量(mensuris rerum ad posteros transmittendis[2]),如惠更斯[3]、慕东[4]、前波兰造币总办布拉底尼[5]诸位先生所曾证明[6]的那样,其办法是表明我们的长度和钟摆的长度的比例,钟摆摆动一次精确地表明例如一秒,即恒星转动一周[7]或一个天文日的86400[8]分之一;而布拉底尼先生曾写过一篇专门讨论这问题的论文,我曾看过他的手稿。但这种钟摆的度量仍旧有这样一种不完善之处,即它须限于一定的国度,因为钟摆摆动要标明相同的时间在赤道线上就需要较短。此外还必须假定基本的实在度量保持不变,就是说假定一天或地球绕自己的轴转动一周的时间是不变的,甚至还要考虑到引力的原因,就不说别的一些有关情况了。〕

§5. 斐 来考察边缘如何终止于一些构成清楚的角的直线,或终止于看不到任何角的一些弧线,我们就形成了形的观念。

德 〔一个面的形是由一根线或几根线限定的;但一个体的形却可以是没有确定的线限定的,例如一个圆球形就是这样。单独

---

① G本及E本均作 propositions(“命题”),英译本也作 propositions,但注明J本作 proportions(“比例”),德译本也作 Verhältnisse(“比例”)。

② 拉丁文,意思是:“将事物的度量传之后世”。

③ Christian Huygens,1629—1695,荷兰的著名物理学家、数学家和天文学家,特别以首先创立光的波动说闻名。由于在天文观察上精确度量时间的需要,他发明了钟摆。

④ Gabriel Mouton,1618—1694,法国的数学家和天文学家。

⑤ Buratini,生卒年不详,据英译本补注考证,是威尼斯人,很精明能干,曾任波兰国王的“造币总办”(maître de monnoye),又有人曾在他那里看到一个“飞行机器”的模型。

⑥ E本及J本作“ont pretendû montrer”,即“曾自以为证明”,G本作“ont monstré”(“曾证明”)。

⑦ 按当系指从地球上看来的恒星的转动,实际即地球转一周。

⑧ E本及J本作864000,显然是多加了一个零。

一根直线或一个平面不能包围任何空间,也不能造成任何形。但单独一根线可以包围一个面的形,例如圆和椭圆,正如单独一个曲面也可以包围一个立体的形,就像圆球和橙形体。可是不仅几根直线或几个平面,而且还有几根曲线或几个曲面,当它们不是一个和另一个相切时,也都能凑在一起而甚至彼此形成许多角。要照几何学家们的习惯给形下一个概括的定义是不容易的。要说这是一个被限定的有广延的东西吧,这就太概括了,因为例如一根直线,尽管两端是被限定的,却不是一个形,甚至两根直线也构不成形。要说这是被一个有广延的东西所限定的有广延的东西吧,这又不够概括,因为一个完整的球面是一个形,但却并不是被任何有广延的东西所限定的。我们还可以说,形是一个被限定的有广延的东西,其中有无数从一个点到另一个点的通路。这个定义包括了前一定义所没有包括的那种没有限定的线而被限定的面,又排除了线,因为在一条线中从一点到另一点只有一条或特定数目的几条通路。但更好是说形是被限定的有广延的东西,它能受分割为有广延的各部分,或毋宁说是有宽度(largeur)的,这个名词是迄今尚未加定义的。〕

§6. 斐　至少一切形都无非是空间的简单样式。

德　〔照您的观点,简单样式是重复着同一观念的,但在形中并不是永远重复同样的观念。曲线和直线以及各种曲线之间都是很不相同的。因此我不知道简单样式的定义怎么能在这里适用。〕

§7. 斐　〔不必把我们的定义看得太严格。但是让我们从形过渡到位置吧。〕当我们看到棋盘上的棋子都在我们安放好的格子上时,虽然棋盘也许已移动了,我们仍说这些棋子是在同样的位置上。如果棋盘是继续留在船舱的同一部位，虽然船已经开动了，我们也说棋盘是在同一位置上。又假定船保持着离邻近国度的某一部分土地同样的距离，虽然地球也许已经转了圈，我们也说船是在同一个位置上。

德 〔位置，或者是特殊的，这是相对于一定的物体来看；或者是普遍的，这是相对于全体来看，并且对于这全体来说，是把相对于任何一个物体的一切可能的变化都计算进去的。并且如果宇宙中没有任何固定的东西，每一件东西的位置仍旧可以用推理来决定的①，只要有办法把一切变化都记录下来，或者有一个生物的记忆力足以把一切变化都记得，就像有人说的阿拉伯人靠记忆在马背上下棋那样。可是那种我们不能理解的事情，在事物的真相中却仍然是被决定了的。〕

§15. 斐 如果有人问我空间是什么，我愿说当他能告诉我广延是什么时我就告诉他空间是什么。

德 〔我但愿我也同样能说热病或任何别的疾病是什么，正如我能确切相信空间是什么已得到说明一样。广延是有广延的东西的抽象。而有广延的东西是一个连续体，它的各部分是并存的，或同时存在的。〕

§17. 斐 如果有人问我没有物体的空间是实体还是偶性，我将毫不迟疑地回答说对此我一无所知。

① 英译本译注引本书德译本译者夏尔许米特(Schaarschmidt)的话说，莱布尼茨这里的说法后来已通过高斯的《天体运动理论》(*Theoria motus corporum coelestium*)而得证实和完成。高斯这一作品1809年发表于汉堡，"给了天文观察的真正方法以有力的推动"。高斯(Karl Friedrich Gauss，1775—1855)是德国的著名数学家。

德 〔我只怕您要说我自高自大了,我倒想来决定,先生,您自己承认您不知道的东西。但其实是可以断定,您实际对此知道得比您所说或所认为的要多。有些人相信上帝是事物的位置①。如果我没有弄错的话,莱修斯②和盖利克③就是持这种意见,但那样一来,位置就包含着某种更多的东西,而不止是我们归之于那被剥夺了一切能动性的空间的东西了;而照这种方式它就不比时间更是一种实体,而如果它有部分,它就不能是上帝。它是一种关系,一种秩序,不仅是在现存事物之间的,而且也是在可能存在的东西之间的〈关系或秩序〉。但它的真理性和实在性,像一切永恒真理一样,是以上帝为根据的。〕

斐 〔我和您的观点也相差不远,而且您知道圣保罗的那段话,他说我们是在上帝之中存在、生活和运动着的④。这样,按照考虑事物的不同方式,我们可以说空间是上帝,也可以说空间只是一种秩序或关系。〕

---

① 这种观点出现很早。古希腊有一本出处不能确定的诗集叫做《奥斐卡》(*Orphica*),其中就有这样的句子,"一切已存在的和将存在的,都在宙斯胸中一起形成"。(见赫尔曼·第尔斯所编《残篇》vi,457)又(v,17—20):"一是统治的存在,一切在他之中运动,火、水、土、气,日和夜,理性,第一原则和欢乐的爱——所有这些都在宙斯伟大的胸中。"如此等等。笛卡尔派的唯心主义哲学家,马勒伯朗士也有这种观点,参阅他的《真理的寻求》(*De la Recherche de la vérité*. III. 11,6.):"因此我们赞成这样的观点,上帝是可理解的世界或心灵的位置,正如物质世界是物体的位置一样……我们和圣保罗一样相信他不远离我们之中任何一个人,我们是在他之中生活着,运动着和有我们的存在。"

② Léonard Lessius,1554—1623,法兰德斯(今比利时和法国西北部一地区)的耶稣会士,曾任卢汶等大学的哲学和神学教授,因反对托马斯·阿奎那关于神恩的学说曾被谴责为异端。他也熟悉法学、医学和历史等。

③ 见卷二第四章§4注(第103页注②)。

④ 参阅《使徒行传》,第17章28节:"我们生活、动作、存留,都在乎他。"

德 〔那么最好的说法将是说，空间是一种秩序，而上帝是它的根源。〕

§18. 斐 〔可是要知道空间是否一种实体，就必须知道实体一般的本性是在于什么。但这一点上是有困难的。如果上帝、有限精神和物体都共同分享同一的实体本性，那岂不是由此该得出结论说，它们的区别只在于作为这一实体的不同样态吗？〕

德 〔如果能作出这样的推论，那么，上帝、有限精神和物体、既然共同分享同一的存在本性，就也该得出结论说，它们的区别只在于作为这一存在的不同样态了。〕

§19. 斐 那些首先想着把偶性看做一种实在的存在物(Etres réels)的人，需要有某种东西好让这些偶性附着于它，就不得不发明实体这个词，好用来支撑这些偶性。

德 〔那么，先生，您是认为偶性能够在实体之外继续存在吗？还是想说它们不是实在的存在物呢？看来您似乎是在毫无道理地制造一些困难，而我在上面已经指出过，实体或具体的东西是比偶性或抽象的东西更好设想的。〕

斐 实体和偶性这些词在我看来是在哲学上很少用处的。

德 〔我承认我是抱另一种观点，而我认为对实体的考虑是哲学上最重要和最富于成果之点之一。〕①

① 这里是表现莱布尼茨和洛克的哲学尖锐对立的处所之一。洛克认为“实体”只是思想主观创造出来用以“支撑”偶性的，在哲学上并无用处；莱布尼茨则认为“实体”是实际存在的，是一切现象的前提，并在《单子论》、《新系统》、《自然和神恩的原则》等等一系列著作中阐述了他关于实体的观点。但他所理解的实体是精神性的，因此他的观点是一种客观唯心主义。而洛克虽然基本上是个唯物主义者，但他关于实体的观点却包含着不可知论和主观唯心主义的因素，是很不彻底的。

§21. 斐　〔我们现在只是在问空间是否实体时顺便谈到实体。但这里只要说它不是物体对我们来说就够了。〕也没有人敢把有限的物体作为空间。

德　〔笛卡尔和他那一派的人却曾说过物质是没有限界的,他们把世界作为无定的,以致我们不可能设想它的尽头①。而他们把无限(infini)这个词改为无定(indéfini)也不无道理;因为世界上从来没有一个无限的全体,虽然永远有一些全体比其他一些全体更大,这样以至无穷。宇宙本身也不能被当作一个全体,正如我在别处已指出的那样②。

斐　那些把物质和广延当作同一样东西的人,主张一个凹形的中空的物体,其内部各边是彼此接触的。但两个物体之间的空间足以阻止它们互相接触。

德　〔我同意您的意见,因为我虽然不承认虚空,却把物质和广延区别开,并且我承认如果在一个圆球中有虚空,那空地方的两极不会因此互相接触。但我认为这是那神圣的圆满性所不容许的情况。〕

§23. 斐　可是,似乎运动就证明了有虚空。当一个被分割开的物体的最小部分和一颗芥子那么大时,要能让这物体的各部分有地方来自由运动,就得有和一颗芥子大小相等的空的空间。

---

①　参阅笛卡尔:《哲学原理》第二章,§21,商务印书馆,1958年版,第44页。

②　参阅本书第二卷第十七章§1。关于宇宙严格说来不是一个全体的论证,见莱布尼茨1706年3月11日给德·鲍斯的信,见G本第二卷第304页以下,E本第435—436页。

当物质的各部分再小一万万倍时，情况也是一样。

德 〔的确，要是世界是充满了坚硬的微粒，它们既不能屈缩让位又不能分割，就像人们所描述的原子那样，那么运动就是不可能的。但实际上并没有根本的坚硬性；相反地流动性倒是根本的，而物体是可以随着需要分割开的，因为没有什么能阻止它的被分割。这就把那从运动得出虚空的论证的全部力量都剥夺了。〕

第十四章 论绵延及其简单样式

§10. 斐 和广延相应的是绵延。绵延的一部分，我们在其中觉察不到观念的接续的，就叫做一**刹那**。

德 对一**刹那**的这一定义，我想应该是理解为通俗的概念，正如通常人对于**点**的概念一样。因为严格说来，点和刹那并不是时间或空间的部分，而它们本身也是没有部分的。它们只不过是一些顶端。

§16. 斐 不是运动，而是经常的一连串观念的接续，给了我们绵延的观念。

德 〔一连串知觉的接续，在我们心中唤醒了绵延的观念，但并不是它造成了这观念。我们的知觉从来不会有那样经常和有规律的接续足以和时间的接续相应的，时间是一种齐一和单纯的连续体，就像一条直线一样。知觉的变化给了我们机会来想到时间，而人们是用齐一的变化来衡量时间的；但即使当在自然中没有任何齐一的东西时，时间仍旧是可以被决定的①，正如当没有任何固定的或不动的物体时位置也仍旧可以被决定②一样。这是因为认识了非齐一运动的规律，我们总能把它们拿来和可理解的齐一运动相参照，而用这办法就能预见到一些不同的运动结合在一起将会发生什么。在这意义之下，时间是运动的量度，这就是说，齐一的运动是非齐一运动的量度。〕

§21. 斐　我们不能确定地知道两部分的绵延是相等的；〔必须承认观察只能达到近似。〕人们在精密的研究之后发现太阳的周日运转实际上是不相等的，而我们不知道它的周年运转是否也是不相等的。

德　钟摆已使我们能看清从中午到另一个中午每日是不相等的：Solem dicere falsum audet③。的确人们已经知道这一点，而这种不相等是有规律的。至于周年的运转，它补偿了太阳日的不相等，它在时间的进程中是可能有变化的。地球绕轴的自转，那人们通常归之于第一推动力④的，迄今为止是我们最好的量度，而钟摆则用来为我们把它分割开。可是这同样的地球每日的运转在时间的进程中也可能有变化的：而如果有什么金字塔能足够持久，或者我们重建了新的金字塔，在那上面记下钟摆的长度，现在当地球转

①② 这里两处原文都是 ne laisseroit pas d'être déterminé，而英译本作 could not be determined（"不能被决定"），当系误译。因为如本书前　章§7."德"所说，莱布尼茨显然认为"如果宇宙中没有任何固定的东西，每一件东西的位置仍旧可以用推理来决定的"。

③ 拉丁文，意思是："敢说太阳不正确"。

④ 亚里士多德认为神或上帝本身不动而是宇宙一切运动的第一因，即所谓"不动的推动者"或"第一推动力"。参阅其《形而上学》卷Ⅴ，6—10.1071以下，又《物理学》Ⅷ，6，258^{b}10。

一周时钟摆摆动的已知次数，人们将会能够觉察出地球运转的这种变化。我们把这种运转和其他的如木星的卫星的运转来作比较，也会能知道这种变化，因为如果这方面或其他方面有变化，并不显得是两者永远会成比例的。

斐 如果我们能把过去的一日保存下来以便和未来的日子作比较，就像我们保存空间的量度那样，我们对时间的量度就会更准确些。

德 〔但代替这一点，我们换成来保存和观察那些在一个差不多相等的时间内运动的物体。我们同样也不能说，一种空间的量度、如人们保存的一根木制的或金属的尺，就完全保持原样。〕

§22. 斐 而既然所有的人都显然以天体的运动来度量时间，却不让人以运动的量度来为时间下定义，这是很奇怪的。

德 〔我刚才已说过(§16)这一点应该怎样来理解。的确，亚里士多德说过[①]，时间是运动的数而不是它的量度。事实上可以说绵延是靠周期性的相等运动的数来认识的，在这种运动中，当一个结束时另一个就开始了，例如靠地球或其他星球的这许多运转来认识。〕

§24. 斐 可是人们预测这些运转，并且说亚伯拉罕生于儒略历纪元[②] 2712 年，这说的就像人们从世界开始时算起一样不可理解，尽管人们假定儒略历纪元在有那以太阳的任何运动来标记的日、夜和年份以前几百年已经开始了也一样。

---

① 《物理学》Ⅳ.11.219^{b}1,219^{b}8。

② 儒略历是在 1582 年改革成现今通用的格里高利历以前西方所通用的历法。儒略历纪元是斯加利杰发明的，现在的公元元年相当于儒略历纪元 4714 年。

德　〔人们所能设想的这种时间方面的虚空表明，正如空间方面的虚空一样，时间和空间都及于可能的东西，正如及于实存的东西一样。此外，在一切纪年方法中，从世界开始时起来算年份的这种方法是最不适宜的，即使不触及其他的理由，单是因为在七十人译本[①]和希伯来原文之间有很大差异这一点就足以说明了。〕

§26. 斐　虽然我们不能理解就全部所及范围来看的绵延的开始，却可以设想运动的开始。同样地我们可以给物体以界限，但对于空间来说却不能这样。

德　〔这是因为如我刚才所说的，时间和空间表明了在存在物的假定之外的可能性。时间和空间属于永恒真理的性质，永恒真理是对可能的和实存的同等看待的。〕

§27. 斐　事实上时间的观念和永恒的观念是出于同一来源，因为我们可以在心中把绵延的某种长度一个一个加起来，我们喜欢加多长就加多长。

德　〔但要从这里得出永恒的概念，还必须想到这样再多地加下去的同样理由永远继续存在。是这种理性的考虑在可能的进程中达到这种无限或无定的概念。因此单单感觉是不足以促使这些概念形成的。归根到底我们可以说，绝对的观念在事物的本性中是先于我们所加上的界限的观念的。但我们只有从那有界限的并打动我们感官的东西开始才会注意到那绝对的观念。[②]〕

---

① 是指“圣经”《旧约》和“伪经”的希腊文译本，据说是约于纪元前 270 年由七十人各自分别从希伯来文原本译成的。这里所以提出这一点，是因为所谓从世界开始时算起的纪年法都是以圣经《创世记》等为根据的。

② 参阅以下第二卷第十七章§3、§16。

第十五章 合论绵延与扩张[①]

§4. 斐 人们承认时间的无限绵延要比承认空间的无限扩张更容易，因此我们设想在上帝中有无限绵延，而把广延只归之于有限的物质，并把宇宙之外的空间叫做想象的。但是(§2)当所罗门讲到上帝时说：天和天上的天尚且不足你居住的[②]，他似乎是有另外的想法；而就我自己来说，我认为一个人设想自己的思想能扩大到上帝所存在的地方以外，是对自己理智的能力估计过高了。

德 〔如果上帝是广延的，它就会有部分。但绵延只把这些部分给予他的作品。可是关于空间方面得把广大性归之于他，这也把部分和秩序给了上帝的直接作品。他既是可能性也是现实性的源泉，对前者是由于他的本质，对后者是由于他的意志。因此空间和时间一样都只是从他得到自己的实在性，而他只要觉得好，就可以充满虚空。就是因为这样，他在这方面是无所不在的。〕

§11. 斐 我们不知道精神和空间有什么样的关系，也不知道它们怎样分有空间。但我们知道它们是分有绵延的。

---

① "扩张"原文为"expansion"，洛克主张把"广延"(extension)一词专用于物体所占的空间上，而以 expansion 一词概括地用于有物体和无物体的空间上，"空间是扩张的，物体是广延的"。见《理智论》第二卷第十三章§27，中译本第148页。洛克原书中译本 extension 译作"广袤"，而 expansion 译作"扩延"。

② 《列王纪上》第8章第27节；《历代志下》第6章第18节。

德　〔一切有限的精神都永远和某种有机的身体相结合，并且他们是通过与自己的身体相联系而表象其他物体的。这样它们和空间的关系就和身体与空间的关系一样明显。此外，在离开这个问题以前，我将在您所提出的时间与空间的比较之外再加上一个这样的比较，这就是：如果有一种空间方面的虚空（例如一个中空的圆球那样），我们是能够决定它的大小的；但如果在时间方面有一种虚空，就是说有一种没有变化的绵延，则将是不可能决定它的长短的。因此，我们可以驳斥有人所说的，中间有虚空的两个物体是互相接触的；因为一个中空的圆球的两极是不会互相接触的，几何学禁止这一点；但我们不能驳斥有人这样的说法，就是：两个世界，一个在另一个之后，它们在绵延方面是彼此接触的，以致一个结束时另一个就必然开始而不能有间隙。我说这是不能驳斥的，因为这个间隙是无法决定的。如果空间也只是一条线，并且如果物体是不动的，就也不可能来决定两个物体之间的虚空的长度。〕

第十六章　论数

§4. 斐　在数方面的观念，是比在广延方面的观念既更精确又更恰当地彼此区别开的，在广延方面，我们不能和在数方面一样容易地来观察大小的每一相等和每一超过量，这是因为在空间方面，我们不能在思想上达到某种确定的最小，在此之外不能再前进的，如同在数方面的单位那样。

德　〔这应该理解为是就整数来说。因为否则就数的广阔范围来说，包括“不尽根数”、“破数”、“超越数”①，以及一切可以在两个整数之间取得的数，它相当于一条线，在其中也和在一个连续体中一样很难说有什么极小的。还有数是众多的单位这个定义，也只有对整数才适用。在广延方面的观念精确区别也并不在于大小；因为要清楚地认识大小就得求助于整数或其他靠用整数知道的〈度量〉，因此要对大小有一清楚的认识就得从连续量又再来借助于分离量。因此那些广延的样态，当我们不用数时，就只能用形来加以区别②，这里取形这个词的极概括的意义，指一切使两个有广延之物彼此不相似的东西。〕

§5. 通过把单位的观念加以重复以及把它和另一单位结合起来，我们就造成一个集合观念，称之为二。而不论是谁，只要能够这样做，并且永远能在他给了一个特殊名称的最后一个集合观念上再加一个，当他有了一串名称并有足够强的记忆力来记得它时，他就能计数。

德　〔单用这样的方式是进行不远的。因为如果每加一个新的单位就得记住一个全新的名称，那记忆力就会负担太重了。所以这些名称得有某种秩序和某种重复，照着一定的进程重新起头。〕

---

① “不尽根数”、“破数”、“超越数”原文为 le sourd，le rompu，le transcendent，据英译本补注引雅内(Janet)在《莱布尼茨哲学著作集》中关于此段的注说：“这些是经院中的数学语言的用语，现在已很少用。le sourd 就是无理数，例如$\sqrt{2}$；le rompu 就是分数，如$\frac{1}{2}$；le transcendent 是指不能用有限次数的算术演算来计算的数，例如 log3。这三者都是包括在两个整数之间的。”

② G 本原文为 ne peuvent estre distinguées par la Figure，英译作：“can not be distinguished by figure”(“不能用形来加以区别”)，但 E 本作“ne peuvent être distinguées que par la Figure”，译文从 E 本。

斐　数的不同样式不能有其他区别，而只有较多或较少的区别；〔就是因为这样，它们和广延的样式一样是简单样式。〕

德　〔对于时间和对于直线可以这样说，但对于形就不能、对于数更不能这样说，它们不仅大小不同，而且是不相似的。一个偶数可以分成相等的两个数，但一个奇数就不能。三和六是三角数，四和九是平方数，八是立方数，如此等等。这一点对数来说比对形还更适用，因为两个不相等的形还可以彼此完全相似，但两个数就绝不能。但我并不奇怪人们在这一点上常常弄错，因为通常人们对于什么是相似或不相似并没有清楚的观念。因此，先生，您看到，您对于简单样态或复杂样态的观念或应用是大大需要改正的。〕

§6. 斐　〔您指出最好给各种数目以各自的名称以便记住，这是很对的。〕因此我想在计数时这样做是方便的，就是：为简短起见，不说百万个百万，而说比林(Billion)，不说百万个百万个百万或百万个比林而说特利林(Trillion)，照此类推直到农尼林(Nonillion)①，因为在数的应用上大抵不需要走得更远了。

德　这些名称是相当好的。令 $x=10$，则百万就是 x^6，一个比林就是 x^{12}，一个特利林就是 x^{18}，如此类推，而一个农尼林就是 x^{54}。

---

① 按洛克在原书中(见中译本第 176 页)提出的这一套较大数目的名称和现在英国及欧洲一些国家通用的一致，但和美国及法国的则不一致，洛克的办法是以百万为基础，每乘以百万即每加六个 0 就加一新名称，顺次为 Million，Billion，Trillion，Quartrillion，Quintrillion，Sextillion，Septillion，Octillion，Nonillion。(其字头即源于拉丁文的 1，2，3，4，5，6，7，8，9。)Billion 即百万乘百万，Trillion 即三个百万相乘，……Nonillion 即九个百万相乘。

第十七章 论无限性

§1. 斐 最重要的概念之中，有一个就是有限和无限的概念，这两者被看作是量的样式。

德 〔正确地说来，的确是有无限多的事物，就是说，在人们所能指出的之外，永远总还有更多的东西。但并没有无限的数，也没有无限的线或其他无限的量，要是这些被看做真正的全体的话；因为这是容易证明的。经院哲学家们，当他们承认有一种他们所说的未定的无限而不是肯定的无限[①]时，就是想要或不得不说明以上这个意思。严格说来，真正的无限只存在于绝对之中，它是先于一切组合而不是由各部分的相加构成的。[②]〕

斐 当我们把我们的无限观念应用在最高存在上时，我们原本是对于他的绵延和他的遍在来说的，而在更多的比喻的意义下用于他的能力，他的智慧，他的善以及其他的属性。

德 〔不是更多地比喻的意义，而是较少直接的意义下〈这样用的〉，因为其他那些属性，是通过和那些有关于部分的考虑进入其中的属性的关联而使人认识它们的巨大意义的。〕

§2. 斐 我想这一点是确立了的：心灵把有限和无限看作是

---

① “未定的无限”原文为 infini syncatégorematique，是指一种没有完全地下定义的无限性，即能够或需要进一步下定义的无限性，但只是就其不能实在被确定来说是无限的，也就是所谓“不定的无限”(infinitumindefinitum)。“肯定的无限”原文为 infini catégorematique。“无限”在数学上一般译作“无穷”，但这里所涉及的不全是数学上的问题，故仍译作“无限”。

② 参阅本书第二卷第十三章§21。

广延[1]和绵延的样态。

德　〔我并没有发现已经确立了这一点：凡是有大小和多少的地方，就会产生关于有限和无限的考虑。而真正的无限并不是一种样态，它是绝对；相反地，一旦加之以样态，就是加了限制，或使之成为一个有限的东西了。〕

§3. 斐　我们曾认为，因为心灵把它的空间观念通过新的增加而无限制地扩大的能力，永远是同样的，一种无限的空间的观念就是从这里引申出来的。

德　〔最好还要加上一点：这是因为人们看到同样的比例[2]永远继续存在。让我们取一条直线加以延长，使之两倍于第一条。现在这第二条直线既然和第一条是完全相似的，显然它本身也可以加倍而得到第三条，它和以前的线也仍旧是相似的；而同样的比例[1]既然永远存在，这进程就永远不可能停止；这样这直线就可以延长到无限；所以对无限的考虑是来自相似性或相同的比例[2]，而它的根源是和普遍和必然的真理的根源同样的。这就使我们看到，那使这一观念的设想成为完全的东西，何以是在我们自身之中，而不能来自感觉经验，正如必然真理不能靠归纳也不能靠感觉来证明一样。绝对的观念，像存在的观念一样，是内在于我们之中的。这些绝对的东西不是什么别的，无非是上帝的属性，而我们可以说它们是观念的源泉，正如上帝本身是存在的原则一样。关于

① 洛克的原文是"扩张"(expansion)。

② "比例"原文为 raison，通常意义为"理由"、"道理"等，也可作"比例"解，英译作"ratio"("比例")，姑且从之译作"比例"，但照通常意义译作"理由"，在这里似也可通，甚至更好一点。

空间方面的绝对的观念，无非是上帝的广大无垠的观念，别的那些观念也是一样。但人们要想象一种绝对空间，它是由各部分构成的一个无限的全体，这是自己骗了自己。没有这样的东西。这是一个蕴涵着矛盾的概念，而这种无限的全体，和它们的对立物无穷小一样，只是几何学家们的演算中所用的东西，就像代数学中的那种虚根一样。〕

§6. 斐 〔我们知道还有一种大小，并不以此理解为部分之外的部分。〕如果我在我所具有的最白的白这样一个最完全的观念之外，再加上一个同等的或较次的白的观念(因为我不能加上一个比我所具有的更白的观念，那是我假定为实际所设想的最白的)，这并不以任何方式增加或扩大了我的观念；就是因为这样，我们把白的各种不同的观念叫做程度。

德 〔我不很理解这一推理的力量，因为并没有什么东西能阻止人去接受一种比实际所想的更白的白的知觉。为什么我们有理由认为白是不能无限地增加的，其真正的原因是因为白不是一种原始的性质；感官只给了我们对于它的混乱的认识；而当我们对它有一种清楚的认识时，我们将看到它是从结构来的，是受视觉器官的结构的限制的。但对于原始的或可以清楚地认识的性质来说，我们看到有时是有办法进到无限的，不仅是在外延的方面，或者如果您喜欢的话可以说扩散(diffusion)，或者如经院哲学所说的partes extra partes[①]方面，如在时间和场所方面是这样，而且在内包或程度方面，例如对于速度，也是这样。〕

① 拉丁文，意即："部分之外的部分"。

§8. 斐　我们并没有无限空间的观念，并且没有比一个现实的无限数的观念更显然荒谬的了。

德　〔我也是同样的看法。但这并不是因为我们不能有无限的观念，而是因为无限不能是一个真正的全体。〕

§16. 斐　出于同样的理由，我们因此也不能有一种无限的绵延或永恒性的积极观念，正如对于广大无垠一样。

德　〔我认为我们对于这两者都有一个积极的观念，并且这个观念是真的，只要我们不把它设想为一个无限的全体，而是设想为绝对，或没有限制的属性，它在**永恒性**方面来说是在上帝存在的必然性中的，不是依赖于部分，也不是通过时间的相加形成这种概念。我们从这里还看到，正如我已经说过的，无限这个概念的根源，是和必然真理的概念来自同一源泉的。〕

第十八章　论其他简单样式

斐　此外还有很多由简单观念形成的简单样式。这些就是(§2)运动的样式，如滑动、滚动；声音的样式(§3)，是由音符和曲调来摹状的；正如颜色是由程度来摹状的那样；就不说滋味和气味了(§6)，这些永远①是没有量度也没有清楚的名称的，如在复杂的样式方面一样(§7)，因为这些是靠习惯来规范的，我们在讨论语词时将再来比较充分地谈到它们。

德　〔大部分的样式都不是足够简单而是能够算在复杂样式

① 原文为"toujours"，洛克原书作"ordinarily"("通常")。

之中的，例如为了说明什么是滑动和滚动，除了运动之外就还要考虑到表面的抵抗力。〕

第十九章 论思想的诸样式

§1. 斐 〔让我们从来自感官的样式过渡到反省给我们的样式吧。感觉可以说是观念通过感官进入理智中的现实入口。当同样的观念重新来到心灵中，而并没有最初使这观念产生的外界对象作用于我们的感官时，这种心灵的活动叫做记忆(reminiscence)；如果心灵尽力要重新唤起这个观念，并且在经过某种努力之后终于找到了它并且使它呈现在眼前，这就是回想(recueillement)①。如果心灵很长时间注意地凝视着它，这就是默想(contemplation)；当观念在我们心中漂浮，而理智并未加任何注意时，这就叫做遐想(rêverie)。当心灵反省自行呈现的观念，并且可以说把它们登记在记忆中时，这是注意(attention)；当心灵以很大的专心固定于一个观念，考虑它的一切方面，并且虽有其他观念来打扰也不转向时，这就叫做研究(étude)或潜心(contention d'esprit)。睡眠而没有做什么梦，是所有这些事情的停止；做梦则是有这些观念在心中，而当时外感官都已关闭，以致丝毫没有以通常那种鲜明生动的方式接受外界对象的印象。这，我说，是具有这些观念，而它们并不是由任何外界对象或任何已知的机缘提示给

① 按"回想"在洛克原文为 recollection，法文译作 recueillement，但 recueillement 在法文中如下文(第二段)所说通常是有"专心""一心"等意义，现在只能照洛克原意一律译成"回想"。

我们的,也不是以任何方式由理智作了选择或决定的。至于我们所谓出神(extase),是否睁着眼睛做梦,我就让旁人去判断吧。〕

德 〔对这些概念来作一番清理是很好的,我也将对此来尽力提供一些帮助。那么我要说,当人察觉到一个外界对象时,这是感觉,记忆(reminiscence)是感觉的重复而并没有对象重新回来的;但当人知道曾经有过这对象时,这是回忆(souvenir)。人们通常对回想(recuillement)是了解为和您所说不同的另一种意义,这就是人们摆脱了各种事务以便专心来作沉思的一种状态。但既然我不知道有什么词能适合您的概念,先生,我们可以就照您的用法来用它。对那些我们和其他对象加以别择并特别偏重的对象,给以注意。注意在心中继续下去,而不管外界对象继续与否,甚至也不管这对象在心中发现与否,这是考虑(consideration);考虑延伸到了与行动无关的认识,就是默想(contemplation)。注意的目的是学习(就是获得知识以求保持它),这就是研究。为了形成某种计划来作考虑,这就是沉思(méditer);但遐想(rêver)似乎不是什么别的,只是随心所欲而毫无目标的〈胡思乱想〉,就是因为如此,遐想可能导致疯狂:忘了自己,忘了 dic cur hic①,接近于做梦和怪诞,在西班牙筑起了城堡。我们能把做梦和感觉区别开,只是因为它是不和感觉相联系的,这好像是另外一个世界。睡眠是感觉的停止,而在这种方式下,出神是一种很深的睡眠,很难使他醒过来,这来自一种内部的暂时的原因,加上这种原因是为了排除这种沉睡,它是由于某种麻醉药所致,或者是由于对功能的某

① 拉丁文,意即:“为什么在这里”;全句意即:“忘乎所以”。

种持久的损害，如在昏睡病中的情况。出神有时伴随着幻觉(visions)；但也有并不出神的幻觉，而这幻觉似乎不是什么别的，无非是一种梦境，它被当作了感觉，好像我们得到了对象的真相似的。而当这种幻觉是神圣的时，它们是实际包含着真理的，例如当它们包含着某种特殊的预言而后来被事实所证实时就可以知道这一点。〕

§4. 斐 从心灵有专注或松懈的各种不同程度，就可以推论出思想是灵魂的一种活动而不是它的本质。

德 〔无疑地思想是一种活动而不是本质；但这是一种本质的活动，而一切实体都是有这样的本质的活动的。我在上面已经指出过，我们永远有无数的微知觉而我们并不察觉到它们。我们是永远不会没有知觉的，但我们必然是常常没有察觉的，这就是在没有清楚的知觉的时候。就是由于没有考虑这重要之点，才使得一种松弛的、既不高尚也不坚实的哲学，在这么许多优秀的人心中流行，以致使我们一直到现在都对灵魂中最美好的东西几乎一无所知。而那种教人说灵魂按其本性是有死亡的错误理论，为什么看起来又这样像是对的，其原因也在这里。〕

第二十章 论快乐和痛苦的样式

§1. 斐 由于身体的感觉，也和心灵的思想一样，或者是无差别的，或者是伴随着快乐或痛苦的，我们对于这些观念，也和对其他一切简单观念一样是不能描述的，对于人们用来指这些观念的语词，也不能下任何定义。

德　〔我认为没有一种知觉对我们来说是完全无差别的，但只要它们的效果是引不起注意的，我们也就足可以这样来称它们了，因为快乐和痛苦似乎是在于一种能引起注意的帮助或阻碍。我承认这个定义根本不是名义上的定义，并承认我们是不能给它一个这种名义上的定义的。〕

§2. 斐　善是适于在我们之中产生和增加快乐，或减少和缩短一些痛苦的东西。恶是适于在我们之中产生或增加痛苦，或减少一些快乐的东西。

德　〔我也是同样的意见。善分为有德的、适意的和有用的；但归根到底我认为，它必须是或者它本身就是适意的，或者能用于别的东西，那东西能给我们一种适意的感觉的，这就是说，善是适意的或有用的，而有德的本身就在于心灵的一种快乐。〕

§§4.5. 斐　从快乐和痛苦产生各种情感。我们对那能产生快乐的东西有爱，而一种现在或不在的原因所能产生的悲伤或痛苦的思想，就是恨。但对于那些能够有幸福或不幸的生物的恨或爱，常常是我们由于考虑到他们的存在或他们所享受的幸福而感到在我们之中产生的一种不安①或愉快。

德　〔当我在我的 *Codex juris gentium diplomaticus*② 的序言中说明正义的原则时，也已对爱下过一个和这差不多的定义，就

① 按“不安”E本原文为 plaisir(“快乐”)，G本原文为 deplaisir(“不快”)，但照洛克原书为 uneasiness(“不安”)，英译本也作 uneasiness，照上文看，既是“恨”与“爱”并提，这里似也以作“不安”为较妥，E本当有误。

② 拉丁文书名，意即《外交国际公法法典》，是一本公法、条约等的集子，莱布尼茨为该书所作序言的摘录，载E本第118—120页，题为 De notionibus juris et justitiae(《论法律和正义的概念》)。

是说，爱是倾向于从所爱对象的圆满、善或幸福中得到快乐。而为了这个，人们除了在所爱者的善或快乐中所找到的快乐本身之外，并不考虑也不要求其他的快乐；但在这个意义下，真正说来，我们是不爱那不能有快乐或幸福的东西的，并且我们是享用这类性质的东西而并不因此就爱它们的，如果不是出于一种拟人法，好像我们自己想象着它们自身也享有它们的圆满性的话。因此，当我们感到一幅画的完美而得到快乐，因而说爱这幅美的画时，这并不真正是爱。但扩大名词的意义是允许的，而名词的用法是变化多端的。哲学家们和神学家们甚至区别两种爱，一种他们叫做自得的爱(l'amour de conquiscence)，这不是什么别的，无非是对那种能给我们快乐的东西的欲望或感情，而我们是不关心它是否接受我们的爱的，另一种是仁慈的爱(l'amour de bienveillance)，这是对那种以其快乐或幸福也给了我们某种快乐或幸福者的感情。第一种爱使我们着眼于我们自己的快乐，而第二种则是着眼于他人的快乐，但这他人的快乐正是造成或毋宁说构成我们的快乐的，因为如果它不是以某种方式返回我们身上，我们是不会对它感兴趣的，因为不管怎么说，要脱离好处本身是不可能的。而这样就可看到应该怎样来理解那不计利害的爱或不图利的害，以便对它的高尚有很好的概念而同时又不落于怪诞。〕

§6. 斐 一个人由于一件东西的不在——如果它在是会给他快乐的——而在自身中感到的不安(inquiétude)(英语 uneasiness)，就叫做欲望(désir)。这不安是促使人勤奋和积极活动的主要的，且不说是唯一的刺激物；因为向人提出的某种善，如果这善不在也并不随之产生任何不快或任何痛苦，而被剥夺了这种善的人也能够满意并且不占有它也感到舒服，他是不会想到要对它有欲望，更不会作出努力以求去享受它的。他对于这一类的善只感到一种纯粹的心愿[1]，这名词是用来指那种最低程度的欲望的，它最接近于灵魂对于一种对它完全无所谓的东西所处的状态，这时一种东西的不在所引起的不快是如此不足道，以致只引起很微弱的愿望而不会使人去想办法得到它。欲望还会被人所具有的这样一种意见所熄灭或减缓，这种意见就是认为那所愿望的善，是不可能比照灵魂的不安由于这种考虑而被平息或减弱的程度而被得到的。〔此外，我对您所说的关于不安的话，我在那位著名的英国作者那里找到了，他的意见是我常常向您转述的。对英语里 uneasiness 这个词的意义，我感到有点困难。但那位法文翻译者[2]，他的尽责完成这任务的精明能力是不会引起怀疑的，他在该页（第二十章 § 6.）底下脚注中指出，作者的这个英文语词，是指一个人的这样一种状态，他感到不舒服，灵魂中缺少安适（aise）和平静，它在这方面是纯粹被动的，这词得译作 inquiétude（“不安”），它并不确切地表现同样的观念，但是最接近于它的。慎重指出这一点（他又说），对于下一章《论能力》是尤其必需的，在那一章中作者对这一类的不安讨论得很多，因为如果对这个词不附以刚才所指出的观念，就不可能确切地理解那一章中所讨论的那些问题，而这些在全书中是最重要也是最细致的问题。〕

德 〔这位译者是对的，而读了他这位卓越的作者的书使我看

---

① 原文是 velleité，这是从经院哲学名词 velleitas 借来的一个词，意思是“不坚决的意志”或“不完全的意志”，既虽有意但还不足以促使人去行动的一种心理状态。

② 指洛克《人类理智论》的法文翻译者柯斯特（Pierre Coste）。

到，对于不安的这一考虑，是这位作者特别表现出他那敏锐和深刻的精神的一个主要之点。这就是为什么我给予它某种注意的原因，而在仔细考虑了这事之后，我几乎觉得 inquiétude（“不安”）这个词，如果没有充分表达作者的意思，在我看来倒是充分适合事情的本性的，而〈英语的〉uneasiness 这个词，如果是表示一种不快（déplaisir），忧愁（chagrin），不舒服（incommodité），一句话，一种实际的痛苦，则是并不适合其本性的。因为我宁愿说，在欲望本身之中，毋宁是有一种安排好准备受痛苦的状态，而不是痛苦本身。的确，这种知觉和那在痛苦中所有的知觉，有时只是较多和较少的区别，但正是这程度，是痛苦的本质；因为这是一种能注意到的知觉。我们由食欲和饥饿的区别也看到这一点，因为当胃的刺激变得太强烈时它就不舒服，所以这里又得用我们那关于太小而察觉不到的知觉的学说，因为当我们有食欲和欲望时，在我们之中所进行的东西如果足够粗大，就会使我们感到痛苦。就是因为这样，那创造了我们的存在的无限智慧的造物主，为了我们好而这样做，他安排好使我常常处于不知道的状态并在混乱知觉中，以便能凭本能更迅速地行动，并使我们不会被大量对象的太过清楚的感觉弄得不舒服，这些对象是完全不会再回到我们这里来的，并且它们的本性是不能进行下去以达到其目的的。我们吞下了多少虫子而并没有察觉到它们，我们看到有多少人由于嗅觉太灵敏而感到不舒服，而如果我们的视觉十分敏锐又将会看到多少讨厌的对象呢？也是出于这种巧妙安排，自然给了我们一些欲望的刺激，就像是一些痛苦的原料或要素，或者可以说是一些半痛苦，或者（要是您想用夸张说法以便更强烈地表达您的意思的话）就是一些察觉不到的小痛苦，以便使我们享受恶的好处而不接受它的不舒服；因为否则这些知觉要是太清楚，我们将永远期待着善而陷于悲惨境地，反之对于这些半痛苦的这种继续不断的胜利，那我们在追求欲望并以某种方式满足了这种欲念或这种心痒状态时所感到的，给了我们大量的半快乐，它的继续和积聚（正如一个往下落并达到猛烈下降的重物的冲击力的继续那样）最后就变成一种完全的和真正的快乐。而归根到底要是没有这些半痛苦也就不会有快乐，并且我们也就无法察觉到有某种东西，作为阻止我们处于安适状态的障碍，同时帮助我们和使我们感到解除了痛苦。也是在这一点上，人们认识到了快乐和痛苦是有一种亲和力的，柏拉图的《斐多篇》①中的苏格拉底，当他脚痒时就曾指出这一点。考虑到这些小的帮助或小的解救以及察觉不到的摆脱固定倾向的解脱状态，它们最后是达到一种能注意到的快乐，——这种考虑也能用来给我们某种对我们所具有并当有的对快乐和痛苦的混乱观念的较清楚的认识；正如对热和光的感觉是大量微小运动的结果，这些运动是表现着对象的运动的，照我在以上所说过的那样（第九章§13.）②，并且它们和对象的运动的区别只是表面上的，以及是因为我们没有察觉到这种分析；反之今天有许多人认为我们对可感觉性质的观念是和运动③及在对象中所发生者在种类上（toto genere）有区别的，并且是某种原始的和不可解释的东西，甚至是任意武断的，好

① 《斐多篇》(*le Phédon*)60. B.

② 原文如此，但上文第九章并无§13，疑为§4之误。

③ G本和E本原文均为“mouvemens”（“运动”），英译作“notions”，（“概念”）疑为“motions”之误。

像上帝使灵魂感觉到他觉得好的东西而不是在物体中所发生的东西，这是和对我们观念的真正分析相去很远的。但还是回头来谈不安，这就是说，那种微小的、知觉不到的激动，它使我们永远像悬在空中，那是一种混乱的决定，以致我们常常不知道自己缺少什么，反之在倾向或情感中我们至少知道我们要什么，虽然那些混乱知觉也进入它们的活动方式中，并且同样这些情感也引起不安或那种心痒状态。这些冲动就像许多小弹簧，它们尽力要自己放松，并使我们的机器运转起来。而我在上面已指出过，就是因为这样，我们是永远不会无差别的，即使当显得最像是无差别的时候，例如当到了三岔路口是转向右还是向左这种情形也是如此。因为我们采取哪一方，是出于这些感觉不到的决定，混合着对象的活动和身体内部的活动，它使我们觉得这样办比那样办要安适些。在德语里把钟摆叫做 Unruhe，意思就是不安。我们可以说我们的身体也是这样的，它永不会完全安适；因为当它这样时，在器官中、内脏中、血脉中的一点微小变化，立刻就会改变了平衡而使它们作出某种微小的努力以求重新回到尽可能最好的状态；这就产生了一种经常的斗争，它就造成了我们这座钟的不安，所以这称呼是很合我的心意的。〕

§6. 斐 愉快(joie)是当灵魂考虑到占有一种当前的或将来而靠得住的善时它所感到的一种快乐；而当一种善是在我们的权力范围之内，以致我们只要愿意就可以享用它时，我们就是占有了这种善。

德 〔各种语言缺乏足够适当的词来区别那些接近的概念。也许拉丁文中 Gaudium 这个词比 Laetitia 这个词更接近愉快的这一定义，那 Laetitia 也是译作 joie(愉快)的；但这样一来，在我看来它就是指这样一种状态，在这种状态中，快乐在我们之中占优势，因为在最深切的悲哀和最揪心的忧愁中人也能够得到某种快乐，就像喝酒或听音乐那样，只是不快是占优势；而同样在最尖锐的痛苦中心灵也可以是愉快的，在那些殉道者就有这种情形。〕

§8. 斐　悲哀(Tristesse)是灵魂想着一种本来可以享受更长时间而却失去了的善，或当它受当前现实的恶折磨时的一种不安。

德　〔不仅是当前的、现实的，而且还有对将来的一种恶的恐惧也能使人悲哀，所以我认为我刚才所给的对愉快和悲哀的定义，比较更适合习惯用法。至于说到不安，在痛苦中，并因此也在悲哀中，是有某种比不安更多的东西的；而不安甚至也在愉快中，因为它使人觉醒，使人活跃，充满希望以求更向前进。愉快也能由于情绪过于激烈而致死，而这样在它之中也就有比不安更多的东西。〕

§9. 斐　希望是灵魂想着它也许当能享受一种适于给它快乐的东西时的满足，(§10)而恐惧是当灵魂想着一种未来的、可能发生的恶时的一种不安。

德　〔如果不安意味着一种不快，我承认它是永远伴随着恐惧的；但把它作为推动着我们的那种感觉不到的刺激，我们也能把它应用在希望上。斯多葛派把情感也作为思想(opinion)。这样希望在他们就是对于一种未来的善的思想，而恐惧就是对于一种未来的恶的思想。但我宁愿说这些情感既不是满足，也不是不快，也不是思想，而是一些倾向，或毋宁说是倾向的一些样态，它们是从思想或感觉来的，并且是有快乐或不快伴随着的。〕

§11. 斐 失望是一个人想着一种善不能得到时的思想，它有时能引起愁苦，有时则使人平静。

德 〔失望作为情感是一种很强烈的倾向，发现自己被完全阻住了，这会引起剧烈的斗争和重大的不快。但当失望是伴随着平静和无痛苦状态时，它毋宁是一种思想而不是情感。〕

§12. 斐 愤怒是我们在受到某种伤害后所感到的这种不安或烦乱，它伴随着一种要复仇的当前的欲望。

德 〔愤怒似乎是某种更简单、更一般的东西，因为禽兽在没有受到什么伤害时也会动怒。在愤怒中有一种想要消除那恶的强烈的努力。复仇的欲望是当一个人热血已经冷却并且毋宁是有仇恨而不是愤怒时还能继续存在的。〕

§13. 斐 妒忌是灵魂的这样一种不安（不快），它起于这样的考虑，即考虑到我们想有的一种善，却为另一个人所占有，而在我们看来他是不应该比我们优先占有它的。

德 〔要是照这个概念，妒忌就会永远是一种值得称赞的情感了，并且永远是基于正义的，至少照我们的意见是这样。但我不知道人们是否常常对那种公认的功勋也心怀妒忌，要是他们能做主的话就会毫不迟疑地糟蹋它。他们甚至对于别人有了一种他们自己并不在乎的善也心怀妒忌。他们只要看到别人的善被夺去就满意了，并不想到别人被剥夺了他们自己能得到什么好处，甚至也不可能希望得到好处。因为有些善就像是画在壁上的壁画，你可以摧毁它，却是拿不掉它的。〕

§17. 斐 大部分的情感在许多人的身体上造成印象，并在其中引起各种变化；但这些变化并不永远是可以感觉到的。例如羞耻，这是当人正考虑到已做了什么失礼的事或可能使人家看轻自己的事时所感到的灵魂的不安，它并不总是伴随着脸红。

德 〔如果人们能寻求更密切地去观察伴随着情感的外部运动，这些将会是很难掩盖的。至于说到羞耻，值得考虑一下有些谦逊的人，有时当他们仅仅看到旁人的一件失礼的行为时也会感到那种和羞耻相似的运动。〕

第二十一章 论能力兼论自由

§1.斐 〔心灵观察到一件事物怎么停止了存在和原先没有的另一件事物怎么进入了存在，并得出结论认为将来也会有同样的情况由同样的原动者产生，它就来考虑在一件事物中具有它的一个简单观念被改变的可能性，以及在另一件事物中有产生这变化的可能性；心灵就是通过这样的方式形成了能力的概念。〕

德 〔如果能力(puissance)相当于拉丁文的 potentia[①] 一词，它是和 acte[①] 一词相对立的，而从能力到活动(acte)的过渡就是变化。当亚里士多德说运动就是在潜能(puissance)[②]中的东西的活动(acte)，或者可以说实现(actuation)，他对运动这个词就是这样理解的[②]。因此可以说能力一般就是变化的可能性。而这种可能性的变化或实现，在一个主体中是主动的而在另一个是被动的，因

① 拉丁文的 potentia，以及与之相应的法文 puissance，英文 power，有"能力"的意义，同时又有"潜在"的意义，故有些场合当译作"潜能"，而 acte 一词则有"活动"、"动作"、"主动"等意义，同时又有"实现"、"现实性"等意义。

② 参阅亚里士多德《物理学》Ⅲ. Ⅰ，201^{a}10；《形而上学》K. 9. 1065^{b}16。

此能力也有两种：一种是被动的，另一种是主动的。主动的能力可以叫做功能(faculté)，而被动的能力也许可以叫做容受力(capacité)或接受力(réceptivité)。的确，主动的能力有时是在一种更完全的意义下来看的，这时它除了简单的功能之外还有倾向(tendance)；而我在我的关于动力论(dynamiques)的考虑中①就是用这个意义的。力(Force)这个词可能特殊地适用于它；而力或者是隐德来希(Entéléchie)，或者是努力(Effort)；因为隐德来希(虽然亚里士多德把它看作如此概括的意义，以致它还包括一切现实活动和一切努力)在我看来毋宁适合于原始的能动的力(Forces agissantes primitives)，而那努力则适合于派生的(dérivatives)力。甚至还有一种更特殊的，并且更赋有实在性的被动能力；这就是那在物质中的被动能力，在其中不仅有可动性，即容受或接受运动的能力，而且还有抵抗力，它包括不可入性和惯性。那些隐德来希，就是说那些原始的或实体性的倾向，当它们伴随着知觉时，就是灵魂。〕

§3. 斐 能力的观念表现着某种相关的事物。但我们所有的不论哪种观念，哪一个不是包含着某种关系的呢？我们对于广延、绵延、数的概念，不是都本身包含着一种各部分之间的秘密关系吗？同样这回事在形状和运动中还更加显然可见地使人注意到。那些可感性质，除了是各种物体和我们的知觉相关联的能力

① 参阅其 De primae philosophiae emendatione, etc.(《关于哲学的首次改进等等》)，发表于 Acta Eruditorum(《学报》)，1694，第 110 页以下，载 G 本第四卷，第 468—470 页；E 本第 121—122 页；又 Specimen dynamicum(《动力学文范》)，见 Gerhardt 编《莱布尼茨数学著作集》第六卷第 234 页以下。

之外又是什么呢？而它们本身不是依赖于各部分的大小、形状、结构和运动吗？这就在各部分之间放进了一种关系。所以我们对于能力的观念，在我看来很可以放在其他简单观念之列。

德　〔归根到底刚才所列举的那些观念是复合的。那些可感性质的观念之被列在简单观念之中只是由于我们的无知，而别的一些我们清楚认识的观念之被列在其中只是由于一种宽容，这种宽容应该最好是不要有的。这差不多有点像对于那些通常的公理的情形，这些公理是可以而且值得放在定理一起加以证明的，而人们却让它们被当作公理，好像是原始真理似的。这种宽容，远比我们所想的更有害。诚然我们不是永远处于让它过去的状态。〕

§4. 斐　如果我们细心考虑，物体并不通过感官向我们提供一个主动能力的观念，和我们通过对我们心灵活动所作的反省而得到的主动能力观念一样明白和一样清楚。我认为只有两类活动是我们具有观念的，即思想和运动。关于思想、物体并不给我们对它的任何观念，我们只是通过反省才有思想这个观念。从物体我们也得不到任何开始运动的观念。

德　〔这些考虑是非常好的。虽然这里思想一词是作为非常概括地来理解的，以致包括一切知觉，但我不想在语词用法上来争论。〕

斐　当物体是自身在运动时，这运动在这物体是一种主动活动而不是被动。但当弹子在球杆冲击下滚动时，这就不是弹子的主动活动而只是一种简单的被动。

德　〔对这一点是有些话要说的，因为物体若不是本身已有运动，则按照我们在其中观察到的规律它是不会由冲击接受运动的。

不过现在且把这个问题放过去。〕

斐 当那弹子推动了在它前进路上的另一颗弹子并使它运动时，情形也是一样的，它只是把它接受来的运动传递给另一颗弹子，并以此失去了同样多的运动。

德 〔我看到，这个错误的意见，是笛卡尔派使之流行起来的，就是说物体好像在它给别的物体以运动时自己就失去同样多的运动，这个意见今天已为实验和理性所摧毁，甚至那位著名的《真理的寻求》的作者①，也已放弃了这个意见，他发表了一篇小论文来明白表示取消自己的这个观点，但这意见却仍旧还在给予机会让一些高明人士犯错误，在这样败坏的一个基础上来构筑推理的大厦。〕

斐 运动的传递只给我们一个关于物体中运动的主动能力的非常模糊的观念，而我们并没有看到什么别的，无非是物体传递着运动而并没有以任何方式产生运动。

德 〔我不知道人们在这里是否以为运动是从一个主体过渡到另一个主体，并且是同一个运动(idem numero)②被传递着。我知道有些人，是不顾整个经院哲学的看法，而达到了这步田地的，其中除旁人外就有耶稣会士卡萨蒂神父③。但我怀疑这会是您的意见或您的高明朋友们的意见，他们通常是离这类幻想很远的。可是如果不是同一个运动被传递，那就得承认有一新的运动在接

① 指马勒伯朗士。这里所提的“小论文”，题为《论运动的传递》(*Traité de la communication du mouvement*)，可在其全集德译本第三卷中找到。

② 拉丁文，意思是：“同一号”，这里就是指“同一个运动”。

③ Paolo Casati，1617—1707，意大利耶稣会神父，曾在罗马教授数学和神学。

受的物体中产生；这样，那给予运动的物体就是主动的，虽然它同时由于失去了力又是受动(pâtir)的。因为虽然物体并不是真的失去了它所给出的一样多的运动，却永远真的是它失去了运动，并且失去了它所给出的一样多的力，正如我在别处解释过的，所以永远必须承认在它之中有力或主动能力。我把能力理解为如我在前面说明过一下的更为高贵的意义，在那里倾向是和功能相结合的。可是我永远同意您所说的，我们对于主动能力的最明白的观念是来自心灵。它也只在和心灵有所类似的东西之中，即在隐德来希中，因为物质真正说来只表现出被动的能力。〕

§5. 斐　我们发现在我们自身之中有一种能力，来开始或不开始、继续或终结我们灵魂的多种活动和我们身体的多种运动，而这简单地只是由于我们心灵的一种思想或一种选择，它决定和可以说命令这样一个特殊的活动要做或不要做。这种能力我们就叫做意志(Volonté)。这种能力的实际运用就叫做意欲(Volition)；跟随着灵魂的这样一种命令的活动的停止或产生叫做随意的(Volontaire)，而没有灵魂的这样一种指挥所完成的一切活动则叫做不随意的(involontaire)。

德　〔我发现这一切都很好，很正确。可是为了说得更确当一点和再向前推进一点起见，我要说，意欲是趋向人们觉得好的和远离人们觉得坏的东西的努力或倾向(conatus[①])，所以这种倾向是人们对它们的察觉的直接结果；而这一定义的绎理就是这一著名的格言：意志与能力相结合则行动随之，因为一切倾向当不受阻碍

① 拉丁文，意即："倾向"，这词也有"努力"、"企图"等意思。

时就会有行动跟随。因此不仅我们心灵的内部的随意活动是跟随着这种 conatus[①]，而且还有外部的，就是我们身体的随意运动，由于灵魂和身体的结合——我在别处已说明其理由——也是这样的。此外还有从那些我们没有察觉的、感觉不到的知觉来的努力，我宁愿称之为欲望(appétitions)而不叫做意欲(Volitions)，(虽然也有一些欲望是可以察觉的)，因为我们只把那些能够察觉的，并且当其遵循善恶的考虑时能够为我们加以反省的活动，叫做随意的活动。〕

斐　察觉的能力我们叫做理解力(entendement)[②]，它包括对观念的知觉，对记号的意义的知觉，以及最后，对我们某些观念之间的适合或不适合的知觉。

德　〔我们察觉我们之内和之外的许多东西而对它们并不理解，而当我们用反省的能力对它们有清楚的观念并从之引出必然真理时，我们就理解它们了。就是因为这样，禽兽至少在这个意义下是没有理解力的，虽然它们也有一种功能来察觉那些比较能引起注意和比较突出的印象，就像一头野猪那样，它对那向它吼叫的人也能察觉并且直接向那人冲去，对那个人它以前也只有一种赤裸裸的而又是混乱的知觉，就和落到它眼前并以其光线打动了它的水晶体的一切其他对象一样。因此照我看来理解力相当于拉丁文中叫做 intellectus(理智)的东西，而这种功能的运用就叫做 in-

① 拉丁文，意即“倾向”，这词也有“努力”、“企图”等意思。

② entendement 一词，英语为 understanding，本书一般译作“理智”，是跟从一些出版物已用的译名，但不易与 intellect 等词在译名上相区别。此处为照应下文，改译作“理解力”。

tellection(理智作用),是一种和反省的功能相结合的清楚的知觉,这是禽兽所没有的。一切和这种功能相结合的知觉是一种思想,这是我和理解力一样不归之于禽兽的,所以我们可以说,当思想是清楚的时,就有了理智作用。此外,对记号的意义的知觉在这里不值得和对所意指的观念的知觉区别开来。〕

§6. 斐　人们通常说理解力和意志是灵魂的两种功能(facultés),这名词是足够适当的,如果我们像使用一切语词所应当的那样来使用它,留心使语词不要在人的思想中造成任何混乱,如在这里关于灵魂我怀疑就有这种情况。当人家告诉我们说,意志是灵魂的这种高级的功能,它支配和命令着一切,它是自由的或者不是自由的,它决定着较低级的那些功能,它遵从理解力的启示(dictamen);(虽然这些说法都是可以在一种明白而清楚的意义下理解的);我却恐怕它们已在很多人心中造成一种混乱的观念,以为有这许多原动者(agens),在我们心中分别地活动着。

德　这是一个经院哲学家们长期争论不休的问题,即灵魂和它的各种功能,以及一种功能和其他的功能之间,是否有实在的区分。唯实论者说是,而唯名论者说否。而同一个问题在关于许多其他抽象的东西方面也引起了争论,这些东西应该是遵照同样的命运的。但我并不认为在这里有必要来对这个问题作出决定和陷到这荆棘丛中去,虽然我记得伊比斯哥比乌斯[①]曾认为这问题是如此重要,以至他相信如果灵魂的功能是一些实在的东西,则就不

---

① Simon Episcopius,1583—1643.这里所谈到的作品是指他的"*De libere arbitrio*"(《论意志自由》),特别是其中第二章,见其"*Opera Theologica*"(《神学作品集》)第一卷第198页,伦敦及鹿特丹,1665—1678年版,两卷集。

可能主张人的自由。可是,即使它们是各别的实在的东西,也除非是乱说过头话才能把它们当作实在的原动者。并不是功能或性质在活动,而是实体用了功能来活动。

§8. 斐 当一个人有能力按照他自己心灵的偏好或选择来从事思想或不思想,运动或不运动时,在这个范围内他是自由的。

德 〔自由这个名词是很含糊的。有法权上的自由和事实上的自由。照法权上的自由来说,一个奴隶是毫无自由的,一个臣民也是不完全自由的,但一个穷人则是和一个富人一样自由的。事实上的自由或者在于如一个人所应当的那样去意愿的能力,或者在于做一个人想做的事的能力。您所说的是做事的自由,而它是有程度的不同和各色各样的。一般地说来,有更多手段的人,就有更多自由来做他想做的事;但人们特殊地把自由理解为对于习惯上在我们权力范围内的事物的使用,尤其是对我们身体的自由使用。这样,那监禁和疾病,它们阻止我们使身体和四肢做我们所愿意,并且通常情况下是能够做的运动,这就妨碍了我们的自由;这样,一个囚犯就是毫无自由的,而一个风瘫病人也不能自由使用他的四肢。意志的自由又可以从两种不同的意义来看。一种意义是当我们把它和心灵的不完善或心灵的受役使相对立时所说的,那是一种强制或束缚,但是内部的,如那种来自情感的强制或束缚那样。另一种意义是当我们把自由和必然相对立时所说的。在第一种意义下,斯多葛派说只有哲人是自由的;而事实上当一个人心灵为巨大的情感所占据时就是毫无自由的,因为那时人就不能像应当的那样来意愿,就是说不能通过所必需的深思熟虑。就是因为这样,只有上帝是完全自由的,而被创造的心灵只有在他们超越情感的范围内才有一定程度的自由。而这种自由真正说来是相关于我们的理智的。但和必然相对立的心灵的自由，是相关于赤裸裸的意志，作为与理智区别开的意志来说的。这就是所谓的意志自由(franc-arbitre)，而它就在于：人们意欲理智呈现于意志之前的最强有力的理由或印象，也不阻止意志的活动成为偶然的，而不给它一种绝对的和可以说是形而上学的必然性。而正是在这种意义下，我习惯于说，理智能够按照占优势的知觉和理由来决定意志，其决定的方式是：即使它是确定无误的，它也只是使意志倾向于什么而不是必然地逼使它怎样。①〕

§9. 斐 考虑一下这样一点也很好，就是还没有谁想到把一个球当作一个自由的原动者，不论它是因为球拍的击打而在运动中还是在静止中。这是因为我们并不设想一个球在思想或有任何意欲，使它宁愿运动而不静止。

德 〔如果无阻碍地活动的就是自由的，那么一个球一旦在一个水平面上运动就会是一个自由的原动者。但亚里士多德已经很好地指出过，要叫某些活动是自由的，我们要求它们不仅是自动的(spontanées)，而且是经过深思熟虑的(délibérées)。②〕

斐 就是因为这样，我们是在一种必然事物的观念下来看待球的运动或静止的。

德 〔必然这个称呼也和自由一样需要慎重。这样一个有条件的真理，即：假定球是在一个平整的水平面上不受阻碍地运动，

---

① 参阅莱布尼茨：《神正论》(*Essais de Théodicée, etc.*)第一部分§51、§52；G本第六卷第130—131页，E本第517页。

② 参阅亚里士多德：《尼哥马可伦理学》，第III卷，1111以下、1113[b]。

它就将继续同样的运动，可以看作在某种方式下是必然的，虽然归根到底这一结论就不完全是几何学的，它可以说只是推定的，并且是基于上帝的智慧，他是不会毫无理由地改变他的影响的，而这种理由人们假定当前并没有发现。但这样一个绝对的命题，即：这个球现在在这个平面上运动，只是一个偶然的真理，而在这个意义下，球是一个偶然的而非自由的原动者。〕

§10. 斐 假定有一个人，当他沉睡时被送到一个房间里，那里有一个人是他非常期望看到和跟他谈话的，人们把房门给他锁上了；这个人醒过来了，发现自己和那个人在一起而非常喜欢，就这样很高兴地留在那房间里。我不认为有人会想到怀疑这个人不是自愿[①]留在那地方的。可是他并没有自由如果想出去就可以出去。因此自由不是属于意欲的一个观念。

德 〔我发现这个例子选择得很好，可以用来表明，在一种意义下，一个活动或一种状态可以是自愿的而非自由的。可是当哲学家和神学家们就意志自由问题进行争论时，他们心目中是有完全另外的意义。〕

§11. 斐 当风瘫病阻碍四肢服从心灵的决定时，是缺乏自由的，虽然就风瘫病人本身来说，当他宁愿坐着而不想挪动地方时，坐着不动可能是一件自愿的事。因此自愿不是和必然相对立，而是和不自愿相对立的。

① 原文为 volontaire，意思就是"出于意志的"，上文译作"随意的"，但在汉语中"随意的"又有"任意"、"随心所欲"等意味，在此处易滋误解，故改译作"自愿"。以下此词当随上下文意或译"随意的"或译"自愿的"。其对立的词 involontaire 也准此或译"不随意的"或译"非自愿的"。

德 〔这种表达的准确性可能非常合我的意,但习惯用法离这是很远的;而那些把自由和必然相对立的人,他们的意思所说的不是指外在的活动,而是意志的活动本身。〕

§12. 斐 一个醒着的人是没有自由来思想或不思想的,正如他没有自由来阻止或不阻止他的身体接触任何其他物体一样。但要使他的思想从一个观念转到另一个观念,却常常是能由他支配的。而在那种情况下,他对于他的观念,是和对于他所据的身体一样有自由的,他可以从一个观念转到另一个观念,就像他在做幻想时那样。可是有一些观念,也像身体上的某些运动一样,是牢牢地固定在心灵之中,以致在某些情况下,是不论你作了多少努力都无法免除的。一个在受酷刑折磨的人就没有自由来免除痛苦的观念,而有时一种强烈的情感搅动我们的心灵,也就像最狂暴的飓风搅动我们的身体一样。

德 〔在观念之中是有秩序和联系的,也正如在运动中一样,因为二者是完全符合的,尽管在运动方面的决定是无意识的,而在思想的东西方面则是自由的或能作选择的,善与恶只是使那思想的东西有某种倾向而并不是强迫它怎样。因为灵魂在表象着物体的同时仍保持其自身的圆满性,而灵魂虽然在不随意的①活动中依赖于身体(取其好的意义),它仍是独立不依的,而是使身体在其他方面依赖于它自身。但这种依赖只是形而上学的,并且是在于上帝在支配着另一方的同时对这一方所给予的注意,或者按照每

① G本和E本原文均为"involontaires"("不随意的"),英译作"voluntary"("随意的"),误。

一方的原始圆满性的程度而对这一方和另一方给予的注意；反之，那物理上的依赖性则在于一方对它所依赖的另一方所接受的直接影响。此外，还有一些不随意的思想来到我们心中，一部分是从外面来自打动我们感官的那些对象，一部分是从内部由于先前的知觉遗留下来的印象(常常是感觉不到的)，它们在继续起作用，并且和新来的印象混合在一起。在这方面我们是被动的，而甚至当我们醒着时，各种影像(在这名称之下我不仅指那些形状的表象，而且也包括声音和其他可感性质的表象)也来到我们心中，就像在梦中一样，都是不召自来的。德语中把这些叫做 fliegende Gedanken，就像是说飞的思想，它是我们无能为力的，而其中有时有很多荒唐的东西，使那些好人得谨慎小心，而给宗教怀疑论者和良心的指导者们提供了锻炼的材料。这就像那幻灯似的，随着某种东西在里面转动，就在壁上显出各种形象。但我们的心灵察觉到某种影像回来了，可以叫道：停住，并且可以说抓住了它。还有，我们的心灵，当它觉得好时，也进入某些思想进程，这些又把它引到别的思想进程。但这只有在内部或外部的印象不占支配地位时才如此。的确，在这方面，人们随着他们的脾气和对他们的控制能力的锻炼不同，是有很大不同的，所以有人能支配这些印象而有人就把它们放过了。〕

§13. 斐 凡是不具备任何思想的地方，就是必然性发生作用的地方。而当这种必然性见之于一个能做意欲的原动者，并且某种活动的开始或继续是违反他的心灵的偏好时，我称之为强制(法语 contrainte，英语 compulsion)；当一种活动的阻止或停止是违反这原动者的意欲时，让我把它叫做拘束(法语 cohibition，英语

restraint)。至于那些绝对地既无思想也无意欲的原动者，就是在一切方面都是**必然的原动者**。

德〔我觉得，正确地说来，虽然意欲是偶然的，**必然性**却不应该是和**意欲**相对立，而是应该和**偶然性**相对立，正如我在§9已指出过的那样，并且必然性也不应该和决定相混淆，因为在思想中也和在运动中一样有联系或决定的(被决定和强制性地被推动或被迫使是完全两回事)。而如果说我们并不是永远注意到那决定了我们或我们借以作出决定的理由，那是因为我们正如不能分清自然使之在身体中起作用的一切机器一样，也同样很少能察觉我们心灵及其思想的全部作用，这些思想在最常见的情况下都是感觉不到并且混乱的。因此，如果把必然性理解为人的确切决定，以至对于在人的内部和外部所发生的一切情况的一种完全的知识能使一个圆满的心灵作出预见，那么一切思想既和它们所表象的一切运动一样是被决定的，则一切自由的活动就一定是必然的。但必须把必然的和虽受决定但是偶然的区别开；而不仅偶然的真理不是必然的，而且它们的联系也不是永远有绝对的必然性的，因为必须承认，在必然的事情的后果和偶然的事情的后果之间，其决定的方式是有区别的。几何学的和形而上学的后果是必然的，但物理学的和道德的后果则只是倾向而并不必然；而物理的东西甚至关于上帝方面来说也有某种道德的和随意的东西，因为运动的规律并无别的必然性，无非是必求其最好的。而上帝是自由地作选择的，虽然他是被决定了要选择最好的；而物体本身既不作选择(上帝为它们作了选择)，习惯上要把它们叫做**必然的原动者**，我也并不反对，只要不把必然的和被决定的混淆起来，并且不要以为自由的东西是以一种不受决定的方式活动的就行，这一错误，曾在某些人心中流行，并且毁坏了那些最重要的真理，甚至包括这一根本的公理：没有什么是毫无理由地发生的，要是没有这一条，则不论是上帝的存在，或是其他一些伟大的真理都会无法很好地证明了。至于说到强制，最好把它分为两类。一类是物理上的，如不管一个人愿意不愿意把他送进监狱，或者把他从悬崖上扔下去；另一类是道德上的，例如一种更大的恶的强制，而这种活动尽管是在某种方式下受强迫的①，仍旧是自愿的。人们也可以受对于一种更大的善的考虑所强制，如当人们向一个人提议给他一种太大的好处去诱惑他时就是这样，虽然人们习惯上不把这叫做强制。〕

§14. 斐　现在让我们来看一看，是否能把一个如此长期以来扰乱人心的问题作个了结，这个问题在我看来是非常不合道理的，因为它是不可理解的，这问题就是：人的意志是否自由。

德　〔对于人们为了一些没有想好的问题而扰攘不休来折磨自己的这种奇怪方式大声疾呼，是很有道理的。他们是寻求他们所知道的，而不知道他们所寻求的是什么。〕

斐　自由只是一种能力，它单只是属于原动者而不能是意志的一种属性或样态，意志本身也无非是一种能力而不是什么别的。

德　〔按照语词的正确用法，先生，您是对的。可是人们对于已被一般接受的用法也可以要求作某种变通的。这样，人们习惯

---

①　G本作："et cette action，quoyque forcée en quelque façon"（译文准此），E本及J本作"Car l'action，qu'elle fait faire"（"因为它使人去做的这种活动"）。

上就把能力归之于热或其他性质，这就是归之于具有这种性质的物体；同样地，这里所包含的意思也就是要问人在意欲时是否自由的。〕

§15. 斐　自由是一个人所具有的照他的意志来做或不做某种活动的能力。

德　如果人们把自由仅仅理解为这样，那么当他们问意志或主宰是否自由时，他们的问题就会是真正荒谬的了。但我们马上就会看到他们问的是什么，并且我甚至已经接触到过这一点了。的确，不过是根据另一条原则，他们（至少有很多人）在这里仍旧是问的荒谬的和不可能的问题，他们是想要一种绝对地想象的和行不通的平衡的自由，这种自由即使他们有可能具有也是对他们毫无用处的，这就是说，他们是要有自由来违反一切能来自理智的印象而从事意欲，这将把真正的自由和理性一起加以毁灭，而使我们降低到禽兽之下的地位。

§17. 斐　有人会说，说话的能力指挥唱歌的能力，而唱歌①的能力服从或不服从说话的能力，他的这种表达方式，和有人如人们所习惯于说的那样，说意志指挥理智，而理智服从或不服从意志，这种表达方式是同样正确同样可理解的。§18. 可是这种说法已经流行，并且如果我没有弄错的话已经引起很多混乱，虽然思想的能力对于选择的能力所起的作用，并不比唱歌的能力对跳舞的能力所起的作用更大。§19. 我承认，一种这样或那样的思想，可

① G本作“parler”（“说话”），显系误植或原稿笔误，E本J本均作“chanter”（“唱歌”），现从之。

以给人提供机缘,使他来运用他所具有的选择能力,而心灵的选择可以是他实际想着这样或那样事物的原因,正如实际唱某种曲调可以是跳某种舞的机缘一样。

德 〔这里除了提供机缘之外还有点更多的东西,因为这里有某种依赖;因为人们只能意欲他看到是好的东西,而随着理智功能的改进,意志的选择就更好,正如另一方面,随着人的意志坚强,他就能依照他的选择来决定思想,而不是受那些不随意的知觉所决定和被拖着走。〕

斐 能力是一种关系而不是原动者。

德 〔如果说那些本质的功能只是一些关系而并没有在本质上增加什么,那么那些偶然的或能起变化的性质和功能则是另一回事,而对于后者我们可以说它们在施行其职能时常常是互相依赖的。〕

§21. 斐 在我看来,问题不应该是意志是否自由,这样说法是很不恰当的,而应该是:人是否自由。确定了这一点,则我说,只要一个人能够由他的心灵指挥或选择而宁愿让一种活动存在而不是这种活动不存在以及相反,也就是说,他能够照他的心意而使它存在或使它不存在,在这个范围内他是自由的。而我们几乎不能说,怎么可能设想一个存在物比他能做他想做的还更自由;所以,人就其相关于依赖着他本身具有的这种能力的活动来说,似乎是和自由所可能使他自由者一样自由的,如果我敢于这样来表达自己的意思的话。

德 〔当人们讨论意志自由或自由主宰(franc arbitre)问题时,他们所问的不是人是否能做他想做的,而是他的意志本身是否有足够的独立性。人们不是问他的四肢是否自由或是否有活动余地而无人掣肘，而是问他的心灵是否自由，以及这种心灵的自由是在于什么。在这方面，一个心智是可以比另一个心智更自由的，而最高的心智将具有一种完全的自由，为被创造的生物所不能有的。〕

§22. 斐　天然地好穷究的人们又喜欢尽可能地使自己的心灵摆脱有罪的思想，尽管这是靠使自己陷于一种比命定的必然性更坏的境地才达到也罢，他们对这一点却不满意。除非自由的范围扩展得更远，他们是不高兴的，而这一点在他们看来是一个极好的证据，证明人除非同样还有意欲的自由，正如他有做他意欲做的事的自由一样，就根本不是完全自由的。§23. 对此我认为，当一种活动一旦被提到人的心灵面前时，对于意欲这种在他能力范围之内的活动这一特殊活动来说，人不会是自由的。其理由是显然可见的，因为活动是依赖于他的意志的，这种活动就必须存在或者不存在，这是有十足必然性的，而它的存在或者它的不存在不能确切地遵照他的意志的决定和选择，因此他就不能避免来意欲这种活动的存在或不存在。

德　〔我将认为他可以把他的选择搁置起来，而这种情况是很常见的，尤其是当其他思想来打断了深思熟虑时是这样；因此，虽然人所思虑的活动也许必须存在或不存在，但并不能由此得出结论说他就得必然地决定它的存在或不存在；因为不存在的情况是不作决定也能发生的。这就像古代的最高法庭法官那样，他们发现一个人的案件太难判断，就事实上把这个人释放了，把他送到远远的边境，然后用一百年的时间来思考这问题。〕

斐　要是以这样的方式使人自由，我是说，使意欲的活动依赖于他的意志，那就得有在先的另外一个意志或意欲的功能来决定这意志的活动，然后又得另有一个意志来决定那一个，这样以至无穷；因为无论你停止在哪里，那最后一个意志的活动总不会是自由的。

德　〔当有人说得好像我们是意欲着意欲时，的确这说的不恰当。我们不是意欲着意欲，而是意欲着做事，而如果说我们意欲着意欲，那就会是我们意欲着意欲着意欲，这样以至无穷；可是也不必讳言我们也常常通过某些意欲的活动而间接地促成其他一些意欲的活动，并且一个人虽然不能意欲他所意欲的，正如他甚至也不能判断他所意欲的一样，但他却能事先这样来干，使得有朝一日他来判断或意欲那他在今日会愿能意欲或判断的。人们迷恋于有利于某一党的人物，演说，和各种考虑，而对那些来自对立的一党的则就不予注意，而通过这种巧妙办法以及其他千百种人们往往并无一定计划也未加思考就用的办法，人们成功地欺骗了自己或至少改变了自己，并随着其所遭遇或者变好或者变坏。〕

§25. 斐　那么，既然很清楚，人并没有自由来意欲着意欲与否，在这以后要问的第一件事就是：人是否有自由来意欲两者之中他所喜欢的，例如运动或静止？但这个问题本身就是这样明显地荒谬的，足够使任何一个愿作思考的人深信，自由在任何情况下都与意志无关。因为问一个人是否有自由来意欲那他所喜欢的，如运动或静止，说话或沉默，这就是问，一个人是否能意欲他所意欲的，或喜欢他所喜欢的，这样一个问题，照我看来是不需要回答的。

德　〔尽管这样，的确人们在这里发现有一个困难，是值得予以解决的。他们说，在一切都认识和一切都考虑了之后，他们还是能够来意欲不仅那使他们最喜欢的，而且还有那完全相反的，仅仅为了这样来表明他们的自由。但必须考虑到，虽然这种任性或固执，或至少是阻止他们遵照其他理由的这种理由，也进入称量的范围，而使得那本来他们所不喜欢的东西成为讨他们喜欢的，选择总永远是受知觉决定的。因此人不是意欲他所意欲的，而是意欲他所喜欢的，虽然意志能够间接地并且好像是从远处有助于使某种东西成为讨人喜欢的或不讨人喜欢的，如我已指出过那样。而由于人们很少能分清所有这些各自有别的考虑，就无怪乎人们对这问题心里弄得一片混乱，这个问题是有很多隐藏着的细微曲折之处的。〕

§29. 斐　当人们问是什么决定了意志时，真正的答案是说：是心灵决定了它。如果这答案不能使人满意，则显然这问题的意思是归结为这样：是什么推动了心灵在每一特殊的场合来决定它所具有的指挥其功能趋向运动或趋向静止的一般能力，来做这样一个特殊的运动或这一特殊的静止。对此我回答说，那使我们停留在同样的状态或继续同样的活动的，单只是我们在其中所发现的当前的满意。反之，那引起变化的动因，则永远是某种不安。

德　〔这种不安，如我在前一章所已指出的，并不永远是一种不快；正如我们所发现的那种安宁，也不永远是一种满意或一种快乐一样。这常常是一种感觉不到的知觉，是我们所不能区别也不能分辨的，它使我们毋宁倾向这一边而不向着那一边，我们对此也说不出理由。〕

§30. 斐　意志和欲望不应该被混淆起来：一个人欲望摆脱痛苦，但了解到免除这种痛苦可能使一种危险的体液转移到某一更加致命的部分，他的意志就不会被决定来做任何能使这种痛苦消除的活动。

德 〔这种欲望，相对于一种完全的意志来说，是一种心愿(velleïté)①；例如，要是没有什么更大的恶要怕的，要是人们会得到他所意欲得到的，或者要是人们过了这一步也许会有希望得到更大的善，那么人们是会意欲的。可是我们可以说人是以一定程度的意志意欲摆脱痛风的。但这种意志并不永远进到最后的努力。这种意志，当它包含着某种不圆满性或无能状态时，就叫做心愿。〕

§31. 斐 可是考虑到这一点是好的，就是：那决定意志去活动的，并不如通常所假定那样是最大的善，而毋宁是某种实际的不安，通常是那种最紧迫的不安。我们可以把它叫做欲望，它其实是一种心灵的不安，是由缺少某种不在的善所引起的，只是那种想解除痛苦的欲望除外。一切不在的善，并不产生一种和它所具有或我们认为它具有的优点的程度成比例的痛苦，反之，一切痛苦则引起和它本身同等程度的欲望；因为善的不在并不永远是像痛苦的当下现在那样的一种恶。就是因为这样，我们能够考虑和面对一种不在的善而并无痛苦；但哪里有了欲望，随之就会有同等程度的不安。§32.有谁没有在欲望方面感到如先哲关于希望所说的，"所盼望的迟延未得，令人心忧"(《箴言》第十三章第十二节)呢？拉结喊道："你给我孩子，不然我就死了。"(《创世记》第三十章第一节)。§34.当人完全满足于他所处的状态，或当他绝对地摆脱了一切不安时，则他除了想继续保持在这种状态之外还能剩下什么别的意志呢？因此那创造了我们的存在的贤明造物主，在人之中放进了饥、渴这些不适和其他一些自然的欲望，使之激起和决定他

① 参阅前一章§6及其注(第153页注①)。

们的意志以求他们本身得以保存和他们的种族得以继续繁衍。圣保罗说(《哥林多前书》第七章第九节),“与其欲火攻心,倒不如嫁娶为妙。”这一点是非常真实的,所以当下的一点小小的欲火的感觉,也比远远看到的更大的快乐的吸引力对我们有更大的能力。

§35. 的确,这是一条稳固地确立了的格言,就是说,是善和最大的善决定着意志,所以毫不奇怪我以前也曾认为它是无可怀疑的。可是在作了仔细研究之后,我觉得不得不得出结论:善和最大的善,虽然被判断和承认为如此,也并不决定意志;除非是在以一种和这善的优点成比例的方式来欲望着这善的同时,这欲望使我们对被剥夺这种善感到不安。让我们假定一个人深信德性的用处,直至看到它对于有意在这世上做一番大事业或希望在来世能得幸福的人是必需的;可是除非到了这个人对正义感到如饥似渴的地步,他的意志就永不会被决定来采取任何行动,以使他去追求这卓越的善,而半路插进来的某种其他的不安就会把他的意志拉到别的事情上去。另一方面,让我们假定一个人酷爱喝酒,考虑到像他这样生活下去,他正在毁了他的健康,浪费了他的财产,他将被世人看不起,招致疾病缠身,最后还将陷于一贫如洗,再也没有什么来满足他如此着迷的喝酒这种情欲;可是,当他不和他的酒肉朋友在一起时所感到的不安一回来,到了他习惯于上酒馆的时候就又把他拖到酒馆去了,尽管这时他眼前明明看到了他的健康和财产的丧失,也许甚至还有来世的幸福的丧失,这种幸福他不能看作是本身不值得考虑的一种善,因为他承认它比喝酒的快乐或比一群酒肉朋友的无聊闲谈要优越得多。因此并不是由于没有着眼于最高的善才使他坚持这种放荡行径;因为他是看到并且承认它的优越性的，直至在那历次喝酒的间隙的时间，他也下决心要致力于追求这最高的善，但当被剥夺了他已惯于享受的快乐这种不安一来折磨他时，他所承认比喝酒更优越的这种善，对他的心灵就再也无能为力了，而正是这种实际的不安，决定了他的意志来采取他所已习惯的行动，并以此使更强烈的印象又一次在最初的机会占支配地位，尽管在同一时间，他也暗地里可以说自己给自己许愿，再也不做这样的事了，并且自己想象着，这是最后一次违反自己的最大利益行事了。这样，他就发现自己一次又一次地不时归结到要说：

Video meliora proboque,

Deteriora sequor。[①]

我看到较好的途径，我赞成它，而我却采取较坏的途径。这句话，人们承认它是真的，并且只能说太为经常的经验所证实了，这话照上述的途径就很容易理解，并且我们也许也不能再采取其他的意义了。

德 〔在这些考虑中是有某种美好和坚实的东西的，但我不愿人们认为因此就得放弃这些古老的格言，即意志追求最大的善，或它逃避它所感到的最大的恶。人们不大致力于真正的善，其根源多半来自这样的情形，即在那些感官不大起作用的场合或问题上，我们的思想大部分可以说是无声的[②]（我用拉丁文称它们为 Cogitationes caecas[③]），这就是说，是空无知觉和感情的，是在于赤裸裸

① 拉丁文，大意已见正文。语出拉丁诗人奥维德（Ovide，公元前43—公元16）的神话诗集《变形》(*Metamorphoses*)，第七卷，21。

② 原文为 sourdes，英译作 surd，此词在法文中最普通的意义就是“聋的”，也有“微弱”、“暧昧”等意义，在语音学上无声的音，即声带不振动的音也叫 sourd，即 surd，数学上则指不尽根数或无理数，见本卷第十六章§4。参阅本段接近末尾处。

③ 意即：“盲目的思想”。

地应用字母符号，就像那些演算代数题的人的情况那样，他们不考虑用那些几何图形和语词时常也和用算术或代数的字母符号一样能得出通常同样的结果。人们常常只是在言语上来推理，心中几乎并没有对象本身。而这样的知识是不会触动人的；必须有某种活生生的东西来打动我们。可是人们最通常就是这样来想到上帝、德性和幸福的；他们谈论着，作着推理，而并没有明确的观念。并不是他们不能有明确的观念，因为这些观念是在他们心灵之中的。但他们不想费力来把分析向前推进。有时他们也有对于一种不在的善或恶的观念，但非常微弱。因此无怪乎它们很少能触动人。所以，如果我们宁愿要那较坏的，那是因为我们感到了其中所包含的好处，而既没有感到其中的坏处，也没有感到相反的方面的好处。我们假定和相信，或者毋宁是仅仅转述别人的信念，或至多是我们以往推理的记忆中的信念，相信最大的善是在较好的方面，或者最大的恶是在另一方面。但当我们不对它们加以正面注视时，我们的思想和推理，和感觉相反，只是一种鹦鹉学舌[①]，它丝毫不提供给心灵什么当下现在的东西；而如果我们不采取措施加以医治，那就会陷于虚浮，如我在上面（第一卷第二章§11.）已经指出的那样，而最美的道德训条以及最好的审慎规则只有在这样一个灵魂中才会发生作用，这灵魂对这些训条规则是敏感的（或者是直接地，或者由于不可能永远是直接的，至少是间接地〈敏感的〉，如我马上就将指出的那样），而对于和这些相反的则不再是敏感

① 原文为 psittacisme，来自希腊文 psittakos 即鹦鹉，Littré 法文词典在解释这个词时，也是引莱布尼茨的这一段和§37 的一段话，举例说明它就是“人们像鹦鹉一样思想或说话的一种心灵状态”。

的。西塞罗在有个地方[①]说得好，如果我们的眼睛能看到德性的美，我们就会热烈地爱它；但情况既不是这样，也没有什么和这相当的事，那就无怪乎在灵肉的斗争中，灵的一方面时常吃败仗，因为没有感到它的好处。这种斗争不是别的，无非是不同倾向的对立，这些倾向是从混乱的和清楚的思想产生的。混乱的思想常常是使人明白感觉到的；但我们的清楚思想通常只是潜在地是明白的；它们能够是明白的，要是我们愿致力于深入了解语词或符号的意义的话，但既由于忽视或由于时间短促而没有这样做，我们就以赤裸裸的言语或至少是太微弱的影像来与生动的感觉相对立。我认识一个人，在教会和国家方面都是有地位的，由于痼疾使他决意节食；但他承认，当人们拿了肉食送给别人而从他房前经过时，那肉的香味曾使他难以抵挡。这无疑是一种可耻的弱点，但人们就正是被造成这样的。可是，如果心灵好好利用它的好处，它也能取得伟大胜利的。这必须从教育开始，这种教育要安排得使真正的善也尽可能和真正的恶一样成为能感觉到的，使人对它们所形成的概念披上较适合于这种计划的景色；而一个已成年的人，要是原来缺乏这种优良的教育，宁可迟了也比永不开始好，应该开始来追求光明正大的合理的快乐，用来对抗那些混乱而却触动人的感官的快乐。而事实上，对神的爱(grâce divine)本身就是一种快乐[②]，它给予光明。所

① 据英译本注可能是指 De Fin.(《论善恶界限》)2,16，§32。但那里是讲智慧这种特殊的德性而不是讲一般的德性的。又参阅 De Off.(《论义务》)，2、37。

② 参阅斯宾诺莎《伦理学》第五部分，命题三十二、三十三，商务印书馆，1959 年版，第 241—242 页。

以，当一个人是在好的冲动中时，应该自己为未来立下一些规律和规则，并且严格地加以执行，使自己远离那些能随着事物的性质突然地或逐渐地使人败坏堕落的机缘。正式地作一次旅行会治好一个恋人〈的相思病〉，一次引退会使我们离开那些支持我们某种坏倾向的伙伴。耶稣会会长方济各·鲍吉亚①，最后是列入圣品的，当他飞黄腾达时，是习惯于大量喝酒的，而当他想到要引退时，就每天在他惯于喝空的酒瓶子里放进一滴蜡，这样来很小量地一点一点减少喝酒量。我们要用一些无害的感情，如从事农艺、园艺之类，来对抗那些危险的感情；要避免无所事事；我们可以搜集自然的或艺术的珍玩；可以做做实验和研究；可以来从事某种必要的任务，如果没有，就可以从事有益和适意的谈话或阅读有益和适意的书籍。总之一句话，要利用那些好的心灵冲动，就像利用上帝召唤我们的声音那样，来采取有效的决断。而因为我们不能永远对真正的善和真正的恶的概念作出分析以至于知觉到其中所包含的快乐和痛苦，所以为了要使之能触动我们，就必须一劳永逸地断然为自己定下这样一条法则：从今以后只倾听和遵从一旦已了解了的理性的结论，尽管这些结论以后并不明白察觉并且通常只是以无声的思想②想到它们而消除了感性的吸引力；而这样来获得这种遵照理性行事的习惯——这将会使德性成为适意的并像是自然的——以使我们最后对情感以及那种感觉不到的倾向或不安具有控制力。但这里不是要来给人道德的

① Francisco Borgia，1565—1572 年任天主教僧团耶稣会会长。

② 参阅本段接近开始处(第 180 页)的注②。

教训和训条，或精神上的指导和说教来教人锻炼真正的虔敬；只要在考虑我们灵魂的活动过程的同时，看到我们的弱点的根源就够了，对这种根源的认识同时也就给人对这些弱点的救治办法的认识。〕

§36. 斐 那逼迫着我们的当下现在的不安，只对意志发生作用，并且从我们在一切活动中全都以之为目标的这种幸福着眼而自然地决定着意志，因为每个人都把痛苦和 uneasiness（就是不安或毋宁说不适，它使我们不得安宁）看作和幸福不相容的东西。一点小小的痛苦就足以破坏我们所享受的一切快乐。因此，只要是我们感到沾染某种痛苦的时候，那不断地决定着我们的意志对随后活动的选择的，始终是远离痛苦；这种远离是走向幸福的第一步。

德 如果您把您的 uneasiness 或不安当作一种真正的不快，在这意义下我不同意它是唯一的刺激物。在最常见的情况下这是这些感觉不到的微知觉，我们可以称之为不可察觉的痛苦，要是痛苦这概念不包含察觉的话。这些微小的冲动是在于继续不断地解除一些微小的阻碍，我们的本性是在对这些阻碍做工作的，而我们并没有想到它。我们所感到而并不认识的不安，真正说来也就在于此，它使我们在情感激动时也和在我们显得最平静时一样进行活动，因为我们是绝不会没有任何活动和运动的，这只是由于自然始终是在做工作要使自己处于较安适的状态。也正是它，在那些对我们显得最无差别的情况之中，在作任何磋商查问之前就决定了我们，因为我们是永不会处于平衡状态并且不会对两种情况确切地不偏不倚的。而这些痛苦的元素（它们有时当过分生长时也就蜕变为真正的痛苦或不快）如果是真正的痛苦，我们就会以不安和热情追求着我们所寻求的善而永远很悲惨了。但情况正好完全相反，而正如我以上（前一章§6）已指出的那样，自然在趋向着善和享受着善的影像，或减少着痛苦的感觉的同时逐渐地愈来愈使自己处于安适状态，它的这种继续不断的微小胜利的积聚，已经是一种相当可观的快乐，并且常常比善的享受本身还更有价值；并且远远不是应该把这种不安看作和幸福不相容的东西，我发现不安对于被创造的生物的幸福倒是本质的东西，这种幸福绝不在于对最大的善的一种完全占有，这会使他们成为不敏感并且像是愚蠢的，而在于趋向最大的善的一种继续不断的进程，这不会不伴随着一种欲望或至少是一种连续的不安，但是像我刚才能说明的那样，它不会一直达到不适的地步，而是限于这些痛苦的元素或原料，它们独自分开是察觉不到的，却仍旧足以用作刺激物和用来激起意志；这就像在一个人中的欲望所做的那样，当这欲望没有达到这种不适，使我们不能忍耐，并以一种太过执著于我们所缺少的东西的观念的方式折磨我们时，这个人还是过得好好的。这些微小的或巨大的欲望，就是经院哲学家们称为 motus primo primi① 的东西，而它们真正是自然使我们走出的最初几步，不是走向幸福而是走向欢乐，因为他们是着眼于当下现在的东西的；但经验和理性教我们控制和节制这些欲望，使它们能够导向幸福。我对此已经说过一点（第一卷第二章§3）。这些欲望就像一块石头的趋向似的，它采取笔直的，但并不始终是最好的路线落向地球中心，并不能预

① 拉丁文，意即："最原始的心灵活动"，即完全没有自觉意识的心灵活动。

先见到它会碰上岩石并把自己撞得粉碎，而如果它有心灵并有办法转弯，是会更好地接近它的目标的。我们也就是这样，笔直地走向当前的快乐而有时就掉进了悲惨的深渊。就是因为这样，理性用关于未来的善或恶的影像来和当前的快乐相对抗，并且用一种坚定的决心和习惯，即在行动之前先想一想，然后遵从那已被认识到是最好的，即使我们的结论的可以感觉到的理由已不再呈现于心灵中，并且已几乎只在于一些微弱的印象，或甚至是在于排除实际解释的语词或记号所给予的一些无声的思想，以致一切只在于：**好好想一想**，和在于：**要留心**；前者是为了确立法则，后者是为了遵从法则，即使是我们不想到使这些法则产生的理由。可是最好是尽可能多想一想，使灵魂充满一种合理的欢乐和一种伴随着光明的快乐。〕

§37. 斐 提出这些须加小心注意之点无疑是大有必要的，因为对于一种不在的善的观念，除非到了这善在我们心中激起某种欲望，是不能和实际折磨着我们的某种不安或某种不快的感觉相抗衡的。不知有多少人，人家以生动的画面向他们表现天堂的难以形容的欢乐，他们也承认其可能与概然，却甘愿满足于他们在现世所享受的幸福。这是因为他们当下的欲望的不安占了上风，并迅速使他们趋向现世的快乐，决定着他们的意志去寻求这种快乐；而在这全部时间内，他们对来世的善是完全感觉不到的。

德 〔这部分地是由于人们常常很少深信；而他们虽然口头这样说，却有一种隐藏的不信支配着他们的灵魂深处；因为他们从来没有理解那些证实了灵魂不死的正确理由，灵魂不死是和上帝的正义相配称的，它是真的宗教的基础，或者是他们已不再记得曾有过这种理解，可是，要深信就必须有这种理解，或记得有过这种理解。其实甚至很少人想着如真的宗教和甚至真的理性所教人那样的来世是可能的，也远远不是把它设想为概然的，更不必说是确实的了。他们所想的一切都无非是鹦鹉学舌式的(psittacisme)，或者是穆罕默德教徒的那种粗鄙而虚妄的影像，他们自己也看着不像的；因为要使他们受到这些东西的触动，就像(据有人说)那"暗杀者的君王"、"山主"①的士兵们那样，也还差得很远，这些士兵在沉睡中被转移到一个地方，充满了各种供享乐的东西，他们相信自

① 原文为 Prince des assassins，seigneur de la Montagne，英译作 the Prince of the Assassins，the Old Man of the Mountain，据英译本注，这是"sheikh—al Jebal"的通常译名，是"暗杀者"(Assassins)的最高统治者的称号，这是一个秘密社团，它的突出特点就是用暗杀手段对付一切敌人；这种做法是由这一宗派的第一个首领哈桑·本·萨巴赫(Hassan Ben Sabbah)首先采用的。其他方面这一宗派所信奉的原则是和伊斯梅尔的后裔们(Ismaelites——即阿拉伯人)的原则一样的，这就是：(1)没有固定的宗教或道德规则，一切行动都是无差别的，只有内心禀赋才是有价值的。(2)相信伊斯梅尔族系的伊马姆们(Immams——即伊斯兰教的首领或祭司)现在已不可见了，因此真正信徒的绝对服从应归于他们地上的代理人。(3)对可兰经作寓言式的解释，随着需要可以任意维护或抛弃任何教义。

这社团由七个等级组成，即：(1)Sheikh，即首领或"山主"；(2)Daial—Kirbal，即"大住持"；(3)Dais 即"住持"；(4)Refiks，是参加而没有像前者那样正式加入得领受一切秘密教义的；(5)Fedais，"献身者"，是一群未正式入社的青年，盲目服从着首领；(6)Lasiks 即一些见习者；(7)普通人，劳动者，机匠等。对这些人是责成其严格遵守可兰经的。入社得秘传者则把一切实际存在的宗教和道德都看作毫无价值的。那第五等的 Fedeis 是真正的"暗杀者"。每当首领要他们服务时，他就让人用 hashish 即大麻把他们麻醉，然后把他们转移到他的豪华的花园中，在那里他们被各种感官的享乐所包围，而由于这样先尝到了只有首领才能给他们的天堂的滋味，就使他们盲目地服从首领的任何命令，直至付出自己的生命。由此他们就被叫做 Hashishin，原意就是"吃大麻者"。而这个词欧洲人就把它照谐音变成了 Assassins，这样这个词就被移植到欧洲文字中并有了"暗杀者"的意义。

己就是在穆罕默德的天堂里了，在那里有些假装的天使或圣者向他们灌输了那君主希望他们听的意见，再重新把他们弄得失去知觉以后又把他们送回原来的地方；这样就使他们以后成为胆大无比，可以无所不为，直到要和他们的山主为敌的君王们的性命。我不知道人们是否厚诬了这位山主；因为并不能指出有很多大君主为他所指使人杀害的，虽然我们在英国历史家们的著作中读到被归之于他的一封信，为英王理查一世辩诬，说明英王没有暗杀一位巴勒斯坦的伯爵或君主①，他承认这是他杀的，因为他受了他的侮辱。尽管这样，这也许是出于对他的宗教的巨大热心，这位暗杀者的君王才想给他那些人一个关于天堂的有利观念，让这观念永远伴随着他们的思想，不使它们成为无声的；他并不是以此硬要他们必须相信他们就是在真的天堂上。但假定他们是这样认为的，也不必奇怪这些虔诚的骗术曾比弄得不好的真理产生更大的效果。可是，如果我们致力于好好认识真理和发扬真理，那就没有什么能比真理更强有力的；并且无疑会有办法强有力地使人们趋向真理。当我考虑到在所有那些一旦处于这种几乎毫无可以感觉到和当下的吸引力的生活进程中的人们之中，野心或贪欲能完成多少事业时，我一点也不失望，并且我主张，德性既伴随着那样多坚实的善，将会产生无限地更多的效果，要是人类的某种可喜的革命一旦使德性流行起来并且成为好像是时髦的东西的话。我们很有把握能够使青年人习惯于在道德的实践中来寻求他们最大的快乐。而甚

① 指蒙斐拉(Montferrat)家族的孔拉德(Conrad)，是第三次十字军东征时埃及和叙利亚的苏丹萨拉丁(Saladin)的一个勇敢的对手，曾解萨拉丁对底尔(Tyr)城之围而受封为底尔侯爵，1192年为“山主”所杀。

至成年人也可以为自己立下一些法则并养成遵守它们的习惯，这也会强有力地影响他们，并使他们在背离这些法则时感到非常不安，就像一个酒徒当被禁止到酒馆去时所感到的一样。我很高兴加上关于救治我们的恶是可能的和甚至是容易的这些考虑，为的是不要因为仅仅揭示我们的弱点而促使人们泄了气，不去追求真正的善。〕

§39. 斐 〔几乎一切都在于经常使欲望趋向真正的善。〕在我们之中产生任何意志的活动而不伴随着某种欲望，这种情况是很少发生的；就是因为这样，意志和欲望就常常被混在一起。可是，我们不应该把成为大部分别的情感的组成部分，或至少是跟随着这些情感的不安，看做完全被排除在该项感情之外；因为憎恨、恐惧、愤怒、妒忌、羞耻，都各有其不安，并以此对意志发生作用。我怀疑在这些情感中有任何一种是完全单独存在的，我甚至认为人们将很难找到一种情感是不伴随着欲望的。此外我确信，凡是有不安的地方就一定有欲望。而因为我们的永恒性不是依赖于当前的片刻，我们总是把眼光引向现在之外，不论我们实际享受着的快乐是什么，而那伴随着这种预见着未来的眼光的欲望始终总是一定要意志跟随着它；所以，即使是在欢乐当中，那支持着当前的快乐所系的活动的，也正是要使这快乐继续下去的欲望，和怕这快乐被剥夺的恐惧，而每当一种比这更大的不安来占据了心灵时，它立刻就决定了心灵来采取新的活动，而当前的快乐就被忽视了。

德 〔在完全的意欲中是有很多知觉和倾向协同一起起作用的，它是它们冲突的结果。其中有一些单独分开是知觉不到的，它们集结在一起则造成一种不安，它推动着我们而我们不知为什么；有很多是结合在一起的，它们趋向某种对象，或远离某种对象，那时这就是欲望或恐惧，也伴随着一种不安，但它并不始终总是达到快乐或不快[1]的程度。最后有一些实际伴随着快乐和痛苦的冲动，而所有这些知觉，或者是一些新的感觉，或者是过去的感觉遗留下来的一些影像，它们伴随着或者并没有伴随记忆，这些影像在更新着同是这些影像在先前的感觉中所具有的吸引力的同时，也按照影像鲜明生动的程度更新了旧有的冲动。而所有这些冲动最后结果成为占优势的努力，这就造成了完全的意志，可是我们所察觉的那些欲望和倾向常常也叫做意欲，虽然是比较不完全的，不论它们占优势或带来影响与否。因此我们很容易断定，意欲是不大会没有欲望和没有厌弃而继续存在的；因为我认为我们可以把欲望的对立面叫做厌弃。不安并不单只是在那些令人不适的情感如憎恨、恐惧、愤怒、妒忌、羞耻之中有，而且在它们的对立面如喜爱、希望、宠信和荣耀之中也有的。我们可以说，凡是有欲望的地方就会有不安；但相反的情况并不始终都是真的，因为我们常常感到不安而并不知道要求什么，而这时就并没有已形成的欲望。〕

§40. 斐　通常是我们认为当时的处境能够予以解除的那种最迫切的不安，决定着意志去进行活动。

德　因为是平衡的结果使得作出最后的决定，我认为也可能

---

① G本有"ou déplaisir"("或不快")，E本及Jaeques本、Janet本和德译本均无此二词。

发生最迫切的不安并不占优势的情况；因为它虽然可能对互相对立的倾向中的单独的每一个占优势，但其他倾向结合在一起又可能压倒它。心灵甚至可以用巧妙的两分法一时使这一些倾向占优势，一时又使另一些占优势，就好像在议会里，人们可以按照人们对要议决的问题排成次序，通过投票以多数决定某一党占优势一样。的确心灵在这里应该要能看得远；因为在斗争的时候就再没有时间来用这些技巧了。那时凡是能打动人的就都在天平上加上了重量，而促使差不多像在力学里那样形成一种合力的方向，而要是没有某种迅速的牵制是阻止不住它的。

"Fertur equis auriga nec audit currus habenas."①

§41. 斐 如果你问除此之外是什么激起欲望，我们回答说这就是幸福而再没有别的。幸福和苦难是两个极端的名称，它们的最后界限是我们所不知道的。那是"眼睛未曾看见，耳朵未曾听见，人心也未曾想到的。"②但两方面都以各种不同的满足和欢乐、痛楚和苦恼在我们之中造成鲜明的印象，这些为简短起见我都把它们包括在快乐和痛苦两个名称之下，它们两方面都既对心灵也对身体发生，或者为说得确切点起见可以说只属于心灵，虽然它们有时因某种思想的机缘而起源于心灵，有时又因某种运动的样态的机缘而起源于身体。§42.因此，幸福就其最广范围而言就是我们所能有的最大快乐，正如苦难就其最广范围而言就是我们所能感到的最大痛苦一样。而我们可称之为幸福的，其最低程度是这

① 语出著名拉丁语人味吉尔（Virgile，公元前70—19）的 Georg.（《格奥尔吉亚》），1：514，大意是："马不听驭手的指挥，车子也就失去了控制。"

② 见《哥林多前书》第二章，第九节。

样一种状态，在其中解除了一切痛苦而我们享受着这样一种程度的当前的欢乐，即再少一点我们就不满意了。那适于在我们之中产生快乐的我们称之为善，而适于在我们之中产生痛苦的我们称之为恶。可是当这些善或这些恶被发现是在和一种更大的善或更大的恶竞争中时，我们也常常不这样称呼它们。

德 〔我不知道最大的快乐是否可能。我毋宁将认为它是能无限增长的；因为我们不知道在这等待着我们的全部永恒的时间中，我们的知识和我们的器官能到达哪里。所以我认为，幸福是一种持续的快乐；要不是有一种向着新的快乐的连续的进程，这是不会发生的。因此像这样两个人，其中一个比另一个的进展要快得不可比拟，并且有更大的快乐，他们每一个在他本身都会是幸福的，虽然他们的幸福是很不相等的。所以幸福可以说是通过快乐的一条道路，而快乐只是走向幸福的一步和上升的一个梯级，是依照当前的印象所能走的最短的路，但并不始终是最好的路，如我在§36.接近末尾处所已说过的那样。人们想走最短的路就可能不是走在正路上，正如那石头照直线前进可能过早地遇到障碍，阻止它向地心前进到足够的距离那样。这就使人认识到，是理性和意志，引导我们走向幸福，而感觉和欲望只是把我们引向快乐。然而对快乐虽然不能下一个名义的定义，也像对光和颜色一样；但对它却也像对它们一样可以下一个原因的定义①，而我认为归根到底快乐是一种对圆满性的感觉，而痛苦则是一种对不圆满性的感觉，

① “名义的定义”(définition nominale)和“原因的定义”(définition causale)的区别，可参阅本书下文第三卷第三章§18。

只要它足够显著，使人能察觉到它；因为对某种圆满性或不圆满性的那些感觉不到的微知觉——它们有如快乐和痛苦的一些元素，并且这是我已多次说到过的——形成了一些倾向和癖性，但还不是情感本身。因此有一些是感觉不到的倾向，这是我们没有察觉的；又有一些是能感觉到的倾向，我们知道它们的存在和目标，但不知道它们的形成，而这是一些混乱的倾向，我们归之于身体的，虽然始终在心灵中有某种东西和它们相应；最后还有一些是清楚的倾向，是理性给予我们的，我们既感到它们的力量也知道它们的形成；而这种性质的快乐是在和谐秩序的产生与认识之中被发现的，它们是最值得重视的。人们有理由来说所有这些倾向、情感、快乐和痛苦，一般地说来是只属于心灵或灵魂的；我甚至还要加一点说，以某种形而上学的严格性来看问题，它们的根源是在灵魂之中的；但是人们却也有理由来说混乱的思想是来自身体的，因为在这方面，是关于身体的考虑，而不是关于灵魂的考虑，提供了某种清楚的和可解释的东西。善是有助于或促成快乐的东西，正如恶是促成痛苦的东西一样。但在与一更大的善的冲突中，那从我们剥夺了的善，当其促成了由之产生的痛苦时，就可以真正变成一种恶。

§47. 斐　灵魂有能力来使某些欲望的实现暂停，并从而有自由对它们一个接一个加以考虑和对它们进行比较。人的自由，以及那我们称为——虽然照我看来是不恰当的——自由意志的，就正在于此；并且就是由于这种能力用得不好，才产生所有那各种各样的失着、错误、舛谬，当我们太急促或太迟缓地决定我们的意志时，我们就跌进那里面去了。

德 当我们的欲望不是强烈到足以推动我们并足以克服满足欲望所需的麻烦或不适时，这欲望的实施就暂停或停止了；而这种麻烦有时只在于一种感觉不到的懈怠或疲乏，它使人泄气而人们并不注意到它，并且它在那些娇生惯养的人，或黏液质的人，以及由于年老或由于不得志而泄了气的人那里就更大。但当欲望本身足够强烈，若没有什么阻碍它就足以推动我们时，它也能被一些相反的倾向所阻止；这些倾向或者就是一种简单的癖性，它好像是欲望的元素或开始，或者它们一直达到欲望本身。可是，由于这些相反的倾向、癖性和欲望是已经在灵魂之中的，灵魂之具有它们是它自己无能为力的，而因此它就不能以一种能有理性参与的、自由和随意的方式来加以抵抗，如果它不是另外还有一种手段来使心灵转向别处的话。可是在需要的情况下要拿它怎么办？因为问题正在这里，尤其当人们为一种强烈的情感所占据时是这样。那么心灵就得事先准备好，并使自己已经处在从思想到思想的进程中，以便不要在滑溜而危险的一步上停留过久。为此好的办法是使自己习惯于一般地对某些事物只是一想而过，以便更好地保持心灵的自由。但最好的办法是使自己习惯于有条理地进行思想，和执著于一连串由理性而不是偶然碰巧（即一些感觉不到的偶然的印象）构成联系的思想。而为此好的办法是使自己习惯于不时地让自己思想集中起来，和使自己超出于当前的杂乱印象之上，使自己从那可以说是我们所在的地方出来，对自己说："dic cur hic? respice finem"[①]"我们是到了哪里了？"或者"让我们回到正题上来，让我

① 拉丁文，直译意思就是："我们为什么在这里？考虑考虑最终目标！"

们言归正传"①。人们也许常常需要有一个人，作为正式任命的官员（像亚历山大大帝的父亲斐律普所有过的那样），指定他来打断他们〈的思路或言行〉，提醒他们注意自己的义务。但既然没有这样的官员，好的办法就是养成习惯让我们自己来担当这种职务。而一旦处于我们的欲望和情感的效果被停止，也就是说它们的活动暂停了的状态，我们就可以找到办法来打败它们，或者是用一些相反的欲望或倾向，或者是用使之转向的办法，这就是说，来忙于一些别的性质的事情。就是通过这些方法和技巧，我们变成了自己的主宰，并且能够使我们自己在适当的时间来想和做我们愿意意欲的事和理性所命令我们做的事。可是，这永远是通过决定了的途径的，并且永远不会是毫无因由，或者是根据那种凭空想象的、完全无差别状态或平衡状态的原则的，有些人也许想把自由的本质看做就在于这种状态，好像人们可以毫无因由地，甚至逆着一切因由来作出决定，并且逆着一些印象和癖性所占的整个优势而笔直向前走。毫无因由，我说，这就是毫无其他倾向的对立，或者毫无人们事先已在进行使心灵转向别处的情况，或者毫无其他同样的可解释的手段；要不是这样，那就是求助于怪诞的东西，就像那些赤裸裸的功能或经院哲学中所讲的隐秘性质（qualités occultes）那样，那是些无稽之谈。〕

§48. 斐　〔我也赞成意志通过那在知觉和理智中的东西作出这种可理解的决定。〕符合于一种真切考察的最后结果来意愿和

① G本原文是"Ou venons au propos，venons au fait"，E本和J本略去了前半句（"Ou venons au propos"）。

行动，这毋宁是我们本性的一种完善处而不是缺点，而这远远不是使自由受到窒息或压缩，而是使它更完善、更有好处了。而我们愈是远离了以这样的方式作出决定，我们就愈接近苦难和受奴役状态。事实上，如果你假定在心灵中有一种完全的、绝对的无差别状态，不能受它对善恶所作的最后判断的决定，你就会使它处于一种很不完善的状态了。

德 〔这一切都很合我的意，并且使人看出，心灵并没有一种完全和直接的能力，来永远阻止它的欲望，否则它将会是永远不决定的了，不管它能作怎样的考察，也不管它能有什么样良好的理由和有效的感想，它将会始终停留在犹豫不决的状态并且永久地在恐惧和希望之间徘徊。所以它最后总得决定，而因此它只能是如我刚才所说明的那样事先准备着必要时打败欲望的武器，来间接地对抗它的欲望。〕

斐 可是一个人是有自由来把他的手举到头上或让它垂着不动的。他在这些事情上是对两方面完全无差别的，而要是他缺少这样的能力，这对他来说将会是一种缺点。

德 〔严格说来，一个人对于可能提供的任何①两个方面，例如向右还是向左，右脚向前（如在特利马尔奇翁所必须做的那样）还是左脚向前②，绝不是毫无差别的；因为我们这样做或那样做是

① G本有“quelsqu'on puisse proposer”这一插句，E本和J本以及Janet本和德译本均略去。

② G本在“向左”之后有“de mettre le pied droit devant(comme il falloit chez Trimalcion)ou le gauch”，E本和J本以及Janet本和德译本均略去。其中关于“特利马尔奇翁”的典故，见公元一世纪拉丁作家彼特罗纽(Petronius)的*Satyricon*(《讽刺诗文集》)第三十章。

未经思想的，而这是一种标志，表明是有一种内在禀赋和外来印象(虽然是感觉不到的)的协同作用(concours)决定了我们采取哪一方面。可是那〈一方所占的〉优势是很小的，而这在必要时好像我们在这点上是无差别的，因为呈现于我们之前的那极小一点可感觉到的因由能够毫无困难地决定我们宁取这一方面而不取那一方面；而虽然抬起臂膀把手举上头顶也要有点麻烦，但这麻烦是如此之小，以致我们毫无困难地就加以克服了；若不是这样，我承认，如果人在这方面不是那样无差别，如果他连很容易地决定抬起臂膀还是不抬起臂膀的能力都没有，那将会是一个很大的缺陷。〕

斐 但如果他在所有的时机，如当他看到一件东西几乎要打到他而他想保护他的头或眼睛的时候，也都同样无差别，那也会是同样大的一种缺陷，〔这就是说，如果阻止这种运动，对他来说是和我们刚才所讲到的、在他几乎无差别的其他运动一样容易的；因为这样将会使得他在需要时不能足够强烈也不能足够迅速地采取行动。因此，决定对我们是有用的，并且甚至①常常是必需的；而如果我们是在所有各种时机都不大受决定的，并且好像对于那些从善恶的知觉得出的理由毫不敏感的，我们就会没有有效的选择。〕并且②，如果我们不是受在我们心中按照我们对某一行动的善恶所作的判断而形成的最后结果所决定而是受某种别的东西所决定，我们就不会是自由的。

德 〔没有比这更真实的了，而那些寻求另外一种自由的人，

① G本无“même”(“甚至”)一词，照E本加，J本及Jannet本也有此词。

② G本作“et”(“并且”)，E本、J本及Janet本作“comme”(“正如”)。

不知道他们要求的是什么。〕

§49. 斐 那些享受着完满的幸福的更高的存在,是比我们更强烈地被决定来选择善的,可是我们没有理由来想象他们是比我们较少自由的。

德 〔为此神学家们说这些幸福的实体是坚信于善而免除了一切堕落的危险的。〕

斐 我甚至相信,如果像我们这样的可怜的有限的受造物也适于来对于一种无限的智慧和善所能做的作判断的话,我们可以说上帝本身也不能选择那不好的东西,并且这全能的存在的自由并不妨碍他是受最好的东西所决定的。

德 〔我是如此深信这一真理,以至我认为尽管我们十足是可怜的、有限的受造物,我们也能大胆地确信这一点,而我们怀疑这一点就甚至会是很大的错误;因为这样我们就会有损于他的智慧,他的善,和他的其他的无限圆满性。可是那选择,不管意志在这方面是怎样受决定的,却不应该叫做绝对地和严格地必然的;那能察觉的善的优势是造成倾向而并不是造成必然的,虽然整个地来看这种倾向是起决定作用的并且永不会不产生效果。〕

§50. 斐 为理性所决定向着最好的,这就是最自由的。有谁会因为一个傻瓜是比一个有健全理智的人更少受理智的反省所决定的,就愿意是个傻瓜呢?如果自由就在于摆脱理性的羁轭,那么就会只有傻瓜和疯子是自由的了;但我不信有谁会因为爱这样的自由而愿意做个傻瓜,除非他本来已经是个傻瓜。

德 〔当今有些人自以为说些反对理性的话,并且把它当作讨厌的学究气来对待,是表明自己聪明。我看到有些小册子,有些言之无物的言论，就以此自吹自擂，并且我甚至看到有些诗句用来表达如此错误的思想简直是太美了。其实，如果那些嘲弄理性的人，说的是真心话，那将会是过去若干世纪所不知道的一种新的狂妄胡说。说反对理性的话，这就是说反对真理的话；因为理性就是一串真理连结起来的链条。这也就是说反对他自己、反对他自己的善的话，因为理性的主要之点就在于认识真理和遵从着善。〕

§51. 斐 那么，因为一个理智的存在的最高圆满性就在于小心地和经常地致力于追求真正的幸福，所以我们所应具有的那种不要把想象的幸福当作实在的幸福的小心，也同样是我们的自由的基础。我们愈是被束缚于始终不渝地追求那一般的幸福，它是永不会不再是我们欲望的目标的，我们的意志就愈是摆脱了受那把我们引向某种特殊的善的欲望所决定的必然性，直到我们已考虑过这种特殊的善是否适合或是违反我们的真正的幸福。

德 真正的幸福应该永远是我们欲望的目标，但它是否这样是有怀疑的余地的；因为人们常常不大想到它，而我在这里已不止一次地指出过，除非欲望是受理性的引导，它是趋向当前的快乐而不是趋向幸福即持久的快乐的，虽然它也趋向于使之持久；请看§36和§41。

§53. 斐 如果某种极度的扰乱完全占据了我们的灵魂，就像受酷刑时的痛苦那样，我们就不是我们心灵的十足的主宰了。可是为了尽可能节制我们的情感，我们应该使我们的心灵对善恶作实在和有效的品味，并且不让一种优良而可观的善溜走而不留下某种兴味，直到我们在心中激起和它的优点相称的欲望，以致它的不在使我们不安，同时当我们享受着它时则害怕把它失去。

德 〔这一点和我刚才在§31至§35所指出的相当符合，也符合于我不止一次地说过的关于光明正大的快乐的看法，在那里我们懂得了这种快乐怎么样使我们得到改善而不陷于某种更大的缺点的危险，就像那种混乱的感官快乐所造成的那样，这种混乱的感官快乐是我们所当提防的，尤其是当我们凭经验并没有知道它们准能为我们所享用的时候。〕

斐 在这里任何人都不要说他不能主宰他的情感，也不能阻止它们的放纵和迫使他行动；因为他在一位君王或某一位大人物面前能做的事情，只要他愿意，则当他一个人独处或在上帝面前时也是同样能做到的。

德 〔指出这一点是非常好的，并且值得人们来常常加以反省。〕

§54. 斐 可是人们在这世上所作的不同选择，证明了同一件事物并不是对他们每一个人都是同等地好的。而如果人的兴趣不扩大到此生之外，那么例如这些人沉溺于奢侈和放荡，而那些人宁取节约而不取纵欲这种分歧的原因，将只来自他们把他们的幸福放在不同的事物上。

德 〔现在即使他们全都有或应当有对于来生的这一共同目标在眼前，这种原因也还是由此而来的。的确，对于真正的幸福、即使是此生的真正幸福的考虑，就当足以使人宁取德性而不取远离德性的纵欲；虽然那时这种强迫性不是这样强烈也不是这样具有决定性。也的确，人的趣味是各不相同的，并且如人们所说，对趣味是不能争论的。但因为趣味只是一些混乱的知觉，我们应该只是在经过考察发现是无所谓的和不能为害的对象方面才坚持自己的趣味；否则如果有人对能杀人或使人陷于苦难的毒药感到有趣味，你也说对于那属于他的趣味方面的事情不应该和他争论，那就是可笑的了。〕

§55. 斐　如果在死后没有什么可希望的，那么其结论无疑很正当的就是：让我们吃吧！喝吧！享受能使我们快乐的一切吧！因为明天我们是要死的。

德　〔在我看来，对这结论是有些话好说的。亚里士多德和斯多葛派以及很多其他古代哲学家都是持另一种意见，而事实上我认为他们是对的。即使在此生之外，什么也没有，那灵魂的安宁和身体的健康也仍不失为比与此相反的快乐更可取。而因为一种善不会永远持久就忽视它，这是不成理由的。但我承认，在有一些情况下，没有办法来证明最正直的就是最有用的。因此只有对上帝和灵魂不死的考虑，才使得德性和正义的义务成为绝对不可避免的。〕

§58. 斐　我觉得我们对善与恶所作的当前的判断，似乎永远是对的。而对于那有关当前的幸福或苦难的事，即使反省没有进行得更远，并且一切结论都完全搁在一边时，人也绝不会选错。

德　〔那就是说，如果一切都只限于现在这片刻，就会没有什么理由来拒绝当前呈现的快乐了。其实我在上面已经指出过，一切快乐都是一种对完善性的感觉。但有一些完善性是会带来一些更大的不完善性的。就好比一个人如果毕生精力就完全用来向针尖上丢豌豆，以便学会能万无一失地使针尖刺穿这豌豆，就学那个人的榜样，他曾使亚历山大大帝让人赏了他一斗豌豆作酬报，这个人也会达到某种完善性，但那是非常微不足道的，是值不得来和他将会忽视了的其他许许多多很必要的完善性作比较的。因此在某些当前的快乐中所发现的完善性应该尤其要让位于对那些必要的完善性的关心;以便使我们不致陷于那样的悲惨境地,那就是一种从不完善到不完善,或从痛苦到痛苦的状态。但如果就只有现在,那就得满足于当前呈现的完善性,也就是当前的快乐了。〕

§62. 斐 任何人,如果不是受了假判断的引导,都不会自愿使自己陷于不幸的境地。我这里不是说的那种由不可克服的谬见所引起的错误,那种谬见是很难叫做假判断的,而是这样一种假判断,每个人要是作了这样的判断都会自己承认它是假的。§63.那么首先是当我们拿当前的快乐或痛苦,和一种将来的快乐或痛苦——对此我们是以其对我们的不同距离来衡量的——来作比较时,灵魂弄错了;就好像一个败家子,他为了现在占有小小一点东西,就放弃了他准能得到的一大笔遗产一样。每个人都得承认这是假判断,因为未来将会变成现在,而那时就会有同样的近在眼前的好处。如果正当一个人酒杯在手的时刻,喝酒的快乐就已伴随着那短时以后将会发生的头痛和胃里难受,他对那酒就会不愿沾唇了。如果时间上的一点小小的不同就会造成这样大的错觉,那就有更强有力得多的理由来说一种更大的距离将会造成同样的结果。

德 这里在空间的距离和时间的距离之间有某种一致性。但也有这样的不同:可见的对象对视觉的作用是差不多与距离成比例地减弱的,但对于作用于心灵的想象力的未来对象来说则不一样。可见的光线是一些直线,它们是成比例地离开的,但有一些曲线,过了若干距离之后就显得落到直线上去,那距离就再也看不出来了，那种渐近线就是这样的，它和直线之间显现出来的间隔不见了，虽然事实上它们仍旧是永远分开的。我们甚至发现最后对象的现象不是和距离的加大成比例地减弱，因为这现象不久[①]就完全不见了，虽然那距离并不是无限的。就像这样，时间上一段小小的距离就完全为我们夺走了未来，正好像那对象已完全消失了。往往在心灵中只留下了名称和这样一种思想，如我已经说过的，那是无声的和不能触动人的，除非你曾用一定方法并用习惯来侍弄它们。

斐　我这里说的不是这样一种假判断，根据这种判断，那不在的东西在人们心灵中并不只是减弱了而是完全没有了，他们享受着他们当前所能得到的一切，并从之得出结论以为将来对他们不会发生任何坏事。

德　〔当对未来的善或恶的期待没有了时，这是另一类的假判断，因为那时人们是把那从现在得出的结论否定了或对它提出怀疑了；但在这之外，那种把对于未来的想法看做子虚乌有的谬见，和我已经说过的这种假判断是一回事，这种假判断是由于对未来的一种过于微弱的表象而产生的，人们对这未来很少或根本不考虑。此外，我们在这里也许可以对低级趣味和假判断加以区别，因为人们常常对于未来的善是否当加以采取甚至根本不提出问题，而只是凭印象行事，也不想来加以考察。但当人们想着它时，就发生以下两种情况之一：或者是人们没有充分地继续想下去，没有把已接触到的问题深入下去就放过去了；或者是对它深入进行考察

① G本有“bientost”(“不久”)一词，E本及J本均略去。

并形成一个结论。而有时在两种情况下都会留下或大或小的懊悔;有时也会根本没有 formido oppositi① 或细心考虑,或者是心灵完全转了向,或者是为偏见所误。〕

§64.②斐 我们心灵容受能力的狭隘,是我们在比较善恶时作出假判断的原因。我们不能同时一下享受两种快乐,在我们受着痛苦的困扰时就更不能享受任何快乐了。一杯饮料里混进了一点点苦味,我们就尝不到它的甜味了。人们实际感受着的恶事,总是一切中最糟糕的;人们叫喊着:啊呀!不管什么别的痛苦也比这个好受些!

德 〔在这一切之中,是按照人们的脾气,按照人们所感觉到的东西的力量,按照人们所养成的习惯而有各色各样的不同情况的。一个患痛风的人,因为一件大好运气的事落到他身上也能欢欣鼓舞,而一个沉浸于富贵荣华并能在他的陆地上生活得很安乐的人,由于在宫廷中的一次失宠也就会跌进悲哀的苦海。这是因为快乐和悲哀,当苦乐混合在一起时,是来自它们的最后结果或苦乐的哪一方占优势。莱安德受美丽的希洛的魅力所驱使,就毫不在乎黑夜游过大海的不适和危险③。有些人,由于身体虚弱或某

① 拉丁文,意即:"对立的恐惧"。

② 从G本、E本作§29,J本作§59,按照洛克原书《全集》本也当作§64,唯照弗雷塞编《人类理智论》本则作§66。洛克原书中译本也作§64。

③ 莱安德(Léandre)和希洛(Héro)是希腊神话中的人物。莱安德是"希腊桥"(Hellespont,达达尼尔海峡的古代名称)边阿比多斯(Abydos)的一个青年,与维纳斯(Vénus)女神的女祭司希洛相爱,后在"希腊桥"中淹死。这是希腊神话中一个著名的关于"爱和死"的故事。拉丁诗人味吉尔(见 Georg. 3,258.)、奥维德(见 Heroide 18、19)都讲到它,其最后形式则见于公元五世纪的文法学家缪赛乌斯(Musaeus)的一首长诗。

种不适，是既不能喝，也不能吃，也不能满足其他欲望[①]而不受很大痛苦的，可是他们却要来满足这些欲望，甚至超过必需的程度和恰当界限。另外有些人又那样娇气和脆弱，只要快乐中混上一点点痛苦、怪味或其他不适他们就拒绝享受。有一些人坚强地超越于当前和平凡的快乐或痛苦之上，而几乎只凭恐惧和希望行事。另外一些人则娇气到了有一点点不舒服就叫苦，有一点眼前可感到的快乐就追逐，简直就像小孩子一样。就是对于这样一些人，那当前的痛苦或享乐，永远显得就是最大的；他们就像那些没有什么主见的宣教者或颂词作者那样，对他们来说，就像那条谚语所说的，当今的神圣〈偶像〉永远就是天堂里的最大神圣。但不论在人们之中能发现有怎样的不同，这一点总永远是真的，就是：他们只是依照当前的知觉行事，而当未来触动了他们时，那或者是通过他们对未来所具有的影像，或者是通过他们已下的决心或已养成的习惯，对它没有任何影像也没有自然的记号时就甚至依照单纯的名称或其他武断的标志，因为要他们对抗一种已下了的坚强决心，尤其是对抗一种习惯，是不会没有不安，有时甚至不会没有某种忧愁之感的。〕

§65. 斐　人们十足有一种癖好，要贬低未来的快乐，并且自己得出结论说：当我们来尝到未来的快乐时，它也许不合我们所寄予它的希望，也不合我们对它一般地具有的意见；因为他们凭自己的经验往往发现，不仅别人所称赞的那些快乐对他们显得非常乏味，而且在一个时候曾给了他们自己很大快乐的，到另一个时候也使他们感到讨厌和不快。

---

① G 本在 manger（"吃"）之后有"ou qui ne sauraient satisfaire d'autres appetits"一句，E 本及 J 本均略去。

德 〔这主要是那些纵欲者的推理法，但我们通常发现那些野心家和守财奴对名声和财富的判断完全是另一种样子，虽然当他们占有这些好东西时，对它们的享受也只平常甚至往往极少，他们又总是尽力要求多多益善。我发现这是自然这位建筑师的一项很美好的发明，使人们对那种极少触动感官的东西也如此敏感，而如果人们不能变成野心家或守财奴，那么在人性的现状下，将也会很难使他们变成足够道德高尚和合乎理性，能掉头不顾使他们转向的当前的快乐而为自己的人格完善来从事工作。

§66. 斐 对于那些在其后果中显出好或坏，和通过它们的禀性适于为我们提供善或恶而成为好或坏的事物，我们对它们的判断是用不同的方式，或者是我们断定它们不能真的给我们造成像它们事实上所造成那样的恶事，或者是我们断定，虽然那后果是重大的，但并不是那样肯定事情就非如此发生不可，或至少我们就不能用某些办法来避免它，如通过谋划，通过巧计，通过改变行为，通过悔过补救之类。

德 我觉得，如果所谓后果的重大就是指后件的重大，即可能跟着来的善或恶的巨大，则我们就得陷于前一类的假判断，其中未来的善或恶是没有得到很好表象的。因此就只剩下第二类的假判断，是我们现在要讨论的，这就是那后果是受到怀疑的假判断。〕

斐 要详细地来表明我刚才所提及的那种遁词是如此不合理的判断，这是很容易的，但我将只满足于一般地指出，为了一种较小的善而用一种较大的善去赌运气，（或者为了得到一种小的善和避免一种小的恶而甘冒陷于苦难的危险①）并且是基于不确定的猜测

① 从G本，作“s'exposer”（甘冒……危险），E本和J本均作“s'opposer”（与……相对立或对抗）。

和在进入一种正当的考查之前就这样干，这是直接违反理性行事的。

德 〔由于对后果的大小的考虑和对后件的大小的考虑[①]是两种不同质的考虑（即不能彼此加以比较的考虑），道德学家们想对它们进行比较就把自己十足搅糊涂了，就像在那些讨论概率问题的人那里表现出来的那样。事情的真相是：在这里，也和在其他一些异类的和不同质的（disparates et hétérogénes）以及可以说是不止一维（dimension）的估计中一样，所论及的东西的大小，是在理性中由两种估计复合成的，就像一个矩形，其中有两方面的考虑，即长度的考虑和宽度的考虑；至于后果的大小和概然性的程度，我们现在还缺少当能用来估计它的那一部分逻辑[②]，而曾对概率问题写过作品的大部分决疑论者，甚至根本就不懂它的本性，和亚里士多德一样[③]把它放在权威的基础上，而不是像他们应当做的那样把它放在似然性（Vraisemblance）的基础上，权威只是造成

① 据英译本转引 Janet：Œuvres Philos. de Leibniz. 1. 186，注 1 说：后果的大小（la grandear de la conséquence）是指预见到的善或恶将会发生的概率的大小；而后件的大小（la grandeur de la consequent）是指后来的事情所带来的善或恶的大小。

② 指概率论，其奠基人为巴斯噶（Pascal，1623—1662），后来许多杰出数学家都对此有贡献，如贝尔努依、惠更斯、拉不拉斯等，莱布尼茨 1672—1677 寓居巴黎期间就已知道了巴斯噶的工作，并认识到"这一部分新的逻辑"的重要性，并想用它来代替那长期以来流行的古老而粗糙的"决疑法"。在其给布尔盖（Bourguet）的一封信（1714、3、22）中对概率论产生的历史曾有扼要论述，见 G 本第三卷第 570 页，E 本第 723 页。

③ 据英译本注：关于亚里士多德对概然性〈或概率〉的定义，参阅其《前分析篇》Ⅱ.，27，70ª3："概然的是一个一般地得到承认的命题。对于为大多数所认为像这样发生或不发生、或者是或不是的，这是概然的。"又《修辞学》Ⅰ.，2，135ª34："关于概然的，就是那大部分会发生的。"照此看来，亚里士多德更多地是把概然性放在经验的基础上而不是放在权威的基础上，而莱布尼茨对他的定义是说的不确切的。本书德译者夏尔许米特说，对于亚里士多德来说，"概然的结论是一种不完全归纳，它的成问题的性质是他很了解的，不过没有更精确地予以决定。后来希腊哲学家中属于怀疑论派的开始谈到了概然性的程度，但只是现代人才首先来从事关于概率的数学计算的有成果的思想。"

似然性的理由中的一部分。〕

§67. 斐 以下就是这种假判断的若干通常的原因。第一是无知，第二是疏忽，当一个人对已被告知的事情不加反省时〈就是疏忽〉。那误引了判断同时也误引了意志的，是一种假装的和当前的无知。

德 〔那永远是当前的，但并不永远是假装的；因为人们并不是在必要时总始终在头脑中去想他所知道的，以及他当唤起对它的记忆的东西(要是他能做主的话)。假装的无知在人假装时是始终混杂着某种注意的；诚然接着通常可能有某种疏忽。在必要时就能来想人所知道的东西这样一种技术，要是被发明出来倒会是一件最重要的东西；但我看不出迄今为止人们甚至已想到来形成这种技术的一些基本要素，因为那么些作者曾写到过的那种记忆术[①]是完全另一回事。〕

斐 那么，如果人们把一个方面的理由混乱地和仓促地放在一起，而由于疏忽把应该计算进去的很多项目都放过去了，这种仓促所产生的假判断也不比完全的无知所产生的少些。

德 〔其实，当论到各种理由的平衡时，是有许许多多东西都必须算进去的，如应该做的那样；这就差不多像商人的账本一样。因为任何一笔账都不应忽略，必须把每笔账单独算清楚，必须把各笔账作恰当的排列，最后还必须对它们做一笔确切的总账。但人们忽略了很多重要之点，或者是由于没有想到，或者是由于轻率地

---

① Mnemonics，其发明被归之于古希腊诗人，奇奥(Ceos)的西蒙尼德(Simonides，公元前556—前469)，也许是因为他以其极强的记忆力出名，参阅西塞罗：《讲演集》(*De Oratore*)第二卷，第82章。

一想就过去了;人们也没有给予每一项本身应有的价值,就像这样一个管账人那样,他对每页账的各栏算得很仔细,但在归入各栏之前对其中各行的单项账目却算得很糟糕;这就使那主要只看各栏的稽核人员受了骗。最后,在对各项全都注意了之后,也还可能在各栏的总数以及甚至在作为这各栏总数的总数的最后总账上受骗。这样,我们就还是需要那种思维的技术和估计概率的技术,还要有对于各种善和恶的价值的知识,才能很好地来运用推论的技术;而且所有这些之后还要有注意和耐心来一直达到最后的结论。最后,还必须有一种坚定和持之以恒的决心来实行那结论;并且要有种种技巧、方法、特殊的规律和完全养成了的习惯,来在将来,当使人采取这种决定的那些考虑不再呈现在心灵中时,把那过程坚持下去。的确,谢谢上帝,在那最重要的事情上,即关于summan rerum①,幸福和苦难的事情上,我们并不需要有那么多的知识、辅助和技巧,不是像在关于国务或关于战争的会议上,在法庭上,在医疗会诊中,在某种神学或历史的争论中,或在数学或力学的某些点上要作出正确判断所必需的那样;但作为补偿,却需要更强的坚决性和习惯,在这有关幸福和德性的大事上,来永远采取好的决定和遵照这种决定。总之一句话,对于真正的幸福来说,较少的知识而有更多的善良意志就够了;所以最大的傻瓜也和最博学、最精明的人一样能够容易地达到这一点。〕

斐　因此我们看到,理智若无自由是毫无用处的,而自由若无理智则是毫无意义的。如果一个人能够看到那对他可以为善或为

① 拉丁文,意即:“事物的总合”。

恶的东西，却不能移动一步来接近这一个或远离那一个，那他有了视觉就会好些吗？他甚至会因此更吃苦，因为它将会毫无用处地向往着那善，而恐惧着那他眼睁睁看着却无法避免的恶。而一个人有自由在一片漆黑中跑来跑去，这比他随风飘荡又在哪方面要好一些呢？

德　〔他的任性将会稍稍多得到一点满足，可是在趋善避恶方面处境不会更好。〕

§68. 斐　假判断的另一来源。满足于来到手边的第一种快乐，或习惯已使之成为适意的快乐，我们就不再看得更远。因此这也是一种机会，使人在把对他的幸福事实上是必要的东西不看做必要的时，判断错误。

德　〔我觉得这种假判断是包括在前面那一类，即在对于后果方面弄错了的假判断之内的。〕

§69. 斐　余下的是要考察，一个人是否有能力来改变那伴随着某种特殊活动的快感或不快。他在许多情况下是能够的。人们能够而且也应该来矫正他们的味觉器官使之能够品味。人们也同样能够改变灵魂的趣味。一种恰当的考察，实验，运用，习惯，将会造成这样的效果。人们习惯于抽烟就是这样的，这种习惯最后使他们觉得抽烟很适意。对于德性也是一样的。习惯具有很大的吸引力，人们不能抛弃习惯而不感到不安。你也许会把这看做一个悖论，就是说，人们能够按照他们忽视这种义务的程度而使一些事物或活动对他们成为较适意或较不适意的。

德　〔我在上面也已经说过这一点，见§37，接近末尾，又见§47，也是接近末尾。我们可以使自己意欲某种东西并培养我们的趣味。〕

§70. 斐　建立在真实基础上的道德学，只能是决定趋向德性的；那在此生之后的无限的幸福和苦难，只要是可能的就够了。必须承认：一种和对可能的永恒幸福的期待相结合的好的生活，是比一种伴随着对可怕的苦难的恐惧，或至少是对灭亡归于虚无的可怕而不确定的希望的坏生活更可取的。所有这一切都是最明显的，即使好人在这世上只是经受祸患而坏人却经常享福也罢，而在通常情况下是完全不会这样的。因为对一切事情正确考虑一下，我相信他们即使在这一生也是过得最糟糕的。

德　〔因此即使在死后什么也没有，一种伊壁鸠鲁式[①]的生活也不会是最合理的。而我很高兴，先生，您纠正了您在上面§55所说的与此相反的意见。〕

斐　有谁会这样傻，竟自己决定（要是他是有头脑好好想过一下的），来甘冒一种可能的危险，就是成为无限地不幸的，以致除了纯粹的归于虚无之外从中什么也得不到；而不是使自己处于好人的境地，他除了归于虚无之外没有什么可怕的，而却有永恒的幸福可以希望呢？我避免说到来生状态的确定性或概然性，因为我在这个地方并无其他打算，只是要指出这种假判断，这是每个人根据他自己的原则都应该承认犯了错误的。

德　〔坏人是很容易倾向于相信来生之不可能的。但他们并无其他理由，只除了说人们只能限于从感觉所知道的东西这一点，以及就他们所知没有一个人从另一个世界回来。有过　个时候，

① 因为伊壁鸠鲁在一定意义下主张生活的目的在于快乐，在西方文字中“伊壁鸠鲁式的”就成了追求感官享受的同义语，但这实际是对这位古希腊伟大唯物主义者的污蔑和歪曲。

根据这同样的原则，当人们不愿把数学和通俗的概念结合起来时，就可以拒绝承认对跖地[1]；而现在，当我们不愿把真正的形而上学和想象的概念结合起来时，也可以有同样的理由来拒绝承认来世。因为有三层的概念或观念，即：通俗的，数学的和形而上学的。要使我们相信对跖地，第一层概念是不够的；而要使我们相信另一世界，第一层和第二层概念也还不够。的确它们也已提供了一些有利的猜测；但如果说第二层概念在我们现在所具有的经验之前就已确立了确实有对跖地（我不说是那里的居民，但至少是那地方，那是地理学家们和天文学家们之中关于地球是圆形的这种知识已给他们确定了的），最后一层概念，对于另一世，也从现在起，在人们去看了以前，就已给了与上述一样的确实性。〕

§72. 斐 现在让我们回头来谈能力，这是本章真正的总题目，而自由只是它的一种，不过是属于最重要的之中的一种罢了。为了对能力有更清楚的观念，得到一种对所谓活动的更确切的认识，将不会是离题，也不是无用的。我在我们开始讨论能力时曾说过，有两种活动是我们对它们有某种观念的，这就是运动和思想。

德 〔我认为我们可以用一个比思想这个词更概括的词，就是用知觉这个词，把思想只归之于心灵，而知觉则属于一切隐德来希。但我不想否定任何人有把思想这个名词照同样概括的方式来用的自由。甚至我自己有时不注意也会这样用的。〕

斐 然而，我们虽然给那两件事以活动这个名称，我们却会发现它并不是始终完全适合于它们的，而在有一些例子中，我们将毋

---

[1] 即在地球上和我们所处的地域相反的另一面的地区。

宁认为是受动[1]。因为在这些例子中，在其中发现有运动或思想的实体，纯粹是从外面接受印象，通过这印象，活动被传递给它，而它只是单凭它所具有的接受这种印象的容受力(capacité)活动的，那只是一种被动能力。有时实体或原动者是凭它本身的能力而使自己活动，那才真正是一种主动能力。

德　我已经说过，照形而上学的严格意义，把活动看做是在实体中自动地并且从它自己内部发生的，则一切真正是实体的东西只能是主动的，因为一切都是依照上帝从它自身发生的，一个被创造的实体是不可能对另一个实体有影响的[2]。但是，把活动当作一种圆满性的实施，而把受动当作它的反面，则只有当实体的知觉(因为我把知觉给予一切实体)发展出来并变得更清楚时才在真正的实体中有活动，正如只有当知觉变得更混乱时才有受动一样；所以在那些能有快乐和痛苦的实体中，一切活动都是走向快乐的一种步骤，而一切受动都是走向痛苦的一种步骤。至于运动，那只是一种实在的现象，因为运动所归属的物质和团块，真正说来并不是一种实体。可是在运动中有活动的一种影像，正如在团块中有实体的一种影像一样；而就这方面看，当物体在其变化中有一种自动

---

① "受动"原文为"passion"。按在法文和英文中，passion 一词，通常是有"情感"或"激情"等意义，本书中一般译作"情感"。但它又和 action 相对而有"被动"或"受动"的意义。action 在本书中一般译作"活动"，它又有"主动"的意义，同时又和"潜能"相对而有"现实性"或"实现"的意义。它们的动词形式 agir 和 pâtir，形容词形式 active 和 passive 也都相应地有多种含义，在汉语中很难找到一个恰当译名同时兼含这多种意义，只能随上下文意作不同译法，但往往难以确切表达其同时包含的多种意义，希读者注意。

② 按这里所说是莱布尼茨的"单子论"的重要观点之一，可参看其《单子论》、《新系统》等著作，特别是 De ipsa natura, etc. G 本第四卷第 509 页，E 本 157 页。

性时，我们可以说它是在活动(agit)，而当它受另一物体推动或阻碍时可以说它在受动(patit)；正如在一种真正实体的真正活动或受动方面，我们可以把实体借以趋向圆满性的变化看做它的活动，把它归之于实体自身。同样地，我们可以把实体借以发生相反情况的变化看做受动，并归之于一个外部的原因；虽然这原因不是直接的，因为在第一种情况是实体本身，而在第二种情况是外部的事物，可用来以一种可理解的方式解释这种变化。我只给物体一种实体和活动的影像，因为那由各部分复合成的东西，确切说来是和一个羊群一样不能被当作一个实体的；但我们可以说其中有某种实体性的东西，那使之成为一个东西的统一性，是来自思想的。

斐　我曾想着，那通过某种外面的实体的作用而接受观念或思想的能力叫做思想的能力，虽然骨子里这不过是一种被动的能力或一种单纯的容受力，对反省和内部变化作着抽象，这种反省和内部变化是始终伴随着接收来的影像的，因为在灵魂中的表现①是像一面活的镜子中的表现①一样的；但我们所具有的那种根据我们的选择来唤起一些不在的观念，并对我们认为适合的那些观念一起加以比较的能力，真正是一种主动的能力。

德　〔这和我刚才提出的那些概念也是一致的，因为在这里有一种向更圆满的状态的过渡。但我将认为在感觉中也有活动，只要这些感觉给了我们一些较突出的知觉，并因此给了我们一种机会来提起注意，以及可以说是来发展我们自己。〕

§73. 斐　现在我想我们似乎可以把原始的和根本的观念归

① C本和E本均作“l’expression”(“表现”)，J本作“l’impression”(“印象”)。

结为这样少数几个，就是：广延、坚实性、可动性（也就是能被推动的那种被动能力或容受力），这些是通过反省的途径来到我们心灵中的，最后是存在、绵延和数，这些是通过感觉和反省两种途径来到我们心中的；因为用这些观念，如果我没有弄错，我们就能够来解释颜色、声音、滋味、气味，以及我们所有的其他一切观念的本性，要是我们的功能足够精细，能够来察觉那些产生这些感觉的微小物体的各种不同运动的话。

德　〔说真的，我认为您在这里称之为根本的和原始的这些观念，大部分都不完全是这样的，因为在我看来是还可以进一步分解的；可是我丝毫不责怪您，先生，自己限于这样而不把这分析更向前推进。此外，我认为如果它们的数目可以用这办法来缩小，那么它也可以通过加上其他一些更根本或同样根本的观念来增大①。至于有关它们的排列问题，我认为，依照分析的次序，存在当在其他的前面，数在广延的前面，绵延在运动性（motivité）或可动性（mobilité）前面；虽然这分析的次序并不是通常使我们想到它们的时机的次序。感觉提供我们材料来作反省，而我们如果不想到某种别的东西，即感觉提供的特殊事物，是甚至不会想到那思想的。而我深信，被创造的灵魂和心灵是绝不会没有器官和绝不会没有感觉的，正如它们不能没有标志符号而从事推理一样。那些人曾

① 此句从G本，原文是："D'ailleur je crois que si le nombre en pourroit estre diminué par ce moyen, il pourroit estre augmenté," etc；E本和J本作："D'ailleur si c'est vrai, que le nombre en pourroit être diminué par ce moyen, je crois qu'il pourroit être augmenté en y ajoutant d'autres idees plus originales ou autant"。（"此外，如果真的它们的数目可以用这办法来缩小，那么我认为它也可以通过加上其他一些更根本或同样根本的观念来增大"。）

想主张一种完全的分离和在〈与身体〉分离的灵魂中的思想方式①，——这是用我们所知道的一切都无法解释的，并且不仅背离了我们当前的经验，而且尤有甚者，是背离事物的一般秩序的，——他们给那些所谓硬心肠的人的影响太大了，并且使那些最美好、最伟大的真理对很多人都成为可疑的了，他们甚至以此剥夺了这种秩序提供给我们的用来证明这些真理的某些好办法。〕

第二十二章　论混合的样式

§1. 斐　让我们过渡到混合的样式。我把它们和较简单的样式区别开，后者是仅由同类的简单观念复合成的。此外，混合的样式是一些简单观念的一定组合，这些简单观念不是被看做有一种固定存在的任何实在事物的特性标志，而是离散的和独立的，是心灵把它们结合在一起的；而它们就以此与实体的复杂观念相区别。

德　〔要正确地理解这一点，得回顾一下我们以前的分类法。照您的分法，观念是简单的或者复杂的。复杂的观念是实体、样式、关系。样式或者是简单的（由同类的简单观念复合而成）或者

① 这里所讲的“完全的分离”，就是指身体与心灵、物质与精神完全分离独立的二元论观点。所谓“分离”的问题，是从亚里士多德提出 χωρισμο's（“分离”）这个概念以来西方哲学史上的一个老问题。亚里士多德虽然批判了柏拉图派认为“理念”与感性事物分离独立的观点，但他自己也在可定意义下仍主张有不依赖于身体的“理性灵魂”，从而使精神与物质“分离”。笛卡尔派的二元论观点使这“分离”问题更加尖锐化。斯宾诺莎和莱布尼茨从不同立场出发都想来克服笛卡尔派的二元论而重新建立一元论，但斯宾诺莎的基本立场是唯物的，不过仍是一种“心物平行”的观点，而莱布尼茨则是彻底唯心主义的。洛克基本上也站在唯物主义立场上要来克服这种二元论，但很不彻底，仍有二元论色彩。

是混合的。因此照您的分法是有简单观念，样式的观念（既有简单的也有混合的），实体的观念和关系的观念。我们也许可以把这些名词或观念的对象分为抽象的和具体的；抽象的分为绝对的和那些表现关系的；绝对的分为属性和样态；两者都分为简单的和复合的；具体的分为实体和实体性的事物，后者是由真正的和简单的实体复合而成或由之产生的。〕

§2. 斐　心灵在对于它的简单观念方面是纯粹被动的，它依照感觉和反省所为它呈现的接受这些简单观念。但它在对于混合样式方面则常常是凭自己主动的，因为它可以把简单观念组合成复杂观念而并不考虑它们在自然中是否这样结合着存在。就是因为这样，人们给这类观念以概念(notion)[①]这个名称。

德　〔但那使我们想着简单观念的反省，常常也是随意的，还有那组合，自然并没有造成的，也能单凭记忆而由它们自己在我们心中造成，如在做梦和遐想中的情况那样，心灵在这里也并没有起主动作用，和对于简单观念一样。至于概念(notion)这个名词，许多人是把它用于所有各种观念或想法(conceptions)[①]的，既用于根本的，也用于派生的。〕

§4. 斐　几个观念被组合在单独一个观念中，它的标志就是名称。

德　〔这得理解为，要是它们是能够被组合的，而常常是不能这样的。〕

---

① "notion"一词，一般译作"概念"，本书也译作"概念"，也有人译作"意念"，如洛克原书中译本。但 conception 和 concepte 一般也都译作"概念"，这里为稍示区别计，暂把 conception 译作"想法"。这些名词在西方文字中各人用法也常不一致。

斐　杀一个老人那种罪，没有像“弑亲”(parricide)那样的一个名称，我们并不把前者看做一个复杂观念。

德　〔为什么杀一个老人者没有一个名称，其理由是法律既并没有规定给它一种特殊的刑罚，这名称将是无用的。可是观念并不依赖于名称。一位道德学作者，可以为这种罪发明一个名称，并且在“老人论”(Gerontophonie)的专门一章中进行讨论，指出人们对于老人应该怎样，而不对他们加以优待是多么野蛮的行为，这样也并没有给我们一个新观念。〕

§6. 斐　这一点永远是真的，就是：一个民族的风俗和习惯，造成一些对它很熟悉的组合，这就使得每一种语文都有一些特殊的名词是不能作一个词对一个词的翻译的。因此如希腊人中的 octracisme(“贝壳放逐法”)和罗马人中的 proscriptio(“公敌宣告”)[①]这些词，就是在其他语文中无法用相当的单词来表达的。这就是为什么风俗习惯的改变也造成一些新词的原因。

德　〔偶然性在这里也有作用的，因为法国人用马也和相邻的民族一样多，可是，他们放弃了那和意大利文的 cavalcar 相当的古词[②]以后，就不得不用释义的办法来说 aller à cheval(骑着马走)。〕

---

① “贝壳放逐法”是古希腊雅典在克利斯提尼(Cleisthenes)执政时期首先制定和实施的一项法律，它规定公民会议可以投票决定放逐危害国家的分子，表决时由公民在贝壳或陶片之类的票上写下应予放逐的人名，如对某人所投贝壳票超过六千，则此人即须放逐国外，一般须十年后才许回国。此词希腊原文为 *O'στραχισμο's*，参阅亚里士多德：《雅典政制》，1957，三联版，第 26 页。

“公敌宣告”是古代罗马奴隶主统治者迫害人民或政敌的残酷手段，被宣告为“公敌”者即须被处死刑并没收财产。如公元前 84 年罗马独裁者苏拉就以此处死了五千人。

② 在较古老的法文作品中有 chevauchier，chevaucher，cevaucier 等多种形式的词出现，意思都是“骑马”，后来多已废弃不用。

§9. 斐　我们通过观察获得对混合样式的观念，如在我们看到两个人决斗时那样；我们也通过发明（或对简单观念的随意集合）获得这些观念，如发明印刷术的人，在这种技术存在之前，他就是这样具有了这观念的。最后，我们也通过对归附于我们从未见过的活动的一些名词的解释而获得这些观念。

德　〔我们还可以在做梦或遐想中获得这些观念，那时观念的组合并不是随意志决定的，例如当我们在梦中见到以前从未想到过的黄金宫殿时就是那样。〕

§10. 斐　具有最多变化花样的简单观念，就是思想、运动和能力的观念，我们设想各种活动是从能力那里发出来的；因为人类的大事就在于活动。一切活动就是思想或运动。在一个人之中所发现的做一件事的能力或禀性，当人们通过常常做同一件事而获得这种能力时，就构成我们称之为习惯的观念；而当我们在出现的每一时机都能使之活动时，我们就称之为禀赋（disposition）。这样，温柔就是对友谊或爱的一种禀赋。

德　〔我想，您在这里所说的温柔（tendresse）是指心地柔和，但此外我觉得人们也把温柔看做人们在爱着时的一种性质，它使得爱着的人对所爱对象的善和恶非常敏感，我觉得在《克莱莉》①那部卓越的浪漫小说中那温柔的情书所要去打动的就是这种性质。而由于仁慈的人以某种程度的温柔爱他们的邻人，他们对旁

① Clélie，Histoire Romaine，是法国女作家史居德莉小姐（Mlle. Scudéry，1607—1701）写的一部爱情小说，故事背景放在罗马历史的早期；女主人公就是克莱莉，据底德·李维记载，她曾游过台伯河（Tiber）而从波尔塞纳（Porsenna）那里逃走。波尔塞纳是古代意大利半岛上厄特鲁利（Etrurie）的国王，克莱莉原被他扣作人质。

人的善恶是敏感的，而一般地说来，心地柔和的人是具有某种温柔地爱人的禀赋的。〕

斐 大胆是在别人面前毫不惊慌失措地做或说他想做或想说的事的能力，在关于后一部分即关于说话方面的那种自信，希腊人中是有一个特殊名称的。

德 〔找一个词来表达这里人们归之于大胆的这个概念是好的，但这个词人们往往是另一种用法，如说大胆的查理[①]时那样。毫不惊慌失措是一种心灵的力量，但当一些坏人变得到了无耻的程度时他们就是滥用了这种力量；正如害羞是一种弱点，但在某些情况下这是可以原谅的甚至是值得称赞的。至于说到 parrhésie[②]，您所说的希腊字也许就是指这个，那是现在对于那些毫无畏惧地敢于说出真理的作家还在用的，虽然那时他们既不是在人前说话，就没有理由惊慌失措了。〕

§11. 斐 由于能力是一切活动从之发出的源泉，人们对这些能力所寓的实体，当它们把它们的能力付诸实行时，就称之为原因，而把那些由这办法产生出来的实体，或毋宁是通过能力的实施而被引入一个主体中的那些简单观念（就是说那些简单观念的对象），称为结果。因此，一个新的实体或观念（性质）借以产生的效能（l'efficace），在实施这能力的主体方面的就叫做活动，而在其中有某种简单观念（性质）被改变了或产生出来了的主体方面的就称为受动。

① 按大胆的查理（Charles le Hardie）有说查理是个鲁莽、厚颜无耻的人的意思。

② 希腊文为 παρρησία，意即“敢说话”。

德　〔如果能力是被当作活动的源泉，它所说的就不止是前一章中用来说明能力的那样一种禀性或才具（facilité）而另外还有点什么；因为它还包括倾向，如我不止一次地指出过的那样。就是因为这样，在这意义下，我惯于把它称之为隐德来希，它或者是原始的，相应于当作某种抽象东西的灵魂，或者是派生的，就像我们在趋向（conatus）以及在生气（vigueur）和暴烈（impetuosité）中所设想的那样。原因这个名词，在这里只理解为动力因；但人们也还把它理解为目的因或动机（motif），这里就不说质料和形式了，这些在经院哲学中也都被称为原因的①。我不知道我们是否能说，同一个东西，在原动者那里叫做活动而在受动者那里叫做受动，并因此是同时在两个主体之中的，就像关系那样，还是这样说是否更好一些，就是说这是两个东西，一个在原动者之中，另一个在受动者之中。〕

斐　有许多好像表示某种活动的语词，其实只是指原因和结果的；如创造和消灭就并不包含任何活动或方式的观念，而只有关于原因和被产生的事物的观念。

德　〔我承认，在想着创造时，我们并不是想到一种能有任何细节的活动方式，这在这里甚至是不相宜的；但既然我们表明了除上帝和世界之外的某种东西（因为我们想着上帝是原因而世界是结果，或者上帝产生了世界），那么显然我们还是想着活动的。〕②

---

①　这里是指经院哲学家们所继承的亚里士多德的“四因”说，即认为事物存在或产生的原因有四种，即：质料因、形式因、动力因、目的因。关于这方面的观点，莱布尼茨在一些有关动力学的论文和书信中有进一步的论述，可参看英译本附录第637页、672页以下、669页以下。

②　莱布尼茨把“创造”这个概念，作为实体的起源来说，看做是不能进一步解释的，因为我们对其过程不能形成什么观念。关于这方面的其他一些说法，可参看《单子论》§47，以及《给倍尔的信》，见G本第三卷第58页，E本第191页。

第二十三章 论我们的复杂实体观念

§1. 斐 心灵注意到一定数目的简单观念经常在一起，当它们这样结合在一个主体中时，它们被看做是属于单独一件事物的，就用单独一个名称来称呼它们。……由此就产生这样的情况：虽然真正说来，这是许多观念结合成的一堆观念，我们以后由于疏忽就把它们说成单独一个简单观念。

德 〔我看不出在一般所接受的说法中有什么值得被评为疏忽的；而虽然我们承认它只是一个主体和一个观念，我们并不承认它只是一个简单观念。〕

斐 因为不能想象这些简单观念怎么能凭自身维持存在，我们就习惯于假定有某种东西支撑着它们（substratum①），它们就存在于它之中并且是由它而来的结果，为此我们就给它以实体（substance）这个名称。

德② 〔我认为这样想是有道理的，而我们也只有习惯于这样或这样来假定，因为首先我们就设想同一个主体③有几个述语③，而支撑（soutien）或基质（substratum）这些比喻式的语词意思也只能指这样；所以我看不出为什么这里会引起困难。相反地，出现在

① 拉丁文，通常译作“基质”，就是“在底下支撑着的东西”。

② E本作PH（“斐”），当系误植。

③ “主体”原文为sujet，相对于下文的“述语”（prédicats）似当作“主语”或“主词”，但这里似乎不是谈语法和逻辑问题，因此仍译作“主体”。如此，则“述语”当就是指“属性”或“偶性”。

我们心灵中的毋宁是一些具体的东西(concretum)如有知识的东西,热的东西,明亮的东西,而不是那些抽象的东西或性质(因为在实体性的对象中的是性质而不是观念)如知道,热、光等等,这些是更难了解的。我们甚至可以怀疑这些偶性是否真正的存在物,因为事实上这些往往只是一些关系。我们也知道,当我们想来仔细考察时正是这些抽象的东西引起了最大的困难,像那些熟悉经院哲学中的琐细东西的人就知道这一点,那些琐细东西中最棘手的一些问题,只要我们愿把那些抽象的存在物排除,并决心只通常地用具体的东西来说话,以及在科学的证明中除了那些代表实体性的主体者之外不许用任何其他的名词,则它们一下就垮了。因此,如果我敢于这样说的话,这是 nodum quaerere in scirpo①,并且是把事情弄颠倒,把性质或其他抽象名词当作较容易而把具体的倒当作某种非常困难的东西了。〕

§2. 斐　我们对于一般的纯粹实体并没有别的概念,无非是想着一样莫名其妙的东西,它是我们所完全不知道,而被假定为那些性质的支撑者的。我们就像小孩子们一样说话,当人家问小孩子们一样他们所不知道的东西是什么时,他们立刻就心满意足地回答道:这是某样东西,但这话这样用法,意味着他们不知道它是什么。

德　〔在实体中把属性或述语、和这些述语的共同主体这两样东西分开,这就无怪乎丝毫不能设想这主体中的任何特殊的东西

① 拉丁文,意思直译是"在芦苇中找节",即在没有困难的地方找困难,有如我们说的"鸡蛋里面挑骨头"。

了。既然我们已经把那些我们能够设想其某种细节的属性分离开来,也就一定得是这样。因此在这纯粹的一般主体中,除了要设想它是同一个东西(例如那从事着理解和意欲,从事着想象和推理的东西)所必需的之外,还要求更多的,这就是要求不可能的东西,并且这样是和我们自己在进行抽象和把主体跟它的性质或偶性分开来设想时所作的假定相反地来行事。我们也可以把这同样的所谓困难适用于存在以及一切更明白更原始的概念;因为我们也可以请问哲学家们,当他们设想纯粹的一般存在时是想的什么;因为当一切细节都被这样排除了之后,对此也就没有什么好说的,和人家问那纯粹的一般实体是什么时一样。因此我认为哲学家们并不值得加以讥笑,如在这里所做的那样,把他们比作一位印度哲学家,当人家问他大地是由什么东西支撑着时,他答道是一头大象支撑着;然后又问他什么东西支撑着这大象时,他回答是一只大乌龟;而最后,当追问他说这乌龟又停在什么东西上时,他就只好说是一样我不知道是什么的东西。但对于实体的这种考虑,尽管显得似乎很单薄,却不是如人家所想那样空虚和无结果的。它能产生许多在哲学上最重要的后果,而这些是能够给它一种新的面貌的。〕

§4. 斐 我们对于一般实体并没有明白的观念,并且,§5,我们对于心灵的观念和对于物体的观念明白程度也是一样的;因为对在物质方面的一种有形实体的观念,也和对那精神实体的观念一样远不是我们所能设想的。这差不多就像那位宗教检察官对那个年轻的法律博士所说的那样,那法律博士庄严地对他高喊,要说 utriusque 时,他说:您是对的,先生,因为您在这方面所知道的和另一方面的一样多①。

德　〔就我来说，我认为关于我们的无知的这种意见是来自人们要求一种为对象所不容许的知识。对一个对象的明白清楚的概念，其真正的标志是我们所具有的通过先天的②证明来认识其中的许多真理的方法，如我在1684年发表于莱比锡的《学报》上的一篇论真理和观念的文章③中所已表明的那样。〕

§12. 斐　如果我们的感官足够敏锐，那么那些感觉性质，例如金子的黄色，就会不见了，反之我们将会看到其中各部分的某种奇妙的组织。这情况用显微镜就表现得很明显。现在这样的知识是适合我们所处的状况的。对我们周围事物的一种完全的知识，也许是超出一切有限存在物的能力范围的。我们的功能已足以使我们认识造物主并教我们尽自己的义务。要是我们的感官变得更敏锐，这种变化将会是和我们的本性不相容的。

德　〔这一切都是真的；我在上面也已说了一些同样的看法。但黄色仍不失为一种实在，就像虹一样，而我们显然是注定要达到

① 这一段中的"宗教检察官"，原文是promoteur，是由主教任命的在宗教裁判所中负责监督人们遵守教规等等的官员，犯了教规就由他在宗教法庭上提出起诉。这里是说一位宗教检察官在宗教法庭上和一位年轻律师对案，他称这律师为doctor juris，意即"法律博士"，律师提出反对，高喊说应该称他为doctor juris utriusque，意思就是民事法律和宗教法律两方面的博士，这宗教检察官就这样讽刺地答复他，意思是说他两方面都不懂。

② 这里所谓"先天的"，原文为à priori，也可译作"先验的"，与à posteriori相对，意即不依赖于经验，在经验之先的。参看本书第四卷第十七章§1."德"；及《神正论》(Théodicée) Ⅰ. §44。

③ 指Meditationes de Cognitione，Veritate et Ideis(《关于认识、真理和观念的沉思》)，初发表于《Acta Eruditorum》(《学报》)，1684年九月号，载G本第四卷、第422页以下，E本第79页以下，所指的段落见G本第425页，E本第80页b。

远远超出现在这样的状态,并甚至可能达到无限的,因为在有形体的自然中并没有什么基本元素。如果是有原子,如这位作者在别处似乎表示相信的那样,则对物体的完全知识就不会超出一切有限存在物〈的能力范围〉。此外,如果某种颜色或性质,在我们更好地武装起来或变得更敏锐的眼中消失了,显然又会产生一些别的,这样又要求我们的慧眼有新的成长来再使这些颜色或性质消失,这样可以进行到无穷,如对物质的实际分割事实上所进行的那样。〕

§13. 斐 我不知道是否某些〈高于我们的〉精神①优越于我们的长处之一,就在于他们能为自己造成一些正好适合他们现在的设计的感觉器官。

德 〔我们为自己造出显微镜就也是这样做的;只是别的受造物能进得更远。而如果我们能够改变我们的眼睛本身,这是我们随着想看近处或看远处在一定范围内事实上在做的,那么我们就必须有某种比它们更加专属于我们的东西②,来用它的手段形成它们,因为至少一切都必须是机械地进行的,这是由于心灵不能直接作用于身体。此外,我也认为那些精灵(Génies)是以某种和我们类似的方式察觉事物的,即使他们会有那富于想象力的西拉诺③归之于太阳上的某种生物的那些喜人的优越性,这些生物是

① 指"天使"之类,也就是下文所说的"精灵"(Génies)。

② 据英译者注认为这是指运用眼睛的能力以求适应的灵魂。

③ Cyrano de Bergerac,约1620—1655,法国作家,著有哲理性的幻想小说、Histoire comique des états et empires du soleil(《太阳上的国家和帝国的喜剧故事》),也还写了《月亮上的国家和帝国的喜剧故事》。

由无数有翅膀会飞的小东西组合成的，它们听命于统治的灵魂自行转移以构成各种各样的身体。没有什么奇妙的东西自然的机械作用不能产生；而我认为那些教会的有学问的神父们把身体归之于天使是有道理的。①〕

§15. 斐　我们在心灵的观念中所发现的思想的观念和推动身体的观念，是和我们在物质中发现的广延性、坚实性和可动性等观念一样明白，一样清楚的。

德　〔对于思想的观念来说，我同意。但对于推动身体这个观念来说，我不是这样看法，因为照我的前定和谐的系统来看，身体是这样造成的，它们一旦处于运动中，就按照心灵活动的要求而自己继续运动。这个假说是可理解的，别的假说则不是这样。〕

斐　每一感觉活动都使我们同等地看待有形体的事物和精神性的事物；因为在视觉和听觉使我认识在我之外有某种有形体的东西的同一时间，我还更确定地知道在我之内有某种精神性的东西在看和听。

德　〔说心灵的存在比可感觉对象的存在更确定，这说得很好，并且是很真实的。〕

§19. 斐　心灵也和身体一样只能在它所在的地方起作用，并且是在不同的时间和位置；因此我只能把位置的改变归之于一切有限的心灵。

德　〔我认为这是有道理的，位置只是一种并存的秩序。〕

① 参阅给德·鲍斯(Des Bosses)的信，1706年9月20日、10月4日；见G本第二卷第316、319页，E本第439页。

斐　只要想一想灵魂和身体由于死亡而分离，就可以深信灵魂的运动。

德　〔灵魂可以停止在这可见的身体中起作用；而如果它能够完全停止思想，如作者在以上所曾主张的那样，那么它就能够和身体分离而不和另一个身体相结合；这样它的分离就会没有运动。但照我看来，我认为它是永远在思想和感觉的，它是永远和某一个身体相结合的，并且甚至它是永不会完全和一下地离开它所结合的身体的。〕

§21. 斐　如果有人说，心灵不是 in loco sed in aliquo ubi①，我不认为现在人们还相信这种说法很有根据。但如果有人设想这种说法可以接受一种合理的意义，那么我就请他用普通可理解的语言加以说明，然后从之引出一种理由，来表明心灵是不能运动的。

德　〔经院哲学家们讲有三种所在(ubieté)，或存在于某处的方式。第一种叫做相接的(circomscriptive)，他们把这归之于这样一些物体，它们是一个点一个点地散布(punctatim)在空间中，其方式就像这样，我们可以指定处于其中的东西与空间的各个点一一相应的各个点，而据此来衡量它们。第二种是限界的(definitive)，是指这样的情况：我们可以限定，也就是决定一个东西是处在这样一个空间之内，而不能指定它所处的确切的点或为它所特有的位置。人们曾认为灵魂处在身体中就是照这样的方式，不认为有可能指定灵魂或灵魂的某种东西是处在某一确切的点而不会也处在

① 拉丁文，意即：不是“在一个〈确定的〉地方，而是处在任何〈或某一〉场所”。

另外的点。还有很多高明人士现在仍是这样看法。的确，笛卡尔先生曾想给灵魂限定在一个更狭的界限，把它恰恰放在松果腺中①。可是他也不敢说这是独一无二地恰恰在这腺体的某一点上；既不能这样他也就毫无所得，而在这方面就和把整个身体作为灵魂的监狱或场所是一回事。我认为，对于灵魂所说的，对于天使也应该差不多一样说，对于天使，那位出生在阿奎诺的伟大博士②认为只是通过起作用才处在一个场所的，照我的看法这种作用不是直接的，而当归结为前定和谐。第三种所在方式是充满的(réplétive)，这是归之上帝的，上帝充满全宇宙比精神在身体中还更显著，因为上帝是通过继续不断地产生受造物而直接作用于它们的，反之有限的精神则不能对身体施加任何直接的影响或作用。我不知道经院哲学的这种学说是否值得加以讥笑，如有些人似乎力图做的那样。可是我们永远可以把某种方式的运动归之于灵魂，至少关于它们所结合的身体方面，或关于它们的知觉方式方面是这样。〕

§23. 斐　如果有人说他不知道他是怎么思想的，我将回答他说，他也并不更多地知道物体的各个坚实性部分如何结合在一起以构成一个有广延的整体。

德　〔要来说明黏合(cohésion)是够困难的；但这种各部分的黏合对于形成一个有广延的整体并不是必需的，因为我们可以说，

① 参阅笛卡尔《折光学》(*Dioptrica*)Ⅳ,1以下,《论心灵的情感》(Passiones Animae)1,31以下；也可参阅《哲学原理》Ⅳ.189、196、197等处,但在此书中未明确提出松果腺的名称,只讲到灵魂和身体在脑中的结合。

② 指托马斯·阿奎那(Thomas Aquinas,1225或1227—1274),中世纪最大的经院哲学家,被称为"天使博士"。这里所说的观点可参阅其《神学大全》(*Summa Theologiae*)第十部分,问题52,第2条,及问题53。

那完全精细和流动的物质，并不是各部分彼此结合在一起，也构成一个有广延的东西。可是，说真的，我认为完全的流动性只适合于那初级物质[①]，也就是那抽象的物质，并作为一种原始的性质，就像静止那样的；但不适合于次级物质，就像我们实际看到的那样，披着它的那些派生性质的；因为我认为没有一种团块是细到无可再细的；并且到处都有或多或少的联系，这种联系是来自这样的一些运动，这些运动是彼此协同作用的，并且把它们加以分离就得受到扰乱，要分离就不能没有某种暴力和抵抗。此外，知觉的本性以及随之而来的思想的本性提供了一个最根本的情况的概念。可是我认为关于实体的单元或单子的学说将会很有助于阐明这个问题。〕

斐 对于黏合，很多人是用这办法来解释，就是两个物体用以彼此接触的表面，被围绕着的流体（例如空气）把它们互相压紧在一起。的确，§24.一种围绕着的流体的压力能够阻止两个光滑的表面照着与它们成垂直线的方向彼此分开；但它并不能阻止它们以一种和这表面相平行方向的运动而彼此分开。就是因为这样，要是没有使物体黏合的其他原因，就可以用使之从侧面滑过去的办法很容易地使物体的一切部分分开，不论想取把一团物质切开的任何一种面都可以。

德 〔如果彼此合在一起的所有各个平滑的部分都是处在同一个面上或处在几个平行的面上，无疑是这样的；但情况既不是那样也不可能是那样，则很显然，在你试图使一些部分滑动时，你就

① 参阅以上本卷第八章§2及注（第107页及注②）。

完全以别样方式作用于无数其他的部分，它们的面是与前者成一角度的：因为要知道，要使两个合在一起的表面彼此分开，不仅在分开的运动照着与它们垂直的方向时有困难，而且照着与它们成斜线的方向时也是有困难的。就像这样，我们可以想到，自然在矿体和其他地方所造成的多面体中，有一些叶片，各面全都彼此合在一起。但我承认，围绕着的流体对于彼此合在一起的表面的压力是不足以说明一切黏合的基础的，因为这是默默地假定彼此并在一起的这些板子已经有了黏合了。〕

§27. 斐　我向来曾认为，物体的广延不是什么别的，无非是有坚实性的各部分的黏合。

德　〔这在我看来是和您自己前面的解释不合的。我觉得，一个物体，它具有内部的运动，或它的各部分是在进行着彼此分离的活动（我认为这是永远在进行着的），仍不失为具有广延性的。因此，广延的概念，在我看来和黏合的概念是完全不同的。〕

§28. 斐　我们所具有的关于物体的另一个观念是通过冲击来传递运动的能力；而我们所具有的关于灵魂的另一个观念是通过思想来产生运动的能力。经验每天都明显地提供给我们这两个观念；但如果我们想进一步研究一下这是怎么搞的，我们就会发现自己同等地处于黑暗中。因为，对于运动的传递来说，一个物体由于这种传递而失去了另一个物体所接受的一样多的运动，这是最通常的情况，我们在这里所想到的没有别的，只是一种运动从一个物体过渡到另一个物体；这我认为是和我们的心灵用思想使身体运动或停止的方式一样糊涂、一样不能设想的。还有人们在有些场合观察到或认为发生了的运动通过冲击而增加的情况，是更不容易解释的。

德〔这里您似乎是假定了一件和偶性从一个主体过渡到另一个主体一样不能设想的事，这样您在这里发现了不可克服的困难，我就毫不奇怪了；但我看不出有什么要迫使我们作这样一个假定，这假定就和经院哲学家们所讲的没有主体的偶性那种假定是一样奇怪，可是他们也还留心只把这样的偶性归之于全能上帝的奇迹活动，而在这里这种过渡却是通常的。这一点我在上面（第二十一章§4）已说过一些，在那里我也曾指出，说一个物体失去了它给予另一物体的同样多的运动是不对的；人们所设想的，好像是运动就像某种实体性的东西，并且就像盐溶解在水里一样，这比喻，如果我没有弄错，是罗奥先生[①]实际用过的。我在这里再加上一点：这甚至也不是最通常的情况，因为我在别处已证明过，只有当两个互相冲撞的物体，在冲撞前是向同一方向前进，而在冲撞后仍向同一方向前进时，才保持同样的运动量。的确，真正的运动规律是从一个高于物质的原因引申出来的。至于通过思想产生运动的能力，我不认为我们对它有任何观念，正如对它也没有任何经验一样。笛卡尔派自己也承认灵魂不能给物质一种新的力，但他们硬说灵魂可以给物质已经具有的力一种新的决定或方向。在我，则主张灵魂不论对于身体的力或方向都无所改变；这两方面都是同样不能设想和不合理的，并且必须用前定的和谐才能解释灵魂和身体的结合。〕

---

① J. Rohaut 或作 Rohault，1620—1675，法国的物理学家，笛卡尔的追随者。他的主要著作《物理学》，曾是剑桥大学的教科书，直到后来为牛顿的著作所代替为止。

斐　来看一看，是否主动能力是精神的固有属性，而被动能力是物体的固有属性？这不是不值得我们研究的一件事。从这里我们就可以猜测，被创造的精神，既然是主动的又是被动的，就不是和单纯地被动的物质完全分离的；而其他那些同时既是主动的又是被动的东西，也就都分有两方面。

德　〔这些思想极使我喜欢，并且完全和我的意思相合，只要把精神这个词作很概括的解释，把它作为包括一切灵魂，或者毋宁（更概括地说）包括一切隐德来希或实体的单元，它们和精神是类似的。〕

§31. 我但愿人家能为我指出，在我们所具有的关于精神的概念中，有什么东西比那包含在物体的概念本身之中的东西，我是指那无限可分性，还更引起混乱，或更接近于矛盾的。

德　〔您在这里再一次申说，来使人看出我们对精神的本性是和对物体的本性一样能理解或比对物体的本性理解得更好，这说的是非常正确的；而弗洛蒙德[①]曾发表了一本著作论连续的组合（de compositione continui），而冠以迷宫的名称，也是有道理的。但这问题是来自人们对物体的本性以及对空间所具有的一个错误的观念。〕

§33. 斐　对于上帝的观念本身也是和其他的观念一样来到我们心中的，我们所具有的对于上帝的复杂观念，是我们从反省得

① Libert Froidmont 或 Fromont，拉丁名 Fromondus，1587—1653，一位法兰德斯的神学家，卢汶大学的哲学和神学教授，曾得笛卡尔的高度评价。他的著作 Labyrinthus sive de compositione continui（《迷宫或论连续的组合》），1631 年出版于安特卫普。

来的一些简单观念的组合,并且是我们用我们所具有的无限观念把这些简单观念加以扩充而造成的。

德 〔对于这个问题我要指出我在好几处已经说过的,表明所有这些观念,特别是上帝观念,都是原本在我们心中的,我们只是使自己注意到它们而已,而尤其是那无限观念,并不是通过对有限观念的一种扩充而形成的。①

§37. 斐 构成我们的复杂实体观念的那些简单观念,其中大部分好好考虑起来都只是一些能力,不管我们有什么样的倾向要把它们当作积极的性质。

德 〔我想,那些对于实体来说非本质性的,并且不仅包含着一种禀性而且还包含着某种倾向的能力,恰正是理解为或应当理解为实在的性质的。〕

第二十四章 论集合的实体观念

§1. 斐 在简单的实体之后让我们来谈那些集合体(Aggrégés)。对于构成一个军队的这一群人的观念,也和对一个人的观念一样是一个单一的观念,这难道不是真的吗?

德 〔说这种集合体(用经院哲学的话来说就是 ens per aggregationem②)造成一个单一的观念是有道理的,虽然恰当地说来这一群实体并不真正形成一个实体。这是灵魂用它的知觉和它的

① 参阅本书第二卷第十四章§27“德”;第十七章§1“德”。

② 拉丁文,意即:“集合成的东西”。

思想给以最后完成统一性的一种结果。可是我们在某种方式下可以说这是某种实体性的东西，也就是说，是包含着实体的。〕

第二十五章　论关系

§1. 斐　剩下要考虑的是关系观念，这在实在性上是最贫乏的。当心灵把一件事物和另一件事物相比并来加以考察时，这就是一种关系或联系①，而由此产生的那些名称或关系名词(termes relatifs)，就像那么许多标志，用来引导我们思想超出这主体之外而及于和它有别的某种东西，而这两者就叫做关系的主体(relata②)。

德　〔关系和秩序有某种理性的本质的东西③，虽然它们在事物中有它们的基础；因为我们可以说，它们的实在性，像永恒真理和可能性的实在性一样，是来自最高理性的。〕

§5. 斐　可是，可以有一种关系的变化而主体并不发生变化。蒂修斯(Titius)，我今天把他看作是个父亲，明天只是由于他的儿子刚死了，他本身并没有任何变化，就不再是父亲了。

德　〔这话照我们所察觉的事物看是很可以这样说的；虽然就形而上学的严格意义说，是没有纯属外在的名称(denominatio

---

①　原文为 relation ou rapport，洛克原来的用语为 relation or respect。无论在法文或英文，前后两个词都可译作“关系”，在中文中“关系”和“联系”意思也没有多大区别。

②　拉丁文，意即：“发生关系的东西”或“关系项”。

③　原文为“quelque chose de l'*Etre de raison*”，英译作 something of the *essence of reason*，即经院哲学名词 ens rationis(理性的东西)，意思是指只作为“思想影像”才具有现实性的东西。

pure extrinseca)的,因为一切事物都有实在的联系。〕

§6. 斐 〔我想关系只是在两件事物之间的。〕

德 〔可是有些例子表明是有同时在许多件事物之间的关系的,就像次序的关系或那种谱系图所表明的关系,它是表示所有各项或各个成员的排行和联系的;甚至像一个多边形那样的图形也包含着所有各边的关系。〕

§8. 斐 最好也考虑到,关系的观念往往比作为关系的主体的那些事物的观念更明白。所以父亲的关系就比人的更明白。

德 〔那是因为这种关系是如此一般,以至于它也可以适合于别的一些实体。此外,由于主体可以有明白有模糊,关系可能是基于那明白的。但如果这关系的形式本身就包含着对主体中模糊的东西的认识,则它就也将分有这模糊。〕

§10. 斐 那些**名词**,凡**必然地**把心灵导向人们假定为实在存在于这名词或语词所指事物之中的观念之外的其他观念者,是**相对的**①;其他的则是**绝对的**。

德 〔加上了**必然性**这个词就很好,而且还可以加上**明确地**(expressement)或**首先**这些词,因为,例如可以想到黑色,而并没想到它的原因;但这是由于停留在这样一种知识的界限之内,这种知识是首先呈现出来的,而它是混乱的,或虽清楚但不完全的;当没有将观念加以分解时是混乱的,当你加以限制时就是虽清楚但不完全的。否则就没有什么名词是这样绝对或这样分离开,以至

① 这里"相对的"原文都是 relatifs,而在上文§1"termes relatifs"则径译作"关系名词",因它们含义就是"相关的"或"有关系的",但在这里因与"绝对的"相对,故译作"相对的"。

于不包含关系，并且对它作完全的分析不会导致其他事物甚至导致一切事物的；所以我们可以说，相对的名词[①]，是明确地标志着它们所包含的关系的。在这里我把绝对的和相对的相对立，这是另一种意义，和我以上曾把它和有限制的相对立不一样。〕

第二十六章　论因果及其他一些关系

§1.2. 斐　原因是产生某种简单的或不复杂的观念的东西；而结果是那被产生的东西。

德　〔我看到，先生，您常常把观念理解为观念的客观实在，或它所表象的性质。您只下了动力因的定义，如我在以上已经指出过的。必须承认，说动力因就是产生者而结果就是被产生者，这只是用了一些同义词。的确，我也曾听见您说得稍微清楚一点，说原因是使另一事物开始存在的，虽然使(fait)这个词也还是把主要的困难整个放过去了。但这在别处将得到较好的说明。〕

斐　为了再进一步接触到其他一些关系，我指出，人们用来指时间的一些名词，通常被看作只是指一些积极的观念，但它们却是相对的，如年轻、年老，等等，因为它们包含着对于它们所归属的实体的通常绵延的一种关系。所以一个人在二十岁时被称为年轻的，在七岁时是很年轻的。可是一匹马有二十岁和一条狗有七岁我们就都称之为老的了。但我们不说太阳和星辰、一块红宝石或

① 这里"相对的"原文都是 relatifs，而在上文§1"termes relatifs"则径译作"关系名词"，因它们含义就是"相关的"或"有关系的"，但在这里因与"绝对的"相对，故译作"相对的"。

一颗金刚石是年老或年轻的，因为我们不知道它们的绵延的通常时期。§5.对于地点或广延也是同一回事，如当我们说一件东西是高的或矮的，大的或小的时那样。因此，一匹马，照一个威尔斯人的观念是大的，在一个法兰德斯人看来却是很小的；他们每个人都是想着在他们本国所养的马。

德 〔指出这几点是很好的。的确我们有时是有点背离了这个方向，如当我们说一个东西是老的，不是拿它和属于同类的东西比，而是和其他种类的东西比，就是这样。例如，我们说，这世界或太阳是很老的。有人曾问伽利略是否相信太阳是永恒的。他回答道：eterno nò，ma ben antico[①]。

第二十七章 什么是同一性或差异性

§1. 斐 一个最重要的相对观念就是同一性或差异性的观念。我们从未发现也不能设想两件同类事物有可能同时存在于同一地点。正因为如此，当我们问一件事物是否同一件时，这永远是相对于在这样的时间存在于这样的地点的一件事物来说的；由此可推论出：就时间和地点方面来说，一件事物不能有两个存在的起点，也不能两件事物只有单独一个起点。

德 〔除了时间和地点的区别之外，永远还必须有一种内在的区别原则，而虽然有同类的许多事物，却的确没有任何两件事物是完全一样的；因此，虽然在我们就事物本身不能对它们很好区别

① 意大利文，意思是："永恒，不是，但非常古老。"

时，时间和地点（也就是外在关系）可为我们用来区别事物，但事物仍然是本身可以区别的。因此同一性和差异性的要旨并不在于时间和地点方面，虽然事物的差异的确是伴随着时间或地点的差异的，因为它们自身给事物带来不同的烙印；且不说毋宁是得通过事物来对一个地点或时间和另一个地点或时间加以区别的，因为时间地点就它们本身来说是完全一样的，但它们因此也就不是实体或完全的实在。您似乎在这里提出的区别同类事物中作为独一无二的东西的方式，是基于这样一个假设，即渗透是不合自然本性的。这个假设是合理的，但经验本身也使我们看到，当涉及区别问题时，这一点在这里并不是密切相关的。例如我们看到两个阴影或两支光线就互相渗透，并且我们也能够虚构一个想象的世界，其中各种物体都是像这样互相渗透的。可是我们还是能把一支光线和另一支光线加以区别的，即使当它们互相交错时，也可以凭它们通过的速度本身来加以区别。〕

§3. 斐　那经院哲学家们叫做个体性原则（principe d'individuation）的，他们为了要知道它是什么简直吃尽了苦头，这原则就在于那存在本身，那存在使每一件东西在一个特殊的时间固定于一个不能为两个同类的东西所共有的地点。

德　〔个体性原则[①]是根据我刚才所讲的区别原则重见于个体之中的。如果两个个体是完全相似和相等的，并且（总之一句话）是凭本身不能区别的，那就不会有什么个体性原则；我甚至敢

① 莱布尼茨在1663年大学毕业时的学位论文答辩就是讨论这个原则，题为Disputatio metaphysica de principio individui（《个体性原则的形而上学答辩》），载G本第四卷第15—26页，E本第1—5页，即第一篇。

说在这种条件下就不会有什么个体的区别或不同的个体。就是因为这样，那原子的概念是怪诞的，只是由于人们不完全的想法才产生的。因为如果有原子，也就是说有一些完全坚硬的物体，并且是完全不变的或不能有内部变化的，和彼此只有大小和形状的区别的，则很显然，它们既然可能有同样的形状和大小，那么它们本身就会不能区别，而只能以毫无内在根据的外在名称加以辨别，这是和理性的最重大原则相违背的。但真实情况是一切物体都是可变的，甚至是永远实际有变化的，以致本身和一切其他物体都有区别。我记得一位聪明睿智的伟大王后①有一天在她的花园里散步时说，她不相信有两片树叶是完全一样的。和她一起在散步的一位精明绅士相信他很容易就能找到两片；但他虽然找了很久，终于凭他亲眼所见，深信永远能看到其中是有区别的。我们看到，由于迄今一直被忽视的这些考虑，我们在哲学中多么远离了那些最自然的概念，又多么远离了那些真正形而上学的重大原则。〕

§4. 斐 那构成同一棵植物的统一性（同一性）的，就是：具有一个物体中各部分的这样一种组织，它参与一个共同的生命，只要这植物继续生存，则虽然它的各部分起了变化，这共同生命仍延续下去。

德 〔那组织或构造，要是没有一种我称之为单子的继续存在着的生命原则，是不足以使 idem numero② 或同一个体持续下去的；因为那构造，是按个体的方式不持续存在也能按类的方式持续

① 指苏斐·夏洛蒂(Sophie Charlotte,1668—1705)，是普鲁士的第一位王后。她是莱布尼茨的朋友，在一定意义下也是莱布尼茨的哲学门徒。莱布尼茨的主要哲学著作之一《神正论》的写作就起因于和她所作的哲学谈话，也曾和她多次通信讨论哲学。

② 拉丁文，意思是“同一号”，即“同一个体”。

存在的[1]。当一块马蹄铁在匈牙利矿泉水中变成铜时，那同一类的形状仍保持着，但并不是同一个体仍然保持着；因为那铁溶解了，而那水中饱含着的铜则沉淀下来并不知不觉地取代了它的位置。而形状是一种偶性，并不能从一个主体过渡到另一个主体（de subjecto in subjectum[2]）的。因此必须说，那些有机的物体，也和其他物体一样，只是表面上保持为同一事物，而严格说来并不是这样。这差不多有点像一条河，它的水是始终在变化的，或像那提修斯的船，是那些雅典人永远在修补的[3]。但对于那些本身有一种真正的和实在的实体性的统一性，能够具有真正地叫做生命的活动的实体，以及对于那些如一位古代法学家[4]所说 quae uno spiritu continentur[5]，也就是说，是某种不可分的精神使之有生命的实体性的存在物来说，我们是有理由来说它们由于这种灵魂或心灵——在能思想的生物中就是那构成自我的——而完全保持为同一个体的。〕

§5. 斐　在动物方面的情况也和在植物方面没有很大不同。

德　〔如果植物和动物没有灵魂，它们的同一性只是一种表面

① 此句照 G 本，原文为"Car la configuration peut demeurer specifiquement, sans demeurer individuellement."，而 E 本和 J 本无"specifiquement, sans demeurer"等词，则全句当译为"因为那构造是能按个体方式继续存在的"，似与下文意思不合，疑有脱漏。

② 拉丁文，意即："从主体到主体"。

③ 参阅柏拉图《斐多篇》，58，a；色诺芬《回忆录》4.8、2。据希腊传说，雅典国王提修斯（Theseus）在送七个童男七个童女去克利特（作为每年向牛头人身怪物米诺滔〈Minotaur〉的祭礼）的路上，向阿波罗神许了一个愿，若得以免除此难，就每年派一只船送牺牲祭品到提洛（Delos）作为对阿波罗神的谢礼，后来雅典人为还愿就每年派船去提洛岛送祭礼，这船每年对各部分作必要的修补，以保持提修斯当年所驶船原样的外表，而其实质则不断改变。这船就常被哲学家们在讨论同一性问题时作为例证，用以说明一个东西内部各部分虽已改变而其全体外表仍保持同一。

④ 指塞克斯都·庞波尼乌（Sextus Pomponius），公元二世纪罗马法学家。

⑤ 拉丁文，意思是："那些具有一个精神的东西"。

现象；但如果它们有灵魂，则这里是有严格意义的真正的个体同一性的，虽然它们的有机躯体并不保持这种同一性。〕

§6. 斐 这还表明同一个人的同一性是在于什么，即仅在于这样一点：他享有同一生命，这生命通过在永久流动的一些物质分子而继续下去，但这些物质分子在继续中是和同一有机体有生命地(vitalement)结合着的。

德 〔这一点可以照我的意思来理解。事实上有机身体在这一刹那和另一刹那并不是同一个；它只是等价的(equivalent)。而如果不联系到灵魂，就不会有同一生命，也不会有有生命的结合。因此这种同一性只是表面上的。〕

斐 人的同一性无非是归之于在某一顷刻有很好组织的一个身体，这身体在那以后通过和它相结合的各种不同物质分子的继续而在这种有生命的组织中继续下去；无论是谁如果把人的同一性归之于此外的什么，就将很难把一个胚胎和一个上了年纪的人，一个傻瓜和一个聪明人作为同一个人，除非是他遵照这样的假定，即塞特、伊斯梅尔、苏格拉底、彼拉多、圣·奥古斯丁①有可能都是同一个人……这还更坏地符合于这样一些哲学家的看法，他们承认有灵魂的轮回，并且相信人的灵魂由于行为不轨可以受惩罚而堕入禽兽的身体之中；因为我不信一个人深信赫利

① 塞特(Seth)和伊斯梅尔(Ismael——圣经中译作“以实玛利”)都是《圣经》里的人物，塞特是人类始祖亚当和夏娃的第三个儿子；伊斯梅尔是亚伯拉罕和一个埃及使女夏甲(Agar)所生的儿子，是阿拉伯人的祖先；彼拉多(Pilate)是统治犹太人的罗马总督，据基督教的说法，耶稣就是由他下令被钉上十字架的；圣·奥古斯丁(st. Augustin, 354—430)是天主教的著名教父；圣·奥古斯丁在洛克原书作“st Austin”(圣奥斯丁)，所指不详，或本系“st Augustin”之误。以上这些人物都是极不相同或不相干的，极言其不可能是同一个人。

奥伽巴洛[①]的灵魂存在于一头猪中，就会说这猪是一个人，而且就正是赫利奥伽巴洛这个人。

德 〔这里有一个名称问题和事情本身的问题。就事情本身来说，同一个别实体的同一性，只有通过同一灵魂的保存才能得到保持，因为身体是在继续不断的流动中的，而灵魂并非寓居在依附于它的某些原子之中，也不是寓居在拉比们所说的 Luz[②] 那样的一块不朽的小骨头中。可是并没有什么轮回，灵魂通过它完全离开了它的身体而过渡到另一个身体。灵魂甚至在死后也永远保持着一个有机的身体，这是先前的身体的一部分，虽然它所保持的是永远在不知不觉地受到消耗和补充，有时甚至要遭受巨大的变化。因此不是灵魂的轮回，倒是这灵魂的身体有变形，收缩或扩展、最后是不断转化。小范·赫尔蒙先生[③]认为灵魂是从一个身体向另一个身体过渡的，但永远是在同类的身体之间，所以同类的灵魂永远保持同样的数目，因此人的数目和狼的数目也都永远是同样的，而如果狼在英国减少或绝种了，在别的地方就会增加同样数目的狼。在法国发表的某些思想似乎也有同样的趋向。如果不是把轮回作为严格意义的来看待，这就是说，如果有人认为灵魂继续寓居在精细的身体中，只有粗大的身体是变化的，那么甚至像婆罗门教徒和毕达哥拉派所说那样的同一个灵魂过渡到一个不同类生物的身体中去这种情况也是可能的。但并不是一切可能的事情就因此

---

① Héliogabalus，218—222 年为罗马皇帝，以愚蠢、残暴和荒淫无道著名。

② "拉比"是犹太教僧侣，Luz 是人身上一块小骨头，"拉比"们认为它是不会朽烂的，一直保留到世界末日，并成为复活的肉身的核心。

③ François-Mercure van Helmont，1618—1698，他父亲 Jean-Baptist van Helmont 是比利时的著名医生和化学家，他本人则是个通神论者和炼金术士，莱布尼茨曾为他写过墓志铭，并在《杂著》中讨论过他和他的学说。参阅本书第一卷(第 33 页注⑦)。

都是符合事物的秩序的。可是,在这样一种轮回是真的情况下,假定照拉比们的说法,该隐、含和伊斯梅尔①三人是有同一个灵魂,他们是否值得被称为同一个人,这问题只是个名称问题;而且我看到,您支持其意见的这位著名作者,对这一点有很好的认识和说明(在本章的最后一段)。实体的同一性在这里是有的,但在同一灵魂所成为的各个不同的人之间毫无记忆的联系的情况下,是没有足够的道德上的同一性来说这是同一个人格(personne)的。而如果上帝要使人的灵魂堕入猪的身体之后就忘了它是人,也不做任何理性的活动,则它就不构成一个人了。但如果它在畜类的身体中,而有一个人的思想,甚至就有它在这变化前所赋予生命的那个人的思想,就像阿普莱的那匹金驴子那样,则任何人都将会毫无困难地说这是到帖萨里来看他朋友的那同一个卢丘斯,在那驴皮底下生活着,那是福蒂斯违反本意不由自主地造成的,他就这样从一个主人转到另一个主人,直到吃了玫瑰花使他恢复本来面目为止。②〕

① 三个都是《圣经》里的人物,该隐(Cain)是亚当和夏娃的长子;含(Cham,英文作 Ham)是挪亚(Noé)的第二个儿子,被说成是黑种人的祖先,伊斯梅尔已见前注,被说成是阿拉伯人的祖先。

② 这典故出于阿普莱(Apuleius)的《变形记》(*Metamorphoses*)。阿普莱是二世纪时的拉丁作家,《变形记》的内容和一本叫做《卢丘斯或驴》(Λούκιος ἢ ὄνος)的作品非常相似,《卢丘斯和驴》被认为是和阿普莱同时代的著名讽刺作家和哲学家琉善(Lucien)所作,可能就是模仿《变形记》的。两部作品所讲的故事几乎是完全一样的,只是人名有所改变,但其主角都叫做卢丘斯(Lucius)。卢丘斯在其冒险历程中,和一名叫福蒂斯(Photis 或 Fotis)的侍女有了爱情,福蒂斯的女主人能玩魔术,能用一种油膏使自己或让别人随意变成各种动物。福蒂斯自称也懂得她女主人的这套本领,卢丘斯因为很想学会这套奇妙的本事,就要求福蒂斯教他并在他自己身上试一试。福蒂斯答应了。因为女主人刚在他们两人面前把自己变成了一只猫头鹰,福蒂斯本来也想把卢丘斯变成一只猫头鹰,但因在慌乱中用错了油膏,结果把他变成了一头驴,所以说她是"违反本意,不由自主"的。阿普莱的作品比琉善的作品篇幅要大得多,虽然充满了讽刺,但其中有些神秘主义的东西是琉善的作品所没有的。卢丘斯本人是罗马安东尼诸皇帝时代(约二世纪)的一位希腊作家,被认为就是《金驴》故事的作者,而阿普莱和琉善都是由他受到启发的。

§9.[1]斐 我想我们可以大胆地预断，我们之中不论谁见到一个生物造得样子和他一样，虽然从来没有表现出有比一只猫或一只鹦鹉更多的理性，他也还是会把他叫做人；或者如果他听到一只鹦鹉能够很有理性地像一个哲学家一样谈话，他也还是只会把它叫做鹦鹉或认为它是鹦鹉；他会说，这两个动物中前者是一个粗鄙、愚笨、缺乏理性的人，而后者是一只充满灵性和健全理智的鹦鹉。

德 〔我对第二点比对第一点更同意，虽然对第二点也还有些话要说。要是有一个具有人的形状，但毫无理性表现的动物，在他小时从森林中被人得到了，没有什么神学家会如此大胆，竟敢立即绝对地答应给他施洗礼，而一位罗马教会的教士也许会有条件地说：如果你是一个人，我就给你施洗礼；因为人们不知道他是否属于人类，是否具有理性灵魂，也许这是一个猩猩，即外形非常接近人的猿猴，就像吐尔比乌斯[2]说他看见过的那个动物，和一位博学的医生曾发表过一篇关于它的生理解剖论文的那个动物那样。我承认，人肯定可能变得像一个猩猩一样愚蠢，但尽管像我上面已说明过的那样理性暂停起作用，理性灵魂还是仍旧在他内部保持着的；所以这正是关键之点，而这一点是不能凭外表来判断的。至于第二种情况，丝毫没有什么东西会阻止有一些和我们不同类的理性动物，就像那些在太阳上的飞鸟的诗意王国中的居民[3]那样，或

① 原文各本均作§9，但下面又有§9，当系§8之误。在洛克原书此段内容也见§8。

② Nicolas Tulp，拉丁名 Tulpius，1593—1674，荷兰的医生和官员。

③ 参阅以上第二卷第二十三章§13"德"，及注(第226页注①)。

者像一只鹦鹉那样，在它死后从尘世来到这里，救了一位在世上时曾对它做过好事的旅行者的性命。可是，如果发生了像在仙女们或“鹅妈妈”〈等童话〉的国度里所发生的那样事，一只鹦鹉是一位公主变的，并且在讲话中被认出是国王的女儿了，那么毫无疑问那父亲和母亲将会像对自己的女儿一样爱抚它，会认为它就是他们所有的女儿，虽然是隐藏在这奇怪的形象底下。可是我也不反对有人也许这样说：在那金驴子中，由于那同样的非物质的精神的缘故，那自身或个体仍同样保持着，正如卢丘斯或那人格（personne），由于觉察到这自我的缘故，也同样保持着一样，但这已不再是一个人了；因为事实上，当我们说人是一个理性的动物时，在人的定义中似乎必须加上某种关于形状和身体构造的东西，否则照我看来那些精灵也就会是人了。〕

§9. 斐 人格（personne）一词，是指有思想和心智、能有理性和作反省的一种存在物，它能考虑到自己是同一个，是同一个东西在不同的时间和不同的地点进行着思想；这一点，它是单凭它所具有的对它自己的活动的意识[①]来完成的。而这种认识永远伴随着我们当前的感觉和知觉〔当它们足够突出时，如我以上已不止一次地指出过那样〕，并且正是由于这一点，每一个人对他自己来说是他称为自身的。在这场合是并不考虑这同一自身是在同一个实体中还是在若干不同的实体中继续下去的；因为既然这种意识[②]永远伴随着思想，并且正是它使每一个人成为他称为自身的，而且

① 法文原文为“sentiment”，英译作“consciousness”。

② G本原文作：“la conscience(consciousness ou connscienciosité)”，E本及J本作“la conscience(consciousnes ou consciosité)”。

以此使他有别于一切其他有思想的东西；也正是仅仅在于这一点才成其为人格的同一性，或使一个有理性的存在物始终是同一个东西；而这种意识对已经过去的活动或思想能追溯到多远的范围，这人格的同一性也就扩大到多远的范围，而现在的自身也就是那时的同一个自身。

德 〔我也是这个意见，认为对自我的意识或知觉证明了一种道德的或人格的同一性。我正是凭这一点来区别禽兽灵魂的不休[①]和人类灵魂的不朽[②]；两者都保持着物理的和实在的同一性，但就人来说，这样是合乎神圣天道的规则的，就是灵魂还保持着道德的，并且对我们自身显现出来的同一性，以便构成同一个人格，并因此能感受赏罚。您，先生，似乎主张即使没有实在的同一性时这种显现出来的同一性也能保持。我相信由于上帝的绝对的能力这也许是可能的，但照事物的秩序来说，那对感到自身同一的同一个人格显现出来的同一性，须假定每一切近的过渡都有实在的同一性，这种过渡伴随着对自我的反省或知觉，这样一种亲切而直接的知觉，自然地是不能骗人的。如果人能够只是机器而又具有意识，则就一定得是照您的意见，先生，但我主张这种情况至少自然地是不可能的。我也更不愿借口我对过去所做的一切已毫不记得，就说那人格的同一性甚至那自我已不再在我们之中继续保持，我就不再是在摇篮里时的那个自我了。要就其自身发现道德的同

①② "不休"原文为"incessabilité"，直译即"不可停止性"，即永久继续下去的意思；"不朽"原文为"immortalité"，也就是"不死"。照莱布尼茨的观点，不论是动物或人的灵魂，作为"单子"都是不能自然消灭的，也就是不死的；他甚至还否认任何生物有严格意义的"生"和"死"，可参阅《单子论》§73 及 §14 等处。

一性，只要在一个状态和邻近或甚至稍远一点的另一状态之间有一种意识的中介联系就够了，即使其间杂有某种跳跃或遗忘了的间隙也罢。因此，假使一场疾病造成了这种意识联系连续性的中断，以致我虽然还记得更远的一些事情，却不知道是怎么变成现在这样的状态的了，则别人的见证将能填补我记忆中的这种空白。如果我在这间隙中曾有意地做了某种坏事，而我由于这场病在稍后一点就已把它忘了，则凭旁人的这种见证甚至也能使我受到惩罚。而如果我把过去的事情全部都忘记了，甚至连自己的姓名和读书写字都不得不让人重新教我，我也始终还是能从旁人那里学会了解我过去在先前状态下的生活，正如我仍保留着我的权利，并无必要把我分成两个人格，而使我成为我自己的继承人一样。这一切就足以保持造成同一人格的道德同一性了。的确，如果旁人都一起设谋欺骗我(正如我甚至也能由于某种幻觉、做梦或疾病而自己骗了自己，相信我梦见的事是实有其事一样)，则显现的现象是假的；但在有一些情况下，我们是能够在道德上肯定旁人所说的是真的：而依靠上帝，他和我们的交往联系造成了道德的主要之点，错误是不会发生的。关于自身，最好是把自身的现象和意识区别开来。自身构成了实在的和物理的同一性，而伴随着真理的自身的现象是与人格的同一性相联系的。因此我既不愿说人格的同一性不能扩展到记忆所及的范围之外，更不愿说自身或物理的同一性依赖于它。实在的人格的同一性，是以在事实问题上所可能的最确定的方式，通过当下直接的反省得到证明的；就通常的目的来说，只要靠我们对中间间隔的记忆或靠旁人一致的见证就足够证明了。但如果上帝异乎寻常地改变了实在的同一性，只要这人既保持着内部的同一性的现象(这就是指意识),也保持着外部的同一性的现象,如那些对旁人显现出来的现象,则人格的同一性依然保持着。因此,意识并不是构成人格同一性的唯一手段,而旁人的陈述或甚至其他的标志也能提供这种手段。但如果在这些不同的现象之间发现了矛盾,这就有困难了。意识可能沉默,如在遗忘了时的情况那样;但如果它很清楚地说明事情是和其他现象相反,人们在作决定上就会陷于困惑,而有时就在两种可能性之间犹疑不决,不知是我们的记忆的错误呢,还是在外部的现象中有某种骗人的东西。〕

§11. 斐　〔人们会说〕每个人的身体的各个肢体是他自身的一部分。〔而因此,身体既然是永远在流动变化中的,人就不会保持同一个。〕

德　〔我宁愿说我和他是没有部分的,因为我们说,而且有理由说,同一实体或同一物理的自我是实在地保持着的。但照事情确切的真相来说,当一部分丧失时我们不能说同一整体还保存着。而凡是具有有形体的各部分的东西,是不能不时时刻刻在失去其若干部分的。〕

§13. 斐　人们对自己过去的活动的意识,是不能从一个思想的实体转移到另一个思想的实体的,〔而可以肯定是同一实体继续保持着,因为我们感到自己是同一个,〕如果这种意识是单独一种并且是同一种个体活动的话〔换句话说,如果反省的活动和我们通过察觉它而加以反省的活动是同一种活动的话〕。但因为这只是对过去的活动的现实的表象,所以仍旧还须来证明何以过去从未实在存在过的东西不可能在心灵中被表象为有如真正存在过的。

德 〔一种有间断的记忆是可能骗人的；我们常常有这种经验，而对于这种错误是有办法来设想它的自然原因的。但当前的或立即的记忆，或对即刻之前刚过去的事情的记忆，也就是说伴随内心活动的意识或反省，就自然情况说是不会骗人的；否则我们甚至连我们是在想这样或那样事物这一点也不能肯定了，因为我们在自己内心所说的也只是过去的活动，而不是说这件事这个活动本身。而如果直接的内心经验都是不能肯定的，那就不会有我们能靠得住的事实真理了。而我已经说过，在间接的和对外物的知觉方面所犯的错误，是能够有可以理解的理由的，但在直接的内心经验方面，则除非求助于上帝的万能，我们是找不到这样的理由的。〕

§14. 斐 至于在同一非物质性的实体继续保持着的情况下，是否能有两个不同的人格这个问题，且看它是根据什么。它是根据这样一点：如果这同一个非物质性的东西能够被除去一切对它过去的存在的意识(sentiment)，并且完全丧失，也绝无能力恢复，以致可以说是从一个新的时期起重新开张，它就会有一种不能扩大到这新的状态之外的意识(conscience)。所有那些相信灵魂的先在[①]的人显然都是持这种思想。我见过一个人，他深信他的灵魂曾经就是苏格拉底的灵魂；而我确实知道，他在他所充当的，并且不是不重要的职位上，是被看作很有理性的人的，在他所曾发表的作品中，他也表现得既不缺乏心智也不缺乏知识。而就我们

① 即认为灵魂在人出生以前即已存在的学说，古代如毕达哥拉派、柏拉图等都有这种观点，一切宗教迷信也都相信这种观点。

凭灵魂的本性对这一点所能认识的来说，灵魂既然是[①]对不论什么物质的任何部分都一视同仁(indifférentes)的，则(同一灵魂过渡到不同的身体)这一假定也并不包含什么显然的荒谬之处。可是那个人现在丝毫没有意识到奈斯多[②]或苏格拉底所曾做过或想过的事情，他确是设想或能够设想他自己和奈斯多或苏格拉底是同一人格吗？他能分有这两位古代希腊人的活动吗？他能把这些活动归之于他自己或想着这些毋宁是他自己的活动，而不是已经存在过的某一别人的活动吗？他较之这样的情况——就是说，如果现在在他之中的灵魂，是当它开始使它现在所具有的身体有生命时被创造出来的——也并不更加是和〈奈斯多和苏格拉底〉两人中的一个同一人格。这较之这样的情况——就是说，如果一度曾成为奈斯多的组成部分的一些物质分子，现在是这个人的组成部分——也并不更有助于使他成为与奈斯多是同一人格。因为同一非物质实体而无同一意识，并不更能造成同一人格以结合于这个或那个身体，也正如同一些物质分子，结合于某一身体而无共同的意识，之不能造成同一人格一样。

德　〔一个非物质的东西或一个心灵是不能被除去对它过去的存在的一切知觉的。它对以往为它所发生的一切都留有印象，并且甚至对将来要为它发生的一切都有预感；不过这些感觉在最通常的情况下都太小，以至不能识别，和没有被察觉，虽然它们也

① G本和J本作"les âmes estant..."(J本作 étant)，E本作 les ames tant...，译文从G本和J本。

② Nestor，荷马史诗《伊利亚德》和《奥德赛》中的人物，参与包围特洛伊城诸王中最年长者，以智慧著名。

许有朝一日能发展起来。这种知觉的连续或联结造成实在的同一个体，但那些察觉(这就是说，当人们察觉那些过去的感觉时)还证明一种道德的同一性，并使实在的同一性显现出来。灵魂的先在并没有通过我们的知觉向我们显现出来，但如果它是真的，它有朝一日将能够使人认识到它。因此，记忆的恢复变得绝不可能，这是不合理的，那些感觉不到的知觉(它们的用处我已在其他许多重要场合指出过了)在这里也还可以用来保存记忆的种子。已故的亨利·莫尔先生[①]，一位英国国教会的神学家，就深信灵魂的先在，并曾写了著作来支持这种观点。已故的小范·赫尔蒙先生更进了一步，如我刚刚说到过的，并且相信灵魂的轮回，不过永远是在同种的身体之间轮回，所以照他看来人的灵魂是永远使一个人有生命的。他和有些拉比一起相信亚当的灵魂转移到弥赛亚[②]之中，好像转移到新的亚当之中那样。而且我不知道他是否相信他自己也有某个古人作为他的前身，虽然在别方面他是个很精明的人。而如果这种灵魂的过渡是真的，——至少是照我以上所已说明的可能的方式(但这显得不像是真的会发生的)，就是说，灵魂保持着其精细的身体，一下过渡到其他粗大的身体中——则同一个个人就会永远继续存在在奈斯多中，在苏格拉底中，以及在某一现代人中，而他甚至能使足以深入洞察他的本性的人认出他的同一性，因

① Henry More，拉丁名 Morus，参阅第一卷第一章(第 33 页注⑧)。他认为一切灵魂都是和这世界同时被创造出来的，并且和莱布尼茨一样认为灵魂也是永远和某种物质相结合的，参阅他的《著作集》第 1 卷，第 750—754 页。

② Messie，英文作 Messiah，一译"默西亚"，即"救世主"，古代犹太人"先知"预言上帝将派遣"救世主"来拯救世人特别是以色列人。基督徒则认为耶稣基督就是这"救世主"。

为奈斯多或苏格拉底所曾做过的一切都会在他那里留下一些印象或标志，而某种具有足够深入洞察力的天才会能够看清它们。可是如果那现代人并没有内在的或外在的手段来知道他曾经是什么，那么就道德上来说也就好像他不曾是那什么一样。但情况显得是在世界上什么也不会被忽略的，即使关于道德方面也是这样，因为上帝是这世界的君王，他的统治是十全十美的。照我的假说来讲，灵魂并不是如您似乎认为的那样对不论什么物质的任何部分都一视同仁的；相反地，它们原本表现着（expriment）它们依照自然秩序结合着或应当结合着的那些部分的物质。因此，如果它们过渡到一个新的、粗大或感觉得到的身体中时，它们将永远会保持着它们在旧有的身体中时所知觉到的一切的表现①，甚至那新的身体还必须有这种表现遗留的痕迹，以使那个体的连续性始终会有它实在的标志。但不管我们过去的状态曾经是怎样的，它遗留下的后果不会始终是我们所能察觉的。您曾维护其意见的这位《理智论》的高明作者曾经指出（第二卷第二十七章《论同一性》，§27），他所说关于灵魂的过渡的这些假设或虚构，被作为可能的，一部分是根据人们这样一种普通的看法，即心灵不仅是独立不依于物质的，而且是对一切种类的物质都一视同仁的。但我希望，先生，我在这个问题上这里那里对您所说过的那些看法，将能用来弄清楚这种怀疑，并使人更好地认识到，照自然的情况来说能够是怎么样的。人们由此可以看到一个古人的活动怎样将会属于一个具有同一灵魂的现代人，虽然他并没有察觉。但如果他竟认识到了

① G本和E本作“l’expression”（“表现”），J本作“l’impression”（“印象”）。

这一点，那随之而来的就更加会是有人格的同一性了。此外，一部分物质从一个身体过渡到另一个身体，是并不造成同一个人的个体的，也不造成人们称为自我的东西，而是灵魂才造成这一点。〕

§16. 斐 可是，的确，对于千年前所做的一个活动，只要由于我对它的这种意识（自我意识①）现在把它断定为我自己做的，我就也对它像对在这以前一顷刻所做的活动一样关心，一样负责。

德 〔这种关于曾经做过某件事的看法，在相隔久远的活动方面是可能骗人的。有些人对他们所梦见或捏造的事，由于多次重复的力量，就当成真的了；这种虚假的看法可以造成困惑，但要是没有别人同意证实，是不能据以定罪的。另一方面，对于一个人做过的事，当他忘记了时，只要这活动经旁人证实，却是能要他负责的。〕

§17. 斐 每个人天天都看到，当他的小手指头是包括在这种意识之内时，它也构成（他的）自身的一部分，和最关紧构成他自身一部分的东西一样。

德 〔我已经说过（§11），为什么我不愿提出说我的指头是我的一部分；但的确它是属于我的，是我的身体的组成部分。〕

斐 〔持有另一种意见的人们将会说，〕如果当这小手指从身体的其余部分分离开来时，意识就伴随着这小手指而抛弃了身体的其余部分，则显然这小手指就会是那人格，那同一个人格，那时那自身就和身体的其余部分毫不相涉了。

德 〔自然不容许这样的虚构，这已为灵魂与身体的和谐或完

① 从G本、E本和J本仍如前§9作（consciosité ou consciousnes）。

全符合的系统所摧毁了。〕

§18. 斐　可是情况似乎是这样：如果身体竟继续活着，并且具有它自己特殊的意识，那小手指对这意识是丝毫无份的，而灵魂却是在那指头中，那么那指头就不会承认身体其余部分的任何活动是它的，人家也不能把这种活动归之于它。

德　〔那在指头中的灵魂也不会是属于这身体的。我承认，假如上帝会使意识被转移到其他灵魂之中，那就得按照道德概念把它们看作同一灵魂；但这将是毫无道理地扰乱事物的秩序，而且使那能察觉者和由感觉不到的知觉所保存的真理割裂开来，这是不合理的，因为现在感觉不到的知觉有朝一日是能够发展起来的，因为没有什么东西是毫无用处的，那时间的永恒性给予变化以巨大的场地。〕

§20. 斐　人类的法律不因一个人神志清醒时所做的活动来惩罚一个疯人，也不因他发疯时所做的活动来惩罚一个清醒的人：由此它就使他成为两个人格。就是这样，人们说他魂不守舍[①]。

德　〔法律威胁着要治罪和许诺给报偿，为的是阻止人做坏事和促进人做好事。而一个疯子可能是这样，由于已不再受理性的主宰，那威胁和许诺对他都不起作用；因此，看他病弱的程度，处罚也不再那样严格。另一方面，人们想要犯罪者感到他所做坏事的后果，以使他怕再犯罪，而疯子对此既不大能有感觉，人们就很愿意等一等再来执行那惩罚他在清醒时所做的事的判决。因此法律

① 原文为“il est hors de lui-même”，直译就是“他是在他自己之外的”。“魂不守舍”是采用洛克原书中译本的译法。

或法官在这样的场合所做的事,并不是出于把他看作两个人格。〕

§22. 斐 事实上,我给您转述了他们的意见的那一派人中,有人就提出了这样的反驳:如果一个人喝醉了酒,后来又不醉了,就不是同一人格的话,那就不应该因他醉时所做的事治他的罪,因为他对那事已毫无感觉。对此人们回答说,他同样还是同一人格,就好比一个人,在睡梦中起来行走和做其他一些事,而他对他在这种状态中所做的一切坏事是要负责的一样。

德 〔一个喝醉酒的人的行为,和一个真正的、得到承认的梦游病者的行为之间,是有很大区别的。人们惩罚醉汉,因为他们是可以避免酗酒,并且甚至当酒醉时对刑罚痛苦也能有若干记忆的。但梦游病者就不是那么有能力来自禁夜梦中起来行走和做他们所做的那些事情。但如果真的我们用鞭子好好抽他一顿就能使他留在床上,那我们是可以这样做而且也不会不这样做的,虽然这毋宁是一种治疗方法而不是一种惩罚。事实上人们说这治疗方法是有效的。〕

斐 人类的法律,以符合于人们认识事物的方式的一种正义,对上述两种情况都加以惩罚,因为在这两类情况中,人们对那实在的和假装的不能确定地加以区别;因此不接受以不知道为由来宽恕人在酒醉或睡梦中所做的事。事实证明和当事人所说相反,他确是做了的,而人们不能证明他是没有意识的。

德 〔问题并不那么涉及这一点,而毋宁更多的是涉及:当证实醉汉或梦游病者确是魂不守舍〈不由自主〉时——正如这是可能的——应该怎么办。在这种情况下,那梦游病者只会被看作一个有怪毛病的人;但因为酗酒是自愿的而疾病并不是这样,所以一个

要受惩罚而另一个则并不。〕

斐　但到了末日审判那伟大而可怖的一天，那时一切心里的秘密都将显露出来，我们可以相信没有人会要对他所完全不知道的事作出回答，而每个人受着他自己良心的控诉或宽恕①，都将接受他所应得的。

德　〔我不知道是否必须要使人的记忆力在末日审判之日得到发扬，以使他把他已忘了的一切都记起来，以及是否别人的知识，尤其是那绝不会弄错的公正审判者的知识，都还不够。我们可以虚构一种并不合乎真理，但却可以设想的情况，假定一个人在末日审判之日相信自己曾经是个坏人，并且别的一切能对他作判断的被创造的心灵也都认为真的是这样，而这却不是真的：我们能说那至高无上的公正审判者，只有他知道情况与此相反，将会责罚这个人并且作出和他所知道的相反的判决②吗？可是要照您对道德人格的概念，随后的结论就会是这样。您也许会说，如果上帝作出与现象相反的判决，他就不会得到充分的颂扬，并且会使别的人们受罪；但人家可以这样来回答：他自身就是他的独一无二和至高无上的法律，而在这种情况下，别的人们应该断定是他们自己弄错了。〕

§23. 斐　如果我们能假定：或者是两个意识，判然有别并且不能沟通的，轮流在同一身体中活动，一个经常是在白天，另一个则在夜间，或者是同一个意识，时断时续地在两个不同的身体中活动；我请问：在第一情况中，那白天的人和夜间的人，如果我敢这样

① E本和J本无“或宽恕”(ou excusé)。

② G本原文作“juger contre ce qu'il sait?”；E本和J本作“juger contre ce qu'ils font?”(“作出和他们所做的事相反的判决”)。

来表达的话，是否不会如苏格拉底与柏拉图那样是两个判然有别的人格，以及在第二种情况中，是否不会是单单一个人格在两个判然有别的身体中？这影响两个不同身体的同一个意识，和那在不同时间影响同一身体的两个意识，一个是属于同一非物质实体而另两个是属于两个判然有别的非物质实体，它们把这些不同的意识引入那些身体中，这些都是丝毫无关紧要的，因为人格的同一性都同等地是由意识所决定的，不论这意识是依附于某种个体的非物质实体与否。还有，一个有思想的非物质的东西有时会对它过去的意识看不见了，又重新把它唤起。现在假定这种记忆和遗忘的时断时续，每一昼夜都循环往复，这样您就以同一非物质的心灵而有了两个人格。由此可得出结论：那自身并不是由实体的同一性或差异性所决定的，那是我们不能确定的，而是单单由意识的同一性所决定的。

德　〔我承认，如果一切现象都是变化的和从一个心灵向另一个心灵转移的，或者如果上帝在两个心灵之间作一种交换，把一个的可见的身体以及现象和意识给了另一个，那么人格的同一性就不是依附于实体的同一性而是遵照着人类道德必须看到的那些恒常的现象；但这些现象不会仅在于意识，并且上帝将必须不仅使所说的这些个人的察觉或意识作交换，而且也要使向其他人表现出来的关于这些人的现象作交换，否则在这一些人的意识和其他人的见证之间就会有矛盾，这将会扰乱道德事物的秩序。可是您也得承认我这一点：那感觉不到的世界和感觉得到的世界之间的割裂，也就是说那些继续保持在同一些实体中的感觉不到的知觉，和那些会被交换的察觉之间的割裂，将会是一种奇迹，就像当人们假定上帝造成真空时那样；因为我在上面已说过，为什么这是不合自然秩序的。请看另一个更适合得多的假设。可能在宇宙的另一个地方或另一个时间，发现一个星球，和我们所居住的这个地球就感觉得到的来说没有什么区别，而居住在那星球上面的每一个人，也和我们之中每个和他相应的人没有什么感觉得到的区别。这样就一下有了亿万对相似的人格，也就是有同样现象和意识的人格；而上帝可能从一个星球上把单单是一些心灵或和他们的身体一起转移到另一个星球上，而他们并不察觉；但不论是把他们转移或让他们留下，按照您的作者们对他们的人格或他们的自身将怎么说呢？既然两个星球上的人的意识和内外现象都不能区别，这究竟是两个人格还是同一人格呢？诚然上帝和那些能够看到时间和地点的间隔和外在关系，以及甚至能看到两个星球上的人所感觉不到的内部构造的心灵，也许能够辨别他们；但按照您的假设，既然单凭意识来辨别人格，而不必费心考虑实体的实在的同一性或差异性，或甚至考虑对旁人显现出来的现象，那又怎么阻止人说，这两个人格，同时在这相似的两个星球上，但彼此隔着无法形容的距离，只是同一个人格呢？但这却是显然荒谬的。此外，照自然地可能的来说，这两个相似的星球和两个星球上两个相似的灵魂，都只是在一段时间内保持相似的。因为既然有一种个体的差异性，那么这种差别至少得在感觉不到的构造中，它们在时间过程中应该是要发展的。〕

§26. 斐　假定一个人，现在为了他在另一生中的所作所为而受到惩罚，而人们又绝对不能使他对前生的事有任何意识；这样一种处理，和把他一创造出来就造成一个悲惨的受苦人又有什么区别呢？

德 〔柏拉图派，奥律根[①]派，某些希伯来人和其他一些维护灵魂先在学说的人，都曾认为这一世的灵魂是被放在不完善的身体中，为的是来为它们在前世犯的罪受苦的。但的确，如果人们不论通过唤起记忆，或通过某种遗迹，或通过旁人所知，都既不知道也从未学到前世的真相，那么照通常的概念是不能把这叫做罚罪的。可是在谈到一般罚罪时，却有余地来怀疑：那些受罪的人是否绝对必须有朝一日他们自己了解到受罪的原因，而别的更通晓事理的心灵往往在这里发现了为神圣正义增光的材料，这是否还不够呢？可是，那些受罪的人会知道是为什么，这是更像会发生的情况，至少一般地说是这样。〕

§29. 斐 〔也许总的说来您会同意我的作者在总结他论同一性那一章时所说的：是否同一个人继续保持着的问题，是一个名称问题，是随着对人如何理解而定的，所谓人，或者是单指有理性的心灵，或者是单指具有人形的身体，或者是指与这样的身体相结合的心灵。就第一种情况说，分离的心灵（至少是和粗大的身体分离）将还是人；就第二种情况说，一个除了理性之外完全和我们相像的猩猩将也是一个人；而人如果被剥夺了他的理性灵魂并接受了一个禽兽的灵魂，他也将继续保持是同一个人。就第三种情况说，则两者和那结合本身一起都得继续保持；得是同一的心灵，同一的部分身体，或者，就感觉得到的身体形状方面来说，至少是和

① Origène，185—253，出生于亚历山大里亚的基督教圣经注释家，神学家，早期的护教者，把柏拉图的学说和基督教义相融合。

这身体的部分相等的东西。这样,在照最后这种意义把这形状看作对人是本质的东西的情况下,人们就会能够继续保持在物理方面或精神道德方面是同一个东西,也就是说,是同一人格,而并不继续保持是人。〕

德 〔我承认在这方面是有个名称问题,而在第三种意义下,这就像同一个动物一时是蚕或毛虫,一时是蛾或蝴蝶,以及像有些人所想象的那样,这世界上的天使曾经是过去一个世界中的人。但我们在这会谈中是致力于讨论比语词的意义更重要的问题。我已给您指出了真正的物理同一性的根源;我已经阐明,道德也和记忆一样并不与此相冲突;阐明〈照我们所讨论的这些看法〉,不能永远赋予所说那样的人格以物理的同一性,也不能赋予和他相交往的那些人格以物理的同一性:可是我们这些看法绝不是与物理的同一性相冲突的,也绝不是与它完全①割裂开来;阐明永远有一些被创造的心灵认识或能够认识它是什么;但有理由来断定,对于这些人格本身一视同仁毫无差别的事只能在一段时间内是如此。〕

第二十八章 论其他一些关系,尤其是道德关系

§1. 斐 除了我们刚才所谈的那些基于时间、空间和因果的关系之外,还有无数其他的关系,我将提出其中的几种。每一个能有部分和程度的简单观念,都提供一个机会来对它所在的主体作

① E本和J本无“完全”(entier)一词。

比较，例如较白（或较不白或同等地白）这个观念。这种关系可以叫做比例的关系。

德 〔可是有一种不成比例的超过量；这是关于一种我称之为不完善的大小的，如当我们说一个圆的半径线和它的弧所造成的角小于直角时，就是这样，因为在这两个角之间，以及在其中之一和它们的差——这就是那切线角①——之间，是不可能有一种比例的。〕

§2. 斐 另一种比较的机会，是由父子、兄弟，堂兄弟、同胞等关系所根据的出身情况所提出的。在我们这里，人们不大想到说这公牛是那牛犊的祖父，或者说这两只鸽子是嫡堂兄弟；因为语言是和习惯相称的。但在有一些国度，人们对他们自己的谱系还不如对他们的马的谱系更感兴趣，不仅每匹特殊的马各有名称，而且它们的不同程度的亲族关系也都有名称。

德 〔我们还可以把家族的观念和名称加到亲族的观念和名称上去。的确，我们没有看到，在查理曼帝国时期，以及在那以前或以后的相当长一段时期，在德国、法国和伦巴底，有什么家族的姓氏。还在不久以前，在北方的有些家族（甚至是贵族）也还没有姓氏，而在那里，人们要就一个人出生地来认一个人，就只有叫他自己的名字和父亲的名字，此外，（在他移居别处的情况下）就在他的名字之外加上他所来自的那个地方的名字。阿拉伯人和土库曼人现在也还是这样的习惯（我相信），没有什么特殊的家族的姓氏，

---

① 原文为 l'angle de contingence，照字面的意义就是偶然的、不正规的或异常的角，实际是指切线与弧之间的角，有的数学家也称之为“号角状角”（horn-shaped angle），欧几里得几何学是把它作为不正规的角而要加以排除的。

而只满足于叫一个人的父亲和祖父等等的名字，并且他们也同样很重视他们高贵的马，称呼它们的专名和父名，甚至父名之外还有更上辈的名称。人们就是这样谈到在卡罗维茨和约①之后土耳其的苏丹②送给皇帝的马；而已故的奥尔登堡伯爵，是他的最后一支，他的养马场是很有名的，他也活了很久，他的马都有谱系图，以便能证明这马的高贵血统，甚至于还有它们的祖先的图像（imagines majorum③），这是罗马人所刻意搜求的。但还是回头来谈人吧，在阿拉伯人和鞑靼人之中有部落的名字，这种部落好像是大的家族，它们随着时间的进程而大大地扩大了。而这些名字或者是从祖先得名，如在摩西的时代那样，或者是从居住地得名，或者是出于其他的情况。沃斯莱（Worsley）先生是一位善于观察的④旅行家，对阿拉伯沙漠地带的现在状况所知不少，他曾到那里去过一些时候，他肯定地说，在埃及和巴勒斯坦之间的所有国度，也就是摩西当年所经过的那些地方，现在只有三个部落，约有五千人，其中有一个部落叫做萨里（Sali），是从祖先得名的（我认为），他的后裔把他的坟墓当作一位圣者的墓一样来崇敬，阿拉伯人在自己头上和他们的骆驼头上顶着沙土来培他的墓。此外，当我们考虑其关系的那些人有一共同的出身起源时，就存在血统关系（consanguinité）；但当两个人能与同一个人有血统关系而他们自己之间并不因此而有血

① Corlowitz 或 Karlovci 是现今南斯拉夫的一个城市，1699 年 1 月 26 日，土耳其在战败后与奥地利、波兰、威尼斯及俄国在此订立和约，放弃了大片在欧洲所占领土。这里所说"皇帝"当系指"神圣罗马帝国皇帝"，亦即奥地利的皇帝。

② G 本原文为"Monarque"（"君主"），E 本和 J 本作"le grand Seigneur"。

③ 拉丁文，意即："祖先的图像"。

④ G 本原文为"observatif"，E 本和 J 本作"curieux"（富于好奇心的）。

统关系时，这就是由结婚所造成的那种情况，我们可以说他们之间有一种联姻(Alliance)或亲属(Affinité)〈关系〉。不过因为我们不习惯于说夫妻之间的亲属关系，虽然他们的婚姻是造成其他人的亲属关系的原因，因此也许最好还是说亲属关系是那些彼此有血统关系的人之间的关系，如果丈夫和妻子是被看作具有同一人格身份的话。

§3. 斐　一种关系的根据有时是一种道德权利，如一位军队里的将军或一个公民的关系那样。这些关系是依赖于人们彼此之间的协议，是出于意愿或出于制度的，可以和那些出于自然的关系区别开来。有时两个相关者各有自己的名称，如主人和门客，将军和士兵。但也并不永远总是如此；例如那些和掌玺大臣相关的人就并没有自己的特别名称。

德　〔有时在某些自然关系上人们披上某种道德关系而使之内容更丰富，例如子女有权要求继承父母遗产的合法部分；年轻人得受某些管束，老年人可得某些豁免之类。可是也发生这样的情况，就是人们把某些并非自然的关系当作自然的；例如当法律规定说，在使小孩能归之于他的时间内与母亲举行过婚礼者为父亲，就是这样的；而这样以出于制度的来代替出于自然的情况，有时只是一种推定，也就是说，是把也许并不是真的事情，只要没有证明它是假的，就当作真的来看待的一种断定。就是这样，pater est quem nuptiae demonstrant[①]这句话就成了罗马法以及接受了罗

① 拉丁文，意即："父亲乃由婚姻所表明者"，也就是上文所说"在使小孩能归之于他的时间内与母亲举行过婚礼者为父亲"的意思。

马法的大多数民族所采取的一句格言。但有人告诉我说，在英国，一个人只要曾在三个王国之一停留过，就没有什么可用来证明他的“不在现场”①，这样一来那推定就变成了假定(fiction)或变成某些法学博士所说的 praesumtionem juris et de jure② 了。〕

§4. 斐 道德的关系就是人的自愿活动与一种使人得以判断这些活动在道德上是好是坏的规则之间的适合或不适合。§5. 而道德的善或道德的恶就是自愿活动与某种法律之间的符合或对立，这种法律是通过立法者(或要维护法律者)的意志和权力给我们带来(物理上的)好处或坏处的，这我们就叫做奖赏和惩罚。

德 〔像您，先生，代表其意见的作者这样高明的作者，是可得允许凭自己认为适当的方式来处理运用名词术语的。但也的确，要是照这种概念，则同一个活动将会在不同的立法者之下同时是道德上好的又是道德上坏的，也正如我们这位高明的作者在以上把德性理解为受称赞的，而因此同一活动将会随着人们的意见而成为有德性的或否。可是这既不是人们所给予道德上好的和有德性的活动的通常意义，在我就宁愿以上帝所自任维护的理性的不变规则作为衡量道德的善和德性的标准。我们也可以确信，通过上帝的干预，一切道德的善就变成物理的③〈善〉，或如古人所说，

① 原文为 alibi，系法律用语，通常指被告或犯罪者以说明当时正在别处来证明他不在犯罪现场。

② 拉丁文，意即：“法律的和依法的推定”。

③ 据英译者认为，莱布尼茨在这里所说的“物理的”(Physique)，可能就是指“实在的”，也即指现实的、具体的、客观地实现了的，而不是抽象的、主观的，只在观念中存在的。或者可能就是指“自然的”，这一段的意思就是指道德的善可以由于上帝的干预，通过自然的力量实现出来，并符合于宇宙的自然法则。

一切正直的都是有用的[①];反之为了说明作者的概念,就得说道德的善或恶是一种强加的或制定的(institutif)善或恶,是手中有权的人以赏罚致力于使人遵从或避免的。善的就是:出于上帝的一般制定(institution)的,是符合于自然或理性的。

§7. 斐 有三类法律:神道法(loi divine),民政法(loi civile)[②],和舆论法(loi d'opinion ou de réputation)。第一类是关于罪孽(péchés)或义务(dévoirs)的规则,第二类是关于犯罪的(criminelles)或无辜的(innocentes)活动的,第三类是关于德性(vertus)或邪恶(vices)的。

德 〔照这些名词的通常意义来说,德性和邪恶与义务和罪孽的区别,也只不过是和习惯(habitudes)与活动(actions)之间的区别一样,而人们也并不把德性和邪恶看作某种取决于舆论的事情[③]。一种大的罪孽(péché)就叫做罪行(crime),人们也并不把无辜的与犯罪的(criminel)相对立,而是与罪恶的(coupable)相对立。神道法有两种,自然的和实证的(positive)[④]。民政法是实

① 这是斯多葛派的主要观点之一。参阅西塞罗 De officiis(《论义务》)第三卷第三章及第七章。

② loi civile(在洛克原文也就是 civil law),一般译作"民法",但"民法"作为与"刑法"相对,是不包括"犯罪"、处刑问题的,而这里所说恰恰是关于犯罪问题的法律,倒毋宁是"刑法",实际是指国家所制定用以支配人民行动的一切法律,姑译为"民政法",实即下文所说的"国法"。

③ 莱布尼茨与洛克相反,主张道德法则具有客观的、绝对的性质,是根据"上帝的一般制定"的,而不是主观的、相对的。

④ 所谓"实证的"这里就是具体的、实际制定的,或成文的法律。"实证的神道法"当即指教会所制定的宗教法律之类,而"自然的神道法"当即指出于上帝的音旨的自然法。

证的①。舆论法只是不恰当地才配用法这个名称，或者是包括在自然法之内的，就好比我说养生保健法，治家理财法一样，当活动自然地带来某种善或某种恶，如旁人的称赞、健康、盈余之类时〈我就可以这样说〉。〕

§10. 斐　事实上所有的人都主张德性和邪恶等词意思是指本性上是好和坏的活动，而只要它们实在是在这个意义上来应用的，则德性就完全符合于（自然的）神道法。但不管人们的主张是怎么样，显然可见的是：这些名称，就其特殊的应用来看，是经常单单归之于在每一国度或每一社会被称为可敬或可耻的这样或那样一些活动的；否则人们就会是自己谴责自己了。因此衡量所谓德性和邪恶的标准，就是这种称赞或轻视，推崇或责备，这是由一种秘而不宣或默默的同意形成的。因为虽然结合在政治社会中的人们，已把对所有力量的处置转让与公众之手，以致不能在法律所许可范围之外对其同胞使用力量，但他们却仍始终保留有认为好或坏，赞成或不赞成的权力。

德　〔如果这位高明的作者，和您，先生，一样这样来说明自己的观点，宣称他喜欢给予德性和邪恶这些名称以现在这样武断的名义上的定义，那么人们只能说，在理论上，也许由于没有别的名词，为了方便起见，他是可得允许这样来表述自己的观点的；但人们将不得不再说一句，这样的意义是丝毫不合习惯用法的，甚至对于教化也是无用的，并且如果有人把它引入生活实践的谈话中，在

① 莱布尼茨与洛克相反，主张道德法则具有客观的、绝对的性质，是根据“上帝的一般制定”的，而不是主观的，相对的。

许多人听起来也是很不顺耳的，就像作者自己在序言中似乎也承认的那样。但这里还更进一步，虽然您承认人们自以为谈论的是依照不变的法则自然地有德性或邪恶的事，但您主张实际上人们的意思是谈那取决于意见的事。但我觉得，以同样的理由，人们将也可以主张真理和理性以及一切可称为最真实的东西都取决于意见了，因为当他们对此作判断时也会弄错。因此就一切方面来看是否更好是说人们是把德性也如真理一样理解为合乎自然的东西，但他们在应用时常常弄错；此外，他们也并不如人们所想那样常常弄错的，因为他们所称赞的通常总是在某些方面值得称赞的。酒德，即善于喝酒就是一种长处；它曾有助于波诺苏斯（Bonosus）来笼络蛮族并探得他们的秘密①。赫尔库勒的夜间的力量，在这方面就是那同一个波诺苏斯自称像他的，也同样是一种圆满优点。偷窃的技巧在拉栖代孟人〈即斯巴达人〉中是受到称赞的，并不是这种技巧，而是它的用得不当才是当受谴责的，而那些在和平时期人们要科以殛刑的人在战争时期可能有时可用来作为极好的同党。因此所有这一切都取决于对人们所具有的长处的应用或用得好坏。人们自己谴责自己也的确是很常见的，并且也不应该被看作是很奇怪的事，如当人做了人们责备旁人不该做的事时就是这样，并且在言行之间常常有矛盾，这引起了公众的愤慨议论，当一个官员或宣教师的所作所为和他所维护的事，暴露在大家眼前时

① 见伏比斯库斯（Vopiscus）（公元四世纪拉丁历史家）的《奥古斯都的历史》（Script. hist. August.）第二卷，第213、214页，ed. Peter，Teubner，Leipzig. 1865。但以下一句所说的“同一个波诺苏斯”，据伏比斯库斯同上书所说，当是“普洛库洛斯”（Proculus）而不是“波诺苏斯”。

〈就有这种情形〉。

§11.[①]斐　无论在什么地方，被当作德性的东西就是人们断定为值得称赞的东西。德性和称赞常常是用同一名称来称呼的。味吉尔说：Sunt hic etiam sua praemia laudi (lib. l. Aeneid. Vers. 491)[②]，西塞罗也说："Nihil habet natura praestantius quam honestatem，quam laudem，quam dignitatem，quam decus."Quaest. Tuscul. lib. 2. c. 20. 稍后一点他又说：Hisce ego pluribus nominibus unam rem declarari volo。[③]

德　〔的确古人曾以忠实(l'honnête)这个名称来称德性，如他们曾称赞 incoctum generoso pectus honesto[④]。也的确忠实有其荣誉或称赞的名称。但这并不是说德性就是人所称赞的，而是说它是值得称赞的，并且它是取决于真理而不是取决于意见的。〕

斐　许多人并不严肃认真地想到上帝之法，或希望有一天能得此法创立者谅解，而对于国法，则以能得幸免来自诩。但人们并不想着有谁做了什么违反他所常来往和愿得到尊重的人的意见的

---

① 从 G 本，E 本及 J 本作§12，洛克原书此节分在§11、§12。

② 拉丁文，意即："称赞就是它(德性)的奖品"(《爱尼亚德》卷一，491 行)。

③ 拉丁文，意即"自然中最可宝贵的莫如忠实、称赞、尊严和光荣"(《塔斯库兰论难》第二卷，20)，稍后……"我愿用许多名称来说明一件事"。按引文不甚准确，据 Quaest. Tuscul.，ed. klotz，Lipsiae，B. G. Teubner，1870，原文作："Nihil enim habet praestantius，nihil quod magis expetat quam honestatem，quam laudem，quam dignitatem，quam decus. Hisce ego pluribus nominibus unam rem declarari volo，sed utor，ut quam maxime significem，pluribus."意即："确实没有更可宝贵的，没有比忠实、称赞、尊严、光荣更可向往的了。我愿用许多名称来说明一件事，但用许多最有意义的。"

④ 见拉丁讽刺诗人柏尔修(Persius，34—62)的《讽刺诗》，2，74，原文大意是："宽宏大量，光明磊落。"

事，能免受他们讥评或鄙视之苦。没有一个多少对自己的本性还有所感觉的人，能经常受轻视而在社会上生活的；这就是舆论法的力量。

德　〔我已经说过，行动给自己带来的并不那么是一种法律的惩罚，而毋宁更多的是一种自然的惩罚。可是的确有很多人并不怎么担心这一点，因为通常如果由于某种受谴责的行为而被一些人所轻视，他们却能找到一些同伙或至少是同党并不轻视他们，要是他们在别方面多少还有点可以受尊重的话。人们甚至忘了那些最可耻的行动，并且常常只要有像德伦斯的福米翁①那样的大胆和厚颜无耻就一切都可以过去了。如果说破门〈或革除教籍〉产生了一种经常和一般的真正轻视，它就会有我们这位作者所说的这种法的力量；而它在最初的基督徒中是事实上有那种力量的，在他们那里，它就代替了他们所缺乏的法律，用以惩罚有罪的人；这差不多就像那些工匠，也靠这样来保持某些不顾法律规定的习惯，他们之中不遵守这些习惯的就受到轻视。也是这种情况保持了那种违反法令的决斗。应该希望公众在称赞和谴责方面要和自身一致并与理性一致；尤其是希望那些大人物们不要在笑那坏的行为的同时又来保护坏人，在这里似乎最常见的情况是：并不是那些干坏事的人，倒是受害者受到轻视的惩罚和被嘲笑。我们也看到一般地说人们所轻视的并不是邪恶，更多的倒是弱点和不幸。因此那舆论法需要大加改革，并当更好地得到遵守。〕

① 德伦斯（Térence，公元前194—前159），是拉丁喜剧诗人，《福米翁》（Phormion）是他的一个同名喜剧中的主角，法国著名喜剧作家莫里哀的《斯加宾的欺诈》（*Fourberies de Scapin*）就取材于《福米翁》。

§19. 斐　在离开对于关系的考虑以前，我将指出：我们通常对于关系比对于它的基础有同样明白或更明白的概念。如果我相信生普伦尼(Sempronnia)是从一棵白菜底下得来了蒂德斯(Titus)，就像我们惯于对小孩子说的那样，然后她又以同样的方式得到了开攸斯(Caius)，那么我就会对蒂德斯和开攸斯之间的兄弟关系有一个概念，和我知道了产婆所知道的一切时一样清楚。

德　〔可是，当人们告诉一个小孩，说他刚刚出生的小弟弟是从一口井里吊上来的(这是在德国人们用来满足小孩们对这个问题的好奇心的回答)时，这小孩回答说他很奇怪为什么小弟弟哭闹得妈妈心烦时不把他丢回那井里去。这就是说这种解释没有使他知道母亲表现出对孩子的这种爱的任何理由。因此我们可以说，那种对关系的基础毫无所知的人，对它只有一种我称之为部分地无声的[①]和不充分的思想，虽然这种思想在某些方面和在某些场合可能已足够了。〕

第二十九章　论明白的和模糊的、清楚的和混乱的观念

§2. 斐　我们现在来谈谈观念的某些区别。当我们的简单观念是这样的情况，就是我们从之接受这些观念的对象本身，呈现着它们或在具备一种正常的感觉或知觉所必要的一切环境条件下

① 参阅本卷第二十一章§31“德”及注(第180页②)。

能呈现它们时，就是明白的(Claires)。当记忆以这样的方式保存着它们时，它们在这情况下就是明白的观念，而随着它们的缺乏这种原本的精确性，或随着它们的失去这种可以说是最初的鲜明性，以及随着因时间的流逝而好像失去光泽或褪色了，它们就是模糊的。那些复杂观念，当组成它们的简单观念是明白的，并且这些简单观念的数目和秩序是固定的时，它们就是明白的。

德　〔我在1684年发表于莱比锡的学报上的一篇论真的或假的、明白的或模糊的、清楚的或混乱的观念的短小文章①中，已给明白的观念下过一个定义，是简单的和复合的观念所共同的，并且为这里所说的提出了理由。我说，一个观念，当它对于认识事物和区别事物是足够的时，就是明白的；好比当我对一种颜色有一个很明白的观念时，我就不会把另一种颜色当作我所要的颜色，而如果我对一棵植物有一个明白的观念，我就能把它从邻近的其他植物中辨别出来；否则观念就是模糊的。我认为我们对于可感觉事物是没有什么完全明白的观念的。有一些颜色是如此接近，以至我们凭记忆是无法加以辨别的，可是有时把一种颜色放在另一种颜色旁边就可以把它们辨别出来。而当我们认为已对一种植物作了很好的描述时，人们却可能从印度带来一株植物，完全是像我们所描述的那样，而仍旧能使人认出它是属于不同种类的；因此我们永远不能完全决定那species infimas②或最低级的种。〕

§4. 斐　正如一个明白的观念是心灵从恰当地作用于正常

① 指Meditationes de Cogonitione, Veritate et Ideis，参阅本卷第二十三章§4"德"及注(第225页注③)。

② 拉丁文，意即："最低级的种"，英译本作species infamæ。

器官的外界对象把它接受来时对它具有一种充分而显明的知觉的观念；同样，一个清楚的观念(Idée distincte)就是心灵察觉到它有别于一切其他观念的差别的观念；而一个混乱的观念(Idée confuse)就是我们不能把它和另一个应该是不同的观念加以充分区别的观念。

德　〔按照您给予清楚的观念的这种概念，我看不出有什么办法把它和明白的观念加以区别。就是因为这样，我在这里习惯于遵循笛卡尔的语言，在他，一个观念是可以同时既是明白的又是混乱的；而那些影响感官的感觉性质的观念，如颜色和热的观念，就是这样的。它们是明白的，因为我们认识它们并且很容易把它们彼此加以辨别；但它们不是清楚的，因为我们不能区别它们所包含的内容。因此我们无法给它们下定义。我们只有通过举例来使它们得到认识，此外，直到对它的联系结构都辨别出来以前，我们得说它是个不知道是什么的东西。因此，虽然照我们看来那些清楚的观念是使一个对象和另一个对象区别开的，可是由于那些明白而本身混乱的观念也是这样做的，我们并不是把能作区别或区别着对象的一切观念叫做清楚的，而是把那些被很好地区别开的，也就是本身是清楚的，并且区别着对象中那些由分析或定义给予它的、使它得以认识的标志的观念叫做清楚的；否则我们就把它们叫做混乱的。而在这种意义下，那种支配着观念的混乱，既然是我们本性的一种缺陷，是可以免受责备的；因为例如我们就无法辨别气味和滋味的原因，也不知道这些性质所包含的内容。可是，当具有清楚的观念是很重要的，并且是我力所能及的时，这种混乱也可以是当受责备的，例如我如果没有来做一做可以识别真金的标志的必要试验，就把赝品当作真金，就会是这样。

§5. 斐　但人家会说照您的意义就没有什么观念本身①是混乱的（或毋宁说模糊的），因为它总只能是心灵所察觉它的那样，而这就足够使它和其他一切观念区别开了。§6. 而为了解除这种困难就必须知道，观念的缺点是和名称有关的，当它在人们用来表示它的名称之外也能用另一名称来称呼时，就使它成为错的。

德　〔我觉得我们不应该让这一点取决于名称。亚历山大大帝（据说）曾经在梦中见到一种植物能够治愈利西马可（Lysimachus）的病，这植物从此就叫做利西马基亚（Lysimachia），因为它的确事实上治好了国王的这位朋友的病。亚历山大让人拿来大量的植物，他在其中认出了他在梦中所见的那一种，当时如果不幸他没有足以认出这植物的观念，而是像尼布甲尼撒那样需要一个但以理来使他能重新记起他的梦境②，那么显然他所具有的观念之所以是模糊的和不完善的（因为我宁愿这样来称呼它而不叫做混乱的），不是由于不适合于某种名称，因为那时它还没有名称，而是由于不适合于事物，即不适合于那能治病的植物。在这种情况下，亚历山大将会记起某些情景，但会怀疑其他一些情景；而我们用名称来称呼某种事物这种情况，就使我们在应用名称方面有失误时，

---

① E本和J本无“en elle même”（“本身”）。

② 尼布甲尼撒（Nabuchodonosor 或 Nebuchadnezzar）是古代新巴比伦王国最强盛时期的国王（公元前 604—前 562），曾攻陷耶路撒冷，俘虏了大批犹太人，但以理（Daniel）是犹太人传说中四大“先知”之一，也曾被尼布甲尼撒俘虏，以其聪明得宠，据说尼布甲尼撒曾做了个梦而忘了梦见什么，后来但以理告诉他是梦见一泥足巨人像，并解释说这就是尼布甲尼撒的帝国的形象，是一推即倒的。参阅《旧约·但以理书》第二章。

通常在对这名称所指的事物方面也发生失误。〕

§7. 斐　如复杂观念是最易于有这种缺点的，它可能由于构成这观念的简单观念数目太少，例如一种皮毛有斑纹的野兽这样一个观念，就太一般了，不足以区别大山猫、豹或金钱豹，而我们却是以特殊的名称把它们区别开的。

德　〔当我们处在亚当所处的状态，还在给予各种动物以名称以前时，这种缺点也还是会发生的。因为假定我们知道在有斑纹的野兽中有一种目光异常敏锐，但我们不知道它是老虎还是山猫，或是另一种野兽；这是一种不能加以区别的缺点。因此这里所涉及的并不那么是名称的问题，而是那可能给人来命名的因由，和使一种动物值得给予一个特殊名称的东西的问题。由此也显出了一种有斑纹的野兽这个观念，当它只用来指属时，它本身是好的，并没有混乱和模糊；但当它和另一个人们不充分记得的观念相结合，用来指种时，则这由此复合成的观念是模糊的和不完善的。〕

§8. 斐　当构成复杂观念的简单观念数目足够，但过于混淆和杂乱时，就有一种相反的缺点，就像有些画，显得很乱，好像只是表现布满乌云的天空，在它就是表现乌云天时，我们也不会说它有什么混乱，要是另外有一幅模仿它的画也同样没有什么混乱；但当人家说这幅画应该使人看出一个肖像时，我们就有理由说它是混乱的了，因为我们不知道它是一个人，还是一只猴子，或是一条鱼的像，可是也可能当我们在一面圆柱形镜中来看它时，那混乱就消失了，而我们看出这是一个凯撒。因此，任何心理的图画（如果我可以这样来表述的话），只有它的各部分结合在一起时，才能被叫做某种方式的混乱；因为不管这些图画是怎么样的，它们都能明显地和其他一切区别开，除非到了它们被安排在某一通常的名称之下，而我们看不出它们是属于这一名称，看来倒毋宁是属于另一所指不同的名称的。

德 〔这样一幅画，我们清楚地看到它的各部分，而没有注意到这些部分以某种方式所指向的结果，这就像对于一堆石头的观念，它不仅照您的意义，而且照我的意义也是真正混乱的，除非到了我们已清楚地想到它的数目和其他特性。如果它有（例如）三十六块，我们看它们乱七八糟地堆在一起，就不知道它们能构成一个三角形或一个正方形，如它们事实上所能构成的那样，因为三十六是一个平方数，也是一个三角形数。就是这样，当我们看一个千条边的图形时，就只有一个混乱的观念，除非到了我们已知道它的边的数目，那是十的立方。因此，这里所涉及的问题不在于名称，而在于我们解除了混乱时在观念中所发现的那些清楚的特性。而要找到那关键，或找到一种方式从某一点来看它，或借助于插入某种镜子或玻璃来看它以便看清造成这事物的人的目的，这有时是很困难的。〕

§9. 斐 不能否认，在观念中还有第三种缺点，它是真正由于名称用得很坏造成的，这就是当我们的观念不确定时的情形。我们每天可以看到有些人，毫无困难地运用着自己本国语言或家乡话中那些常用词，在他们学会这些词的确切意义之前，就常常这样改变他们赋予这些词的观念，几乎在他们的说话中用多少次就改变多少次。§10.这样我们就看到，名称对于指称清楚的和混乱的观念，作用有多大，而要是不考虑那些作为清楚事物的记号的清楚名称，就会很不容易说什么是一个混乱的观念。

德　〔可是我刚才就并不考虑名称也对它作了说明了，不论这混乱是照您那样理解为我们所说的模糊，或者照我的意义理解为对我们所具有的概念的分析中的缺点，〈这两种情况我都说明了〉。我也已表明，一切模糊观念事实上都是不决定或不确定的，如在有斑纹的野兽那个例子中我们已看到的那样，在那里我们知道，必须在那一般概念上还增加某种东西，而我们对它并不明白记得的；这样一来，您所分别列举的第一种和第三种缺点，就归结为同一回事。可是，语词的滥用是错误的一个巨大根源，这一点是很对的，因为会发生一种计算错误的方式，就好比在计算时我们没有很好注意数码的位置，或者数目字写得不好以致分不清是个 2 还是个 7，或者由于粗心把数目字漏掉了或错换了。这种词的滥用是在于：或者根本没有赋予任何观念，或者赋予一个不完善的观念，其中一部分是空的并且可以说继续留着空白的；而在这两种情况下，在思想中都有某种空白和无声的(sourd)东西，就只有用名称来填补了。或者最后，这缺点是在于赋予语词以不同的观念，或者不能确定应该选择哪一个，这就造成模糊观念，和当其中一部分是无声的时一样；或者轮番选择这些观念，以一种能引起错误的方式在同一推论中对同一个词的意义时而用这一个观念，时而用另一个观念，而没有考虑这些观念彼此并不一致。因此不确定的思想或者是空无观念的，或者是在不止一个观念之间徘徊的。这一点在下列情况下是有害的：或者我们想指定某种决定的事物①，或者我们

① E 本和 J 本无"Soit qu'on veuille designer quelque chose determinée"，译文从 G 本。

想给予语词一个一定的意义，或相应于我们已经用了的意义，或者相应于别人所用的意义，尤其是在一切人所共同的或手艺工匠们所共同的通常语言中。从这里也产生出在谈话中、在讲坛上和在书本里无数空泛无谓的争论，这些，人们有时想通过弄清楚来加以清除，但这一来最常见的情况是用一些更空泛和模糊的名词来代替空泛和模糊的名词，而只是把问题弄得更混乱，就像哲学家们在他们要弄清楚问题时所用的那些名词那样，它们都是没有很好下定义的。〕

§12. 斐 如果说在观念中除了那和名称有一种秘而不宣的关系的混乱之外，还有某种别的混乱，那么至少这混乱也是比任何其他的混乱把人们的思想和说话都弄得更乱的。

德 〔我还是同意这一点，不过，它〈名称〉往往是和某种事物的概念以及人们在用名称时所具有的目的混杂在一起；例如当人们说到教会(église)时，很多人心目中是指一种政府，而别的人们则是想着教义的真谛。〕

斐 防止这种混乱的办法，就是要经常以同一名称应用于以固定数目和决定的秩序结合起来的一定的一堆简单观念。但由于这既与人们的懒惰也与人们的虚荣不合，并且只能用于真理的发现和维护，这并不总是人们为自己所提出的目的，这样一种精确性就是一种人们可望而不可即的东西。把名称空泛地应用于不决定的、可变的以及是几乎纯粹空无的(在无声的思想中)观念，这一方面是要掩盖自己的无知，另一方面是要扰乱和困惑别人，这就被当作真正的有学问和当作在知识方面的优越性的标志。

德 〔装腔作势表现机智雄辩和辞藻华丽也进一步大大促进

了这种语言的紊乱；因为为了以一种漂亮悦人的方式来表现思想，人们就毫不为难地用一种过头的方式来给语词一种稍稍异乎寻常的意义，有时是比通常较广泛或较狭窄的意义，这就叫提喻（Synecdoque），有时是随着事物的关系而转变了的意义，人们改变着这些事物的名称，这或者是通过转喻（Métonymies）中的并列，或者是通过暗喻（Métaphores）中的比较，就不说反语（Ironie）了，那是用一种直接相反的意义来代替真正的意义。当这些变化被认识到时就是这样称呼的，但它们被认识到的情况只是很罕见的。而在这种语言的不决定状态中，我们缺少一种法律来规定语词的意义，像罗马法典的标题 De Verborum significationibus[①] 中有的这样一种东西那样，那些最讲究明确性的人，当他们为通常的读者写作时，如果想严格地执著于名词的固定意义，就将戒绝使他们的表述动人和有力的东西。他们只要注意使他们的变化词义不会产生错误或不正确的推理就行了。古人在那 exotérique 即通俗的写法和 acroamatique[②] 即为那些致力于发现真理的人的写法之间所作的区别在这里是有作用的。如果有人想照数学家的方式来写形而上学或伦理学的作品，没有什么会阻止他严格地这样做。有些人曾公开宣布这一点，并曾答应我们要在数学之外也来作那种数学的推证；但在这方面得到成功的极为罕见。这我认为是因为人们讨厌为了很少数的读者而必须费这么大的劲儿，在这里人们可以像

① 拉丁文，意即："关于语言的意义"。

② exotérique 原意即"向外行人公开的"，亦即"通俗的"；acroamatique 源出希腊文 ἀκροαματικός，原意为"听"，即指"听讲的"，转义为"秘传的"，即"对亲近门徒口授的"，也就是专为内行人讲述或写作的。柏拉图和亚里士多德的著作中就都有这样的区别。

在柏尔修的诗中那样问：quis leget haec，而回答是：vel duo vel nemo①。可是我相信，如果他们能像应当的那样担负起这任务，他们是不会有理由为此感到后悔的。而我就曾有意于来试一试。〕

§13. 斐 可是您会同意我说复杂观念可以是一方面非常明白非常清楚，另一方面又非常模糊和非常混乱。

德 〔没有理由怀疑这一点，例如我们对人体的可见和坚实性的部分大都有非常清楚的观念，但对于其内部的液体就不大有清楚观念。〕

斐 如果一个人说到一个一千条边的图形，这个图形的观念在他心中可能是非常模糊的，虽然他心中那数的观念是非常清楚的。

德 〔这个例子在这里是不合适的；一个一千条边的正多边形是和一千的数同样清楚地得到认识的，因为我们在这里可以发现和推证出所有各种〈有关的〉真理。〕

斐 但我们对一个一千条边的图形并没有一个确切的观念，以致能把它和另一个只有九百九十九条边的图形加以区别。

德 〔这个例子表明您在这里把观念和影像混同了。如果有人把一个正多边形放在我面前，视觉和想象是不能使我把握它的千数的，除非到了我通过点数而识别出这数目，我对这图形和它的数都只有一个混乱的观念。但一旦找到了这数目以后，我对所提出的这多边形的本性和特性，就它们是正千边形的特性这个范围内来说就都很知道了，并因此对它就有了这个观念；但我不会有一

① 柏尔修见上一章§11注，语见其《讽刺诗》I.第2、3行，意为“谁读它”，而回答是：“或是两个，或是一个也没有”。

个正千边形的影像，并且也必须有更精美和更有锻炼的感官和想象力才能用它来把它和一个少一边的多边形区别开。但对于〈几何〉图形的知识也和对于数的知识一样，并不是依赖于想象的，虽然想象对此也有帮助；而一位数学家能够精确地知道一个九边形和一个十边形的本性，因为他有办法来作出和考察这些图形，虽然他用视觉并不能对他们加以辨别。的确，一个工人或一个工程师，也许并不充分知道这些图形的本性，却比一个大几何学家有这样的长处，就是他可以不用测量单凭眼睛看就能把它们辨别出来，这就像有些苦力或[1]搬运夫，他们能一斤不差地说出他们要背的东西的重量，在这方面他们超过了世界上最高明的静力学家。的确[2]这种由长期锻炼得来的经验知识，对于迅速行动可以是有很大用处的，如一位工程师就常常需要行动迅速，因为有时一耽搁就会面临危险。可是人们对于一个正十边形或一个九十九斤的重量所能有的这种明白的影像或这种感觉，只是一种混乱的观念，因为它丝毫无助于来发现这重量或正十边形的本性和特性，这是要求有一个清楚的观念的。而这例子可用来使我们更好地理解观念之间或毋宁说观念与影像之间的区别。〕

§15.[3]斐 另一个例子：我们被导致相信我们对永恒性有一个积极的和完全的观念，这就好比我们说，在这绵延中没有一部分不是我们在观念中明白认识的一样；但不论我们所表象的绵延有多大，正如涉及无边无际的广延的问题一样，永远在我们所表象的

① E本和J本无“faquins ou”（“苦力或”），从G本。
② E本和J本无“Il est vray que”（“的确”），从G本。
③ E本与J本作§25，但G本和洛克原书均作§15。

之外总还剩下有一部分的观念，仍旧是模糊和不决定的；而由此导致在有关永恒性或其他无限的东西的争论和推理中，我们很容易陷入明显的荒谬之中。

德 〔这个例子我觉得也并不适合您的计划，但对于我要来解除您在这一点上的概念混乱倒很适合。因为在这里存在着同样的影像与观念的混淆。我们对永恒性是有一个完全或恰当的观念的，因为我们有对它的定义，虽然我们对它并无任何影像；但我们对无限的东西的观念并不是通过各部分的组合来构成的，而人们在对无限的东西进行推理时所犯的错误并非来自影像的缺陷。①〕

§16.②斐 但当我们说到物质的无限可分性时，虽然我们对分割有明白的观念，对那些分割成的微小部分却只有很模糊、很混乱的观念，这难道不是真的吗？因为我请问：假如一个人拿他所曾见过的最小的微尘原子来看，他能对这原子的十万分之一和百万分之一③的部分之间的差有任何清楚的观念吗？

德 〔这是同样的影像代观念的 qui pro quo④，我很惊讶竟看到如此之混淆。问题根本不是要对如此高度的细小具有一个影像。照我们现在这样的身体构造这是不可能的，而如果我们能有

① 莱布尼茨的意思是：在讨论无限性问题时所犯的错误，并不是因为"影像的缺陷"即对无限的东西不能形成一个完全的或恰当的影像，而是由于企图对于只能用抽象思维的东西来作形象思维或在心中形成对它的一个图像。这就是混淆了"影像"和"观念"。

② 据 G 本及洛克原书，E 本作§18，J 本作§30。

③ E 本和 J 本作"la 10000 me et la 1000 me"（"万分之一和千分之一"）。

④ 拉丁文，意即："混乱"、"张冠李戴"。

这样的影像，它也就会和现在对我们显得可察觉的事物的影像差不多；而作为补偿，那现在是我们想象的对象的东西那时就会为我们的想象所不及并变成太大而无法想象的了。大小本身并没有影像，而那些我们有其影像的大小只是依赖于对器官和其他对象的比较的，而在这里用想象是无用的。因此，由您对我所说的这一切，先生，就显出您是很精于提出超过必需的要求来无故制造困难的。〕

第三十章 论实在的和幻想的[①]观念

§1. 斐 相关于事物的观念可分为实在的或幻想的[①]，完全的或不完全的[②]，真的或假的。所谓实在的观念我理解为在自然中有基础的，并且是符合于一个实在的存在物，符合于事物的存在或符合于原型(Archétypes)的观念；否则它们就是幻想的或怪诞的(phantastiques ou chimériques)。

德 〔在这解释中有点模糊之处。观念可以在自然中有一基础而并不符合这基础，如当我们认为我们对颜色和热的感觉并不相似于任何本原或原型时那样。一个观念，当它虽无任何现在的存在物与之相应，却是可能的时，也会是实在的；否则如果一个种

① 这里“幻想的”原文为“Chimériques”，在本书别处或译“怪诞的”，英译本照洛克原书作“fantastical”，洛克原书中译本译作“幻想的”，今从之。两词作同义用，参见本段下文。

② 原文为 complettes ou incompiettes，英译本照洛克原书作 adequate or inadequate，洛克原书中译本作“贴切的或不贴切的”。adequate 本书上文译作“贴切的”。

的一切个体都丧失了，这个种的观念也会变成是幻想的[①]了。〕

§2. 斐 简单观念全都是实在的，因为虽然照许多人说，白和冷也和痛一样并不在雪中，可是它们的观念是作为依附于外界事物的一些能力的结果在我们心中的，并且这些经常的结果同样可以为我们用来区别事物，就好像它们是那存在于事物本身中的东西的确切影像一样。

德 〔我在上面已考察过这一点；但由此可见您似乎并不永远要求一种与原型的符合，而按照有些人的意见（但我并不赞成），认为上帝武断地指定给我们一些观念，注定它们来标志对象的性质，其间并无相似性，甚至也没有什么自然的关系，那么在这种情况下，在我们的观念和原型之间，也就会没有什么符合，就像在语言中人们通过制定所运用的那些语词与观念之间或与事物本身之间没有什么符合一样。〕

§3. 斐 心灵就其简单观念方面来说是被动的；但它为了造成把许多简单观念包括在同一名称之下的复杂观念所作的组合，则有某种随意的东西；因为一个人承认在他所具有的黄金或正义的复杂观念中的那些简单观念，另一个人并不承认。

德 〔心灵对于那些简单观念，当它将它们彼此拆散以便分开加以考虑时，也还是主动的，这也和几个观念的组合一样是随意的；它这样做或者是要引起对作为由此产生的结果的一个复杂观念的注意，或者是打算把它们包括在给予这种组合的名称之下。

① 这里"幻想的"原文为"Chimériques"，在本书别处或译"怪诞的"，英译本照洛克原书作"fantastical"，洛克原书中译本译作"幻想的"，今从之。两词作同义用，参见本段下文。

而心灵在这里是不会弄错的，只要它不是把一些不相容的观念结合起来，以及只要这名称可以说还保持着童贞，也就是说，只要这名称还没有被联上某种这样的概念：它可能引起和新联上的概念的混淆，并且或者可能把不能一起发生的东西结合起来而产生出一些不可能的概念，或者可能把这样一些观念——其中一个可以而且应该是通过推证而从另一个引申出来的——结合起来而产生出一些多余的和包含着某种藏匿(obreption)的概念。〕

§4. 斐　混合的样式以及关系，除了它们在人的心灵中所具有的实在性之外，并没有别的实在性，要使这一类的观念成为实在的，所必需的无非是存在或彼此相容的可能性而已。

德　〔关系也和真理一样有一种依赖于心灵的实在性；但并不是人的心灵，因为有一个至高无上的心智在一切时间内决定着它们一切。和关系有别的那些混合样式，可以是一些实在的偶性。但不论它们是依赖或不依赖于心灵，对它们的观念的实在性来说，只要这些样式是可能的，或者，这是同一回事，是清楚地可理解的就够了。而要有这结果，则必须它们的组成成分是可共存的(compossibles)，即能够一起存在的。〕

§5. 斐　但那些复杂的实体观念，由于它们全部都是相关于在我们之外的事物而形成的，并且是用来表象实在地存在着那样的实体的，因此只有它们是在我们之外并存着的事物中实在地结合着和并存着的一些简单观念的组合这个范围内，才是实在的。反之，那样一些复杂的实体观念则是幻想的，它们是由这样一些简单观念的集合构成的，这些简单观念从未实在地结合过，并且我们也从未发现它们曾一起在任何实体中；就像这样一些观念，它们形成一个半人半马的怪物，一个物体除了重量之外都像黄金而又比水更轻，一个对感官来说相似于物体的东西却又赋有知觉和随意的运动，如此等等。

德 〔如果照这样的方式，把实在的和幻想的这种名词，在相对于样式观念时，和相对于构成实体性事物的观念时，不是一样看待，那我就看不出您对于实在的或幻想的观念，有什么想法是两种情况所共同的；因为样式在您是当它们是可能的时就是实在的，而实体性事物在您则只有当它们是存在的时才有实在的观念。但想要相对于存在来说时，我们就几乎无法决定一个观念是不是幻想的，因为那可能的东西，虽然在我们所在的地方和时间找不到，可能过去曾存在过，或可能将来有朝一日会存在，或甚至可能现在就已在另一个世界存在着，或甚至就在我们这个世界中存在着而人们不知道，就像德谟克利特对于银河所具有的观念①那样，它已为望远镜所证实；所以似乎最好是说，可能的观念，只有当人们毫无根据地联上实际存在的观念时才变成幻想的，就像那些自命能找到"哲人之石"②的人所做的，或相信有一个半人半马怪物的民族的那些人所做的那样。否则，只是以存在来约束自己，我们就会毫无必要地背离了已为大家所接受的语言，它不让我们说在冬天谈到玫瑰花或丁香花（oeillet）的人就是说的幻想的怪诞事物，只要他不是想象着能在他的花园里找到它们，就像人们所讲的大亚尔

① 德谟克利特认为银河的光辉是由于其中所包含的许多小星的光彼此照射而形成的。参阅亚里士多德：《气象学》（*Meteorologica*）第Ⅰ卷，第8章，345^a，25。又可参阅罗斑：《希腊思想和科学精神的起源》，商务印书馆1965年版，第148页。

② 即欧洲中世纪的炼金术士所寻求的点金石。

伯特[①]或其他某个自称的魔术师的故事那样。〕

第三十一章　论完全的和不完全的[②]观念

§1. 斐　当实在的观念完满地表象着那些原本时，它们就是完全的，心灵假定这些观念是从它们所表象的原本抽引出来的，并把它们和这些原本联系起来。不完全的观念只是部分地表象原本。§2. 我们的简单观念都是完全的。我们在糖中所注意到的白或甜的观念是完全的，因为只要它和上帝放在这物体中以使产生这些感觉的能力完全相应，对此就足够了。

德　〔我看到，先生，您所喜爱的作者称为 Ideas adaequatas aut inadaequatas[③] 的东西，您叫做完全的或不完全的观念；人们也可以称它们为完满的或不完满的（accomplies ou inaccomplies）。我从前曾把 ideam adaequatam（一个完满的观念）定义为这样清楚的观念，以致它的一切成分都是清楚的，一个数的观念就差不多像那样。但当一个观念是清楚的并且包含着定义或和对象相应的标志时，它也可能是不贴切或不完满的，这就是：当这些标志或这些成分并不全部也清楚地被认识的时候，例如金子是一种能抵得住冶炼和硝强水的作用的金属，这是一个清楚的观念，因为

---

① Albertus Magnus，1193—1280，神学家，经院哲学家和炼金术士，多明我会僧侣。

② 原文为 complettes et incomplettes，英译本照洛克原书作“adequate and inadequate”（“贴切的和不贴切的”；洛克原书中又译作“相称的和不相称的”）。

③ 拉丁文，意即：“贴切的或不贴切的观念”。

它给予了金子的标志或定义;但它并不是完满的,因为冶炼和硝强水作用的本性我们是并不充分认识的。由此就达到这样的情况:当没有一个完满的观念时,同一个主体就可以有好几个定义,这些定义是彼此独立的,以致我们并不能总是把其中的一个从另一个引申出来,也不能预先看到它们应该属于同一个主体,因此只有经验才能告诉我们它们是同时全都属于它的。这样,金子就还可以被定义为我们的物体中最重的,或最可展延的,就不必说我们还可以造出来的其他许多定义了。但只有当人们已进一步深入知道事物的本性时,我们才能看到,为什么只有最重的金属才能抵得住试验者的这两种试验;反之,在几何学中,我们是具有完满的观念的,那就是另一回事,因为我们能够证明一个圆锥体或一个圆柱体被一个平面所造成的截面是一样的,即都是椭圆,而只要我们注意的话,这是不可能不知道的,因为我们对它们所具有的概念是完满的,在我,把观念分为完满的和不完满的这种分类,只是清楚的观念之下的一种次级分类,而我觉得那些混乱观念,如您所说的我们对于甜的观念,是不配这个名称的,因为虽然它们表现了产生感觉的能力,但它们并没有完全表现它,或至少我们并不能知道它,因为如果我们了解了在我们对于甜的这种观念中有些什么,我们就会能够判断它是否足够合理说明经验使我们在其中注意到的一切了。〕

§3. 斐 让我们从简单观念进而来谈到复杂观念;它们或者是关于样式的,或者是关于实体的。样式的观念是简单观念的随意的集合,是心灵不顾某种原型或实在和实际存在着的模型而把它们结合在一起的;它们是完全的并且不能不是这样的,因为它们既不是摹本而是原型,是心灵所形成,用以把事物安排在某种名称之下的，因此它们就不会缺少什么，因为它们每一个都包含着心灵想要形成的那样一种观念组合，并因此也都包含着心灵打算给它的那样一种完满性，而我们也不能设想，不论谁的理智，对于一个三角形，除了有三条边和三个角的观念之外，还能有什么更完全或更完满的观念。一个人把危险、执行、恐惧所产生的烦恼、对怎样做才合理的一种镇静的考虑，以及实际致力于执行这种考虑而不受危险的恐吓这样一些观念集合在一起，就形成了勇敢这一观念，并且有了他所想要的一切，也就是说，有了符合他所喜欢的一个完全的观念了。实体的观念则不是这样，在这里我们提出的是实在存在着的东西。

德 〔三角形或勇敢的观念，是和金子的观念一样，也在事物的可能性中有其原型的。而就观念的本性来说，它是我们在经验之前发明出来的，还是在知觉到自然所造成的一种组合之后保留下来的，这并没有什么不同。那造成样式的组合，也并不完全是随意的或武断的，因为有人可以把一些不相容的东西结合在一起，像那些发明永动机的人所做的那样；反之别人也可以发明一些好的和可行的机器，它们在我们来说除了发明者的观念之外并无其他原型，而发明者的观念本身是有事物的可能性或〈上帝的〉神圣观念作为原型的。而这些机器是某种实体性的事物。人们也可以造出一些不可能的样式，如当有人提出抛物线平行论时就是这样，他们想象着可以找出两条抛物线彼此平行，就像两条直线或两个圆那样。因此，一个观念，不论它是一个样式的观念或是一个实体性事物的观念，可以随着人们对形成总体观念的那些部分观念理解得好坏而是完全的或不完全的；而这在它使人完全认识对象的可

能性时就是一个完满观念的一种标志。〕

第三十二章 论真的和假的观念

§1. 斐 由于真或假是只属于命题的，因此当观念被称为真的或假的时，是有某种暗中的命题或断定，§3. 或者是一种暗中的假定，认为它们符合于某种事物。§5. 尤其是符合于别人以此名称所指的东西（如当说到正义时），一条是指那实在存在的（如是人而不是半人半马的怪物），一条是指本质，事物的特性就依赖于它；而在这意义下，我们通常的实体观念，当我们想象着某些实体的形式时，是假的。此外观念毋宁当叫做正确的或不正确的（justes ou fautives）而不叫做真的或假的。

德 〔我认为真的或假的观念可以这样来理解，但因为这些不同的意义彼此并不相符合，并且不能被适当地安排在一个共同的概念之下，因此我毋宁喜欢相对于这些观念全都包含的另一断定、即关于可能性的断定，来称观念之为真为假。这样，可能的观念就是真的，不可能的观念就是假的。〕

第三十三章 论观念的联合

§1. 斐 我们常常在人们的推理中看到一种奇怪的事，并且每个人都容易犯这种毛病。§2. 这并不仅仅是由于固执或自尊心；因为常常有些心地健全的人也犯这种毛病。甚至把它总是归之于教育和成见也是不够的。§4. 这毋宁是一种疯狂，并且人们如果总是这样行事是会成为疯子的。§5.这种毛病是来自一种观念的不自然的结合,它的起源是出于偶然或由于习惯。§6.倾向和兴趣也在其中有作用。精气[①]频频经过的轨迹就变成了熟门熟路;当我们知道[②]了一个曲调时,一开始唱就找到全曲了。§7.由此就有了那种并非与生俱来的同情或反感。一个小孩吃蜜吃得太多而不舒服了,到他变成成年人以后也不能不一听到蜜的名称就恶心。§8.小孩子们是很容易感染这样的印象的,因此最好要加以注意。§9.这种观念的不规则联合对我们的一切自然的和道德的活动和情感都有巨大的影响。§10.小孩子们由于听了别人讲的鬼怪的故事,黑暗就引起了他们的鬼怪的观念。§11.我们想到一个我们所恨的人,就不能不想到他对我们做过或可能做的坏事。§12.我们看到过一个朋友在一个房间里死去,我们就避开那房间。§13.一个母亲,丧失了一个很钟爱的孩子,有时就和他一起丧失了她的全部欢乐,直到时间抹去这一观念的印象为止,这一点有时就永远做不到[③]。§14.一个人经过一次极痛苦的手术把他的癫狂病症完全治好了,他知道应该一辈子感谢那替他做手术的人,但要他看到那做手术的人一眼就简直不能忍受。§15.有些人因为在学校里曾受到过不好的待遇,就一辈子都恨书本。有人曾有一次在某种机会占了另一个人的上风,就永远保持着这一点。

---

① les esprits animaux,洛克原书中译本作"元精",也有人照字面译作"动物精神",是资产阶级早期哲学、科学中流行的一个概念,认为人或动物体内有这样一种东西,许多生理、心理现象都以此来解释。

② G本作"Sait"("知道"),E本和J本作"Suit"("跟随")。

③ G本作"n'arrive jamais"("永远做不到"),E本和J本作"n'arrive pas"("做不到")。

§16.发现有一个人,已很好地学会了跳舞,但当房间里没有一口和他学跳舞的房间里的一样的箱子时,他就不会跳了。§17.同样的不自然的联系在理智的习惯中也可发现;人们把物质和存在(l'Etre)联系起来,好像没有什么非物质的东西。§18.在哲学、宗教和国家政治方面的宗派都固执自己的意见。

德 〔指出的这一点是重要的,并且完全合我的心意,也还可以举出无数例子来加强它。笛卡尔在年轻时曾对一个斜眼的人有过感情,他就一辈子不禁对有这种毛病的人有所倾心。另一位大哲学家霍布斯,(据说)不能独自一人留在一个黑地方而心里不害怕鬼怪的影像,虽然他一点也不相信鬼怪,这种印象是在儿童时期听人家讲故事给他留下来的。有许多很有学问并且有很健全理智的人,也断乎是超脱迷信的,却不能下决心十三个人在一桌吃饭而不感到极端狼狈,因为以往曾受这样的想象所打动,以为这样当年其中一个人就要死。有一位先生,也许是小时曾被别得不好的别针刺伤过,就不能再看到这样别的别针而不马上会要昏倒。有一位首相,在他主子的宫廷里具有 Président① 的称号,觉得受了奥达维奥·庇萨尼(Ottavio Pisani)的一本叫做《吕古尔格》(*Lycurgue*)的书的名号的冒犯,并写文章来反对这本书,因为这位作者在谈到他认为多余的法官时也把他们叫做 Présidens,虽然这名词在这位首相身上指的完全是另一回事,他却这样把这个词和自己本身联系起来,以致觉得受了这个词的伤害。这是那种最通常的不自然联合的一个事例,如那种词和事物的联合,当其中有歧义时,

① 通常就是“总统”或“主席”等,这里是这个首相的一个特殊头衔。

是能把人引入歧途的。为了更好地理解观念的不自然联结的根源,必须考虑我在上面(第十一章§11[①])已经指出的事,在那里谈到禽兽的推理时,我指出人和禽兽一样,也容易凭他的记忆和想象,就把他曾注意到在他的知觉和经验中结合着的东西结合起来。禽兽的一切推理,如果可以这样来称呼的话,就在于这一点,而人们的推理也常常是这样,要是他们是经验主义的,并且只是受感觉和事例的支配,而不考察是否同样的理由还起作用的话。而因为那些理由常常是我们所不知道的,我们就得从例子频繁出现的程度着眼来看那些例子;因为那时,从在一定时机的一个知觉[②]期待和记起通常与之相联系的另一知觉是合理的;尤其是当问题涉及需要小心的时候。但因为一个很强的印象的猛烈作用,常常一下就造成和许多较弱印象的频繁重复出现在长期中所造成的同样效果,因此这种猛烈作用在幻想中也会铭刻上一个和长期经验所能造成的[③]一样深刻、一样生动的影像。由于这样,一个偶然的,但很强烈的印象,就会把我们记忆中当时已经一样强烈、一样持久地在一起的[④]两个观念结合起来,并且使我们同样倾向于把它们联系起来和期待它们一个跟着另一个出现,就好像一种长期的习惯已经证实了它们的联系似的;这样就会在其中发现同样的联合的效果,虽然并无同样的理由。权威、党派[⑤]、习惯也产生和经验及

---

① G本作§1,E本和J本作§11,以后者为是。

② G本有"d'une perception à l'occasion",E本及J本无。

③ E本和J本有"auroit pu le faire",G本无。

④ G本作:"qui y estoient ensemble alors,tout aussi fortement et durablement"…;E本和J本作"qui déjà y étaient ensemble"…。

⑤ E本和J本无"le parti"。

理性一样的效果，而要摆脱这些倾向是很不容易的。但要是人们足够严肃认真地致力于追求真理，或者当他们认识到发现真理对他们很重要时，能够以正确方法来进行，那么要防止自己在作判断时弄错也不会是非常困难的。〕

汉译世界学术名著丛书

人类理智新论

下 册

〔德〕莱布尼茨 著

陈修斋 译

商务印书馆
创于1897 The Commercial Press

目　　录

第三卷　论语词

第一章　通论语词或语言

§1. 斐　上帝在使人成为一种社会的生物时，不仅启发了他的欲望和把他置于与同类共同生活的必然性之下，而且还给了他说话的功能，这当是这社会的巨大工具和共同纽带。语词就正是由此产生的，它们是用来代表也用来说明观念的。

德　〔我很高兴看到您背弃了霍布斯的观点[①]，他不承认人是天生要结成社会的，设想着人们只是由于必要性以及由于同类的邪恶而被迫结成社会的。但他毫未考虑到那些最好的人，完全免除了一切邪恶，也彼此结合起来，以求更好地达到他们的目的，就像鸟类的合群以便更好地结伴远游，又如海狸成百成千只地结合起来筑堤坝那样，这事只有少数海狸是不能完成的；而这种堤坝对它们是必要

---

① 霍布斯（Thomas Hobbes，1588—1679）在他的《论公民》（*De Cive*，1642）和《利维坦》（*Leviathan*，1651）中，都主张人就其本性说是一种自私和孤独的动物，在“自然状态”中是一种“一切人对一切人的战争”的状态，只是为了“自我保存”，害怕在这种状态中一起遭毁灭，才被迫订立“社会契约”，结成社会、国家。莱布尼茨则和亚里士多德及格劳修斯（Hugo Grotius，1583—1645）一致，认为人天生就是一种社会性的动物。

的，为的是以此来造成一些水库或小湖，它们就在其中建窝居住并在其中捕鱼来养活自己。这就是动物社会的基础，这对它们是很适当的，完全不是出于什么对同类的惧怕，这在禽兽之中是很少发现的。〕

斐 很对，并且就是为了更好地使这社会得到开化，人自然地具有这样构造成的一些器官，使他们适于发出音节清晰的声音，这我们就叫做语词。

德 〔说到器官，猴子也有这种器官，样子看起来是和我们的一样适合于说话的，可是却看不到它们在这方面有什么最小的进展。① 因此它们一定是缺少某种看不见的东西。也必须考虑到，我们用口发出声音而并不发有节音也能够说话，也就是说使人懂得我们的意思的，要是我们用音乐的声调来造成这种效果的话；但要发明一种声调的语言须得更多的技艺，而语词的语言则可以由处于自然本性很简单状态的人们逐渐地来形成和完善起来。可是有一些民族，就如中国人，他们利用声调和重音来变化他们的语词，他们所有的语词数量很少。这是高尔②先生的想法，他是一位著名的数学家和大语言学家，他认为中国人的语言是人造的，也就是说是由一位高明的人一下子发明出来，以便建立许多不同民族之间的一种语言上的沟通的，这些民族都居住在我们称为中国的那个伟大的国家中，虽然这种语言可能现在由于长期的使用已经

① 据英译本转引本书德译者夏尔许米特注，认为猿猴也有说话的器官这种早期广为流传的观点，已为荷兰的解剖学家彼得·康贝尔(Peter Camper，1722—1789)所否定。

② Jacob Gohl，拉丁名 Golius，1596—1667，是荷兰的一位著名东方学家，来顿大学的古典语文、数学和哲学教授，特别以长于阿拉伯文著名，所编《阿拉伯—拉丁辞典》迄今仍为人所推崇。

改变了。〕

§2. 斐 〔正如猩猩和其他猿猴有器官而并没有形成语词一样，我们也可以说鹦鹉和某些其他鸟类有语词而并没有语言〕，因为我们可以训练这一种和其他几种鸟类使它们发出相当清晰的声音；可是它们是完全不能有语言的。只有人处于这样的状态，能够用这些声音作为内心概念的记号，以便借此使这些概念能向别人表明。

德 〔我认为，事实上若不是有使别人了解自己的愿望，我们是绝不会形成语言的；但语言既经形成之后，它就还供人用来独自进行推理，一方面是利用语词给他的一种手段，用来记忆那些抽象的思想，另一方面也利用我们在推理中发现的那种运用符号标记以及无声的思想的好处；因为如果一切都要解释，并且永远要用定义来代替名词，那就太费时间了。〕

§3. 斐 但因为每一特殊事物如果都要有一各别名字来指称它，语词的增多就会引起应用上的混乱，因此语言还曾由于当其指一般观念时就用一般名词而更加完善起来。

德 〔一般名词不仅仅是用来使语言完善，而且甚至是语言的基本构成所必需的。因为如果所谓特殊事物是指个体事物，那么，要是只有专名而没有通称，也就是说，要是只有一些指个体事物的语词，那就根本不可能说话，因为当涉及人们指称得最多的那些个体、偶性，以及特别是那些活动时，就得每时每刻有新东西出现〈在心头〉；但如果所谓特殊事物是指最低级的种（species infimas），则除了常常很难决定它们之外，显然这些已经是基于相似性的一些共相了。所以，由于问题只涉及按照人们所讲的是属或种而范围较广或较狭的相似性，指出一切种类的相似性或一致性并因此应用各种程度的一般名词，是自然的；并且由于最一般的名词，虽然相关于它们所适用的个体来说是包罗最广的，但就相关于它们所包含的观念或本质来说是负荷最少的，因此往往是最容易形成并且最有用的。这样您就看到小孩子们以及那些对他们想说的语言或所说的事物所知甚少的人，就用像东西、植物、动物这样一些一般名词，而不用他们所缺少的那些专属名词。并且可以肯定，一切专名或个体名词原本都曾是通称或一般的名词。①〕

§4. 斐 甚至有些语词，人们不是用来指某种观念，而是指某种一定观念的缺乏或不在的，如无物、无知、无益。

德 〔我看不出为什么就不能说有一些否定的观念(idées privatives)，正如有一些否定的真理(vérités négatives)一样，因为否定的活动是肯定的。这个问题我已触及过了一些。〕

§5. 斐 不争论这一点了，为了稍进一步认识我们一切概念和知识的起源，比较会更有用的办法还是来考察一下，那些用来形成完全远离感觉的活动和概念的语词，是怎样从感性观念得其起源的，从这里出发，它们被转变为更抽象玄妙的意义。

德 〔是我们的需要迫使我们离开了观念的自然秩序，因为要是我们不顾我们的利益的话，这种秩序本来会是对天使、人以及所有一般的心智都一样，并且会为我们所遵循的；因此一定曾经得依从于我们人类须服从的机遇与偶然所提供给我们的那种秩序；而

① 莱布尼茨在这里认为在语词或概念的形成上似乎倒是一般的名词先于具体的个别的名称，这是和人类的认识从个别到一般的实际过程相反的，这也正是他的唯心主义唯理论观点颠倒了认识过程的一种表现。

这种秩序并不给予概念的起源，而可以说是给予了发现的历史。①〕

斐　〔很对，并且是对语词的分析，凭借名称本身就能使我们了解到这种连接，那是凭借您所提出的理性对概念的分析所办不到的。〕因此如下列这些词：想象(imaginer)、了解(comprendre)、依附(s'attacher)、设想(concevoir)、灌注(instiller)、厌恶(dégoûter)、烦扰(trouble)、平静(tranquillité)，等等，都是从感性事物的作用借来，并应用于某些思想样式上的。精神(esprit)一词最初的意思就是呼吸，而天使一词的最初意思就是使者。从这里我们就可以猜测，那些最初说这些话的人是有什么样的想法，并且自然是怎样通过名称本身出其不意地向人提示了他们一切知识的起源和原则的。

德　〔我已经给您指出过，在霍屯督人的信条中，圣灵是用在当地人中意指温和的熏风的一个词来称呼的②。对于其他大部分的词也是一样的，并且我们甚至并不总是认识这一点，因为真正的语源往往已丧失无可考了。有一个荷兰人，对宗教很不尊重，曾滥用这一真理(即神学、道德学及形而上学等名词都起源于粗鄙的事物)，在一本法兰德斯语小词典中把神学和基督教的信仰都歪曲成可笑的东西，在这词典中，他不是照习惯用法所要求那样来给名词

---

①　据英译者注：照莱布尼茨看来，"观念的自然秩序"是从一般到特殊，从抽象到具体，而语言表明"我们是从感官印象进到抽象观念"，这样，"就并不表明认识的本质，而只表明认识发展的历史。就一种更广的意义来说，语言的历史也就是一般的人类心灵发展的历史。"

②　见上第一卷第三章§8"德"(第75—76页)。

下定义或作解释，而是照语词原本的力量似乎带有的意义那样来解释，并加以恶意的歪曲；又因为他在其他方面表现出的不敬，据说已在拉斯贝尔—惠斯[①]受到了惩罚。可是考虑一下这种可感觉事物和不可感觉事物的类比是好的，这种类比曾用作转喻的基础；这事考虑一下一个很广泛的例子，如介词的用法所提供的例子那样，就会更好理解，这些介词如 à（到），avec（和……在一起），de（从），devant（在前），en（在内），hors（在外），par（由），pour（为），sur（在上），vers（向）[②]，都是从地点、距离和运动得来的，而从此以后就转变为各种各样的变化、次序、接连、区别、符合。à 意指接近，如说 Je vais à Rome（我到罗马去）。但如为了归附一件东西，我们把它靠近那我们想使它结合的东西，我们说一件东西 est attachée à（依附于）另一件东西。还有，由于当一件事物出于道德上的理由跟随着另一件事物时，可以说有一种非物质性的依附；我们说那跟随着某一个人的运动和意志的东西，appartient à（属于）这个人或归附于他，就好像它盯着这个人要靠近他和跟他一起走似的。当两个物体在同一地点时，一个物体是和另一个物体在一起（*avec* un autre）；但我们也说一件事物是和另一件处于同一时间、同一次序或部分次序，或在同一活动中协同动作的事物在一起（avec celle qui...）。当我们从（de）某个地点来时，那地点通过它所提供给我们的可感觉事物就曾成了我们的对象，并且在我们的

① G 本作 Raspel-huys，E 本和 J 本作 Raspel-huyss，应是当时荷兰的地名。

② 这些介词或前置词都有很多含义，括弧内仅注其较常用或较基本的一个意义。下文正是讨论这些介词从原始意义引申出的各种不同意义和用法，由于中西文字的差异，很难译，故多引原文。

记忆中现在还是我们的对象，这记忆中就完全充满了这对象，因此，对象就由介词 de(从)来指示，如说 il s'agit de cela(这牵涉到它)，on parle de cela(人们说到它)，就好像是从那里来的。而由于包含在某一地点之内或在某一整体之内的东西，是受它的支撑并和它一起被拿开的，因此偶性也同样地被看作是在主体之内，sunt in subjectio，inhaerent subjecto①。sur(在上)这个质词也被应用于对象；我们说他在这件事情上(on est sur cette matière)，就好像是一个工人在他所砍或所做的木头或石头上似的；而因为这些类比是可以变化万状，丝毫也不依赖于某种决定的概念的，因此语言在受介词支配的这些质词和格的用法中，或者在那些介词被省去和潜在地暗含着的情况中，就有很多变化。〕

第二章　论语词的意义

§1. 斐　现在，语词既然是人们用来作为他们观念的记号的，我们首先可以问，这些语词是怎样决定的；而人们都认为这并不是由于在某些有节音和某些观念之间有什么自然的联系(因为要是这样在人们之中就会只有一种语言了)，而是由于一种武断的制定，通过这办法，某个词就随意地成了某个观念的记号。

德　〔我知道，在学校里以及在所有其他地方人们都习惯于说语词的意义是武断的(ex instituto②)，并且的确，它们并不是为一

① 拉丁文，意即："是从属的，依附于主体"。

② 拉丁文，意即："出于制定的"。

种自然的必然性所决定的，但它们也还是受一些理由所决定，这些理由有时是自然方面的，在这里偶然性有某种作用，有时是精神方面的，在这里就有选择在起作用。也许有一些人造的语言完全是由于选择并且完全是武断的，如有人认为中国的语言，就曾经是这样，或者如乔治乌斯·达尔格奴斯①以及已故的彻斯特主教威尔金先生〈所创造〉的语言也就是这样。但那些从已知的语言中制造出来的语言，就是选择与它们所须得先有的语言中自然的和偶然的东西相混合的。那些盗贼制造出来，只让自己的同伙听得懂的语言，就是这样的，这种语言，德国人叫做 Rothwelsch②，意大利人叫做 Lingua Zerga③，法国人叫做 Narguois④，但它们通常也就是在他们所知道的平常语言的基础上造出来的，或者是通过一些比喻把语词原有意义加以改变，或者是通过照他们自己的方式所作的一种组合或引申转化来造出一些新词。通过不同民族的交往也形成了一些语言，或者是把几种相近的语言一视同仁地混合起来，或者最常见的是取一种语言作为基础，加以肢解、篡改、混合，以及

① Georgius Dalgarnus 或 George Dalgarno，约 1626—1687，于 1661 年在伦敦发表了一本著作，提出了创造一种普遍的哲学语言的思想，威尔金（John Wilkin，Evêque de Chester，1614—1672）于 1668 年在伦敦也发表了一本著作，其主要观点就采自达尔格奴斯的书。达尔格奴斯被认为是手写体字母的最早发明者。莱布尼茨本人也曾经提出创立一种普遍的文字的计划，在一定程度上受了以上两人的影响。

② 也作 Rothwälsch，据本书德译者夏尔许米特注，这是十六世纪已在德国盗匪中流行的一种人造语言，也就是一种"黑话"，十七世纪尤为流行。拉尔芒（Avé Lallemant）的《德国的盗贼》（*Das deutsche Gaunerthum*）一书中对此有详细的记述，据说这种"黑话"中采用了很多希伯来文的语词，其语法则与德语相合。在意大利，这种"黑话"，叫做 Georgo，相当于法国所称的 Argot，都是盗贼的"黑话"或"切口"的意思。

③ E 本和 J 本作 Gergo。

④ 这个法文语词通常有"狡猾"、"阴险"等意思，这里也是指盗贼的"黑话"。

由于忽视而加以破坏，和明知如此而加以改变，甚至拼凑上一些其他的语词。在地中海一带的商业交往中所用的佛兰卡语（Lingua Franca）是以意大利语为基础造出来的；其中丝毫也不顾语法规则。我在巴黎和一位亚美尼亚的多明我会会士谈过话，他自造或者也许从他的同道那里学会了一种佛兰卡语，是从拉丁语中造出来的，我发现相当好懂，虽然这种语言中既没有格，也没有时态和其他语尾变化，而他因为已习惯了，说得很流利。拉贝神父①，一位法国耶稣会士，非常博学，以其他许多作品闻名，他也造了一种语言，是以拉丁语为基础的，比我们的拉丁语较容易并较少限制，但比佛兰卡语更合规律。他对此还专门写了一本书。说到那些很长时期以来就已形成的语言，其中几乎没有什么不是到今天已极大地改变了的。拿它们和保存下来的古书和古代文物比较一下，这一点就很明显。古法语更接近普罗凡斯语②和意大利语，而我们看到那德奥底斯克语③则和法语或毋宁说罗曼斯语④（有时叫做 Lingua Romana rustica⑤）在一起，如它们在耶稣基督后第九世纪懦弱的路易皇帝的儿子们的誓词⑥中所出现的那样，这些誓词是他们的亲戚尼塔尔⑦为我们保存下来的。我们在别处很少发现有

---

① Philip Labbé，1607—1667，法国的编年史家，以博闻强记著作繁多著名。

② Provençal，法国普罗凡斯（Provence）省的方言。

③ Théotisque，即古德语。

④ Romain，英语作 Romance，即从拉丁语演变而来的诸拉丁民族的语言，即作为拉丁系语言的通称，包括法语、意大利语、西班牙语等。

⑤ 拉丁文，直译为“粗鄙的罗马语”。

⑥⑦ “懦弱的路易皇帝”（Empéreur Louis le débonnaire）即查理大帝的儿子路易第一，他的儿子们的誓词是 842 年 2 月 14 日在斯特拉斯堡作的，由尼塔尔（Nithard）在其著作中保存下来，成为研究古德语和古法语等的珍贵材料，尼塔尔是查理大帝的女儿贝尔特（Berthe）的儿子，法国最早的历史家之一。

这样古老的法语、意大利语或西班牙语的了。但说到德奥底斯克语或古德语,则有奥特弗利特[①]的福音书,他是那同一时期魏森堡的一个僧侣,这福音书弗拉丘斯[②]曾加以发表,而席尔特[③]曾想把它重新出版。渡海进入大不列颠的萨克森人给我们留下了还更古老的书。他们有《创世记》的开头部分和《圣史》的其他一些部分的一种译本或译解,是一位盖德蒙[④]作的。贝达[⑤]曾提到过他。但不仅日耳曼系语言中而且除了希腊和拉丁语之外一切欧洲语言中最古老的书,则是黑海[⑥]的哥特语福音书,以"银抄本"[⑦]的名称闻名,是以非常奇特的字体写的,初在威斯特发里亚的凡尔登一座本笃会老修道院中发现,后来被转移到了瑞典,就在那里被妥为保存着,并且理所当然地像对在佛罗伦萨的典籍全书的原本一样细心加以保管,虽然这译本是为东哥特人准备的,并且是用一种和斯堪的纳维亚的日耳曼语相差很远的方言译的;但这是因为人们以某种程度的概然性认为黑海的哥特人原本是从斯堪的纳维亚来,或

---

① Otfried 或 Otfried de Wissembourg,约 810—880,是一个宗教诗人,他的福音书通常叫《基督生平》,是用古高地德语的南法兰克方言写的。

② Matthias Flacius Illyricus,即 Flach-Francowitz,1520—1575,新教的神学家。

③ J. Schilter,1632—1705,是德国的法学家和考古学家,斯特拉斯堡的法律教授,由法学和考古学转入语言学的研究。

④ Gaedmon,即 Caedmon,死于 680 年,七世纪时盎格罗萨克森的一个僧侣,是一些用古英语写的古诗的作者。

⑤ Noël Beda,死于 1536 年,法国的神学家。

⑥ 原文为 Pont Euxin,是黑海的古称。

⑦ 原文为 codex argenteuse,其所以有此称呼,是因为它是用银色和金色的字体写在华贵的紫色皮纸上,并且银面精装的。此译本是约四世纪中叶时乌尔费拉(Ulfilas,311—383)主教所译,原有 330 页,现存 177 页。

至少是从波罗的海来的。而这些古哥特人的语言或方言是和现代日耳曼语大不相同的，虽然它们是有同样的语言基础。那古高卢语，从那最接近高卢语的语言——这就是威尔斯、康瓦尔、下不列塔尼等地的语言——来判断，就和现代日耳曼语更不相同；但爱尔兰语和它相差还要更远，并且使我们看到一种还更古老的不列颠的、高卢的和日耳曼的语言的遗迹。可是所有这些语言都来自一个来源，并且可以看作是同一语言的各种变形，这种语言可以叫做开尔特语。古代人就把日耳曼人和高卢人都叫做开尔特人；再进一步追溯开尔特语和拉丁以及希腊语——它们都和日耳曼语或开尔特语有很多词根是共同的——的起源，我们可以猜测这是由于所有这些民族都有同一来源，即源出西徐亚人(Scythes)，他们来自黑海，渡过了多瑙河和维斯杜拉河，其中一部分可能进入了希腊，而另一部分就满布于日耳曼和高卢；这是由一个假说得出的推论，这假说就是认为欧洲人是从亚洲来的[①]。萨玛特语[②](假定它是厄斯克拉夫语[③])至少有一半是起源于日耳曼语或与日耳曼语同源的。甚至在芬兰语也有某种相似的情况，在日耳曼民族即丹麦人、瑞典人及挪威人占据斯堪的纳维亚最好和最近海的地方以前，芬兰语是一种最古老的斯堪的纳维亚人的语言；而芬兰的或我们这个洲的东北部的语言，现在还是拉布兰人[④]的语言，从日耳曼

① 据英译者注：莱布尼茨的这一假说已为近代语言学所完全证实。

② Sarmatique，萨玛特人是古代分布在波罗的海与黑海之间广大地区的民族。

③ Esclavon，Esclavonie 即今南斯拉夫的克罗埃西亚(Croatie)。

④ Lappons，拉布兰(Laponie 或 Lapland)是指欧洲最北部的大片地区。

的或毋宁挪威的海洋一直分布到里海(虽然被厄斯克拉夫人从两者中间插断),并且和匈牙利语有关,匈牙利人是从现在部分地属于莫斯科人的一些国度来的。但分布在亚洲东北部的鞑靼语及其变种,似乎是匈奴人和库曼人(Cumans)也是乌兹别克人或突厥人、卡尔莫克人(Calmucs)及蒙古人的语言。而所有这些西徐亚的语言彼此之间以及和我们的语言之间都有很多共同的词根,并且发现甚至阿拉伯语(当包括希伯来语、古代的布匿语、迦勒底语、叙利亚语以及阿比西尼亚人的埃塞俄比亚语)中也有很大量的这种共同的词根,并且很明显地和我们的语言相一致,因此不能把它归之于偶然,甚至也不能仅仅归因于贸易交往,而毋宁当归因于民族的迁徙。这样,这里就丝毫没有什么是反对而不是毋宁有利于认为一切民族都是同源的并且有一种原始的根本语言的观点[①]。如果说希伯来的或阿拉伯的语言和这种原始语言最接近,那么至少它也应该是已经改变很大的,而似乎条顿族的语言曾保存了最多自然的,以及(用雅可布·波墨的话来说)亚当式的(Adamique)东西[②];因为我们如果有纯粹的原始语言,或者保存得相当好,足可加以认识,那就会显示出那些联系的理由,或者是自然的,或者是出于一种明智而适足表现初创者的才能的武断的制定。但假定

---

① 据英译者注:莱布尼茨是第一个预感到先是各种欧洲语言,然后是其他语言之间的血缘联系,并从此观点出发,要求进行并且亲自致力于语言的比较研究的,而在这方面,也和在许多其他问题上一样,他是远远超出他的时代的。关于他在语言学方面的著作,见于杜顿(Dutens)编的《莱布尼茨全集》第五和第六卷。

② 波墨(Jacob Boehme,1575—1624),是德国一个通神论者,神秘主义者,对莱布尼茨及以后谢林、叔本华等的哲学都有相当大的影响。这里所谓"亚当式的",是以亚当作为人类原始统一性的象征和代表,即指人类最原始、纯粹的东西的意思。

我们的语言基本上是派生的，它们却到底本身具有某种原始的东西，这种原始的东西，对于那些新的根词①来说，是在我们语言中突然发生的，这些新根词是那时以来由于偶然，但基于自然的理由而形成的。那些表示动物的声音或从动物的声音来的词，提供了这方面的例证。例如作为与青蛙相关的一个拉丁词 Coaxare，就是这样，这词和德语中的 couaquen 或 quaken② 有关联。而这种动物的声音似乎是日耳曼语言中其他一些词的原初的根源。因为由于这种动物发出很大噪声，现在人们就把这词用来指无聊的空谈或饶舌，以一种将词义变小的方式称之为 quakeler；但显然这同一个词 quaken 从前是当作好的意义来理解，并且是指从嘴里发出的所有各种声音，也包括说话在内的。而因为这些动物的声音或噪声是一种生命的证据，并且人们在眼见以前凭它就认识到有某种有生命的东西，因此在老德语中 quek 就意指生命或活的，如我们在最古老的书中可以看到的那样，而这在现代语言中也还有一些遗迹，因为 Quecksilber 就是水银（vif-argent③），而 erquicken 就是使人强壮以及在精疲力竭或出大力劳动之后使人重新活跃起来或恢复过来的意思。在低地德语中有些很坏的草叫做 Quäken，它们像德国人所说那样好像是很活跃、会跑的，在田野中蔓延很广，很容易繁殖扩散，对禾苗很有害；而在英语中 quickly 意思就是很迅速，并且是表现一种很活跃的方式。因此我们可以断定，就这些

---

① 译文照 G 本，原文为“des mot radicaux nouveaux”，E 本及 J 本作“des mots radicaux et nouveaux radicaux”即“根词及新根”。

② 这几个词都是指蛙鸣声。

③ 法语指水银的 vif-argent 一词，照字面的意思也可说就是“活的银子”。

词来说，日耳曼语言可以被当作是原始的，古代人们并不需要从别处借来一个声音，作为蛙的声音的模仿。而还有别的许多词情况显得也是一样的。因为似乎出于一种自然的本能，古代的日耳曼人、开尔特人，以及和他们有血缘关系的其他民族，都曾用R这个字母来指一种剧烈的运动以及像这字母的声音那样的一种声音。这在以下这些词中就表现出来，如ῥέω〈流〉，fluo〈流〉，rinnen〈流、淌〉，rüren(fluere——流)，rutir(fluxion——流溢)，le Rhine〈莱茵河〉，Rhône〈罗讷河〉，Roer(Rhenus，Rhodanus，Eridanus，Rura)，rauben(rapere，ravir——抢夺)，Radt(rota——滚)，radere(raser——剃除)，rauschen(这词很难翻译成法文，它是指风或动物经过使树叶或树发出的那样一种声音，或长袍拖地发出的那种声音)，rekken(用力张开)，从这词变化来的有reichen是指到达，der Rick是指一根长棍或竿子，用来挂东西的，在不伦瑞克附近流行的这种Platdütsch或下萨克森语中就是这样用的；还有rige，reihe，regula，regere，是指一种长度或一种直的途径，而reck是指一种很广阔和很长的东西或人，特别是指一种巨人，然后就指一个有势力和富有的人，像在德语中的eich，以及在那些半拉丁语中的riche或ricco所表现的意思。在西班牙语中，ricos hombres就指贵族或要人；这就同时使我们了解到，那些比喻、提喻、换喻等方法是怎样使一些词从一种意义变成另一种意义，而我们并不是始终能追寻到其踪迹的。我们在riss(rupture——破裂)这个词中也可以注意到这种响声和激烈的运动，拉丁语rumpo〈破、裂〉，希腊语ῥήγνυμι(破)，法语arracher(拔)，意大利语straccio(破、裂)都和这个词有联系。而正如字母R自然地意指一种激烈的运动一样，字母 L 则指一种较柔和的运动。因此我们看到有些儿童和其他的人，觉得 R 太硬、太难发音，就用 L 来代替它，例如他们就说 mon lévelend pèle[①]。这种柔和的运动也表现于下列这些词中，如 leben(vivre——生活)，laben(conforter——使健壮，faire vivre——使活)，lind〈柔软的〉，lenis〈柔软，光滑〉，lentus(lent——缓慢)，lieben(aimer——爱)，lauffen(像流水般迅速溜走)，labi(溜滑，labitur uncta vadis abies[②])，legen(轻轻放下)，从这词变出 liegen (Coucher——躺卧)，lage 或 laye(un lit, comme un lit de pierres——一张床，如一张石床)，Lay-stein(pierre à coucher, ardoise—可躺卧的石头，青石板)，lego，ich lese(je ramasse ce qu'on a mis——我把别人放下的东西收起来，这是 mettre——"放"这个词的反义词，然后是 je lis——"我读"及最后是希腊人中的 je parle——"我说"的意思[③])，Laub(feuille——叶子)，一种易摇动的东西，与此相联系的有 lap〈冲洗〉，lid[④]，lenken〈驾驶〉，luo〈洗涤〉，λύο(solvo)〈分解〉，leien[⑤](在下萨克森语中)，融解，像雪那样融化，Leine(勒拿河)的名称就是由此而来；这是汉诺威的一条河，它起源于多山地区，由于融化的雪水而大大地增加了水量。不消说还有无数其他类似的称呼，证明在语词的起源方面有某种自然的东西，标志着在事物和声音以及发声器官的运动之间有

① 本当为"mon réverend père"(我尊敬的神父)。
② 拉丁文，见味吉尔《伊尼特》(*Aeneis*)8.91.意即："船锚滑下水"。
③ 照 G 本、E 本及 J 本无"Et puis je lis et enfin chez les Grecs je parle"等词。
④ 照 G 本、E 本及 J 本作"liel"。lid 意为"盖"。
⑤ 照 G 本、E 本及 J 本作"lien"。

一种关系;并且也是因为如此,字母 L 和其他名词相结合,在拉丁语、半拉丁语、高地德语中就构成那种词义变小的方式(diminutif)。可是不能以为这理由是到处可见的,因为 le lion〈狮子〉,le lynx〈山猫〉,le loup〈狼〉,就无论怎么说也不能说是温和的。但可以把它归之于另一种偶性,即迅速(lauf),即使人害怕或迫使人逃跑的,就如一个人看见这样一个动物来了就对旁人大喊:lauf(fuyez! ——快跑!);此外由于许多偶然的原因和变化,大多数语词已比起它们的发音及原本的意义来有了很大改变和离得很远了。

斐 再举个例子可以使这一点更好理解。

德 这里有一个足够明显的,并且包含着很多其他的例子。Oeil(眼睛)这个词以及与它相关的那些词可以用来作例子。为了看清楚这一点起见,我将从稍远处谈起。A(第一个字母)跟上一个稍稍吐气的音就成 Ah,而由于这是一种吐气,开始时产生一个相当清晰的声音,然后逐渐消失,因此当 A 和 h 都不很强时,这声音就自然地指一种轻微的呼吸(spiritus lenis)。因此这就成了ἄω,aer,aura,haugh,halare,haleine,ἄτμος,Athem,Odem(德语)[①]这些词的起源。但由于水也是一种流体并且发出噪声的,因此(似乎)ah 通过加倍而发出较粗重的音,即 aha 或 ahha,就被作为水。条顿语和其他开尔特语中,为了更好地表明这运动,就在这两者前面都加上 W。由于这样,Wehen〈吹〉,Wind〈风〉,Vent〈风〉,就表明是空气的运动,而 Waten〈涉水〉,Vadum,Water 就指水的或水

① 这些词都是希腊、拉丁、法、德等语文中表示气、嘘气或水汽等意义的词。

中的运动。但回头来谈 aha,它似乎是(如我已说过的)一个意指水的词根。冰岛人,保存了斯堪的纳维亚的条顿语的某些东西,他们把 aha 的吐气减弱了一些而说 Aken(意指 Aix,Aquae grani①),则是把吐气加强了,如拉丁人说 aqua 也是这样,还有有些地方的德国人也是这样,他们在作文中说 ach 就是指水,如 Schwarzach②,是指黑水,Biberach 是水獭的水。在老文书中,不说 Wiser 或 Weser 而说 Wiseraha,而在古代居民中则说 Wisurach③,而拉丁人就从这词得出 Visurgis,正如从 Iler,Ilerach,他们得出 Ilargus 这个词一样。从 aqua,aigues,aune,法国人最后就得 eau〈水〉这个词,他们读作 oo 的音,这里已再没有留下什么起源的东西了。Auwe,Auge 在日耳曼人中今天是指一种常常淹水的地方,适合于作牧场,locus irriguus,pascuus④;但特别是指一个岛,如在 Reichenau 的修道院(Augia dives)的名称,以及许多其他的名称中那样。而这种过程当是在很多条顿和开尔特的民族中都曾发生过的,因为从这里就产生这样的情况,即凡是好像在一种平面中孤立的东西都被叫做 Auge 或 ouge,oculus,在德国人中,对水面上的油滴就是这样叫的,而在西班牙语中,ojo 是一个孔穴。但 Auge,Ooge,oculus,occhio 等等,都特别突出地用来指眼睛(Oeil),它就是脸庞上这样孤立的发光的小孔;而无疑法语的 Oeil 也是从这

---

① 即 Aquis Granum,Aix-la-chapelle。德国城市名,今作 Aacken。

② 从 G 本、E 本及 J 本作"Schwartzach"。

③ 从 G 本、E 本及 J 本作"Wiserach"。

④ 拉丁文,意即:"可灌溉的地方,放牧场"。

里来的，不过它的起源已完全无法认识了，除非是象我以上那样把这些情况连接起来加以考察；而希腊文的ὄμμα〈“天眼”即“太阳”〉和ὄφις〈眼、眼光〉似乎也出于同一来源。Oe 或 Oeland 在北方人中是指一个岛，这在希伯来文中也有某些痕迹，希伯来文的אי Ai，是一个岛。波夏尔[①]曾认为腓尼基人原来给那遍布岛屿的爱琴海(la Mer Aegée)的那个名称，也是从这里来的。Augere，即增加(augmentation)，也是从 auue 或 auge 来的，这就是水的漫溢；正如 Ooken，auken 在老萨克森语中就是增加；而 Augustus〈奥古斯都〉，在说的就是皇帝时，就被译作 Ooker。不伦瑞克那条河，起源于哈茨(Hartz)山脉，因此常常容易遇到山洪暴发，河水猛涨，就被叫做 Ocker，从前叫 Ouacra。我顺便说一说，那些河流的名称，通常起于人们所知道的最古老的年代，最好地标志着古老的语言和古代的居民，因此是值得特别加以研究的。而语言一般既是各民族最古老的纪念品，先于书写和艺术，因此最好地标志着各民族的亲族关系以及迁徙情况的起源状态。正因为如此，语源学搞得好是很有意思并且有重大意义的，不过必须把多个民族的语言结合起来，并且不要未经证实就过多地从一个民族一下跳到很远的另一个民族，在这过程中，有一些介乎其间的民族作为保证是尤其有用的。而且一般说来只有当具备大量可彼此印证的证据时，

① Samuel Bochart，1599—1667，法国的著名学者和新教神学家，东方学家，精通各种主要的东方语文，包括希伯来语、迦勒底语、阿拉伯语等，尤其是腓尼基语，曾想把一切语文都从希伯来语或腓尼基语中引申出来。莱布尼茨对他有很高评价，并常引述他的观点。

才能对语源学有所信赖；否则就是高洛比斯的搞法(goropiser)①。

斐　高洛比斯的搞法？这是什么意思？

德　这就是指十六世纪有学问的医生高洛比斯·培卡奴斯②的奇怪而常常可笑的语源学，这话已变成了谚语，虽则要不然他认为那日耳曼语，他叫做 Cimbrique 的，比起希伯来语本身来也同样或更多地具有某种原始的东西的标志，这并没有太大的错误。我记得，已故的克劳贝格先生③，一位卓越的哲学家，曾发表过一篇短小的论文讨论日耳曼语言的起源，人们很惋惜失去了他在这个题材上曾答应要作出来的东西。我自己对这个问题也曾发表过一些思想，此外还曾促使已故的格拉德·迈耶尔④，不来梅的一位神学家，来做这方面的工作，他也做了，但死亡打断了他的工作。可是，我希望公众有一天还是能从他的工作得到益处，也正如从席尔特的类似工作得到益处一样，席尔特是斯特拉斯堡的一位著名法

①② Goropius Becanus，即 J. Becan，1518—1572，是一位比利时的医生和学者，他的真名是 Van Gorp，照拉丁写法就成了 Goropius Becanus。他在安特卫普行了几年医，后来就完全从事考古、文学及古代语文的研究。在列日的一次公开讲演中，他企图证明人类始祖亚当的语言就是佛兰德斯语或条顿语；他又认为尼德兰就是天堂乐园的所在地，在一部作品中就企图把全部语言都从低地德语(他称为 Cimbrique)中引申出来，因此莱布尼茨认为是“奇怪而可笑的”。

③ Claubergius，即 J. Clauberg，1622—1665，一位德国的哲学家，属于笛卡尔派，最初只是注释笛卡尔的著作，后来也独立有所发展，对以后笛卡尔学派的发展也有相当影响。莱布尼茨对他的语言学以及哲学都有很高的评价，并常提到他和他的作品。他在 *Ars etymologica Teutonum*(《条顿语源术》)这部作品中提出日耳曼语必须解释为一种原始语言，并把这作为一个基本命题。

④ Gerard 或 Gerhard Meier 或 Meyer，照拉丁写法作 Gerardus Meierus，他曾受莱布尼茨的引导和鼓励去研究日耳曼语言学，搜集了很多材料，因早死而未能完成其工作。

学家,但不久前也去世了。至少可以肯定,条顿族的语言和古代文明,是在对欧洲人的起源、风俗习惯和古代文明所作的研究中的大部分都占有地位的。而我希望学者们也同样来研究瓦来人[1]、比斯开人[2]、斯拉夫人、芬兰人、土耳其人、波斯人、亚美尼亚人、格鲁吉亚人以及其他民族的语言,以便更好地来发现其间的和谐一致,这如我刚才所说的对于弄清各民族的起源是特别有用的。

§2. 斐 〔这计划是很重要的,但现在已到时候了,让我们离开语词的质料方面而回头来谈它们的形式方面,即它们的意义,这是各种不同的语言所共同的。〕而您,先生,首先将会同意:当一个人和另一个人说话时,他所想给予人的是他自己的观念的记号;语词不能为他用于他所不知道的东西。而除非一个人有了他自己的观念,他是不能假定这些观念符合于事物的性质或旁人的概念的。

德 〔可是的确有人常常意思指的毋宁是别人的思想而不是自己自主的思想,就那些盲目信仰的世俗人来说,这种情况简直是太多了。可是我承认人们总永远理解某种一般的东西,不管那思想是多么空洞而无所用心;并且人们至少总注意把语词安排得符合旁人的习惯,满足于相信自己的意思必要时能为别人所懂得。因此人有时只是思想的转达者,或别人的说话的传送者,完全像一封信所起的作用那样;而甚至人们的这种情况比人们所想的更常见。〕

① Wallienne,指罗马尼亚的一部分 Wallachia 地方的人。

② Biscayenne,指法国与西班牙之间的比斯开(Biscay)湾一带的居民。

§3. 斐 〔您加上一点指出人永远理解某种一般的东西，不管他是怎样的白痴，这是很对的。〕一个小孩在他听说叫做金子的东西里只注意到一种闪光的黄的颜色，就把他在衣裾上看到的同一种颜色叫做金子；别人就将会加上很大的重量，可熔性，可展性。

德 〔我承认这一点；但人们对他所谈到的对象的观念，常常比这小孩的还更一般，而我毫不怀疑，一个瞎子也能确切地来谈论颜色，并且作一篇成本大套的演说来赞颂他所不认识的光，因为他曾学会了解了它的效果和有关的种种情况。〕

§4. 斐 您指出的这一点是很对的。人们常常把思想更多地用于语词而不是用于事物，并且由于人们在认识语词所指的观念以前先已学会了大部分的语词，因此不仅是小孩，而且有些成年人也是常常和鹦鹉一样说话。§5.可是人们通常总以为是指自己的思想，并且还有，他们也赋予语词一种和别人的观念以及和事物本身的秘而不宣的关系。因为要是那些声音是被我们的对话者归之于另一个概念，那就得是说两种语言了。的确，我们要常常停下来考察一下别人的观念是什么，这是绝不为过的，并且我们的观念要假定就是那公众以及国内的高明人士归之于同一个词的观念。§6.对于简单观念和样式，特别是这样的情况，但对于实体，人们更特别认为语词也指事物的实在。

德 〔实体和样式是同样地为观念所代表的；而事物也和观念一样，两者都由语词来标志的；因此我在这里看不出有什么不同，除非是说实体性事物以及可感性质的观念是更为固定的。此外，有时也有这种情况，即我们的观念和思想就是我们谈话的材料并且就成为我们想要指的事物本身，而反省的概念是比人所认为的更多地参与事物的概念之中的。人们有时甚至就实质性地谈到语词，而在这种场合不能确切地以语词的意义、或语词与观念或事物的关系来代替语词；这种情况不仅当人们作为语法学者来说话时是这样，而且当人们作为词典编纂者来说，给名词以解释时也是这样。〕

第三章 论一般名词

§1. 斐 虽然存在的只有特殊的事物，大部分的语词却仍是一般名词，因为不可能 §2. 让每个特殊事物都有一个特殊各别的名称，否则就得有一种异乎寻常的记忆力，和这比起来，即使像有些将军能对他们所有的士兵都叫得出名字，他们的记忆力也都算不得什么了。如果每一只禽兽，每一棵植物，甚至植物的每一片叶子，每一颗谷物，最后是每一粒沙子，凡是需要指名的，都得有它的名称，那这事情就会变成无穷无尽。〔并且对于像水、火这样在人的感觉上是齐一的东西，它们的各个部分又如何命名呢？〕§3. 此外，这些特殊的名称也会是毫无用处的，因为语言的主要目的，是要在听我说话的人心中激起一种和我的相似的观念。〔因此只要相似就够了，这是用一般名词来指示的，〕§4. 而只有特殊的语词既不能用来扩充我们的知识，也不能用来凭借过去以判断将来，或凭借另一个体以判断一个个体。§5. 可是因为人们常常有需要提到某些个体，特别是我们同类的个体，因此人们就用一些专名；我们也把专名给予国家、城市、山脉以及其他地域上的区划。赛马的骑师甚至对他们的马也都给予专名，也如亚历山大给他的步赛骅骝（Bucephalus）以专名一样，为的是当马不在他们眼前时能区别出这一匹或那一匹马。

德 〔指出的这几点是很好的，其中有些和我以上所指出的也相符合。但我还要补充一点，照我所作过的观察，那些专名的起源通常本是通称即一般名词，如勃鲁特斯(Brutus)、凯撒(Caeser)，奥古斯都(Augustus)，加比图(Capito)，朗都鲁(Lentulus)，比索(Piso)，西塞罗(Cicero)，易北河(Elbe)，莱茵河(Rhine)，鲁尔河(Ruhr)，勒拿河(Leine)，奥卡尔河(Ocker)，步赛骅骝，阿尔卑斯山(Alps)，比利牛斯山(Brenner 或 Pyrénées)；因为我们知道，第一个勃鲁特斯的名字是由于他显得愚蠢而得来的，凯撒是一个从母腹中破腹取出的孩子的名字，奥古斯都是一个尊称，加比图是大头，步赛骅骝也是，朗都鲁、比索和西塞罗最初都是给予那专门种植某种蔬菜的人的名字。我已经说过莱茵、鲁尔、勒拿、奥卡尔这些河流的名称是指什么意思。而我们知道，在斯堪的纳维亚，一切河流都还叫做易北(Elbes)。最后，阿尔卑斯就是覆盖着白雪的山脉(album，blanc——“白”一词就与此相符合)，而比利牛斯(Brenner 或 Pyrénées)就是指一种很高的高度，因为 bren 在开尔特语中意思就是高，或首领(如 Brennus①)，正如在下萨克森语中 brinck 还是意指高昂，而在德国和意大利之间也有一座 Brenner 山，正如 Pyrénées(比利牛斯山脉)是在高卢和西班牙之间一样。因此我敢说几乎所有的语词其起源都是一般名词，因为人们无缘无故地发明一个特有名称来指示某一个体，这样的事是极为罕见的。所以我们

① Brennus 原意就是首领或酋长(chef)，罗马人用以特指公元前 390 年攻掠罗马城的高卢人首领，遂成专名。

可以说,那些个体名称本是种名,人们因某一个体特别突出或由于别的什么而把这种名就给予这个体的,就像大头这个名称就给了那在全城中头最大的,或人们所认识的大头中最重要的人物。人们甚至也像这样把属的名称给予种,这就是说,当人们并不在乎那些区别时,就会满足于用一些较一般或较广泛的名称来指那些较特殊的种。例如我们就满足于艾草这一一般名称,虽然其中有这许多种,以致一位鲍亨[1]就以此足足写了一本专著。〕

§6. 斐 您关于专名的起源的这些思考是很正确的;不过,回头来谈那些通称或一般名词的起源,您无疑会同意,先生,当语词是一般观念的记号时就变成一般的,而当人们通过抽象把时间、地点或能把观念决定于某一特殊存在的其他情状分离出去时,这些观念就变成一般的了。

德 〔我不反对抽象的这种用法,但这毋宁是从种上升到属而不是从个体上升到种。因为(不管这显得多么像悖论)我们是不可能有关于个体的知识的,也不可能找到办法来确切地决定任何事物的个体性,要是仅守着它本身的话;因为所有的情况都可能重新出现;最微细的区别我们是感觉不到的;地点和时间本身远不能作决定,它们本身倒是需要通过它们所包含的事物来被决定的。其中最值得考虑的是:个体性包含着无限,而只有能全部了解这无限的人才能有对于某一事物的个体性原则的知识;这是由于宇宙中一切事物彼此间的影响(照健全的方式来理解)。的确,如果有德

① 指 Jean Bauhin,1541—1613,一位瑞士的医生和博物学家,主要从事于植物学的研究。他的兄弟 Gaspard (1560—1624)也是医生和植物学家,他的父亲也是一位著名的法国医生,因改信新教被逐,流亡国外。

谟克利特所说的原子，情况就会不是这样；但那时两个同样形状和同样大小的不同个体之间又会毫无不同了。〕

§7. 斐　可是十分显然，小孩对和他们打交道的人（让我们只限于这个例子）所形成的观念，是和人本身相似的，只是特殊的而已。他们对他们的保姆和母亲所具有的观念，是很好地印在他们心中的，而小孩们所用的保姆或妈妈这些名称，是单只和这些人相关联的。当此后时间使他们观察到还有许多别的存在相似于他们的父亲或母亲时，他们就形成一个观念，并发现所有这些特殊的存在物都同等地分有这个观念，他们也就和别人一样给它以人这个名称。§8. 他们也以同样的途径得到一些更一般的名称和概念；例如动物这个新的观念就不是通过任何增加来造成的，而只是除去了人的特殊形状或特性，单留下一个伴随着生命、感觉和自发的运动的物体。

德　〔很好；但这只表明了我刚才所说的；因为当小孩通过抽象从对人的观念的观察进到对动物的观念的观察时，他已是从他在他的母亲或父亲以及其他人中所观察到的那较特殊的观念，达到对于人类本性的观念了。因为只要考虑一下，仅仅很平常的有点相似就很容易欺骗了他，并使他把另一个并非他母亲的妇女当作是他母亲，这就足够判断他并没有对个体的确切观念了。您知道那假马丁·盖尔的故事①吧，他由于相貌很像，再加上手段巧

① Martin Guerre 的案件，是十六世纪很著名的一个案件。马丁·盖尔是噶斯柯尼(Gascony)地方一个绅士，从家里出去就失踪了。经过很长一段时间以后，一个本名叫亚尔诺·杜·梯尔(Arnaud du Thil)的人突然出现，自称是马丁·盖尔，盖尔的妻子也就误认他是丈夫，并和他生了两个孩子。以后，她知道了她真正的丈夫在法兰德斯，就愤怒地到法庭告发了这骗子。案件审讯了很久，最后是那真盖尔突然出乎意外地来到了，才得以了结，杜·梯尔被判了死刑。莱布尼茨在《神正论》的前言中也谈到了这故事，见 G 本卷 6，第 74 页；E 本，第 491 页 b；J 本卷 2，第 48 页。

妙，甚至把真盖尔的妻子和近亲都骗了，并且很长时期使法官感到困惑，甚至当那真盖尔来到了时都还这样。〕

§9. 斐 这样，关于属和种的这整个神秘奥妙的问题，那在经院哲学中如此吵闹不休，而在经院之外则理所当然地很少被考虑的，这整个神秘奥妙的问题，我说，就被归结为那些范围较广或较狭、人们给予某种名称的抽象观念的形成问题了。

德 〔把事物分列为属和种的技术不是不重要而是很有用处的，对于判断和对于记忆来说都是这样。您知道这对于植物学是多么重要，且不说对于动物和其他实体，也不说对于某些人所说的道德上的和概念性的(Notionaux)东西了。秩序的很大一部分就依赖于此，并且有许多优秀的作家就是这样来写作，以致他们的全部论著都可以归结为遵照一种方法所作的分类和再分类，这种方法就与属和种有关，并且不仅能用来牢记事物，甚至还能用来找出事物。而有些人曾把所有各种概念分类排列在某些一定的名目或其下再分列的范畴之下，他们做的这事是非常有用的。〕

§10. 斐 在给语词下定义时，我们是用那属或最接近的一般名词；而这是为了避免列举这属所指的那些不同的简单观念的麻烦，或者有时也许是为了避免那不能作这种列举的耻辱。但虽然下定义最简捷的途径是用逻辑学家所说的属加种差的办法，但在我看来我们可以怀疑这是否是最好的办法；至少这不是唯一的办法。在说人是一种理性的动物这个定义中(这定义也许并不是最确切，但对当前的目的来说是足够适用的)，我们可以不用动物这个词而代之以它的定义。这就使我们看出：说一个定义当由属和种差构成[①]，这条规则是没有多大必要的，并且严格遵守这条规则也是没有多大好处的。语言也并不永远是照着逻辑的规则来形成，以致每一名词的意义都能确切地和明白地用另外两个名词来说明的。而那些定下这条规则的人也很不行，竟很少给我们什么符合这规则的定义。

德　〔我同意您提出的这些看法；可是，如果定义能由两个名词构成，就很多理由来说是很有好处的；这无疑可以大大缩短，并且一切分类都可以归结为两分法，这是最好的一种分类法，对于发明、判断和记忆都是大有用处的。可是我不认为逻辑学家永远要求属或种差只用单独一个词来表示；例如正多边形这个名词可看作正方的属，而就圆这个图形来说，它的属可以是一个弧线的平面图形，种差就是其周围线上的点与某一作为中心的点距离相等。此外，指出这样一点也是好的，就是：属常常可以换为种差，种差也可以换为属。例如：正方是一个正四边形，或者说是一个四边的正图形，这样，属或种差的区别似乎就有如名词与形容词的区别；比如，不说人是一种理性的动物，语言也允许说人是一种动物性的理性之物，这就是说，是一种有理性的实体，而赋有动物的本性；反之那些精灵[②]则是有理性的实体，而其本性不是动物性的，即不是与禽兽有共同性的。而这种属与种差的互换，是取决于细分类的次序的变化。〕

---

① 这是亚里士多德最早提出的下定义的规则，见其《正位篇》(*Topica*) VI, 4. 141 b. 26。我国有些哲学和逻辑文献中作"种和属差"即将 Genus 译为"种"，Species 译为"属"，与生物学界译法颠倒，本书从生物学界译法，故此处也相应将"属差"改译为"种差"。

② 指"天使"、"大天使"之类，原文为"les Génies"。

§11. 斐 从我刚才所说的就可得出结论:我们叫做一般的和普通的东西,不属于事物的存在,而是理智的作品,§12.而每一物体的本质无非是一些抽象观念。

德 〔我不大看得出如何能得出这结论。因为一般性是在于单个事物之间的相似性,而这种相似性是一种实在。〕

§13. 斐 我自己就要来告诉您这些物种是基于相似性的。

德 〔那么为什么不也到这里来找那些属与种的本质呢?〕

§14. 斐 至少在不同人心中的有些复杂观念常常只是简单观念的不同集合,因此在一个人心中是吝啬的,在另一个人心中就不是,如果考虑到这一点,那么听到我说这些本质是理智的作品,就不会那样惊奇了。

德 〔我承认,先生,很少还有别的什么场合,比这里更使我觉得难以理解您的推论的力量的了,而这一点使我很困惑。如果人们在名称上不同,这就改变了事物或它们的相似性了吗?如果一个人把吝啬这名称应用于一种相似性,而另一个人用于另一种相似性,那是用同一名称来指两个不同的种。〕

斐 就我们最熟悉并且最亲切地认识的那一实体的种来说,人们也曾屡次怀疑,一个妇女生于世上的婴儿是否一个人,甚至争论是否当加以哺育和为之施洗礼;如果人这名称所属的抽象观念或本质,是自然的作品,而不是理智把一些简单观念结合在一起的一种各不相同而不确定的集合体,并在通过抽象使它成为一般的东西之后又给它加上一个名称,那么就不会是上述的情况。所以,归根到底,通过抽象而形成的每一各别的观念,就是一种各别的本质。

德 〔请原谅,先生,我要说您的话使我困惑,因为我看不出其中的联系。如果我们不能永远从外面来判断内部的相似性，难道它们在自然本性上就不那么相似了吗？当人们怀疑一个怪物是不是人时，那是怀疑他是否有理性。当人们知道了他有理性时，神学家就会令人给他施洗礼，而法学家就会令人对他加以哺育。诚然对于那些就逻辑上看最低级的种类是可以争论的，这些种类在同一自然物种或族（tribu de génération①）中也由于偶性不同而变化多端；但我们并不需要来加以决定；人们甚至可以把它们作无穷的变化，就像我们在橘子、柠檬和橙子的大量变种中所看到的那样，专家们对这些变种都知道名称和能加以区别。在郁金香、石竹花等时兴的时候，我们在这些花卉方面也看到同样的情况。此外，不论人们把这样或那样的观念结合在一起与否，甚至也不论自然把它们实际结合在一起与否，这与那些本质、属或种毫不相干，因为这里所涉及的仅仅是可能性，那是独立不依于我们的思想的。〕

§15. 斐　人们通常假定每一事物的种有一种实在的构造，并且毫无疑问是应该有的，在这事物中的每一堆简单观念或并存的性质应当就依赖于这种构造。但由于事物之在一定名称下被分列为各类（sortes）或种（espèces），显然只有当它们符合于我们给予那名称的某些抽象观念时才如此，因此每一属或种的本质就成为不是别的而无非是这属名或种名所指的抽象观念，而我们将发现照人们最通常的用法，本质这个词的含义就正在此。照我的意

① 这里的“族”是指从同一祖先繁殖出来的一类生物。在莱布尼茨的时代，“物种”（espéce；species）一词不仅是指外表形状和特征相似的一类生物，主要的还是指从同一祖先繁殖出来的“族”。参阅本书第三卷第六章§14（第349页）。

见，这样倒不坏，就是用两个不同名称来指这两种本质，第一种叫做实在本质，另一种叫做名义本质。

德　〔我觉得我们的语言在表达方式上是极度花样翻新的。人们迄今却谈到名义的定义和原因的或实在的定义，但就我所知没有说本质除了实在的之外还有其他的，除非所谓名义本质被理解为假的和不可能的本质，它显得像本质而实际不是；就例如一个正十面体的本质那样，所谓正十面体，就是说一个由十个平面所包的一个正的体①。本质归根到底不是别的，无非是人们所提出的东西的可能性。人们假定为可能的东西是用定义来表明；但当这定义不同时表明可能性时，它就只是名义上的，因为那时人们就可以怀疑这定义是否表明某种实在的东西，也就是说可能的东西，除非到了那事物确实在世界上存在时，得经验之助使我们后天地(a posteriori)②认识到了这种实在性；这足以代替理性，理性是通过揭示所定义事物的原因或可能的产生而使我们先天地(a priori)③认识那实在性的。所以并不取决于我们来把那些观念照我们觉得好的方式结合起来，除非这种结合或者为理性所证明，表明它是可能的，或者为经验所证明，表明它是现实的，并因此也是可能的。为了也能更好地区别本质和定义，应该考虑到只有一种事物的本质，但有多个定义表明同一种本质，就像同一结构或同一城市，可以照着我们看它的角度不同而用不同的景色画面来表现它一样。〕

① 这样的图形是不可能的，可能有的正多面体只有四面体、六面体、八面体、十二面体和二十四面体。

② 参阅第二卷第二十三章§5“德”及注(第225页注②)。

③ 同上注。

§18.①斐 我想您会同意，实在的和名义的在简单观念和样式观念方面永远是同一的；但在实体观念方面，它们永远是完全不同的。由三条线围住一块空间这样一个图形，这就是三角形的本质，既是名义的也是实在的；因为这不仅是这一般名称所依附的抽象观念，而且就是事物的本质或存在本身，或者说是它的特性所从出及所依附的基础。但对于金子来说就完全是另一回事了。它的颜色、重量、可熔性、坚固性等等所依赖的它各部分的实在构造，是我们所不知道的，而对它既没有观念，我们也就没有用以表示它的名称。可是就是这些性质使这物质被称为金子，并且是它的名义本质，也就是说，是给予这名称以权利的。

德 〔我毋宁更喜欢照一般人所接受的习惯，说金子的本质就是那构成它的和给予它这些可感觉性质的东西，这些可感觉性质使它得以认识和造成它的名义定义，反之如果我们能说明这种内部的结构或构造，我们就会有它的实在的和原因的定义。可是那名义的定义在这里也是实在的，不是由于它本身(因为它并不使人先天地认识物体的可能性或产生)，而是由于经验，因为我们由实际经验认识到有一种物体，在其中这些性质都在一起；但要是没有这种经验我们就可以怀疑，这样的重量和这样的展性是否能相容，就如直到现在人们还可以怀疑，一种在冷却状态下可展的玻璃在自然本性上是否可能②一样。此外，我也不同意您的意见，先生，

① G本及洛克原书作§18，E本及J本作§19。

② 拉丁作家老普林尼(Pline，23—79)在其《自然史》中曾说到："在提比留皇帝统治时代，据说曾设计出一种组合的办法，能产生可展的玻璃……可是，这故事长期以来只是广为流传而并未得到证实。"见该书第36卷，第66章。

认为这里在对实体的观念和对品性[①]的观念之间有区别，似乎对品性（也就是样式以及简单观念的对象）的定义永远同时既是实在的又是名义的，而对实体的定义则只是名义的。我很同意要对作为实体性存在的物体有实在的定义是比较困难的，因为它们的结构是不大能感觉到的。但并不是对所有的实体都一样；因为我们对真正的实体或单元[②]（如上帝和灵魂）有一种认识，是和我们对大部分样式的认识一样亲切的。此外，有一些品性，也和物体的结构一样不大被认识到的；因为例如黄和苦，是简单观念或幻觉[③]的对象，然而人们对它们却只有一种混乱的认识。甚至在数学中，同一样式可以有一个名义定义又有一个实在定义。很少有人曾很好地说明这两种定义的区别何在，它应该也是辨别本质的特性（propriété）的。照我的看法，这种区别是：实在定义表明被定义者的可能性，而名义定义则否；对两条平行直线的定义说：这两条线在同一平面上，而尽管把它们延长到无穷也永不相交，这定义只是名义的，因为我们首先就可以怀疑这是否可能。但当我们了解到，我们可以在一平面上作一条直线，与一条已知直线平行，只要我们注意使画这平行线的笔尖始终保持与已知直线的距离相等，这时我们就同时看到这事是可能的，也看到了为什么它们有那名义定义所说的永不相交这种特性，但只有当两条线是直线时这才是平行的

① 这里的“品性”原文为 prédicats，通常译作“谓语”或“述语”、“宾词”等等。但这里所指的不是语法上的“谓语”，而是与“实体”相对的“属性”，为求有别于“attribut”（“属性”）起见，姑译为“品性”。

② 原文为 unités，实即“单子”。

③ 原文为“phantasies”，英译作“notions”。

标志，而如果至少有一条是曲线，则它们也可能照本性永不会相交，却并不因此是平行的。〕

§19. 斐　如果本质是抽象观念之外的其他什么东西，它就不会是不生不灭的。独角兽、人鱼、精确的圆之类也许不是世上所有的。

德　〔我已经对您说过，先生，本质是永存的，因为这里所涉及的只是可能的东西。〕

第四章　论简单观念的名称

§2. 斐　我向您承认，我曾始终认为样式的形成是武断的；至于简单观念以及实体观念，则我深信，除了可能性之外，这些观念还应该意指着一种实在的存在。

德　〔我看不出这里有什么必然性。上帝在创造这些观念的对象之前就已有这些观念了，也没有什么能阻止他还可以把这样一些观念传递给有心智的被创造物；甚至也没有什么确切的推证，证明我们感觉的对象和感官呈现给我们的那些简单观念的对象是在我们之外的。[①] 这一点对于这样一些人来说尤其有理，他们和

① 感觉对象是否在我们之外存在，是唯物主义和唯心主义斗争的一个根本问题。洛克一般地是相信感觉对象在我们之外存在的；因此是唯物主义者，但也不彻底，如"反省"得来的观念，乃至"第二性的性质"的观念，洛克就也不承认有在我们之外的对象。莱布尼茨这里的观点显然是他唯心主义世界观的鲜明表现。但他对这问题，不论在这里或在别处，也都没有作出什么"确切的推证"。一般说来，他是根据"前定和谐"的学说来解决这个问题，虽与贝克莱那样的主观唯心主义有别，但本身也是一种唯心主义。

笛卡尔派以及和我们这位著名的作者一起，相信我们对可感性质的简单观念和在我们之外的对象中的东西并无相似性；那么就没有什么东西一定迫使这些观念须建立在某种实在存在的基础上了。①〕

§§4.5.6.7. 斐　您至少会同意简单观念和复杂观念之间的这另一区别，即简单观念的名称是不能下定义的，而复杂观念的名称则能下定义。因为定义必须包含不止一个名词，其中每一名词各指一个观念。这样我们就看到什么是能够或不能够下定义的，以及为什么定义不能无穷追溯；这一点就我所知是迄今未曾有人指出过的。

德　〔我在约二十年前登在莱比锡的学报上的一篇论观念的小论文②中就也已指出过，简单的名词是不能有名义定义的；但我在那里又曾同时补充指出，当那些名词仅仅对我们来说是简单的时（因为我们没有办法来把它们一直分析到构成它们的那些最基本的知觉），如热、冷、黄、绿，可以得到一种说明其原因的实在定义。这样，绿的实在定义就是为蓝和黄均匀混合所构成的，虽然绿也同蓝和黄一样不能有使人认识它的名义定义。反之本身就是简单的名词，即其概念是明白而清楚的名词，则不能有任何定义，不论是名义的或实在的定义都不能有。您在登载于莱比锡学报上的这篇小论文中，将可看到一大部分有关理智的学说的基础，已作了简要的说明。〕

① 参阅本书第二卷，第八章§21、24；及第四卷第十一章。

② 即指"Meditationes de Cognitione，Veritate et Ideis"(《关于认识、真理和观念的沉思》)，见G本第四卷，第422—426页；E本，第79—81页。

§§7.8. 斐 说明这一点并指出什么是能下定义的和什么是不能下定义的,这是好的。而我倾向于认为,在人们的言论中,由于没有想到这一点,就常常引起许多争论并引进许多无意义的胡说。在经院中吵闹不休的这些有名的概念游戏,就是由于没有注意到在观念中的这种区别而来。在艺术上最大的大师们都曾限于让大部分简单观念不加定义,而当他们企图来下定义时也都没有成功。例如,人的心灵还能发明一个比亚里士多德的这个定义中所包含的更精妙的胡说八道(galimatias)吗?〈这定义就是:〉运动就是一个在潜能中的东西——就其为在潜能中而言——的实现①。§9.而近代人为运动下的定义,是说运动就是从一个位置到另一个位置的过渡,这只是用一个同义词来代替另一个词。

德 〔我在我们过去的谈话中有一处已指出过您常把许多并非简单的观念当作简单观念。运动就是其中之一,这我认为是能下定义的;而说运动是位置的变化这个定义,也不是当受蔑视的。亚里士多德的这个定义也不是如您所想那样的荒谬,〈您这种想法是由于〉不了解那希腊文 κίνησις 一词在他那里不是指我们所说的运动,而是指我们所说的变化,因此他就给它一个这样抽象和这样形而上学的定义,而我们称为运动的,在他是叫做 φορᾴ,latio,是属于各种变化中的一种(τῆς κινήσεως)。②〕

§§10. 斐 可是您至少总不会为这同一位作者对于光所下

① 参阅本书第二卷第二十一章§1"德",亚里士多德的这一定义,可参看其《形而上学》K卷,第9章,1065^b,16,又《物理学》Ⅲ.1,201^b,4,201^a,11.等处。

② 参阅亚里士多德《物理学》Ⅶ,2,243^a6以下;又《尼哥马可伦理学》X,3,1174^a,30。括弧内希腊文大意已见正文。

的定义作辩解吧，他说光是透明的实现①。

德 〔我也和您一样觉得这是毫无用处的，并且他把他的实现也用得太多了，这并不能告诉我们多少东西。透明的(Diaphane)在他是一种媒介，通过它我们就能看得见，而光照他的看法是那在现实的行程中的东西。好嘛，就是这么一回事。〕

§11. 斐 那么我们都同意我们的简单观念是不能有名义定义的，正如我们不会凭施行家的叙述就能认识凤梨的滋味一样，除非我们靠用耳朵听就能尝到那些东西的滋味，就像桑柯·邦札那样光凭听到说就能看见杜尔西妮②，或者像那个盲人那样，他老听人吹嘘说朱红色如何光辉灿烂，就相信它一定是像喇叭的声音。

德 〔您是对的；而且全世界所有的旅行家凭他们的叙述也将不能给我们这个国家的一位先生所给我们的东西，他在离汉诺威三里靠近威悉河畔的地方成功地种植了凤梨，并且已找到办法来使它们繁殖，所以我们有一天也许也能像葡萄牙的橘子一样丰盛地有我们本地产的凤梨了，虽然在风味方面显然会有些减色。〕

§12.13. 斐 对于复杂观念就完全是另一回事了。一个盲人也能知道什么是雕像；而一个从未见过虹的人，只要他曾见过构成虹的那些颜色，也能了解虹是什么。§15. 可是虽然简单观念是

① 参阅亚里士多德《论灵魂》(*De Anima*) Ⅱ，7，418^b，9。

② 见西班牙著名作家塞万提斯(Cervantes，1547—1616)的《堂·吉诃德》第二部第九章及第一部第三十一章。桑柯·邦札(Sancho Panca)是吉诃德的"侍从"，杜尔西妮(Dulcinée)是被堂·吉诃德幻想为贵夫人而向她献殷勤的一个村妇。

不能说明的，它们却仍然是最无可怀疑的。〔因为经验比定义更起作用。〕

德 〔可是对于那些仅仅对我们来说是简单的观念，却有某种困难。例如要确切地指出蓝和绿的界限以及一般地说要辨别非常接近的那些颜色就很困难，反之对于算术和几何学中所用的名词我们却能有确切的概念。〕

§16. 斐 简单观念还有这样特别的一点，就是它们在那逻辑学家们称为范畴系①的，从最低的种到最高的属的表上，极少有下属等级。这是因为最低的种既只是一个简单观念，我们就不能再从其中去掉什么；例如，我们就不能从白和红的观念中再去掉什么以留下它们彼此相合的共同现象；就因为这样，人们就把它们和黄及其他一起包括在颜色这个属或名称之下。而当我们想形成一个也包括声音、滋味和其他触觉性质等的更一般名词时，我们就用性质这个一般名词，这是照人们给予它的通常意义，有别于广延、数、运动、快乐和痛苦这些性质，这些都是通过不止一种感官作用于心灵并把它们的观念引入心中的。

德 〔对这一点我也还有些话要说。我希望在这里和在别处，先生，您都能公正对待，相信我不是出于一种矛盾抵牾的精神，而是由于事情本身似乎要求这样做。那些感觉性质的观念这样极少下属等级，以及这样不能再分为子类，这并不是什么好事；因为这

① ligne prédicamentale，这里是指一种逻辑上的表，新柏拉图派的哲学家波尔费留(Porphyre，233—304)，以及以后中世纪的许多经院逻辑学家，都曾企图把所有的属和种，用两分法按照严格的逻辑上的从属关系，列成一个表，从最高的属到最低的种的一条线就被后人称为“范畴系”。

只是由于我们对它们极少认识。可是，一切颜色都共同地为眼睛所看见，它们都能穿过一些物体，其中某些颜色穿过物体之后又重新显现出来，而遇到一些不让光线穿过的物体的光滑表面就会反射回来；这些本身就使人认识到我们是能够从我们对它们所具有的观念中去掉某种东西的。我们甚至可以很有道理地把颜色分为两个极端（其中一个是正的，即白；而另一个是负的，即黑）和中项，这些中项在特殊意义下也叫做颜色，它们是由光线通过折射产生的；这些又可以进一步细分为①分光镜的凸面一边的颜色和凹面一边的颜色。而颜色的这种区分和再区分是要产生重要后果的。〕

斐 但在这些简单观念中怎么能找到属呢？

德 〔由于它们只是表面显得是简单的，它们伴随着和它们有联系的一些情况，虽然这种联系是我们所不了解的，而这些情况就提供了某种能够解释的和可作分析的东西，并且也给人某种希望，有朝一日可望能找到这些现象的原因。因此就发生这样的情形，即在我们对可感觉性质所具有的知觉中，也如对可感觉的团块一样，有一种重复语（pléonasme）；这种重复语就是我们对同一主体有不止一个概念。金子就可以用好几种方式来下名义定义；我们可以说它是我们所有物体中最重的，说它是最可延展的，说它是一种可溶解的物体而能抵抗坩埚冶炼和镪水侵蚀的等等。这每一种

① 从"和中项……"至此，G本原文为"et en moyens qu'on appelle encore couleurs dans un sens particulier et qui naissent de la lumiere par la refraction; qu'on peut encore sous-diviser"etc；译文从之。E本和J本作"et en moyens qu'on appelle encore sous-diviser", etc.，即"和中项，这些中项又叫细分为……"，当有脱误。

标志对认识金子来说都是好的并且是足够的，至少暂时地、就我们现有物体的状况来说是这样，除非到时候发现了一种更重的物体，如某些化学家[①]对他们的哲人之石所自认为的那样，或者到了能使人看到这种 Lune fixe，[②]这是一种金属，据说有银子的颜色，而有金子的其他差不多一切性质，波义耳爵士[③]似乎说他曾造出了这东西。我们也可以说，对于我们仅仅在经验中认识的东西，我们所有的定义都只是暂时的，如我认为以上已指出过的那样。因此的确我们并没有以经过推证的方式知道一种颜色是否就不可能仅凭反射而无折射地产生，以及我们迄今在通常折射角的凹部所看到的那些颜色，是否就不能以一种我们迄今还不知道的折射方式在折射角凸部被发现，或者相反的情形。[④]这样，蓝的简单观念就会被剥夺了我们基于经验所指给它的属。但就停止在我们所具有的蓝以及伴随着它的那些情况上也好。而这也就是它们提供给我们一些东西可用来造成属和种的了。〕

---

① 这里所谓"化学家"实即指中世纪的炼金术士。近代化学本起源于炼金术。

② 照字面译即"固定的月亮"，或系一种合金。

③ 见"序言"第 6 段注(第 8 页注③)。

④ 这里说的是太阳光通过三棱镜而分成各种色光的问题。光在发生折射时因各种色彩的光速度不同而被分开。如太阳光经三棱镜后分为红、橙、黄、绿、青、蓝、紫七色，如图，这些可见光均在折射角的凹部而不在凸部。莱布尼茨认为，这种情况只是迄今为止就我们的经验或通过实验所知是这样的，我们并不能通过理性的推理来证明它永远必然如此，因此只是"暂时的"。我们不能肯定将来是否不会发现有相反的情况，如不知道是否只有反射而无折射就一定不能产生色光，也不知道这些可见的色光一定不能在凸部而不在凹部出现。这也是他站在唯理论的立场，否认一切经验知识的普遍必然性的一贯观点的一个突出表现。

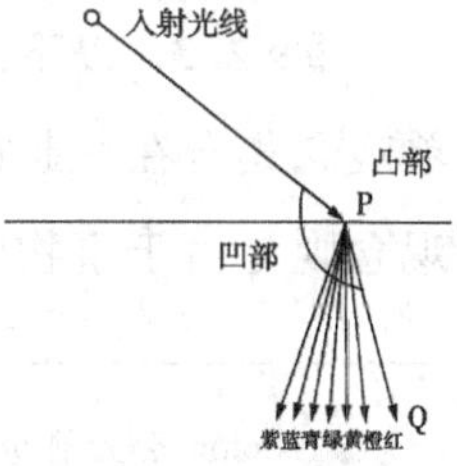

§17. 斐 但对于我们已指出的这一点您将怎么说呢？这就是：那些简单观念既然取自事物的存在，因此丝毫不是武断的；反之那些混合样式的观念是完全武断的，而实体观念则是在某种情况下武断的。

德 〔我认为只是在语词方面才有武断的情形而在观念方面是丝毫没有武断的。因为观念只表明可能性；所以当从未有过弑父母的事以及当一位立法者每谈到它都和梭伦[①]一样不明不白时，弑父母就是一种可能的罪孽，而它的观念就是实在的。因为观念是永恒地在上帝之中并且甚至在我们现实地想到它们之先就已在我们心中的，如我在我们最初的那些谈话中就已表明的那样[②]。如果有人要把它们当作人们的现实的思想，这对他是允许的；不过这样他就会毫无理由地违反通常已为人所接受的语言。

第五章 论混合样式的名称和关系的名称

§§2.3. 以下．斐 但心灵是照它认为适当的方式把一些简单观念集合在一起以形式混合观念，而无须实在的模型；反之简单观念则是由于事物的实在存在而无可选择地来到它之中，难道不

① Solon，公元前640—前558，雅典的立法者，改革家。雅典经梭伦的改革后逐步成为奴隶主民主制城邦。

② 参阅本书序言开头处及第一卷第一章§1以下。这是莱布尼茨典型的唯心主义先验论观点。

是这样的吗？它难道不是常常在事物存在之先就看到混合观念吗？

德　〔如果您把观念当作现实的思想，这是对的。但我看不出有什么必要把您的区别应用于这些思想的形式本身或它们的可能性上，可是在有别于现存世界的理想世界方面，所涉及的正是这种形式本身或可能性。那些并非必然的东西的实在存在，是个事实问题或历史问题；但对于可能性和必然性（因为必然的就是其对立面绝不可能的）的知识则构成推证的科学。〕

斐　可是，难道在杀的观念和人的观念之间，就比杀的观念和羊的观念之间有更多的联系吗？"弑父母"比起"杀婴儿"来，就是由更有联系的概念构成的吗？还有英国人所说的 stabbing（刺），也就是用剑或刀尖刺杀，这在他们是比用刀剑的刃砍杀更严重的，难道比之于人们并未赋予一个名称和观念的行为如杀死一只羊或用刀割死一个人，就更自然值得特地给予一个名称和一个观念吗？

德　〔如果仅仅涉及可能性，则所有这些观念都是同等地自然的。那些看到过杀羊的人就在思想中有一个这行为的观念，虽然他们不屑给予注意①。那么，为什么当问题涉及观念本身的时候我们却自限于名称，又为什么当问题一般地涉及所有这些观念时却单只执著于看重混合样式的观念呢？〕

§8. 斐　人们既是武断地形成各种各样的混合样式，这样就

① 后半句从 G 本，E 本原文作"quoiqu'ils ne lui aient point donné de nom, et ne l'aient point daigné de leur attention."（J 本在"daigné"之后有"honorer"，余同 E 本）如此则译文当作："虽然他们没有给予名称，并不屑给予注意（来尊崇它——J 本）"。

使我们发现一种语言中的有些语词是在另一种语言中没有任何语词和它们相对应的。在其他语言中没有一个词可以相当于罗马人所用的 Versura① 一词，或犹太人所用的 Corban② 一词的。人们大胆地把拉丁文中的 hora，pes，和 libra 等词译成 heure(hour——小时)，pied(foot——呎)和 livre(pound——磅)；但罗马人的观念和我们的是不相同的。

德 〔我看到，我们在涉及观念本身和它们的种时所已讨论过的很多东西，现在乘讨论这些观念的名称之机又回来了。对于名称和对于人们的习惯来说，您所指出的一点是好的，但这在科学上以及在事物本性上丝毫无所改变；的确，要是一个人来写一部普遍的语法，他将会从语言的本质过渡到它们的存在并且来比较几种语言的语法；同样地如一位作者，要来写一部从理性引出的普遍法学的书，也将会把各民族并行的法律和习惯结合起来，这不仅对于实践，而且对于思考都会很有帮助，并且会给作者本身一种机会，来考虑到否则就会被忽略过去的许多问题。可是，在这科学本身，撇开它的历史或存在来看，则各民族符合于理性所命令者与否是毫不重要的。〕

§9. 斐 种(Espèce；Species)这个词的可疑的意义，使得有

---

① 拉丁文 versura，照字面的意思就是“转圈”，在古典文献中用以指“借钱还债”，只是换了个债主而并未解除债务。后来在格言中这词的意思就是指“摆脱一种困难又陷入另一种新的困难”。

② 源出希伯来文，原意是指奉献给上帝的任何东西，特别是用来“还愿”的，也即“牺牲”或“供品”之意，后来则变成指专为贡献给上帝以免除自己应尽的义务的东西。参阅《马可福音》第七章第十一至十三节；《马太福音》第十五章第五、六节。圣经公会版中文《新旧约全书》这词音译作“各耳板”。

些人听到说混合样式的种是由理智形成的就觉得不能接受。但我让别人去想一想是谁确定一个类(sorte;sort)或种(Espece;species)的界限的,因为这两个词在我看来完全是同义词。

德 〔是事物的本性,通常确定这些种的界限;例如人和禽兽的界限,刺和砍的界限。可是我承认,有一些概念真正是有武断的情形的;例如当涉及决定一英尺时就是这样,因为直线即是齐一和不定的,自然并没有在其中标出界限。也有一些空泛而不完善的本质,是有意见参与其中的,如当有人问一个人至少须留下多少头发才不算秃子时就是这样,这是古人的诡辩论之一,当时有人追逼他的对手:

Dum cadat elusus ratione ruentis acervi. ①

但真正的答案是,自然并没有决定这个概念,意见是在其中起作用的,有一些人是秃子与否是可以怀疑的,也有一些是模棱两可的,对有些人来说被当作秃子而对另一些人则并不,就正如您曾指出过的,一匹马在荷兰被看作小的,在威尔斯则会被看作大的。也有一些真正是半名义的本质,在这里名称就进入事物的定义之中,例如博士、骑士、大使、国王等名位或资格,当一个人有得到承认的权利来用这种名称时,就被承认具有这种名称或资格了。而一位驻外公使,不论具有怎样的全权和有多大的威仪,如果不在任命他的国书上给他大使的称号,他也不会被看作大使。但这些本质和观念之为空泛的,可疑的,武断的,名义的,其意义和您所曾提到的稍

① 见贺拉西(Horace)《书信》(Epist. 2,1,47),大意是:“谷堆一直要减少到什么程度才算不成其为堆了。”

有不同。〕

§10. 斐 可是名称似乎常常保存了您认为并非武断的那些混合样式的本质；例如要不是凯旋(triomphe)这个名称，我们就不会有在罗马人中每逢这种场合所经过的情形的观念。

德 〔我同意名称有助于引起对事物的注意并有助于保存记忆和现实的知识；但这丝毫无补于所涉及之点，也不会使本质成为名义上的，我不懂为什么你们诸位先生总是竭尽全力要让本质本身依赖于名称的选择。本来可以希望您那位著名的作者，不要坚持在这个问题上费工夫而毋宁更多地来讨论一下观念和样式的细节，把它们的各种花样变化加以排列和发挥。我将会很高兴在这条道路上追随着他并且会很有成果。因为他无疑会给我们很多启发。〕

§12. 斐 当我们说到一匹马或说到铁时，我们把它们看作是为我们的观念提供了原型的事物；但当我们说到作为道德上的东西的混合样式或至少最大部分的这种样式，如正义或感恩等等时，我们把它们的原本模型看作是存在于心灵中的。就是因为这样，我们说正义的概念(notion)，节制的概念；但我们不说一匹马或一块石头的概念。

德 〔这一些观念的原型和另一些观念的原型是一样实在的。心灵的性质并不比物体的性质少实在些。诚然我们并不能像看见一匹马一样看见正义，但我们对它的理解并不差些，或甚至理解得更好些；正义之在行为中，并不比直和斜之在运动中差些，不论人们考虑到它与否。而为了使您看到人们是照着我的意见的，而且甚至在人事方面最能干和最有经验的人都是这样，我只要援引那些罗马法学家的权威就够了，他们为所有其他人所遵从，称这些混合样式或道德上的东西为事物，特别是无形体的事物。因为例如地役权（如通过邻居的场地的权利）在他们就叫做 res incorporales①，对它是有所有权的，人们可以由于长期使用而获得这种所有权，对此可以占有并可以要求归还。关于概念（notion）这个词，许多很高明的人也都把它看作和观念（Idée）一词一样意义很广泛；拉丁语中的用法并不与观念相对立，我不知道英语或法语中的用法是否就与此相反。②〕

§15. 斐　还要指出人们是在学会混合样式的观念之前先学会名称；名称使人知道这一观念是值得予以注意的。

德　〔指出这一点是好的，虽然今天儿童们借助于词汇，的确在事物之先通常不仅学会了样式的名称，而且还学会了实体的名称，甚至比样式的名称还更多地学会了实体的名称；因为这是这些词汇的一个缺点，人们只在其中列了名词而不列动词，没有考虑到动词虽然是指一些样式，但在会话中是比标志着特殊实体的大部分名词更必要的。〕

① 拉丁文，意即"无形体的事物"。

② 参阅第二卷，第二十二章§2 notion 一词，有人译作"意念"，但通常译作"概念"，本书也译作"概念"。法语 idée，notion，conception，英语 idea，notion，conception 或 concept，德语 Idee，Vorstellung，Begriff，以及拉丁语 idea，notio，conceptus 或 conceptio 等词，在各个不同的哲学家常因在认识论上或世界观上的主张不同而含义或用法不同，有的有区别，有的也没有区别。在中文译名中也有"观念"、"理念"、"概念"、"意念"、"总念"等等不同译法，很难统一。洛克认为 Idea 和 Notion 有区别，莱布尼茨就认为并没有多大区别。

第六章 论实体的名称

§1. 斐 实体的属和种，也像其他东西的〈属和种〉一样，无非是一些类(sortes)。例如那些太阳就是星的一个类，就是说它们是一些恒星，因为人们相信，每一恒星，对于一个处于适当距离的人来说，都会被认作一个太阳，这不是没有道理的。§2.而限定每一个类的就是它的本质①。它或者是由于其内部结构而被认识，或者是由于外部标志而使我们认识并以某一名称来称它；而像这样，我们可以认识斯特拉斯堡的那大钟，或者是作为制造了这大钟的钟表匠〈那样能认识其内部结构〉，或者是作为一个观看者那样只看到其结果。

德 〔如果您是这样来说明，我就丝毫没有什么可反对的了。〕

斐 我表达的方式要适宜于不再重新引起我们的争论。现在我要补充说：本质仅仅和类相关联，而对个体来说，没有什么东西是本质的。一件偶然事故或一场疾病可以改变了我的皮色或体态；一场热病或跌了一跤可以使我丧失理性和记忆，一次中风可以把我弄得既没有感觉，也没有理智，也没有生命。如果有人问我，具有理性对我来说是否本质的，我将回答说：否。

德 〔我认为对个体来说是有某种本质的东西的，并且比人们所想的更多。活动对于实体，受动对于被创造的实体，思想对于心灵，具有广延和运动对物体，都是本质的东西。这就是说，有一些

① E本无此句，译文从G本。

类或种，当一个个体一旦属于它们之后，则不论在自然中可能发生什么变革，都不能不再属于它们（至少就自然地来说是这样）。但有一些类或种，对于个体来说（我承认）是偶然的，它们可以不再属于这个类。像这样，人们就可以不再是健康的，美丽的，博学的，甚至不再是看得见和摸得着的，但不能不再是有生命和有器官，以及有知觉的。我在上面已经充分说明，为什么生命和思想对人来说有时显得停止了，虽然它们其实还仍旧是持续着并且有其效果的。〕

§8. 斐　有很多个体，安排在一个共同名称之下，被看作属于同一个种的，却有一些性质，依赖于它们实在的（特殊的）构造，是非常不同的。这是所有考察自然物体的人都毫无困难地可以观察到的，而那些化学家，由于一些不如意的经验，也常常深信这一点，他们在一块锑、硫黄和硫酸盐中去找他们在这些矿物的其他部分曾找到过的性质，就往往找不到。

德　〔没有比这话更真实的了，并且我自己也能说一些这方面的新情况。也曾特地写过一些书 de infido experimentorum chymicorum successu。[①] 但这是人们弄错了，把这些物体当作相似的或齐一的，而其实它们是比人们所想的更为混杂的；因为在不相似的物体中，看到各个体之间的不同就没有什么奇怪，而人体的体质和自然禀性是多么不同，这一点医生们知道得只能说太多了。总之一句话，人们永远也不会找到逻辑上最低级的种，如我以上所已指出过的，并且绝没有属于同一个种的两个实在或完全的个体，是

① 拉丁文，意即："论实验化学的不可靠的结果。"

完完全全一样的。①〕

斐 我们没有注意到所有这些差别,因为我们不知道那些微小的部分,因此也不知道事物的内部结构。我们也不用它来决定事物的类或种,而如果我们想用这些本质或用经院哲学中称为实体的形式的来这样做,我们就会像一个盲人想按照颜色来安排物体一样。§11.我们甚至也不认识精灵的本质,我们不能形成天使的不同的种的观念,虽然我们很知道应该是有很多种的精灵。在我们的观念中,我们也似乎不以任何数量的简单观念来在上帝与精灵之间作任何区别,只除了我们将无限性归之于上帝。

德 〔照我的系统,在上帝和被创造的精灵之间却还有另一种区别,这就是,照我看来,一切被创造的精灵也都得有身体,正如我们的灵魂有一个身体一样。②〕

§12.斐 我认为在形体与精灵之间至少有这样一个类似之点,即正如形体世界的各变种之间没有一个空隙一样,在有心智的被创造物方面其变种也不会少些。从我们本身开始到最低级的事物,这是一个下降的阶梯,是由极小的梯级和事物的连续序列构成的,每一级和相隔一级的区别是非常小的。有一些鱼就有翅膀,对它们来说空气是并不陌生的,而有些鸟却住在水中,也和鱼一样是冷血的,并且它们的肉滋味和鱼是如此相似,以致对很守规矩的人

① 参阅本书序言第11段、第二卷第二十七章§1"德",及《单子论》§9等处。认为宇宙间没有两个事物完全一样,这是莱布尼茨的一个著名观点。

② 参阅本书序言第12段、第二卷第一章§12、第十五章§4"德"等处。

也可允许在小斋日①来吃它。有些动物既如此接近鸟类又接近兽类，以致是处于两者的中介的地位。两栖类同等地既可看作陆上动物也可看作水生动物。海豹既生活在陆地也生活在海中；而小海豚（它的名称就意指海里的猪）有猪的热血和内脏。就不说据有人所报道的那种人鱼②了，有一些动物似乎具有和被称为人的动物一样多的知识和理性；而在动物和植物之间也如此接近，如果你拿最不完善的动物和最完善的植物来看，你几乎看不出其间有什么大的差别。这样直至我们达到物质的最低级和最少有组织的部分，我们将发现到处物种都联结在一起，仅以几乎感觉不到的程度彼此相区别。而当我们考虑到造物主的无限智慧和能力时，我们有理由想到，各种不同的被创造物从我们开始逐步上升以趋向他的无限的圆满性，这事是符合壮丽的宇宙的和谐，和符合这位至高无上的建筑师的伟大设计以及他的无限的善的。因此我们有理由深信，在我们之上，比在我们之下有多得多的被创造物的种，因为我们在圆满程度上离上帝的无限存在，比离那最接近于无物的要远得多。可是我们对所有这些不同的种都没有任何明白清楚的观念。

德　〔我本来打算在另一个地方来说一点和您，先生，刚刚所讲的很相近的看法；但当我看到您说的这些比我曾希望说的还更好时，我也很高兴已被您占了先。一些高明的哲学家曾处理这个

① 原文为 les jours maigres，英译及洛克原书均作 fish-days，即照宗教上的规矩不许吃肉但可以吃鱼的日子。

② 原文为 hommes marins，直译即“海里的人”，洛克原书作 mermaids or seamen 即“人鱼”。

问题：utrum detur vacuum formarum，[①]这就是说，是否有一些可能的种，却并不存在，而可能是自然似乎已把它们忘记了。我有理由相信，并不是一切可能的种在宇宙中——尽管宇宙是如此之大——都是可共存的[②]，并且不仅对于同时一起存在的事物来说是如此，而且对于事物先后相继的整个序列来说也是如此[③]。这就是说，我相信必然有一些种是从未存在过并且将来也永不会存在的，因为它们是和上帝所选择的这一被创造物的序列不相容的。但我相信宇宙的圆满和谐所能接受的一切事物是都在其中存在的。除了相差很远的被创造物之外还有夹在它们中间的一些中介的被创造物，这事是符合这同一种和谐的，虽然这些并不总是在同一星球上或系统中，而那在两个种中间的东西，有时是相对于某些一定的情况而不是相对于其他情况来说才是如此。鸟在别的方面和人是如此不同，却在说话方面和人相近；但如果猴子也和鹦鹉一样会说话，那它们就会进到更远。连续律[④]宣布自然不让它所遵循的秩序之中留有空隙；但全部形式或种并不就构成整个秩序。至于精神或精灵，因我主张一切被创造的心智都有有机的身体，它们的圆满性和心智或心灵的圆满性相当，这心灵是由于前定和谐而在这身体之中的；我主张为了对在我们之上的精灵的圆满性有

① 拉丁文，意即："是否有虚空的形式"。关于这个问题，可参阅《神正论》第一部分§14；给培尔的答复，G本第四卷第570页，E本第190页b。

② "可共存"，原文为"compossible"，直译词义可作"共同可能的"。

③ 这句话的意思就是说：有些种不仅在宇宙中同时存在是不可能的，而且先后出现也不可能，或即使不同时也不可能都存在于宇宙中。

④ 参阅本书序言第9段、第四卷第十六章§12"德"，以及《神正论》第三部分§348，给培尔的信、G本第三卷第52页、E本第104页等处。

所设想，也想象一下那种超过我们自己的身体器官的圆满性是会很有帮助的。正是在这场合，最活跃和最丰富的想象力，以及我用一句意大利语来说——我不知道用其他语言怎样很好表达——就是 l'invenzione la più vaga[①]，将会最适时地把我们提高到超出我们之上。而我为了维护我的〈前定〉和谐系统——它把上帝的神圣圆满性颂扬推崇到超乎人们所曾想到的之上——所说的那些道理，也将有助于获得比人们迄今所曾有过的更伟大得无比的关于被创造物的观念。〕

§14.[②]斐　现在回头来谈甚至在实体方面，种也很少实在性这个问题，我请问您：水和冰是否属于不同的种？

德　〔我也反过来请问您，熔化在坩埚内的金子和冷却凝结成锭子的金子是否属于同一个种？〕

斐　没有回答问题的人倒提出了另一个问题

Qui litem lite resolvit.[③]

可是您以此将承认把事物归结为各个种单只和我们对它们所具有的观念有关，这对于用名称来对它们加以区别已足够了；但如果我们假定这种区别是基于它们内部的实在构造，并且假定自然是凭事物的实在本质来把存在的事物区别为这样许多种，就像我们凭这样那样的名称来把事物区分为种的方式一样，那我们就将是犯了很大的错误。

德　〔在种或属于不同的种这种名词中是有某种歧义的，这就

① 意大利文，大意就是："最异想天开的遐想"。

② 照洛克原书当作§13，法文各版本均作§14，是一个错误，因下节也作§14。

③ 见贺拉西：《讽刺诗》(*Satires*)，2，3，103，大意就是："他以争论来解决争论。"

引起所有这些混乱，而当我们消除了这种歧义时，则也许除了名称之争之外就再没有什么可争论的了。对于种，我们可以从数学方面来看和从物理方面来看。照数学的严格意义来看，使两个东西根本不相似的一点最小的区别，就使它们有了种的区别。就是这样，在几何学中，所有的圆都是属于同一个种的，因为它们全都是完全相似的，由于同样的理由，所有的抛物线也都是属于同一个种；但椭圆和双曲线就不一样，因为它们就有无穷数量的类或种，而每一个种之中又有无穷数量。不计其数的所有椭圆，凡是其焦距和顶点的距离有同一比率的，都属于同一个种；但由于这两种距离的比率，只是在数量大小上有变化，因此全部椭圆的无穷数量的种只构成唯一的一个属，而不能再细分了。反之，一种有三个焦点的卵形就甚至会有无穷数量这样的属，并且会有无穷地无穷数量的种；因为每一个属都有一个简单地无穷数量的种。照这种方式，两个物理的个体就将永不会完全一样；尤有甚者，同一个个体也将会从一个种过渡到另一个种，因为每一个体超出一刹那之外也永不会和它本身完全一样。但人们在确立物理上的种时并不固执这样的严格性，并且可以由他们来说他们能使之回复到它们最初形式的一堆东西照他们的观点就继续是属于同一个种。这样，我们就说水、金子、水银、普通的盐都继续保持是那同一种东西，仅仅是为通常的变化所掩盖着；但在有机体或植物与动物的种方面，我们是据其世代生殖来确定种①，所以那来自或可能来自同一起源或种子的相似的东西就是属于同一个种。在人方面，除了人的世代

① 参阅本书第三卷第三章§14“德”(2)(第322—323页)。

生殖之外我们还着眼于理性的动物这种性质；而虽然有些人，一辈子继续像禽兽一般生活，我们仍推定这不是他们缺乏这种功能或原则，而是由于有一些障碍，妨碍了这种功能的发挥作用；但现在还未能确定，是否可如人们想认为那样，据一切外部条件就足以作出这种推定。可是，人们对于他们的命名法以及对于依附于名称的权利不管定了怎样的规则，只要他们的规则得到遵守或紧跟并且是可理解的，则这种规则就是以实在为基础的，而人们不可能想象出一些种，不是自然——它甚至包括了各种可能性——在他们之先就已造成或区别出来的。至于说到内部，虽然没有什么外部表现不是以内部构造为基础的，但的确同一种表现有时可能是两种不同构造的结果；可是其中会有某种共同的东西，这就是我们的哲学家们所说的**接近的形式因**(la cause prochaine formelle)。但虽然不会是好像马略特先生①所说的，虹的蓝色和土耳其玉的蓝色，由于没有共同的形式因，就有完全是另一种的起源(在这一点上我是完全不同意他的意见的)，并且虽然人们会同意，某些表面显现出来的，使我们给予名称的性质，并没有内部共同的东西，我们的定义却仍然是在实在的种中有其基础的；因为现象本身也是实在。因此我们可以说，凡我们真实地加以区别或比较的东西，自然也加以区别或使之符合的，虽然自然的区别和比较是我们所不知道并且也许是比我们的区别和比较更好的。因此还须大加小心并且有大量的经验，才能以一种足够接近自然的方式确定属和种。近代的植物学家认为据花的形式所作的区分最接近自然的秩序。

---

① 见以上第二卷第三章注(第97页注①)。

但他们在其中还是发现有不少困难，并且不要仅仅根据一种基础——如我刚才所说那样，就根据从花所得的基础，这也许是迄今对于一个可以过得去的系统来说最恰当的并且最适合于初学者的——而是还要根据从植物的其他部分和情况所得的一些基础，来作比较和分类排列，是适宜的。每一种比较的基础都值得分别列成表；要是没有这些表，许多次级的属，以及许多比较、区分和有用的观察，就会滑过去。但我们对种的生殖考察越深入，在作分类时越是遵照所要求的条件，我们就将越接近自然的秩序。因此，如果某些明智人士的猜测被发现是真的，即在植物中除了那相当于动物的卵的胚种(graine)或被认识的种子(semence)之外，还有另一种可称雄性的种子(也就是一种花粉〈pollen〉，常常是看得见的，虽然有时也许是看不见的，就如那胚种本身在某些植物是看不见的一样)，由风或其他通常的偶然原因把它散布开来以便与胚种相结合，这花粉有时就来自同一棵植物，而有时(如在大麻)也来自相邻的另一棵同种植物，而这另一棵植物因此也就可比作雄性的，虽然那雌性植物也许也绝不是完全没有这同一种花粉；如果这种猜测(我说)被发现是真的，并且如果植物生殖的方式变得更为人所认识了，那么我就毫不怀疑，我们在这方面所看到的形形色色的变种，将能提供一种极为自然的分类的基础。而倘若我们能具有某些更高级的天才的洞察力，并能足够充分地认识事物，则我们也许就能为每一个种找到一些固定的属性，为它的一切个体所共同，并且永远存在于同一活的有机体中，而不管可能发生怎样的改变或变形；正如在最为我们所认识的物理的种即人这个种中，理性就是一种这样的固定属性，它赋予每一个体并且是永远不会丧失的，虽然我们不是永远能察觉到它。但既然没有这样的知识，我们就用那些对我们显得最适于来区别和比较事物、总之是最适于来认识事物的种或类的属性；而这些属性是永远有其实在基础的。〕

§14. 斐 为了区别实体性的东西，照通常的假定是认为有事物的某些本质或确切的形式，所有现存的个体就据以自然地区别为各个种，这样就得要保证：第一，§15. 自然在产生事物时，永远向自己提出使它们分有某些合乎正规的、确定的本质，就像分有模型那样；以及第二，§16. 自然永远达到了这目的。但那些怪物就使我们有理由来对这两点都表示怀疑。§17. 第三点，还得要决定这些怪物是否其实属于另外一个新的种，因为我们发现，这些怪物中的有一些，就很少或根本没有这样一些性质，人们假定这些性质是从这个种的本质产生的，它们由此得其起源，并且它们似乎是由于其出生而属于它的。

德 当问题涉及要决定怪物是否属于某一个种时，人们常常归结到作一些猜测。这就使人看到，那时我们是并不自限于考虑外部条件的①；因为在有些个体缺乏一部分通常在这个种中所发现的外部标志的场合，我们就想猜测为这样一个种的个体所共同的那内部本性（例如理性之在人）是否还适合于（如其出生使人猜想到的那样）这些个体。但我们的不确定对事物的本性毫不相干，并且如果有这样一种内部的共同本性，则不管我们知道与否它总是在或不在那怪物之中的。而如果在其中找不到任何一个种的内部本性，则那怪物可能是属于它本身的种。但如果在所涉及的那

① E本作“intérieur”（“内部的”），误，G本作“extérieur”（“外部的”）。

些种中没有这种内部本性，并且如果也不能凭出生来决定，那么就只有仅仅靠外部[1]标志来决定种了，而那些怪物也将不是属于它们所偏离的那个种，除非是以某种有点空泛的和某种任意的方式来看待它；而在这种情况下，我们费神想来猜测其所属的种也将是徒劳的。您对于把种当作内部的实在本质所持的全部反对意见，所要说的意思也许就正是这一点。那么，先生，您就应该来说明，当外部的标志完全没有时，就也没有内部共同的种的特性。但在人这个种方面就发现相反的情形，在这里，有时有些儿童有某种怪异的现象，而到了一定年龄就显出了理性。那么为什么在其他的种就不能有某种相似的情况呢？诚然，由于缺乏对它们的认识，我们不能用来为它们下定义，但外部标志可取代其地位，虽然我们承认要有一个确切的定义这是不够的，并且名义的定义本身在这些场合也只是猜测性的；而我在以上已经说过怎么有时它们只是暂时的。例如，我们可能会发现一种办法来伪造金子，以致使它能满足迄今我们所有的一切试验；但那时我们也会能够发现一种新的试验办法，可用来鉴别自然的金子和这种人造的金子。老的报纸上把这两种发现都归之于萨克森的选帝侯奥古斯都[2]；但我不是这样的人，要来保证这是事实。可是如果这是真的，我们就可以有一个比我们现在所有的更完全的对金子的定义，而如果这种人造金子能够大量制造并且很便宜，就像炼金术士们所吹嘘的那样，那么这种新的试验法也就会很重要；因为用这种试验办法我们就可

① E本作“intérieure”，也系“extérieure”之误。

② Augustus I，于1553—1586年任选帝侯，据说和他的妻子、丹麦的安娜一起都酷好炼金术。

以为人类保存自然的金子在通商贸易中以其稀有而给我们的一种好处，它为我们提供了一种物质，既是持久的、齐一的、易于分割又易于辨认，同时又体积很小而很贵重。我想利用这个机会消除一个困难(请看《理智论》作者论实体的名称这一章的§50.)。所提出的反驳是说：当我们说一切金子都是固定的时，如果金子的观念是被理解为某些性质的堆集，其中包含着固定性，那么这就只是提出了一个同一的和徒劳无益的命题，就好比说固定的是固定的一样；但如果是理解为一种实体性的存在，赋有一定的内部本质，固定性是其引出的结果，那么所说的是不可理解的，因为这种实在本质是人们完全不知道的。我回答说：这物体赋有这种内部构造是由其他外部标志指明的，而这些外部标志中并不包含固定性；就好比有人说：一切物体中最重的也是最固定的物体之一。但所有这一切都只是暂时的，因为有朝一日我们可能会发现一种很活跃的物体，好像可能是一种新的水银那样，它又比金子更重，金子在它上面可以浮起来，就像铅浮在我们的水银上面一样。

§19. 斐　的确，照这种方式我们永远不会确切地认识依赖于金子的实在本质的特性的数目，除非我们认识了金子的本质本身。§21.〔但如果我们确切自限于某些特性，这将足够使我们有一些确切的名义定义供我们现在之用，只要能让我们在某种新的有用的区别要是发现了时有权来改变名称的意义。〕但至少必须这定义符合名称的习惯用法，并能被用来代替它的地位。这就可用来驳斥那些主张广延构成物体的本质的人，因为当我们说一个物体推动了另一个物体时，如果以广延来取代物体，说一个广延通过冲击而使另一个广延运动，那就显然是荒谬的，因为还必须加上坚实性。同样地，我们也不说理性或那使人成为有理性者的东西在做谈话;因为理性也并不构成人的全部本质,那是理性的动物彼此间在谈话。

德 我认为您是对的:因为不完全的抽象观念的对象是不足以给主体以全部事物的活动的。可是我认为谈话是适合于一切心灵的,他们彼此间能沟通思想。经院哲学家们曾为天使们如何能做到这一点大伤脑筋;但如果他们也承认天使有精妙的身体,如我追随古人之后所做的那样,那在这方面就不会再有什么困难了。①

§22. 斐 有一些生物形状和我们一样,但多毛,并且不会运用语言和理性。在我们之中有一些白痴②,样子完全和我们一样,但没有理性,其中有些也不会说话。有一些生物,据说会说话和有理性,并且在其他方面也和我们相似,但有长毛的尾巴③;至少有这样的生物这事不是不可能的。有另外一些生物雄的没有胡子,而别的一些生物雌的却有胡子。如果有人问所有这些生物是不是人,是否属于人这个种,则显然这问题仅仅与名义的定义有关,或与我们所造成以便用这名称来标志它的复杂观念有关:因为内部的本质是我们绝对不知道的,虽然我们可以有理由来设想,其功能或外部形状如此不同的地方,内部构造是不一样的。

---

① 参阅本书序言第12段、第二卷第一章§12,又本章§8"德"(2),及给德·鲍斯的信,见G本第二卷第316、319页,E本第439、440页。

② 原文为"imbécilles",洛克原书作"naturals",指天生的白痴。

③ 这里所提到并为洛克所相信的关于长尾巴的人的神话,多半是由当时一些到非洲去旅行的人误传出来的,他们或者是由于自己极表面的观察,或者是轻信了当地某些土著黑人的话,把某种类人猿如猩猩之类和人搞混淆了,有些黑人把这种类人猿误认为是有理性但未开化的人;也可能是当地有些黑人的服饰,有把动物的尾巴作为装饰的,而被误认为人长了尾巴。

德　我认为在人这个问题上我们是有一种同时既是实在的又是名义的定义的。因为没有什么比理性对人来说更内在的了，而通常它是很可以认识的。因此胡子和尾巴不应该和理性放在一起来考虑。一个森林中的人虽然长了毛也能使人认出是人；而长了无尾猿(magot)的毛并不就使他被排除于人之外。白痴缺乏理性的运用；但由于我们凭经验知道理性是常常受束缚和不能表现出来的，并且这种情况发生在那些曾表现出和将表现出理性的人身上，因此我们大概会据其他的一些征象，即据身体的形状，对这些白痴作出同样的判断。就只是凭这些征象，再与出生相结合，我们认定婴儿是人，并将会表现出理性；而我们在这点上也很少受骗的。但如果有一些有理性的动物外表的样子和我们有点不同，我们就会觉得困惑了。这就使我们看到，我们的定义，当它们依赖于身体的外表时，是不完全的和暂时的。如果有一个人自称是天使，并且知道或知道做一些远远超出我们之上的事情，他可能会叫人相信。如果另外有个人，像贡萨雷斯那样，利用某种异常的机器从月亮上来[①]，并且告诉我们许多他出生的国度中的可信的事情，他会被当作是月亮上的生物；而人们可能会给他民权和公民权以及人的称号，尽管他在我们这个星球上是个异邦人；但如果他要求受洗礼并且想依照我们的法律被接受为一个新人教者，那我相信我们就会看到在神学家中引起一场大争论。而如果和这些行星上的

① 1648年在巴黎出了一本书，以后曾多次再版，书名就叫《月亮中人，或在月亮世界上的奇异旅行，由西班牙探险家多米尼克·贡萨雷斯新发现……》，是一种幻想小说，是英国高德文(Fran Godwin)所作书的法译本。英国小说家斯威夫特《格利佛游记》据说有些就取材于该书。

人——照惠更斯先生的看法是和我们很接近的——的交通被打开了，这问题也许将值得召开一次万国宗教会议，来决定我们是否应该把传播信仰事业甚至扩大到我们这个星球之外去。许多人无疑会主张，那国度的有理性动物既不属于亚当的种族，耶稣基督的救赎对他们是无份的；但另外一些人也许会说，我们既不充分知道亚当曾经始终在哪里，也不知道他的全部后裔曾做了些什么，因为甚至有些神学家曾相信月亮就是天堂乐园的所在地；而也许通过多数表决我们将决定最靠得住的一件事，那就是在这些可疑的人能感受洗礼的条件下为他们施洗礼；但我怀疑人们竟会愿使他们成为罗马教会的神甫，因为他们的奉献礼将始终是可疑的，而且照这个教会的假说，我们将会使人冒陷于一种物质的偶像崇拜的危险。幸而事物的本性使我们免除了所有这些麻烦；可是这些怪诞的幻想在思辨上是有用处的，可以使我们很好认识我们观念的本性。

§23. 斐 不仅是在神学问题上，而且还有在别的场合，有些人也或许想以种族来作自己的规范，并且说在动物方面通过雌雄交配的生殖以及在植物方面利用种子的生殖，使那些被假定的实在的种保持分明不杂和成为完整的纯种。但这只能用来确定动物和植物的种。其余的又怎么办呢？而且即使对于动植物两者来说这也是不够的，因为如果要相信历史的话，女人就曾有从无尾猿受孕的。而这样产生出来的东西应该属于什么种，这就是一个新问题。我们常常看到那些骡子和鸠马(jumart)（请看麦那其①先生

① Gilles Ménage，1613—1692，法国语言学家，对法语的语源和规律有专门研究，其所编书初版出于1650年，称《法国语言的起源》，1694年由A. F. Jault加以扩充修订出一新版，始称《法语语源词典》。

的《法语语源词典》)，前者是由驴和马交配所生，后者是由公牛和母马交配所生。我曾见过一个动物是由猫和老鼠所生，它有着显然可见的这两种动物的标志①。谁要是在这些之外再加上一些奇形怪状的产物，就会看到，要凭生殖来决定种是很不容易的；并且如果只有用这办法才能这样做的话，那么难道我非得跑到印度去看一看一只老虎的父母和茶树的种子不可，否则就不能判断来到我们这里的这些个体是否属于这些种了吗？

德　生殖或种族至少是给人一种很强有力的推定(也就是暂时的证明)，并且我已说过我们的标志往往只是猜测性的。种族有时为形状所背离，如当小孩不像父母亲时就是这样，而形状的混合并不始终是种族混合的标志；因为也可能发生这样的情况，即一个雌性动物生下一个仔，样子好像是属于另一个种的，而仅仅由于母亲的想象力就可以引起这种不规则现象；就不必说那所谓鬼胎②了。可是人们在通过种族(race)来判断种(espèce)的同时，也通过种来判断种族。因为如有人给波兰国王约翰·卡齐米尔③送来一个森林里的野孩子④，是从熊群中取出来的，活动的方式样子都很有些像熊，但最后使人看出是个理性动物，当时人们就毫不迟疑地相信

---

① 这也如以上已提到的“长尾巴的人”一样，是观察不深入，匆忙下结论得出的错误看法，是没有科学根据的。

② mola，即子宫中不成形的肉块。

③ Jean II.，Casimir V.，1609—1672，1648—1667年为波兰国王。

④ 据英译本注，说H. F. Ulrich的本书德译本曾加了一个注，讲了这个故事，但也未注明其来源。大意说这孩子是1661年的一个冬天在立陶宛的森林里被一个猎人发现的，赤身裸体，和熊在一起，当时还有另一个孩子则跑掉了，这孩子似乎是熊把他养活的。英译者认为这故事显然是无稽的传说，因为在波兰的冬天很冷，这孩子即使不被熊吃掉，赤身裸体也一定会冻死，是不可能活下来的。

他是属于亚当的种族，就给他施洗礼，命名为约瑟夫，虽然也许是照罗马教会的习惯在 si baptizatus non es① 的条件下这样做的；因为他可能是在受过洗礼之后被熊偷偷衔走的。我们对于动物杂交的结果还没有足够的知识；并且人们常常是把怪胎弄死而不把它养大，此外它们也很少活得长的。人们认为杂交产生的动物是不繁殖的；可是斯特拉彭②说卡帕多西③的骡子是能生殖的，而从中国的来信告诉我说在相邻的鞑靼有骡子的种族。我们也看到植物杂交是能够保持其新种的。我们也始终不很知道，在动物方面，究竟是雄的一方还是雌的一方，或者是双方，或者既不是这一方也不是那一方，是在决定种方面起最主要作用的。已故的凯尔克林格先生④使之著名的关于女人的卵的学说，似乎是把雄性归结为潮湿多雨的空气对于植物的那种情况，它提供条件使种子得以发芽并从地上长起来，照着普利西林派⑤所爱重复背诵的味吉尔的诗句：

Cum pater omnipotens foecundis imbribus aether
Conjugis in laetae gremium descendit et omnes
Magnus alit magno commissus corpore foetus. ⑥

---

① 拉丁文，意即："如果你未受洗礼"。

② Strabon，公元前 63？—公元 24？，希腊地理学家。

③ Cappadoce，小亚细亚古国名。

④ Kerkring，即 Theodore Kerkkrinck，1640—1693，荷兰的医生，曾与斯宾诺莎一同就学于 Van der Ende。

⑤ Priscillianistes，四世纪末至六世纪中叶出现于西班牙的一个异端教派，其教义是把基督教和诺斯替教及摩尼教结合起来的。

⑥ 见味吉尔：《格奥尔吉亚》(*Georg.*)2，325—327 行，大意是：
在天的全能之父，
降甘露于大地，
万物茁壮成长。

总之一句话，照这种假说，雄的只不过是起着雨的作用。但刘汶胡克先生[①]则恢复了男性的地位，而女性的作用则被贬低了，好像只起土地对于种子的作用，为它提供生长的地方和提供养料；这一点，即使人们仍坚持主张卵的学说，也还是可以成立的。但这样并不妨碍女人的想象对胎儿的形式有很大的影响，即使假定那动物已来自男性方面。因为这是处于一种注定要起巨大的通常变化，并且也是同样易受非常的变化的状态。有人断言，处于这种状况的一位妇女，由于看到一个断肢的残废人被吓坏了，她的想象竟使已很接近要出生的胎儿的手断离，这手还在生下来以后被发现了；不过这事还需要证实。也许有某个人会来主张说，虽然灵魂只能来自一个性别，但两个性别都对有机体的构成有所贡献，并且是由两个身体造成了一个，如同我们看到蚕就好像是一种双重的动物那样，其中包含着一种蛾的形式下的能飞的昆虫；我们对于这样重要的一个题材竟还是处于如此一团漆黑的状态之中。和植物的类比也许有一天会给我们一些光明，但目前我们对于植物本身的生殖也还所知极少；以上曾提到的那种关于花粉的猜测，那可能相当于动物雄性的精子，这也还不很清楚。此外，植物的一个枝往往就能长成一棵新的完整的植物，我们还没有看到在动物方面有可与此类比的情形；我们也不能说动物的脚就是一个动物，就像树木的每一个枝似乎都是能单独开花结果的一棵植物那样。还有各个种

① Antoon van Leeuwenhock，1632—1723，一位杰出的荷兰科学家，是用显微镜进行观察研究的创始人，和玛尔丕基(Malpighi，1628—1694)一起发现了血液循环中的毛细管作用，从而完成了哈维的血液循环理论。他也是最先发现精虫的人。莱布尼茨的著作中曾多次提到他，对莱布尼茨的思想是很有影响的。

的杂交混合，以及甚至同一种内的变化，在植物方面也常常是能得到巨大成功的。也许在某个时候或宇宙中的某个地方，动物的种是或曾经是或将是比它们现在在我们这里更易于变化的，而有点和猫相同的几种动物如狮子、老虎和山猫，可能曾经是属于同一种族，并且可能现在就像是猫的古老的种的一些新的分支。因此我总是要回到我已说过不止一次的话，我们对自然物种的决定是暂时的以及和我们的知识成比例的。

§24. 斐　至少人们在作种的区分时从未想到过实体的形式，只除了那些处在我们所居的这世界一角，曾学过我们经院中的语言的人。

德　最近以来实体的形式这个名称对某些人似乎已变得名声很不好，人们竟耻于谈到它了。可是这一点也许更多的还是由于风尚而不是依据道理。经院哲学家们在涉及解释特殊现象时不适当地用了一个一般概念；但这种误用并不能破坏事情本身。人的灵魂有点搅乱了我们现代人中某些人的信心。有些人承认它是人的形式；但他们也想认为它是所认识的自然中唯一的实体的形式。笛卡尔就是这样讲的，他并且给了雷基①一个纠正，因为雷基不承认灵魂有这种实体的形式的性质，并且否认人是 unum per se②，

---

① Pierre Sylvain Régis，拉丁名 Regius，亦即勒卢阿(LeRoy)，1632—1707，著名的笛卡尔派哲学家，他反对马勒伯朗士那样对笛卡尔的学说作过分唯心主义的解释，而对笛卡尔的有些观点作了唯物主义的解释，因此招来了笛卡尔的"纠正"。可参阅《笛卡尔哲学著作选集》(*E. S. Haldane* & *G. R. T. Ross* 英译本)第一卷第 429 页以下。

② 拉丁文：意即："本身是单一的"。

即一个赋有一种真正的统一性的存在。有些人认为这位卓越人物这样做是出于政治、策略上的考虑。我对此有点怀疑，因为我认为他这样做是有道理的。但这种特权不是单只给予人的，好像自然是断裂成几截的。有理由来断定是有无限多的灵魂，或更一般地来说，就是原始的隐德来希，它们具有某种类似知觉和欲望的东西。并且它们全部是和始终是物体的实体的形式。诚然表面上看起来有一些种并不是真正的 unum per se(也就是说，一些物体，赋有一种真正的统一性，或赋有一种不可分的本质做它们整个的能动原则)，也就像一座磨坊或一块表不能是这样的东西一样。盐、矿物和金属可能就是属于这种性质，也就是说，是一些简单的结构或团块，其中有某种规律性。但这两方面的物体，即有生命的物体以及无生命的结构，都将是由内部构造分别表明其特征的，因为即使在那些有生命的东西，灵魂和机器①，每一方单独分开都足以来作出决定；因为它们两方面是完全一致的，并且它们虽然并不互相直接影响，它们却是彼此相互表现的，一方面把另一方面分散为杂多的东西集中为完全的统一性。因此当涉及种的分类排列时，对实体的形式来进行争论是毫无用处的，虽然为了别的理由，来认识是否以及如何有这种实体的形式，这也许是有好处的；因为要不然，人们在知识界就会是个外行。此外，希腊人和阿拉伯人也曾和欧洲人一样谈到过这些形式，而如果说俗人并不谈到它们，那俗人

① 所谓“机器”就是指身体，这里是采用了笛卡尔派的用语，因为笛卡尔就把动物的身体看作是一架“机器”。

也并不谈什么代数学或谈什么不尽根数①。

§25. 斐 语言是在科学之先形成的，而无知和无文化的人就已把事物归结为某些种。

德 这是对的，但研究这些问题的人改正了通常人的概念。化验者们找到了区别和分离各种金属的精确方法；植物学家们大大丰富了关于植物的理论，而人们对昆虫所做的实验已为我们在关于动物的知识方面打开了新的入口。可是我们离我们途程的一半也还很远。

§26. 斐 如果种是自然的作品，那它们就不会在不同的人想法如此不同：人对于一个人显得是一种无毛、两腿和宽指甲的动物；而另一个人在作了更深入的考察之后又再加上理性。可是很多人决定动物的种毋宁是凭外表的形式而不是凭出生，因为有些人的胎儿是否应允许受洗礼就曾不止一次地发生过问题，其唯一的理由就是他们的外表形状和小孩的通常样子不同，人们不知道他们是否也像一些放在别的模子里铸造出来的小孩一样不能有理性，这些小孩中有一些虽然样子被认可，但一辈子也不能叫人看出他们有一只猴子或一头象所显出的那样多的理性，并且也没有任何标志使人看出他们是受一个理性灵魂支配的；由此显然可见，被作为人这个种的本质的东西，是外表的形式，这是我们发现唯一被

① 这一节所集中讨论的“实体的形式”，其最早的起源就是柏拉图的“理念”和亚里士多德的“形式”，这也是中世纪经院哲学中“唯名论”与“唯实论”争论的中心问题。洛克是采取“唯名论”的观点，否认这种“实体的形式”的实在性，只承认它是人造的“名称”；莱布尼茨则站在“唯实论”的立场，肯定这种“形式”的实在性，并且就是在此基础上建立起他的唯心主义的“单子论”体系。

说到的，而不是推理的功能，那是没有人能知道在那时候是否缺乏的。在这种场合，最高明的神学家和法学家也不得不放弃他们那理性动物的神圣定义，而代之以人这个种的某种其他本质。“麦那其先生”(《Menagiana》，1694年荷兰版，第一卷第278页[①])“为我们提供了一个例子，说到一位圣·马丁的修道院长，这是值得说一说的。他说，当这位圣·马丁的修道院长出世时，简直不像人样，毋宁像个怪物。人们对于是否要为他施洗礼曾煞费周章。可是终于给他施了洗，并暂时宣布他是人，这就是说等时间来表明他究竟是什么。自然对他竟是这样无情谊，以致人们一辈子都叫他丑八怪院长(l'Abbé Malotru)。他是冈[②]地方的人”。这就是一个小孩单由于长相而几乎被排除在人种之外的。他总算那样很险地逃脱了此难，而要是形状再畸形一点他肯定就会被当作一个不应被看成人的东西而毁灭了。可是人们却提不出任何理由，来说明为什么他的面貌轮廓要是改变多一点，一个理性灵魂就不能居住在他里面；为什么一张脸孔更长一点，一个鼻子更塌一点，一张嘴巴更阔一点，就不能和其余容貌不正的人一样很好地活下去，也有一个灵魂和种种品质，使他尽管像那样相貌畸形也能在教会中有尊严地位。

德　直到现在，还没有发现一个理性动物外表形状和我们大不相同的，就因为这样，当涉及为一个孩子施洗礼时，种族和形状

---

① 原书名为*Menagiana sive excerpta ex ore Ægidii Menagii*，(《麦那其语录或麦那其口述记录本》)初版出于1693年，E本J本出版年均误作1649，麦那其已见本章§23注(第354页注①)。

② Caen，法国城市名，Calvados省首府。

从来都只是作为可用以判断他是否一个理性动物的标志来加以考虑的。因此,神学家和法学家们丝毫没有必要为此放弃他们的神圣定义。

§27. 斐 但如果李赛蒂[①]在他的著作第一卷第三章中所提到的那种怪物,有人的头和猪的身子的,或其他怪物,有狗或马等等的头而长在人的身体上,竟活下来并且能够说话,那困难就更大了。

德 我承认这一点,并且如果发生了这样的事,如果有人像一位作家那样,他是一位旧时的僧侣,名叫 Hans Kalb (Jean le veau——约翰·牛犊),他在他所写的一本书上作了一幅自画像,画了一个牛犊的头,手里拿着笔,这一来就使有些人很可笑地以为这位作者真的有一个牛犊的头,如果,我说,发生了这样的事,那我们以后在弄死怪物时就会更小心了。因为看来在神学家和法学家那里理性会占上风,而不管形状,也不管解剖学可能为医生们提供了怎样的差异,这种差异也不会妨害人的性质,就像有个人把脏腑弄颠倒了也并不妨害一样,我认得的有些人曾在巴黎见过这个人的解剖学,这曾引起一阵喧闹,在那里,自然

"很不明智并且无疑十分荒唐,
把肝脏放在左边,
同时又倒过来,
在右边放了心脏。"

---

① Fortunio Licati,拉丁名 Licetus,1577—1657,意大利学者、哲学教授、医生,信奉亚里士多德哲学。这里所说他的著作,是指他的 *De monstrorum causis, natura et differentiis*(《论因故造成的、自然的和分化形成的各种怪物》)(Petavii,1634)一书。

如果我记得不错，这就是那已故的阿利奥（父亲）先生[①]（著名的医生，因为他被看作是精于治疗癌症的）给我看的几行诗，这是他形容这一奇观的方式。这不用说当然是这样的，只要理性动物中形态构造的变异不至于太过分，以及我们没有回到那禽兽也都说话的时代，因为那样一来我们就会失去独具理性这种特权地位，并且以后多注意出生和外表，以便能对那些属于亚当的种族的，和那些可能是非洲某一猿猴国度的国王或酋长的后裔的加以辨别；而我们高明的作者指出这一点（§29.）是有道理的，就是：假使巴兰的母驴一辈子都能像那一次和它主人谈话[②]（假定这不是一种先知所见的幻景）那样有理性地谈话，它要在女人之中取得一席之地也还是始终会有困难。

斐 我看到您在说笑话，也许我们那位作者也是说笑话；但认真说，您看到我们是不能始终指定各个种的固定界限的。

德 我已经表示过同意这一点了；因为当涉及虚构和事物的可能性时，从种到种的过渡可能是感觉不到的，而要来辨别它们，有时就有点像要来决定一个人究竟得留下多少头发才算不是秃子一样不好办。即使我们完全知道所涉及生物的内部时，这种不决定性也会是真的。但我看不出它怎么就能妨碍事物具有不依赖于理智的实在本质，和妨碍我们认识它们；的确，名称以及种的界限有时是像尺度和重量的名称那样，要加以选择才能有固定界限的。

---

① Pierre Alliot，十七世纪法国的名医，曾为国王路易十四的母亲治病，虽失败了，仍被任命为国王的医生，他的儿子 Jean Baptiste Alliot 也是路易十四的医生，曾发表过关于癌症的著作。

② 见旧约《民数记》第 22 章第 28—30 节。

但就通常情况来说这样的事没有什么可怕的，那些过于接近的种是很少被发现在一起的。

§28.[1]斐 我们在这里骨子里似乎是一致的，虽然我们在所用名词上有点不同。我也承认在实体的命名方面，武断的成分较少。因为人们很少会冒失地把羊的叫声和马的形状结合起来，或把铅的颜色和金的重量及固定性结合起来，而我们是宁愿从自然得到摹本的[2]。

德 这并不那么是因为在实体方面我们仅仅着眼于那实际存在的东西，而毋宁是因为我们不能肯定在物理的观念(这是我们不大彻底了解的)方面，当没有实际存在的东西加以保证时，这些观念的结合是否可能和有用。但这种情况在样式方面也一样会发生，不仅当它们是一片漆黑我们不可能看透时，如有时在物理学中所发生的情况是这样，而且当其不容易看透时也是这样，如在几何学中就有很多这样的例子。因为在物理学和几何学这两种科学中，都不是能由我们凭幻想来作组合的，否则我们就会有权来说正十面体，并且可以在半圆中来找它的大小方面的中心，就像其中有一个重心一样了[3]。因为一个是有的而另一个不可能有这事实上是很叫人惊奇的。然而，一方面样式观念的组合并不始终是武断的，另一方面实体观念的组合有时倒是武断的；而这往往是取决于

---

① E本作§12，当系误植。

② 这话的意思就是使我们的观念符合于自然事物的本来面貌，使观念成为自然事物的摹本。这是唯物主义经验论、反映论的观点。

③ "正十面体"和"半圆的大小方面的中心"等等都是由本质上自相矛盾的观念结合成的，但在一个复杂观念中很容易把它们结合起来，并且看起来像是很清楚而且可能的，但稍加分析并和实在情况一比较，就会看出其混乱并立即看出其不可能性了。

我们怎样把一些性质组合起来，以便在经验之先来为一些实体性的东西下定义，当我们对这些性质充分了解，足以判断其组合的可能性时〈就可以是这样〉。就是这样，一些园艺专家在种植柑橘方面就能够有理由并且成功地提出要产生某种新品种并事先给它一个名称。

§29. 斐　您始终会同意，当涉及为种下定义时，被组合的观念的数量，取决于作此组合的人不同的专注、勤劳或幻想；正如在决定动植物的种时，人们最常见的是以形状作规范一样，同样对于那些非由种子产生的大部分自然物体，则最常见的是着眼于颜色。§30.其实这些往往只是些混乱、粗疏和不精确的概念，而要人们对于属于某一个种或某一个名称的简单观念或性质的确切数目取得一致意见还差得很远，因为要找出哪些简单观念经常结合在一起，是需要勤苦、技巧和时间的。可是只要少数性质，构成这些不精确的定义，通常在谈话中也就够了；但尽管这些属和种以及形式在经院中被人们谈论不休而喧嚣不已，这只是一些荒唐的怪东西，对我们认识那些种的本性毫无用处。

德　不论谁作一种可能的组合，在这一点上是没有弄错的，给它一个名称也不会错；但当他以为他所想的也就会都是其他更有专门知识的人在同一名称下或在同一物体方面所想的时，他就弄错了。他也许把一个种想得太普通而另一个种又太特殊了。这一切丝毫没有什么与经院哲学相反的，而我看不出为什么您要在这里回头来责备那些属、种和形式，因为您自己也得承认这些属、种以及甚至这些内在本质或形式的，当我们承认对它们还不认识时，我们并不自以为要用它们来认识事物的种的本性。

§30. 斐 至少可以看得出，我们给种所指定的界限，并不确切符合自然所曾确定的界限。因为在我们需要一些一般名称供当前之用时，我们并不费神来发现它们那些会使我们更好地认识它们最本质的区别和符合的性质；而我们就凭一些对所有的人都最触目的表面现象，来自己把它们区别为各个种，以便能更容易地与别人交流。

德 如果我们是把彼此相容的观念组合起来，我们给种指定的界限就永远是确切符合于自然的；而如果我们小心注意只把那些实际在一起的观念组合起来，则我们的概念也是符合于经验的；并且如果我们把它们看作对于实际的物体来说只是暂时的，保留着等待已做或将做的实验在这方面的进一步发现，以及如果当问题涉及关于公众在某一名称下所理解的意义方面的某种明确的东西时我们求教于专家，我们就不会弄错。因此自然可以提供一些更完全和更适合的观念，但它并不会来揭穿我们所具有的好的和自然的观念，表明它们是不对的，虽然我们的这些观念也许不是最好的和最自然的。

§32. 斐 我们对于实体的一般观念[①]，例如金属这个一般观念，是并不精确地依照自然所提供给它们的模型的，因为我们找不出任何物体，是简单地只包含可展性和可熔性而没有其他性质的。

德 人们并不要求这样的模型，并且这样要求也是没有道理的，在最清楚的概念中也找不到这样的东西。我们绝找不到一个

① 原文为“Idées génériques”，较严格的意义是指比“种”高一级的“属”的观念。

数量其中除了一般的多少就再看不到其他的；一个广延其中只有广延，一个物体其中只有坚实性而无其他性质的；[1]而当种差是肯定的和相反的时，就一定得有属参与其间。

斐　那么，如果有人想着一个人、一匹马、一个动物、一棵植物等等都是凭自然所造成的实在本质来区别开的，那他一定得想象着自然对这些实在本质是非常慷慨大方的，要是它为物体产生一个实在本质，又为动物产生另一个实在本质，再又为马产生其他一个实在本质，并把这些实在本质都给了步赛骅骝[2]的话；而其实这些属和种都只是一些包罗范围较广或较狭的记号。

德　如果您把实在本质看作就是这些实体性的模型，它们是一个物体而再没有别的，一个动物而再没有什么属于特殊的种的东西，是一匹马而毫无属于个体的马的性质，那您把它们当作荒唐的东西来看待是有道理的。而我想没有哪一个人曾以为，甚至连往昔那些最大的唯实论者也并不以为有多少种属，就有多少自限于种属的一般性质的实体。但并不能由此得出结论，说如果一般的本质不是这样的，它们就纯粹是一些记号；因为我已屡次给您指出过，它们是一些在相似性方面的可能性(des possibilités dans les ressemblances)。这就好比颜色永远不是实体或离析出来的颜料，但它们并不因此就是想象的东西。此外，您把自然设想得怎样慷慨大方也不会过分的；它的慷慨大方远超出我们所能想象的一切，而一切优胜的彼此相容的可能性都在这些表演的大舞台上得

① E本此句作“Un étendu où il n'y ait que solidité, et point d'autres qualités”(“一个广延其中只有坚实性而无其他性质的”)，疑有脱漏，译文从G本。

② 参阅本卷第三章§5。

到了实现。以往在哲学家们之中有两条格言：唯实论者的格言似乎把自然说成是挥霍浪费的，而唯名论者的格言则似乎宣布它是吝啬小气的。一条说自然不能忍受虚空，另一条说它绝不做徒劳无益的事。只要我们很好理解，这两条格言是很好的；因为自然好比一个好管家，它在当节俭的地方就节俭，以便在适当的时候和地方能豪华。它在结果方面是豪华的，而在它所用的原因方面是节俭的。

§34. 斐 让我们再不要拿关于实在本质的争论来取乐了，只要我们达到语词的用法和语言的目的就够了，这目的就是用简短的方式来表明我们的思想。如果我想说到一种鸟，有三四呎高，皮上覆盖着一层介乎毛和羽之间的东西，深棕色，没有翅膀，但在长翅膀的地方有两三个像金雀花枝子那样的小枝子，一直拖到身体下面，腿长而粗，脚上只有三个爪，没有尾巴；我要使别人懂得我说的是什么就不得不作这样一番描述。但当人家告诉了我这动物的名称叫食火鸡时，那我在说话时就可以用这名称来指这整个复杂观念了。

德 也许单单只要关于皮上覆盖的或其他部分的一个很确切的观念，就足以来把这个动物和其他已知的一切动物辨别开了，就好比赫尔库勒以他走路的步伐就使人认识，以及如拉丁谚语所说的，狮子以它的爪子就使人认识一样。但各种情况积得越多，定义的暂时性就越少。

§35. 斐 我们可以在这种场合削减观念而并无损于事物；但当自然作这种削减时，那物种是否仍保持其为该物种就是个问题了。例如：假使有一种物体，它有金子的一切性质，只除了可展性，它是不是金子呢？这就靠人来决定它。因此是人决定着事物的种。

德　绝不是这样；人只是决定着名称。但这一实验可告诉我们可展性和金子的其他性质(合在一起来看)，并无必然的联系。所以它可告诉我们一种新的可能性，并因此是一个新的种。至于说到脆的或易碎的金子①，那是由于外加，而和对金子的其他试验不一致的；因为坩埚和锑除去了它的这种脆性。

§36.②斐　从我们的学说能得出某种显得很奇怪的结论。这就是每一具有某种名称的抽象观念，都各自形成一个独立的种。但如果自然要这样，又对它怎么办呢？我倒很想知道，为什么长毛犬和兔猎犬就不是同西班牙猎犬和象一样各自独立的种。

德　我在上面已区别过种这个词的不同意义。就逻辑上或毋宁说数学上来看，最小的一点不相似可能就够了。因此每一不同的观念都给人另一个种，也不管它有名称与否。但就物理学上来说，我们并不专注于一切变化花样，而我们或者当仅涉及现象时就明确地说，或者当涉及事物的内部真实性时就猜测地说，假定着其中有某种本质的和不变的本性，如理性之在人那样。所以我们假定那仅以偶性的变化而不同的，如水与冰，流动的水银与升华的水银，是属于同一个种；而在有机体方面，我们通常把属于同种的暂时标志放在生殖或种族上，正如在那些最相似的东西方面把它放在繁殖上那样。诚然没有对事物内部的认识我们是不能作精确的

① 洛克原书谈到了这种脆的金子，参阅中译本，商务印书馆，1959年版，第446页。

② 照洛克原书此节内容在§38，见中译本，商务印书馆，1959年版，第448页。

判断的。但正如我已不止一次地说过的，我们是在作暂时的和往往是猜测的判断。可是当我们怕什么肯定的东西也说不成而想只就外表来说时，就有很大的回旋余地；而那时来争论一种差别是否种的差别，就是名称之争；而在这个意义下，在各种狗之间就有很大的区别，以致我们很可以说英格兰的看门狗和〈法国〉布伦的狗是属于不同的种。可是，也许它们是属于远古的同一个或相似的种族，而如果我们能追溯到很远，也许会发现这一点，并发现它们的祖先是相似的或同一的，但经过巨大的变化之后，其后裔有些变得很大而另一些变得很小，这并不是不可能的。我们甚至也可以这样相信而并不违背理性，即相信它们共同具有一种内在的、经常的、种的本性，它并不再作这样的细分，或者它在这里并不被发现属于一些其他这样的本性，并因此仅仅是在偶性方面有花样变化；虽然这里也丝毫没有什么能使我们判断它必然地应该这样，就像整个我们叫做最低级的种(speciem infimam)的情况那样。但丝毫没有什么现象显得一只西班牙猎犬和一头象是属于同一种族，以及它们具有这样一种共同的种的本性。因此在各类不同的狗之中，在说到外表现象时，我们可以区别它们的种，而说到内部本质时，我们可能动摇不定；但在比较狗和象时，就没有理由在外表方面把即使人相信它们属于同一个种的东西归之于它们。因此就没有理由在这种假定面前表现动摇不定。在人方面，我们也可以就逻辑上说来区别他们的种，而如果我们专注于外表，我们就物理上说也发现有些差别。这样，就曾有一位旅行家，认为黑人、中国人以及美洲土人彼此不是属于同一种族，也和那些同我们相像的人不属于同一种族。但由于我们知道人的内部本质，即理性，是保持在同一个人之中，并在一切人之中的，并且我们看不到在我们之中有任何固定的和内在的东西可构成一种进一步的再分类，我们就没有任何理由来判断，在人们之间，照内部的真实情况，有一种本质的种的差别；反之在人和禽兽之间则有这种差别，假定禽兽照我以上已作过的解释只是靠经验的①，正如事实上经验丝毫没有给我们什么根据可以来作别样的判断那样。

§39. 斐　让我们拿一样人造的东西来作例子，它的内部结构是我们所知道的。一个仅仅计时的表和一个到时发出响声的表，对于那些只有一个名称来指示它们的人来说，是只属于一个种；但对于一个以表称前者而以钟称后者的人，这相对于他来说是属于不同的种。是名称而不是内部构造，造成了一个新的种，否则就将会有太多的种了。有些表有四个齿轮，另一些则有五个；有些表有弦和均力圆锥轮(fusée)，另一些则没有；有些有一个自由摆动的摆，另一些则用一种螺旋形的发条来加以控制，还有一些则用猪鬃来控制。② 是否这些东西中的任何一样就足以造成一种种的区别呢？我说不，只要这些表在名称方面彼此相合。

德　而我却要说是，因为我不停留在名称上而要考虑设计技术的变化，尤其是那摆的不同；因为自从人们用一个发条来按照摆的频率控制摆的振动以来，就使它的振动更均匀，这一来怀表就改变了面貌，而变得无比地准确了。我从前甚至曾指出过另一条均等的原则，可以应用于钟表的。

① 参阅“序言”第3段。

② 这里说的是一些过去的老式钟表的机件和构造。

斐 如果有人想根据他所知道的内部情况的不同来作分类，他可以这样做；可是相对于那些不知道这种构造的人来说，这些就不是各自独立的种。

德 我不知道为什么你们这些人总想让德性、真理和种依赖于我们的意见或知识。它们是在自然中的，不论我们知道或赞成与否。不是这样说法，就是毫无理由地改变事物的名称和公认的语言。人们迄今都曾相信是有好几种钟表的，虽然并不知道其区别何在或怎样称呼它们。

斐 可是您不久前已经承认，当人们想凭外表来区别物理的种时，人们在觉得适当的场合，自限于一种武断的方式，也就是说，是按照他们发现那区别较重大或较不重大，以及按照人们所具有的目的来这样做的。而且您自己也曾用重量和尺度来作比，这些是人们随自己喜欢来加以规定和给予名称的。

德 是从那时以来我才开始懂得了您的意思。在纯粹逻辑上的种的差别方面，可下的定义方面有一点最小的变化就足以有这种差别了，不管这变化是多么偶然的，而纯粹物理学上的种的差别，是以本质的或不变的东西为基础的——在这两类差别之间，我们可以放进一种中介的差别，但我们不能确切地决定；在这里我们是凭最显著的现象来作规定，这些现象不是完全不变的，但也不是很容易变化的，其中一个比另一个更接近于本质的东西；而由于一位认识者也可以比另一位走得更远，事情就显得是武断的和相对于人的了，而对于名称也照这些主要的差别来作规定似乎是适宜的。因此我们可以说，这些是民事上的(*civiles*)种的差别，和名义的种，这不应和我以上所说的名义的定义相混淆，那是在逻辑的和物理的种的差别两方面都有地位的。此外，除了通俗的习惯之外，法律本身也可以赋予语词的意义以权威，而这时那些种就变成合法的了，就像在那些被称为 *nominati*[①]，即以一个特殊名称来称呼的契约方面的情况那样。这也就是像罗马法规定十四足岁开始算成年那样。这整个考虑是不应被轻视的，但我看不出它在这里有什么很大的用处，因为除了您在我看来有时把它应用于并不适用的地方之外，还有我们也会得到差不多同样的结果，如果我们这样考虑的话，这就是：在对种作进一步细分方面，是靠人们来把它进行到他们认为适当的程度，并把那些藏在背后的差别抽去而无须乎否定它们；也是靠人们来把尽管不确定的选定为确定的，以便通过给予名称来固定某些概念和尺度。

斐 我很高兴我们在这里意见相差已不再如以往显得那么远了。§41. 您还会同意，先生，在我看来，人造的事物也和自然事物一样，有些种是和某些哲学家的意见相反的。§42. 但在离开实体的名称这个问题之前，我还要补充一点，即在我们所具有的全部不同观念中，只有实体观念是有专名或个体名称的；因为人需要常常提到任何个别的性质或其他个别的偶性，这样的事是极少发生的；此外，个别的活动都是立即消逝的，而这里所形成的各种情况的组合，也不是像在实体中的那样继续存在的。

德 可是，也有一些场合，人们有需要记得一个个别的偶性〈或偶然事件〉并给它一个名称的；因此您的这条规则对通常情况来说是对的，但有例外。宗教就为我们提供了这种例外的例子。

---

① 拉丁文，意义已见正文，即“以一个特殊名称来称呼的”。

如我们每年都要庆祝耶稣基督的诞生纪念，希腊人把这事件叫做 Theogenie①，而把三博士来朝拜这件事叫做 Epiphanie②；希伯来人把天使的逾越，使埃及人的长子都死了而毫未触及希伯来人的长子这件事叫做 Passah par excellence③，并因此每年要庆祝这个纪念日。至于说到那些人造事物的种，经院哲学家们觉得把它们放进他们的范畴中去有困难；但他们这种犹豫小心是不必要的，因为这些范畴表本当只用来对我们的观念作个一般的考察。可是，承认完全的实体与那些实体的堆集（aggregata）之间有差别是好的，这些实体的堆集是一些由自然或由人工复合的实体性的东西。因为自然也有这样的堆集的，如用哲学家们的话来说那些混合不完全的物体（imperfecte mixta——不完全的混合物）就是，它们不成其为 unum per se④，它们之中没有一种完全的统一性。可是我认为他们叫做元素，并认为是单纯的四种物体，以及他们认为完全混合并给予它们以性情⑤的盐类、金属和其他物体，也都不是

① 字面的意思即"神的诞生"，即"圣诞节"。

② 据《马太福音》，第二章第一节以下说，耶稣在伯利恒出生时，有三个"博士"或"贤人"（Mages；Magi）从东方来到耶路撒冷朝拜他，这一天（1 月 6 日）就叫做 Epiphanie，即祝颂耶稣出现的"主显节"，也叫"三王来朝瞻礼"。这些译名天主教和新教各派所用常不统一。

③ 词义为"最卓越的逾越"，即"逾越节"，参阅《旧约 · 出埃及记》，第十二章第 21 节以下。

④ 见本章 § 24"德"注（第 358 页注②）。

⑤ 这里所说的就是指古希腊唯物主义哲学家恩培多克勒（Empodocles，约公元前 492—约前 432）所提出的火、气、水、土四种元素，柏拉图和亚里士多德的自然哲学在一定意义下也采取了这种观点，逍遥学派又把它们分析为冷、热、干、湿这四种性质，认为万物都由此四种元素以不同比例混合构成，四者按比例构成的状态，就称为"性情"（temperament）。

unum per se,正如我们须断定它们只是表面上显得齐一和同质的,并且甚至一种同质的物体也仍只是一种堆集。总之,完全的统一性应该只留给那些有生命的,或赋有原始的隐德来希的物体,因为这些隐德来希有和灵魂可类比的方面,是和灵魂一样不可分和不灭的;我在别处还曾断言它们的有机身体实际上是一些机器,但它们超过我们所发明的人造机器,正如自然机器的发明者超过我们一样。因为这些自然机器是和灵魂本身一样不灭的,而动物是和灵魂一起永远继续存在的;这(用一件尽管非常可笑却很好玩的事来更好地说明我的意思)就像在舞台上要剥一个丑角的衣服,但始终剥不光,因为他一层叠一层不知有多少层衣服;虽然动物的有机身体的这种无限重叠彼此不是像衣服那样如此相像也不是彼此这样贴得紧的;自然的技艺别有一种精巧。所有这一切使我们看到,哲学家们在人造事物和赋有真正统一性的自然物体之间放进了这样大的一个距离并不是完全错误的。但只有到我们这个时代才能对这神秘的事来作阐发,并使人了解其重要性和后果,以便以一种真正自然的和符合我们所能做的实验和理解的方式来很好建立起自然神学和所谓灵学①;这不会使我们失去它们所当提供的任何重要的考虑,或毋宁是使

① 原文为 Pneumatique,即关于精气、灵魂或精神的理论或学问。这个词现在已限于用在物理学上,即"气体动力学"。但这里不是现在这个词的通常意义,而是指"灵学"或"精神学"。Pneuma 一词源出希腊文,原意为呼气,后转为灵气、灵魂、精神等意义。参阅本书序言第 10 段注(第 12 页注①)。

它们提高了,如前定和谐的系统[①]所做的那样。而我认为我们只有用这办法才能最好地结束关于实体名称的这一长篇讨论。

第七章 论质词[②]

§1. 斐 除了那些用来为观念命名的语词之外,我们还需要一些意指观念或命题之间的联系的语词。这是,这不是,就是肯定或否定的一般记号。但心灵除了命题的各部分之外还把一些句子或整个的命题彼此联结起来,§2. 用一些语词来表明不同的肯定和否定的这种联结,这些语词就是所谓质词;而擅长说话的艺术主要就在于善用这些质词。就是为了使推理前后连贯和有条不紊,才需要一些表明联系、限制、区别、对立、着重等等的词。而当人们不注意把这方面弄好时,就会使听话的人陷于困惑。

德 我承认这些质词是有很大用处的;但我不知道擅长说话的艺术是否主要就在于此。如果有人只拿出一些一条一条的箴言,或各条分离独立的论纲,如在各大学中人们常常做的那样,或者如在法学家们叫做分节的谤文中,或在人们提供给证人的条目

① 参阅本书以下第四卷第十章§§7及9;又参阅《新系统》,§§14—16,见G本第四卷第484—486页,E本第127,第a—128页,及《关于自然和神恩的原则》§§7—13。见G本第六卷第602—604页,E本第716页等处。莱布尼茨常称他自己的哲学系统为"前定和谐的系统"。他认为构成万物的精神性实体——"单子"是完全孤立而不能相互影响、相互交通的,而万物的"和谐"、"秩序",是由于上帝在创造单子时的"预先决定"。因此上帝的存在是自然秩序的"充足理由"。他也正企图以此来证明上帝的存在。这是他的唯心主义体系的主要观点之一。

② Particules,包括介词、连词、叹词、冠词及某些词首、词尾等,一般是没有变化的,故也译作"不变词"或"不变语"。但如在法语中,冠词就有性、数等变化。

中的那种情况，那时只要我们把这些命题编排好，也可以取得差不多同样能使人理解的效果，就像在其中放进了联系和这些质词一样；因为读的人自己把它们补充进去了。但我承认，如果这些质词用得不好，尤其如果是把它们省略了，是会引起麻烦的。我还觉得，这些质词，不仅联结由许多命题组成的整篇言辞的各部分，和由几个观念组成的命题的各部分，而且也联结以多种方式由其他观念组合而成的观念的各部分。而正是这最后一种联系，是由介词来标记的，至于副词则对在动词中的肯定或否定有影响；而连词则对不同的肯定或否定的联系有影响。但我毫不怀疑您自己也已注意到了这一切，虽然您的说话似乎说的是另一回事。

§3. 斐　语法中处理质词的部分，比起顺次表现格、性、语气、时态、动名词和目的分词的部分来，被人研究得较少。的确，在有些语言中，人们也把这些质词排列在各种名目之下，各作了明确的细分，好像很精确的样子。但浏览一下这些表格是不够的。必须对自己的思想作反省思考，以便来观察心灵在言谈时采取的形式，因为这些质词也同样是心灵活动的标志。

德　关于质词的理论很重要，这一点是非常正确的，而我但愿能对这问题更详细地讨论一下。因为没有比这更适宜于使人认识理智的各种不同形式的了。性在哲学的语法中是不算什么的，但各种格则相应于介词，而介词是往往包含在名词中并且好像被吸收进去了的，别的一些质词则隐藏在动词的语尾变化中。

§4. 斐　要很好地解释质词，只把它们（像在词典里通常所做的那样）用另一种语言中最接近的语词翻译出来是不够的，因为要把握其在一种语言中的确切意义是和在另一种语言中的一样不容易；此外，两种语言中相近的语词的意义并不永远确切地是同样的，并且在同一种语言中也有变化。我记得在希伯来语中有一个只有一个字母的质词，算起来有五十多个意义。

德 学者们曾致力于写一些论著来论述拉丁、希腊和希伯来语的质词；而斯特劳赫[①]，一位著名的法学家，曾写过一本论法学上质词用法的书，在这方面它的意义不是不重要的。可是我们发现通常他们毋宁是举了一些例子和用了一些同义词就自以为已解释了它们，而不是用清楚的概念。我们也不可能永远找得到一个一般的或形式的意义，如已故的波尔先生[②]所称呼的那样，能满足一切的例子的；但虽然这样，我们始终还是能把一个词的所有用法归结为一个特定数目的意义。而这是应该做的。

§5. 斐 事实上意义的数目大大超过了质词的数目。在英语中 but〈"但"〉这个质词就有极不相同的多种意义。(1)当我说 but to say no more 即"但不再说了"时，这质词似乎表示着心灵在达到目标以前在说话当中停住了。但是说(2)I saw but two planets；就是说，"我但见两颗行星"，这时心灵把它想说的意思限制在它已表明了的，而排除了其余的一切。而当我说(3)"You pray, but it is not that God would bring you to the true religion, but that he would confirm you in your own"，这就是说："你祈祷上帝，但并不是求上帝把你引向真的宗教，但求他将使你坚信你自己

① Johann Strauch，拉丁名 Strauchius，1612—1680，是莱布尼茨的舅父，一位杰出的法学家，曾任莱比锡、耶拿等大学的教授。

② Samuel Bohl，拉丁名 Bohlius，1611—1689，罗斯托克大学的教授，曾致力于在德国推进对希伯来语文的研究。

的宗教”;这时这两个 but 或“但”中的第一个是指心灵中的一种假定,是和它应该是的情况不一样的,而第二个是表明心灵在后面的和前面的话之间放进了一种直接的对立。(4)“All animals have sense,but a dog is an animal”,这就是说:“所有的动物都有感觉,但狗是一种动物”。这里这质词是表明第二个命题和第一个命题的联系。

德 法语的 mais〈“但”〉在所有这些例子中都可以代进去,只除了第二个例子;但德语的 allein,当作质词看,意味着〈法语〉mais 和 seulement〈“只”〉的某种混合,无疑能在所有这些例子中都用来代替 but,只除了最后一个例子,有点可以怀疑。Mais 在德语中也有时译成 aber,有时译成 sondern,这个词表示着一种分离或拆散,并且接近于质词 allein。要很好解释质词,只像我们这里刚才那样作一种抽象的解释是不够的,必须来作一种详解(périphrase),它要能用来代替质词,就像定义能用来代替被定义者那样。当我们致力于在所有能作详解的质词方面都找到和决定了这些可用来代替的详解时,那我们对它们的各种意义就有了准则了。让我们就用上面这四个例子来试一试这办法。在第一个例子中,我们的意思是说:对此只说到现在这个范围,而没有再多的了(non più[①]),在第二个例子:我只看到两颗行星而没有更多的了;在第三个例子:你只祈求上帝这一点,就是使你坚信你的宗教,而再没有别的了,等等;在第四个例子中,好像是说:所有的动物都有感觉,只考虑这一点就够了而再不需要别的了。狗是一种动物,所以

① 意大利文,意即:“没有再多的了”。

它是有感觉的。因此所有这些例子都表明了界限和一种 non plus ultra〈没有额外再多的〉,或者在事物方面,或者在言辞方面。这样 but 也就是一种目标,一种事情的尽头;就好像我们说,让我们停止吧,我们已在那里了,我们已达到我们的 but①。But,Bute,是条顿语中的一个古词,它意味着某种固定的东西,一种停留。Beuten(是个已废弃不用的词,在某些教堂里唱的赞美诗中还有这个词)就是停留(demeurer)。〈法语的〉mais 起源于 magis②,就好比有人想说:至于其余多出来的就只得让它去;这也就等于说:不需要再多的了,已经够了,让我们来别的吧,或者说,那是另一回事。但由于语言的习惯用法是以一种很奇怪的方式起变化的,因此要充分规定质词的意义,就必须进而对这些例子的细节作更深入得多的探讨。在法语中,人们用一个 cependant〈"可是"〉来避免两个 mais 的重复;人们会说:Vous priez, *cependant* ce n'est pas pour obtenir la vérité, *mais* pour être confirmé dans votre opinion.〈你祈祷,可是不是求得到真理,但求使你坚信自己的意见。〉拉丁语中的 sed〈然而,但是〉以前往往是用 ains 来表示,那就是意大利语的 anzi,而法国人把它一改革就在他们的语言中剥夺去了一个很有好处的表达式。例如:"Il n'y avoit rien de sûr, cependant on étoit persuadé de ce que je vous ai mandé, parce qu'on aime à croire ce qu'on souhaite; mais il s'est trouvé que ce n'étoit pas cela; ains plutôt etc."〈"这里丝毫没有什么靠得住的东西,可是人们深信我

---

① 这里有一种文字上的把戏,因为"but"在英语意思是"但是",但"but"在法语意思是"目标"、"目的",虽然读音和意义都有不同,但字形一样。

② 拉丁文,意即:"更多"。

所告诉你的事，因为人们喜欢相信他们所向往的事；但事情被发现并不是这样，而(ains)毋宁……"〉。

§6. 斐　我的打算是只轻轻触及一下这个问题。我要补充的一点就是：质词往往包含着一整个命题的意义，或者经常是这样，或者在某种结构中是这样。

德　但当那是一个完全的意思时，我认为这是用了一种省略法；否则的话照我看来只有那些感叹词才能自身单独存在并在一个词中说了一切，就像 ah!（啊!）hoi mè!（啊呀!）因为当我们说，mais〈但是〉，而不加别的什么时，这是一种省略法，就好比是说：但让我们等一等跛子[①]，并且让我们不要不适当地自诩。这有点接近于拉丁语中的 nisi，〈如说〉si nisi non esset，〈这就是说，〉如果没有"但是"(mais)。此外，先生，您要是更深入一点详细讨论一下在质词的用法方面非凡地表现出来的心灵的那些转折，我该是不会不高兴的。但既然我们有理由来赶紧结束关于语词的探讨以便回到事物方面来，我也不想再在这方面来耽搁您了；虽然我确实认为，语言是人类心灵最好的镜子，而对于语词意义的一种精确分析，将会比任何其他事情都更好地使人认识理智的活动。

第八章　论抽象名词和具体名词

§1. 斐　还要注意名词有抽象的或具体的。每一个抽象观

① G本和E本原文均作"mais attendons le boiteux,"英译作"but let us wait for the confirmation of intelligence"("但让我们等着瞧情报的证实")。

念都是清楚〈各自有别于其他〉的，以致两个抽象观念中其一永远不能是其他。心灵应当用它直观的认识察觉到它们之间的区别，并且因此，两个这样的观念永远不能由其一来肯定其他。每个人都立即会看出这种命题的错误，如：人性是动物性或合理性；这是和最一般地被接受的任何公则一样十分显明的。

德 可是对此还是有些话要说。人们同意正义是一种德性，一种习惯(habitus)，一种性质，一种偶性，等等。因此两个抽象名词是可以用一个来宣告另一个的。我还惯于区别两类的抽象名词。有一些是逻辑的抽象名词，还有一些是实在的抽象名词。实在的抽象名词，或至少是被设想为实在的抽象名词，或者是一些本质和本质的一些部分，或者是一些偶性，也就是被加在实体上的东西。逻辑的抽象名词是一些被归结为名词的断语(prédications)，就好比我说：是人，是动物；而在这个意义下，我们是可以把它们用一个来宣告另一个的，如说：是人，这就是动物。但在实在方面这是不行的。因为我们不能说人性(humanité)或人之性(hommeité)(如果您愿意这样说的话)——那是整个人的本质——就是动物性——那只是这本质的一部分。可是这些实在的抽象名词所指的抽象而不完全的东西，也有它们的属和种，它们也同样是用实在的抽象名词来表示的：因此在它们之间是彼此有断定(prédications)的，就像我已用正义和德性的例子所表明的那样。

§2. 斐 我们永远可以说那些实体只有极少有抽象名称的；只在经院中难得谈到人性，动物性，物体性。但这在世上也并未有权通行。

德 这是因为人们只需要极少这样的名词，以便用作例子和用以说明一般概念，这些不要完全加以忽视是适宜的。如果说古代人没有用经院中所讲的意义的人性(humanité)这个词，他们却说人的本性(la nature humaine)，这是同一回事。确实他们也说神性或神的本性；而神学家们既有必要说到这两种本性和实在的偶性，他们在哲学和神学的经院中就执著于这些抽象的东西，也许是超过了适当的程度。

第九章　论语词的缺陷

§1. 斐　我们已经说到过语词的两种功用。一种是记录我们自己的思想以助我们的记忆，这是使我们自己和自己说话；另一种是通过说话把思想传递给别人。这两种功用使我们看到语词的完善或缺陷。§2. 当我们只和自己说话时，用什么语词是无所谓的，只要我们记得它们的意思和不加改变就行了。但§3. 传递的功用又分为两类：民事上的(civil)和哲学的。民事上的是在谈话中和在日常社会生活中所用的。哲学的功用就是要造成一些语词，以求给人确切的概念，并求其在一般命题中表达确定的真理。

德　很好；语词就和对别人是记号一样，对我们自己也同样是一些标记(Notae)(就像那些数目字或代数里的字母符号可能是的那样)；而语词作为记号的功用，在当涉及将一般戒律应用于生活日用或个人①时是同样有用的，也正如当涉及要发现或证实这些戒律时一样；记号的第一种功用是民事上的(civil)，第二种是哲学

① 英译本漏译“ ou aux individus”(或个人)。

的。

§5. 斐 然而主要地在下列各种情况下，要学会和牢记每一语词所指的观念是困难的：(1)当这些观念非常复杂时；(2)当组合成一个新观念的这些观念，和这新观念并无自然的联系，以致在自然中既无任何固定的尺度，也无任何模型可来校正和规范它们时；(3)当那模型不容易认识时；(4)当语词的意义和实在本质并不确切相同时。样式的名称是由于前两个理由而更易于成为可疑和不完善的，而实体的名称则由于后两个理由是如此。§6.当样式的观念极复杂时，如大部分道德名词的观念那样，它们极少在两个不同人心中有同样意义的。§7.缺少模型也使这些语词意义含混。第一个发明 brusquer〈“鲁莽”、“粗暴”〉这个词的人是照他觉得适合的方式来理解它的，像他那样来用这个词的人们并没有被告知他确切地是想说什么，他也没有给他们指明某个经常的模型。§8.普通的用法足够好地规范着通常会话中所用语词的意义，但毫不精确，而人们对于什么是最符合语言特性的意义总是在争论不休。许多人都在说光荣这个词，但很少有两个人理解得完全一样的。§9.这在许多人嘴里只是些简单的声音，或者至少那些意义是很不确定的。而在一篇言辞或一场对话中，人们说到荣誉、信仰、恩惠、宗教、教会等等，尤其是在一场辩论中，我们立刻就可注意到，人们应用于同一些名词的概念是有不同的。而如果说要理解我们当代人所用名词的意义都有困难，那要理解那些古书就更要困难得多了。好在我们可以让它们去，不管它们，只除了当它们包含着我们应该相信或做的事情时〈才得读它们〉。

德 指出这几点是好的；但说到古书，由于我们首先需要了解圣经，又由于罗马法今天在欧洲的一大部分都还很有用，这就使我们得去参考大量的其他古书：拉比们的，教父们的，甚至非宗教界的史学家们的。此外，古代的医生也很值得了解。希腊人的医学实践通过阿拉伯人一直传到了我们这里：从源头来的水在流经阿拉伯人那里时被搅浑了，而当人们开始追溯希腊的源泉时很多问题已得到了矫正。可是这些阿拉伯人也还是有用的，例如人们肯定那伊本比塔[①]，他在这些关于药用植物的书中抄了狄奥斯柯利德[②]对于阐明狄奥斯柯利德就常常很有用。我也发现，除了宗教和历史之外，主要地就是在医学——就其为经验的来说——中，那在书面上保存下来的古代传统，以及一般地说别人的观察，可以有用。就是因为这，我一向对那些在关于古代的知识方面很有造诣的医生始终评价很高；而我曾觉得很遗憾的是，雷内修斯[③]，本来在两方面的知识都很卓越，却毋宁转向阐明古代人们的宗教仪式和历史，而不来致力于恢复一部分古代人关于自然的知识，在这方面他本来显得也会能取得非凡的成就的。当拉丁、希腊、希伯来以及阿拉伯人的古书有一天都研究完了之后，还有中国人，也有许多古书，也当列入其中，并将会给我们的批判的好奇心提供材料。就不必说波斯人、亚美尼亚人、哥普特人[④]以及婆罗门教的某些古书了，这些到时候也将从地下发掘出来，以求不要忽略在各种学说的

---

① Ebenbitar或Ibn-al-Baitar，约1197—1248，一位杰出的阿拉伯学者，植物学家，曾根据许多古代文献资料编写了一本药用植物志。

② Dioscorides，约公元100年前后的希腊医生。

③ Thomas Reinesius，1587—1667，是一位德国医生，曾写过医学和博物学方面的一些著作，后来专门从事于语言学及考古学的研究。

④ Coptes，古代埃及人的一个种族。

传统以及事实的历史方面古代所能给予的任何光明。而到再也没有古书可来考察了时，语言就可取代书的位置，而这些语言是人类最古老的纪念碑。随着时间的流逝，将会把全世界各种语言都记录下来和把它们放进词典和语法书中，并把它们彼此加以比较；这是会有很大用处的，既对认识事物很有用，因为名称常常是和它们所标明的特性相应的（如我们通过各个不同民族对各种植物的命名所看到的那样），同时也对认识我们的心灵以及它的作用的奇妙的千变万化很有用。就不必说各民族的起源了，这是我们利用坚实可靠的语源学的方法可以认识的，而对各种语言进行比较将可提供最好的方法。但这是我已经讲过的。而所有这一切都使人看出批判的用处及其广阔范围，这个问题有些在别的方面很高明的哲学家却很少考虑，他们常常放肆地以轻蔑的口吻来谈到拉比学[①]以及一般地谈到语言学。我们也看到批判家们还有很长时期可找到材料来从事有成果的锻炼；而他们不要太过沉迷于一些细枝末节，因为他们还有这许多更有意思的对象要处理；虽然我很知道即使一些细枝末节在批判家们也常常是为发现更重要的知识所必需的。而因为批判大部分是在语词的意义以及在对作者，尤其是古代作者的解释上进行的，这一关于语词的讨论，再加上您提到了古人，就使我要来触及这一重要之点。但还是回到您的名称的四种缺点上来，我要对您说，先生，这些全都是可以补救的，尤其是自从发明了书写以来，并且这些缺点只是由于我们的忽略才得以

① Rabbinage，是一个带有轻蔑意义的名词，意思是指对犹太教教士即拉比们的书所作的研究。

继续存在的。因为意义是靠我们来确定的，至少在某种学术语言中是如此，并且靠我们同意来摧毁这巴别之塔①。但有两个缺点是比较难于补救的，一个是在于：当经验并没有给我们提供一些观念完全在同一主体中结合好的情况时，我们对这些观念是否彼此相容就有怀疑；另一个是在于：当我们对一些感性事物没有足够的经验来对它们下比较完全的定义时，有必要来对它们下一些暂时的定义；但对于这两种缺点我们都已不止一次讲过了②。

斐　〔我就将告诉您一些对于以某种方式进一步阐明您刚才提出的这些缺点是有用的东西，而我所已指出的缺点的第三项似乎就使定义成为暂时的；这就是当我们对我们那些可感觉的模型，亦即具有有形体性质的实体性存在物，没有足够的认识时〈的情况〉。这缺陷也使得我们不知道是否允许把那些自然未加组合的可感性质组合起来，因为归根到底我们对它们并不了解。〕而如果说那些用于复杂样式的语词的意义之所以有可怀疑，是因为缺乏能使人看出同样组合的模型；那么实体性存在物的名称的意义之所以可疑则是由于完全相反的理由，因为这些名称应该是意指那被假定为符合于事物的实在性，并与自然所造成的模型相关联的东西。

德　我在我们以前的对话中已不止一次地指出过，这对于实

---

① la tour de Babel，据圣经《创世记》第十一章，说本来整个大地只有一种语言。挪亚的子孙们要协力建造一座通天的塔，即所谓“巴别之塔”，上帝摧毁了这座塔，并且搅混了语言，又使他们分散到各地，语言也从此不能相通。因此“巴别之塔”后来就有了“混乱的迷宫”之类的意义，也有“巨大的建筑”、“摩天楼”等等多种意义。这里所说“摧毁这巴别之塔”当即指“消除混乱”的意思。

② 参阅本书第三卷第六章。

体的观念并非本质性的；但我承认依照自然造成的观念是最可靠和最有用的。

§12. 斐 那么当我们遵照完全由自然造成的模型，无须想象力保持其表象时，那些实体性存在物的名称在通常的用法中就有我已指出的双重关系。第一种关系是它们意指着事物内部的实在构造，但这模型是不可知的，因此也不能用来规范其意义。

德 这里不涉及这个问题，因为我们说的是我们具有其模型的观念；内在本质是在事物之中的；但我们同意它是不能用作原型的。

§13. 斐 那么第二种关系就是实体性存在物的名称直接对那些同时存在于实体中的简单观念所具有的关系。但由于结合在同一主体中的这些观念数目很大，人们在谈到这同一主体时，就形成了很不相同的各种观念，这原因一方面是由于他们对简单观念作了不同的组合，另一方面是因为物体的大部分性质，是它们所具有的在其他物体中产生变化和从之接受变化的各种能力；证据就是：一种最低级的金属能够由火的作用而受到那些变化，而且它在一位化学家的手中，由于用了其他一些物体，还能受到更多得多的变化。此外，一个人满足于以重量和颜色作为认识黄金的标准，另一个人则还加上可延性、固定性；而第三个人又要考虑到它溶解于王水。§14. 由于各种事物彼此之间往往也有相似性，所以要指出确切的差别有时是困难的。

德 实际上由于物体是易于受变形、掩盖、作假、仿造的，因此要能辨别和认识它们是一件大事。黄金在溶液中是掩盖着的，但我们可以把它重新取出来，或者是通过沉淀，或者是把溶剂蒸发掉；而假造或冒充的黄金可以用化验的技术来识别或使之纯化，这种技术不是人人都知道的，因此人们对黄金并不是都有同样的观念这一点并不奇怪。而通常是只有那些专家才对各种物质具有足够正确的观念。

§15. 斐　可是这种花样变化在平常的交往中并不像在哲学研究中那样引起混乱。

德　如果它在实践中没有影响倒是较可忍受的，在实践方面，不要张冠李戴(recevoir un qui pro quo)常常是很重要的，并因此就有必要认识事物的标志或身边要有认识它们的人。而这对于那些贵重的药品和物质尤其重要，这些东西我们可能正是在有些重要时机很需要的。哲学上的混乱毋宁是在一些较一般名词的用法方面表现出来的。

§18. 斐　简单观念的名称是比较不易有歧义的，人们对白、苦等等名词弄错了的事情是很罕见的。

德　可是这些名词却的确也不是完全没有不确定性；而我已经指出过关于有些交界的颜色的例子，它们处于两种颜色交界的地方，本身属于哪种颜色是很可疑的。

§19. 斐　次于简单观念的名称的是那些简单样式的名称，也较少可疑的情况，例如那些形状和数目的名称就是这样。但§20. 那些复杂样式以及实体则引起了一切麻烦。§21. 有人会说，与其把这些缺点归罪于语词，我们倒不如该把它们记在我们的理智的账上；但我回答说：语词是这样处在我们的心灵和事物的真相之间，以致我们可以把语词比之于一种媒介，可见对象的光线就通过它传到我们这里，而它却常常在我们眼前散布许多云雾；而我倾向于认为，如果我们较深入地考察一下语言的缺点，那些争论的大部分自己就会消除，而认识的道路，以及也许还有和平的道路，就会更加向人们敞开。

德 我相信，如果人们愿同意某些规则并小心地执行这些规则的话，在书面的讨论方面我们从今以后是能够达到目的的。但要确切地在口头上并且当场立即进行讨论，则在语言上必须要有所变化。我在别处已作过这方面的研讨①。

§22. 斐 在等待着这种不会很快就准备好的改革的同时，这种语词的不确定性应该教我们要谦虚谨慎，尤其是当涉及要把我们归之于古代作家的意义强加于别人的时候；因为我们发现在那些希腊作家中差不多每个人都各说一种不同的语言。

德 我倒毋宁是惊讶于看到在时间和地点上都相隔这样远的那些希腊作家，如荷马、希罗多德、斯特拉彭、普鲁泰克、琉善、欧塞比奥、普罗柯比、福修士②等竟如此接近；反之那些拉丁作家却变化如此之大，而德国的、英国的及法国的就变化更大。但这是因为

---

① 莱布尼茨曾计划要创立一种普遍的哲学语言，这计划是他一辈子放在心上，并一再提起过的，他也曾花过许多工夫，做了许多准备工作，但并没有多少积极的成果。参阅本书第四卷第六章§2"德"，第十七章§13"德"；又G本第三卷，第216页；第四卷第27页以下，E本第6页以下；G本第七卷第3页以下，E本第82页以下，第669页以下等处。

② 荷马（Homère），古希腊传说中最著名的诗人，但是否确有其人是有争论的；希罗多德（Hérodote，公元前约484—前约425），被称为古希腊"史学之父"；斯特拉彭（Stra-bon），公元前一世纪希腊地理学家；普鲁泰克（Plutarque）公元一世纪希腊史学家及道德学家；琉善（Lucien），公元二世纪希腊哲学家和讽刺作家；欧塞比奥（Eusèbe，267—340），凯撒利亚的主教，被称为"教会史之父"；普罗柯比（Procope，生于五世纪末，死于约562年），希腊历史家，有关查士丁尼时代历次战争的《历史》的作者；福修士（Photius，820—891），君士坦丁堡主教，拜占庭的作家和政治活动家。

希腊人从荷马时代以来，尤其是当雅典城处于繁荣状态的时期，就有一些好的作家为后人当作模范，至少是在写作方面。因为希腊的通俗语言在受罗马统治时期无疑当已有很大变化，而这同一理由也使意大利文就不像法文变化那么大，因为意大利人有一些早期享有持久声誉的作家，都曾模仿并且还在推崇但丁、彼得拉克、薄伽丘①以及其他一些作家，而其时那些法国作家已不再受推崇了。

第十章　论语词的滥用

§1. 斐　除了语言的自然缺点之外，还有一些有意造成的以及由于疏忽而来的缺点，这就是语词的滥用，把它们用得很坏。第一种和最明显的滥用，就是§2. 人们没有把明白的观念归之于语词。这种语词有两类：有一些是从来没有确定观念的，不论就其起源或其通常用法来说都是如此。哲学和宗教上的大部分宗派都曾引进这样一些语词，用来支持某种奇怪的意见，或用来掩盖它们的体系的某种弱点。可是这些语词在常人口里正是表明他们不同于其他派别的独有的特征。§3. 还有其他一些语词，照最初和普通的用法是有某种明白观念的，但以后人们使它们适用于某些极重要的事物而并没有赋予任何确定的观念。智慧、光荣、恩惠这些词在人们的口里就常常是这样。

① 但丁（Dante，1265—1321），以其所作《神曲》被称为"意大利诗歌之父"；彼得拉克（Pétrarque，1304—1374），意大利著名诗人，历史家，被看作"文艺复兴"时期第一个人文主义者；薄伽丘（Boccaccio，1313—1375），也是意大利最早的人文主义者之一，诗人和文学家，《十日谈》的作者。

德 我认为无意义的语词并不如人们所想的那么多,而只要稍用点心和有点善意就能把空虚处填满或把不确定处加以确定的。智慧似乎无非是对幸福的正确认识。恩惠就是我们为那本不值得承受好处而处境又需要这种好处的人所做的好事。而光荣就是一个人的优点所具有的名声。

§4. 斐 我现在不想来考察对于这些定义是否有什么要说,而只想来看一看滥用语词的原因。第一,是因为我们学会语词在学会其所属观念之先,小孩在摇篮里就已习惯于这样,就一辈子同样用这办法;尤其是在会话中他们从未固定他们的观念,而用种种不同的说法来使别人设想他们想说什么,也还是能使人懂得他们的意思,这就更加如此。可是这样就使他们的说话中充满了大量空无意义的声音;尤其是在有关道德的事情上。人们把他们发现邻人在用的一些语词接过来,为了不要显得对它们的意义无知,就也很自信地加以运用,而并没有给它们一个确定的意义;而由于在这一类的说话中,他们对了的事是罕见发生的,要他们相信自己错了也就同样罕见;而要想把他们从错误中拉出来,就好比要想剥夺一个流浪汉的家产一样①。

德 实际上人们费必要的精力来获得对名词或语词的理解的事是如此罕见,以致我不止一次地感到惊讶,小孩竟能这样早就学会语言,并且人们说话还能说得这样正确;因为我们看到人们很少致力于教小孩说家乡话的,而别的人们也很少想到要获得清楚的

① 这话的意思是:“他们既然没有确定的意见,因此你就难以使他们脱离自己的错误,正如一个漫游者既然没有确定的住宅,你就难以剥夺了他的寓所似的”。见洛克《人类理智论》中译本第479页。

定义；同样地人们在学校中学会的那些定义通常都不是关于那些公众所习用的语词的。此外，我承认，甚至当人们认真地进行争论，以及照着自己的感想说话时，他们常常发生错误；可是我也注意到，在人们就一些发自内心的问题的思辨进行争论时，也常常双方都是有道理的，除非是彼此处于这样一种对立状态，没有很好了解另一方的意见；这是由于名词运用不善而来，有时也由于一种反抗心理和一种好胜心。

§5. 斐　第二，语词的用法有时是不一贯的；这种做法在那些学者中简直太多了。可是这是一种显然的欺骗，而如果它是故意的，那就是发疯或邪恶。如果有人在算账时也这样搞法（如以十当五），那我请问还有谁愿和他打交道呢？

德　这种滥用既然不仅在学者中而且在大众之中也是很普通的，我认为这毋宁是坏习惯和马虎，而不是邪恶使然。通常同一个词的各种不同意义都有某种联系；这就会使人把一个意义当作另一个意义，而人们没有费时间来考虑使所说的话都具有所希望的准确性。人们已习惯于那些转义和比喻，而某种雄辩或虚妄的光彩很容易使我们上当。因为就最常见的情况来说，人们所寻求的更多的是愉快、娱乐和表面现象，而不是真理；此外，这里面也掺杂着虚荣心。

§6. 斐　第三种滥用是故作模糊，或者是给予名词以不常用意义的用法；或者是引进一些新名词而不予解释。琉善很有道理地加以讥笑的那些古代的智者，装作无所不谈，其实是以言语模糊的幕布掩盖自己的无知。在各个哲学派别中，逍遥学派特别显著地犯这种毛病；但别的学派，甚至在现代的那些学派中，也不是完全没有这种毛病。例如有些人就滥用广延这个名词，并发现必须把它和物体这个名词混同起来。§7.人们如此推崇的逻辑或辩论术,也有助于维护这种模糊。§8.那些迷恋于此的人对共和国是毫无用处或毋宁有害的。§9.反之为博学之士所如此轻视的那些机械工匠,对于人类生活倒是有用的。可是这些糊涂的博士却为无知的人们所羡慕;而人们以为他们是不可战胜的,因为他们满身装备着荆棘和芒刺,去让它刺一下可没有什么好玩的;单靠模糊就能用来防卫他们的荒谬了。§12.坏的是这种把语词弄模糊的技术已搅乱了人类活动的两大规范,即宗教和法律。

德 您的责备有很大一部分是正确的;可是的确有——不过很少——一些模糊是可以原谅的和甚至可以赞许的:如当有人公开宣布自己是在打哑谜,并且那谜语是合时宜的时就是这样。毕达哥拉斯就曾这样用过①,而东方人的方式就往往是这样的。称为"行家"的那些炼金术士,宣称只愿让那些法术之子(fils de l'art)懂得。但如果这些所谓法术之子是有解谜之方的话,这也会是好的。某种模糊可能是可允许的;不过它必须是隐藏着某种值得来猜的东西,并且那谜语也得是可解的。但宗教和法律则要求有明白的观念。似乎是人们在教授它们时所带来的无条理,把那原理搅乱了;而其中所用名词的不确定性,也许是比模糊更有害的。至于逻辑,是教人以思想的条理和联系的技术,我丝毫看不出

① 毕达哥拉斯派是约公元前六世纪起延续很久的一个希腊哲学派别,同时也是一个宗教团体和反动政治团体。这里所指的是该派中的一些所谓"象征"或"神圣的言辞",是用一种谜语样的诗句写成的一些神秘的戒律,如"不许吃豆子","不要用刀剑拨火","不许穿羊毛的衣服而只穿麻布的衣服"等等。用这种谜语样的形式有为了对局外人保密的意思。可参阅罗斑:《希腊思想和科学精神的起源》中译本,商务印书馆,1965年版,第76—77页。

有什么理由加以责备。相反地倒是缺乏逻辑才使人们弄错。

§14. 斐　第四种滥用是人们把语词当作事物，这就是说，人们以为名词是相应于实体的实在本质的。受逍遥学派哲学教养长大的人，谁不以为十个范畴的名称是确切符合事物的本性的呢？谁不以为实体的形式、植物灵魂、惧怕真空、意象①之类都是某种实在的事物呢？柏拉图派有他们的世界灵魂，而伊壁鸠鲁派有他们的原子在静止时趋向运动的倾向。如果亨利·莫尔博士的空中媒介体或以太媒介体②在世界某处得到流行，人们也会同样相信它们是实在的。

德　正确说来这不是把语词当作事物，而是把假的信以为真。这种错误对一切人都太普通了；但这并不仅仅是由于滥用了语词，而是在于完全另一回事。那种范畴表的设计是很有用的，而我们毋宁应该是想着来改正它而不是排斥它。实体、量、质、主动或被动，以及关系，也就是说存在的五个一般的名目，再加上那些由它们组合而成的，可能就够了，而您自己，在整理排列那些观念时，不

①　"意象"原文为 les espèces intentionnelles，拉丁文为 species intentionales，是中世纪经院哲学中"唯实论派"用以解释知觉、认识等现象的一种东西，和 species reales 即事物的实在形式相对，一说认为它是外物的"形式"、"相似者"、"影像"，但既不同于心灵，又不同于外物本身，而是外物的代表或媒介，心灵通过它的媒介作用才能认识外物；一说认为它是心灵本身的一种"样态"，是外物作用于心灵，心灵对它作出反应而产生的。"唯名论派"大都否认有这种东西。十七世纪唯物主义者伽桑狄、霍布斯等以及笛卡尔都对此作了驳斥。参阅"序言"第 16 段。

②　莫尔见本书第一卷第一章注(第 33 页注⑧)。所谓"空中媒介体或以太媒介体"(Véhicules aëriens ou Ethériens)，据莫尔说是一种精神的空中或天上的身体，人的灵魂在充分纯化以后，在死时或死后某个时期就能得到这种身体。这显然是一种十分荒唐的迷信观点。

是也想给它们像范畴那样的名目吗？关于实体的形式，我上面已经说过了。而我不知道您是否有足够根据来排斥植物灵魂，因为有些有丰富经验和判断能力的人都承认在植物和动物之间有很大的可作类比之点，而您，先生，似乎也曾承认禽兽有灵魂。惧怕真空可以健康地来理解，这就是说，假定自然一旦曾把空间都充满，并且物体是不可入的和不可压缩的，则自然就不会允许有真空；而我主张这三个假定都是很有根据的。但那种当在灵魂与身体之间作沟通的意象，是没有那回事的，虽然那种感觉意象[①]也许还可原谅，它是从对象达到远处的感觉器官的，暗含着运动的传播的意思。我承认没有柏拉图所说的那种世界灵魂，因为上帝是超乎世界之上的，是 extramundana intelligentia[②] 或毋宁说是 supramundana[③]。我不知道您是否把伊壁鸠鲁派的原子趋向运动的倾向理解为他们归之于原子的重量，而既然他们认为物体本身都是以同一方向运动，这无疑是没有根据的。已故的亨利·莫尔先生，英国国教会的神学家，尽管是一位高明人士，但显得在提出假说方面太轻率了一点，这些假说既不可理解，又不明显，就像他的物质的活力原则[④]，重量的原因、弹性，以及在他那里所碰到的其他一些奇

---

① 据中世纪经院哲学，上述的那种“意象”即 species intentionales 又分为“感觉意象”(species sensibiles)和“理智意象”(species intelligibiles vel intellectuales)，前者用以解释感觉知识，后者则企图用来解释理性的知识。

② 拉丁文，意即“世界之外的心智”。

③ 拉丁文，意即“超乎世界之上的”。参阅《神正论》，第二部分 § 217。

④ principe Hylarchique. 莫尔排斥对物质自然界的机械论解释，而提出了这种所谓“活力原则”，即认为整个自然界都充满一种非物质性的活力，接近于“物活论”的观点，或柏拉图派关于“世界灵魂”的唯心主义观点。

怪的东西。对于他的以太的媒介体，我没有考察过它的性质，没有什么好说的。

§15. 斐 用一个关于物质这个词的例子就会使您更好地懂得我的思想。我们把物质看作是在自然中实在存在的、与物体有别的一种东西；这其实是再明显不过的；否则这两个观念就会可以毫无区别地互相替换了。因为我们可以说唯一的物质构成了所有的物体，但并不能说唯一的物体构成了所有的物质。我想我们也不会说一个物质比另一个更大。物质表示着物体的实体和坚实性；因此我们也并不比〈设想〉不同的坚实性更能设想不同的物质。可是，一从我们把物质当作某种在这一确切规定性下存在的东西的名称，这一思想就产生了许多关于原初物质的不可理解的言论和混乱不堪的争论。

德 我觉得这个例子倒可以用来原谅而不是责备逍遥学派的哲学。如果所有的银子都有了形状，或者毋宁说因为所有的银子都由于自然或由于人工而有了形状，难道就不能说银子是一种在自然中实在存在的东西，而有别于(就其确切的规定性来看)盘子或钱币的了吗？我们并不会因此就说银子无非是钱币的某种性质。在一般物理学中，就原初物质来进行推理和决定其本性，以求知道它是否始终齐一，它是否除了不可入性之外还有其他特性(如事实上我继开普勒之后已指明它还有那种可称为惯性的东西[1])等等，虽然我们永远找不到这种赤裸裸的原初物质——这样做也不是像您所

① 参阅 De ipsa natura，1698，§11，G 本 4，519，E 本 157，a；《神正论》第一部分，§30，G 本 6，119，E 本 512a 等处。

想那样无用的；正如我们也可以来讨论纯粹的银子一样，尽管我们也没有这样纯的银子，也没有办法来把它纯化。因此我并不反对亚里士多德谈到原初物质；只是我们不禁要责备那些人太过于老是停留在这个问题上，并且就这位哲学家的一些没有很好理解的字眼捏造出许多荒唐的东西，他自己也许有时也过于给人机会来造成这些误解和无稽妄谈。但我们不应该这样来夸大这位著名作者的缺点，因为我们知道，他的有些著作是没有写完，也不是他自己发表的。

§17. 斐 第五种滥用是以语词取代了并非它们所指，也无论如何不能为它们所指的事物。在下列情况时就是这样的：我们用实体的名称所想说的不止这样一点，即我叫做金子的东西是可展的(虽然归根到底这时金子所指的没有别的而无非是可展的东西)，而想使人理解为可展性依赖于金子的实在本质。这样我们就说，像亚里士多德那样，把人定义为理性的动物是对的；而像柏拉图那样把人定义为两条腿、没有羽毛、有宽指甲的动物是不对的。§18. 难得找到一个人不是假定这些词是指一件东西，有为这些特性所依赖的实在本质的；可是这是一种显然的滥用，因为这东西并不包含在这词所指的那复杂观念中。

德 我倒毋宁认为去责备这种普通用法是显然错误的，因为的的确确在金子这个复杂观念中，是包含着这是一种有一实在本质的东西，它的构造我们在其他方面并不详细了解，只除了为像可展性之类的性质所依赖的这一点。但为了说明这可展性而不是用同一的东西，不是犯 coccysme 或同语反复的毛病(请看

第八章§18)[①],就应该用其他的性质来认识这东西,好比我们说,一种可溶解的、黄色的和很重的物体,叫做金子,具有一种本性,这还给它一种性质,就是在锤子下很柔顺而能被变成极薄的。说到人们归之于柏拉图的那个对于人的定义,那似乎只是作为练习而制定出来的,而您自己我相信也不会想把它和那被人们所接受的定义来认真地作比较,显然那定义是有点太外在并且太暂时性的了;因为如果您上面说过的那种食火鸡也有宽指甲,那就会是人了;因为人们还无须乎像那只公鸡那样把它的羽毛拔掉,据说第欧根尼就曾想把公鸡拔掉羽毛使它变成照柏拉图所说的人[②]。

§19. 斐 在那些复杂样式方面,一旦其中的一个观念改变了,人们立刻就认出这是另一回事,如下列这些词所显然表现出来的:英语中的murder〈"谋杀"〉,相当于德语的Mordt,是指预谋的杀人;manslaughter这个词就其起源说相当于杀人,是指一种有意的但不是预谋的杀人;chancemedley,照字面的意思说就是偶然的格斗,是指无意的杀人〈"过失杀人"〉;因为人们用这些名称所表示的,和我认为是在事物之中的(我以前称为名义本质和实在本质的),是同一回事。但在实体名称方面就不是这样,因为如果一个人在金子的观念中放进了别人所省略了的东西,如固定性和可溶于王水的性质,人们并不认为因此已改变了种,而只是一个人比另

① 所指的参考章节是不对的,也许是指第六章§18,或指洛克原书第十章§18。

② 参阅第欧根尼·拉尔修(Diogenes Laërtius,公元前三世纪)的《著名哲学家的生平和学说》VI.40。有人认为归之于柏拉图的这种对于人的定义是假造的。

一个人对那造成隐藏着的实在本质的东西有一个更完全的观念，他们把金子的名称和这种实在本质联系上，虽然这种暗含的关系是无用的，而只是使人陷于麻烦。

德　我认为这一点我已经说过了；但我还是要在这里向您清楚地表明，先生，您刚才所说的，在样式方面和在实体方面是一样的，并且我们并没有理由来责备这种与内在本质的关联。我们来举个例子。我们可以给几何学家所说意义上的抛物线定义为这样一个图形，其中与某一直线平行的所有光线都经反射汇聚到一点即焦点上。① 但用这观念或定义所表明的，毋宁是这图形的外表和结果而不是它的内在本质或可以使人立即认识其本原的东西。我们在一开始甚至可能怀疑，我们所想要的以及应该造成这一结果的这样一个图形，是不是可能的东西；而在我看来，正是这一点，使人认识到一个定义是否仅仅是名义的和得自特性的，或是否也是实在的。可是，那称之为抛物线并且仅仅依我刚才所说的定义来认识它的人，当他说到它时，也还是了解到这是一个具有一定结构或构造的图形，这构造是他所不知道的，但他希望弄懂以便能够来画这图形。另一个对它考察得更深入的人会加上某种其他的特性，并发现例如在所求的图形中，由纵坐标轴和过曲线上同一点到轴的垂线在轴上所截的一段，总是一个常数，而且等于顶点到焦点的

① 按抛物线有这样的性质：如图所示意，凡平行于其轴的光线，经抛物线反射，都聚集到焦点上。

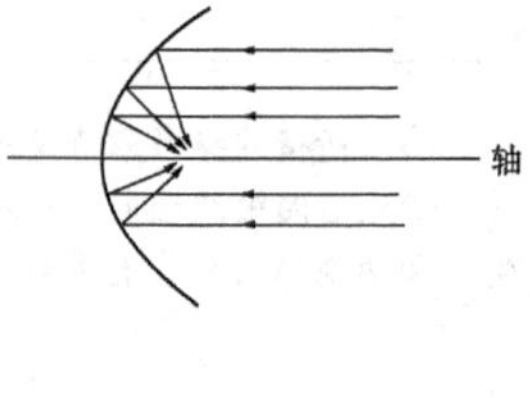

距离。[1]这样他就会比前一个人有一个比较完全的观念,并会达到较容易来做这图形的地步,虽然他也许仍旧不会做。可是人们会同意这是同一个图形,但它的构造还是掩盖着的。因此您看到,先生,您在指实体性事物的语词的用法方面所找到并部分地加以责难的一切,在指复杂样式的语词的用法方面也还是找得到,并且已清楚地被证明是这样的了。但使您以为在实体和样式之间有区别的,只是[2]因为您在这里没有考虑到讨论起来很困难的那些可理解的[3]样式,人们发现这些样式在这一切方面和那些还更难认识的物体是相似的。

§20. 斐 这样,先生,我本来想对您说的关于我认为是一种滥用的原因的话,我恐怕得压下不说了。这原因好像是因为我们错误地以为自然永远是有规律地行事的,并且用我们所理解并且永远跟随着同一种的名称的这种的本质或内部构造,来为每一个种确定了界限。

德 那么,先生,通过那些几何学上的样式的例子,您可以清楚地看到,我们把它们与种的内在本质相联系是并没有什么太大错误的,虽然在那些可感觉的事物——不论是实体或样式,我们对

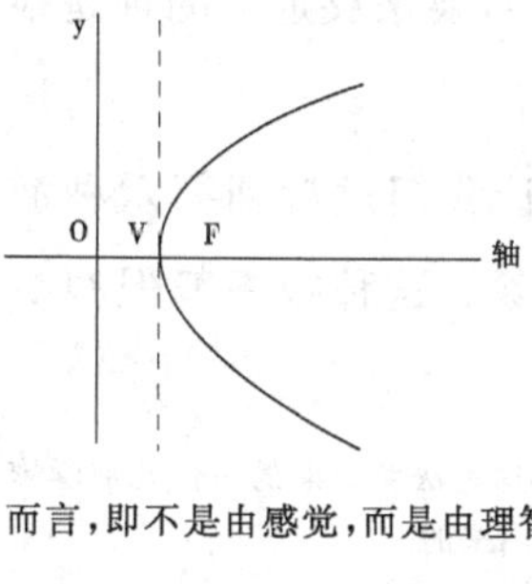

① 按抛物线又有这样的特性:如图所示意,设抛物线的顶点为 V,过 V 作轴的垂线(即虚线),其轴在此垂线与纵坐标轴之间的一段,即 OV,在几何上是等于 VF 的。F 是焦点。OV 是个常数,因 VF 是个常数。

② G 本和 E 本均作"n'est que"("只是"),J 本作"c'est que"("这是")。

③ intelligibles,相对于 sensibles("可感觉的")而言,即不是由感觉,而是由理智所认识的东西。

它们只有暂时的名义的定义，并且我们也并不轻易地希望它们是实在的——和那些讨论起来很困难的可理解的样式之间，是很有区别的，因为我们最终是能达到几何图形的内部构造的。

§21. 斐　〔我终于看到，对于这种与内在本质和构造的关联，我借口它会使我们的言辞标志着一个无物或一个不可知的东西而加以责难，这是错了。因为就某些方面来说不可知的东西，以另一种方式可以使人认识，而内部的东西部分地可以以它所产生的现象而使人认识。至于说到一个怪胎是不是一个人这个问题，我看到，如果说我们不能立即加以决定，这并不妨碍那种本身还是很确定的，因为我们的无知丝毫也并不改变事物的本性。〕

德　事实上，有些很高明的几何学家会发生这样的事，即他们认识了某些图形的许多特性，这些似乎已穷尽了这个题材，而他们对这些图形是什么样的却并不充分知道。例如，有这样一些曲线，被称为珍珠线(perles)①，人们可以找出它所围的面积以及它旋转后所成曲面和立体的度量，后来才知道它们只不过是某些立方抛物面组合而成。因此，人们以前把这些"珍珠线"看作一个特殊的种，就对它们只有暂时性的认识。如果在几何学中都可以发生这样的事，那么对于更复杂得无比的物体本性，要来决定它的种是很困难的，这难道有什么好奇怪的吗？

§22. 斐　为了继续已开始的编号，让我们过渡到第六种滥用，虽然我清楚地看到其中有几种必须删除。这种很一般但很少

① 参阅本书第四卷第七章§4"德"(第485页)。这是法兰德斯的一位几何学家斯流氏(René François Walter de Sluse，1622—1685)提出来的。

被注意到的滥用，就是人们长期习惯于把某些观念联系于某些语词以后，就想象着这种联系是很显然并且人人同意的。因此，当别人问他们所用语词的意义时，即使这是绝对必要的，他们也竟会觉得很奇怪。如果有人问他们所说的生命是什么意思，很少有人不把这当作是一种侮辱的。可是他们对此可能具有的那空泛的观念，是不足以说明问题的，如当涉及一棵已在种子中形成的植物是否有生命，或在蛋内尚未孵成的小鸡，或在昏迷中既无感觉也无运动的一个人是否有生命时就是这样。而虽然人们不想显得这样不聪明或这样啰唆，对人们所用的名词竟有必要总要求解释，也不会让批判这样不合时宜，竟不停地来挑剔别人对语词的用法，但当问题涉及精确的研讨时，却是需要来作解释的。那些属于不同派别的学者，在彼此辩驳而夸耀自己的理论时，往往只是说着不同的话而所想的其实是一回事，虽然也许他们的利益、兴趣是不同的。

德　我认为我已经充分说明了生命的概念，它应该永远是伴随着灵魂中的知觉的；否则这就会只是一种表面现象，就像美洲的野蛮人归之于钟表的生命，或这些官员归之于木偶的生命那样，当这些官员想把第一个把这种木偶戏带进他们城市的人作为弄幻术者来治罪时，他们相信这些木偶是被魔鬼弄活了的。

§23. 斐　总结起来，语词的功用在于：(1)用来使人懂得我们的思想，(2)为了容易地做到这一点，(3)用来给人在对事物的知识方面的入口。当人们对语词没有决定的和经常一贯的观念，也不能为别人所接受或了解时，就丧失了第一点功用。当人们具有一些极复杂的观念，而没有各自分明的名称〈来指这些观念〉时，就不能容易地〈传达思想〉；这往往是语言本身的缺点，有些语言没有这些名称;这也往往是由于人不知道这些名称;这时就需要有长篇的详解(périphrases)。§24.但当语词所指的观念,和实在的东西不相一致时,就丧失了第三点功用。§26.(1)那种只有名词而无观念的人,就好像一个人只有一份书的目录。§27.(2)那种只有一些极复杂的观念的人,就好比一个人有大量散页而无书名的书,要给人书时就只能一页接一页地给。§28.(3)那种在〈语词〉记号的用法上不始终一贯的人就好比一个商人在同一名称下卖各种不同的货物。§29.(4)那种在已为一般人所接受的语词上联系上一些特殊观念的人,是不能用他所可能具有的光明照亮别人的。§30.(5)那种在头脑里具有一些从未存在过的实体的观念的人,不会在实在的知识方面前进一步。§33.第一种人将会是徒劳地空谈"袋蜘蛛"(Tarantule)或仁爱。第二种人将会看到一些新的动物而不能容易地使别人也认识它们。第三种人将会把物体一时当作有坚实性的东西,一时当作仅仅是有广延的东西;而以朴素一时指德性,一时指相近的恶。第四种人将会以马的名称来称呼骡,而人人叫做浪费的,在他也许会是慷慨;而第五种人将会根据希罗多德的权威在鞑靼来找一个全部由独眼人构成的民族[①]。我注意到前四种缺点是实体的名称和样式的名称所共同的,而第五种缺点是实体所特有的。

德　您所指出的这些是非常有教益的。我只补充一点,即我觉得在人们关于偶性或存在方式的观念中也还是有怪诞的东西;因此第五种缺点也还是实体和偶性所共同的。放荡的牧童之所以

① 见希罗多德的《历史》,第三卷,第116章;第四卷,第13、17章等处。

为放荡,不仅由于他相信树林中隐藏着仙女,而且还由于他永远期待着浪漫的奇遇。

§34. 斐 我已经想着结束了;但我又记起了第七种和最后一种滥用,这就是那些比喻之词或隐喻、典故之类的滥用。可是人们很难认为它是滥用,因为所谓机智和想象是比干巴巴的真理更易为人所接受的。在那些但求愉快的言谈中,这种情况是很通行的;但归根到底,除了条理和简洁之外,在全部修辞学的技术中,所有这些语词的人为的和比喻的应用,只是有助于插进一些虚假的观念,打动感情和诱惑判断,所以这些只是纯粹的巧伪欺骗。可是人们却正是给这种巧伪的技术以第一流的地位和报酬。这是因为人们毫不在意于真理,却非常喜爱骗人和受骗。这一点是如此真实,以致我毫不怀疑我刚才所说的反对这种技术的那些话会被看作是一种极端大胆的结果。因为雄辩就像女性似的,具有如此强烈的迷人魅力,以致不容人抗拒。

德 我远不是要责怪您对真理的热情,而是觉得它很正确。并且希望它能对人有所触动。我对此并不完全失望,因为,先生,您似乎是用雄辩术自身的武器来打击了雄辩术,而且您甚至有一种比这种骗人的雄辩术优越的其他的雄辩术,就好比有一位维纳斯·尤拉尼娅(Vénus Uranie),是神圣爱情之母,在她面前,那另一个冒充的维纳斯,那盲目爱情的母亲,就不敢带着她那绑着眼睛的孩子出现。[①] 但这一点本身也证明您的论点有必要打点折扣,而某些雄辩的装饰品,就像埃及的古瓶那样,可用作祭器来祭祀真

① 这里所引的神话,可参阅柏拉图的《会饮篇》180. D. 维纳斯是爱与美的女神。

正的上帝。这就像绘画和音乐那样,人们也加以滥用,一种常用来表现光怪陆离的甚至有害的想象,另一种则把人心弄得软绵绵的:而两者都给人徒劳无益的娱乐;但它们也能被有益地加以利用,一种可用来使真理清楚明白,另一种可用来使真理能感动人,而这后一种效果应该也是诗歌的效果,诗歌是包括修辞和音乐的。

第十一章 纠正前述各种缺点和滥用的方法

§1. 斐 这里不是要来深入讨论一种真正雄辩术的用处的地方,更不是来回答您的恳切赞颂的地方,因为我们得想到来找出我们已指出的那些缺点的纠正方法,以结束这个关于语词的问题了。§2. 要想来改良语言,并想来强迫人们只能按照他们具有知识的程度来说话,这将是可笑的。§3. 但主张哲学家们在涉及严肃地追求真理的问题时说话要准确,这却不算过分;要是没有这一点,则一切都会充满了错误、固执和徒劳无益的争论。§8. 第一种纠正方法就是不要用任何语词而不赋予一个观念,反之像人们用如本能、同情、反感等词时往往是没有赋予任何意义的。

德 这条规则是好的;但我不知所举的例子是否合适。似乎人人都理解所谓本能就是一个动物不知其故地趋向适合于它的东西的一种倾向;而人们本身也不应该那么忽视这些本能,这在他们身上也发现是有的,虽然他们那种人为的生活方式已把它们大部分都几乎抹去了。医生从自己出发就已注意到了这一点。同情或反感意味着在那些无感觉的物体中相应于动物中所发现的互相结合或互相分离的本能的东西。而虽然我们对这些倾向或趋向的原因并没有但愿能有的那种理解，但我们对它们却有一种概念，足以在说话中使人理解的。

§9.[①]斐　第二种纠正方法就是要使样式名称的观念至少是决定了的，以及§10.要使实体名称的观念更加符合存在的东西。如果有人说正义就是在有关他人的善方面符合于法律的一种行为，这一观念，当人们对所谓法律没有任何清楚的观念时，是没有充分决定的。

德　这里我们可以说法律就是一种智慧的条规，或关于幸福的科学知识的条规。

§11.第三种纠正方法就是运用语词要尽可能符合公认的习惯。§12.第四种就是：或者当你造一些新词或在一种新的意义下来用一些老的语词时，或者当你发现词的习惯用法意义不够确定时，要宣布你用这些词是取的什么意义。§13.但这里是有区别的。§14.简单观念的语词，凡不能下定义的，就用同义词——当这些同义词较为人所认识时——来解释，或者是把实物指明给人看。就是用这种办法，我们要使一个乡下人懂得什么是败叶(feuille morte)色，就可以告诉他说这就是秋天落下来的那种枯树叶的颜色。§15.复杂样式的名称应该用定义来解释，因为这是能够做到的。§16.就是因为这样，道德学是能加以推证的。我们在道德学上是把人当作一种有理性的有形体的存在物，而不去费心管他的外表形状的。§17.因为道德学上的问题，是可以通过运用

① E本作§6，误。

定义,来清楚明白地加以处理的。人们毋宁是依照心中的观念来为正义下定义,而不是在我们之外去找一个模型,如亚里士多德[①]那样,并在那上面来形成定义。§18.而由于大部分混合样式并不在任何地方一起存在,我们在为它们下定义时,就只能把那些散乱的[②]成分一一加以列举来对它们加以确定。§19.在实体方面,通常都有某些主导的或表明特征的性质,我们把它看作是物种最分明的观念,并假定构成这个种的复杂观念的其他一些观念都是依附于它的。这在动植物方面就是形状,在无生命物体方面就是颜色,在有些东西则是颜色和形状一起。就是因为这样,§20.柏拉图给人所下的定义是比亚里士多德的更能表明特征的;或者也就是因此我们不应该把那些怪胎弄死。§21.并且凭眼睛看往往也和用别的办法试验一样有用;因为那些习惯于考察黄金的人,用眼睛一看就能分辨黄金的真或假、纯或杂。

德 无疑一切都回到可以一直追溯到原始观念的那些定义。同一个主项可以有几个定义,但为了要知道这些定义是否都符合于这同一主项,就必须或者用理性来弄清楚它,就是由一个定义来推证另一个定义,或者用经验来证明它们是经常在一起的。至于说到道德方面的事,其中一部分是完全根据于理性的;但另外有一部分是依赖于经验,并且与性情有关的。关于对实体的认识、形状和颜色,即可见的东西,是给了我们那些最初的观念,因为我们是以此从远处来认识事物的;但这些观念通常都太暂时性了,而在那

① Aristide,公元前约540—前约468,是雅典的著名将军和政治家,有"正义者"之称,故这里被引作"正义"的"模型"的例子。

② E本作 dispensé,系 dispersé 之误。

些对我们关系重大的事物方面，我们就致力于更切近地来认识实体。此外，我也很惊奇，既然您自己刚刚也说（§16.）在道德上我们应该把人看作一个有理性的有形体的存在物而不费心去管他的外表形状，您却又回到被归之于柏拉图的那个对于人的定义。还有，的确大量的实践是能起很大的作用，可以使人用眼睛一看就分辨出旁人要辛辛苦苦地用一些很困难的试验才能知道的东西。那些有广泛的经验，又有敏锐眼光和极强记忆力的医生，往往一眼就能看出别人要经过询问和诊脉才能费力地弄清楚的病症。但是，还是以把我们所能有的一切征象都一起结合起来为好。

§22. 斐　我承认，一个人要是有一位好的化验者使他认识了黄金的一切性质，他就会有比用眼睛看所给他的更好的知识。但如果我们能了解黄金的内部构造，则黄金一词的意义就会和三角形的意义一样容易地得到决定。

德　它将会完全一样地得到决定并且将再也没有什么暂时性的东西；但它不会是这样容易地得到决定。因为我认为要说明黄金的组织构造，应有一种有点冗长的特征描述，正如甚至在几何学中，有些图形的定义也是很长的一样。

§23. 斐　那些和身体分离的精灵无疑具有比我们更完善的知识，虽然我们对他们能够获得知识的方式毫无概念。可是他们对于身体的根本构造，可以具有和我们对一个三角形的观念同样明白的观念。

德　我已经向您指出过，先生，我有种种理由来断定，没有什么被创造的精灵是完全和身体分离的；可是无疑有些精灵，他们的器官和理智，是比我们的更完善得不可比拟的，并且他们在一切种类的概念方面都超过我们，就同弗莱尼格尔①或我已对您说过的这位瑞典少年在凭想象作数字计算方面之超过普通人一样并且还有过之而无不及。

§24. 斐 我们已经指出过，实体的定义，能用来解释名称，相对于事物的知识来说是不完善的。因为通常我们都以名称代替了事物，这事物的名称告诉我们的比定义更多；因此要很好地给实体下定义，就得研究自然史。

德 所以您看到，先生，例如黄金这个名称，所意指的不仅仅是说这名称的人所知道的东西，例如一种黄的、很重的东西，而是还有他所不知道，别人却可能知道的东西，也就是说，是一种物体，赋有一种内部构造，由此产生那种颜色和重量，并且由此还产生其他一些他承认为专家们所更好地认识的特性。

§25. 斐 现在当希望那些在自然科学研究方面训练有素的人能把那样一些简单观念提出来，在这些观念中，他们观察到每一个种的各个个体是经常符合一致的。但要编一部这一类的词典，其中包含着所谓自然史的，就得要太多的人力，太多的时间，太多的辛劳和太多的才智，以致我们永不能希望有这样一部作品。可是在那些语词旁边配以有关那些我们凭外表形状来认识的事物的铜版印刷小插图，是很好的。这样一部词典对后世会有很大用处，并将为未来的批评家免除不少麻烦。像关于 ache(apium—罂粟)、bouquetin(ibex，一种野山羊)这些词的插图，会比对这种植物或这种动

---

① Bernard Frénicle de Bessy，约 1605—1675，巴黎科学院的院士，以在当时能快速地解决一些最复杂的数学计算问题闻名。他的方法叫做“排除法”。著名数学家费尔玛(Pierre de Fermat，1601—1665)及笛卡尔都曾对他表示钦佩，惊奇于他的算术能不用代数的帮助而进展到如此程度，并使他进入数学分析也发现很困难的领域。

物的长篇描述更有价值。而要认识拉丁人叫做 strigiles 和 sistrum，tunica 和 pallium 的，边上的插图，会比被认为是它们的同义词的 etrille〈铁制的马刷子〉，cymbale〈铙钹〉，robe〈长袍〉①，veste〈上衣〉、manteau〈外套〉要无比地更有价值，这些同义词很少能使人认识它们是什么样的东西。此外，我将不耽误时间来细说第七种纠正语词滥用的方法，那就是要经常在同样意义下来用同样的名词，或当改变意义时要明白宣布。因为对此我们已说得够多了。

德　格利玛尔第神甫②，北京数学院院长(President du tribu-

---

① 洛克原书中在"tunica"之前尚有"Toga"一词，即"robe"(长袍)。这四个拉丁词顺次即以下所列的法语 etrille，cymbale，veste，manteau 的同义词。

② Claudius Philip Grimaldi，莱布尼茨 1689 年在罗马时和他认识，并与他保持通信，他回北京以后也曾和莱布尼茨通信，告诉了他许多有趣的事。可参看 G 本第三卷第 166、174 页等处。夏尔许米特说，莱布尼茨在这里据格利玛尔第的告知而提到的这种词典，事实上是在中国有的，并曾被带到欧洲，波恩大学图书馆就藏有两册这种词典的一部分。以上据英译本注。又据徐宗泽著《明清间耶稣会士译著提要》(1949 年 2 月中华书局版)，格利玛尔第原名 Phillipus Maria Grimaldi，华名闵明我，意大利人，现据该书第 395 页录其传略如下：

"闵公明我，字德先，生于 1639 年，1657 年进耶稣会，1666 年来至中华，1669 年抵澳门，继攻读而晋铎。时在广州，因杨光先之诬害汤公若望(P. J. Adam Schall von Bell)，有圈禁出外传教之教士共二十五人，有多明我会那代来德(Navarrete，"代"疑为"伐"之误。——引者)司铎，以被幽三载，乃潜遁离华。闵公于是自献愿至广州□(缺一字，疑为"补"字。——引者)，那公之缺以就狱，公之姓名即取那公华名。1671 年广州被禁之教士开释，公乃在澳传教。寻，南公怀仁(P. Férdinand Verbiest)以公精历法，荐于帝，公遂晋京，颇得帝眷。康熙二十五年，帝遣公由欧往俄京，与俄帝大彼得会商交涉事宜。公抵罗马后，觐见教宗，晋谒耶稣会总会长，报告中国教务；在德会见大哲学家莱伯尼(Leibnitz 即莱布尼茨。——引者)，盖公与莱氏夙相善也。事毕，1692 年公与来华之新教士同行，抵澳门后，兼程北上，履覆使命，时在 1694 年。翌年，公被简任北京主教，公谦辞不受；是年五月二十九日任耶稣会副省会长职，1700 年任北京会院院长，1702 年升任中国及日本教务巡阅；康熙四十四年五月，教宗钦使铎罗(Tournou)来华，因公之斡旋，颇得清帝之优待。1712 年 11 月 8 日，公卒于北京，在华传教历四十一年，著有方星图解一卷(1711 年印于北京)。"

据此，则所谓"北京数学院院长"疑即"北京会院院长"。

nal des Mathematiques à Pékin)，曾告诉我中国人就有这种附有插图的词典。在纽伦堡出版的有一种小词典，其中对每个词都有这样的插图，那是很好的。这样一种有插图的综合百科大词典是值得向往的，而这也不是很难搞的。至于对物种的描述，这正是自然史；而我们正在逐步从事于这种工作。如果不是历次战争(这从最初那些科学院或皇家学会建立时起就一直扰乱着欧洲)，我们会进展得很远了，并且会已经处于能从我们的工作得到好处的状况；但那些大人物们大部分不认识其重要性，也不认识他们忽视坚实知识的进步使自己丧失了多少好处；此外他们通常也太为操心战争的事所打扰了，以致不能对那些并不能立即打动他们的事情来权衡轻重。

第四卷　论知识

第一章　通论知识

§1. 斐　到此为止我们已谈了观念和代表观念的语词。现在让我们来谈知识，那是观念所提供的，因为知识只是在我们的观念上运转。§2. 而知识无非是对我们两个观念之间的联系与符合或对立与不符合的知觉。不论我们是想象、猜测或相信，都永远是这样。例如我们就用这方法察觉到白不是黑，以及三角形的三内角与它们的等于两直角之间有一种必然联系。

德　知识还被当作更一般地来看待的，所以在达到命题或真理之前，在观念或名词方面也已有知识。并且我们可以说，那注意地看了更多动植物的图片，更多器械图样，更多关于房屋或堡垒的描写或表现，读了更多精彩的小说，听了更多奇异的故事的人，这样一个人，我说，就比另一个人更有知识，即使人家向他描绘或叙述的这一切，没有一个字是真的；因为，他所具有的在心中呈现出很多明确而现实的概念或观念的习惯，就使他更适于来设想别人向他提出的东西，并且他肯定会比另一个什么也没有看过、读过或听过的人更有教养和更能干，只要在这些故事和表现中，他不要把并不是真的东西当作真的，以及这些印象不会妨碍他来分辨实在的和想象的，或现存的和可能的。就因为这样，宗教改革时期多多少少属于拉梅派①的有些逻辑学家的说法是一点不错的，他们说，那些推论法（Topiques②）或发明的顺序（lieus d'inventions）（他们称之为 argumenta——“论证”），对于解释或很详细地描述一个不复杂的论题，即一件事物或一个观念，和对于证明一个复杂的论题，即一个论纲（Thèse），命题或真理，是一样有用的。甚至一个论纲，也可以加以解释以使人很好地认识其意义和力量，而并不涉及它的真理或证明，如我们看到的那种解释圣经的某些段落的说教或布道的讲演，或者那些关于民法或教会法的某些条文的讲义或讲话就是这样，它们的真理性是预先已假定了的。我们甚至可以说，有些论题是介乎观念和命题之间的。这就是有些只问是或否的问题；这些是最接近于命题的。但也有一些是问如何以及有关情况之类的，这些要成为命题就有更多要

① 拉梅，Pierre de la Ramée，拉丁名 Petrus Ramus，1515—1572，法国的哲学家和逻辑学家，竭力反对经院哲学家所讲的亚里士多德的逻辑，想制定一种把逻辑和修辞结合起来的更简单而更有根据的逻辑学。在他之后逻辑学家就长期分为“拉梅派”和“反拉梅派”。也有一些“半拉梅派”，如亚尔斯台德（Alsted，1588—1638）等。这里所指的也许就是亚尔斯台德，他就把 argumentum 分为 argumentum simplex（即莱布尼茨所说的 Thème incomplex——不复杂的论题）和 argumentum complexum（Thème complexe——复杂的论题）。

② Topiques 一词源出希腊文 Τοπίξω，本义通常是指有关于位置或地位的，亚里士多德的一篇逻辑著作名为“Topiques”，通常译作《正位篇》，据他自己说这是指从得到一般认可或概然的事物得出结论的方法或理论。这里姑且译作“推论法”。

补充的。我们可以说，在描述①（即使是对纯粹理想的东西的描述）中，是有一种对可能性的默认的肯定，这是真的。但同样也真的是我们也可以来从事于解释和证明一种假的东西，这有时是可以用来驳斥它的最好的方法，因此描述②的技术有时也可以落在不可能的东西上。这就像在亚里奥斯多所依照的斯坎底亚诺伯爵③的虚构小说中所看到的情况，还有在《高卢的阿玛地斯》④或其他一些老的骑士小说中，在近几年来重新时兴起来的那些童话故事中，在琉善的《真的故事》⑤中和在西拉诺的《游记》⑥中所看到的也是这样；就不必说有些画家画的那些光怪陆离的景象了。我们也知道，在修辞学家们那里，童话寓言是属于 progymnasmata⑦ 或“预备体操”之列的。但就一种较狭的意义来看**知识**，也就是就对于真理的知识来看，如您在这里所作的，先生，我说，真理永远是基

---

①② 这里所说的“描述”，是就所谓“名义的定义”的意义下来说的，对实际不可能的东西也可以下“名义的定义”。参阅第三卷第三章§18“德”（第 325—326 页）。

③ 斯坎底亚诺伯爵（Comte de Scandiano），据英译者注系指 Matteo Maria Boiardo，约 1434—1494，是《Orlando Innamorato》（《奥兰多·英纳莫拉多》）一书的作者，该书有人认为是“文艺复兴时代最合乎骑士风的诗歌”，是“一部创造发明天才的杰作”，它就是亚里奥斯多（Ariosto，1474—1533，意大利作家）的《Orlando Furioso》（《奥兰多·富利奥索》）一书所据的蓝本。

④ Amadis de Gaula，被认为是中世纪骑士小说中最好的，据说是葡萄牙国王约翰一世宫廷中的一个骑士罗贝拉（Vasco de Lobeira）所作，约发表于 1390 年。原书已佚，现在留下的最老版本是西班牙文的散文译本，有意、德、英等各国文字译本。

⑤ 琉善已见第三卷第九章末注（第 390 页注②），所谓《真的故事》（'Αληθο ῦs ἱστορίας λόγοs—Veræ Historiae）是一部很机智的讽刺作品，所写的完全是不可能存在的一些故事，对以后拉伯雷、斯威夫特、西拉诺等人的同类作品很有影响。

⑥ Cyrano de Bergerac 及其《Voyages》，见前第二卷第二十三章§13“德”及注（第 226 页注③）。

⑦ 拉丁文，意即“预备体操”。

于观念之间的符合或不符合，这是很对的，但说我们对真理的知识是对这种符合或不符合的一种知觉，则一般地说是不对的。因为当我们只是经验地认识真理时，即只是经验到它，而并不知道我们所经验者之中所具有的事物的联系和理由时，我们是并没有对这种符合或不符合的知觉的，除非这只被理解为我们只是混乱地感觉到它而并没有察觉它。可是您的例子似乎表明您始终要求一种知识，其中我们是察觉到那联系或对立的，而这是我所不能同意的。还有，我们也可以这样来处理一个复杂的论题，即不只是寻求其真理性的证明，而且还照着推论的顺序(lieux topiques ①)，来解释它和用另一种方式来说明它，如我已经指出的那样。最后我对您的定义还有一点要指出的，就是这定义似乎只适合于那些直言的真理，其中只有两个观念，即主语和谓语的；但还有一种知识是关于假言的真理或可以还原为假言真理的(如选言的以及其他的)，里面有前件的命题和后件的命题之间的联系；因此其中可以有不止两个观念。

§3. 斐 〔这里让我们只限于对于真理的知识，并且把有关观念的联系所说的也应用于有关命题的联系，以便把直言的和假言的都一起包括在内。〕而我认为我们可以把这种符合或不符合归结为四种，这就是：(1)同一或差异，(2)关系，(3)共存或必然的联系，(4)实在的存在。§4. 因为心灵直接察觉到一个观念不是另一个观念，白不是黑。§5. 然后它把它们放在一起加以比较而察觉它们的关系；例如两个三角形底边相等并夹在两条平行线之间的，是相等的。§6. 在这以后，有共存(或毋宁说联系)，如固定性永远伴随着黄金的其他观念。§7. 最后有心外的实在存在，如当我们

① 参阅本节以上关于 Topiques 的注(第 414 页注②)。

说"上帝存在"时就是这样。

德 我认为我们可以说,联系无非就是一般地来看的关系或关联。而我以上已指出过,一切关系,或者是比较(comparaison)的,或者是协同(concours)的。比较的关系给人以差异和同一,或者是全部的,或者是部分的;这就造成同或异,相似或不相似。协同包含着您所说的共存,也就是存在的联系。但当我们说一件事物存在,或它有实在的存在时,这存在本身就是谓语,也就是说,它有一个概念和所涉及的观念相结合,而在这两个概念之间有一种联系。我们也可以把一个观念的对象的存在,设想为这对象和我的协同。因此我认为我们可以说只有比较或协同;只是那表明同一或差异的比较,以及事物和我的协同,是值得和其他关系区别开来而突出出来的两种关系而已①。我们也许可以作一些更精确、更深入的研究;但我在这里只满足于指出这样几点了。

§8. 斐 有一种现实的知识,那是对观念的关系的当前的知觉,又有一种习惯的知识,当心灵如此明显地察觉到观念的符合或不符合,并以这样的方式放在它的记忆中,以致每当它来反省一个命题,它就立即肯定这命题所包含的真理性而无丝毫怀疑,〈这时就有这种习惯的知识。〉因为人们既然一次只能明白清楚地想着单独一件事物,如果只认识他们思想中现实的对象,那人们就会全都太无知了;而那最有知识的人,也会只认识单单一个真理。

德 的确,我们的科学知识,即使是那最属于推证性质的知

① 莱布尼茨把洛克的四种符合或不符合归结为"比较"和"协同"两种,因而对"关系"作了进一步的概括,并把存在看作对象和自我的协同。这种协同的关系,莱布尼茨是用"前定和谐"的学说来说明的。

识，既然往往是得经过一长串的推理步骤而得到的，就得包含着对过去的推证的记忆，这种过去的推证，当结论已达到时，就不再清楚地在我们眼前了；否则就得老是重复这推证。并且即使当这推证过程正在持续进行时，我们也不会一下子全部都把握到它的；因为它的所有各部分不会是同时呈现在心中的；这样，老是要把在先的部分重新唤到眼前来，我们就会永远不能前进以达到那得出结论的最后部分。这也就使得我们如果不用书面写下来就很难建立科学；因为记忆总不是十分靠得住的。但把一个长的推证，例如像阿波罗纽①的推证那样的，写了下来，并且对它的所有各部分作了复核，就像我们把一条链条逐环加以考察那样，这样人们就能肯定他们的推理是可靠的；试验对此也是有用的，而最后成功的结果就证实了全部推理的正确。可是我们由此看到，全部信心既建立在对证明或推理的过去观察的记忆上，则相信或不相信就既是我们所无能为力也是我们所不能做主的，因为记忆并不是以我们的意志为转移的东西。

§9.斐　的确，我们的习惯知识是有两类或者两个等级的。有些时候，那些好像储藏在记忆中的真理，一到心灵看到有关联的观念之间的关系时，就立即呈现于心中；但有些时候心灵只满足于记得那确信而并没有记住那些证明，甚至当它想要重新来作证明时也往往不能再证明了。我们可以想象着这毋宁是相信他的记忆而不是实在认识所涉及的真理；而我以前也曾觉得这是一种介乎意见和知识之间的东西，并认为这是一种确信，超过那种仅根据旁

① 见第一卷第三章§24“德”，及有关的注(第81页注②)。

人的作证的单纯信念的。可是在经过仔细思考以后，我发现这种知识是包含着完全的确定性的。我记得，这也就是说我知道(因为记忆无非是重新唤起一件过去的事物)我有一次曾确知三角形三内角之和等于两直角这一命题是真的。而同样的不变事物之间的同样关系的不变性，现在是那种媒介观念，它使我看到，如果它们曾有一次是相等的，今后也还会相等。就是以此为根据，在数学中，那些特殊的证明提供了一般的知识；否则的话，一位几何学家的知识就不会扩展到他在证题时所画的这一特殊图形之外。

德　您所说的媒介观念，先生，假定着我们记忆的忠实性；可是我们的记忆有时是会欺骗我们的，并且我们其实并未曾作一切必要的努力，虽然我们现在相信是作了。这一点在稽查账目方面就可以看得很清楚。有时有些官方的稽查员，像我们哈尔茨(Harz)煤矿的那些，为了使有些特殊煤矿的收煤者更加小心注意，他们对每算错一笔账就课以一笔罚款，可是尽管这样他们还是发现有错账。不过我们越是小心，就对我们过去的推理〈计算〉越可信赖。我曾设计过一种记账的方式，办法是结算各栏的总数的人让他计算过程的笔迹留在纸上，这样他就不会白算。他永远可以复查，并且可以改正后面的错误而不影响前面的；别人要来稽查时用这办法就也不必费什么事，因为他只消用眼一看来查他原来留下的那些笔迹就行了。此外还有检验每一笔账的办法，是用一种很方便的证明，而不用大量增加算账的工作。所有这一切都使人看到人们可以有写在纸上的许多严格的推证，而这种推证无疑是无限多的。但若不记得曾用了一种完全的严格性，我们心中就不会有这种确定性。这种严格性就在于一种规则，每一部分都遵守这种规则就保证全体是可靠的；正如在检验一个由许多环构成的链条时，每一环都拿来看看是否结实，并且用手摸着不让跳过一环，我们就确信这链条是好的。而用这办法我们就有了人类的事情所能有的全部确定性。但我不同意说在数学中，对人们所画的图形的特殊推证，提供了这种一般的确定性，如您似乎以为的那样。因为要知道，在几何学家那里，给予证明的并不是那些图形，尽管表现的方式使人以为是这样。证明的力量是不依赖于那所画的图形的，这图形只不过是用来使人容易理解所要说的是什么并用以使注意力得到固定的；是那些普遍的命题，也就是那些定义、公理和已证明了的定理，造成了推理，并支持这推理，虽无图形也可。就因为这样，一位学有素养的几何学家如舍伯尔[①]，曾给人欧几里得的那些图形而不要那些字母，这些字母本来是能把这些图形和他以之相结合的那种证明联系起来的；而另一位几何学家如赫林诺斯[②]则曾把同样这些证明还原为一些三段论和那种结论被用作另一三段论中之前提的三段论(prosyllogismes)。

第二章 论我们的知识的等级

§1. 斐 当心灵就两个观念本身，并不插入任何其他观念，直接察觉到它们的符合时，那么这知识就是直觉的。在这场合，心

---

① Johann Scheybl，拉丁名 Scheubelius，1494—1570，是德国图宾根大学的数学教授。

② Christian Herlinus，生平不详，莱布尼茨在 *Meditationes de Cog , verit. et ideis* 的末尾曾提到他和达西波德(Conrad Dasypodius，1532—1600，斯特拉斯堡大学数学教授)合编 *Analysis geometriae sex librorum Euclidis , etc.*(《欧几里得六卷几何分析》)一书。

灵不用费什么力来证明或检验其真理性。就像眼睛看到光一样，心灵也看到白不是黑，一个圆不是一个三角形，三是二加一。这种知识是最明白的，也是人类的脆弱能力所能有的最可靠的知识；它以一种不可抗拒的方式起作用，而不容心灵有所迟疑。这是认识到观念就像自己所察觉到的那样在心灵之中。有谁要求比这更大的可靠性，就是不知道他要求的是什么。

德 由直觉所认识的原始的真理，和派生的真理一样也有两种。它们或者是属于理性的真理之列，或者是属于事实的真理之列。理性的真理是必然的，事实的真理是偶然的。原始的理性真理是那样一些真理，我用一个一般的名称称之为同一的(identiques)，因为它们似乎只是重复同一件事而丝毫没有教给我们什么。它们是肯定的或者是否定的；肯定的是像下列的一些：每一事物都是它所是的。以及其他许许多多例子，你要多少有多少，A是A，B是B。我将是我所将是的。我已写了我所已写了的。在诗歌方面和在散文方面一样没有什么，这就是没有什么或算不得什么。等边的矩形是一个矩形。理性的动物永远是一个动物。以及这种假言命题：如果正四边形是一个等边矩形，则这个图形是一个矩形。① 连接的(copulatives)、选言的以及其他一些命题也易有这种同义反复(identicisme)，而我把以下这些也算在肯定的之内：非-A是非-A。以及这种假言命题：如果A是非-B，则A是非B。还有，如果非A是BC，则非A是BC。如果一个没有钝角的图形可以是

① E本和J本无"est un rectangle. L'animal raisonnable est toujours un amimal. Et dans les hypothetiques: Si la figure reguliere de quatre costés est un rectangle equilateral"即只有"等边的矩形，这个图形是一个矩形"，而无中间的词句。

一个直角三角形，则一个没有钝角的图形可以是一个直角图形。我现在来谈否定的同一性真理，它们或者是属于矛盾律的，或者是属于异类的(disparates)。矛盾律一般就是：一个命题或者是真的或者是假的；这包含着两个真的陈述：一个是真和假在同一个命题中是不相容的，或者一个命题不能同时既真又假；另一个陈述是：真和假的对立面或否定是不相容的，或者在真和假之间没有中项，或者毋宁说：一个命题既不真又不假是不可能的。而这一切对于一切可想象的特殊的命题也是真的，如：是A的不能是非-A。还有，AB不能是非-A。一个等边的矩形不能是非矩形。还有，所有的人都是动物是真的，那么有人发现他不是动物就是假的。[①] 我们可以用很多方式来变化这些陈述的花样，并把它们应用于连接的，选言的以及其他的命题。至于那异类的，是说一个观念的对象不是另一个观念的对象这样一些命题，如说热不是和颜色同样的东西；还有，人和动物不是同样的，虽然所有的人都是动物。这一切都可以独立地加以断定而不依赖于一切证明，或依赖于归结到对立或归结到矛盾律，只要这些观念是被充分理解而无须乎在这里分析的；否则它们也易被误解；因为，说三角形和三边形不是一样的，我们就错了，因为仔细考虑一下就会发现三条边和三个角永远是在一起的。说直角四边形和矩形不是一样的，我们也错了。因为可以发现只有四边的图形才能所有的角都是直角。但是我们

① E本和J本无"Item AB ne saurait estre non-A。Un rectangle equilateral ne sauroit estre non-rectangle. Item il est vray que tout homme est un animal donc il est faux"，而最后四个词作"Item il est vray"etc. 即作："还有，有人发现他不是动物是真的。"而无"还有，AB不能是非A……非矩形"等词句，最后一句也有不同。

抽象地永远可以说三角形不是三边形，或者说三角形和三边形的形式的理由是不一样的，如哲学家们所说的那样。这是同一件事物的不同关系。有人在耐心地听了我们到此为止所说的一切以后，最后会怅然若失，并且会说我们是用一些琐屑的说法在搞游戏，还会说一切同一性真理都是毫无用处的。但人们作出这样的判断，是由于对这些问题缺乏足够的思考。例如逻辑的演绎，就要用同一律来作推证；而几何学家们那种归结到不可能的证明[①]就需要矛盾律。让我们在这里只满足于来指明这些同一性真理在逻辑演绎的证明中的用处。那么，我说，要用三段论的第一格来证明第二格和第三格，单只要矛盾律就够了。例如我们可以归结到第一格，Babara 式[②]：

所有的 B 是 C

所有的 A 是 B

---

① 这就是所谓间接的证明法，办法是暂且假定与待证的命题相矛盾的命题是真的，然后，在发现了这假定是不可能的以后，就借助于矛盾律，得出结论，肯定待证的命题是真的。

② 传统逻辑将三段论分为四个格，共十九个式，各有名称，如下：

第一格	第二格	第三格	第四格
Babara(AAA)	Cesare(EAE)	Darapti(AAI)	Bramantip(AAI)
Celarent(EAE)	Camestres(AEE)	Disamis(IAI)	Camenes(AEE)
Darii(AII)	Festino(EIO)	Datisi(AII)	Dimaris(IAI)
Ferio(EIO)	Baroko(AOO)	Felapton(EAO)	Fesaro(EAO)
		Bocardo(OAO)	Fresison(EIO)
		Ferison(EIO)	

中世纪经院逻辑学家定了这些名称并把它们编成一首拉丁文的诗，以便记忆。这些名称并无别的意义，只是取其中所包含的三个元音字母以表示该三段论式的大前提，小前提，结论这三个命题各属于哪一类的判断，其中 A 是全称肯定判断，E 是全称否定判断，I 是特称肯定判断，O 是特称否定判断。

因此所有的 A 是 C。

让我们假定这结论是假的(或者说有些 A 不是 C 是真的),那么前提中就也有一个是假的。假定第二个前提是真的,那么第一个即主张所有的 B 是 C 这个前提就是假的。那么它的矛盾命题,即有些 B 不是 C,就将是真的。而这将是一个新的论证的结论,这新的论证是从前一论证中结论的假和一个前提的真得出来的。这新的论证如下:

有些 A 不是 C

这是前一论证中被假定为假的结论的对立命题。

所有的 A 是 B

这是前一论证中被假定为真的前提。

因此有些 B 不是 C。

这是现在的真的结论,是前一论证中假的前提的对立命题。

这个论证是第三格中的 Disamis 式,它就这样只要用矛盾律,就从第一格的 Babara 式显然地而且瞬即得到证明了。而我在年轻时,当我细察这些问题的时候,曾注意到,第二格和第三格的所有各个式,都可以单只用这样的方法从第一格中得出来,就是假定第一格的式是对的,然后假定结论是假的,或其矛盾命题被作为是真的,并且前提之一也被作为是真的,则另一前提的矛盾命题就得是真的。的确,在教逻辑的学校里,他们喜欢用换位法把那些非主要的格从主要的第一格得出来,因为这样似乎较适合于学生。但对于寻求证明的理由的人来说,这里得用尽可能最少的假定,因此对于只要用原始的原则——这就是矛盾律,并且是没有假定什么的——就能证明的东西，就不要用换位的假定来证明。我甚至曾作了这样一种似乎值得注意的观察，即只有那些被称为直接的、非主要的格，也就是第二格和第三格，才能单单用矛盾律来证明；而那间接的非主要的格即第四格——阿拉伯人把这第四格的发明归之于伽仑[1]，虽然我们从他留给我们的著作中以及其他希腊作家的作品中都找不到这方面的东西——这第四格，我说，有这样一个不利之处，即它不能单用这方法从第一格或主要的格得出来，而是还得用另一个假定，即换位；所以它是比第二格和第三格更远一层的，第二格和第三格是处于同一水平，离第一格同样远的；反之第四格则还需要第二格和第三格才能得到证明。因为我们发现它所需要的换位本身用第二格或第三格来证明是极合适的，第二格和第三格则可以不靠换位而得到证明，如我刚才已表明的那样。正是拉梅[2]已指出过换位可以用这两个格来证明；并且(如果我没有弄错)他还曾责备那些逻辑学家用换位来证明这些格是循环论证，虽然他应该责备他们的倒不是循环论证(因为他们并没有反过来又用这些格来证明换位)，而毋宁是 hysteron proteron[3] 或颠倒(le rebours)；因为毋宁是换位当用这些格来证明而不是这些格用换位来证明。但由于这种换位的证明也表明许多人以为纯属琐屑不足道的那些肯定的同一性真理的用处，因此把它放在这里是更

---

① Claudius Galenus 或 Galène，约 130—约 201，希腊的著名医学家，也写过很多哲学和逻辑的著作，大都已散佚，其医学著作中也包含有许多有关哲学和逻辑的论述。关于三段论第四格的发明，是由阿拉伯的著名哲学家阿威罗伊(Averroes，1105—1198)归之于伽仑的，但并无充分根据。

② 见本卷第一章§1.2，“德”注(第 414 页注①)。

③ 拉丁文，意即：“颠倒”。

适宜的。我只想说到没有换质换位的那些换位，这对我在这里已够了，而这种换位或者是简单的换位，或者如他们所说是有限制的(par accidant)换位。简单的换位有两种，一种是全称否定判断的换位，如：没有正方形是钝角的，因此没有钝角的是正方形；另一种是特称肯定判断的换位，如：有些三角形是钝角的，因此，有些钝角的是三角形。但如人们所称的有限制的换位是关于全称肯定判断的，如：所有的正方形是矩形，因此有些矩形是正方形。我们在这里永远把矩形理解为所有的角都是直角的图形，而把正方形(quarré)理解为就是正四边形。现在的问题就是要来证明这三种换位，它们就是：

1. 没有 A 是 B，因此没有 B 是 A。

2. 有些 A 是 B，因此有些 B 是 A。

3. 所有的 A 是 B，因此有些 B 是 A。

证明第一种换位用 Cesare 式，属于第二格。

没有 A 是 B

所有的 B 是 B

因此没有 B 是 A。

证明第二种换位用 Datisi 式，属于第三格。

所有的 A 是 A

有些 A 是 B

因此有些 B 是 A。

证明第三种换位用 Darapti 式，属于第三格。

所有的 A 是 A

所有的 A 是 B

因此有些B是A。

这使人看到，那些最纯粹并且显得最无用的同一性命题，在抽象的和一般的方面也是有相当大的用处的，而这可以告诉我们，不应该轻视任何真理。至于说到您也曾引作直觉知识的一个例子的三是二加一这个命题，我要对您说，先生，这只是三这个名词的定义，因为数的最简单的定义就是以这种方式形成的：二是一加一，三是二加一，四是三加一，以及如此类推。的确，这里面有我已指出过的一个掩盖着的陈述，这就是这些观念是可能的；而这在这里是直觉地被认识的；所以我们可以说，当定义的可能性立即显示出来时，其中就包含着一种直觉的知识。而照这种方式，一切贴切的(adéquates)定义都包含着原始的理性真理，并因此包含着直觉知识。总之可以一般地说，一切原始的理性真理都是直接的，这直接是属于一种观念的直接性(immediation d'idées)。

至于说到原始的事实真理，它们是一些内心的直接经验，这直接是属于一种感受的直接性(immédiation de sentiment)。而正是在这里，笛卡尔派或圣·奥古斯丁的我思故我在，也就是说我是一个思想的东西这条第一真理才适得其所①。但要知道，正如这些同一性命题或者是一般的或者是特殊的，并且两种是一样明白的(因为说A是A和说一件事物是它所是的是一样明白的)，同样那

① 奥古斯丁在其正准备改信天主教时期所写的《独白》(*Solilloques*) Ⅱ.1，中，已有类似于笛卡尔的"我思故我在"这一思想的论述，但笛卡尔事先并不知道，以后从阿尔诺(Arnauld，1612—1694)、梅赛纳(Mersenne，1588—1648)等人对他的批评中才知道。

莱布尼茨在这里说他们的这条"第一真理""正是在这里……才适得其所"，意思就是说这条原理是"原始的事实真理"而不是"理性真理"。

些原初的事实真理也是这样的。因为不仅我思想对我来说是直接地明明白白的，而且我有不同的思想，以及有时我想着A，有时我想着B，如此等等，也都对我来说是完全一样明明白白的。因此笛卡尔的原理是对的，但它并不是它这一类中唯一的原理。由此可见，一切理性的或事实的原始真理都有这一共同点，即它们是不能用某种更确实可靠的东西来证明的。

§2. 斐 我很高兴，先生，您把我在直觉知识方面只是稍一触及的东西推进到更远了。而推证的知识(connoissance démonstrative)无非是在中介观念的种种联系中的一连串直觉知识的一种连接。因为心灵常常不能直接地把一些观念彼此加以结合、比较或适应，这就迫使人要用其他中介的观念(一个或多个)以便来发现所寻求的符合或不符合；而这就是人们所说的推理。如在证明一个三角形的三内角等于两直角时，我们就找出其他一些我们看到和这三角形的三内角以及和两直角都相等的角来。§3.我们所插入的这些观念，就叫做证明①，而心灵能来发现它们的禀赋就叫做机敏(sagacité)。§4.并且即使当它们被发现时，也不是不用费力和不用注意的，也不是匆匆一瞥就能得到这种知识；因为这必须按部就班地来从事于观念的逐步推进。§5.并且在推证以前是有怀疑的。§6.它也没有像直觉知识那样明白，就像用许多面镜子一面对着

① "证明"原文为 preuves，洛克的英文原文为 proofs，虽照通常译法译作"证明"，但这里原意并不是指证明的过程而是指那些"中介观念"，只是证明过程中的一个环节或一个步骤，与 démonstration 是有区别的。démonstration 通常也译作"证明"，是指用演绎推理来对一个原理或命题等进行证明的过程，如对一条几何定理的证明那样。为求区别计，这里将 démonstration 及其动词形式 démontrer 均译作"推证"，但在并不引起混淆的地方，有时仍将"démonstration"也译作"证明"。

另一面反复映照出来的影像那样，每照一次就逐渐减弱一些，以致不再立即看得清了，尤其对视力不强的眼睛更是这样。由很长的一系列证明所产生的知识也就和这是一样的。§7.虽然理性在作推证时的每一步骤，都是一种直觉知识或简单的观察，可是由于在这长长的一系列证明中，记忆并不能精确地保存这种观念的联系，人们就常常会把一些谬误推论当作推证。

德　除了自然的或由锻炼获得的机敏之外，还有一种发现中介观念（le medium——媒介）的技术，这种技术就是分析。而在这里考虑一下这一点是好的，就是：有时所涉及的是要找出一个已知命题的真或假，这无非是要回答 An① 的问题，也就是这究竟是是还是否？有的所涉及的是要回答一个较困难的问题（caeteris paribus）②，这里是要问例如由谁和如何？并且是有更多要补充的。而只有这些问题，在命题的一部分中留下空白的，数学家们才叫做问题（problèmes）。如当我们要求找出一面镜子，把太阳的所有光线都集中到一点时，也就是要问它的图形是什么样的或这是如何造成的时，〈就是这样的。〉至于第一类的问题，其中只涉及真和假，并且在主语或谓语中都没有什么要补充的，这里就较少发明，不过也有一些；而仅仅判断力是不够的。的确，一个有判断力的人，也就是说，能够注意和保持，并且有闲暇、耐心和必要的心灵自由的人，是能够理解最困难的推证的，要是这推证是恰当地被提出来的话。但世上最明断的人，要是不借助于别的，也不会永远能找出这

① 拉丁文，意即："是否"。
② 拉丁文，意即："其他类此的"。

种推证。因此在这方面也还是要有发明才能的。而在几何学家们那里，过去的比现在的这种发明才能还更要多些。因为当分析还不大发达时，就需要更多的机敏才能达到这一点，而就是由于这样，还有些属于老派[①]的几何学家，或其他一些对新方法还没有充分开窍的几何学家，当他们找到了别人已经发明的某一定理的推证时，还自以为完成了什么了不起的事。但在这种发明的技术方面很内行的人就知道什么时候那是值得赞许的或否；例如，要是有人发表了包围在一条曲线和一条直线之中的一块空间的求积法(quadrature)，它在这空间的所有弓形截片(segmens)上都成功了，并且是我所说的一般的，则照我们的方法就永远能找出它的推证，只要我们愿费这个气力。但有一些对于某些特定部分的特殊的求积法，事情可能太错综复杂，迄今为止还不是始终有能力(in potestate)把它阐发清楚的。也会发生这样的情况：归纳已为我们呈现出在数和形方面的一些真理，而我们还没有发现它们一般的理由。因为还要做很多工作，在几何学和数方面的分析才能达到完善的地步，如许多人对有些人的自夸所想象的那样，这些人在别方面是很卓越的，但太匆忙或者野心太大了一点。但要发现重要的真理，是比发现别人已发现的真理的推证困难得多的，而要找出产生所寻求的东西——当它是正确地被寻求时——的办法则还要更困难。我们常常是通过综合，从简单到复杂，而达到一些美好的真理；但当问题涉及正确地找出造成所提出的东西的办法时，综合通常是不够的，并且要想作所要求的全部组合，往往简直是等于要

① “老派”，G本原文作“vieille roche”，E本和J本作“vieille race”。

喝干大海，虽然我们常常可以借助于排除法[①]，来除去一大部分无用的组合，并且自然也往往不允许有其他的方法。但我们也不是永远有办法来遵循这个方法的。因此就要靠分析在可能时来给我们一条探索这迷宫的线索，因为是有这样一些情况，其中问题的性质本身就要求我们到处摸索，简略的办法并不是永远可能的。

§8. 斐 而由于在作推证时，永远假定了直觉知识，这，我认为就给予机会产生了这样一条公理，即“一切推理都来自先已知道和先已同意的东西”(ex praecognitis et praeconcessis)[②]。但到我们谈到那些被不适当地作为我们知识的根据的公则(maximes)时，我们将有机会来谈这一公理中所包含的错误。

德 我倒很想知道您在显得如此合理的这样一条公理中能找出什么样的错误。如果永远得把一切都还原为直觉知识，推证就会常常是冗长得叫人受不了。正因为这样，数学家们就曾巧妙地把那些难点分割开来，并把那些插入的命题分开单独加以推证。而在这里也有技术的；因为由于那些中介的真理(以其显得离题，被称为 lemmes——补题)，是可以用多种方式选定的，因此为有助于理解和记忆起见，最好在它们中间选择那些可以大大使过程缩短的，以及显得好记的和本身就值得加以推证的。但还有另一种障碍，这就是要推证所有的公理以及把推证完全还原为直觉知识

① méthode des exclusions，据英译本转米德译者夏尔许米特的注是指这样的方法，例如：A 是 B,C,D,E。在这公式中，B,C,D,E 必须包括 A 的所有可设想的规定性。在 A 究竟是 B，还是 C 还是 D，还是 E? 这样一个问题中，来证明 A 不是 C,D,E，则在这种情况下 A 必须是 B；或者证明了 A 不是 B,D,E，则它就必须是 C，如此类推。

② 括弧内拉丁文意即“出于先已知道的和先已同意的东西”。参阅亚里士多德《后分析篇》I. 1,71a,1。

是不容易的。而如果想等达到这一点再来进行下一步，那也许我们至今都还不会有几何学这门科学。但这一点是我在先前的谈话中已谈过了的，并且我们将有机会来再谈到它。

§9. 斐 我们马上就会来谈到它；现在我将指出我已不止一次触及过的一点，即这是一种普通的意见，认为只有数学科学才能有一种推证的确定可靠性；但既然能被直觉地认识的符合和不符合并不是单只属于数和形的观念的一种特权，因此也许只是由于我们方面的缺乏勤勉，才使得单只有数学家们达到了这种推证。§10. 有多种理由在这方面同时起作用。数学科学是用处非常广泛的；在数学中，最少一点差别就很容易被认识到。§11. ①这些其他的简单观念，是在我们心中产生的一些现象或情景，它们的不同的程度是没有任何精确的度量可来衡量的。§12. ②但当例如这些可见性质的区别大到足以在心中刺激起明白地区别开的观念，如蓝和红的观念那样时，它们也就和数及广延的观念一样能够加以推证。

德 〔在数学之外也有相当大量的这种推证的例子，而且我们可以说亚里士多德在他的《前分析篇》中就已经给了这样一些例子了。事实上逻辑也是和几何学一样可做推证的，而且我们可以说几何学家的逻辑，或欧几里得在谈到命题时所解释和建立的那些论证方式，就是一般逻辑的一种特殊的扩充或推进。阿基米德③

---

① §11 和§12 在 E 本和 J 本均作§17。

② §12 在洛克原书为§13。

③ Archimedes，公元前 287—前 212，是希腊最伟大的科学家之一，尤以在流体静力学和水力学及其他方面的一些重大发现闻名，他是第一个把工程科学放在坚实的数学基础上的人。

是第一个人，我们有他的作品，可看到曾在他处理物理学问题时有个地方运用了推证的技术的，如他在论平衡的书中所做的那样。还有，我们可以说法学家们也有许多很好的推证，尤其是那些古代罗马的法学家，他们的残篇还在《查士丁尼法典》(*pandects*)中为我们保存着。我完全同意劳伦佐·瓦拉[①]的意见，他对这些罗马法学家的钦佩赞叹简直没个够，除了别的原因之外就因为他们全都以如此正确又如此简洁的方式说话，并且事实上他们说理的方式非常接近推证，而且常常就完全是推证。我也不知道除了法律和军事科学之外，还有别的什么科学，其中罗马人在他们从希腊人那里接受来的之外还增加了点什么值得重视的东西。

Tu regere imperio popolos Romane memento:
Hae tibi erunt artes pacique imponere morem,
Parcere subjectis, et debellare superbos. [②]

这种精确的说明方式，使得《查士丁尼法典》中所引述的这些法学家，虽然有时在时间上彼此相隔相当远，却看起来全都像只是同一个作者，并且若不是每一段摘引的文字头上写明了作者的名字，就很难把他们区别开；正如我们在读欧几里得、阿基米德和阿波罗纽对于彼此同样触及的那些问题的推证时，很难把他们区别开来一样。必须承认，希腊人曾以数学中所可能的最正确的方式进行了

① Laurentius Valla——Lorenzo della Valle——约1407—1457，意大利文艺复兴时期的一位人文主义者和语言学家，激烈反对经院哲学和传统权威，也是一位杰出的拉丁语言学家。

② 味吉尔：*Æn.* 6.851—853。大意是："罗马，你要记住，你替人民治理的国家是：宽恕臣服者，挫败桀骜不驯者，创造安居乐业的环境，这些就是你的艺术。"

推理，并且留给了人类推证技术的模范；因为如果说巴比伦人和埃及人也曾有过一种稍稍超出经验的几何学的话，至少这种几何学什么也没有留下来；可是令人惊奇的是，同样的这些希腊人，只要稍稍离开了数和形而来到哲学的领域，就立即大大地掉下来了。因为奇怪的是，在柏拉图和亚里士多德（除了他的《前分析篇》之外）以及所有其他古代哲学家那里，我们都看不到推证的影子。普罗克洛是个好的几何学家，但当他来谈哲学时，简直就像是另一个人了。使得在数学方面比较容易作这种推证式的推理的原因，大部分是由于在数学方面，经验每时每刻都能保证着推理，正如在三段论的格方面的情形也是这样。但在形而上学和道德学方面，就不再有这种理性和经验的平行了；而在物理学方面，实验是要求劳力和花费的。然而人们一旦失去了这种经验的忠实引导，就立即松弛了他们的注意力并因此陷入迷途了，这种经验在人们行进时能帮助并支持他们，就像那种小小的滚动的机械防止小孩在走路时跌倒那样。这里有某种 succedaneum[①]，但人们过去没有现在也还没有足够考虑到它。我将在适当地方来谈到它。此外，蓝和红是不能以我们对它们所具有的观念来为推证提供材料的，因为这些观念是混乱的。这些颜色，只有当我们依靠经验发现它们伴随着某种清楚的观念时，才为推理提供材料，但这里这种清楚观念和它们本身的观念之间的联系并没有表现出来。〕

§14. 斐 除了直觉和推证——这是我们知识的两个等

① 拉丁文：意即“代替物”、“代用品”，是后期罗马法学家常用的一个名词。

级——之外，所有其余的都是信念或意见，而不是知识，至少对于一切一般的真理来说是这样。但心灵还有另一种知觉，是关于我们之外的有限存在物的特殊存在的，这就是感性知识(connoissance sensitive)。

德　〔基于似然的意见，或许也值得称为知识的；否则几乎一切历史知识以及别的许多知识都将垮台了。但是，不要来争论名称，我主张关于概率的研究是非常重要的，而我们还缺少这种研究，这是我们的逻辑学的一大缺点。因为当我们不能绝对地确定问题时，我们永远可以 ex datis① 来决定似然性的程度，并因此可以合理地来断定哪一方面是显得最可能的。而当我们的道德学家(我的意思是指那些最贤明的，如当代的耶稣会会长②那样)把最可靠的和最概然的结合起来，并认为最可靠的比概然的更可取时③，他们事实上也并没有离开那最概然的，因为可靠性的问题在这里也就是一种要害怕的恶的极少概然性的问题。而那些在这个问题上显得松弛的道德学家的缺点，大部分在于对概然性所具有

① 拉丁文，意即“根据所有材料”。

② 据英译者注，可能是指蒂尔索·贡萨雷斯(Tirso Gonsalez)，他在 1687—1705 年间任耶稣会会长，并写过一部关于道德上的概然论的著作。

③ 道德上的概然论，是十七世纪在道德神学上一个讨论得最热闹的问题，也是冉森派(Jansenistes)和耶稣会派之间争论的最主要问题之一。这种道德上的概然论的目的，就是要在那不可能有确定性而只能有概然性的道德领域内找到某种决定行为的准则。所谓概然的意见就是有一定数量的论据有利于它的意见，这种论据或者是内在的，即基于理性、判断的，但限于受过适当教育或长于道德神学的人的判断；或者是外在的，即基于某种外界的权威，如著名神学家的意见的；而可靠的意见则是指符合于道德律的。

的概念太狭隘、太不充分了，他们把概然性和亚里士多德的 Endoxe[①] 或可取性(opinable)混同了起来；因为亚里士多德在他的《正位篇》中想说的只是适合旁人的意见，如那些演说家和智者所做的那样。Endoxe 在他就是指为最大多数或最有权威的人所接受的；他把他的《正位篇》只限于这一点上是不对的，而这种观点就使他只专注于那些大部分是很空泛的公认的公则，好像只想凭俏皮话[②]或谚语来推理似的。但概然的是范围更广的：它必须从事物的本性中抽引出来；而有重大权威的人们的意见，是能有助于使一种意见成为似然的一种东西，但它并不是完成了全部似真性[③]的。当哥白尼还几乎只是单独一个人持着他的意见时，他的意见也始终是比全人类所有其余的人的意见具有大得无比的似然性。然而我不知道确立估计似真性的技术是否比我们的推证的科学知识中的一大部分还更有用，我曾不止一次地思考过这个问题。〕

斐 感性知识，或确立在我们之外的特殊事物的存在的知识，是超出单纯的概然性之外的；但它没有我们刚才谈到的那两个等级的知识的全部确定性。我们从一个外界对象所接受的观念是在我们心中，没有比这一点更确定的了，而这是一种直觉知

---

① 参阅亚里士多德《正位篇》(*Topiques*)I.,1,100^{b}21 Endoxe 来自希腊文 ἔυδοξα，有"随大流"、"采取旁人的意见"等意思，法文 opinable 也有这种意思。

② 原文为 quolibet，来自拉丁文 quolibetum，本来是指中世纪经院哲学中那种供学生练习的烦琐论证，内容多半是极琐屑无聊的概念游戏，因此转义为一种嘲弄、开玩笑的俏皮话等意思。

③ "似真性"原文为 vérisimilitude 和"似然性"(vrasemblance)，"概然性"(probabilité)，所指的其实是一回事，英译本有时就也都译作 probability("概然性")。

识，但要想知道从这里我们是否能确定地推论出有任何在我们之外，和这观念相适应的东西存在，这是某些人认为可加以疑问的，因为当没有什么这样的东西实际存在时，人们也能在心中有这样的观念。就我来说，我却认为这里有一种程度的显明性使我们超出怀疑之上。人们不可克服地深信：在人们白天正看着太阳时所具有的知觉，和夜间想着这天体时的知觉之间，是有很大差别的；而借助于记忆重新唤起的观念，是和通过感官实际来到我们心中的观念很不相同的。有人会说，一场梦也可以造成同样的效果，我回答说：首先，我撇开这种怀疑是没有什么要紧的，因为如果一切都不过是一场梦，则真理和知识既然也都根本不算什么，推理也就毫无用处了。其次，在我看来，他也会承认在梦见在火堆中和实际在火堆中之间是有区别的。而如果他坚持要表现是个怀疑论者，我将对他说，只要我们可靠地发现，随着某些对象——不论是真的或梦见的——作用于我们，就产生快乐或痛苦，并且这种可靠性是和我们的幸福或不幸一样大，这就够了；幸福和不幸是我们所关心的仅有的两件事，除此之外我们都丝毫不感兴趣。因此我认为我们可以说有三种知识：直觉的、推证的和感性的。

德　〔我认为您是对的，先生，我甚至想着，在这几种可靠性或可靠知识之外您还可以加上似然的知识；这样就将有两类知识，正如有两类证明(preuves)一样，其中有一些产生可靠性，而另一些只归结于概然性。但让我们来谈谈怀疑论者对独断论者关于在我们之外的事物的存在问题上的这种争论。我们已经触及过这个问题，但在这里必须又回到这问题上来。我从前曾在口头上和书面上跟已故的修道院长傅歇[①]就这问题进行过激烈争论，他是第戎(Dijon)的教士，是一位有学问并且很精细的人，只是有点太固执于他的亚加德米派，他很想把这学派复活起来，就像伽桑狄把伊壁鸠鲁的学派重新推上了舞台一样[②]。他对《真理的追求》的批评，以及接着发表的其他一些小论文，已使它们的作者相当著名。当我经过多年的酝酿而发表了我的"前定和谐系统"以后，他也曾在《学者杂志》上对它提出了反驳；只是死亡使他未能对我的回答再作出答复。他总是教人要注意提防偏见和要有极大的精确性，但除了他自己并未承担责任来执行他对旁人的劝告——这一点在他是足可原谅的——之外，我觉得他也并不注意别人是否这样做了，无疑是预感到没有人会这样做的。而我曾向他指明，感性事物的真实性只在于现象的联系，这种联系当有它的理由，而这正是使这些现象有别于梦境的东西；但我们的存在的真实性以及现象的原因的真实性是属于另一种性质，因为它确立了实体，而怀疑论者把他们说得对的推进得太远，从而把它弄坏了，他们甚至想把他们的怀疑扩大及于直接经验，和及于几何学上的真理(这却是傅歇先生没有做的)以及其他理性的真理，这他就做得有点过分了。但回头来谈您，先生，您说在感觉和想象之间通常有区别，这是对的；但怀

① Simon Foucher，1644—1696，一位致力于研究柏拉图哲学的僧侣，并因此被称为"亚加德米派哲学的复活者"，曾站在中期亚加德米派的怀疑论立场批评笛卡尔派的马勒伯朗士的《真理的追求》，并遭到马勒伯朗士的反批评。傅歇也曾反对莱布尼茨的"前定和谐系统"，莱布尼茨曾在莱比锡的《学者杂志》上加以答复。见 G 本第一卷第 424 页和第四卷第 487 页、E 本第 129 页及 G 本第四卷第 493 页及 E 本第 131 页。又傅歇和莱布尼茨的通信，见 G 本第一卷第 363 页以下。

② 见第一卷第一章开始处的注(第 30 页注④)。

疑论者会说多一点和少一点并不引起种类上的变化。此外，虽然感觉惯常是比想象更生动鲜明，但事实上在有些情况下，那些富于想象的人受他们的想象所打动，比起别人之受事物的真实性所打动来是一样的，并且也许还有过之而无不及；所以我认为在感觉对象方面的真正的标准，是现象间的联系，也就是在不同的地点和时间，在不同的人的经验中所发生者之间的联系，而人们本身，这些人对于另一些人来说，在这方面也就是很重要的现象。而现象间的联系，它保证着关于在我们之外的感性事物的事实的真理，是通过理性的真理得到证实的；正如光学上的现象通过几何学得到阐明一样。可是必须承认，这整个可靠性并不是属于最高级的，正如您已很好地认识到的那样。因为形而上学地说来，一场梦就像一个人的生命一样连续和持久，这并不是不可能的；不过这事也许就像幻想把一些印刷用的字母任意乱七八糟地放在一起就可以成一本书一样是违反理性的。还有，只要现象是联系着的，则不论我们叫它们是梦与否并不要紧，这也是真的，因为经验表明，当现象是按照理性的真理得到把握时，我们在对现象所采取的措施上就不会弄错。①〕

§15. 斐　此外，虽然观念可能是明白的而知识并不总是明白的。一个人虽对三角形的三内角以及等于两直角具有和世上任何数学家一样明白的观念，而对两者的符合却可能只有极模糊的知觉。

德　〔通常当观念得到彻底的了解时，它们的符合和不符合就显出来了。不过我承认，有时有些观念是如此复杂，以致要把它们所掩盖着的东西发挥出来是需要极大的细心的；而在这方面某些符合或不

① 参阅以上第三卷第四章§2“德”及以下第四卷第十一章§10“德”。

符合可能仍旧是模糊的。至于您所举的例子，我要指出，我们在想象中有三角形的诸内角，并不因此就对它们有明白的观念。想象并不能为我们提供一个为锐角三角形和钝角三角形所共同的影像，而三角形的观念却是为它们所共同的：因此这观念并不在于影像之中，而彻底了解一个三角形的诸内角，并不如人们可能设想那样容易。〕

第三章 论人类知识的范围

§1. 斐 我们的知识不超出我们观念的范围，§2. 也不超出对观念之间符合或不符合的知觉的范围。§3. 它不会始终是直觉的，因为我们并不永远能将事物直接地加以比较，例如将两个同一底边、相等而形状极不相同的三角形的大小直接作比较。§4. 我们的知识也不会始终是推证的，因为我们并不是总能找到中介的观念。§5. 最后，我们的感性知识只是关于实际触动我们感官的那些事物的存在的。§6. 因此不仅我们的观念是极受限制的，而且我们的知识比我们的观念还更受限制。但我并不怀疑人类的知识是能够大大推进到更远的，只要是人们愿意以完全的心灵自由，并以他们用来文饰或支持谬误、维护他们所宣布的一个系统，或他们所参与的某一党派或涉及的某种利益的那全部专心和全部勤勉，来真诚地致力于找到使真理完善的方法。但我们的知识毕竟是永不能包括涉及我们所具有的观念方面我们可能希望认识的全部东西的。例如，我们也许就永远不能找到一个圆和一个方相等，也不能确实知道是否有这样的东西。

德 〔有些混乱的观念，我们是不能自许在这里有一种完全的知识的，如有些感觉性质的观念就是这样。但当它们是清楚的时，则有余地来希望一切。说到与圆相等的方，阿基米德就已经表明是有的。因为其边为半径与半圆周的比例中项的方就是。他甚至曾用一根直线和螺线相切的办法来决定一根与圆周长度相等的直线，就像别人用抛物线的切线那样；这种化圆为方的方法是克拉维乌斯①完全感到满意的；就不必说用一根线贴紧圆周然后把它拉直，或用圆周滚动画出摆线再把它变成直线那种方法了。有些人要求只用直尺和圆规来解决这样的作图问题；但大部分几何问题是不能用这办法来作图的。因此问题毋宁是要找出方与圆之间的比例。但这比例既不能用有限的有理数来表现，因此为了只用有理数起见，就必须用这些数的一个无穷级数来表现这个比例，这级数我曾用一种相当简单的方法来加以确定②。现在我们将很想知

---

① Christopher Clavius，1537—1612，是一位耶稣会士和杰出的数学家，罗马的数学教授，教皇格里高利十三世曾任用他来改革历法，"格里高利历"的主要计算工作就是他做的，有"十六世纪的欧几里得"之称。

② 据英译本转引德译者夏尔许米特的注说，莱布尼茨的这个无穷级数，就是$\frac{\pi}{4}=1-\frac{1}{3}+\frac{1}{5}-\frac{1}{7}+\frac{1}{9}-\frac{1}{11}+\frac{1}{13}\cdots\cdots$，它表示着圆和外接正方形之间得到的比例。这无穷级数是莱布尼茨在认识惠更斯之前，也在他发明微积分之前就发现的（参阅第一卷第一章§23"德"和第43页注①）。

莱布尼茨这里所说的问题，就是求出和曲线等长的直线的方法以及"化圆为方"即求出和一个圆的面积精确地相等的正方形的方法问题，或π的计算和作图问题。对此他把一种"通常的"或代数的和一种"非常的"或现在所谓"超越"（transcendental）方程区别开。问题是要证明π不能是任何有整数作为系数的方程的根，或者说π是非代数的。"化圆为方"很久以来就已知道是一个不可解的问题，莱布尼茨当然也知道这一点，但它的不可解只是到后来才得到证明的。因为当时高等代数还未发展到这一步。直到1882年，柯尼斯堡的林德曼（Lindemann）才第一次确切证明了π的非代数的性质，并证明了用直尺和圆规作出和一个已知的圆面积相等的正方形是不可能的。

道是否没有某种有穷的量，虽然只是一种无理数，或不只是无理数，却能表示这个无穷的级数，也就是说，我们是否能正确地为它找到一个简短的式子来表示。但有穷的式子，尤其是无理数的式子，如果我们把不尽式推进到最长的程度，则变化方式就可能太多，以致我们无法加以如数列举和把一切可能的容易地加以决定。如果这种无理数的性质能用一个通常的方程来表明，或甚至用一种非常的方程来表明，其中的指数中引进了无理数甚至未知数，则也许会有办法来做到上述一点，虽然还是得要做大量的演算来完成这一点，并且不是很容易加以解决的，要不是我们有朝一日找到一种简便方法从中跳出来的话。但要排除一切有穷的式子是不可能的，因为我自己就知道这一点，并且要正确决定什么式子最好，也是一件极巨大的工作。所有这一切使我们看到，人的心灵向自己提出了多么奇怪的问题，尤其是当无限性进入其中时更是这样，所以如果要达到结果有困难也就丝毫不应惊奇；尤其是因为在这些几何学问题上往往全靠一种简便方法，而这种方法并不是我们总能担保会找到的，正如我们并不是总能把分数约到最小的数或总能找到一个数的各个除数一样。诚然这些除数只要是可能的，我们总会有的，因为它们的总数是有限的；但当我们须加考察的东西变化无穷并且越来越升级时，对此就不由我们做主了，尽管我们想能够做主，而要把为了有方法地企图达到简便办法或达到能使我们免于再进行到更远的那种进行规则所必需的一切工作都做完，是太麻烦了；并且由于用处和所费的劳力不相称，我们就把这种成就留给后人去完成，当由于时间可能提供的各种准备工作和新的着手办法使这种劳苦或繁冗得以减轻时，后人就将能享受这种成就。除非不时地致力于这些研究的人们决心恰当地完成为进一步的发展所必需的工作,我们不能希望在短时期内有很大的进展。而我们也不应该以为一切工作都做完了,因为甚至在普通的几何学中,当问题稍为复杂一点时,我们就还无法决定什么样的是最好的作图法。要获得较好的成功,就得将某种综合的进程和我们的分析混合起来。而我记得曾听说德·维特行政长官①曾对这个问题作过一些思考。〕

斐 要想知道一个纯粹物质性的存在物能否思想②,确是另一个难题,也许我们永远也不能知道这一点,虽然我们具有对于物质和思想的观念,〈其所以不能知道的〉理由是:单凭对我们自己的观念的默察而没有天启,我们就不可能发现:上帝是否不曾赋予某种适当地安排好的物质团块以知觉和思想的能力,或者他是否不曾把这样安排好的物质和一种能思想的非物质性实体结合起来。因为对于我们的概念来说,设想上帝要是高兴的话就能在我们的物质观念上加上思想的功能,比之于设想他把物质和另一种具有思想功能的实体结合起来,并不更困难,因为我们既不知道思想在于什么,也不知道这全能的存在觉得把这种能力赋予哪一种实体为适宜,这种能力在任何被创造的存在物中,都只是由于造物主的

① le Pensionaire Jean de Witt,1625—1672,十七世纪荷兰的著名政治家,坚决反对奥兰治王室,后在一次政变中和他的兄弟 Cornelius 一起被杀。德·维特兄弟都是当时荷兰的民主政治家。他曾领导尼德兰共和国达二十年,与斯宾诺莎也有交往。

② 参阅本书《序言》第 16 段以下。这个问题是莱布尼茨和洛克之间所争论的主要问题之一,也是唯物主义和唯心主义两条路线斗争的重要问题之一。洛克的观点虽基本倾向唯物主义,但十分含糊、动摇,很不彻底,而莱布尼茨的观点则是彻底唯心主义的。

乐意和恩惠。

德 〔这个问题无疑是比前一问题无比地更重要的；但我敢对您说，先生，我但愿触及灵魂以便为它们带来好处，以及治愈身体的疾病这样的事会和我们有能力来决定这个问题一样容易。我希望您至少将会承认，我能提出这一点而不会违反谦逊态度，也不会毫无正当理由而俨然以大师的态度说话；因为除了我只是照着一般人所接受的和寻常的意见说话之外，我想我还曾对这问题给予不寻常的注意的。首先，我向您承认，先生，当人们如通常情况那样对思想和物质只有混乱的观念时，则就无怪乎看不到解决这样一些问题的办法。这就像我在稍前所指出的，一个人若只是像通常情况那样具有对三角形的诸内角的观念，是绝不会想到发现它们永远等于两直角的。必须考虑到，物质，作为一种完全的东西（也就是和初级物质相对立的次级物质，初级物质是某种纯粹被动的东西，并因此是不完全的）来看，只是一种堆集，或作为由堆集所产生的结果的东西，而一切实在的堆集都得假定有一些单纯的实体或实在的单元①，而当我们又考虑到那属于这些实在单元的本性的东西，即知觉及随知觉而来的东西时，我们就可以说转移到实体的可知世界②之中了，反之在此之前我们是只处在感觉的现象之中的。而这种对物质内部的认识，足以使我们看到，物质自然地

---

① "单元"原文为 unité，通常译作"统一性"或"统一体"，在莱布尼茨的哲学中，实即指"单子"，姑译作"单元"，以暗示其与"单子"实为同一个东西。

② le monde intelligible des substances，"可知"也译作"可理解的"，与"可见的"或"可感觉的"相对。如柏拉图的"理念世界"就是与"可见世界"即感性的物质世界相对的"可知世界"。这里也显然表明莱布尼茨的哲学是和柏拉图的客观唯心主义一脉相承的。

能够做什么,以及看到,每当上帝给它适于表现推理作用的器官时,那作推理的非物质实体,由于这种和谐——这也是实体的一种自然的后果——,也不会不同时给予它的。物质不会没有非物质性的实体即单元而继续存在;在这以后,我们就不应该再问,上帝有自由来给物质这些实体与否。而如果这些实体本身没有我刚才所讲的这种符合或和谐,那上帝就不是照自然秩序行事了。完全简单地只是说给予或赋予能力,那就是回到经院哲学家们所讲的那种赤裸裸的功能去了,并想象着有一些自己存在的小东西,能够进进出出,就像鸽子进出鸽笼那样。这就是把它们变成了实体而并没有想到这一点。原初的能力构成了实体本身,而派生的能力,或者您愿意也可以说就是功能,只是一些存在的样式,是当从实体派生出来的,而它们不是从物质派生出来的,要是物质只是机器,也就是说,要是我们只是凭抽象把它看作初级物质的不完全存在物或纯粹被动的东西的话。这一点我想您,先生,是会同意的,一种赤裸裸的机器是没有能力产生知觉、感觉、理性的。因此它们必须是从别的某种实体性的东西产生出来的。要想上帝照别的方式行事,并给予事物一些偶性,这些偶性不是从实体派生出来的存在样式或样态,那就是求助于奇迹和求助于经院哲学家们所说的服从的能力,这用的是一种超自然的抬高的方式,就像当某些神学家以为地狱里的火焚烧了离开肉体的灵魂时那样;在这种情况下,人们甚至可以怀疑,这究竟是火干的事还是上帝代火行事而自己造成这结果。〕

斐 您的这些说明使我有点惊讶,并且我将要对您谈的关于我们知识的局限性的许多事,您都预先已经谈了。我当已对您说过，我们并不是处在如神学家们所说的神见状态[1]；信念和概然性，就许多事情来说，特别是就灵魂的非物质性这个问题来说，对我们应该就够了；道德和宗教的一切伟大目标，都建立在足够好的基础上而并未求助于从哲学中得出的关于这种非物质性的证明；并且显然那曾开始使我们作为能感觉和有理智的东西存在在这里，又使我们多年保持在这状态的〈造物主〉，是能够并且愿意使我们在另一生也享受同样的能感觉状态，并使我们能够接受他按照人们在这一生中的行为而注定给予的果报的；最后，我们由此可以断定，决定拥护和反对灵魂的非物质性这种必要性，并不是如那些过于热情地维护自己的意见的人所愿深信的那样大的。〔我将要向您谈到这一切，并在这方面还要谈到更多的东西，但我现在看到，说我们是自然地能感觉、有思想和不死的，和说我们只是由于奇迹而成为这样，是多么不同。如果灵魂不是非物质性的，我知道我必须承认事实上这是一个奇迹；但这种关于奇迹的看法，除了毫无根据之外，在许多人心中也不会产生足够好的效果。我也看得很清楚，照您理解这事的方式，我们就可以合理地对现在的问题作出决定，而不必去享受那神见状态以及去和那些高级的精灵为伍，他们能很深入地洞察事物的内部构造，并且他们那敏锐而深入的眼光以及广阔的知识领域可以使我们凭推测想象到他们当是享受着何等的幸福。〕我曾认为，要“把感觉和一种广延的物质结合起来，以及把存在和一种绝对没有广延的东西结合起来”，是完全超

① Etat de vision，这是指有些宗教迷信者那种自以为直接见到了上帝或神灵的神秘状态。

出我们的知识范围的。就因为这样，我曾深信，那些拥护这里这一派的人，是遵循着这样一些人的不合理的方法，他们看到一些事从某一方面看来是不可理解的，就立即闷着头冒冒失失地投向对方，尽管对方也是一样不可理解的；这在我看来是由于一些人心灵可说是太深埋在物质之中了，就不能给不是物质的东西以任何存在；而另一些人又因为看不到思想被包括在物质的自然功能里面，就得出结论认为上帝本身也不能把生命和知觉给予一种有形体的实体而不放进某种非物质性的实体，反之现在我看到，如果他这样做了，那就是出于奇迹，并且看到，灵魂和身体的结合或感觉和物质的结合的这种不可理解性，由于您的关于不同实体之间的前定和谐的假说，似乎已不再存在了。〕

德 〔事实上在这新的假说中丝毫没有什么不可理解的东西，因为它只给予灵魂和身体一些样态，这些是我们在自身中和在它们之中都经验到的；它只是使它们显得比迄今人们所认为的更有规律、更有联系。只有对那样一些人还有困难，他们硬要对那只能理解的东西来进行想象①，就好像他们想要看到声音或听到颜色似的；而正是这样一些人对一切不是有广延的东西都拒不承认其存在，这就会迫使他们对上帝本身也拒不承认其存在，这也就是抛弃了变化和这样一些变化的原因和理由：这些理由既不能来自广延和纯粹被动的自然，甚至也不能来自特殊的和较低级的能动的自然而没有最高实体的纯粹而普遍的现实活动(l'acte)。〕

---

① 这里所谓"想象"(imaginer)，就是指所谓"形象思维"或"图画式的思想"，是与"理解"即抽象的理论思维相对立的。莱布尼茨的意思是他的"前定和谐"学说和"单子"之类都只能靠抽象的理论思维来把握而不能用"形象思维"来把握的。

斐 关于有些事物其物质自然地能有感受这个问题上，我还有一条反对意见。物体，就我们所能设想的来说，只能打动和影响一个物体，而运动也不能产生别的只能产生运动；所以当我们设想身体产生快乐或痛苦，或者一种颜色或声音的观念时，我们似乎就不得不放弃我们的理性和超出我们自己的观念之外，而把这种产生仅仅归之于我们创造主的善心乐意。那么我们有什么理由来得出结论，认为物质中的知觉不也是一样的呢？我差不多已看到您对这问题能怎样答复了，并且虽然您对此已不止一次地说过一些，我现在也比以往较能懂得您的意思了，可是，先生，我将很高兴再听听您在这一重要场合将如何回答。

德 〔您判断得很对，先生，我要说物质是不会在我们之中产生快乐、痛苦或感觉思想的。是灵魂本身和在物质中所发生者相符合地产生了它们。而现代人中有些高明人士已开始宣称他们只是和我一样来理解那种偶因①了。然而这一点一经确立，就丝毫没有什么不可理解的了，只除了我们无法把进入我们混乱知觉中的一切都分解开，这是包含无限的，并且是在身体中所发生的事的细节的一些表现；至于说到造物主的善心乐意，应该说他是按照事物的本性受到规范的，所以他只产生和保持那适合于它们并且至少一般地能用它们的本性得到解释的东西；因为细节往往是超出

① les causes occasionnelles，这本是指以笛卡尔派的唯心主义者马勒伯朗士等为代表的所谓“偶因论者”的观点，按照这种观点，身体和灵魂是不能相互影响的，是上帝借身体做某种运动的机会在灵魂中引起某种思想或观念，又或借灵魂中产生某种思想的机会在身体中引起某种运动，因此身体对于灵魂或灵魂对于身体都只起“偶因”的作用，只有上帝才是真正的原因。

我们能力范围之外的，就像要有细心和能力来把沙堆成的整座山的沙粒照其形状的秩序来加以排列是超出我们能力范围之外的一样，虽然这里并没有什么难以理解的东西，但只是数量太多。否则，如果这种知识本身就超出我们的能力，并且如果我们甚至一般地设想灵魂和身体的关系的理由都不可能，最后如果上帝给了事物一些脱离它们的本性，并因此背离一般理性的偶然的能力，那就会打开了后门，重新引进那些任何心灵都不能理解的太隐秘的性质和那些不能有理性的功能的小幽灵。

Et quidquid schola finxit otiosa：①

这些很有帮助的幽灵，就像舞台上的神灵或阿玛地斯②的仙女那样来出现，并且在需要时将会来做一个哲学家所想要的一切，不用仪式也不用工具。但把它的起源归之上帝的善心乐意，这对于作为最高理性的上帝似乎是不太合适的，在他那里一切都是有规律、有联系的。如果在上帝的能力和智慧之间没有一种永久的平行，那这种善心乐意就甚至将会既不是善心也不是乐意了。〕

§8. 斐 我们关于同一性和差异性的知识，范围和我们的观念一样宽，但对于我们的观念的联系的知识，§§9.10. 关于它们在同一主体中的共存的，是很不完全并且几乎什么也没有的，§11. 尤其是关于颜色、声音和滋味等第二性的性质的更是如此，§12. 因为我们不知道它们和第一性的性质的联系，也就是说§13. 不知它们是怎样依赖于大小、形状或运动的。§15. 我们对

---

① 拉丁文，意即："以及所有那些经院中捏造出来的无聊玩意儿"。

② 见前第四卷第一章§1"德"及注(第415页注③)。

这些第二性性质的不相容性知道得稍多一点；因为一个主体例如不能同时有两种颜色，而当我们在蛋白石或蔊菜木(lignum nephriticum)溶液中似乎看到两种颜色时，那是在对象的不同部分。§16. 对于物体的主动能力和被动能力来说也是这样。我们在这方面的研究必须依赖经验。

德 〔对于可感觉性质的观念是混乱的，而能产生这些观念的那些能力因此也只提供一些包含着混乱的观念；这样，我们若要凭经验之外的方式来认识这些观念的联系，就只有把它们还原为伴随着它们的清楚的观念才行，就像我们例如对于虹的颜色和分光镜所做的那样。而这种方法提供了分析的某种开端，这种分析在物理学上是有很大用处的；而遵循这种方法，我毫不怀疑医学将会随着时间的进程而取得相当大的进展，尤其是如果公众对它比直到现在更关心一点的话。〕

§18. 斐 说到关于关系的知识，这是我们知识的最广阔的领域，并且很难确定它一直能扩展到多远。其进展取决于找出中介观念的机智。那些不知道代数学的人，是想象不到人们利用这门科学在这类事情上所能造成的令人惊奇的东西的。而我看不出会容易决定一个深思敏察的心灵还能发明出什么样的新方法来完善我们知识的其他那些部分。至少那些有关量的观念并不是仅有的能加以推证的；还有其他也许是我们思维的最重要部分也将能推演出确定可靠的知识，只要罪恶、情欲和专横跋扈的利欲不来直接阻挡这种所企望事业的实行。

德 〔没有比您这里所说的更对的了，先生。别的什么，就算它是真的，难道还有比我认为我们关于以下这些问题所已确定了的东西更重要的吗？〈这些问题就是：〉关于实体的本性，关于一和多，关于同和异，关于个体的构成，关于虚空和原子的不可能性，关于黏合的起源，关于连续律和其他的自然规律，但主要的是关于事物的和谐，灵魂的非物质性，灵魂与身体的结合，灵魂以及甚至动物的灵魂在死后的保存。而在所有这一切中，我认为没有什么不是已作了推证或可以推证的。〕

斐 〔的确，您的假设显得极为连贯并且有一种很大的简单性；法国有一位高明人士本想驳斥它的也公开承认对它怀有深刻印象。而这种简单性就我所见的来说又是极其富于成果的。把这种学说逐步发扬光大是很好的。但说到对我们最重要的事情，我曾想到了道德学，这我承认您的形而上学为它提供了很了不起的基础；但虽没有挖掘得很深，它的基础却是相当坚实的，尽管也许不那么广阔（如我记得您曾指出过的那样），要是没有像您的那样一种自然神学作为其基础的话。可是仅仅对这一生的善的考虑已有助于确立一些重要的结论来规范人类社会了。我们可以像在数学中一样无可争辩地来判断正义和不正义；例如这一命题：凡是没有所有权的地方就不会有不正义，是和欧几里得书中的任何推证一样确定可靠的；因为所有权是对某种物的权利，而不正义就是对一种权利的触犯。这样一个命题也是同样的：没有任何政府会允许一种绝对的自由。因为政府就是确立它所要求执行的某些法律〈的机构〉，而绝对的自由就是每个人所具有的喜欢做什么就做什么的权力。〕

德 〔人们对所有权（propriété）这个词的通常用法和您有点不一样，因为人家是把它了解为一个人对物的权利而排斥另一个人的权利的。这样，如果没有所有权，好比一切都是公共的，却还是可能有不正义的。在所有权的定义中的所谓物，您也应该理解为还包括行动；因为否则如果没有对物的权利，阻止人们在他们有必要的场合从事行动也始终会是一种不正义。但照这样解释就不可能没有所有权了。至于说到政府和绝对自由的不相容性那一命题，它是属于一种系论，即只要指出来就够了的一种命题。在比较复杂的法学中就有这样一些命题，例如在那涉及所谓 jus accrescendi① 的，涉及身份以及其他许多问题的法学中就有；我在青年时期所发表的关于身份的论文中就曾表明这一点，其中我曾证明了若干这样的命题。而我如果有空闲，本来还会再回头来把它们重搞一下的。②〕

斐 〔这会使好奇的人很高兴，并且可以用来预先对付那可能未经修订就加以重印的人。〕

德 〔对我的《论组合术》③就发生过这样的事，正如我已表示过不满的那样。这是我最初少年时期的一个成果，可是有人在很久以后把它重印出来，既未和我商量，甚至也未标明这是第二版，

① 拉丁文，意为“递增法”。这是指这样一种法律：例如一个人生前已立下遗嘱将遗产分给他的四个子女，而其中一个子女在他死之前就死了，则已死的遗产继承人所应得的一份，就由其他三个子女按本身应得份额的比例继承，即分别按比例“递增”了那一份中的一部分。这就叫“递增法”。

② 莱布尼茨这里是指他的《论身份》(*De conditionibus*)这一学位论文，这是他1665年在莱比锡在舒温登道夫(L. Schwendendörfer)教授主持下进行答辩的。原稿已遗失，现存的是他在1672年经过修订的稿子。在他关于法学的一个集子中可以找到。见 Dutens 编的《全集》第四卷第三部分。

③ Dissertatio de Arte Combinatoria，见 G 本第四卷 27 页以下，E 本第 6 页以下，是莱布尼茨 1666 年在莱比锡发表的。这里所说的盗印本是 1690 年在法兰克福出现的，莱布尼茨在 1691 年 2 月号的《Acta Erud.》上对它作了评论。

这就使得某些人有了对我很不利的看法，想着我竟能在成熟年龄发表这样一篇东西；因为虽然其中有些重要思想是我现在也还赞成的，但也有一些是只适合于一个青年学生的。〕

§19. 斐 我发现图解是纠正语词的不确定性的一种很好方法，而这在道德观念方面是不可能有的。大多数道德观念都比人们通常在数学中所考虑的图形要更复杂；因此当必须作很长的演绎时要以一种必要的完全的方式记得道德观念中所包含的东西的精确组合对心灵是有困难的。而在算术中如果人们不是把演算中各个不同的步骤用已知其意义的记号写下来，并继续保留在眼前，那要做大数量的计算就几乎是不可能的。§20. 在道德学中，那些定义，只要人们用它们时保持经常不变，就可以给人某种纠正方法。此外，也不容易预见用代数或其他某种这一类性质的工具还可能提出什么样的方法来克服其他一些困难。

德 〔已故的厄尔哈德·魏格尔[①]先生，是图林吉(Thuringe)的耶拿的数学家，曾精明地发明了一些代表道德事物的图形。而当他的学生，已故的撒母耳·普芬道夫[②]先生发表他的相当符合魏格尔先生的思想的《普遍法学要义》时，又在耶拿版中加进了这

① Erhard Weigel，1625—1699，德国数学家和天文学家，1653年以后在耶拿任数学教授，1663年莱布尼茨在耶拿学习时，他是莱布尼茨的第一位数学老师。魏格尔也是一位哲学家和道德学家，曾以毕达哥拉斯派的原则为依据，认为数是一切事物的本质，从而企图以一种数学方法来阐述道德哲学。

② Samuel Puffendorff，1632—1694，德国史学家和法学家，公法学的奠基人之一。他也曾在耶拿就学于魏格尔，并与他有密切友谊，在治学方法上深受他的影响。莱布尼茨曾对普芬道夫及其作品作了尖锐批评，在自然法和公法的观点上和他有分歧，但也受其影响。

位数学家的道德的圆球形。但这些图形是一种譬喻的方式，有点像克贝[①]的图表似的，虽然比较不那么出名，并且毋宁更多的是有助于记忆以便牢记和安排观念，而不是有助于判断以获得推证的知识。它们对于唤起心灵活动也还是有它们的用处的。几何学上的图形似乎显得比道德上的事物简单些；但实际并不如此，因为连续体是包含着无限的，其中必须加以选择。例如，要用两条彼此垂直的直线来把一个三角形作四等份，这个问题看来好像简单其实是够困难的。道德上的问题就不是这样，因为它们是单凭理性就能决定的。此外，这里不是来谈 de proferendis scientiae demonstrandi pomoeriis[②] 和提出把推证的技术扩大到老的界限以外的真正方法的适当场所，这些界限直到现在都还和数学领域的界限几乎是一样的。如果上帝给我必需的时间，我希望有一天能发表关于这个问题的一篇论文，使这方法能有实际有效的用处而使我不局限于一些规则上。〕[③]

斐　〔如果您像您所应该做的那样实现这个计划，那您将会

① Cebes，希腊哲学家，是苏格拉底的门徒之一，原属毕达哥拉斯派，苏格拉底死时在场的人之一，见柏拉图《斐多篇》59c、60c 以下等处。他的"图表"据策勒(Zeller)的《希腊哲学》认为"肯定是伪造的"。

② 拉丁文，按字面意思为"关于推证城墙内外空地的高级科学"，意指烦琐的推证。

③ 莱布尼茨曾计划要把推证的科学或逻辑学中有关证明的方法那部分加以扩大和改进。逻辑中的证明方法部分，他觉得到他那时为止都太狭窄，并且实际上和数学方法是一样的。他这计划和他要搞一种"普遍的文字"的计划是密切联系的，但并不是一回事。可是他的计划始终并没有实现，只留下了一些初步的纲要式的草稿，可看出他的一些想法。可参看其《推进科学的规则》(*Préceptes pour avancer les sciences*)，见 E 本 165—171 页，G 本第七卷 157 页以下(较完全)。

使得像我这样的斐拉莱特即真诚地希望认识真理的人，无限感奋。〕而真理是自然地使心灵感到合意的，并且没有什么比谎言更丑陋和更与理智不相容的了。可是不能希望人们会大力从事于这些发现，因为对财富或权力的欲望和推崇会使人们死抱住为时尚所许的意见，并随之来找出一些理由，或用以使它们被看作是美好的，或用来文饰或掩盖其丑陋。而当各个不同的党派使所有能受它们权力支配的人接受它们的意见也不考察其真假时，我们还能希望属于道德方面的科学中有什么新的光明呢？人类中受羁轭的这一部分，就得期待在世界上大部分地方不是这种光明而是和埃及的一样的黑暗，要是天主的光明本身不是呈现在人们心中的话[①]，这神圣的光明是人类一切能力都无法完全熄灭的。

德　〔我并不绝望，在某个较太平的时期或在一个较太平的国度里，人们会比以往所做的较能献身于理性。因为其实我们对什么都不应绝望；而且我相信是为人们保留着向坏方面或向好方面的巨大变化的，而最终向好方面总会超过向坏方面的变化。假定我们有朝一日看到某一位伟大的君主，像亚述或埃及的古代国王那样的，或者就像另一位所罗门，在一种太平盛世长期在位，并且这位君主，既爱德性和真理又有伟大而健全的心灵，一心想使人们更幸福和彼此更和好，并更有能力支配自然；他将会在短短几年内作出多么了不起的事情呢？因为在这种情况下十年间所完成的

---

① 参阅《旧约·箴言》第二十章第二十七节："人的灵是耶和华的灯，鉴察人的心腹"。

事，肯定比让事情像通常那样进行在一百年或甚至一千年间所完成的还要多。但即使没有这样，只要道路一旦已经开辟，许多人就会进入其中，就像几何学家们的情况那样，即使这只是出于他们的喜好或为了获得荣誉也罢。更文明的公众有朝一日将会比迄今更转向推进医学；一切国度的自然史都会出版出来，就像那些历书或《优雅信使》①那样；任何好的观察都不会被放过而不加以记载登录；致力于这种观察的人将会得到帮助；做这种观察的技术将会得到改进完善，还有用这些观察来确立格言的技术也是这样。会有一个时候，好医生的数量将变得更多，而从事那时比较不需要的某些职业的人数将会按比例减少，公众将会处于更加鼓励研究自然的状态；尤其是鼓励推进医学；而这门科学那时将立即发展到远远超出现在的状态并飞速成长起来。我相信这一部分公安事务当将成为统治者仅次于德行的最大关心对象，而良好道德或政治的最大成果之一将是使我们有一种更好的医学，当人们开始变得比现在更明智，并且当大人物们将学会更好地运用他们的财富和权力来求得他们自身的幸福时〈就会这样〉。〕

§21. 斐 至于有关实在存在的知识（这是第四种知识），必须说我们对我们自己的存在有一种直觉的知识，对上帝的存在有一种推证的知识，而对其他的事物有一种感性的知识。我们将在以下充分地来谈谈这些。

德 〔没有比这说得更正确的了。〕

---

① “Mercure Galant”，是好几种期刊的名称，内容有政治的、文学的和各种消息、广告。特别是1672年由De Visé创办的一种期刊，以后除短期中断外，曾一直延续到1853年。莱布尼茨在给人的一封信中表明曾想搜集到他那时为止的全套这种期刊。

§22. 斐　现在既经谈过了知识，为了更好地发现我们心灵的当前状态，我们考虑一下黑暗面，并认识到我们的无知，似乎是适宜的；因为无知比我们的知识无限地更大。这种无知的原因是：(1)我们缺乏观念；(2)我们不能发现我们所具有的观念之间的联系；(3)我们忽视了追寻和确切地考察这些观念。§23.至于说到观念的缺乏，我们所有的简单观念只是那些来自〔内部或外部〕感官的简单观念。因此对于宇宙间无限的创造物以及它们的性质来说，我们就像盲人之于颜色一样，甚至连认识它们所必需的功能也没有；而照一切现象看来，人在一切有理智的存在物中是处于最末尾的地位。

德　〔我不知道是否就没有比我们更低的。为什么我们要不必要地贬低自己呢？也许我们在理性动物中还处于足够可尊敬的地位呢！因为那些高级的精灵可能具有另一种方式的身体，所以动物这个名称可能并不适用于他们。我们无法说我们的太阳在大量其他太阳中的位置，是否在它之上的比在它之下的要多，而我们在太阳系中所处的位置是很好的；因为地球是处在各大行星的当中的地位，而它的距离似乎是经过很好选择，适于一种瞻望默想的动物在上面居住的。此外我们也有无比地更多的理由来庆贺我们的命运而不是抱怨我们的命运，因为我们大部分的坏事都当归咎于我们的缺点。尤其是我们既然对仁慈的自然提供给我们的知识利用得这样少，如果还抱怨缺乏知识，那就将是很大的错误。〕

§24. 斐　可是的确，展现在我们眼前的世界几乎所有各部分都离我们极远，这就使我们无法认识它们，而看得见的世界显然只是这广大无垠的宇宙的一小部分。我们是局限于空间的小小一角;就是说局限在我们的太阳系中,而且甚至对像我们的地球一样环绕着太阳旋转的其他行星上发生的事情我们也不知道。§25.我们之所以无法具有这些知识是因为大和远,但另外一些物体之所以对我们掩盖着则是因为它们太小,而这些又是对我们的认识可能最重要的;因为从它们的组织构造我们可以推论出那些可见物体的用处和作用,并知道为什么大黄能泻肚,毒药能杀人,而鸦片能使人沉睡。因此§26.不论人类的勤勉能使对物理事物的实验哲学推进到多远,我只能倾向于相信我们永远不能达到对这些问题有一种科学的知识。

德 〔我完全相信我们永不能进到我们所希望的那样远;可是我觉得随着时间的进展我们在对某些现象的解释方面将能有相当大的进步,因为我们被引导去做的大量实验可以为我们提供足够有余的材料,以致所缺的只是利用这些材料的技术,对这技术我也绝不绝望:无穷小的分析[①]已给了我们一种工具来把几何学和物理学结合起来,并且动力学已为我们提供了自然的一般规律,从此以后,人们将会把这种技术的小小开端推向前进。〕

§27.斐 精神还要更加远离我们的知识;我们对它们不同的等级秩序都无法形成任何观念,可是理智的世界是肯定比物质

① 莱布尼茨这里用的名词是 l'analyse infinitésimale("无穷小的分析")实即指微积分。莱布尼茨和牛顿谁是微积分的最初发明人的问题曾经长期争论不休,现在已可确定两人是各自独立发明的。本书英译本注认为是牛顿继伽利略以其关于落体的加速度的定律为万有引力的学说开辟了道路之后,在其《原理》中第一次将微积分系统地应用于物理学。

世界更大和更美的。

德　〔这两种世界就动力因来说是始终完全平行的，但就目的因来说则不是这样。因为按照精神支配物质的程度，它们就在物质中产生奇妙的安排。这一点由人们为了美化地球表面所造成的那些变化就显示出来，人们就好像一些小的神灵，模仿着伟大的宇宙建筑师，虽然这还只是运用着一些物体和它们的规律。对于那无比众多的超过我们的精灵，有什么是我们不能猜想的呢？而由于这些精灵一起形成了上帝治下的一种国家，它的统治是完美的，我们远不能了解这可知世界的系统，不能设想其中为那些照最确切的理由当受赏罚者所准备的赏罚，也不能想象那任何眼睛都未看到过，任何耳朵都未听到过，并且从来未曾进入过人的心中的东西。可是所有这一切都使人认识到我们是有为认识物体和精神所必需的一切清楚观念的，但只是没有足够的事实细节，也没有敏锐到足以分辨混乱观念，或广阔到足以察觉所有这种观念的感官。〕

§28. 斐　至于说到我们并无认识的那种在我们所有观念之中的联系，我将要告诉您，物体的机械作用，和那些色、声、香、味以及苦、乐的观念是没有任何联系的；而它们的联系只取决于上帝的乐意和任意。但我记得您认定其中是有一种完全的符合的，虽然这并不始终是一种完全的相似。可是您承认其中所包含的微小事物的过繁的细节，妨碍了我们去分辨出其中掩盖着的东西，虽然您还是希望我们将能大大地前进；而因此您不愿人们和我那位著名作者在§29.中所说的那样说从事于这样的研究是白费力气，只怕这样的信念不利于科学的成长。我当也曾对您谈到过在解释灵魂与身体之间的联系方面我们迄今所有的困难，因为我们无法设想一种思想怎么在身体中产生一种运动，也无法设想一种运动怎么在心灵中产生一种思想。〔但当我了解了您的前定和谐假说以后，人们感到绝望的这种困难对我似乎一下子像变魔术似的就解除了。〕§30. 那么剩下的就是我们无知的第三种原因，这就是我们不去追寻我们所具有或能够具有的观念，以及不去尽力找出那些中介观念，就因为这样我们就不知道那些数学的真理，虽然在我们的功能方面并无任何缺点，在事物本身也并无任何不确定性。语词的误用在阻碍我们去找出观念之间的符合或不符合方面起了最大的作用；而数学家们不靠名称来形成他们的思想，并且习惯于将观念本身而不是声音显现于自己心中，因此就避免了一大部分的麻烦。如果人们在有关物质世界的发现方面，也像他们在有关理智世界方面所惯于采取的那种方式行事，并且如果他们完全陷入那种意义不确定的名词的混乱状态中，那他们就会对地带、海潮、造船、航路这些事争论得没完没了；人们将永远也不会到地平线以外去，而对跖地将会还是和主张有对跖地的人就会被宣布为异端的那时候一样不为人所知。

德 〔我们无知的这第三种原因是唯一当受责备的。而您看到，先生，那种对于再向前进的绝望就包含在它之中的。这种泄气非常有害，而有些精明和重要的人物，由于错误地深信在医学方面的工作是白费力气，就阻碍了医学的进步。当您看到过去的亚里士多德派哲学家们谈到气象，例如谈到虹时，您将会发现他们认为不应该只是想着清楚地解释这种现象的；而莫罗利柯[①]以及以后马可·安东尼·德·多米尼斯[②]的企图在他们看来就像是伊加利[③]的飞翔。但其后果曾矫正了世人在这问题上的谬妄。的确名词的误用曾引起了我们知识中的一大部分混乱，不仅在道德学和形而上学，或在您所说的理智世界中是这样，而且在医学中也是这样，医学中的这种名词误用也越来越增加了。我们并不能像在几何学中那样始终借助于图形；但代数学使人看到，我们不必永远求助于事物的观念本身也能作出许多大的发现。关于认为有对跖地是所谓异端邪说的问题，我顺便说一说，的确，美因茨的大主教包尼法斯[④]在写给教皇的一封信中曾就这个问题控告了萨尔兹堡的

---

① Francesco Maurolico(Maurolycus)，1494—1575，意大利的著名数学家，他的父亲原是希腊人，在意大利各地教授数学。他曾研究了眼球构造，寻求解释视觉现象，并正确地描述了光线通过角膜、水晶体等的过程，但当他发现他的理论将导致承认在视网膜上的物象是颠倒的时，就大为惊骇而停止研究了。莱布尼茨这里所指的是他关于透视和虹的一篇论文：Problemata ad perspectivam et iridem pertinentia，(《关于透视和虹的问题》)附载于他的 Theoremata de lumine et umbra ad perspectivam radiorum incidentium(《关于火光的明暗及透视的理论》)，威尼斯，1575。

② Marc Antoine de Dominis，1566—1624，是意大利的哲学和自然科学教授，也是一个大主教，但在教会政治观点上却是个共和派，强烈反对教皇权力至上的理论，因而他的书被宣布为异端，本人被投入监狱，可能是被毒死的。他也曾第一次企图提出关于虹的理论，正确地论述了光线通过雨点折射的情况，因而曾受到牛顿的称赞。但他还未能正确地说明观察者看到虹的光线的角度问题。

③ Icare(Icarus)，希腊神话传说中的人物，曾以蜡黏羽翼飞上高空，因太近太阳，蜡熔化，羽翼脱落，堕入爱琴海而死。常用以比喻计划野心过大，因而失败牺牲的人。

④ Boniface，本名 Winfrid，是盎格罗萨克森的本笃会僧侣，教皇格里高利二世赐名为 Bonifacius，680—755，是被派往日耳曼人中的使徒，在 748 年被任为美因茨(Mayence 即 Mainz)的大主教。

味吉尔[①],而教皇给他回信用的方式表明教皇对这名词的用法是十足照包尼法斯所用的意义的;但我们没有发现这控告有什么结果。味吉尔始终还是坚持他的意见。这两位对抗者都被看作是圣徒,而巴伐利亚的学者们,把味吉尔看作是加林底亚及其附近国度的一位使徒,证明了对他的纪念是正当的。

第四章 论我们的知识的实在性

§1.[②]斐 有的人没有懂得具有正确观念的重要性和了解它们的符合和不符合的重要性,会以为我们在那上面如此细心地进行推理是在建造空中楼阁,而在我们的整个系统中只有理想的和想象的东西。一个头脑发热的狂想者,会更加具有更生动和更大量的观念;因此他也就会有更多的知识。在一个狂信者的幻觉中

---

① St. Fergil,以其拉丁化名字 Virgilius 为人所知,本是爱尔兰的一位教士,来到巴伐利亚,最初为萨尔兹堡(Salzbourg)的圣彼得修道院院长,最后在755年包尼法斯殉教,又在萨尔兹堡的主教约翰死后,于766或767年被任命为萨尔兹堡的主教。死于789年。他作为主教的最后一次活动就是访问他的整个主教管区,曾在加林底亚(Carinthie)作了长期访问。他和包尼法斯之间在两个问题上曾有冲突。一个是关于一种仪式不完备的非正式的洗礼是否有效的问题,味吉尔主张有效,包尼法斯认为无效。另一个就是关于"对跖地"的问题,味吉尔发表了一篇哲学论文,主张大地是球形的,因此有地球对面的"对跖地"、"对跖人",包尼法斯认为这会意味着有两个人类,其中一类人不是亚当的子孙,因此没有"原罪",也就无需乎"救赎",所以这学说当被宣布为异端。教皇札克利(Zachary)在给包尼法斯的一封信中也肯定认为有另一世界和地下的另一人类的学说是异端。但味吉尔表明他的思想完全是科学上的,根本不涉及神学上的"原罪"和"人类的统一性"问题,因此得免于被判为异端,并在1233年由教皇格里高利九世追认为"圣徒"。

② E本作§2,误。

也会和一个理智健全的人的推理中具有同样的可靠性，只要这狂信者说话前后一贯；而说一个鸟身女面怪不是一个半人半马怪也会和说一个方不是圆一样真实。§2.我答复说我们的观念是和事物相符合的。§3.但人们还要求它的标准。§4.我又回答说，第一，就我们心灵的简单观念说，这种符合是很显然的，因为心灵既不能自己形成这些简单观念，则它们一定得是由作用于心灵的事物所产生的；第二，§5.我们的一切复杂观念（除了实体观念之外）既是心灵自己形成的原型，不是要使它们成为任何东西的摹本，也不是关联到作为它们的原本的任何东西的存在的，它们就不能不与一种实在知识所必需的那些事物完全符合。

德 〔如果简单观念除了来自感官的基础之外就没有其他的基础，那我们的可靠性就将是很小的或毋宁说根本没有。您忘了，先生，我曾怎样指出，观念是原本在我们心中的，甚至我们的思想也是从我们自己心中来的，并没有别的创造物能对灵魂有直接的影响。此外，我们关于普遍永恒真理方面的可靠性，其基础是在观念本身之中，不是靠感觉，也正如纯粹的和可理解的观念，例如是、一、同等等的观念，不靠感觉一样。但可感觉性质的观念，如颜色、滋味等等（这些其实只是一些幻觉[①]），是从感觉来的，也就是从我们的混乱知觉来的。而关于偶然的和单个的事物的真理，其基础

① 参阅以上第三卷第三章§18“德”，那里“幻觉”用的是“phantasies”，这里用的原文是 phatômes，意义近似，都是指由感觉在心中产生的一种样态，但并无外界对象与之相符合，即指纯粹主观的现象，它作为主观现象是实在的，但既无客观实在对象与之相符合，因此也有“幻觉”的性质，但须注意与那种病态的“幻想”有别。这里莱布尼茨把感觉观念说成都只是主观的“幻觉”，显然是唯心主义的观点。

在于得到成功，使感觉现象如可理解的真理所要求的那样正确地联系起来①。这才是我们应该作的区别，反之您在这里所做的关于简单观念和复杂观念之间，以及属于实体的和属于偶性的复杂观念之间的区别，在我看来是没有根据的，因为一切可以理解的观念都在事物的永恒可能性中有其原型。〕

§5. 斐 的确，我们的复杂观念，只有当问题涉及一个现实存在的实体，在我们之外实际把构成这些复杂观念的简单观念结合起来时，才需要心灵之外的原型。对于数学真理的知识是实在的，虽然它只是在我们的观念上运转，并且我们在任何地方也找不到精确的圆。可是我们可以靠得住现实存在的事物将会和我们的原型相符合，只要我们所假定的，被发现是现实存在的。§7.这也可用来维护道德事物的实在性。§8.而西塞罗所讲的那些职责，也并不因为世界上没有人确切地照西塞罗为我们描绘那样的一个好人的模范来规范自己的生活，就比较不那么符合于真理。§9.可是(有人会说)如果道德观念是我们凭空造出来的，那我们对于正义和对于节制将会有多么奇怪的概念呢？

§10. 我回答说，这种不确定性只是在语言方面的，因为人们并不始终理解他所说的，或者对它的理解并不是始终如一的。

德 〔您还可以回答，先生，并且在我看来这样回答还更好，说关于正义和节制的观念并不是我们凭空造出来的，也正如圆和方的观念不是我们凭空造出来的一样。我认为我已经充分表明过这一点了。〕

---

① 参阅第四卷第二章§14“德”(2)。

§11. 斐　说到关于存在于我们之外的实体的观念，我们的知识就其符合于这些原型的范围内来说是实在的；而在这方面，心灵不应该把那些观念任意武断地结合起来，尤其是当只有极少观念我们能肯定它们能否在由感觉观察所显现者之外在自然中一起存在时，更是这样。

德　如我不止一次地已说过的那样，这是因为这些观念，当理性不能断定它们的相容性或联系时，是混乱的，就像这些特殊的感觉性质的观念那样。

§13. 斐　在关于现存的实体方面，不要局限于名称，或局限于人们假定为用这些名称所确立了的物种，这也是好的。这又使我回到我们已经屡次讨论过的关于人的定义问题。因为谈到一个傻子[①]，活了四十岁也丝毫未显出一点有理性的样子，难道不能说他是处在人与兽之间的地位吗？这也许会被看作很大胆的悖论，或甚至是具有非常危险后果的错误看法。可是我以前曾认为，而我的朋友中有些人现在也还认为——我现在也还未能纠正他们的看法——这只是由于根据这样的错误假定的一种偏见，就是假定人和兽这两个名称，是意指着由自然中的实在本质很明确地标明的各别的种，以致没有任何其他的种能插入其间，就好像一切事物都照着这些本质的确切数目放进模子中〈铸造出来的〉。§14. 当人们问这些朋友，这些傻子，如果既不是人又不是兽，那该是属于什么种的动物时，他们回答说，这些就是傻子，这就够了。如果人

① 原文为 innocent，即“无知者”。按洛克原书是用的“changeling”这个词，中译本译作“易子”，是指西方古代传说中所说的神仙把一个小孩偷走后留下的一个又丑又笨的孩子。

们又问:那他们在来世会变成什么呢?我们的朋友们就回答说,要知道这一点或研究这一点,都与他们无关。他或站住,或跌倒自有他的主人在(《罗马书》第十四章第四节),这主人是慈善而忠诚的,并且不是照着我们的特殊思想或意见的狭隘界限来处置他的创造物,也不是照着由我们高兴凭空想出来的名称和物种来区别它们的;只要那些能受教育的人会被召唤来就他们的行为算账,并且将会叫各人按照本身所行的,或善或恶受报(《哥林多后书》第五章第十节),这对我们来说就够了。§15.我还将给您转述他们的推理的其余部分。(他们说)那些傻子是否当被剥夺了一种来世状态这个问题,是基于两个同等虚妄的假定:第一,凡是具有人的外表形状的东西都注定在此生之后有一种不朽的状态;以及第二,凡是人所诞生的都当享受这种特权。除去这些空想,您就会看到这类问题是可笑的和毫无根据的。事实上我认为人们会否认第一个假定的,并且也不会有人心灵如此沉埋于物质之中,竟会认为永生当归之于一种物质团块的任何形状,以致那团块因为曾在这样形状的一个模子中被铸造出来,就当永恒地具有感觉思想。§16.但第二个假定来帮忙了。人们会说这个傻子是由有理性的父母生出来的,因此他一定得是有理性灵魂的。我不知道凭什么样的逻辑规则能得出这样的结论,并且在这样以后人们怎么还敢毁灭那些畸形的或不像样子的产物。人们会说:啊!这些是怪胎!好吧,就算是这样。那么那始终对他不好办的傻子又将是什么呢?难道在身体上有缺陷就是怪胎,而在心灵上有缺陷就不是吗?这是又回到了已被驳斥了的第一个假定,即只要外表就够了。一个形状端正的傻子是一个人,照人们相信的他就有一个理性灵魂,尽管它没有表现出来。但使得耳朵比平常的更长一点，更尖一点，鼻子更扁平一点，您就开始迟疑起来了。使得脸庞更狭，更扁和更长；这一来您立刻就完全决定了。而如果头完全是某种动物的头，这无疑是怪胎，而这对您来说就是证明他没有理性灵魂和应该被毁掉。现在我问您，到哪里去找正确的尺度和最后的界限，可确定其具有理性灵魂的呢？有一些人的胎儿，一半是兽，一半是人，另外还有一些三分是这个一分是那个的。怎么来确定那标志着理性的正确界线呢？还有，这怪胎就不会是人与兽之间中介的种吗？而所说的傻子也就是这样的。

德 〔我很惊讶您又回到我们已经充分考察过的这个问题，而且已考察过不止一次，而您竟未能更好地把您的朋友用教理问答的方式把他们教育过来。如果我们用推理的功能来区别人和兽，是没有中介的种的，所涉及的这种动物，一定得要就有要就没有这种功能；但由于这种功能有时不表现出来，我们就凭一些并非可用来对真理作推证的征象来判断它，直到那理性自行显示出来为止；因为我们凭那些曾失去理性或最后又得以行使理性的人的经验知道，理性的作用是可能暂时中止的。出生和形状可让人对那掩盖着的东西作出推定。但关于出生的推定被那极端不同于人的形状抹去（eliditur）了，就像利文・李曼①（第一卷第八章）所说的那个西兰（Zealande）的妇女所生的那个动物那样，它有钩形的鸟嘴，长

① Livin Lemmens，拉丁名 Levinus Lemnius，1505—1568，一位荷兰的医生，在当时是很出名的。他在他所著的 De miraculis occultis naturae（《论自然的隐秘奇迹》）第一卷第八章中叙述了这件奇事，据说是这位妇女刚刚恢复健康就自己告诉他的，但其中一定有些骗人的东西。

而圆的脖子，发光的眼睛，尖尖的尾巴，并且很敏捷，一生下来马上就在房间里跑。但您会说有些怪胎或伦巴底的弟兄们（以前医生们是这样称呼的，因为据说伦巴底的妇女们很容易生这样的怪胎）越来越像人形。好吧，就算这样。那么怎样（您会说）能决定形状的正确界线，表明过此就当被看作是人呢？我回答说，在猜测的事情上是没有什么精确的东西的。事情这样就完了。您反驳说，傻子没有显出理性却被看作是人，但要是他有一个怪胎的形状就不被当作人看，这样人们岂不是更重视形状而不重视理性吗？但这怪胎显出有理性了吗？无疑没有。那么您看到它比傻子缺的更多。缺乏行使理性往往是暂时的，但那些长着一个狗头的是永远不会行使理性的。此外，如果这个人形的动物不是人，那么当它的命运未确定的时期把它保存下来也没有什么大坏处。而不管它是否有一个有理性的灵魂，上帝总不会是毫无所为地造了它的，并且对于那些永远活得像初生婴儿那样的人，我们可以说他们的灵魂的命运也将会和那些摇篮中就死了的婴儿的灵魂一样。

第五章　通论真理

§1. 多少个世纪以来，人们早已在问：什么是真理？ §2. 我们的朋友们认为真理就是随着事物本身彼此间的符合或不符合而定的记号的结合或分离。所谓记号的结合或分离，当理解为人们换个方式所说的命题。

德　但一个带形容词的称号（epithète）并不构成一个命题；例如说贤明的人。可是这里却有两个名词的结合。否定也和分离不是一回事；因为说人，然后停顿一下，再说贤明的，这并不是否定。符合，或者不符合，真正说来也不是人们用命题所表示的东西。两个鸡蛋是符合的，而两个敌人是不符合的。这里涉及的是完全特殊方式的一种符合或不符合。因此我认为这个定义完全没有说明问题所在的要害之点。但我在您的真理定义中发觉最不合我心意的，是您在语词中去寻找真理。这样，同一个意思，用拉丁语、德语、英语、法语来表示，就会不是同一真理了，而且我们就得和霍布斯一样说真理是随人的乐意而定的①；这是非常奇怪的一种说法。人们甚至把真理归之于上帝，他，您将会承认（我相信）是不需要记号的。最后，我已不止一次地表示过奇怪，您的朋友们总喜欢把本质、物种、真理弄成是名义的。

斐　不要进得太快。他们在记号之下包括了观念。因此真理将或者是心理的，或者是名义的，随记号的种类而定。

德　〔如果真理须以记号来区分，那么我们将还有书面的真理，这又可以分为写在普通纸上的真理和写在羊皮纸上的真理，用

---

①　霍布斯在他的《利维坦》（第一部分第四章）中有这样的一些话："'真'和'假'是语言的属性而不是事物的属性……"；"有鉴于真理就在于我们的肯定〈命题〉中诸名称的正确安排，因此一个寻求确切真理的人必须记得他所用的每一个名词代表着什么，并把它放在正确的位置上。"莱布尼茨曾认为"奥康本人也未尝比现在的托玛斯·霍布斯更是一个唯名论者，我觉得其实霍布斯比一个唯名论者还有过之而无不及"。（参阅G本第四卷，158，E本69页b）总之，霍布斯虽在当时是个比较彻底的机械唯物主义者，但由于其唯名论的观点，在认识论上许多地方常常背离了唯物主义而陷入唯心主义。并且在经验论和唯理论的斗争中，他虽然基本上是站在经验论的立场，但也表现出折中主义的倾向，容纳了许多唯理论的观点。他的学说中是包含着许多矛盾的。莱布尼茨虽然是个唯心主义者，但由于有些辩证法观点，有时倒是能抓住霍布斯以及洛克等经验论者一些形而上学观点的弱点。像这里也是一个例子。这样的例子在本书中其他地方也有不少。

普通墨水写的真理和用油墨印的真理。所以还是把真理放在观念的对象之间的关系上比较好，这种关系使一个观念包含或不包含在另一个观念之中。这完全不依赖于语言，并且是我们和上帝以及天使所共同的；而当上帝为我们显示出一个真理时，我们就获得了那在他理智中的真理，因为虽然就圆满性及广阔程度来说，在上帝的观念和我们的观念之间有无限的不同，但却永远的确是在同一关系中彼此相符合的。因此是应该把真理放在这种关系中，并且我们可以把不以我们的乐意与否为转移的真理，和我们所发明而认为是好的表述加以区别。

§3. 斐　人们甚至在他们的心中也以语词代替了事物，尤其当观念是复杂的和不决定的时是这样，这一点只能说是太真的了。但正如您所已指出的，这也是真的，即那时心灵就满足于只是标记出真理而当下并未理解它，深信这全取决于它本身，只要愿意时就可以来理解它。此外，对于人在作肯定或否定时所从事的活动，反省一下那在我们心中发生的情况，还比较容易设想，而要用言语来说明就比较不容易。所以，因为没有更好的说法，我们就说结合在一起或分离，您也不要觉得不好。§8. 您也会同意，命题至少可以被叫做是口头上的，而当它们是真的时，它们就既是口头上的也是实在的，因为§9. 假就在于各个名称不是照它们的观念的符合或不符合而是按别的方式结合起来。至少§10. 语词是真理的巨大负载者(vehicules)。§11. 也有一种道德上的真理性，它就在于照我们心灵中的深信来说话；最后有一种形而上学的真理性，这就是符合于我们所具有的观念的、事物的实在存在。

德　〔道德上的真理性，有些人就叫做真诚(Véracité)，而形而上学的真理性被形而上学家们通俗地当作是存在的属性，但这种属性是非常无用而且几乎空无意义的。让我们满足于在心中的命题和所涉及的事物之间的符合中来寻找真理性吧！的确我也曾把真理性归之于观念，说观念是真的或假的；但那时我其实是把它理解为肯定观念对象的可能性的那些命题的真理性。而在这同一意义下我们也还可以说一个存在物是真的，这就是说那肯定其实际的或至少是可能的存在的命题是真的。〕①

第六章　论普遍命题及其真假和确定性

§2. 斐　我们的一切知识都是关于一般的真理或特殊的真理的。前一种〈即一般的〉真理是最重要的，对于它们，除非是用语词来设想和表现，我们就永远无法使别人很好理解，而且我们自己对它们的理解也只是极罕见的。

德　〔我认为也还有其他标志能产生同样的这种效果；我们从

---

①　参阅第二卷第三十二章；第三卷第三章§18；第四卷第一章§1。

洛克在第二卷第三十二章中是和亚里士多德在《前解释篇》Ⅰ，16^a，12 中所说的观点一样，主张真和假不能对单个观念而言而只能是就观念在判断或命题中的结合而言的；而莱布尼茨在这一段本质上也是持同样的观点的，他说他归之于观念的真理性，其实是指肯定观念对象的可能性的那命题的真理性，就是表明这个意思。这样的"真"或"假"的观念，应该被看作只是一个缩短了的命题，或者看作是隐含着命题的。如"正十边形"(参阅第三卷第三章§15"德")这样一个观念，就是假的，虽然我们可以有它的名义的定义，但这图形是不可能的。

中国文字就看到这一点。而且我们还可以引进一种很通俗并且比中国文字更好的**普遍文字**①，如果我们用一些小小的图形来代替字，它们用轮廓线条来表现那些可见的事物，并且对那些不可见的事物也用伴随着它们的可见事物来表现，再加上某些其他的符号以便使人懂得那些语形变化和质词〈所代表的意思〉的话。这首先就可以有助于和隔得很远的民族容易地相沟通；但如果我们在我们自己人之间也引进这种文字而又不放弃通常的写法的话，这一种书写方式也会有很大的用处，可以丰富想象，并可以给人一些不像我们现在所有的思想那样无声的②和口头上的思想。的确，由于这种画图的技术不是所有的人都知道的，因此除了照这种方式印成的书（这是人人都马上就能学会来读的）之外，每个人要能用这种文字就没有别的办法，只能用一种印的方式，也就是事先全都准备好一些刻好的图形，用时就把它们印在纸上，然后用笔加上一些表示语形变化或质词的记号。但随着时间的进展，每个人都会从小就学会这种画法，这样也就不会有这种**图形文字**的不合适的地方，这种文字将真正是**对眼睛说话**的，并且将会使人民非常中意，因为事实上如乡下人就已经有某些历书，不用语词而告诉了他们很大一部分他们所要求知道的事情；我也记得还曾看见过一些铜版印的讽刺性的印刷品，有点像谜语的性质，其中有一些**本身就表示意义的图形**，混杂着一些字③，而我们的字母以及中国文字都

① 参阅以上第三卷第九章§19“德”注（第390页注①）。

② 参阅以上第二卷第二十一章§31“德”注（第180页注②）。

③ 也许是一种“谜画”（Rebus）。

只是由人的意志确定其意义的(ex instituto ①)。

§3. 斐　〔我相信您的想法有朝一日是会实现的，我觉得这种书写法非常合意而且自然；并且它对于增加我们心灵的完善性以及使我们的概念更实在，也似乎不是不重要的。〕但回头来谈一般的知识及其确定性，我们指出有一种真理的确定性，也有一种知识的确定性，这将是适宜的。当语词在命题中以这样的方式结合起来，得以确切地如实表明其符合或不符合时，这就是一种真理的确定性；而知识的确定性则在于察觉在命题中所表明的观念的符合或不符合。这就是我们通常所说的一个命题是确定的。

德　〔其实这后一种确定性不用语词也会够了，而且它不外乎就是对真理的一种完全的知识；而前一种确定性则似乎无非就是真理本身。〕

§4. 斐　然而由于我们对于任何一般命题，除非知道它由以构成的那些名词的意义的确切界限，对它的真实性就靠不住，因此我们就必须知道每一物种的本质，这对于简单观念和样式方面来说是并不困难的。但在实体方面——其中一种不同于名义本质的实在本质，被假定是决定着物种的——那一般名词的范围是很不确定的，因为我们并不认识这种实在本质；而因此，在这意义下，我们对于就有关这些实体的问题上所作的任何一般命题都是靠不住的。但我们若假定实体的种无非就是把一些实体性的个体归于若干的类，按照这些类符合于我们用一些名

① 拉丁文，意即："出于制定的"。

称来指示的不同抽象观念而把它们安排在那些不同名称之下，这时我们就不能怀疑一个如所应有那样很好认识了的命题是真的与否。

德　〔我不知道，先生，您为什么又回到我们已经充分争论过，并且我认为是已被清除了的这一点上来。但我毕竟还是很高兴，因为您给了我一个（我觉得）很适当的机会来再一次重新解除您的困惑。那么我要告诉您，我们对于例如金子或这样一种物体能够靠得住有成千条的真理，这种物体的内部本质是通过我们在这世上所已知的最重的重量，或最大的延性，或其他的标志而使人认识的。因为我们可以说有已知的最大延性的物体也是一切已知物体中最重的。的确也不是不可能：我们迄今在金子中所已注意到的一切，有一天会在能用其他新的性质加以辨别的两种物体中发现，并因此金子就不再如我们迄今暂时认为那样是最低级的种了。也可能有一种仍旧很稀少，而另一种则很普通，因此人们认定宜把真正的金子这个名称保留给唯一的稀少的一种，以便通过适合于它的新的化验办法保持它作为货币的用途。这样以后人们也不会怀疑这两个种的内部本质是不同的；而即使对于一种实际存在的实体的定义，并不是在一切方面都很好决定的（如事实上人的定义就外表形状方面说就不是很好决定的），我们对这主体也还是会有无数遵照着理性或我们在它之中所认识的其他性质的一般命题。我们对这些一般命题所能说的一切，就只是：在我们把人看作最低级的种，并把他限于亚当的种族的情况下，我们不会有那种所谓 in quarto modo 的人的特性，或者说我们不能用一种相互的或简单地可换位的命题来对他作宣告，如说："人是唯一的理性动物"，除非是暂时的①。而把人当作属于我们这一种族的动物，这暂时性就在于假定他是我们所已知的动物中唯一有理性的动物；因为也许可能有一天会有别的动物，就我们迄今所已注意到的一切方面来说都和现在的人的后裔是共同的，但却是出于别一来源。这就好比那些想象中的澳洲人来充斥了我们的国度，看起来那时我们将会找到某种办法来把他们和我们区别开。但如果情况不是这样，并假定上帝曾禁止这些种族的混杂而耶稣基督所救赎的只是我们这个种族，那就得尽力造成一些人为的标志以便把这些种族

---

① in quarto modo 这个名词，词义即"属于第四种样式的"，是由一种关于特性(propria)的分类法来的。这种方法在中世纪以不同的方式流行，据说最初在波尔费留(Porphyrius，233—304)的时期就已存在，因为波尔费留讲了这种分类法，虽然他自己并不接受这种分类法。它可能是由一位早期的逍遥学派人来的。根据波尔费留所讲的这种分类法，特性分为四类：(1)单只属于一个种，但并不属于这个种的每一个体的，如"懂语法的"对于人；(2)属于一个种的每一个体，但并不是单只属于这个种的，如"两足的"对于人；(3)单只属于一个种，并属于其中每一个体，但并非始终如此的，如"白发的"对于人；(4)单只属于一个种，并属于其中每一个体，而且始终如此的，如"能笑的"对于人。

这第四种样式(quartus modus)的特性，每一个都是和它的主体范围一样广的，并且虽然它所述说的并不是种的本质——因为例如人，虽然没有"能笑的"这种特性，也仍旧是人——而事实上是始终属于一个种的每一个体而不属于任何别的种的任何个体的。述说这种特性的命题是全称肯定命题，照汤姆逊(Thomson)大主教的说法是属于"普通的盐是苏打的氯化物"这种类型，并且当然是可换位的。只有这第四种的特性是和它的主体外延相重合的，并因此可以用一种可相互换位的全称肯定命题来述说的。而其余的三种特性，则中世纪许多经院哲学家们就称为"偶性"(accidentia)。

这里莱布尼茨的意思是，在把"人"当作最低级的种，并把他限于亚当的种族的情况下，是没有如上所说的这"第四种样式的特性"的，除非是暂时的。如"唯一的理性动物"暂时地可以说是人的这样一种特性，因为迄今为止就我们所知，没有一个人没有这种特性，也没有任何其他的种的任何个体有这种特性的。但这只是"暂时的"，因为将来可能会发现例如其他某种动物也有理性，因而"唯一的理性动物"和"人"并不是外延完全重合的概念。

彼此区别开。无疑其间是会有一种内在的区别的，但由于它不会使自己可以被认识，我们将弄得只有一种依据出生的从外附加的命名，对此我们将尽力设法伴随以一种持久的人为的标志，这将会给人一种内在固有的命名，以及一种经常的办法可以将我们的种族和其他种族区别开来。所有这一切都是些空想，因为我们既然是这地球上唯一的有理性的动物，就没有必要求助于这些区别。可是这些空想可有助于认识实体观念的本性以及有关实体的一般命题的本性。可是如果人不是被当作最低级的种，也不是被当作亚当的种族的有理性动物这个种，并且如果相反地人是指为几个种所共同的一个属，这些种现在是属于唯一的已知的种族，但也有可能属于其他一些可以凭出生或甚至凭别的自然标志区别开来的种族，就像例如那假想的澳洲人那样；那么我说，这个属就会有一些可相互换位的命题，而现在的对于人的定义就会不是暂时的了。对于金子来说也是一样；因为假定有一天有了两种可以辨别的金子，一种是稀少的和迄今已知的，而另一种是普通的和也许是人造的，是在时间的进程中被发现的；那时假定金子这名称得保留给现在的这一种，即自然的稀有的金子，以便保持那种由它而来的、基于这种物质的稀罕的、金铸货币的便利，那么它那迄今所知的凭内在固有的命名法所下的定义，就会只是暂时的，并当加上人们将发现的一些新的标志以便把稀有的金子或老的一种金子和新的人造的金子区别开来。但是，如果金子的名称那时得保留为两个种所共有，换句话说，如果我们把金子理解为一个属，对它我们迄今还不知道其下属子目而我们现在把它当作最低级的种的（但只是暂时的，到我们知道其下属子目为止），并且如果我们有朝一日找到了它的一个新种，即一种很容易造的和可能变得很普通的人造金子；我说，在这种意义下，这个属的定义就不应该被看作是暂时的，而应该是永久的。并且甚至不必费心去管什么人或金子的名称，不论人给予属或最低级的种什么名称，并且即使不给它们任何名称，刚才所说的对于观念、属或种来说都永远是真的，而那些种有时只是暂时地用属的定义来下定义的。但这将永远是可允许的并且合理的，就是用一种可彼此换位的命题假定有一种内部的实在本质，或者属于属，或者属于各个种的，这本质通常是通过外部标志使人认识的。我到此为止曾假定种族是不蜕化或改变的；但如果这同一种族过渡到另一个种了，那我们将更不得不求助于其他的标志以及内在固有的或从外附加的命名，而不固执于这种族。

§7. 斐 我们给予各种实体的名称所表明的那些复杂观念，是某些性质的观念的一些集合体，这些性质是我们注意到在一个我们叫做实体的不知道的支撑物中共存着的。但我们不能确定地知道有什么其他的性质和这样一些组合必然地共存着，除非我们能发现它们就第一性的性质方面来说的依赖关系。

德 我以前已指出过，在本性有点奥妙难解的一些偶性的观念中也有这同样的情况，例如有些几何图形就是这样；因为例如当问题涉及一面镜子的图形，这镜子把所有平行的光线都集中到一个焦点上①，这时我们在认识其构造之前就能发现这镜子的若干特性，但我们对它可能有的其他很多关系则不能确定，除非到我们

① 按这镜面的图形就是抛物面，可参阅第三卷第十章§19“德”及注（第400页注①）。

在它之中发现了那和实体的内部构造相应的东西，也就是这镜子图形的构造，这就好比是后来的知识的钥匙。〕

斐 但当我们认识了这物体的内部构造时，我们也只是发现了那些第一性的，或您叫做明显的性质可能具有的对它的依赖关系，也就是说，我们将知道什么样的大小、形状和运动的力是依赖于它的；但我们将永远不知道它们和那些第二性的性质或混乱的性质，也就是和颜色、滋味等等感觉性质，可能有什么样的联系。

德 这是因为您还是假定这些感觉性质或毋宁说我们对它们所具有的观念，并不是自然地依赖于形状和运动，而只是依赖于上帝的乐意给我们这些观念。那么您似乎已经忘记了，先生，我不止一次地告诉过您的、反对这种意见的话，为的是使您毋宁断定：这些感性观念是依赖于形状与运动的细节，并确切地表现了它们的，虽然我们不能把在混乱状态中的这种细节分清，因为其中那些打动我们感官的机械作用太多又太小了。可是假定我们能够达到某些物体的内部构造，我们就也会看到当这些物体有这些性质时，这些性质本身也将归结为它们的可理解的理由；即使我们永远没有能力在这些感觉观念中以感觉的方式来认识这些理由；这些感觉观念是物体对我们的作用所产生的一种混乱的结果，正如现在我们已能完全把绿分析为蓝和黄①，并且对此已几乎再没有什么可要求的了，除非是要求再分析这些组成成分，而我们对于在绿这个感性观念中的蓝和黄的观念却不能再加以分清了，正因为这是一

① 参阅以上第三卷第四章§§4.5.6.“德”，及莱布尼茨给 Th. Burnett 的一封信，见 G 本第三卷 256 页。

种混乱观念。这就差不多像我们也不能分清在一种人为的透明状态的知觉中的轮齿的观念，即这种状态的原因一样，这种人为的透明状态，我在钟表匠那里看到，是由那种齿轮的迅速旋转造成的，这种旋转使那些轮齿不见了，却显出一种想象中的连续的透明状态，这是由轮齿及其间隙的接连出现构成的，但其中的连接如此迅速，以致我们的幻觉就无法加以分辨。因此我们在对于这种透明状态的清楚概念中是完全能找到这些轮齿的，但在那混乱的感性知觉中则不然，这种知觉的本性就是要混乱并继续保持混乱；否则如果这混乱状态停止了（好比说那旋转运动很慢以致我们能够观察到各个部分及其连接），那就不再是它了，也就是说，就不再是这种透明状态的幻觉[①]了。而由于我们毫无必要想象着上帝是由他乐意给了我们这种幻觉，并且是不依赖于轮齿及其间隙的运动的，也由于相反地我们想着这只是这运动中所发生的事的一种混乱表现，这种表现，我说，是在于那些接连的事物在一种显出是同时的状态中混合起来了；因此不难判断，关于其他我们还没有这样完全的分析的感性幻觉，如颜色、滋味等等，情形也是一样的，因为，说真的，这些与其叫做性质或甚至观念，不如说该叫做幻觉。并且对于它们在一切方面都和这种人为的透明状态一样来理解，对我们来说也就够了，硬要对它们知道得更多些是既不合理也不可能的；因为既要想这些混乱的幻觉继续保持着，却又想凭这种幻觉作用本身来分清其组成成分，这是自相矛盾的，这就是既想具有受一种悦人的景象欺骗的愉快，却又想同时眼睛能看清这欺骗，这就会把

① 参阅第四卷第四章§1—5“德”注（第463页注①）。

它弄坏了。最后,就是这样一种情况,其中

nihil plus agas

Quam si des operam,ut cum ratione insanias.①

但人们常常是在芦苇中去找节子②,在没有困难的地方弄出一些困难来,要求一些不可能的事情,然后又来抱怨自己的无能和自己的光明的局限性。

§8. 斐　一切金子都是固定的,这个命题的真假是我们不能确定地知道的。因为如果金子意指凭着由自然给予的一种实在本质区别开的一个物种,我们并不知道什么样的一些特殊实体是属于这个种的;因此我们不能确实地加以肯定,尽管这可能是金子。而如果我们把金子当做一种物体,赋有某种黄的颜色,是可展的,可熔的,并且比其他已知的物体更重,那就不难知道这是或不是金子;但尽管有这一切,没有任何其他性质能够被肯定或否定是属于金子的,只除了那依照我们能发现的一种联系或一种不相容性而与这一观念有一种联系的〈性质〉③,然而固定性既与我曾假定为构成我们对金子所具有的复杂观念的颜色、重量以及其他简单观念没有任何已知的联系,因此我们要能确定地知道一切金子都是固定的这一命题的真假是不可能的。

① 拉丁喜剧诗人德伦斯(Terence,公元前194—前159)的 Eun. I. 1. 17,18,意即:"你的活动不会超过你的实际成就,除非你失去理智。"

② chercher nodum in scirpo,参阅第二卷第二十三章§1"德"(2)注(第224页注③)。

③ 照G本和E本。Jacques 和 Janet 本后半句均作:"que ce qui a avec cette idée une connexion ou une incompatibilité qu'on peut decouvrir";即"只除了那与这一观念有一种我们可发现的联系或不相容性的〈性质〉"。

德　我们确定地知道在这世上已知的一切物体中最重的物体是固定的，也和我们确定地知道明天会有白天差不多一样。这是因为我们千万次地经验到过这一点，这是一种经验的和事实的确定性，虽然我们并不知道这种固定性和这物体的其他性质的联系。此外，也不应把互相一致并等于一样的两件事对立起来。当我想着一种同时是黄的、可熔的而又难以用坩埚冶炼的物体时，我是想着这样一种物体，它的特种本质，虽然其内部是我们不知道的，但使这些性质从它内部发出，并用它们使人至少混乱地能认识它的。我看不出这有什么不好，也看不出有什么值得您这样常常回到这件事上来，再三要来攻击它。

§10. 斐　对我来说，现在只要这种对最重物体的固定性的知识，不是我们通过观念的符合或不符合而知道的，这就够了。在我看来，我认为在物体的那些第二性的性质以及与之相关的能力之中，我们不能指出两个，它们的必然共存或不相容是能够确定地被认识的，除非是那些属于同一种感官并且必然互相排斥的性质，如当我们可以说白的不是黑的时那样。

德　我却认为也许是找得到这样的性质的；例如，一切摸得着的（或能用触觉感知的）物体都是看得见的。一切硬的物体，当我们在空气中敲击它时都发出声音。弦或线发出的声音是和造成弦的张力的〈砝码〉重量的平方根成正比的①。的确，您所要求的，只

① 按弦发出的声音即指弦的振动频率，据物理学上的实验所得的公式，$f=k\frac{\sqrt{p}}{l}$。f为弦的振动频率，p为弦的张力，l为弦的长度，k是一个比例系数，弦的张力和紧拉弦的砝码的重量是相等的。这里f与$\sqrt{p}$成正比。

有您设想清楚观念和混乱的感觉观念结合在一起时才办得到,〈否则是办不到的。〉

§11. 斐 永远不应想象着物体不依赖于其他事物单凭它们本身就具有它们的性质。一块金子和一切其他物体的印象和影响分离开,立即就会失去它黄的颜色和重量;也许它也会变得很脆而失去它的可展性。我们知道植物和动物是多么依赖于土地、空气和太阳;怎么知道那些很远的恒星是否对我们也有影响呢?

德 指出这一点是非常好的,而即使某些物体的组织结构为我们所知时,要是不知道那些和它们接触以及穿插渗透的物体的内部情况,我们也不能充分判断其结果。

§13. 斐 可是我们的判断可以比我们的知识走得更远。因为尽心竭力于观察的人们能够深入到更远的地步,并且利用由精确观察得来的某种概然性以及适当结合的现象,常常能对经验还未曾向他们揭示的事物作出正确的推测;但这始终只是推测。

德 但如果经验以一种经常不变的方式证明了这些结论的正确,您不就发现我们能够用这方法获得一些确定的命题吗?我说是确定的,至少和例如那些肯定我们最重的物体是固定的,以及次于它的最重的物体是能挥发的等命题一样确定;因为我觉得我们单靠经验而不是靠对观念的分析和联系所学得的这些命题的**确定性**(当理解为**道德的**或**物理的**)但不是**必然性**(或**形而上学的确定性**),是在我们之中确立了的并且这样确立是有道理的。①

第七章　论称为公则或公理的命题

§1. 斐　有一种命题，在公则(Maximes)或公理(Axiomes)的名称之下，被当作科学的原则，并因为它们是自明的，人们就满足于称它们为天赋的，就我所知还从来没有一个人曾致力于使人看出，它们那迫使我们可以说不得不给予同意的极端显明性，其理由和根据何在。可是，进入这方面的研究，并且看一看这种巨大的自明性是否只是这些命题所特有的，以及也考察一下它们对我们其他知识的贡献达到什么地步，这不是没有用处的。

德　这种研究是非常有用并且甚至很重要的。但您不应该以为，先生，它们曾被完全忽视。您可以千百处地在经院哲学家们那里发现，他们说这些命题是 ex terminis② 自明的，即懂得了名词就

---

① 按照莱布尼茨的观点，形而上学的确定性和道德的或物理的确定性的区别，就如理性的真理和事实的真理的区别。理性的真理是以思想的必然性为基础，因此它们的确定性是绝对的。事实的真理，照莱布尼茨看来，是基于上帝的最好选择，只有一种相对的显明性，并且是借助于经验而得到确立的；因此它们的必然性只是假设性的。参阅本书第二卷第二十一章§8、§13。莱布尼茨的这整套看法所根据的原则，其实就是中世纪经院哲学中所作的上帝的理智和上帝的意志之间的区别。这原则是莱布尼茨常常援引的，特别是为了用来维护其世界的偶然性的观点，以及为了避免斯宾诺莎的那种普遍的定命论。按照这个原则，上帝的理智是必然真理的源泉，而上帝的意志则为偶然真理的源泉。由此可见，莱布尼茨的这套观点，不仅鲜明地表现出了他片面抬高理性而贬低经验的唯理论的立场，而且是有浓厚的僧侣主义色彩的。

② 拉丁文，意即"根据名词"。

立即明白的，以致他们相信，这种深信的力量是基于对名词的理解，也就是在它们的观念的联系之中。但几何学家们则更大大进了一步：他们曾常常企图来对它们加以证明①。普罗克洛已说过，米利都的泰勒斯，已知的最古老的几何学家之一，就曾想把欧几里得以后假定为自明的那些命题加以证明。② 据说阿波罗纽③曾证明过其他的公理，而普罗克洛也这样做过。已故的罗伯伐尔先生，已经八十高龄或差不多那个年纪了，还曾想发表新的几何学原本，这我已经对您讲到过了④。也许阿尔诺先生⑤的新的〈几何学〉原本，那时曾激起一阵喧闹的，也曾对此有所贡献。他在皇家科学院发表了其中的一些东西。他在假定了等量加等量其和相等这一公理的前提下，证明了被认为同样自明的另一条公理：等量减等量其差相等，而有些人认为这是有可非难的。他们说，他应该两条都假定，或者两条都加以证明。但我不同意这种看法，我认为公理的数

---

① 参阅第一卷第三章之末、§24“德”。莱布尼茨在本书及其他著作中常常提到公理的可证明性问题。这是他所重视的一个思想，同时也是对数学和逻辑的发展有重大关系的思想。

② 普罗克洛见第一卷第三章§24“德”及注(第81页注③)。泰勒斯是古希腊哲学的奠基人，也是天文学和几何学的奠基人。普罗克洛在其 In primum Euclids Elementorum lib. Commentarii(《欧几里得〈几何原本〉注释》)命题十五，定理八中引述了泰勒斯。

③④ 均见第一卷第三章§24“德”，注(第81页注②、①)。

⑤ Antoine Arnauld，1612—1694，是法国著名的数学家、哲学家、逻辑学家和神学家，在当时冉森派和耶稣会派的斗争中，他是冉森派的主将之一。作为一个热心的天主教徒，他曾屡次企图劝使莱布尼茨改信天主教。莱布尼茨和他曾多次通信，在这些通信中也讨论了重要的哲学问题。有人曾把这些通信作为专书出版。G本收入第二卷第11—138页。阿尔诺曾对马勒伯朗士的“表象说”进行反驳。他也是著名的《王港逻辑》的作者之一。莱布尼茨这里提到的《新几何学原本》(*Nouveaux elemens de Géometrie*)，1661年出版于巴黎。

目始终是越减少越好。而加法无疑是先于减法并比减法更简单的，因为在加法中两个名词的用法是彼此一样的，在减法中就不是这样。阿尔诺先生的做法和罗伯伐尔先生相反。他假定的比欧几里得还多。至于说到公则，人们有时把它们当作是确立了的命题，而不管它们是自明的与否。这对于为迟疑所阻的初学者可能是好的；但当问题涉及科学的建立时，就是另一回事了。在道德学中人们就往往是这样来看待公则的，甚至逻辑学家在他们的论题(Topiques)中也是这样，这些论题中有很好的储备，但也有一部分包含着相当空泛、模糊的东西。此外，很久以来，我就公开地和在私人间说过，对我们通常所用的一切次级的公理都加以证明将是很重要的，办法是把它们还原为原初的公理或直接的和不可证明的公理，这些我最近在别处称之为同一性命题(identiques)。

§2. 斐 当观念间的符合或不符合是被直接地察觉时，知识就是自明的。§3. 但有一些人们并不承认为公理的真理也是同样自明的。让我们来看一看，我们在不久前已说过的(第一章§3. 和第三章§7.)那四种符合，即同一、联系、关系和实在存在，是否为我们提供了这样的真理。§4. 至于同一和差异，我们有多少清楚观念，就有多少自明命题，因为我们可以用一个来否定另一个，好比说人不是马，红不是蓝。还有，说一个人是一个人，和说凡物是则是(Ce qui est, est——或可译“存在者存在”——译者)是一样自明的。

德 这是真的，并且我已经指出过，直观地(ecthétiquement)以特殊的方式说A是A，和以一般的方式说他是他所是的，是一样自明的。但正如我也指出过的那样，并不是永远靠得住可以在不同观念的主体之间以一个来否定另一个的；好比有人想说，三边形（或有三条边的）不是三角形那样，因为事实上三边并不是三角；还有，如果有人说，斯流氏的"珍珠线"（我不久前向您谈起过的）不是一些立方抛物面组合成的曲线[①]，他就弄错了，可是这对许多人来说可能显得是自明的。已故的哈代先生[②]，是巴黎裁判所的顾问，杰出的几何学家和东方学者，并且在对于古代几何学家方面很内行，他曾发表过玛利诺斯[③]对欧几里得的资料的注释，就这样先入为主地认为圆锥体的斜切面，被称为椭圆形的，是和圆柱体的斜切面不同的，而塞林诺斯[④]的证明他觉得是谬误的，我曾对他再三陈说却毫无所得：当我见他时，他差不多也和罗伯伐尔一样年纪了，而我当时是个很年轻的人，这种〈年龄的〉差别使我对他不能有说服力，虽然在其他方面我和他是很好的。这个例子顺便也可表明先入之见即使对于很高明的人士也能造成怎样的结果，因为他确实是很高明的人，而且在笛卡尔的书信中是曾以评价很高的方式谈到哈代先生的[⑤]。但我引这个例子，只是为了表明：当人们在

① 见前第三卷第十章 § 21"德"及注（第 402 页注①）。

② Claude Hardy，生于十六世纪末，死于 1678 年，职业是律师，于 1626 年成为 Conseiller au Châtelet de Paris（巴黎裁判所顾问）。他通晓三十六种古代和近代语言，又对数学有很深研究。笛卡尔曾选择他作为裁判来仲裁他和费尔玛的争论。

③ Marinus，新柏拉图主义者，生活在五世纪，是普罗克洛的门徒和继承人。哈代曾发表希腊文本的欧几里得的资料，附有拉丁译文及玛利诺斯的注解。

④ Serenus，希腊几何学家，生活在四世纪，是有关圆柱体和圆锥体的切面的两篇论文的作者。

⑤ 据英译本转引本书德译者夏尔许米特的意见认为，莱布尼茨这里可能是把哈代和罗伯伐尔搞混了，笛卡尔在书信中虽多次提到哈代，并曾请他仲裁笛卡尔和费尔玛的争论，无疑对他评价也很高，但并未明确地正式称颂过他，而在其书信集第三卷第 56 封信中则有明确称颂罗伯伐尔的话。

需要的地方没有作足够的深入研究时，用一个观念来否定另一个观念是多么可能弄错。

§5. 斐 关于联系或共存方面，我们只有极少数的自明命题；但这种命题是有的，而两个物体不能处于同一位置似乎就是一个自明的命题。

德 很多基督徒都不同意您这一点，如我已经指出的那样，甚至亚里士多德以及那些照他一样承认有实在和确切的凝聚把同一个整个物体缩入比它以前所占的较小的位置中的人，还有像已故的孔梅纽斯[①]那样的人，他在一本专门讲这问题的小书中，自以为用气枪的实验推翻[②]了近代自然哲学，他们也都不会同意您这一点。如果您把物体看作一种不可入的团块，您的说法是对的，因为它将是同一性命题或近乎是这样的；但人家会向您否认实在的物体是这样的。至少人家会说上帝可以使它不是这样，所以人家将会仅只承认这种不可入性是符合上帝已确立的事物的自然秩序，以及经验已使我们确信的，尽管此外也得承认它也很符合理性。

§6. 斐 至于样式间的关系，数学家们仅就相等这一关系就曾形成了很多条公理，如您刚才谈到过的这一条：相等的东西减去相等的东西，余下的也相等。但我想一加一等于二也是同样自明

① John Amos Comenius，1592—1671，是摩拉维亚和波希米亚兄弟会的最后一位主教，主要致力于公共教育的改革，写了许多有关教育学的书，也在自然科学方面做过一些工作。

② E本和J本均作"renverser"（"推翻"），译文从之，G本作"reserver"（"保存"），疑是手稿或排印之误。

的，还有如从一只手的五指中减去两个，又从另一只手的五指中减去另两个，余下的手指数也将相等。

德　**一加一等于二**，这真正说来并不是一条真理，而是**二**的定义；虽然这是一件可能的事物的定义这一点是真的和明显的。至于说到欧几里得的公理应用于手指头，我愿承认，设想您对于指头所说的，和从A和B的情况看到这一点是一样容易的；但为了不用常常来做同样一件事起见，我们就以概括的方式来表示它，而在这样做了以后，只要做一些把各种特例加以归类的工作就够了。否则的话，这就好像我们宁愿要特殊数目的演算而不要普遍规则似的；这将会比我们本来可能的所得更少。因为，来解决这样一个一般的问题："求两个数，使其和为一已知数，其差也为一已知数"，比之于仅仅求两个数，使其和为10，而其差为6，要更有价值。因为，如果我就第二个问题，用一种数字的代数学的方式，杂以一种貌似〈代数〉的东西（spécieuse），来进行演算，就会是这样：令 $a+b=10$，$a-b=6$；将左边和左边、右边和右边各自相加，我就得到：$a+b+a-b=10+6$，这就是（因为 $+b$ 和 $-b$ 彼此消去）$2a=16$，或 $a=8$。又把左边和左边、右边和右边各自相减（因为减去 $a-b$，就是加上 $-a+b$），我就得到 $a+b-a+b=10-6$，这就是 $2b=4$，或 $b=2$。这样我就会真的有了我所要求的 a 和 b，就是8和2，是满足这个问题的要求的，也就是说，它们的和是10而差是6；但我并未因此就有了适用于别人希望或可能提出用以代替10和6的其他数字的一般的方法；这种方法却是我可以和8和2这两个数的一样容易地找得到的，只要用 x 和 v 来代替10和6就行了。因为和以前一样进行，就会有 $a+$

$b+a-b=x+v$，也就是 $2a=x+v$，或 $a=\frac{1}{2}(x+v)$；再就是 $a+b-a+b=x-v$，也就是 $2b=x-v$，或 $b=\frac{1}{2}(x-v)$。而这一演算就给出了这样一个一般的定理或规则：当我们要求两个数，其和与差均为已知数时，我们只须将已知的和与差相加所得的和的一半作为所要求的两个数中较大的数，而将已知的和与差相减所得的差的一半，作为所要求的两个数中较小的数。您看到我也可以不用字母，要是我把数字当作字母一样来处理，换句话说，要是我不写 $2a=16$ 和 $2b=4$ 而写作 $2a=10+6$ 和 $2b=10-6$，这就会给我 $a=\frac{1}{2}(10+6)$ 和 $b=\frac{1}{2}(10-6)$。这样，在这特殊的演算本身我就会有一般的演算，把 10 和 6 这两个数字当作一般的数，就好像它们就是 x 和 v 一样；为了有一种更一般的真理或方法，并把 10 和 6 同样这些数字又当作它们通常所指的数，我就会有一个可感觉得到的例子，它甚至可用来作验算(epreuve)。而正如韦达①，曾以字母来代替数以便有更大的一般性，我曾想重新引进数字，因为它们在貌似代数的那种方法(Specieuse)本身之中是比字母更合适的。我发现这在那些大量的演算中有很大用处，可以避免错误，甚至可用于验算，好比在

① François Viète，拉丁名 Vieta，1540—1603，法国杰出的数学家，常被看作近代代数学的奠基人，就是他最初引进字母作为符号来代表一般的量，为高等数学分析开辟了道路，以后笛卡尔及其他人就在这条道路上继续发展了高等数学。他也是许多方程解法的发明者。

计算中途就见九即舍(abjection du novénaire)①,而不必等到结果出来,当只有数字而没有字母时就可以这样;当我们在设定中运用技巧,使所设定的在特例中是真的时,上述情况往往是可能的,此外还有的用处就是可以看出联系和次序,那是单单那些字母不能永远使心灵很好分清的,如我在别处已指出的那样,我发现好的标志符号(caractéristique)是人类心灵最大的帮助之一。

§7. 斐 关于实在的存在,我算作我们在观念中能注意到的第四种符合,它不能提供给我们任何公理,因为我们对于我们之外的存在并没有推证的知识,只有上帝除外。

德 我们永远可以说,我存在这个命题是最自明的,因为它是一个不能用其他命题来证明的命题,或者毋宁说是一条直接的真理。而说我思故我在,这真正说来并不是用思想来证明存在,因为思想和在思想是同一回事;而说我在思想,已经是说我在了。可是您可以有某种理由不把这个命题算在公理的数内,因为这是一个事实的命题,基于一种直接经验的,它不是我们在观念的直接符合中看到其必然性的那样一种必然的命题。相反地,只有上帝才看到,我和存在这两个名词是怎么联系起来的,换句话说,为什么我存在。但如果把公理更一般地看作一种直接的或不能证明的真理,那我们就可以说,我存在这个命题是一条公理,并且无论如何

① 这可能就是指所谓"舍九法",这是一种简便的检验乘法结果的方法。例如:122×304=37088,可以检验如下:122=13×9+5,即除以9后,商为13,余为5,即将13×9舍去(见九即舍,舍去了13个9),同样,304=33×9+7,舍去33×9,然后将5与7相乘,得35,再除以9,得商3余8,仍只留下余数8;最后37088也除以9,得商为4120,余数仍为8,这两个余数相同,就证明这乘法是对的。

我们可以肯定这是一条原初的真理，或毋宁说是 unum ex primis cognitis inter terminos complexos①，也就是说，这在我们知识的自然秩序中来理解是最初的被认识的陈述之一，因为很可能一个人从未想到要明确形成这个命题，但它对他来说却是天赋的。

§8. 斐　〔我本来始终认为公理对我们知识的其余部分很少影响。但您已经纠正了我的错误想法，因为您确已表明那些同一性命题有一种重要的用处。可是，先生，请容我仍旧把我对这问题在心中所想的向您表白一下，因为您的说明可能对于使别的人们从他们的错误道路上回头也还是有用的。〕§8. 在经院哲学中有一条有名的规则，就是一切推理都来自先已知道和先已同意的事物，ex praecognitis et praeconcessis②。这一规则似乎使人把这些公则看作是在别的真理之前先为心灵所认识的真理，而把我们知识的其余部分看作是依赖于公理的真理。§9.〔我认为我已指出（第一卷第一章），这些公理并不是首先被认识的，儿童认识我向他扬起的棍棒不是他所尝到的糖果，要比认识不论您喜欢说的什么公理都早得多。但您已区别开个别的知识或事实的经验，和一种普遍、必然的知识（而这里我承认是必须求助于公理的）的原则，正如您也区别开偶然的秩序和自然的秩序一样。〕

德　我还曾加上一点：在自然的秩序中，说一个东西是它所是的，是先于说它不是别的东西的，因为这里所涉及的不是我们的发现的历史，那是在不同的人各自不同的，而是真理的联系和自然秩

① 拉丁文，意即："在复杂名词中得出的一种最初的认识"。

② 拉丁文，意即："出于先已知道和先已同意的东西"。

序，那是始终如一的。① 但您所指出的一点，即儿童所见到的，只是值得再进一步加以思考的一个事实；因为感觉经验是不能给人绝对确定的真理的（正如您，先生，不久前自己也已注意到的那样），它也不能完全免于陷入幻想的危险。因为如果允许作形而上学地可能的虚构的话，糖果也可能不知不觉地变成了棍棒，以便儿童要是顽皮的话就用来惩罚他，正如水在圣诞节前夕对我们就变成了酒一样，要是它曾善加熏陶（morigené）的话。但无论如何那棍棒印入的痛苦（您会说）总绝不会是糖果所给予的快乐。我回答说，儿童之想到对它作出一个明确的命题，也不会早于他的注意到这一公理，即我们不能真的说：是这样的东西，同时又不是这样，虽然他可能很好地察觉到快乐与痛苦之间的区别，正如察觉到察觉与不察觉之间的区别一样。

§10. 斐 可是还有大量其他的真理，是和这些公则一样自明的。例如，一加二等于三，这个命题就和全体等于其所有各部分的总和这个公理一样自明。

德 您似乎已忘了，先生，我曾怎样不止一次地向您指出，说一加二是三，只是三这个名词的定义；所以说一加二等于三，就无

① 莱布尼茨在这里提出的是一个很重要的区别，即我们认识的历史顺序，和自然的或逻辑的顺序之间的区别。在他看来，认识的历史发展过程只是个人的事，是因人而异的，而真理的“自然秩序”或“逻辑顺序”则是始终不变的，普遍必然的。这种离开人的具体认识发展过程去追求始终不变的、普遍必然的真理性认识的思想，正是唯理论者陷入唯心主义先验论的关键之一，也是唯理论者与经验论者主要分歧点之一。但像洛克那样的经验论者，或旧唯物论者，离开人类的社会实践，单从个人的经验着眼，是无法说明普遍必然的知识，无法正确解决这整个问题，因而也无法战胜唯心主义先验论的。

异于说一个东西等于它自身。至于说到全体等于其所有各部分的总和这条公理，欧几里得并没有明确地用它。这条公理也是需要加以限制的，因为还必须加上一点，这些部分本身彼此不能有共同的部分，因为7和8都是12的部分，但它们合起来就不止12。半身和躯干合在一起也多于一个人，因为胸部是双方所共同的。但欧几里得说，全体大于它的部分，这就丝毫没有什么靠不住的。而说身体大于躯干，这和欧几里得的公理只有这一点区别，即这公理只限于恰恰所必需的；但以身体来作为它的例子和披上身体这件外衣，这就使那可理解的又变成可感觉的了，因为说一个这样的全体大于它这样的部分，这事实上就是全体大于它的部分这个命题，只是它的面貌被赋予了某种色彩或外加的东西；这就好比谁说了AB就说了A一样。因此这里不应把公理和它的例子作为在这方面不同的真理对立起来，而应把公理看作是体现在例子之中，并使例子成为真的。如果在例子本身之中看不出自明性，而对例子的肯定，乃是由普遍命题推论出来的一个结论，而不仅仅是一种归类(subsomption)，如在关于公理方面也可能发生的那样，那就是另一回事了。

斐　我们那位高明的作者在这里说：我很想请问主张所有其他知识（不是关于事实的）都依赖于天赋和自明的一般原则的这些先生们，他们需要什么样的原则来证明二加二是四呢？因为我们认识（据他说）这类命题的真实性是无需求助于任何证明的。您对此怎么说呢，先生？

德　我说我早已准备好了等着您咧！二加二是四并不是一条完全直接的真理；假定四意指三加一。那么我们就可加以证明如下：

定义：(1)二，是一加一。

(2)三，是二加一。

(3)四，是三加一。

公理：以相等之物代替，仍保持相等，

证明：2 加 2 是 2 加 1 加 1（据定义 1）………………… $2+2$

2 加 1 加 1 是 3 加 1（据定义 2）………………… $\underbrace{2+1}+1$

3 加 1 是 4（据定义 3）……………………………… $\underbrace{3+1}_{4}$

因此（据公理）：2 加 2 是 4。证讫。

我也可以不说 2 加 2 是 2 加 1 加 1，而说 2 加 2 等于 2 加 1 加 1，以及如此类推。但我们也可以把这些全都略去以缩短这过程；而那样是根据另一条公理，就是说一个东西等于它自身，或者说是同一个东西的，是相等的。

斐　〔这个证明，虽然对于它那大家都知道得太清楚的结论来说没有什么必要，但可以用来表明真理是怎样依赖于定义和公理的。这样我就可以预见到对于人家提出反对公理的用处的许多意见，您将如何回答了。或反驳说将会有多得数不清的原则；但那是把借助于某种公理从定义得出的系都算在原则里面了。而既然定义或观念是数不清的，那么原则在这意义下也就会多得数不清，并且假定和您一样认为那些不能证明的原则就是同一性的公理的话。它们通过举例也会变得数不清，但归根到底我们可以把 A 是 A 和 B 是 B 算作披上不同外衣的同一条原则。

德　还有，在自明性方面的这种程度上的不同，使我不同意您那位著名作者所说的，所有这些被称为原则，并因其如此接近于不可证明的原初公理而被当作自明的真理，都完全是独立不依并且不能彼此接受任何阐明或证明的。因为我们永远可以或者把它们还原为公理本身，或者还原为其他更接近于公理的真理，如二加二是四这一真理已为您表明的那样。而我刚才已告诉过您，罗伯伐尔先生曾怎样减少了欧几里得的公理的数目，有时把一条还原为另一条。

§11. 斐　曾经提供机会让我们谈论他的那位明断的作家，同意这些公则有它们的用处，但他认为这用处毋宁是可用来使固执己见的人闭嘴，而不是用来建立科学。他说，我将很高兴有谁能为我指出，这些科学中有哪一门是建立在这些一般的公理上，而我们不能表明它没有这些公理也一样站得住的。

德　几何学无疑就是一门这样的科学。欧几里得在证明中就明确地用了公理，而这一公理："两个同质的大小，当一个既不大于也不小于另一个时，是相等的"，就是欧几里得和阿基米德对于曲线的长短的证明所根据的基础。阿基米德曾用了欧几里得所不需要的一些公理；例如：有两条线，各自始终向同一面凹进，则包围着另一条的那条线是较长的。在几何学中也不能不用那些同一性的公理，例如矛盾律和那种导致不可能的证明法。至于其他那些可加以证明的公理，绝对地来说，是可以免除的，并且可以从那些同一性命题和定义直接引出结论；但要是永远要重新从头(ab ovo)开始的话，那就会陷入证明非常冗长并且要作无穷无尽的重复的境地，这就会引起可怕的混乱；反之，要是设定了一些已经证明了的中介命题，我们就能很容易地前进得更远。而这种已知真理的设定是很有用的，尤其对于公理方面是这样，因为常常发生这样的情况，几何学家们不得不时时用它们而并未加以引述，以致人们就会弄错，以为这里并没有这些公理，因为人们也许没有看到它们总是在边上被注明。

斐 但他反对神学上的例子。我们对于这神圣宗教的知识是从天启来的（我们的作者说），而若不借助于天启，那些公则是绝不能使我们认识它的。因此那光明是来自事物本身，或直接来自上帝始终无误的真诚。

德 这就好比我说，医学是根据经验，因此理性在这里就毫无作用似的。基督教神学，就是真正的灵魂的医学，是根据天启的，它就相当于经验；但要使之成为一个完全的整体，就得使它和自然神学结合起来，那是从永恒理性的公理引申出来的。真诚是上帝的一种属性这一原则，您也承认天启的可靠性是以它为根据的，它难道不是从自然神学得来的一条公则吗？

斐 我们的作者要人把获得知识的方法和教授知识的方法加以区别，或者毋宁把教授和沟通加以区别。在人们建立了学校和设立教师来教授别人已发明的科学以后，这些教师就利用这些公则来把科学印入学生的心中，并利用公理来使学生深信某些特殊的真理；反之那些最初的发明者则是利用那些特殊的真理而不是一般的公则，来寻求真理的。

德 我但愿所说的这种程序能有某些特殊真理的例子来证明它是这样的。但对事情好好考虑一下，我们并不能发现在科学的建立中是实行了这种程序。而如果发明家只找到一个特殊的真理，他就只算得半个发明家。如果毕达哥拉斯只是注意到了三边各为 3、4、5 的三角形，具有斜边的平方等于另两边的平方之和(也就是 9+16=25)这一特性，他能因此成为包括一切直角三角形并在几何学家们那里被作为公则的这一伟大真理的发明者吗？的确，偶然碰到的一个例子，常常为一个精明的人提供一个机缘，使他想到去寻求那一般的真理，但这也常常还是要费力去找的事；此外，这种发明的途径并不是最好的，也不是那些照次序和照方法来进行的发明家所最常用的，他们只是在缺少更好方法的场合才用它。这就像有些人曾以为阿基米德的找出求抛物线围成的图形的面积的方法，是通过权衡一片做成抛物线形的木板的方法得到的，而这一特殊的实验，使他找到了一般的真理；但知道这位伟大人物的洞察力的人清楚地看到他并不需要求助于这样的办法。可是，即使这种特殊真理的经验的途径曾经是一切发现的机缘，它对于给人这些发现也是不够的；而发明家们本身，当他们能够达到这些公则和一般真理时，总是很高兴注意到它们的，否则他们的发明就会很不完善。因此，我们所能归功于学校和教师们的，只是他们曾搜集和整理了这些公则和其他一般真理，而要是上帝保佑他们曾更多做些这样的工作并且能做得更细心，更有选择些，科学也就不会是这样零散和杂乱无章了。此外，我承认，人们用来教授科学的方法和用来发现它们的方法之间，常常是有区别的；但这不是问题所在。有时，如我所已指出的，偶然性曾给了发明以机缘。如果人们曾注意到这些机缘并对它们保存记忆留给后代(这会是非常有用的)，这种细节会是技术史中很重要的一部分，但把它们造成系统是不合适的。有时发明家们也曾合理性地对真理进行探求，但通过非常迂回曲折的道路。我发现在有些重要的场合，如果作者在他们的著作中曾忠实地把他们从事试探的踪迹都记下来，对公众是会大有好处的；但如果科学的系统得建立在这样的基础上，那就好比在一所已造成了的房子中想把建筑者在建造时所必需的脚手架之类的工具全都保存下来一样。好的教授方法全都是这样的，即通过它们的途径，科学是一定能被发现的；而那时如果它们不是经验的，换句话说，如果真理是用从观念得出的理由或证明来教授的，那就永远会是用公理、定理、规则，以及其他像这样的一般命题来教的。如果真理是一些箴言（Aphorismes），就像希波克拉底[①]的那些箴言那样，则是另一回事，换句话说，如果这些真理是一些事实的真理，或者是一般的，或者至少是在最通常情况下都是真的，是由观察得来或根据经验，而并无完全能直接说服人的理由的。但这不是这里的问题所在，因为这些真理不是通过观念间的联系被认识的。

斐　我们精明的作者对于这些公则的必要性之被引进来的方式的想法是这样的。学校里曾设立了辩论，作为测验人的才能的试金石，谁能继续保持着战场并且说最后一句话的，就被断为胜利。但为了有办法说服那些固执已见者，就必须确立一些公则。

德　哲学的学校，如果把实践与理论结合起来，像医学、化学和数学的学校所做的那样，并给那做得最好的，尤其是在道德方面，而不是给那说得最好的人以奖励，这样无疑就会做得更好。可是由于在有些事情上，说话本身就是使人看出一个人的才能的一

① Hippocrates，公元前460—前375，是希腊的“医学之父”，在西方，是第一个把医学实践建立在对自然的观察和一种归纳哲学的原则上的人。他虽出身于巫医家庭，但完全抛弃了传统的迷信偏见而开始把医学建立在对生物的自然规律的研究上。

种效果，有时是唯一的效果和杰作，如在形而上学的问题上就是那样，因此，在某些场合，就根据人们在会议论坛上所取得的成功来判断他们的才能，是有道理的。我们甚至知道，在宗教改革开始的时候，新教徒们曾向他们的敌手挑战，要他们来开会辩论；而有时由于这种辩论中的胜利，公众就得出了拥护改革的结论。我们也知道，那种说话和摆道理并使理由坚强有力的技术，以及如果我们可以这样叫的话，那种辩论术，在一个关于国家政治和战争的会议上，在法庭里，在医生会诊中，甚至在一场会谈中，能起多大的作用。而在有些场合，涉及的是一种未来的事件或事实，要是要凭结果来了解真相就会太晚了，就正是因为这个理由，我们就不得不求助于这种办法并只能满足于言词而不能靠事实。因此那种辩论术或用讲道理来进行斗争的技术（这里我也包括引证权威和事例）是事关重大并且很要紧的；但不幸的是它安排得很不好，而且也就因此人们常常得不出任何结论，或者得出很坏的结论。这就是为什么我曾不止一次地打算对那些和我们有关的神学会议提些意见，为的是指出其中可注意到的缺点，以及可以用的纠正办法。在那些有关事务的商谈中，如果那些有最大权力的人不是有极健全的心灵，则权威或雄辩通常就占上风，尽管它们是联合在一起反对真理的。总之，那种讨论和辩论的技术需要整个加以改造。至于说到那说最后一句话的人的好处，那几乎只有在自由谈话中才会发生这种情形；因为在会议上，投票表决是按次序进行的，不管是从名次排在最后的开始或到他结束。的确，通常是由主席开始和结束，也就是由他提议和作结论；但他是按照多数表决来作结论的。而在学术辩论中，是论文答辩者或提出者说最后一句话，而那战场照一种确立的习惯几乎总是由他保持的。这里是要测验他，而不是要搞昏他；否则就会是把他当敌人对待了。说真的，在这些场合，几乎根本不是什么真理的问题；甚至在同一讲座上，在不同的时候就会主张正好相反的论点。有人曾给卡索朋①指点着苏尔邦②的大厅对他说，这里就是人们在此争论了好多个世纪的地方。他回答道：他们得出了什么结论？

斐 可是人们的愿望是要防止辩论进行得没完没了，而使得有办法在旗鼓相当的争论双方之间作出决断，以便使争论不致陷入一种三段论的无穷序列之中。这办法就是引进某些一般的命题，其中大部分是自明的，而它们既有为所有的人都以完全的同意加以接受的性质，就应该被看作衡量真理的一般尺度，并据有原则的地位（当辩论者并未设定其他的原则时），人们不能越出它们的范围，并且辩论双方都不得不遵守的。像这样，这些公则既接受了人们在辩论中不能否认的原则的名称，并且使争论问题得以结束，因此人们就错误地（照我的作者所说）把它们当作知识的源泉并当作科学的基础。

德 但愿上帝保佑人们在辩论中能这样来用这些公则才好，这样就再没有什么好说的了；因为人们总得决定点什么。而除了把那争论问题，也就是有争议的真理，还原为自明而无可争议的真理，人们还能做什么更好的呢？难道这不就是以一种推证的方式来确立真理吗？又有谁能怀疑，结束了辩论的这些原则，在确立真

① Isaac Casaubon，1559—1614，一位著名的古典学者和编纂者，有人认为他是他那时代除斯卡利杰（Scaliger）之外最博学的人。

② Sorbonne，巴黎大学所在地，常被作为巴黎大学的代称。

理的同时也就成为知识的源泉呢？因为只要推理是正确的，则不论人们是在书斋里默默地进行的，还是在讲座上公开宣讲加以确立的，都无关紧要。而即使这些原则毋宁是一些假定而不是公理，把这些假定不是照欧几里得那样，而是照亚里士多德那样来看待，也就是看作一些人们愿加以同意而等待着有机会来加以证明的假设，即使是这样，这些原则也始终会有这样的用处，即利用它，一切其他的问题都会被还原为很少数的几个命题。因此我真是天下最感惊讶的了，竟看到一件本来该赞许的事不知由于什么先入之见却受到责备，我们通过您那位作者的例子可以清楚地看到，最高明的人士由于不注意也易于沾染这种先入为主的毛病。不幸的是人们在学术辩论中所做的完全是另一回事。人们不是来确立一般的公理，而是尽可能用一些空虚的、没有弄懂的区别来加以削弱，并且喜欢用一些哲学的规则，有些大部头的书就充斥着这种规则，但很少可靠，很少决定的，而人们在对这些规则加以区别的同时又喜欢推托、逃避这些规则。这不是结束辩论的办法，而是用来使辩论没完没了，最后把对手拖得疲劳不堪的办法。这就好像把对手引进暗处，然后把他乱打一顿，也没有人能判断是怎么打的。这种发明，对于那些提出论文，要来维护某种论点的人（Respondentes——论文答辩者），倒是很可赞赏的。这是一种伏尔干[①]的盾牌，能使他们不受伤害；这是

① Vulcain，罗马神话中的火神，是众神之王尤比德（Jupiter）和尤侬（Junon）所生之子，生而奇丑，为他母亲从奥林帕斯山顶摔下，落在莱姆诺斯（Lemnos）岛上，成了跛子，就在埃特纳（Etna）火山下建炉冶炼金属，和独眼巨人居克罗普（Cyclopes）一起在那里工作。

Orci galea①，普留东②的头盔，可使他们隐身不见的。如果这样他们还能被抓住，那他们一定是很笨拙，或者很不幸的。的确，有些规则，是有例外的，尤其是在那些包含很多复杂情况的问题上，如在法学中那样。但为了使它们的用处确实可靠，这些例外在数目和在意义方面都得尽可能加以确定：而那样一来，就很可能这种例外本身又有它的再例外（sous-exceptions），也就是说，有它的答辩（replications），而这答辩又有再答辩（duplications），如此等等，但最后结算起来，所有这些很好确定了的例外和再例外，和那规则加在一起，应该是完成了普遍性。这是在法学方面有很可注意的例子的。但如果这一类满载着例外和再例外的规则，进入了学术上的辩论，那辩论起来就得永远手里拿着笔，好像会谈记录似的把双方所说的都记下来。此外在经常地形式上用很多三段论，不时地杂以一些区别，来进行辩论时，这办法就更有必要，在那种场合，世界上最好的记忆力也会被弄混了的。但人们总不禁要给自己找这种麻烦，把那些形式上的三段论推进到很远，并把它们记下来，为的是来发现真理，即使是毫无报偿的也罢，而除非将那些区别加以排除或规范得较好，则即使你愿意也是达不到结果的。

斐 可是的确如我们的作者所指出的，经院中的方法既经引进经院外的谈话中来，也用以使那些好妄辩者闭嘴，这就造成了一种很不好的结果。因为，只要我们有那些中介观念，则不必求助于那些公则并在公则产生之前就有可能看到联系，而这对于诚实和

① 拉丁文，意即“奥尔古斯（即地狱之王普留东）的头盔”。

② Pluton，罗马神话中的地狱之王，是尤比德的兄弟。

好打交道的人来说就也够了。但经院中的方法既然授权并且鼓励人们来对抗显明的真理,直到他们被弄得陷于自相矛盾,或来攻击已确立的原则,这就无怪乎在通常的谈话中他们不耻于做那在经院中是光荣的并被当作一种德性的事。作者又说,分布在世界的其他部分、未被教育所败坏的通情达理的人们,将会很难相信,这样一种方法,竟会曾为自称爱真理并且毕生研究宗教或自然的人们所遵循。我在这里将不来考察(他说)这种训育方式是多么适于使青年人的心灵背离对真理之爱和对真理的真诚追求,或毋宁说适于使他们怀疑世界上是否实际有什么真理,或至少是值得人们去致力于追求的真理。但我所强烈地相信的(他又说),是除了那些容许逍遥学派哲学在它们的经院中统治了好多个世纪,除了辩论术之外没有教人任何其他东西的地方之外,没有什么地方人们曾把这些公则看作是科学的基础,和看作推进对事物的知识的重要帮助的。

德 您那位高明的作者想说只有那些经院被导致作出那些公则;但这却是人类一般的并且非常合理的本能。您可以就那些格言来判断这一点,这些格言是所有民族都在用的,而它们通常无非是公众所深信的一些公则。但当有判断力的人们说了某种显得违反真理的事时,我们应该对他们公平对待,估计更大的缺点是在他们的表达方式方面而不在他们的意思方面;这一点在这里从我们的作者的情况也得到了证实,他那激起他反对公则的动机,我开始看到一点了,这就是在那并不涉及像在经院中那样练习〈辩论〉的通常的谈话中,也要被说服才肯服输,这实际上就是无理取闹;此外,最常见的情况是人们更喜欢把那不言而喻的大前提略去,而满足于用一些省略三段论，甚至，在心灵充分了解其联系而并不明白说出的情况下，往往用不着提出前提，只要放上简单的 medius terminus（中词）或中介观念就够了。而当这种联系是无可争议的时，这样也就很可以了；但您也会同意，先生，常常也会发生这样的情况，就是在假定这种联系方面搞得太快了，因而产生了谬误推理，所以与其求简洁优雅，不如注意确实可靠，把它明确表达出来往往更好。可是您那位作者反对公则的先入之见，竟使他完全否定公则在确立真理方面的作用，甚而至于把它们弄成是那种谈话中的混乱状态的帮凶了。的确，习惯于学院中的练习的青年人，有点太过于专门从事于练习，而从练习中得出应有的最大成果即知识则不足，他们要在世上摆脱这种习气是有困难的。而他们的强词夺理习气表现之一就是不愿向真理服输，除非人家已把真理弄得让他们完全摸得着了，虽然真诚和甚至礼貌也本来该迫使他们不要等达到这样的极端，这使他们变得很讨厌并使人对他们有了一种很坏的舆论。必须承认这是有些文化人也常常沾染的毛病。可是错处并不在于想把真理归结为公则，而在于不合时宜和并无必要地想这样做，因为人的心灵一下子能看到很多，而想要迫使它每走一步都停下来并表明它所想的，这就束缚了它。这就恰恰好像跟一个商人或主顾算账时，想硬要他每笔账都扳着指头来算以便更准确可靠一样。而要这样要求，那一定不是愚蠢就是任性胡来。事实上我们有时发现彼特罗纽斯①的话是有道理的，他说 ad-

① Caius Petronius 或 Pétrone，公元一世纪的拉丁作家，在尼罗皇帝宫廷里过豪华的骄奢淫逸生活，所写的《讽刺诗文集》（*Satyricon*）对研究当时罗马的风俗人情是很宝贵的文献。

olescentes in scholis stultissimos fieri,[①]就是说青年人有时在本该是学会聪明的学校那种地方反而变得愚蠢甚至没头脑了。Corruptio optimi pessima。[②] 而更常见的是他们变得好虚荣,使人混乱和自己被弄混乱了,轻率任性,和讨人厌,而这往往是取决于他们的老师的脾气。此外,我发现在谈话中还有比那要求过分的明白还更大得多的一些缺点。因为通常人们陷于相反的毛病,不去弄明白或不要求充分弄明白。如果说一个毛病是讨厌的,那么另一个毛病就是有害而且危险的。

§12. 斐 公则的应用,当把它们联系到一些假的、空泛的和不确定的概念时,有时也是这样;因为那时这些公则倒可用来确认我们的错误,甚至用来证明那些矛盾的东西。例如,有人和笛卡尔[③]一样,对他叫做物体的形成一个观念,认为它就只是一种有广延的东西,他就可以很容易地用凡物是,则是这一公则来证明没有虚空,即无物体的空间。因为他知道他自己的观念,他就知道它是它所是的而不是另一个观念;这样广延、物体和空间在他就是三个词意指着同一个东西,在他,说空间是物体和说物体是物体是一样真的。§13.但另一个人,在他物体是指一种坚实性的有广延的东西,将会以同样的方式得出结论,认为说空间不是物体,是和我们能用一物不能同时既是又不是这一公则来证明的任何命题一样可靠的。

① 见彼特罗纽斯的《讽刺诗文集》第 集,意即"青年人在学校里变成了愚蠢的"。

② 拉丁文,意即:"最好的变坏了就成为最坏的"。据英译本注在古典作家的作品中找不到这句话的出处,可能是亚里士多德《政治学》Δ. 2,1289a,39 有类似的意思:"最优良而近乎神圣的正宗类型的变态一定是最恶劣的政体"(见中译本 179 页)。

③ 参阅笛卡尔《哲学原理》Ⅱ,§§1,4,11;见中译本 34.35.39 等页。

德 公则用得不好，不应该就使人来责备它们一般的用处；所有的真理都会有这种不利，把它们和假的结合起来时，就可能得出假的或甚至矛盾的结论。而在这个例子中，并不需要被归咎为错误和矛盾的原因的那些同一性公理。如果那些从他们的定义得出空间是物体，或空间不是物体的结论的人的论证，被还原为形式，这一点就会看得清楚。在物体是广延的和坚实性的，因此广延，即有广延的东西不是物体，并且有广延的不是物体性的东西这样一个推论中，甚至有点过多的东西；因为我已指出过，有一些对于观念的多余的表述，或并不增加什么东西的表述，好比有人说，我把triquetrum理解为一个三边的三角形，并由此得出结论说一切三边形不是三角形。这样，一个笛卡尔派的人也可以说那种坚实性的广延的观念也是属于这同样的性质，也就是说，是有多余的东西的；因为事实上若把有广延的看作某种实体性的东西，则一切有广延的都将是坚实性的，或者说一切有广延的都将是物体性的。至于说到虚空，一个笛卡尔派的人从他的观念或观念的方式得出没有虚空的结论将是对的，假定他的观念正确的话；但另一个从他的方式立即得出可能有虚空的结论则将是不对的，正如事实上我虽然不赞成笛卡尔派的意见，却认为是没有虚空的①，而我发现在这例子中是对观念比对公则作了更坏的用法。

§15. 斐 至少，照人们在口头的命题中对公则想做的这种用法，它们对于存在于我们之外的那些实体，似乎是连最少的知识

① 参阅本书第二卷第四章§4，又笛卡尔《哲学原理》Ⅱ.§16以下，中译本第42页以下。

也不能给我们的。

德　我完全是另一种看法。例如：只要自然按最短的途径进行这一条公则，对于给几乎全部光学、反射光学和折射光学说明理由就都够了，这也就是说明在我们之外的光的活动中所发生的情况，如我以前所已指出的那样①，而莫邻诺先生在他的折射光学中是大力赞成这一点的，那是一本很好的书②。

斐　可是人们主张，当我们用那些同一性原则来证明一些包含有意指如人或德性等复杂观念的语词的命题时，这种用法是极其危险的，并且会招致人们把假的看作或接受为明显的真理。而这是因为人们以为，当我们保持同一些名词时，尽管这些名词所指的观念是不同的，命题也还是在同一些事物上运行；所以当人们如他们通常所做的那样把语词当作事物时，那些公则平常总是被用来证明一些矛盾的命题。

德　把本来应该归咎于名词的滥用和歧义的，拿来责备可怜的公则，这该多么不公平啊！根据同样的理由也可以责备三段论，因为当名词有歧义时也会得出很坏的结论。但三段论对此是无辜的，因为其实那样一来就有了四个名词，这是违反三段论的规则的。根据同样的理由也可以来责备算术或代数学家们的演算，因为由于不注意把 x 当作 v 或把 a 当作 b，也就得出了假的和矛盾

① 英译者认为莱布尼茨也许是指他的论文：Unicum opticae catoptricae et dioptricae principium（《一种统一的反射光学和折射原理》），发表于 1682 年六月号的《莱比锡学报》。

② 莫邻诺见前第二卷第九章 § 8 注（第 115 页注②）。他的 Dioptrica Nova（《新折射光学》）长期来是光学上的主要著作。

的结论。

§19. 斐 我认为至少,当我们具有明白清楚的观念时这些公则是很少有什么用处的;而别人甚至要认为那时它们是绝对毫无用处的,并且主张有谁若是在这些场合没有这一类公则就不能辨别真假,那么即使这些公则插手进来也将不能辨别真假;而我们的作者(§§16、17)甚至表明它们连对于要来决定这样一个是不是人也毫无用处。

德 如果真理是非常简单和明显并且非常接近于同一性命题和定义的,则我们就没有什么必要明示地用公则来从之得出这些真理,因为心灵潜在地运用了公则,并且无需中介一下子就得到了它的结论。但如果没有公理和已知的定理,则数学家们就会很难前进;因为在漫长的推理过程中,不时地停下来并且如像在路当中立下一些里程标柱那样,是好的,这些也还可以用来给别人作标记。要是没有这,这漫长的途程将会太不舒服了,并且甚至会显得混乱模糊,使人什么也辨不清,也定不了我们是在哪里了,这就像黑夜里在海上航行,没有罗盘,看不见底,看不到岸,也看不到星星;这也像在一片广阔荒原里行进,既无树木,也无丘陵,又无溪流;这也好像一串决定用来量长度的链条,其中有几百个环都完全一模一样,各环之间没有区别,分不出哪一颗粗些,或哪一环大些,或其他的什么区分,可以标明尺、寻、丈等等。喜欢多中求一的心灵,因此就把这些推理中的某一些结合在一起以形成一些中间的结论,而这就是公则和定理的用处。用这办法就有较多的愉快,较多的光明,较多的记忆,较多的应用,和较少的重复。如果某一位分析家在演算时不想设定这两条几何学上的公则,即斜边的平方等于直角的两边平方的和，以及相似三角形的对应边成正比，而想象着因为我们有这两个定理的用它们所包含的观念之间的联系来作的证明，他可以很容易不用这两个定理而就用那些观念本身来代替它们，那样一来他就会发现自己远远离开了他的计算。但是您不要以为，先生，这些公则的很好用处只限于数学科学的界限之内，您将会发现在法学范围内用处也一样大，使法学比较容易和使之能面对有如地图上的汪洋大海的主要办法之一，就是把大量的特殊判决归结为一些较一般的原则。例如，我们将发现，在罗马法典中，大量关于诉讼或抗告、关于所谓 in factum[①] 的法律，都取决于这一条公则：ne quis alterius dammo fiat locupletior[②]，即一个人不得借对另一个人可能发生的损害以获利，不过这还必须表述得更精确一点。的确，在法律的那些条规之间还必须作很大的区别。我说的是那些好的，而不是某些由博士们引进的简短法规(brocardica[③])，那是空泛而模糊的；虽然这些法规也还往往可以变得是好的和有用的，要是加以改造的话，反之，以它们那些无限的区别(cum suis fallentiis[④])，则它们只能引起困惑混乱。而好的条规或者是一些箴言(Aphorismes)或者是一些公则(maximes)，所谓公则我作为是既包括公理(Axiomes)也包括定理(Théorèmes)的。如果这是些*箴言*，是由归纳和观察而不是由先

① 拉丁文，意即："事实上"。

② 拉丁文，大意已见正文解释，亦即"不得损人利己"。

③ 源出沃姆斯(Worms)主教布尔查(Burchard)，指以一种简短有力的方式表述的法规。

④ 拉丁文，意即："由于它的虚假"。

天的理由形成的，并且是高明人士在检查了既定法律之后制定出来的，则法学家保罗斯[①]在罗马法典中说到法律条规的一篇中的这一段话就发生作用：non ex regula jus sumi，sed ex jure quod est regulam fieri[②]，这就是说，我们从已知的法律中引出条规，为的是更好记得它们，而并不是把法律建立在这些条规上。但有一些基本公则，是构成法律本身，并且规定诉讼、抗告、答辩等等的，当它们是由纯粹理性所训教而非来自国家的武断权力时，就构成自然法；而我刚才所说禁止借损害旁人以得利的条规就是这样的自然法。也有一些条规，其例外极罕见，并因此被当作普遍的。如查士丁尼皇帝的法典中诉讼篇的第二节有一条规就是这样的，它规定当涉及一些有形体事物时，诉讼者不得占有，只除了唯一的一种情况是例外，这情况这位皇帝说是在罗马法典中指出了的；但他还是留给我们去找。的确，有些人是读作 sane non uno 而不是读作 sane uno casu[③]；并且人们有时从一种情况就可以变成多种情况。在医生中，已故的巴尔纳先生[④]，给了我们他的《引论》(*Prodromus*)，使

---

① Julius Paulus，罗马法学家，在严厉的亚历山大(Alexandre-Sévère，208—235)皇帝治下任裁判长，是以后法律上作为特殊的权威来引用的五位罗马法学家之一。G本和E本均无此名，G本在脚注中注明此处在原稿有一空白，E本用一删节号，英译本据所引原文补定为 Paulus。

② 拉丁文，大意已如正文解释，即“不是法律出于条规，而是从法律得出条规”。

③ Sane non uno 即“显然没有一个〈例外〉”，Sane uno casu 即“显然有一个〈例外〉情况”。参阅桑德斯(Sandars)；Inst. of Justinians(《查士丁尼法典》) Lib IV，Tit. VI，De actionibus，(《诉讼篇》) § 2.之末。近代编纂者都采取 Sane uno casu。

④ Jacob Barner，1641—1686，德国医生，医学教授，曾编撰大量著作，他的 Prodromus Sennertl novi(《新森奈特引论》)是作为一种计划纲要发表的，预告要写一部著作，像森奈特的一样，要包括从古代直到他当时的全部医学，但这工作始终并未完成。

我们期望着会有一个新的森奈特[①]〈式的体系〉，即适应于新的发现或观点的医学体系，他提出一种意见认为，医生们在其实践的体系中通常遵循的方法，是通过照着人的身体各部分的次序或其他方式，一个接一个地来处理各种疾病的办法来解释医疗技术，而没有给人为许多疾病和症状所共同的、普遍的实践准则，这就使他们陷入无数的重复；所以，照他看来，我们可以把森奈特的去掉四分之三，而可以用一些一般命题，特别是那些亚里士多德的 καθόλου πρῶτον[②] 与之相符合的一般命题，即可以相互换位或近乎此的命题，来使这门科学无限地压缩简化。我认为提倡这种方法是有道理的，特别是对于在医学是推理的那种场合的那些准则是这样。但按照医学是经验的那种程度，要形成普遍的命题不是那么容易也不是那么可靠的。还有，在各种特殊的疾病中通常有许多复杂性，就成为好像模拟各种实体似的；这样，一种疾病也就像一种植物或一种动物一样，也要求各自有它的历史，换句话说，这是这样一些样式或存在方式，我们关于物体或实体性事物所说过的对它们都适用，一种四日热[③]，要深入了解起来是和金子或水银一样困难的。因此，不管那些普遍的准则，而去寻求各种疾

① Sennertus 即 Daniel Sennert，1572—1637，著名的德国医生和医学教授。他反对经院哲学家关于灵魂的学说，主张动物灵魂的非物质性，引起了许多人的反对，认为是大不敬。他是一个博学而有很大调和倾向的人。

② 亚里士多德的 καθόλου πρῶτον 就是原始的、真正意义的普遍性或共相，是个体事物的本质属性，它只在个体事物中才得到实现，而个体事物的本质正在于实现在它们之中的这种普遍性。这种普遍性或共相被看作是事物的原因，并因此在三段论中变成了中词，在逻辑证明中构成了绝对必要的成分，没有它，推理就没有可靠性。

③ 原文为 fièvre quarte，英译作 quartan，即一种以四日为周期的热病。

病中那些能满足多种症状和共同起作用的复杂病因的各种治疗方法和药方，尤其是那些已为经验所证实了的药方，这是好的；这一点是森奈特没有十分做的，因为高明人士注意到，他所提出的那些良方的构成，往往更多地是机智地(ex ngenio)凭估计作成的，而不是如为对治病更可靠起见所必须那样为经验所证实了的。因此我认为最好是把这两种办法结合起来，而在像医学这样精细又这样重要的一件事情上，不要抱怨重复，我发现在医学上我们正缺少我认为在法学上我们已过多的东西，这就是那些关于特殊案例的书籍以及关于已经考察过的事例的大量记录；因为我认为法学家们的那些书，有千分之一对我们就够了，而在医学方面，要是那种很好的对各种详细情况的观察记录我们再有一千倍也丝毫不会过多，这是由于法学在关于不是为法律或习惯所明确表明的事情上是完全基于理性推理的。因为我们永远可以把它或者从法律，或者在无法律规定时就从自然法用理性推论出来。而每个国家的法律是有限的和确定的，或可以变成这样的；反之在医学方面，那些经验的原则，也就是那些观察，为了给理性更多机会来解明那自然只让我们一半认识的东西，是怎么增加也不会过多的。此外，我不知道有什么人会像您说到的高明作者所作的那样(§§16、17)来运用公理，好像有人为了向小孩证明黑人是人，就用“凡物是、则是”这条原则；说：一个黑人是有理性灵魂的；而理性灵魂和人是一回事，因此，如果他有理性灵魂，又不是人，则“凡物是、则是”或者“同一事物不能同时既是又不是”就会是假的了。因为，这些公则在这里是不合时宜的，并且也并不直接进入推理过程中，正如它们也丝毫无所推进一样，任何人都不会用这些公则，而将满足于像这样来推理：黑人是有理性灵魂的，凡有理性灵魂的都是人，因此黑人是人。而如果有人先入为主地认为理性灵魂没有向我们显示出来就是没有理性灵魂，从而得出结论说初生婴儿和白痴不是属于人这个种（正如事实上作者说他曾和作这种否定的极有理性的人士争论过的那样），我并不认为是"一物不能同时既是又不是"这条公则的滥用使他们弄错的，他们在作这种推理时甚至也并没有想到这公则。他们的错误的根源是在于把我们的作者的这条原则加以扩大了，这条原则否认在灵魂中有某种它并不察觉的东西，而这些先生们则更进一步，当别人没有察觉到它时就甚至连灵魂本身也否定了。

第八章　论琐屑不足道的命题

斐　我确实认为明理的人们也不禁要以我们刚才所讲的方式来运用那些同一性公理。§2.这些纯粹同一性的公则也似乎只是一些琐屑不足道的(frivoles)命题，或如经院哲学家们所说的 nugatoriae[①] 的命题。并且，若不是您那关于利用同一性命题来作换位的证明[②]的惊人例子，使我以后当涉及看轻某种事物时得手执马勒前进[③]的话，我将还不满足于说这似乎是这样。可是我还要告诉您，您所引述的加以维护的东西也宣告了它们是完全琐屑不足道的。这就是：§3.人们一眼就看出它们并不包含任何能教人

① 拉丁文，意思就是"琐屑不足道的"，"无价值的"。

② 见前第四卷第二章§1"德"。

③ 原文为 aller bride en main，意思就是"有所节制"，不能纵情行事。

什么的东西，除非是有时使一个人看出他陷入了荒谬的境地。

德　您就认为这算不得什么，先生，并且不承认把一个命题归结于荒谬，就是证明了与它相矛盾的命题吗？我确实认为，对一个人说不应该同时既否定又肯定同一件事物，这并没有教他什么，但向他指出他并未想到的这样做的后果的力量，这就教导了他。在我看来，要永远不用反证法[①]即归谬法而一切都用人们所说的直证法[①]来证明，是困难的；几何学家们对这一点是非常好奇的，曾做过充分的试验。普罗克洛，当他看到欧几里得以后的某些古代几何学家找到一种比他的更直接的证明法（如他们认为那样）时，曾不时地指出这一点。但这位古代注释家的沉默充分使人看出他们并不是总能做到这一点。

§3. 斐　您至少会承认，先生，我们可以不费什么事就做出成百万的命题，但这些命题也是没有什么用处的；因为，例如指出说，牡蛎是牡蛎，而要否定它或者说牡蛎不是牡蛎则是假的，这难道不是琐屑不足道的吗？对这一点，我们的作者很风趣地说，一个人把这牡蛎一时作为主词，一时作为述语或谓语，这就正像一个猴子把一条牡蛎从一手丢给另一手摆弄着玩，要说这能满足猴子的饥肠，也就和这些命题之能满足人的理智完全一样。

德　我觉得要是对于这样用法的人，这位既十分机智也赋有判断能力的作者是有天下的一切理由来表示反对的。但您看得很清楚，应该怎样运用这些同一性命题来使它们成为有用的；这就是

① “反证法”原文为 démonstrations apagogiques，即以证明否定一事物则陷于荒谬来证明该事物为真的一种间接证明法；“直证法”原文为 ostensives，即直接证明法，与“反证法”相反。

把想要确立的其他真理归结到它们，从而指出这些推论和定义的力量。

§4. 斐　我承认这一点并且清楚地看到，我们可以有更有力的理由把它应用于一些显得琐屑并且在很多场合也确是如此的命题，其中复杂观念的一部分是对这观念的对象作了肯定的；如说铅是一种金属，并且是对一个知道这些名词的意义和知道铅意指一种很重、可熔和可展的物体的人这样说的那样；这只有这一种用处，就是在说金属时，就一下子向他指明了好多个简单观念，而不必向他一一列举。§5. 当定义的一部分是对被定义的名词作了肯定时也是这样；如说：所有的金子都是可熔的，假定已把金子定义为一种黄色、沉重、可熔和可展的物体。还有是说三角形有三条边，人是一种动物，palefroy[①]（一个古法语语词）是一种嘶鸣的动物，这是用来为语词下定义而并不是用来教人定义之外的某种东西。但是说人有一个上帝的概念，鸦片使人入睡，这就教给我们一点东西了。

德　除了我对那些完全是同一性的命题所说的之外，我们可发现这些半同一性的命题还有一种特殊的用处。譬如说：一个贤明的人始终是个人；这就让人知道，他不是绝不犯错误的，他也是有死的，如此等等。一个人在危急状态中需要一颗手枪子弹，他没有铅来把它熔成他要有的形状，一个朋友对他说：你记得你钱包里有银子，那是可熔的；这位朋友并没有教给他银子的性质，但使他想起了对它可以利用的一种用处，就是在这急需的情况下可以用

① 中世纪君主王公所乘的盛饰的马。

它得到手枪子弹。一大部分道德上的真理以及有些作家的最美好的佳句，都是属于这种性质。它们往往并不教人什么，但使人在适当时机想起他所知道的。拉丁悲剧中这一六节抑扬格的句子：

Cuivis potest accidere，quod cuiquam potest，①

（这可以这样来表达，虽然没有那么漂亮了：对一个人能发生的事，对每个人都能发生）只是使我们记起了人的状况，quod nihil humani a nobis alienum putare debemus②。法学家们的这一条规则：qui jure suo utitur，nemini facit injuriam③（凡运用自己的法权者，不损害任何人）显得是琐屑不足道的。可是它在某些场合有很大的用处，并使人正确地想到应该做什么。比如有人建造了他的房子，是在规章和习惯所许可的范围内的，而这样一来却挡了邻居的一些视线，如果这邻居要提出控诉的话，则照这规则他就立刻得给予赔偿。此外，那些关于事实或经验的命题，如说鸦片是催眠的，比那些纯粹理性的真理把我们导致更远的地步，那些纯粹理性的真理是永不能使我们超出我们的清楚观念中的东西之外的④。

---

① 拉丁文，大意已见正文解释。是公元前一世纪拉丁诗人普勃利乌斯·西鲁斯(Publius Syrus)的诗句，见塞涅卡：《论宁静》(*De Tranquilitate*)第十一章。

② 拉丁文，意即："我们应该想着自己没有什么和人不一样"，可参照公元前二世纪拉丁喜剧诗人德伦斯(Terence)的名言：Homo sum，et humani nihil a me alienum puto。("我是人，凡是人性的一切我无不具有。")这话后来成为"文艺复兴"时期人文主义者的口号。

③ 拉丁文，大意已见正文。据夏尔许米特说这话出于"Regulae et praecepta juris"(《法规与法令》)这通常在老版本的《查士丁尼法典》中作为附录。

④ 这里是说"事实的真理"或经验能够凭归纳得出结论而扩大我们的知识，而"理性的真理"则只能是解释性的，只能使已有的知识内容更清楚明白而并不能扩大知识。

至于说到所有的人都有一个上帝的概念这个命题，当概念(notion)就是意指观念(idée)时，它是有道理的。因为照我看来上帝的观念是天赋予一切人之中的；但如果这概念是指一种人们实际想到的观念，那它就是一个事实的命题，是有赖于人类的历史的。§7.最后，说一个三角形有三条边，这并不如它显得那样是同一性的命题，因为要看到一个多角形应有同样多的角和边是得花点注意力的；它也可能还多一条边，要是多角形不是被假定为封闭的话。

§9. [1]斐 人们关于实体所形成的那些一般命题，如果说是确定的，似乎绝大部分也是琐屑不足道的。知道实体、人、动物、形式、植物灵魂、感性灵魂、理性灵魂这些词的意义的人，会用它们作成许多无可怀疑但毫无用处的命题，特别是对于灵魂，人们常常读到它而并不知道它实在是什么。每个人都可以看到无数这种性质的命题、推理和结论充斥于形而上学、经院神学以及某种物理学的书中，读了这些书之后，比起读这些书以前来，对于上帝、心灵和物体也并没有多知道些什么。

德 的确，形而上学的节略，以及通常所看到的属于这类性质的其他书籍，只是教人一些词句。例如，说形而上学是关于一般的有的科学，它说明了有的原则及从之发出的情性(affections)；又说有的原则，是存在的本质；以及这些情性或者是原始的，即一、真、善；或者是派生的，即同和异、简单和复杂，等等，而在说到这每一个名词时，只给人一些空泛的概念和语词的区别；

① E本误作§5。

这确是滥用了科学之名。可是对于一些比较深刻的经院哲学家，像苏亚雷斯[①]（格劳修斯[②]对他曾如此器重）那样的，应该说句公道话，承认在他们那里有时有些值得重视的讨论，如关于连续性，关于无限，关于偶然性；关于抽象的东西的实在性，关于个体性原则，关于形式的起源及其空无，关于灵魂及其功能，关于上帝与其创造物的协同，等等，以及甚至在道德学上，关于意志的本性和关于正义的原则；总之一句话，得承认在这些渣滓里还是有点金子的，但只有开明的人才能从中得益；而只是因为这大堆东西里面这里那里也有点好东西，就把整堆无用之物压在青年人肩上，那就是对万物中最宝贵的东西即时间作很坏的处理。此外，我们也并不是完全没有关于实体的确定而值得知道的一般命题。关于上帝和关于灵魂，有一些伟大而美好的真理，是我们高明的作者或者出于自身，或者部分地依照别人所说，曾经教人的。我们也许也在这方面增加了点东西。至于有关物体的一般知识，人们在亚里士多德所留下的之外已增加了相当大量值得重视的东西，我们应该说，物理学，即使是一般的物理学，现在已变得比从前的实在得多了。至于实在的形而上学，我们几乎正开始在建立，而我们发现了属于一般实体的基于理性并得到经验证实的一些重要真理。我也希望已把关于灵魂和心灵的一

① Francisco Suarez，1548—1617，一位西班牙的耶稣会士，被称为“最后一位大经院哲学家”，也是神学家和法哲学家，在一定程度上是格劳修斯和普芬道夫的先驱。

② Hugo Grotius，1583—1645，荷兰著名法学家，近代法哲学的奠基人之一，在其著作中有时把苏亚雷斯作为一个权威来引证。

般知识推进了一点。这样一种形而上学是亚里士多德所要求的，这是他所称为 Ζητουμένη，即所想望的，或他所寻求的科学，它对于其他理论科学的关系，应该是关于幸福的科学对于那些需要这种科学的技艺，以及建筑师对于工匠的关系①。这就是为什么亚里士多德说，其他科学依赖于形而上学作为最一般的科学，并从形而上学借取它们的原则，这些原则是在形而上学中得到证明的。也要知道，真正的道德学对于形而上学的关系，就是实践对于理论的关系，因为关于共同的实体的理论，是关于精神特别是关于上帝和灵魂的知识所依赖的，这种知识给予正义和德性以恰当的意义。因为如我在别处②所已指出的，如果既没有天道也没有来生，则哲人在其德性实践中将更受限制，因为他将会把一切都只关联于当前的满足，并且甚至这种满足，那在苏格拉底、马可·奥莱留·安东宁皇帝③、爱比克泰德④以及其他古人中已经表现出来的，也不会这样永远有坚实基础，要是没有宇宙的秩序与和谐为我们打开直达无限未来的这些美好而伟大的观点的话；否则，灵魂的安宁将只是人们所说的强迫的忍耐，所以我们可以说，自然神学既包括了两部分，即理论的和实践的，也就同时包含着实在的形而上

---

① 参阅亚里士多德《形而上学》，卷 A，第二章，982^a—983^a，中译本第 3—6 页。关于建筑师与工匠的比喻，见第一章 981^a，30，中译本第 2 页。

② 或指本书第一卷第二章 § 2“德”(2)所说。

③ Marcus Aurelius Antoninus，121—180，罗马皇帝，也是后期斯多葛派的哲学家。

④ Epictetus，生卒年不详，生活在罗马尼罗等皇帝统治时期，约一世纪，出身奴隶，也是后期斯多葛派的哲学家。

学和最完全的道德学。①

§12. 斐　无疑这样的有些知识远不是琐屑不足道或纯粹口头上的。但最后这种知识似乎无非是两个抽象名词一个肯定另一个的那种知识；例如：节俭是朴素，感恩是正义；而不论这些和其他一些命题骤然一看显得怎样似乎很有道理，可是如果我们逼进一步，就会发现所有这一切都没有包含什么别的，无非是名词的意义。

德　但名词的意义，也就是定义，和同一性的公理结合起来，就表明了一切推证的原则；而由于这些定义能够使人同时认识观念及其可能性，显然那依赖于定义的东西并不始终纯粹是口头上的。至于说到那例子，感恩是正义，或毋宁说正义的一部分，这是不应轻视的，因为它使人认识到那所谓 actio ingrati②，或对忘恩负义者所能提出的控诉，是在法庭中不应那么被忽视的。罗马人接受对被解放或释放了的奴隶所提起的这种诉讼，而今天它在撤回赠予方面也还有作用。此外，我在别处③已说过，抽象观念也可

① 老的经院哲学家把自然神学作为形而上学的一部分，形而上学除自然神学之外还包括本体说、宇宙论和心理学。参阅托马斯·阿奎那《神学大全》第一部分第一个问题第一条之末。莱布尼茨在一篇作品中说："其实形而上学就是自然神学，同一个上帝，既是一切善的源泉，又是一切知识的原则。"（见 G 本第四卷 292 页。该作品既无日期，也无地点，据 G 本编者认为是写给苏菲女公爵的。）莱布尼茨在自然神学中去找道德真理的源泉。在他看来，上帝的观念既是自然神学的主题，上帝也是人的最高道德企望和努力的对象。他就从这个观点出发，企图发挥出一套伦理道德概念，见其 Definitiones ethica（《伦理的定义》），G 本第七卷 73 页以下，E 本 670 页。参阅其《神正论》、序，G 本第六卷 26—28 页，E 本 469 页，以及《形而上学论》，§§2—4、35—37，见 G 本第四卷 427—430、460—463 页。

② 拉丁文，意即"对忘恩负义的诉讼"。

③ 参阅第三卷第三章§10"德"（第 321 页）。

以一个归之于另一个，把属归之于种；好比说绵延是一种连续性，德性是一种习惯；但普遍的正义不仅仅是一种德性，它甚至就是全部道德上的德性。

第九章　论我们对于我们的存在所具有的知识[①]

§1. 斐　我们迄今只考虑了事物的本质，而由于我们的心灵只是通过抽象作用认识它们，把它们和在我们理智中者之外的一切特殊存在脱离开的，它们就绝对没有给我们有关任何实在存在的知识。而我们能有一种确定知识的那些普遍命题，并不关联于存在。此外，每当我们用一个命题把某种东西归属于一个属或种中的一个个体，如果同样的东西也被归之于一般的属或种，这个命题就会不是确定的，这时这命题就只是属于存在的，并且只使人知道这些特殊存在着的事物中的一种偶然的联系，如当我们说，这样一个人是博学的时那样。

德　很好，并且正是在这个意义上，哲学家们也常常在那属于本质的和属于存在的之间作了区别，而把一切偶然的或可有可无的归于存在。我们往往甚至也不知道，我们凭经验所知道的这些普遍命题，是否也许也是偶然的，因为我们的经验是受局限的；就如在那些水不结冰的国度，人们将会作出的水永远处于流动状态这一命题，就不是本质的，而我们来到较冷的国度就知道这一点。

① 洛克原书本章标题为"我们对于存在的知识"。

可是我们可以用一种更有限制的方式来对待偶然的，以使之在它和本质的之间有一种中介；这中介就是自然的，也就是说，它不是必然地属于事物的，但只要不受什么阻碍就是自身与之相适合的。这样，有人就可以主张，真的说来流动性对于水不是本质的，但对它至少是自然的。我说人们可以这样主张，但这却不是一件得到推证了的事，并且也许月亮上的居民，要是有的话，会有理由不相信说结冰对水来说是自然的就比较没有根据。可是有另外一些情况，自然的是比较更无可疑的。例如，一条光线在同一介质中永远直线前进，除非偶然碰到某种表面把它反射回来。此外，亚里士多德习惯于把偶然事物的源泉归之于物质[①]；但那时应把它理解为次级的物质，也就是物体的堆集或团块。

§2. 斐 我已经指出过[②]，按照写了理智论的这位卓越的英国作者的看法，我们是通过直觉知道我们自己的存在，通过推证知道上帝的存在，通过感觉知道其他事物的存在。§3. 而这种使我们认识我们自己的存在的直觉，使我们的认识有一种完全的自明性，它是不能证明也不需要证明的；以致即使当我企图怀疑一切事物时，这怀疑本身也不容许怀疑我的存在。最终我们对此具有我们所能想象的最高程度的确定性。

德 我完全同意这里所说的一切。并且我要加一点说，对于我们的存在和我们的思想的直接察觉，为我们提供了最初的后天(a posteriori)真理或事实真理，也就是最初的经验；正如同一性命

---

① 参阅《形而上学》卷 E，第二章，1027^a，14，中译本 122 页。

② 参阅卷四第三章 §21(第 456 页)。

题包含着最初的先天(a priori)真理或理性真理，也就是最初的光明[①]一样。这两者都是不能被证明的，并且可以称为直接的；前者因为在理智及其对象之间有一种直接性，后者则因为在主语和谓语之间有一种直接性。

第十章　论我们对于上帝的存在所具有的知识

§1. 上帝既给了我们的灵魂以它所用以装饰起来的那些功能，也没有让他自己无可对证；因为感觉、知觉和理性为我们提供了他的存在的明显证据。

德　上帝不仅给了灵魂一些适合于来认识他的功能，而且也给它印上了标志着他的一些字迹，虽然它也需要一些功能来察觉这些字迹。但我不想来重复在我们之间关于天赋观念和天赋真理所已讨论过的东西，我是把上帝的观念和关于他的存在的真理算在这些天赋的观念和真理之内的。让我们毋宁来谈事实吧。

斐　而上帝的存在虽然是最容易用理性来证明的真理，并且它的显明性，如果我没有弄错的话，是和数学的证明相等的，但它还是需要注意。这首先只需要对我们自身以及对我们自己的无可怀疑的存在作一反省。§2. 这样我就假定每个人都知道他是实际存在的某种东西，并因此有一个实在的存在物。如果有谁竟能怀

① premières lumières，与“最初的经验”相对，是指内心固有的，天赋的“理性之光”，这当然是唯心主义唯理论即先验论的观点。

疑他自己的存在，那我就宣布我不是对他说话。§3. 我们凭一种直观知识也就知道：纯粹的虚无不能产生一个实在的存在物。由此就可以一种数学的显明性得出结论：某种东西从无始以来就已存在，因为凡有开始的东西都应该是由某种别的东西所产生。§4. 而凡是从其他东西得到其存在的东西，也从它得到它所有的一切和它的一切功能。因此一切存在物的永恒源泉，也是它们一切能力的原则，所以这永恒的存在也应当是全能的。§5. 还有，人发现自己是有知识的。因此就有一个有心智的存在物。然而，一个绝对不具备知识和知觉的东西要产生一个有心智的存在物是不可能的，并且缺乏感觉思想的物质，要自己产生这东西，这是和这样的物质观念相违背的。因此事物的源泉是有心智的，并且从无始以来就有一个有心智的存在。§6. 一个永恒的、非常有能力、非常有心智的存在，就是人们所说的上帝。要是有谁竟如此不合情理，以致假定人是唯一的具有知识和智慧的存在物，但却是由纯粹的偶然性造成的，并且这同一盲目无知的原则，支配着宇宙的所有其余部分，那么我劝他有空闲时去考查一下西塞罗的完全坚实可靠和十分强调的批评（“De Legibus”第二卷①）。他说：当然，没有人会如此愚蠢地傲慢到以为在他之中有一种理智和理性，而诸天和这广阔无垠的宇宙却没有任何心智统治着②。从我刚才所说的明显地可以得出结论，我们对于上帝，有比对于在我们之外的任何

① 西塞罗的著作《论法律》，见该书第二卷第七章。

② 此句G本作“et que cependent il n'y a aucune intelligence qui gouverne les Cieux et tout ce vaste Univers.”，E本后半句作“... qui gouverne sont ce vaste univers”，显然有脱误。

其他东西都更确定的知识。

德　我完全真诚地老实告诉您，先生，我非常遗憾，不得不对这种证明说点反对的话；不过我这样做，仅仅是为了给您一个机会来补好其中的漏洞。这主要是在那个地方，您得出结论说（§3.）某种东西从无始以来就已存在。我发现这里有模糊不清的地方，如果这意思是说，从来没有过任何时间是其中什么也不存在的。我还是同意这一点，并且这确实是从前面的命题以一种完全数学式的推论得出的结论。因为如果从来未有过什么，则就永远不会有什么，因为无不能生有；那么我们自身也就不会有了，这是和经验的第一真理相违背的。但那推论的结论立即使人看出，说某种东西从无始以来就已存在，您的意思是指一种永恒的东西。可是从您迄今所已提出的，是作不出这样的推论的，即如果从来有过某种东西，则就从来有过一种一定的东西，即有一种永恒的东西。因为有些反对者会说，我是由别的东西产生的，这别的东西又是由其他东西产生的。还有，如果有些人承认有些永恒的东西（如伊壁鸠鲁派承认他们的原子就是这样的），他们并不认为因此就不得不承认一个永恒的东西是所有其他东西的唯一源泉。因为即使他们承认那给予存在的也给予事物的其他性质和能力，他们也会否认是唯一的一个东西给其他东西以存在，并且他们甚至会说对每个东西都得有其他许多个东西协同起作用。因此仅仅由这一点是达不到一切能力的唯一源泉的。可是，断定有这样一个源泉，并且甚至断定宇宙是有智慧地被统治着，是非常有道理的。但当我们相信物质可以有感觉思想时，我们就可能倾向于相信，它能够产生感觉思想，也并不是不可能的。至少将会很难提出一个证据，同时表明它完全不能这样;而假定我们的思想是来自一个有思想的东西,我们就可以把它作为已得到承认的,而不会有损于那表明这应是上帝的证明吗?

§7. 斐 我毫不怀疑,我从之借用这一证明的卓越人士,会能够使它完善起来;我也将尽力敦促他这样做,因为他将没有什么比这更有贡献于公众的了。您自己也希望这样。这使我相信,您并不以为,为了使无神论者闭嘴,我们就得使一切都围着我们心中上帝观念的存在打转,就像有些人所做的那样,他们太过于执著这一喜爱的发现,就甚至抛弃了关于上帝存在的所有其他证明①,或者至少是尽力来削弱它们和禁止运用它们,仿佛它们是软弱无力或错误的;虽然归根到底正是这些证明,通过考虑到我们自身的存在和宇宙的可感觉部分的存在,如此明显并以一种很有说服力的方式,使我们看到这至高无上者的存在,这些我认为一个明智的人是不能拒不承认的。

德 虽然我是主张天赋观念的,特别是主张上帝的天赋观念,但我并不认为笛卡尔派从上帝的观念得出的那种证明是完善的。

① 以往哲学史上对于"上帝的存在"提出过各种各样的"证明",有所谓"本体论的证明"、"宇宙论的证明"或"目的论的证明"等等。这里所讲的"这一喜爱的发现"就是指所谓"本体论的证明"或"先天的"证明。笛卡尔主要就是用的这种证明,见其《沉思》第三,第五;《哲学原理》第一部分§13以下等处;斯宾诺莎也完全用的是"本体论的证明",见其《伦理学》第一部分,"命题七"以下(商务版第6页以下)等处;不过斯宾诺莎所谓"上帝"或"神",即唯一的"实体",实即整个自然界,他是在"泛神论"的外衣下宣传唯物主义的思想的。莱布尼茨则一方面寻求对"本体论的证明"加以改进和完善化,另一方面则以"目的论的证明"或"后天的"证明作为他的"单子论"和"前定和谐"系统的构成原则之一。见《单子论》§38以下等处。如他在本节以下所说,他认为关于上帝存在的所有各种证明都是有价值的,并要求人们使之完善化。

我在别处（在《莱比锡学报》和《特莱夫纪念集》上）①已充分指出过，笛卡尔先生从坎特布里大主教安瑟伦②那里借来的那个证明，是很美并且真的很机智的，但还是有一个漏洞须加修补。这位著名的大主教，无疑是他那时代最能干的人物之一，不无理由地庆幸自己发现了一种办法来先天地证明上帝的存在，单用其本身的概念而不必求助于其结果。他的论证的要点大致如下：上帝是一切东西（Etres）中最伟大或（如笛卡尔所说）最圆满的，或者毋宁说这是一个具有一种包括一切程度的最高伟大性和圆满性的东西。这就是对于上帝的概念。现在来看看怎样从这概念中推论出存在。存在是比不存在较多的某种东西，或者说存在在伟大性或圆满性上增加了一个程度，并且如笛卡尔所宣称的，存在本身就是一种圆满性。因此，这个程度的伟大性和圆满性，或者说就在于存在之中的这种圆满性，是在这个具有全部伟大性、全部圆满性的至高无上的东西之中的；因为否则它就会缺少了某种程度，这是和它的定义相违背的。因此，这至高无上的东西是存在的。经院哲学家们，甚至连他们的天使博士③也不例外，都轻视这个论证，并把它看作是

① 这是指发表于《莱比锡学报》(*Acta Erud. Lips.*)1684 年十一月号上的 Med. de Cog.，Ver. et Id.（《关于认识、真理和观念的沉思》），见 G 本第四卷 422 页以下，E 本 79 页以下；以及发表在《特莱夫纪念集》(*Mémoires de Trevoux*，1701)上的《论笛卡尔派的证明》等等，见 G 本第四卷 405 页以下、E 本 177 页以下。

② Anselme，Archevêque de Cantorbéry，1033—1109，从 1093 年起任坎特布里大主教，是中世纪基督教经院哲学的奠基人，被称为"最后一个教父和第一个经院哲学家"，以最初提出关于上帝存在的"本体论证明"著名。

③ 即指中世纪最大的经院哲学家托马斯·阿奎那（Thomas Aquinas，1225 或 1227—1274）。他对"本体论证明"的批判，见其《神学大全》第一部分，第二个问题，第一条等处。

一种谬误推理；在这点上他们是大错特错了，而笛卡尔，曾在拉·弗莱希(La Flèche)的耶稣会学校中相当长时间地研究过经院哲学，把这论证恢复起来是很有道理的。这不是一个谬误推理，但这是一个不完善[①]的推证，它假定了某种要使它具有数学式的显明性就还须加以证明的东西，这就是暗地里假定了这个关于具有全部伟大性或全部圆满性的东西的观念，是可能的和不蕴涵矛盾的。但这已经是通过指出这一点就证明了的东西，即假定上帝是可能的，它就存在，这是单单神性所具有的特权。我们有权假定一切东西的可能性，尤其是上帝的可能性，除非有人证明其相反。所以这个形而上学的论证，已经给人一个道德上的推证的结论，它表明照我们知识的当前状态，必须断定上帝是存在的并以符合于此的方式行事。但却应该期望高明人士能达到严格的具有数学的显明性的推证，而我认为我已在别处[②]说了一些对这有帮助的东西。笛卡尔的另一个论证，是企图证明，因为上帝的观念是在我们灵魂之中，而它必须来自它的本原，因此上帝存在，这论证是更得不出这样的结论的。因为首先，这论证也有和前一论证共同的这一缺点，就是假定了有这样一个观念，即上帝是可能的。因为笛卡尔所引以为据的，即当我们说到上帝时，我们知道我们说的是什么，因此我们对他具有观念，这是一种欺人之谈，因为例如当我们说到永动机的运动时，我们也知道我们说的是什么，可是这种运动是不可能的事，因此我们对它只能是表面上具有观念。

---

① G本作"parfaite"("完善的")，E本和J本均作"imparfaite"("不完善的")。G本原文显系原稿或排印上的错误，因照文意当作"不完善的"。

② 这里可能是指《论笛卡尔派的证明》等等，见G本第四卷405页、E本177页。

其次，这同一个论证，也不足以证明，上帝的观念，如果我们有的话，就应该来自本原。但我现在不想停下来讨论这一点。您会对我说，先生，我既然承认在我们心中有上帝的天赋观念，就不应该说我们对于是否有这样一个观念可以引起怀疑吧？但我只是对于一种单单基于观念的严格推证来说，才允许有这种怀疑。因为我们在别方面是充分靠得住有上帝存在的观念的。您会记得，我曾怎样表明，观念之在我们心中，并不是我们永远察觉到它们的，而是我们永远可以把它们从自己心底引出并使之能被察觉的。我相信上帝的观念也是这样，我主张他的可能性和存在是以不止一种方式证明了的。而前定和谐本身也提供了一种新的无可争辩的证明方法。我也相信几乎所有用来证明上帝存在的办法都是好的和可以有帮助的，如果我们把它们弄完善的话，我也完全不同意人们应该忽视从事物的秩序得出的那种证明①。

§9. 斐 稍稍停下来讨论一下这个问题也许是适宜的，就是一种有思想的东西是否能来自一种不思想并且全无感觉知识的东西，如物质可能就是那样的东西。§10. 这甚至是十分明显的，即一部分物质是不能凭自身产生任何东西和给自己以运动的。因此就必须是：或者它的运动是永恒的，或者这运动是由一个更有能力的东西印入它之中的。即使这运动是永恒的，它也永远不能产生

① 莱布尼茨认为不应该像笛卡尔或斯宾诺莎等人那样主要或完全依赖“本体论的证明”，而应该把它和“宇宙论的证明”、“目的论的证明”等结合起来，吸收各种证明的要义，改进其形式，使之结合成一个有机整体，以证明“上帝的存在”。当然，任何企图论证上帝存在的“证明”都只是唯心主义的谬论，是不可能有科学根据的。

知识。把物质分成您爱多么小就多么小的部分，为了使它精神化，您爱给它什么样的形状和运动就给它什么形状和运动，使它成为一个圆球，一个立方，一个棱柱，一个圆柱等等，它的直径只有一格厘(gry)的百万分之一，一格厘为一线(ligne)的$\frac{1}{10}$，一线为一吋(pouce)的$\frac{1}{10}$，一吋为一个哲学的呎(pied philosophique)的$\frac{1}{10}$，一个哲学的呎为一摆(pendule)的$\frac{1}{3}$，摆在45度的角度内每摆动一次等于时间上的一秒。这种物质的分子，不论它怎么小，它对其他大小比例和它相称的物体的作用，也无非和直径为一吋或一呎的物体之间彼此的作用一样。而我们想把具有一定形状和运动的一些粗大的物质部分结合在一起，来产生感觉、思想和知识，比之于用世界上最细小的物质部分来这样做，其合理程度也是一样的。这些最细小的部分互相撞击，互相推挤，互相抵抗，也正如粗大的部分一样，而这些就是它们所能做的一切。但如果物质能从自己内部抽引出感觉、知觉和知识，直接地这样做，并没有什么机械作用，或无需求助于形状和运动，则在这种情况下，它就当是物质及其一切部分所具有的一种不可分离的特性。对此我们还可以加上一点说，虽然我们对物质所具有的一般和特种的观念，使我们说到它时好像它就是在数目上独一无二的一个东西，可是全部物质并不真正是一个个体的东西，作为一个物质性的存在物，或我们所知道或所能设想的一个单一的物体而存在着的。所以如果物质是第一个永恒的有思想的存在物，那就不会是有一个独一无二的、永恒的、无限的和有思想的存在物，而是有无数永恒的、无限的①、有思想的存在物，是彼此独立的，它们的力量将是有限制的，而思想是各自有别的，因此它们就绝不能产生在自然中所看到的这种秩序、和谐和美。因此就必然得出结论，那第一个永恒的存在物不能是物质。我希望您，先生，对于从前一证明的著名作者那里拿来的这个推理，将会比您对他的证明所表现的更为满意。

德　我发现现在这个推理是世界上最坚实可靠的，并且不仅精确，而且还很深刻，很配得上它的作者。我完全同意他的看法，没有任何物质部分的组合和样态，不论这些部分怎样小，能够产生知觉；也正如物质的粗大部分不能产生知觉（正如人们明显地承认的）一样；而在细小部分和在粗大部分所发生的一切都是成比例的。作者在这里对物质所指出的这一点也很重要，即我们不应该把它看作在数目上独一无二的东西，或者（如我所惯于说的）看作一种真正的完全的单子或单元（unité），因为它只是无数存在物的一种堆集。这里这位卓越的作者只要再走一步就达到我的系统了。因为事实上我把知觉给予了所有这些无限的存在物，其中每一个都像一个动物一样，赋有灵魂（或某种类似的能动原则，使之成为一个真正的单元）以及这个存在物要成为被动的所必需的东西，并且赋有一个有机的身体。然而这些存在物从一个一般的至高无上的原因接受了它们既是能动又是被动的本性（也就是说它们所具有的非物质性和物质性的东西），因为否则的话，如作者所

① 洛克原书此处作"有限"（参阅中译本，商务印书馆，1959年版，第620页），但G本、E本及J本等均作"无限"。

很好地指出的，它们既是彼此独立的，就绝不能产生出我们在自然中看到的这种秩序，这种和谐和这种美。但只显得有道德上的确定性的这个论证，由于我所引进的一种新的和谐，即前定和谐，而被推进到一种完全形而上学的必然性了。因为这些灵魂中的每一个既以它自己的方式表现着在它外面所发生的事，而又不能对其他的特殊存在物有任何影响，或者毋宁说，既当从它自己的本性的内部深处引出这种表现，那就必然得是每一个都曾从所有这些存在物所依赖的一个普遍原因接受了这种本性（或对外部事物的表现的这种内部的理由），这普遍原因使一个和另一个完全一致和符合；这就非有一种无限的知识和能力不可，并且得用一种伟大的技巧，尤其对于机械作用和理性灵魂的活动之间的自动一致来说更是这样，对于这一点，一位著名的作者①，在他那卓异的词典中的一处提出过反驳，他几乎怀疑，这种情况是否超过了一切可能的智慧，说上帝的智慧通过这样一种结果使他觉得不论说它多么伟大都绝不会过分，并且至少承认，我们对于神圣圆满性所能具有的软弱概念，从来没有被赋予这样突出的表现。

§12. 斐 您的思想和我的作者的思想的这种一致，多么使我高兴！我希望，先生，我把他在这个问题上的推理的其余部分也向您说一说，您不会不喜欢。首先他考察了所有其他有心智的存在物所依赖的（并且有更强有力得多的理由说所有其他的存在物）有思想的存在物，是否物质性的。§13.他自己提出反驳，反对一个有思想的存在物可以是物质性的。但他又答复说，如果是这样，

① 指比埃尔·培尔，见序言第9段注（第11页注③）。

那么只要这是一个具有无限知识和能力的永恒存在物也就够了。还有，如果思想和物质能够分离，则物质的永恒存在就不会是随一个有思想的存在物的永恒存在而来的必然后果。§14.还可以问那些主张上帝是物质性的人，他们是否想着物质的每一部分都在思想。在这种情况下就得说有多少物质的分子就会有多少上帝了。但如果并不是物质的每一部分都在思想，那就是有一个思想着的存在物是由不思想的部分构成的，这一点是已经被驳斥了的。§15.如果说只有物质的单独某一个原子有思想，而其余的部分，虽然是同等地永恒的，却并不思想，那就是无缘无故地说物质的一部分无限地超出其他之上，并产生着其他非永恒的有思想的存在物。§16.如果说永恒的和物质性的有思想存在物，是物质的某种特殊堆集，它的各部分是不思想的，那就重新陷入了已被驳斥过的观点；因为物质的各部分只是白白地结合在一起，它只能得到一种新的位置上的关系，这并不能给予它们知识。§17.这堆集是静止的还是在运动中的，这无关紧要。如果它是静止的，这就只是一种不活动的团块，它就毫无凌驾于一个原子之上的特权；如果它是在运动中的，则使之有别于其他部分的这种运动，既应该要产生思想，所有这些思想就将都是偶然的和受限制的，因为每一部分各自都是无思想的，并且没有什么东西支配着它的运动。这样就会既没有自由，也没有选择，也没有智慧，和单纯的无生命物质中的情况也完全一样。§18.有些人认为物质至少是和上帝同样永恒的。但他们并没有说为什么：他们所承认的一个有思想的存在物的产生，要比那种较不圆满的物质的产生困难得多。并且也许（作者说）我们如果想稍稍离开普通的观念，使我们的心灵插翅飞翔，来对事物的本性进行我们所能作的最深邃的考察，我们也许能终于达到一个地步，来设想——虽然是以一种不完善的方式——物质最初可能是怎么造成的，以及它是怎样由于这原初的永恒存在物的能力而开始存在的。但我们同时将看到，给一个心灵以存在，这是这种永恒和无限的能力的远更不易了解的一种结果。但因为这也许使我太过于远离(他又说)哲学现在在世界上所根据的那些概念了，我要是离开这种概念这样远，或者就语法所能允许的范围内来探究归根到底已确立的普通意见是否和这种特殊的观点相反，将是不可原谅的；我说我要是来进行这种讨论就将犯错误，尤其是在地球上的这样一个地方，这里一般所接受的理论对我的计划来说是足够好的，因为它已把这作为一件无可怀疑的事加以确立，即如果我们一旦承认了任何一个实体从虚无中被创造出来或有了开始，我们就可以同样容易地假定一切其他实体的创造，只除了那创造者本身。

德 您使我真高兴，先生，把您那位高明作者的一种深刻思想给我说了一些，由于他的过分小心谨慎，使他没有把这思想完全发挥出来。如果他把这思想压下去了，并且在使我们垂涎欲滴之后就把我们丢下在那里不管了，那就是很大的损失。我敢向您保证，先生，我相信在这种谜样的说法背后是隐藏着某种很美、很重要的东西的[①]。那大写的实体可以使人猜想，他设想物质的产生是和

---

① E本原注：柯斯特先生(Coste，洛克原书法文本译者——中译者)在本章§18注(2)中已据牛顿爵士对此谜作了解释。洛克原书阿姆斯特丹1755年版，第523页。

又据英译本补注所引柯斯特原注如下："洛克先生在这里引起了我们的好奇心而并不想予以满足。很多人想象着他已把这种解释物质的创造的方式告诉了我，在我的译本发表后不久，就都请求我告诉他们；但我不得不向他们承认，洛克先生在这一点上对我本人也保守了秘密。最后，在他逝世后很久，我偶然和牛顿爵士谈到洛克先生的书

偶性的产生同样方式的，这种偶性是我们可以毫无困难地从虚

中的这个地方，他才向我揭露了整个秘密。他微笑着首先对我说，是他本人想象出了这种解释物质的创造的方式，这思想是有一天他和洛克先生以及一位英国贵族〔已故的潘勃罗克(Pembroke)伯爵，死于今年即1738年二月〕谈到这个问题时来到他心中的。且看他是怎样向他们说明他的思想的。他说：'我们可以用某种方式对物质的创造形成一个观念，就是假定上帝曾凭他的能力阻止任何东西进入纯粹空间的某一部分，这纯粹空间就它本性说是可入的、永恒的、必然的、无限的；因为这样一来空间的这一部分就会有了不可入性，这是物质的本质性质之一；而由于纯粹空间是绝对齐一的，我们只要假定上帝曾把这种不可入性传递给空间的另一相似的部分，这样就会以某种方式给我们一个物质的可运动性的观念，这对物质来说是另一种也是非常本质性的性质。'这样，现在就可以解除我们在寻求洛克先生觉得最好向他的读者隐瞒的东西方面的困惑了；因为正是这一切使他向我们说：'我们如果想使我们的心灵插翅飞翔，我们可以设想——虽然是以一种不完善的方式——物质最初可能是怎么造成的'等等。就我来说，如果容许我自由地说说我的思想的话，我看不出这两个假定怎么能有助于使我们设想物质的创造。照我的看法，它们之有助于这样一点，也并不比一道桥更有助于使桥下直接流过的水对一颗在二三十托瓦斯(toises，古法国度名，约合1.949米)高的桥上垂直落下的炮弹成为不可入的，这桥把炮弹挡住了使它不能穿过桥而落进在桥下直接流过的水中。因为在这种情况下，那水仍旧是流动的和对这炮弹是可入的，虽然那桥的坚实性阻止了炮弹的落入水中。同样地，上帝的能力可以阻止任何东西进入空间的其一部分，但这并不因此改变了空间的这一部分的本性，它和空间的所有其他部分一样始终仍旧是可入的，因此并没有得到这种阻碍，即最小程度的这种对物质来说是本质的不可入性"，等等。

又弗莱塞(Fraser)在所编洛克《理智论》第二册第321、322页注(2)中说："洛克在这令人好奇的一段中所表现的心目中对于物质的创造的观念，曾引起了各种各样的猜测"，他提到了莱布尼茨在本节中的猜测，也提到了莱德(Reid)在Intell. Powers, Essay II.，10〔Hamilton第八版，1880，1，287a〕和斯图亚特(Dugald Stewart) Essay II，第一章第63页的猜测。莱德认为洛克的看法和贝克莱一致；斯图亚特则几乎想认为洛克关于物质的观念"和鲍斯柯维奇(Boscovich)的有某种类似"。弗莱塞说"这个'不清楚的概念'如果意思是说，物质世界可以被分解为上帝的能力对人的感官的、受着空间条件限制的、恒常的表现，在这范围内是和贝克莱对此的说明一致的；他强调神圣能力在被选择的空间中的感觉表现，也强调空间的最终依赖于感觉。牛顿似乎暗示'物质的创造'就是指上帝使有感觉的存在物在一种否则本来是纯粹的空间中引起抵抗力的感性知觉，——这个理论，在其承认至高无上的能力方面接近于贝克莱主义，而在其结果的概念方面则接近鲍斯柯维奇。"

无中得出的:而把他自己特有的思想和那现在在这世界上,或在地球上的这样一个地方的哲学区别开,我不知道他心目中是否想着那些柏拉图主义者,他们是把物质看作某种瞬息即逝变动不居的东西,和偶性的方式一样的,并且对心灵和灵魂有完全另外的一种观念。

§19. 斐 最后,如果有些人因为无法设想而否认那种从无中造出事物的创造,则我们的作者,在他知道您关于灵魂和身体结合的理由的发现之前,写这书时就反驳了他们,说他们也并不了解那些随意运动是怎样由灵魂的意志在身体中产生的,却还是凭经验就深信这一点;而对于有些人回答说灵魂并不能产生一种新的运动,只是产生了一种精气(esprits animaux)的新的规定性,他又很有道理地答复说,这一点和另一点是一样不可设想的。并且没有什么比他在这场合所补充的话说得更好的了,他说,想要把上帝所能做的限制在我们所能了解的事情上,这就是给了我们的理解能力以无限的广阔范围,或者是使上帝本身成为有限的。

德 虽然在我看来关于灵魂和身体的结合方面的困难现在已经消除了,但还有别的困难。我已后天地用前定的和谐表明,一切单子都是从上帝接受了它们的起源,并且依赖于上帝的。可是,这方面的细节究竟怎样,我们是无法了解的;而归根到底,它们的保存无非是一种连续不断的创造[①],正如经院哲学家们所很好认识的那样。

---

① 参阅发表在《莱比锡学报》1705年12月号上的一篇拉丁文论文,载G本第六卷556—558页,E本433—434页;又参阅《神正论》第三部分§§382、385、391—393;《单子论》§47。

第十一章　论我们对于其他事物的存在所具有的知识

§1. 斐　那么，由于只有上帝的存在和我们的存在具有一种必然的联系，所以我们对于某种事物所可能具有的观念，并不证明这事物的存在，也正如一个人的图像并不证明这个人在世界上存在一样。§2. 可是，我通过感觉的途径对这张纸的白和黑所具有的确定性，是和对我的手的运动的确定性一样大的，它仅次于对我们的存在和对上帝的存在的知识。§3. 这种确定性值得称为知识。因为我不信有任何人能当真地抱这样的怀疑论观点，竟对他所看到和感觉到的事物的存在也不确定。至少，能把怀疑推进到这步田地的人，也就永远不会和我有什么分歧，因为他也永远不能肯定我所说的和他的意见相反。对感性事物的知觉§4. 是由影响我们感官的外界原因产生的，因为我们没有感觉器官就不会得到这些知觉，而如果只要有这些器官就够了，则它们就该永远会产生这些知觉。§5. 还有，我有时经受到这样的情况，即我不能阻止这些知觉在我心中产生，就例如当我在一个光线可以进入的地方睁开眼睛时，那光的知觉就不能不在我心中产生那样；反之那些在我记忆中的观念，则我可以加以避免。因此这种我无法克服其效应的生动印象，一定得有某种外界的原因。§6. 这些知觉中的有一些，在我们心中产生时是伴随着痛苦的，虽然我们以后在回忆起它们时并不感到什么不舒服。并且数学的推证虽然不依赖于感觉，可是对它们进行考察时利用图解，这就很有助于证明我们视觉的显明性，并且似乎给了它一种接近于推证本身的确定性。§7.我们的各种感觉在许多情况下也可以彼此作证。一个人看见了火，要是对它有怀疑的话也可以用手触摸一下看。而我在这里写着字，我看到我可以改变这纸的表现并且事先说在心中将会呈现出什么新的观念；但当这些字已写下了时，我就再不能避免看到它们是那样的字，此外也无法避免另一个人看到这些字时将会读出同样的声音。§8.如果有人以为这一切都只是一场漫长的梦境，那么他要是高兴的话也可以梦想着我对他作这样的回答，即我们基于我们的感觉的确定性，是和我们的本性所容许和我们的条件所要求的一样完全的。一个人看到一支蜡烛在燃烧并且感受到那火焰的热，要是不把手指缩回来就会被烧伤，这样一个人将不会要求更大的确定性来规范他的行动，而要是这个做梦者不这样做〈即缩回手指〉，他将会发现自己被弄醒了。因此这样一种可靠性对我们已足够了，它是和快乐或痛苦一样确定的，除了快乐和痛苦这两件事之外，我们在对事物的知识或存在方面实无任何兴趣。§9.但在我们现实的感觉之外，并没有知识，而只有概然性[①]，如当我相信世界上有人时那样；在这一点上是有极高度的概然性的，虽然现在我独自在小房间里，并没有看到任何一个人。§10.期望对每件事物都有推证，并且当一些明白和显明的真理不是可加推证的时就不照着这样一些真理行事，这也将是发疯。而一个人要想这样来用真理，则除了很短时间内就毁灭之外别的什么也靠不住了。

---

① 原文为 vraisemblance(“似然性”)，英译作 probability(“概然性”)。在本书其他地方 vraisemblance 与 probabilité 也常被当作同义词交替使用。

德　我在我们以前的谈话中已经指出过，感性事物的真理性是由它们的联系来证明的①，这种联系依赖于以理由为基础的理智真理，以及甚至当理由不表现出来时，依赖于对感性事物本身的恒常观察。而由于这些理由和观察使我们有办法来判断与我们利害相关的未来，并由于事情的成功符合我们合理的判断，我们在这些对象方面就不能要求也不会有比这更大的确定性。我们对梦境本身以及对它们的和其他现象很少联系这种情况，也可以说明其理由。可是我认为我们可以把知识和确定性的称呼扩大到现实的感觉之外，因为明白性和显明性是超出现实的感觉之外的，这种明白性和显明性我把它看作也是确定性的一种；而当我们没有看见人时就当真怀疑世界上是否有人，这无疑确是发疯。当真怀疑就是相关于实践方面来怀疑，而我们可以把确定性当作一种对真理的认识，有了它，我们在实践方面要不是发疯就不可能怀疑；而有时我们还把它更一般地来看待，并把它应用于这样一些场合，在这些场合中，我们要是怀疑就不能不受到强烈的责备。但显明性(évidence)是一种光明的确定性，也就是说，在这种场合，由于看到了观念之间的联系，我们是毫不怀疑的。按照确定性的这种定义，我们确定君士坦丁堡是在世界上，确定君士坦丁和亚历山大大帝以及恺撒曾经生存过。诚然，亚耳丁(Ardennes)的某个乡下人由于不了解情况也可以正当地对这些表示怀疑；但一个有文化和洞明世事的人，要不是神经错乱是不可能怀疑这些的。

§11. 斐　我们凭记忆真的能确定很多过去的事物，但我们不能

① 参阅本书第四卷第二章§14"德"(2)(第437页以下)。

很好地断定它们是否还继续存在。我昨天看见了水和水面形成的水泡上有一些美丽的颜色。现在我可以肯定这些水泡和水一样曾经存在过,但我不能再确定地知道水和这些水泡现在是否存在,虽然水的存在有无限更大的概然性,因为我们曾观察到水是持久的而水泡是要消失的。§12.最后,除了我们自己和上帝之外,我们对其他精神的认识只是由于启示,而我们对他们的确定性只能由于信仰。

德 我已经指出过,我们的记忆有时是会欺骗我们的。而随着记忆的较鲜明或较暗淡,以及和我们所知道的事物的联系较好或较差,我们就在记忆上加上信念或不加。而即使我们可以肯定主要的情节,对那些周围的情况也常常可能怀疑。我记得曾认识某一个人,因为我感到他的形象对我不是新见的,他的声音也不是新听到的;而这双重的征象比起两者中之一来对我是一种更好的保证,但我总想不起在哪里见过他。可是也有这种情况,虽然是罕见的,就是有人在看到某一有血有肉的真人之前,就在梦中看到了他。有人曾告诉我说确实有一位著名宫廷中的小姐,曾在梦中看见并向她的朋友们描述了她以后和他结婚的那个人,以及这对新人举行婚礼的厅堂;而这是在她既未见过也不认识这个人和这个地方之前发生的。人们把这归之于一种莫名其妙的秘密的预感;但偶然性也可能产生这种结果,因为这样的事情是罕见发生的,此外,梦中的影像总有点模糊不清,人们以后就有更多自由把它们和某些其他的影像联系起来。

§13. 斐 让我们作一结论:有两类的命题,一类是特殊的和关于存在的,例如说一头象存在着;另一类是一般的和关于观念的依赖性的,例如说人们应该服从上帝。§4.这些一般的和确定的命题大部分带有永恒真理的名称，并且事实上它们全都是这样的。这并不是说这些是自无始以来在某处实际形成的命题，或它们是按照某种永远存在的模型铭刻在心灵中的，而是因为我们可以肯定当一个富有这方面的功能和手段的被创造物，把它的思想应用于考虑它的观念时，就会发现这些命题的真理性。

德　您的分类似乎回到我的关于事实的命题和理性的命题的分类去了。事实的命题也可能以某种方式变成一般的，但这是通过归纳或观察；所以这只是许多相似事实的一种集合，如当我们观察到一切水银都因火的力量而蒸发时那样，这不是一种完全的一般性，因为我们在其中看不到必然性。理性的一般命题是必然的，虽然理性也提供了一些命题并不是绝对地一般的，而只是概然的，例如，我们假定了一个观念是可能的，直到通过更精确的研究而发现其相反的情况为止，这时的情形就是这样。最后还有一些混合的命题，这是从这样一些前提得出来的，这些前提中有一些是从事实和观察得来的，而另一些是必然的命题：如关于地球以及关于星体运行轨道的大量地理学上和天文学上的结论就是这样的命题，这些是许多旅行家和天文学的观察与几何学及算术的定理相结合而产生的。但由于按照逻辑学家们的习惯，结论须随最弱的前提①，并且不能有比最弱的前提更多的确定性，因此这些混合命题也只能有

① 按照经院哲学家们的逻辑学，这是直言三段论的一条基本原则，照这原则，结论所包含的，不能多于前提中所包含的，或如有人所说："结论必须在量上符合于小前提，在质上符合于大前提"。传统逻辑学家们把否定和特称命题看作是比肯定和全称命题为弱的；否定命题是在质上较弱，特称命题是在量上较弱。所以如果前提中有一个是特称的，结论也得是特称的，前提中若有一个是否定的，结论也得是否定的。

那种属于观察的确定性和一般性。至于说到永恒真理，必须看到它们骨子里都是有条件的，事实上是说：这样的事一经设定，则另一件事就会是这样。例如，说：凡是有三条边的图形也将有三个角，我所说的无非是：假定有一个三条边的图形，则这同一个图形将有三个角。我说这同一个，而这就在于这样一点：那些直言命题，虽然骨子里是有条件的，可以无条件地来陈述，有别于那种所谓假言的命题，如这样的命题：如果一个图形有三条边，它的诸内角等于两直角，这里我们看到，那前件的命题（即三条边的图形）和那后件的命题（即三条边的图形的诸内角等于两直角）并没有同一个主词，不是像前一种情况它们是有同一个主词的，在那里，前件是：这一图形是有三条边的，而后件是：那所说的图形是有三个角的；虽然假言命题往往也可以变为直言的，但要把名词稍稍变化一下，如假使我不用前述的假言命题，而说：一切有三条边的图形的诸内角，等于两直角。经院哲学家们曾对他们所称的 constantia subiecti[①] 进行激烈的争论，这就是说，对于一个主体所作的命题，如果这主体是根本不存在的，这命题如何能有实在的真理性。这就是那真理性只是有条件的，并且是说，只要在这主体存在的情况下，人们就会发现它是这样的。但人们又会问，既然在其中是有那种并不骗人的实在性，这种联系是基于什么？回答将是：它是在于观念之间的联系。但人们又会反问：如果没有任何心灵存在，则这些观念又在哪里，并且那时这种永恒真理的确定性的实在基础又会变成什么了呢？这就终于把我们导致真理的最后基础，即导致

① 拉丁文，意即："主体的守恒"。

那至高无上的普遍的心灵，它是不能不存在的，它的理智，真的说来，是永恒真理的领域，如圣奥古斯丁所曾认识到，并以一种十分生动的方式表明了的①。而为了不要想着求助于这一点是不必要的，就必须考虑到，这些必然的真理包含着存在本身的起决定作用的理由和规范性的原则，以及，总之一句话，就是宇宙的法则。这样，这些必然真理，既是先于偶然的存在物的存在的，它们就必须是基于一种必然实体的存在。我正是在这里找到了观念和真理的本原，这些观念和真理是铭刻在我们灵魂中的，不是以命题的形式，而是作为源泉，它的应用和机缘就会使实际的判断得以产生。

第十二章　论增进我们知识的方法

§1. 斐　我们已经谈了我们所具有的知识的种类。现在让我们来谈谈增进知识或寻求真理的方法。在学者们之中为大家所接受的一个意见就是：那些公则是一切知识的基础，而每一门特殊的科学都是基于某些已知的东西（praecognita②）。§2. 我承认各门数学以它们巨大的成功似乎都有利于证实这种方法，而您是曾经相当支持这一点的。但人们还是怀疑，是否毋宁是一些观念，通

① 奥古斯丁(Aurelius Augustinus，354—430)，是基督教的著名"教父"之一，他的哲学，是以意识或内心经验的绝对和直接的确定性的原则作为基础的。在这种个人意识的确定性中，也就是在思想本身中，就直接包含着上帝的观念，在上帝之中，存在着作为全部实在的观念或规范的普遍真理。参阅他的 De Beata Vita，(《论幸福的生活》)第七章；Solil.(《独白》)II，1；De Vera Relig.，(《论真宗教》)39、72 以下；De Trin.(《论三位一体》)X，14；XIV，7；以及 De Ideis(《论观念》)2，等处。

② 拉丁文，意即："先已知道的东西"。

过它们的联系在其中起作用，而不是在开头设定的两三条一般公则在起作用。一个儿童知道他的身体大于他的小手指头，但并不是由于全体大于其部分这条公理而知道的。知识是由特殊的命题开始；但以后人们就想利用一般概念使记忆从很麻烦的一大堆特殊观念中解脱出来。要是语言竟如此不完善，以致没有全体和部分这些相关名词，难道我们就不能知道身体大于手指了吗？至少我把我的作者那些理由告诉您，虽然我相信可以窥见您照着您已经说过的对于这一点可能说些什么。

德 我不知道您为什么对这些公则这样没有好感，竟又要重新来加以攻击，如果它们像您所承认那样有助于使记忆从大量特殊观念中解脱出来，那么即使它们没有其他用处，就这一点也应该是很有用的了。但我要加一点说，它们并不是从这些特殊观念产生的，因为人们并不是通过许多例子的归纳而发现它们的。一个人知道十大于九，身体大于手指，以及知道一座房子太大了不能通过房门搬走，他之知道这每一特殊命题，都是通过同一个一般理由，这理由就好比在其中体现着和照亮着，正如我们看到一幅画的那轮廓线条一样，这轮廓是着了颜色的，其中那比例和形状就恰当地在那轮廓之中，而不管它是什么颜色。而这共同的理由就是公理本身，它可以说是默默地被认识到的，虽然它最初不是以一种抽象的和分离的方式被认识的。例子是从所体现的公理得到它们的真理性，而公理并不是以例子为其基础。而由于这些特殊真理的这种共同理由是在一切人心中的，您可以清楚地看到并无必要在一个浸淫其中的人的语言中发现有全体和部分这些语词。

§4. 斐 但是，在公理的借口下，授权来作各种假定，岂不是很危险吗？一个人将会和某些古代人一样假定一切都是物质；另一个人会和波莱蒙[①]一样假定世界是上帝；第三个人又会事实上假定太阳是主要的神。请判断一下，如果允许这样，我们将会有怎样的宗教。不加疑问就接受原则，的的确确是危险的，尤其要是这些原则涉及道德的话。因为有些人将会期待着一种来世生活毋宁像阿里斯底波[②]所说的那样，他把幸福就放在肉体的享乐上，而不是像安提斯泰纳[③]所说的那样，他主张要成为幸福的只要有德性就够了。而阿尔克劳[④]，把正义与不正义、诚实与不诚实是单由法律而不是由自然所决定作为原则，他无疑将会有衡量道德上的善恶的其他标准，和那些承认义务先于人的规章制度的人的标准不一样。§5.因此原则必须是确定的。§6.但这种确定性只来自观念的比较；这样我们就无需其他的原则，而遵照这唯一的规则，我们就将比把我们的心灵委之于旁人的任意支配进到更远。

德　我很惊讶，先生，您竟把可以而且应该用来反对那些被假定为徒然的(gratis)原则的话，转而用来反对公则，也就是反对显明的原则。当一个人要求科学中已预先知道的东西，或用来为科学奠基的在先的知识时，他所要求的是已知的原则，而不是未知真假的武断的设定；甚至亚里士多德也这样理解这一点，即较低级和

① Polémon，继斯彪西波(Speusippos)和克塞诺克拉特(Xenocrates)之后，为柏拉图所创立的“阿加德米”的首领(自元前314—前270)，主要谈道德问题。

② Aristippos，约元前435—前366，为希腊居勒尼(Cyrene)学派的创始人。

③ Antisthenes 约元前440—前369，为希腊犬儒学派的创始人。

④ Archelaos，生卒年不详，是古希腊哲学家阿那克萨戈拉(Anaxagoras，约元前500—前428)的学生，他似乎曾照米利都学派的阿那克西米尼(Anaximenes，约元前588—前524)的学说的方向修改了其老师的学说。

从属的科学是从其他较高级的科学借得它们的原则，这些原则在那较高级的科学中已得到了证明，只除了那第一门科学，即我们称之为形而上学的[①]，照他看来形而上学是丝毫无所求于其他科学，而为其他科学提供了它们所需要的原则的；而当他说：δεῖ πιστεύειν τόυ μανθάνοντα[②]，即学徒应该相信他的老师，他的意思是，只是当学徒在等待，在他还没有受到较高级的科学方面的教育时，才应该这样做，所以这只是暂时的。这样我们就远不是接受徒然的原则(principes gratuits)。对此还得加一句，即使那些确定性不完全的原则也可以有它们的用处，要是我们只是通过推证才在它们上面从事建筑的活。因为虽然在这种情况下所有的结论都只是有条件的，并且只有在假定这原则是真的时才是有效的，但这种联系本身以及这些条件式的陈述至少是得到证明了；所以我们很可以希望能有很多以这种方式写的书，因为已把那条件告诉了读者或学生，书中就不会有什么犯错误的危险。而人们将只随着那假定在别处被发现已得到证实的程度，来根据这些结论规范其实践。这种方法本身也常常用来证实假定或假说，当从这种假说产生很多结论，其真实性在别处已知道时就是这样，而有时这就给人

① 此句 E 本作"que les sciences inferieures et subalternens empruntent leurs principes d'autres sciences, que nous appellons la Metaphysique..."(即"较低级和从属的科学是从我们称之为形而上学的其他各门科学借得它们的原则……")，有脱漏，G 本在"d'autres sciences"之后有"superieures, où ils ont esté demonstrés, excepté la premiere des sciences."。

② 希腊文，大意已见正文下文。参阅亚里士多德的 Sophist. Elench、(《驳诡辩论证》即《正位篇》最末的第九卷)第二章，161. b，1—3，大意说："目的在于教学的讨论，是从每门科学的特有原则出发，而不是从参与学习的学生的意见得出结论"。

一种完全的反证(retour),足以证明假说的真实性。孔林先生[①],职业是医生,但很博学,在各门学问上都很高明,也许只除了在数学方面,他曾写了一封信给一位朋友,这位朋友在赫尔姆斯台特(Helmstaedt)从事于重印维奥多[②]的书,维奥多是一位受推崇的逍遥学派哲学家,致力于解释亚里士多德的《后分析篇》中的证明。这封信被附在该书中,在这信里孔林批判了巴波[③],当巴波说,分析提出要通过假定未知的来发现未知的,并由此通过推论而达到已知的真理;这是违反逻辑的(他说),逻辑教我们从假的不能得出真的结论。但我后来使他认识到,分析是运用一些定义和其他可以互相换位的命题,这些命题给人作反证和找到综合的证明的方法。[④] 而且甚至当这种反证并非推证性质的时,如在物理学中那样,它有时也还是有很大的概然性,当假说能很容易地解释很多如果没有这假说就很难解释并且彼此很不相干的现象时就是这样。我支持这一真理,先生,即原则中的原则在某种方式下是观念和经

---

① Hermann Conring,1606—1681,德国医生,被认为是当时最博学的人之一,在医学、法律、神学、历史、物理学、语言文字学等等方面都写了大量的著作。他和莱布尼茨的通信,见 G 本第一卷 153—206 页。

② Bartolommeo Viotto 或 Viotti,拉丁名 Viottus,意大利都灵的一位医生和哲学家,他父亲 Tommaso Viotto 也是一位著名的外科医生。在 1552 年以前的五年曾在都灵公开讲授逻辑。死于 1568 年。参阅莱布尼茨与孔林的通信,见 G 本第一卷,184、187 页。

③ Pappus,亚历山大里亚人,是希腊的有很高地位的几何学家,约生活于公元三世纪末至四世纪初。他的 Συναγωγή(《文集》)在数学史上是很有价值的,我们关于希腊几何学的知识一大部分都出自该书第七卷。孔林所错误地加以批判的巴波关于分析和综合的本性的解释,见该书第七卷的序言。

④ 参阅莱布尼茨与孔林的通信,1678 年 1 月 3 日,见 G 本第一卷第 187—188 页;又同上 185、190 页,193 页以下等处。

验的良好运用；但深入考察起来我们就会发现，对于观念来说，这不是什么别的，无非是利用一些同一性的公理把一些定义联系起来。可是要达到这种最后的分析并不是始终很容易的事，而不论几何学家们，至少是古代的，曾表现出多么渴望能达到这目的，他们却还未能做到这一点。《人类理智论》的著名作者要是完成了这一研究，将会使他们非常高兴，这研究比人所想到的是要更困难一点。例如，欧几里得曾把这样一条作为公理之一，这一条就等于说：两条直线只能有一次相交。从感觉经验得来的想象，是不允许我们设想两条直线有不止一次相交的；但科学并不应该建立在这种想象的基础上。而如果有人以为这种想象给了人清楚观念的联系，他就是在真理的源泉方面没有受到足够的教育，而大量可以用其他在先的命题来证明的命题，在他就会都当成是直接的命题了。这一点正是许多曾经批评欧几里得的人所未曾充分考虑的。这类影像只是些混乱观念，而那种仅仅以此来认识直线的人，对它将丝毫也不能证明什么。就因为这样，欧几里得，由于对直线没有一个清楚地表明的观念，即定义（因为它在其时所给的定义是模糊的，并且在证明中对他毫无用处），就不得不回到两条公理，这在他那里就取代了定义的地位并且是他在推证中所运用的；一条就是：两条直线没有共同的部分，另一条是：它们不包含空间。阿基米德曾给了**直线**一种定义，是说它是两点之间最短的线。但他默默地假定了（在证明中用了和欧几里得的一样的一些要素，也是基于我刚才所提到的两条公理的）这些公理所说到的那些特性（affections）是符合于他所定义的线的。因此，如果您和您的朋友们一起以为，在观念的符合和不符合的借口之下，那种影像所告诉我们的东西是被允许的并且在几何学中仍被接受的，而并不追求古代人在这门科学中所要求的那种通过定义和公理所作证明的严格性（如我认为很多人由于不了解情况是会这样想的），那么先生，我将向您承认，对于那些只关心像那样的实践的几何学的人，是可以满意的，但对于那些想要一门使这种实践的科学得到完善的科学本身的人来说则并不满意。而如果古代人也曾持这种意见并在这一点上放松了努力，则我相信他们就不会有多少进展而只会留给我们一部经验的几何学，就像埃及人的几何学显得曾经是那样以及中国人的几何学似乎现在仍然是那样；这样就会使我们没有那些最美好的物理学和力学的知识，这些知识是几何学使我们发现的，而凡是不知道我们的几何学的地方就都不知道的。事情也显然表明，我们遵循着感官及其影像时就会陷入错误；这就差不多像我们所看到的，凡是没有受过精确几何学方面的教育的人，根据对他们的想象的信念，都会把这一点当作无可怀疑的真理，即两条继续不断地互相接近的线最后应该相交，反之几何学家们则给出了某些线方面的相反的例子，这些线他们就叫做渐近线。但除了这一点之外我们还将没有了在几何学中关于思考方面我认为有最高价值的东西，这就是让我们窥见了永恒真理的真正源泉以及使我们了解其必然性的办法，这是感官的混乱观念不能使我们清楚地看到的。您会对我说，欧几里得却曾不得不自限于某些公理，这些公理是我们只是通过利用影像而混乱地看到其显明性的。我承认他是自限于这些公理，但他自限于少数几条这种性质的真理，这些真理对他显得是最简单的并且从它们演绎出另一个较不精确的人也会不加证明地当作确定的其他一些真理，这样比让很多真理不加证明要好得多，而更坏的是让人们有自由随自己的高兴扩大这种松散不精确的情况。因此您看到，先生，您和您的朋友们关于观念的联系作为真理的真正源泉所说的话是需要解释的。如果您想满足于混乱地看到这种联系，您就削弱了证明的精确性，而欧几里得把一切归结为定义和少数几条公理的做法要好得无比。如果您想要这种观念的联系被清楚地看到和表明，您就将不得不如我所要求的那样求助于定义和同一性的公理；而有时当您难以达到一种完全的分析时就将不得不满足于某些比较不是原初的公理，如欧几里得和阿基米德所曾做的那样，而您这样做也将胜过忽视或迁延某些美好的发现，这些发现是您利用这样一些公理本来就已经可以得到的：正如事实上我有一次已经对您说过的那样，先生，我认为，如果古代人不等到他们不得不运用的公理都已得到证明就不想前进，我们就不会有几何学（我理解为一种推证的科学）。

§7. 斐 我开始懂得了什么是一种清楚地认识到的观念间的联系，并且看清楚了在这种方式下公理是必要的了。我也看清了我们在涉及考察观念的研究中所遵循的方法，必须以数学家们为榜样来安排，他们从某些非常明白和非常容易的开头的东西（这无非就是一些公理和定义）出发，通过很小的层级，和通过一种推理的连续链条上升，以达到那些最初显得超乎人类能力之上的真理的发现和证明。找到证明以及找到这些他们所发明用来析出和整理中介观念的令人赞叹的方法的技术，就是产生了如此惊人和如此出人意料的发现的东西。但是，要知道是否随着时间进展我们将不能发明某种类似的方法，可用于其他的观念，也像用于属于大小方面的观念一样，这一点我不想来作出决定。至少，要是其他观念也照数学家们通常用的方法来加以考察，它们将会把我们的思想导致比我们所也许已被导致设想的更远。§8.而这一点在道德方面是特别可能做到的，正如我已不止一次地说过那样。

德　我认为您是对的，先生，而我很久以来就已倾向于担负起责任来完成您所预期的事。

§9.斐　在关于对物体的知识方面，必须采取与此直接相反的途径；因为我们对它们的实在本质既无任何观念，就不得不求助于经验。§10.可是我不否认，一个习惯于做合理而合乎正规的实验的人，对于物体的还不知道的特性，能作出比别人较正确的猜测。但这是判断和意见，而不是知识和确定性。这就使我相信，物理学是不能在我们手里变成科学的。可是实验和历史的观察，在关于我们身体的健康和生活的舒适方面，是可以对我们有用的。

德　我同意，物理学整个来说是永不会成为我们之中一门完全的科学的，但我们还是能有某种物理科学的，甚至我们也已经有了一些这种科学的标本。例如磁学就可以被当作这样的一门科学，因为作了很少几个基于经验的假定，我们就能通过确定的推理从之证明大量的现象，它们实际和理性使我们看到的一样发生的。我们不应该希望对一切经验都能说明理由，正如甚至几何学家们也还并没有证明他们的一切公理一样；而正如他们满足于从少数理性原则演绎出大量的定理一样，物理学家们利用若干经验的原则来为大量现象说明理由,并且甚至能在实践上预见到[①]这些现象,这也就够了。

§11. 斐 那么,既然我们的功能并没有被造成来使我们能辨别物体的内部结构,我们就应该断定,它们为我们发现了上帝的存在,以及对我们自身的相当大量的知识就够了,就足以在有关我们的义务以及有关我们的最大利益——尤其是有关永恒的——方面教导我们了。而我认为我可以由此正当地推论出:"道德学是一般人类固有的科学和大事,正如另一方面,有关自然的各个部分的各种不同技艺,是各个个人的本分。"例如我们可以说,对铁的用途的无知,是美洲各国虽然各种物产都很丰富却缺乏最大部分的生活舒适品的原因。因此,我远不是轻视自然科学,§12. 我主张,要是这种研究得到它所当有的正确引导,它可以对人类有比迄今所做的更大的用处;而那发明了印刷术,发现了指南针的用途,以及使人认识了金鸡纳霜〈即奎宁〉的特性的人,是比那些建立专门学校、医院以及用巨大花费建造起来表现最显赫的慈善事业的纪念碑的人们,更有贡献于知识的传播和对生活有用的舒适用品的增进,以及救了更多人的性命的。

德 您不能说得比这更使我满意的了,先生。真正的道德或虔敬,是应该推动人们去研究技艺,而远不是为某些懈怠的清静派人的懒惰张目的。而正如我不久前已说过的,一种较好的公安制度,将会能够导致我们有一天有一种比现在的好得多的医药事业。这事是怎么宣扬都不算足够的,〈其重要性〉仅次于对德性的关心。

① G本和E本原文均为"prevoir"("预见"),英译作"prove"("证明")。

§13. 斐　虽然我推崇经验，但我并不轻视概然的假说。它们能导致新的发现，并且至少对记忆是一种很大的帮助。但我们的心灵非常倾向于进得太快，并满足于某些轻微的表面现象，因为没有费必要的精力和时间来把这些假说应用于大量的现象。

德　发现现象的原因或真的假说的技术，就像辨认潦草字迹的技术一样，这里一种机智的猜测往往可以大大缩短途程。培根勋爵曾开始把实验的技术弄成一些条规，而波义耳爵士曾有很大的才能来把它们加以实行。但如果不把运用实验和从之引出结论[①]的技术和这些条规结合起来，则用了最大的花费也达不到一个有很大洞察力的人一眼就能看出的结果。笛卡尔先生，肯定是这样的一个人，在他的一封信中[②]谈到这位英国大法官[③]的方法时就曾类似这样指出过；而斯宾诺莎（当他说得很好时我是毫不作难地引用他的话的），在收印于这位精明犹太人的遗著中的给已故英国皇家学会秘书奥尔登堡先生的一封信中[④]，对波义耳的一个作品也提出了近似的思想，说真的，波义耳有点过于停留在这一点上，就是从无数美好的实验中没有引出其他的结论，而只得出他可能当作原则的这样一个结论，就是自然中的一切都是机械地行事的，这一原则，是人们可以单用理性来使之成为确定的，但却不能用实验来使之确定，不论你做了多少实验。

---

① E本无“和从之引出结论”等字，G本有“et d'en tirer des consequences”。

② 据英译者注，在笛卡尔现存的书信中找不到这里所指出的内容。英译者认为可能是莱布尼茨把它和斯宾诺莎的信搞混了。

③ 指弗兰西斯·培根。

④ 参阅 Van Vloten 等编的《斯宾诺莎全集》第二卷，19。

§14. 斐 在用固定名称确立了明白清楚的观念以后，扩大我们知识的重大手段就是找出那些中介观念的技术，这些中介观念能使我们看出那两极端观念的联系或不相容性。那些公则至少是无助于给人这种中介观念的。假定一个人对直角毫无确切观念，他要来对直角三角形证明点什么就只会是徒然地自我苦吃；而不论他用了什么公理，他也将很难借助它们而达到证明构成直角的两边的平方的和等于斜边的平方。一个人可以对这些公理久久冥思苦想，也永不会在数学方面看得更明白些。

德 对公理做冥思苦想而没有什么来应用这些公理，这是毫无用处的。公理常常可用来把几个观念联系起来，例如，相似图形的第二维和第三维的相似比，按理是相应的第一维的相似比的平方和立方，这条公则就有极大的用处；而例如希波克拉底的月形①的求积，在圆的情况下立即就可以从这条公则得出来，办法是与此相结合把这两个图形一个贴在另一个上，当它们已给予的设定提供了这样做的合适机会时就可以这样，由于它们的已知的比较给了这样的启发。

---

① 这里是指奇奥斯(Chios)的希波克拉底(Hippcrates)，而不是指那"医学之父"

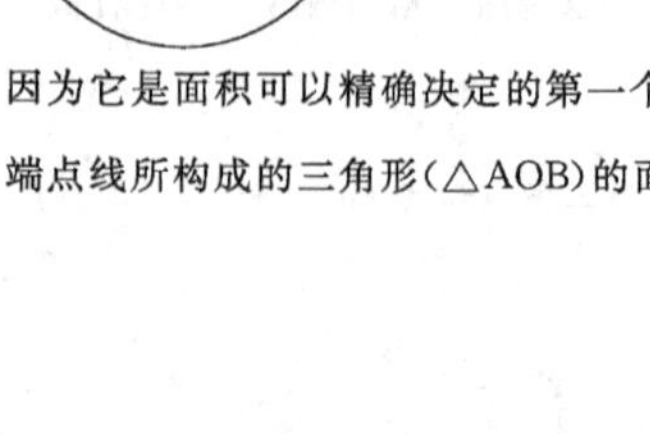

柯斯(Cos)的希波克拉底(公元前460—前375)，他和这位"医学之父"是同时代人，是一位著名的希腊几何学家。他的最显著成就就是发现了这样一种月形即新月形平面图形的求积法，这种月形是这样做成的：在一个圆内作互相垂直的两条半径，并在这两条半径端点连线上张一半圆(如附图阴影部分所示)。这个月形之所以著名，是因为它是面积可以精确决定的第一个曲线图形，它的面积恰恰等于这两条半径和半径端点线所构成的三角形(△AOB)的面积，这月形的面积为$\frac{r^2}{2}$，等于△AOB的面积。

第十三章　关于我们的知识的其他一些考虑

§1. 斐　也许还宜于加上一点说，我们的知识，在这一点上，也和在其他一些事情上一样，和视觉很有关系，这就是：它既不是完全必然的，也不是完全随意的。一个人在光亮处张开了眼睛，他就不能不看见，但他可以把眼光转向某些一定的对象，§2. 并且以较多或较少的专注来考量它们。因此当功能一旦得到了应用，就不由意志来决定知识了；正如一个人不能阻止自己看见他所看的东西一样。但人应该运用他的功能，因为这是要使自己受教益所必须做的。

德　我们先前已经谈到过这一点，并且已经确立了这样一点：要在当前状态下具有这样或那样的意见，是并不取决于人的，但使自己准备好以便此后具有或不具有这样的意见，则取决于他，因此意见只是在一种间接的方式下是随意的。

第十四章　论判断

§1. 斐　人要是由于缺乏一种确定的知识而没有什么可以来指引自己，就会在生活的大部分行动中处于犹疑不决的状态。§2. 人常常必须满足于一种单纯的概然性的朦胧状态。§3. 而在这方面所用的功能就是判断。人常常出于必要得满足于这一点，但这也常常是由于缺乏勤勉、耐心和技巧。§4. 人们把它叫做同意或不同意，而当人推定(présume)某种事物，也就是说，当人在一件事物得到证明前就当它是真的时，就用了这种功能。当这样做符合事物的实在情况时，这就是一个正确判断。

德 别人是把人们每当对原因有某种知识以后作出陈述的活动叫做判断；甚至还有人将把判断和意见加以区别，因为〈判断〉未必得是这样不确定的。但我不想在用词方面责难任何人，而可以允许您，先生，把判断当作一种概然的意见。至于说到推定，那是法学家们用的一个名词，在他们那里正确的用法是把它和猜测(conjecture)区别开来的。这不止是一种猜测而是直到有证据证明其相反情况以前应被暂时当作真的事情，反之一种征兆(indice)和一种猜测则常常须以另一种猜测来与之抗衡。就因为这样，一个人承认了向另一个人借过银钱，就被推定为应当偿还，除非他能表明他已经偿还过了，或这债务根据某种别的原则已停止了。因此推定在这意义下，不是在证明以前采取的，这是不允许的，而是先行采取但有根据的，同时等待着一种相反的证据。

第十五章 论概然性

§1. 斐 如果说推证表明了观念间的联系，则概然性不是什么别的，无非是这样一种联系表现出来的现象，这种联系是基于一些看不出不可移易的联结的证据之上的。§2.有各种程度的同意，从确信直到猜测、怀疑，以至不信。§3.当我们有确定性时，对标志着联系的推理的所有各部分都有一种直观；但那使我相信的，是某种外来的东西。§4.而概然性是基于和我们所知道的东西的符合,或基于知道它的人们的见证。

德　我宁愿主张它始终是基于似然性或基于与真实性的相符合;而旁人的见证也是这样一回事,就所涉及范围内的事实来说,这事对他惯常是真的。因此我们可以说,概然的和真的之间的相似性,或者得自那事物本身,或者得自某种外来的事物。修辞学家们提出有两类的论据(argumens):一类是人为的(artificiels),它们是通过推理得自事物的;一类是非人为的(inartificiels),它们只是基于明示的见证,或者是人的见证,或者也许也是事物本身的见证。但也还有混合的论据,因为见证本身也可以提供一个事实,这事实就可以用来形成一个人为的论据。

§5. 斐　是由于缺乏和真的东西的相似性,我们不容易相信那和我们所知道的毫不近似的事物。这样,当一位大使对暹罗国王说,在我们这里冬天水冻结得这样坚固,以致一头象也可以在上面走而不会掉下去时,国王就对他说:在这之前我一直相信您是个诚实可靠的人,现在我看出您是在撒谎了。§6.但如果说旁人的见证可以使一件事实成为概然的,旁人的意见却不应该凭它本身就被当作概然性的一种真正的根据。因为在人们之中是错误多于知识,而如果我们所认识和尊重的人们的信念就是同意的一种合法根据,那么一个人就会很有理由在日本就信神道教,在土耳其就信伊斯兰教,在西班牙就信天主教,在荷兰就信加尔文教,在瑞典就信路德教了。

德　人们的见证无疑是比他们的意见更有分量,并且在道理上人们在见证方面也是作了更多思考的。可是我们知道法官有时使人发所谓轻信(crédulité)之誓;而在审讯时,法官常常要求证人不仅说明他们所看见的，而且要说明他们所判断的，同时问他们作这样判断的理由，以及是否对此作了应有的思考。法官们也很重视每一行业的专家们的想法和意见；有些私人，由于他们不适应于来作适当的考察，也同样不得不这样做。因此，一个儿童，以及其他在这方面的条件不比儿童好多少的人，甚至当他发现自己处于一定境况时，就不得不遵从他本国的宗教，只要是他看不出这宗教有什么坏处，并且处于找不出是否有一种更好的宗教这种状态。而一个青年侍卫们的领导人，不论他自己属于什么教派，也将迫使他们各自去进那青年人自称相信的那种教派的信徒们所进的教堂。可以参考一下尼柯尔[①]和旁人在关于信仰问题上的大多数的论据这个问题的讨论，有人有时在这点上对他过于信从，而另外有人又对它考虑不够。还有其他一些类似的预断(préjuges)，人们凭着它们就会很容易自免于讨论的。这就是德尔都良[②]在一篇专门论文中所称的 préscriptions，他所用的这个名词，古代的法学家们——他们的用语他不是不知道的——是指很多种例外或外来的

① Pierre Nicole，1625—1695，是最著名的王港(Port Royal)逻辑学家之一，仅次于阿尔诺(Arnauld)和巴斯噶(Pascal)，和阿尔诺合著著名的《思维术》或《王港逻辑》。他的最重要著作是《道德论》(*Essais de Morale*，*Paris*，1671—1674)。莱布尼茨这里所指的神学上的争论，见于他的《论教会的统一或对茹利安的新系统的驳斥》(*De l'unité de l'église ou refutation du nouveau système de Jurien*，*Paris*，1687)，其中讨论了罗马天主教会是否可允许自己采取"宣称信教者占大多数"的论据的问题。这论据无疑是成问题的。培尔在其《历史批判辞典》中有关于他的《论教会的统一》的论述。

② Tertullien，150 至 160—220 至 240，生于迦太基，天主教早期的著名"教父"之一，在他的 De Praescriptione Haereticorum(《关于异端的规定》)中企图提出一个一般的论据，反对一切的异端。他的反驳的论据企图依照某些一定的规定(praescriptiones)，禁止异端求助于圣经来支持他们的观点。

和预先的规定，但今天人们几乎只把它理解为时效的规定，即一个人可以因为别人在法律规定的时间内没有提出要求而主张拒绝他的要求。这样，罗马天主教会和新教双方就都有理由来发表他们的合法的预断。例如我们曾发现双方在某些方面都同样有办法来反对新事物，举例来说，如新教徒大部分背弃了古老的授任圣职的形式，而罗马天主教徒则改变了旧约的圣书目录，如我在和莫的主教进行的一场书面反复争论中已相当清楚地表明的那样，据我几天前得到的消息，这位主教刚刚去世。① 因此，这些谴责既是相互的，所以那事物，虽然有点令人怀疑它在这些问题上有错误，却不是证明其错误的一种确定的证据。

第十六章 论同意的各种等级

§1. 斐 至于说到同意的各种等级，我们必须注意，使我们所具有的概然性的那些根据起作用的范围，不超出在其中所发现，或当它们被考察时已发现的似然性(apparence)的程度之外。因为我们必须承认，同意不能永远基于当下实际看到那些使心灵信

① 莱布尼茨这里所指的是他和鲍修爱(Jacques Benigne Bossuet，1627—1704)的通讯争论，鲍修爱从1681年起至其去世一直任莫(Meaux)的主教。莱布尼茨和他的通信曾断断续续地进行了二十五年之久，但争论并无结果，因为鲍修爱是死硬的天主教正统派，竭力想使莱布尼茨改信天主教，而莱布尼茨则想把天主教和新教调和起来，同时不愿放弃进行科学探讨的自由。全部通讯曾发表于Foucher de Careil编的《莱布尼茨著作集》第一、二卷(巴黎1859—1860年版)，部分地载于Dutens编的《莱布尼茨全集》第一卷507页以下。这一段文字对于确定莱布尼茨写作本书的年代也有重要意义，因鲍修爱死于1704年4月12日，此段当写于该年4月后半月，可见本书主要部分当完成于1704年，以后可能陆续作过一些修改补充。

服的理由，并且即使那些具有了不起的记忆力的人，也很难永远记得[①]曾迫使他们给予某种同意的所有那些证明，这些证明有时可能单单对于一个问题就要写满一大本书。只要他们一度曾对问题忠实而留心地仔细考察过，并且可以说已对它结了账，这就够了。§2.要不然人们就得非常犹疑不决，或者得时时改变观点，以屈从于新近考察过问题、向他们提出了论据的任何人，这些论据，他们由于不记得或无暇钻研，是不能立即完全答复的。§3.必须承认，这往往使人固执错误：但过错并不在于他们信赖他们的记忆，而在于他们以前的判断不对。因为在人们常常是觉得他们从未有过别样想法这样一点就取代了考察和理由的地位。但通常是那些最少考察过自己的意见的人却最顽强地固执己见。可是，坚持自己看清了的东西是值得称许的，但坚持自己所相信的却并不永远如此，因为可能有某种可以把整个问题颠倒过来的考虑被丢到背后了。并且也许世界上没有一个人有这样的闲暇、耐心和办法，来把他有意见的问题上双方的证据全都收集起来，以便把它们加以比较，和作出可靠的结论，以致再也不剩什么他还需要知道以求获得更丰富的教益的了。可是对我们的生活和我们更重大的利益的关怀，不能忍受拖延，而对于我们不能达到确定知识的一些事作出决断是绝对必要的。

德　您刚才所说的，先生，全都很好，很切实。不过，也许可以希望人们，在某些场合，对那些促使他们采取某种重要意见的理

① G本原文作："Sur une veue actuelle des raisons, *qui ont prevalu sur l'esprit, et il seroit très difficile, même à ceux*, qui ont une memoire admirable", etc. 其中斜体字的词句为E本所无，E本显有脱漏。译文从G本。

由，作些摘录（以备忘录的形式），这种意见是他们在以后常常不得不对自己或对他人加以辩护的。此外，虽然在法律问题上，通常对已过去的判决是不许翻案，对已了结的旧账是不许重算的（否则的话就会永远处于不稳定的状态，这比起对过去的事没有始终都记下的情况来也许是更不能忍受的），可是有时在有新发现的情况下也允许向法庭重新提出申诉，并且甚至可以得到和原判相反的所谓 restitio in integrum①；同样在我们自身的事务上，尤其是在一些极重大的事情上，在还允许我们或进或退的场合，以及在暂缓执行和徐徐地勒马前进不致造成损失的场合，我们心灵基于概然性的决定，就绝不应该以像法学家们所说的 in rem judicatam② 的方式进行，这就是说，确立不移，以致当新的相反的重大理由出现时我们也无法修正推理。但当没有更多时间来反复考虑时，则就当遵循我们所作的判断，坚决得好像它是绝不会错的，但并不是永远以这样的严格性。③

§4. 斐 那么，既然人们不能避免在判断上犯错误和具有分歧的意见，则当他们不能从同一方面来看待事物时，就应该彼此保持和平，和在这种意见分歧之中保持人性的义务，而不要以为别人在我们提出反对时就该迅速改变他根深蒂固的意见，尤其是一个人如果有理由设想他的对手是从利害关系、野心或其他某种个人

---

① 拉丁文，意即："恢复原状"。

② 拉丁文，意即："作为已审定的事"。

③ 据英译本注：Janet 把这一条和笛卡尔《方法谈》第三部中下列这段话来作对比："我的第二项规条是：在行动上要尽可能作到最坚决、最果断，当我一旦决定采取某些意见之后，即便这些意见极为可疑，我也始终加以遵守，就像它们是非常可靠的意见一样。"（参阅《十六—十八世纪西欧各国哲学》，商务印书馆，1975 年版，第 145 页）

的动机出发来行事时更是这样。最常见的情况是那些强加于人，要人必须屈从他们的意见的人，往往是很少对事情作过透彻考察的。因为那种对讨论的问题作过足够深入的考察以使自己摆脱怀疑的人，数量是很少的，并且他们发现很少有什么理由来责备他人，因此不用期望在他们方面会有什么粗暴激烈的情况。

德 实际上，在人们之中最当受谴责的，并不是他们的意见，而是他们谴责别人的那种冒失的判断，仿佛别人的判断和他们的不同就必然是愚蠢的或坏的；这种情况，在那些制造激情和憎恨，把它们散布于公众之中的人们那里，是一种高傲而不公平的心灵的结果，这种心灵总爱统治一切而不能忍受任何反对。也并不是确实没有理由常常反驳别人的意见，但必须以一种公平的精神和对人类弱点的同情来这样做。的确，我们对于一些影响风俗和虔诚信仰的实践的坏学说要小心提防，这是对的；但我们不应该并无很好的证据就把它们归咎于人，归咎于人们的偏见。如果说公平是要人们免受损害，那么虔信就要求在适当场合表现出他们的教条的坏结果，要是这些教条是有害的，就像反对一位全智、全善和完全正义的上帝的天道，以及反对那使人的灵魂能罹受上帝的正义的效果的灵魂不灭的那些教条那样的话，就不说其他有关道德和公共治安的那些危险的意见了。我知道有些卓越和善意的人士主张这些理论上的意见对实践并没有如人们所想的那样大的影响，我也知道有一些具有极好天性的人，这些意见绝不会使他们作出任何和他们的尊严不相称的事情：正如也有一些人，他们凭思辨陷入了这些错误，却惯常是凭天性远离那些人们一般易犯的过恶的，此外他们也很关怀他们在其中充当首领的那宗派的尊严；例如伊壁鸠鲁和斯宾诺莎，就可以说都曾过着一种完全可为人楷模的生活。但这些理由在他们的门徒和仿效者那里往往就不再存在了，他们相信自己已摆脱了对一种监临的天道和威胁性的来世的恼人恐惧，就放纵他们粗鄙的情欲，并把心灵转向诱惑和败坏别人；要是他们是野心勃勃和天性有点粗暴的，他们就能为了自己的快意或进取而在大地的四面八方点起火来，正如我知道有些已被死亡扫除的人性格就是这样。我甚至发现近似的意见也一点一点潜入那些统治别人并为大事所系的大人物们心中，和侵入那些时髦的书籍之中，促使一切事物都经受那威胁着欧洲的普遍革命，而终于摧毁了世界上还残留着的那点古希腊罗马人的高尚情操，古代希腊罗马人是把对祖国的爱，公众的善，和对后代的关怀看得比荣华富贵甚至比生命都更重的。这种英国人所说的 public spirits（公德心），是极度地减弱并且不再时兴了；而当它们不再得到善良道德和自然理性本身教给我们的真宗教的支持时，还将进一步减弱。开始占统治地位的这种相反的性格，其最好者除了他们所说的荣誉之外也再没有其他的原则。但正直的人和有荣誉的人的标志，在他们那里也只不过是不做他们所认为的任何卑劣的事。而如果为了追求权位或由于任性，有人就搞得血流成河，如果他把一切都搞得七颠八倒，人们也把它不当一回事，而一个古代人中的赫罗斯特拉特①，或一个《比埃尔的

① Herostratus，古希腊的一个以弗所人，他为了要使自己声名不朽，就不惜干件大破坏的事，在公元前356年，正当亚历山大大帝诞生之夜，把在以弗所城的被看作当时世界七大奇景之一的狄安娜(Diane)神庙放火烧了。

盛筵》中的唐·璜[1],将会被当作一位英雄。人们高傲地嘲笑爱国心,把那些关心公众的人弄成可笑的人物,而当某个怀着善意的人谈到后代将会变成怎样时,人们就回答说:到那时再说那时的话吧。但这些人自己也可能碰上他们以为留给别人的那些坏事。这种已开始可看出坏结果的流行心理的毛病如果得到了纠正,这些坏事也许会得到防止;但如果这毛病进一步扩大,则天道将会用从之产生的革命本身来纠正人们:因为不论可能发生什么,到末了一切总永远将转向一般的最好的结局的,虽然这不应该也不可能没有对那些做坏事的人的惩罚而发生,即使他们以所做的坏事却对善曾有所贡献也罢。但关于有害的意见以及谴责它们的权利的考虑已使我离题了,我现在回到本题上来。由于在神学上,谴责比在别处还走得更远,并由于那些很重视自己的正统教义的人,常常谴责其对手,他们是为在同一派中那些被对手称为折中主义者的人所反对的,这种意见就在同一派中的严格派和宽容派之间引起了内战。可是,由于否认持不同意见者能得永恒的拯救是侵犯了上帝的权利,最聪明的谴责者就只限于指出他们所认为看到的迷途灵魂的毁灭危险,并让那样一些人去领受上帝的一种特殊的慈悲矜怜,这些人的邪恶还并没有使他们不能受上帝的慈悲的恩惠,而在他们自己方面,他们自认为不得不竭尽一切可想象的努力来把他们从这样危险的一种境地中拉出来。如果这些人这样断定别人的毁灭,是经过适当的考察之后达到这种意见的,并且如果没有办

① Don Juan,本是西班牙传说中的一个人物,法国著名喜剧作家莫里哀(Molière,1622—1673)的喜剧《比埃尔的盛筵》(*Festin de Pierre*)中的主角,也曾成为西方许多文学作品中的人物。是一个最无耻的花花公子的形象。

法解除他们的这种意见，那么只要他们仅用温和的手段，就不会谴责他们的行为。但一旦他们走得更远，这就违犯了公平法则。因为他们应该想到，别人和他们一样深信，就也有一样的权利来坚持自己的意见，并且如果他们认为这些意见很重要的话，甚至也来传播这些意见。那些教唆人们去搞不能容许的犯罪行为的意见应该除外，而当的确甚至那支持这些意见的人也不能消除它们[①]时，就有权采取严厉措施来加以扑灭；正如我们有权来毁灭一个有毒的动物一样，尽管这动物是完全无罪的。但我说的是扑灭那宗派而不是消灭那些人，因为那些人我们是可以防止他们为害和提出独断教条的。

§5. 斐 回头来谈同意的根据和等级，当注意到命题有两类：一类是关于事实的，它们依赖于观察，是可以根据人的见证的；另一类是思辨的，它们既相关于我们的感官所不能发现的事物，是不能有这样的见证的。§6. 当一件特殊事实符合于我们恒常的观察，并符合于旁人的一致报告时，我们就坚决地依据它，就像这是一项确定的知识一样，而当它符合于所能知道范围内一切时代中一切人的见证时，这就是第一等的和最高级的概然性；例如火能暖人，铁沉水底。我们的信念(créance)建立在这样的基础上，就上升到了确信(assurance)。§7. 其次，所有的历史家都报道说一个某某人对个人利益看得比公众利益更重，并且因为我们始终看到这是大部分人的习惯，我给予这些历史的同意，就是 种信赖

① 从G本，作“ne peut point s'en defaire”。E本和J本及Janet本均作“ne peut point s'en faire”。Janet在其注中说“当补‘d'autre’。”据此则当译作“不能采取其他意见”。

(confiance)。§8.第三,当事物的本性既没有什么来维护也没有什么来反对一件事实,而这事实是受到无可置疑的人的证据的保证,例如,恺撒曾生活过,这事就以一种坚决的信念(ferme créance)被接受。§9.但当各种证据违反自然的通常进程,或彼此相反时,则概然性的等级就可以有无限多的分歧,由此就有这样一些等级,我们称之为相信(croyance),猜测(conjecture),怀疑(doute),不定(incertitude),不信(defiance);正是在这里,需要有精确性来形成一种正确的判断以及使我们的同意和概然性的等级成比例。

德 法学家们在处理证据、推定、猜测和征候(indices)时,对这问题曾说了许多很好的东西,并且达到了相当详细的地步。他们从彰明昭著(notoriété)开始,这是不需要什么证据的。然后是充足的证据,或被当作这样的,据此就可以宣判,至少在民事方面是这样,但在刑事方面在有些场合就更有所保留;而在这方面要求有超充足的证据是不错的,尤其是关于按照事实的本性被称为 corpus delicti[①] 的场合。因此就有超充足的证据,也有通常的充足的证据。然后有推定(présomptions),这是暂时地被当作充足的证据的,这就是说,在没有证明相反情况时就是这样。有超过半充足的(确切地说)证据,在这种场合,就允许依据这种证据的人发誓来作补充,这就是 juramentum suppletorium[②];还有其他一些次于半充足的证据,这

① 拉丁文,意即:"有罪之身"。

② 拉丁文,意即:"补充的宣誓"。

就正好相反，是让否认这事实的人发誓来洗清自己的罪过，这就是juramentum purgationis①。除此之外还有很多等级的猜测和征候。特别在刑事案件上，有一些征候（ad torturam②）是表明正着手作案的（这罪案本身又有由拘票所标明的各种等级）；有一些征候（ad terrendum③）是足够表明作案的物证以及表明把事情准备得似乎作案者是有意来干的。有一些征候（ad capturam④）是用来落实嫌疑犯的；还有一些（ad inquirendum⑤）是表明暗地不声不响的探索的。这些区别还可以用于其他类似的场合；而司法上的这整个诉讼程序的方式其实无非是一种被应用于法律问题上的逻辑。医生们关于征候和症状也有许多等级和区别，这是我们在他们那里可以看到的。我们当代的数学家们已开始来估计赌博中输赢的机会。梅莱爵士⑥，他的《合意》（*Agrémens*）和其他著作已经印出来，他是一个心灵深入透辟的人，同时既是一个赌徒又是一位哲学家，给这种计算提供了机会，提出了一个赌家要赢或输总共得把骰子掷多少次或多少点的问题（questions sur les partis），以便知道如果在某某情况下中止时值得下多少赌注。他以此曾引使他的朋友巴斯噶先生对这些事作了点考察。这问题曾轰动一时，并引起惠更斯先生作了他的论文de Aleâ⑦，其他一些学者也参加了进来。人们确立了一些原则，

---

① 拉丁文，意即“洗雪罪名的宣誓”。

②③④⑤ 这些拉丁文都是旧时法律上的用语，大意已见正文。

⑥ Antoine Gombault，Chevalier de Méré，约1610—1684，法国的道德学家，对巴斯噶曾有相当影响。他的Agréments，discours de M. le Chevalier de Méré à Mme（《合意，梅莱爵士与某夫人的谈话》初版出于1677年）。

⑦ 拉丁文，意即《论赌博》，指惠更斯（见前第二卷十三章§4“德”注，第130页注③）的De ratiociniis in aleae ludo（《论赌博游戏的推理》），作于1657年，用荷兰文写，后由Schooten译成拉丁文。

德·维特行政长官在他用荷兰文发表的一篇关于年金的短论文中也用了这些原则。① 这些原则所赖以建立的基础追溯到prostapherèse②,即在同等可接受的几个假定中取其算术中项。我们的乡下人很久以来照他们的自然数学也已用了这种原则。例如,当一笔遗产或一块土地要出卖时,他们就组成三帮(bandes)估价人;这些“帮”在下萨克森语中称为 Schurzen,每一帮对这笔财产估一个价钱。假定一帮估价为 1000 盾③,另一帮估为 1400 盾,第三帮估为 1500 盾,算出这三笔数的总和,即 3900 盾,而因为有三帮,于是就取此数的三分之一即 1300 盾作为所要求的中项数值;或者是取所估的每一笔数的三分之一然后求其总和,这是一码事。这就是 aequalibus aequalia④ 这一公理,即对同等的假定当作同等的考虑。但当所作假定不相等时,则就在它们之间作比较。例如假定用两颗骰子,一方要掷 7 点算赢,另一方要掷 9 点算赢;问他们双方赢的概然性⑤之间的比率如何?我回答说后者赢的概然性⑥只有前者的三分之二,因为前者用两颗骰子可以有三种方式造成 7,即 1 与 6,或 2 与 5,或 3 与 4;而另一方只能有两种方式造成 9,即掷出 3 与 6 或 4 与 5。而所有这些方式都是同等可能

---

① 德·维特见前第四卷第三章注(第 443 页注①),德·维特是在 1671 年 7 月 30 日向当时荷兰国会提出了有关这个问题的一个报告。他似乎是第一个把科学原则应用于有关年金的计算方面的。这种算法和关于人寿保险的保险费的算法类似。

② 来自希腊文 προσθαφαίρεσις(prosthaphaeresis),原义为“预先减除”,这里是指一种确定概率的基本原则,要求我们在各按其相对值估计的几个假定中取其算术中项。

③ 盾,原文为 Ecu,法国古银币名。

④ 拉丁文,意义已见正文。

⑤⑥ 这里的“概然性”,原文均为“apparence”,英译均为“probability”。

的。因此那作为同等可能性的数目的概然性，将是 3 比 2，或 1 比 2/3。我曾不止一次地说过，需要有一种新的逻辑，来处理概率问题，因为亚里士多德在他的《正位篇》(*Topiques*)中所做的也不亚于此，而他只满足于将按照普通位置分配的若干通俗规则安排成某种秩序，这在某种这样的场合也可能是有用的，在这里，涉及的问题是要扩充论题和给予它概然性而并不费心于给我们一种必然的权衡来称量那概然性和作出切实的判断。想要研究这个问题的人去追究一下对博弈的考察是很好的；一般说来，我希望有一位高明的数学家能写一本大部头著作来对各种各样的赌博游戏作详细的、很好的推理论证，这对于使发明的技术完善化是有很大用处的，人类心灵在赌博方面比在那些最严肃的事情上似乎显得更精明。

§10. 斐　英国的法律遵守这样一条规则：一个被证人承认为真本的文件的抄本，是一个好的证据；但一个抄本的抄本，不论怎样被最可信的证人所证明，在审判中也绝不被承认为证据。我从未听说有任何人责难这一明智的提防办法的。从这里至少可以得出这样一条：一个证据，随着它离那在事物本身中的原始真实性愈远，其力量也就成比例地愈小；可是在有些人那里，却是以一种直接相反的方式来用这一条，意见越古老就越得到力量，一件事，一千年前在一个和第一个肯定它的人同时代的有理性的人看来是没有什么概然性的，到了现在，因为许多人都根据他的见证这样说，就被当作确实的了。

德　历史问题上的批评很重视事件同时代人的见证；可是一个同时代人也只主要在公开事件方面才值得相信，而当他说到动机、秘事、暗藏的动力，以及可争议的事情，例如放毒、谋杀之类时，我们至少知道许多人所相信的是怎么回事。普罗柯比[①]，当他说到贝利赛里乌斯[②]打汪达尔人和哥特人的战争时是非常可信的；但当他在他的《逸史》中散布那些诽谤狄奥多拉皇后的可怕流言飞语时，谁愿相信的就相信去吧。[③] 一般说来，人们对于相信讽刺作品是应该抱极大保留态度的；我们看到我们这个时代发表了一些讽刺作品，完全不像会真有其事的，却被一些无知的人贪婪地当真囫囵吞下了。而有朝一日人们也许会说：要是没有什么看来像回事的根据，那时的人们竟敢发表这样一些东西，这是可能的吗？但要是有一天有人这样说，他的判断将是大错特错了。可是世人是倾向于耽迷讽刺的；只举一个例子：已故的小毛利埃先生[④]，不知由于出了什么岔子，在他若干年前出版的回忆录中，发表了一些完全无根据的东西，反对那位瑞典驻法国大使，无与伦比的胡果·格劳修斯[⑤]，显然由于和对他父亲的这位著名朋友的纪念相抵触的

---

① Procope，拉丁名 Procopius，生于五世纪末，死于约 562 年，东罗马帝国时代的希腊历史学家，曾任贝里赛利乌斯的秘书，著有关于查士丁尼皇帝时代历次战争的《历史》。

② Bélisaire，拉丁名，Belisairius，约 494—565，东罗马帝国查士丁尼皇帝时代的将军，曾打败波斯人，日耳曼族的汪达尔人和哥特人等。

③ 关于普罗柯比《逸史》(τὰ Ἀνέκδοτα—Anecdota)的作者及其内容的可信性问题，有互相对立的意见。有人否定为普罗柯比所作，有人则肯定为普罗柯比所作。这里所说的狄奥多拉皇后(Theodora，527—548)是指查士丁尼皇帝的皇后，是一个野心勃勃而贪婪的女人，对查士丁尼的统治实际起着支配作用，被认为是查士丁尼的统治的"灵魂"。

④ Louis Aubery du Maurier，le fils，死于 1687，是一位历史学家，是法国驻荷兰大使 Benjamin Aubery 的儿子，曾发表了《供荷兰史用的回忆录》(*Mémoires pour servir à l'Histoire de Hollande*，1680)等。

⑤ Hugo Grotius，见前第四卷第八章 § 9"德"注(第 518 页注②)。

某种莫名其妙的原因所激起，我看到有很多作者从妒忌出发重复着他的这些东西，虽然这位伟大人物的谈判和信件都充分使人看出情况是相反的。人们甚至放肆地在历史中写起小说来，而那位写克伦威尔的最后生活的人，竟认为为了使写的材料生动有趣，就可以允许他在谈到这位精明的篡位者还过着私人生活时，说他曾到法国旅行，他曾跟他出入于巴黎的客寓，好像他曾经是他的上司似的。① 可是，卡林顿，一位所知甚多的人，所写的克伦威尔的历史，是当他还在做护国主时献给他的儿子理查德的，书中表明克伦威尔从未出过不列颠诸岛。细节就尤其不确实。对于各次战役，就几乎没有什么好的记述，底德·李维②的那些记述大部分是凭想象的，昆都斯·寇尔修斯③的也是一样。必须得有双方的精确而能干的人的叙述，他们自身就是制订作战计划的，就像达尔贝格伯爵④曾使人铭记的关于瑞典国王查理·古斯塔夫⑤的那些活动和战役那样，他曾杰出地在这位国王手下服务，并且作为里沃尼亚(Livonia)的总督，最近曾保卫了里加(Riga)。不过，对于一位好的历史家，也不能因为一位君主或大臣在某种场合骂了他一句话

① 据夏尔许米特，莱布尼茨这里是指希斯(Jas. Heath)的 Flagellum，或 The Life and Death, Birth and Burial of Oliver, the late Usurper(《已故篡位者奥利佛的生活和死亡，诞生和丧葬》，伦敦，1663)，书中对克伦威尔大肆诋毁。而卡林顿(S. Carrington)的 The History of the Life and Death of Oliver Cromwell(《奥利佛·克伦威尔的生活和死亡的历史》，伦敦，1659)则是对克伦威尔大加赞颂的，并且把他比之于亚历山大大帝。

② Tite-Live，拉丁名 Titus Livius，公元前 59—公元 19，著名罗马历史家。

③ Quinte-Curce，拉丁名 Quintus Curtius，公元一世纪罗马历史家，著有《亚历山大的历史》。

④ le Comte de Dahlberg，1625—1703，瑞典的元帅和工程师。

⑤ Charles Gustave，也称查理十世，1622—1660，瑞典国王。

我们就贬低他，也不能因某个不随他的意的题目，或者也许真正有某种错误而贬低他。有人说，查理五世①想读一点斯莱丹②的书，就说：替我把我那说谎者带来，又说卡罗维茨(Carlowiz)，一位萨克森的绅士，那时是很有名的，说斯莱丹的历史把他心中原有的对古代历史的一切好的意见都摧毁了。这种说法，我说，并无任何力量在了解情况的人心中来推翻斯莱丹的历史的权威，这历史的最好部分乃是国会和各种会议的许多公开文件以及各个君主所批准的文献的一种结集。而如果说这方面还有极少一点点可怀疑的地方，则也刚刚被我杰出的朋友、已故的赛肯道夫③先生的卓越的历史所去除了(在这部历史中，我却不禁要对标题中的 Lutheranisme〈路德教〉这个名称表示不赞成，这名称是在萨克森的一种坏习惯所定下来的)，这历史书中的大部分东西，都得到从归他所支配的萨克森的档案中抽出来的大量文献摘录所证实，虽然莫的主教④对此加以攻击，我把这书寄给了他，他给我的答复也只是说这书冗长得可怕；可是我却但愿它在同样的规模上篇幅能再增加一倍。篇幅愈大就当愈有把握，因为我们就只用在其中挑选一些段落；此外，有些很受推崇的历史著作篇幅也还要大得多。还有，我

① Charles Quint，1500—1558，1516 为西班牙国王，1519 以后为德国皇帝，曾领有欧洲的西班牙，意大利一部分，奥地利以及其他许多属地。1556 年退位。

② 见前二卷一章 § 12“德”(2)注(第 89 页注④)

③ Veit Ludwig von Seckendorf，1626—1692，德国的学者和政治家，他的最重要著作 Commentarius historicus et apologeticus de Lutheranismo sive de Reformatione，(《路德教或宗教改革的历史性和辩护性的评述》，莱比锡，1692)包含有关于 1517—1547 的德国宗教改革的大量文献资料。

④ 指鲍修爱，见上章末的注(第 559 页注①)。

们也并不总是轻视那些在所论述的历史时期以后的作者，只要他们所论述的显然是那么回事。有时也碰到这种情况，就是他们保存了一些最古老的文献资料。例如，人们曾怀疑曾任邦贝格(Bamberg)主教，以后成为教皇克莱孟二世(Clement II)的苏伊贝尔(Suibert)属于什么家族。一位写不伦瑞克的历史的无名作者，生活在14世纪，曾指出他所属的家族，而在我们的历史方面有研究的学者都不愿给予重视；可是我有一本更古老得多的尚未印行的编年史，其中更详细地谈到了这同一回事，从那里可看出他是属于霍伦堡(Hornbourg，离 Wolfenbuttel—沃尔芬布特尔不远)的古老世袭贵族的家族，其采邑是哈尔贝斯塔德(Halberstadt)的主教所驻大教堂的最后一位所有主给的。

§11. 斐 我也不想人家以为我用所指出之点削弱了历史的权威和用处。我们确是从这一源泉以令人信服的显明性接受了我们大部分有用的真理。我看不出还有什么比古代留给我们的那些记述更有价值的东西了，并且但愿我们还能有更多、更完整无损的这样的记述。但没有任何抄本在确定性上超过它最初的原本，这一点总永远是真的。

德 当我们只有单单一个古代作者保证一件事实时，则所有那些抄他的人，都丝毫没有增加什么分量，或者毋宁应该看做一钱不值，这一点是肯定的。而这应该就完全好像他们所说的是属于τῶν ἅπαξ λεγομένων[①]，即只有一次被说到的事情之列，这是麦那其

① 希腊文，意即“只有一次被说到的事务”，“孤证”。

先生[①]曾想搜集起来编成一本书的。还有，今天如果千千万万渺小的作者重复着包尔塞克[②]（举例来说）的那些诽谤，一个有判断能力的人也不会把这看得比一群小鹅叽叽嘎嘎的噪声更有意义。法学家们曾写了 de fide historica[③]；但这题材值得更切实地加以研究，而这些先生们有的太过于宽纵了。至于说到远古时代，有些最引人注目的事实是可疑的。有些高明人士曾很有道理地怀疑罗慕洛(Romulus)是否罗马城的第一个建立者。人们关于居鲁士[④]的死是有争论的，此外，由于希罗多德和克德西亚斯[⑤]之间的对立，曾对亚述人、巴比伦人、波斯人的历史散布了怀疑。尼布甲尼撒[⑥]、犹底特[⑦]，乃至《以斯帖记》的亚哈随鲁[⑧]的历史，都遭到很大的困难。罗马人，当说到图卢兹[⑨]的金子时，和他们所说卡米鲁斯[⑩]打败高卢人的故事是相矛盾的。尤其那种各民族私人修的本

---

① 见前三卷六章 § 23“斐”注(第 354 页注①)。

② Jérôme Hermès Bolsec，生于巴黎，1685 年死于里昂，初为天主教僧侣，后改信新教，因鼓吹彼雷基(Pelagius)的异端学说受到加尔文的谴责，在日内瓦曾被监禁并放逐，后又重新改信天主教，因对加尔文等怀恨在心，写了两本小册子对加尔文及法国另一新教领袖德·贝萨(Theodore de Bèze)进行诽谤攻击，虽名为“传记”，但毫无历史价值。

③ 拉丁文，意即“关于历史的信实”。

④ Cyrus，约元前四世纪波斯皇帝，波斯帝国的创立者。

⑤ Ctesias，公元五世纪，希腊历史家，著有波斯史和印度史。

⑥ Nabuchodonosor 见前二卷二十九章 § 5“德”注(第 274 页注②)。

⑦ Judith，圣经传说中一个犹太女英雄。

⑧ Assuérus，或 Ahasuerus，《旧约·以斯帖记》中所说的波斯国王，废了王后瓦实提(Vasthi)，立以斯帖(Esther)为后。或说亚哈随鲁即泽尔士(Xerxes)，或说即大流士一世(DariusI)，众说纷纭，莫衷一是。

⑨ Toulouse，法国西南部城市。

⑩ Camillus，或 Camille。罗马独裁者，据说曾拯救罗马免于受高卢人的入侵，并被认为罗马的第二个建立者。

民族历史是不可信的，要是它并非根据极古老的原本，也和公家修的历史不充分符合的话。就正因为这样，人家告诉我们的关于日耳曼的、高卢的、不列颠的、苏格兰的、波兰的以及其他的那些古代国王的历史，都被当作是荒唐不经和凭自己喜欢捏造出来的。这位特莱贝塔①，尼奴斯②的儿子，特莱夫斯③的建立者，这位勃鲁特斯④，不列颠人（Britons ou Brittains）的始祖，他们也就只是和那些阿玛地斯⑤一样真实。从某些讲荒唐传说的人那里取来的那些故事，为特里台谬斯⑥、阿凡丁⑦，乃至阿尔比奴斯⑧和齐法利德·彼特利⑨冒昧地采取来讲述法兰克人⑩、波依人⑪、萨克森人⑫、弗

---

① Trébéta，传说中的人物，被认为是特莱夫斯城的建立者。

② Ninus，传说中的古代亚述国王，传统认为他是公元前 2000 年前后尼尼微城的建立者。

③ Trsèves，德国城市，在莫塞尔河（Moselle）滨，有古罗马时代遗址。

④ Brutus，Lucius-Junius，是古罗马推翻了塔尔昆王朝，建立罗马共和国的革命的主要首事者。后来刺杀恺撒的 Marcus-Junius Brutus 是他的后裔。

⑤ Amadis，著名的欧洲中世纪骑士小说 Amadis de Gaule 中的主人公，是那种游侠骑士的典型。著名西班牙小说家塞万底斯（Cervantes）的《堂·吉诃德》就是以讽刺性的方式模拟这种骑士小说的。参阅第四卷第一章 § 1“德”注（第 415 页注③）。

⑥ Johann Trithemius，1462—1516，德国的历史家和神学家，著有关于法兰克人的历史著作，其中有很多无根据的和错误的记述。

⑦ Johann Thurmayr Aventinus（Aventin），1466—1534，著有 *Annales Boiorum*（《波依编年史》）。

⑧ Albinus Flaccus，或作 Alcuinus，约 735—804，英国学者和神学家，曾为查理曼大帝宫廷中的教师，其全集中也有一些历史论著。

⑨ Sifrid Petri，1527—1597，荷兰的文字学家和学者，著有关于弗里西亚人的古代历史著作《古代原始弗里西亚人》（*De Frisiorum antiquitate et origine lib* III. *Cologne*，1590）等。

⑩ Francs，古代居住在莱茵河沿岸的日耳曼民族。

⑪ Boiens，古代居住在法国阿利埃河（Allier）和卢瓦尔河（Loire）之间的高卢民族。

⑫ Saxons，原居住在今德国北部萨克森的民族，为英国民族祖先中的一支。

里西亚人①的古代国王的事的，以及萨克索·格拉玛底柯斯②和《爱达》③告诉我们的北方各民族的远古时代的事，也不比卡特鲁勃柯④所说的更有权威，卡特鲁勃柯是波兰的第一位历史家，他说到他们的有一个国王，说他是恺撒的女婿。但当不同民族的历史在一些地方相吻合，而又并不显示出一个是抄了另一个时，这就是其真实性的很大征验。希罗多德和《旧约》的历史在许多事情上相吻合，就是这样的情况；例如，他说到⑤埃及国王与巴勒斯坦的叙利亚人，也就是犹太人之间的梅吉陀(Mégiddo)战役，根据我们所有的希伯来文的圣史，在这次战役中，约西亚(Josias)王是受了致命伤的。还有阿拉伯的、波斯的，以及土耳其的历史家，与希腊、罗马的以及其他西方的历史家之间的相合，给了寻求史实的人们很大的愉快，也正如从古代留下来的钱币纹章碑铭之类的证据使从古人传给我们的书籍得到印证一样，这些书籍实际上都是抄本的抄本。对于中国的历史我们能了解些什么，这还要等待，直到我们能对它更好作判断的地步，以及到它本身具有了可信性的时候。历史的用处主要在于认识起源所具有的愉快，在于公正对待那些

---

① Frisons，原居住在北海中靠近荷兰、丹麦等地的弗里西亚群岛的民族。

② Saxon le Grammairien，或 Saxo Gramaticus，约 1140—1206，丹麦的历史家，他的《丹麦史》(*Historica Danica*)，对研究斯堪的纳维亚诸民族的原始传说是很有兴趣的。

③ l'Edda，是古代斯堪的纳维亚各民族的神话传说的集子，有两种，一种是诗体的，一种是散文体的。

④ Vincent Kadlubek 或 Kadlubko，1161—1223，波兰历史家，格拉柯(Cracow)的主教，著有《波兰史》(*Historia Polonica*，1612)，其中把古代一些传说也当作史实，但对其当时事件的记述是很有参考价值的。

⑤ 参阅希罗多德的《历史》II，159，以及 Bähr 和 Rawlinson 对该段的注。

有功于旁人的人，在于建立历史的批判，而尤其是关于圣史的批判，这是支持天启的基础的，以及（把那些君主和政权的世系及法律撇在一边）在于那些榜样提供给我们的有益教训。我并不看轻对古代那些甚至最琐屑的细事的详细考察；因为批判者们从中得到的知识有时可能对一些较重要的事情会有用处。例如，我赞成有人甚至可以写部书来记述服饰和裁缝的技术的全部历史，从希伯来大祭司的服装起，或者要是愿意就从第一对夫妇离开天堂乐园时上帝给他们的披在身上的兽皮开始，直到我们今天妇女头上戴的蝴蝶结和身上穿的裙褶止，并且把从古代的雕刻和若干世纪以来的绘画中所看出来的服饰都结合进去。如果有人想要的话，我还可以提供一部上一世纪一位奥格斯堡的英国人写的回忆录，他曾描述了他自己从婴儿时起直到 63 岁止所穿戴的全部服饰。我不知道谁还告诉过我，已故的多蒙公爵①，一位大古董鉴赏家，也有一种类似的爱好。这也许可以有助于辨别真的古代纪念文物和那些赝品，且不说某些别的用处。而既然可以允许人们去玩赌博游戏之类，就也该更可以允许他们分心去从事这一类的工作以自娱，要是不因此有损于主要的义务的话。但我将希望有一些人宁愿致力于从历史中得出一些更有用的东西，如德性的杰出榜样，注意到便利民生的意见，政治的和战争的战略策略之类。我也但愿有人写一部这一类的通史，其中只包括这样一些事以及少数其他最重要的事；因为有时我们会读到一部巨大的历史著作，很博学，写得很好，对作者的目标也很适合，在它自己这一类书里是很

① le Duc d'Aumont，Louis-Marie-Victor，1632—1704，法国的学者和古钱研究家。

杰出的，可是并没有包含多少有用的教训，我这里所指的倒不是单纯的道德教训，如 Theatrum Vitae humanae① 以及其他这一类的精华录(florilèges)中所充满的，而是指所有的人都不认为必要的一些技艺知识。我还但愿有人能从种种游记中抽出无数这一类性质的可以使人得益的东西，并把这些材料加以分类编排。但奇怪的是有这许多有用的事留待人去做，而人们却总是以已经做过的，或纯粹无用的，或至少是一些最不重要的事来自作消遣；而我看不出这方面有什么救治之方，除非等到较太平时期公众更多地来关心这些事的时候。

§12. 斐 您的这些离题的插话是既有趣又有益的。但让我们从事实的概然性转到有关出乎我们感觉范围之外的事物的意见的概然性这个问题上来吧。这些事物是不能有任何证据的，如关于精灵、天使、鬼神之类的存在和②本性，关于在行星上以及在广大宇宙的其他处所的有形体的实体，最后是关于自然的大部分作品的活动方式，以及一切我们只能猜测的事物，在这方面，类比(l'Analogie)是概然性的重大规则。因为这些事物既不能得到证明，就只能在它们或多或少与已确立的真理相符合的范围内而显出是概然的。既然两个物体剧烈摩擦产生热甚至产生火，透明物体的折射使得显出颜色，我们就断定火是在于知觉不到的微小部

① 拉丁文，意即《人生的舞台》，这是一位瑞士的著名医生茨温格(Theodore Zwinger，1533—1588)所编的一部书，是将他岳父李柯斯泰尼(Lycosthenes，1518—1561)所搜集而托付给他的材料编纂成的，是"一部包含很多历史事实，逸事，以及好奇和激动人的观察的巨编"。

② E本和J本均作"et"("和")，G本作"de"，当系误植或手稿笔误。

分的一种剧烈骚动，而那些我们看不到起源的颜色是来自类似的折射；又既然发现在创造物的所有各部分之间有一种渐次的联系(connexion graduelle)，这些部分可以让人类观察到在两个之间没有任何值得考虑的空隙，我们就有一切理由想着事物也一点一点地以感觉不到的等级向圆满性上升。很不容易说有感觉的和有理性的生物是从哪里开始，以及最低级的生物是什么；这就正像在一个正圆锥体中的量的增加或减少似的。在某些人和某些禽兽之间是有极大区别的；但如果我们想把某些人和某些禽兽的理智和才能加以比较，我们就会发现差别是如此之小，以致很不容易肯定这些人的理智比这些禽兽的更清楚或更发达。因此既然我们观察到在创造物的各部分之间，从人直到在人以下的最低级的部分，有这样一种感觉不到的渐次的等级，类比的规则就使我们把这样的情况看作概然的，即在我们之上并且出乎我们观察范围之外的东西中，也有这样一种相似的渐次的等级，而这样一种概然性是合理的假说的重大基础。

德　就是在这种类比的基础上，惠更斯在他的《Cosmotheoros》[①]中，断定其他主要行星上情况和我们这个行星上的是十分近似的；只除了由于离太阳的不同距离所当造成的差别；而丰德奈

① 惠更斯见第二卷第十三章§4"德"注(第130页注③)。"Cosmotheoros"意即"宇宙观览者"，是惠更斯的最后一部著作，全名*Cosmotheoros, sive de terris coelestibus earumque ornatu conjecturae*(《宇宙观览者或猜测中的天上世界》)，在其死后于1698年在海牙出版，是一部关于其他行星上的居民的猜测性或科学幻想性的著作，也正在莱布尼茨写作本书第四卷前不久，即1703年，出了该书的德译本。又1699年出了该书英译本，书名作《被发现的天上世界；或关于行星上的世界的居民、植物和生产的猜测》。

尔[①]先生先前就已发表了他那关于多个世界的充满机智和知识的谈话，他曾对这方面说了一些很美妙的东西，并且找到了把一种困难的题材说得很生动有趣的技术。他差不多好像说，在月亮的帝国里的丑角(Harlequin)也和在我们这里的完全一样。的确，人们断定月亮(那只是一些卫星)和那些主要行星是完全不同的。开普勒[②]曾留下一本小书，其中包含着关于月亮上的情况的一个很精妙的幻想故事，一位很机智的英国人[③]也曾很有趣地描述了一个他捏造出来的西班牙人被经过的候鸟带到月亮上去的故事，更不说那西拉诺[④]了，他以后去找到了那个西班牙人。有些机灵的人，想给人一幅关于另一世界的生活的美妙图景，就引着一些幸福的灵魂从一个世界到另一个世界到处游荡；而我们的想象力在其中发现一部分可归之于精灵的美妙事业。但不论作怎样的努力，我还是怀疑它能够达到目的，因为在我们和这些精灵之间有很大的差距，而在这些精灵彼此之间又有很大差异而变化万端。除非到我们发现了一种望远镜，如笛卡尔使我们期望那样的，能够辨别月

① Bernard le Bovier de Fontenelle，1657—1757，法国文学家和哲学家。1691年起为“法兰西科学院”院士，1698年起又为复活了的“巴黎皇家科学院”院士并任该院常任秘书达58年之久。在他的 *Entiens sur la pluralité des mondes*(《关于多个世界的谈话》，巴黎，1686)中，很成功地使哥白尼和笛卡尔的天文学说通俗化，这也是使科学理论在不失其科学性的条件下成为通俗易懂并生动有趣的一个良好范例。他也写了反对马勒伯朗士的《对偶因论物理学体系的怀疑》(巴黎，1686)等著作。

② 开普勒见前第二卷第四章§1“德”注(第100页注①)，这里是指他的 Somnium seu de astronomia lunari(《梦或论月亮上的天文学》，法兰克福，1634)一书。其中有一段说到月亮上的居民眼中所看出来的天文现象，他们也把自己看作是居于宇宙的中心，很难提高到对于宇宙的真正系统的观念。

③ 指高德文(France Godwin)，参阅第三卷第六章§22“德”注(第353页注①)。

④ 见前第二卷第二十三章§13“德”注(第226页注③)。

球上不过和我们的房子一样大的各部分，我们就不能决定在一个和我们地球不同的星球上是什么情况。我们关于我们的物体内部各部分的猜测将会是更有用和更真实的。我希望在许多场合我们将超过猜测的程度，而我现在就已经相信，至少您刚才所说的火的各部分的剧烈骚动，是不应该被算在那种仅仅是概然的①东西之列的。可惜的是笛卡尔关于宇宙各部分的结构的假说，和以后所作出的研究及发现很少相合，或毋宁说可惜笛卡尔没有晚生 50 年，以便能根据现在的知识给我们一个和他根据他当时的知识所提出的假说一样精妙的假说。② 至于说到物种的渐次的联系，我们在前面的一次谈话中已谈到过一些，在那里我已指出，哲学家们已对形式或物种之间的空隙进行了理论探讨③。在自然界中一切都是逐步地渐进而丝毫不作飞跃的，而关于变化的这一规则是我的连续律的一部分④。但自然的美，愿意有分明的知觉，要求现象中显得有飞跃和可以说是有音乐般的抑扬顿挫的韵律，并且喜欢把各物种混合起来。因此虽然在某个其他世界中可能有一些人与禽兽之间的中介物种（照人们所理解的这些词的意义），并且显得在某个地方有超过我们的理性动物，自然却觉得还是让它们离我们远远的为好，以便让我们在我们这个地球上占有毫无异议的优越地位。我说到中介的物种，而我在这里不想限定自己来谈那些

---

① E 本原文作 paraboles，误，G 本为 probables（“概然的”）。

② 莱布尼茨这里是指笛卡尔关于宇宙生成的旋涡理论，是笛卡尔在其《哲学原理》的第三、第四部分中所论述的。

③ 参阅第三卷第六章 § 12“德”（第 343 页以下）。

④ 参阅第三卷第六章 § 12“德”注（第 344 页注④）。

接近于禽兽的人类个体，因为显然这不是一种功能上的缺陷，而是一种行使上的障碍；所以我认为，最愚蠢的人（他不是由于某种疾病或其他某种取代疾病的永久性缺陷而处于违反自然本性的状态的），也比一切禽兽中最灵巧的都更有理性和更温雅得无比，虽然有时有人因说俏皮话而把它说得相反。此外，我非常赞成类比的研究：植物、昆虫和动物的比较解剖学将越来越多地提供这方面的材料，尤其要是我们继续运用显微镜来进一步推进我们所做的工作的话。而在更一般的问题上，您将发现我关于扩散到一切方面的单子的看法，如关于它们的无穷绵延，关于动物的保持着灵魂，关于在一定状态下，如在单纯的动物死亡的状态下不分明的知觉，关于有理由归之于精灵的身体，关于灵魂与身体的和谐，它使每一方都完全遵循自己的法则而不受另一方的干扰，并且在其中不应区别随意的或不随意的；您将发现，我说，所有这些看法都完全符合于我们所注意到的这些事物的类比，而我只是把它扩大到我们所观察的范围之外，不把它们限制在物质的某些部分或活动的某些种类，而其中只有大与小的差别，感觉得到和感觉不到的差别。

§13. 斐　可以有这样一种情况，这里我们与其听从经验使我们认识的事物的类比，不如更听从远离经验的一种奇异事实的相反证据。因为当超自然事件符合有权改变自然进程者的目的时，则只要它们得到很好证明我们就没有理由拒绝相信它们，这就是奇迹的情况，它们不仅自身具有可信性，而且还把可信性传递给其他需要这样一种确证的真理。§14. 最后还有一种证据，胜过所有其他一切同意的，这就是启示，也就是上帝的证据，上帝是既不能骗人也不能受骗的；而我们给上帝的同意就叫做信仰，它是和最确定的知识一样完全地排除一切怀疑的。但主要之点是在于要靠得住这启示确是神圣的，并且知道我们确是了解了它的真正的意义；否则就会陷于狂信和犯作虚假解释的错误；而当启示的存在及其意义只是概然的时，同意也就不能有比在证据中者更大的概然性。但我们以下还将更进一步来谈这个问题。

德　神学家们在可信性的动机（如他们所称的那样）以及当从之产生并且不能具有比这些动机更大的概然性的自然的同意，和作为神圣恩惠的一种结果的超自然的同意之间作了区别。关于信仰的分析方面人们曾正式写了许多书，它们之间也不完全彼此一致。但既然我们以后还要谈到它，我也不想在这里预先来谈以后在它适当地方要谈的问题了。①

第十七章　论理性

§1. 斐　在各别地谈到信仰之前，我们将先来讨论理性②。

---

①　莱布尼茨在这里没有来详细讨论洛克关于奇迹的观点，只是在本书“序言”第16段，以及以下第四卷第十七章之末，第十九章之末等处简短地谈了自己的观点，而在其他一些著作中则有更详细的关于奇迹问题的论述，如《神正论》的“导言”§6，第一部分§54，第二部分§§207、208，第三部分§249；《形而上学论》§§7、16，以及其他一些著作。莱布尼茨当然也是承认奇迹的。他的“前定和谐”本身就是一个最大的“奇迹”。这正是他的哲学的唯心主义和僧侣主义的表现。但他也不赞成把本当以自然规律来解释的现象任意说成是“奇迹”，并表现出要把自然规律和“奇迹”加以调和的倾向，把“奇迹”说成是服从超出通常自然规律的更高规律的。这当然只能是徒劳的企图。

②　法语 raison 或英语 reason 一词，有多种含义，中译通常在不同场合因其不同含义分别译作“理性”或“理由”等等。这里用的这个词也涉及多种含义，但为表明它在原文中是同一个词，故一律译作“理性”。

这个词有时意指明白和真正的原则，有时指从这些原则演绎出来的结论，而有时则指原因，特别是指目的因。这里我们是把它看作一种功能，由于它我们把人看作有别于禽兽，并且在这方面人显然是大大超过禽兽的。§2.我们之需要理性，既为了扩大我们的知识，也为了规范我们的意见，而正确理解起来，它构成两种功能，这就是用来找出中介观念的机敏（sagacité），和得出结论或推论（inférer）的功能。§3.而我们可以考虑在理性中有这四个等级：(1)发现证据；(2)把它们安排成秩序，使人看出其联系；(3)察觉演绎的每一部分中的联系；(4)从之得出结论。而我们在数学的推证中就可以看到这四个等级。

德　理性①是被认识了的真理，它和另一较少被认识的真理的联系，使我们给后者以同意。但它如果不仅是我们的判断的原因，而且还是真理本身的原因时，我们更特别和突出地称之为理性，这就是我们也称之为先天理性（raison a priori）的，而事物方面的原因，就相应于真理方面的理性。这就是为什么原因本身，特别是目的因，之所以常常被称为理性的缘故。最后是那察觉这种真理的联系的功能，或推理的功能，也被称为理性，而这就是您在这里所用的意义。而这种功能在我们这尘世间是只有人才真正具有的，尘世间的其他动物并没有表现出有这种功能；因为我在上面已经指出过，在禽兽中所看到的那种理性的影子，只是在一种显得和过去相似的情况下期待出现相似的事，而并不知道是否有同样的理性在起作用。人们本身在他们仅仅是凭经验的（empiriques）情

① 这里的"理性"即 raison，都本可译作"理由"，下同。

况下，行事的方式也并不两样。但他们只要看到了真理之间的那些联系，就超出了禽兽之上；这些联系，我说，本身也构成了必然和普遍的真理。这些联系，即使只产生一种意见，当经过切实研究之后，就我们所能判断范围内的概然性的优势地位可以得到证明时，其实也是必然的，以致那时就也有一种推证，这不是关于事物的真实性的推证，而是关于审慎的思虑要求我们采取哪一边的立场的推证。在划分这种理性的功能时，我认为我们依照一种相当为人们所接受的意见，即把发明和判断加以区别，而承认它有两部分，这样做是不错的。至于您所指出的在数学的推证中的四个等级，我发现那第一个，即发现证据，通常是并不如所希望那样在其中出现的。有一些综合，有时被发现是没有分析的，有时分析是被免除了的。几何学家们在作他们的推证时，首先提出要证明的命题，而为了来作证明他们就作出某种被给定的图形。这就是所谓的列题(Ecthèse)。这以后，他们就来作准备，并画一些为他们作推理所需要的新的线；而往往最大的技巧就在于找出这种准备。这样做了之后，他们就来进行推理本身，从那在列题中已给定的和在准备中所加的作出推论；而为此目的运用着已知或已证明的真理，他们就达到了结论。但有些场合他们也不用列题和准备。

§4. 斐　人们一般地认为三段论是理性的重大工具和运用这种功能的最好手段。就我来说，我怀疑这一点，因为它只有助于在单独一个例子中看出证据间的联系而再没有别的；但心灵没有它也一样容易地能看得出甚至也许能更好地看出这种联系。那些知道怎样运用三段论的格和式的人，往往只是凭对他们老师的一种盲目信仰把这种用法视为当然而并不知其所以然的理由。要是三段论是必要的，那么在它被发明以前就没有什么人凭理性知道任何东西了，并且得说上帝把人造成为两条腿的生物之后，就留给亚里士多德来使他成为一个理性的动物；我所指的就是只有为他所能引使来考察三段论的基础的这少数人，这方面，在形成那三个命题〈的三段论〉的60种方式中，只有约14种是可靠的。但上帝对人们却有更多得多的善意；他给了他们一个能作推理的心灵。我这里所说的并不是要来贬低亚里士多德，我把他看作是古代最伟大的人物之一，在广博、精细、心灵的深入透辟以及判断的有力等方面都很少有人能和他相比，并且就是他发明了论证形式的这短小体系这件事本身，也大大有助于学者们来反对那些毫不羞耻地否定一切的人。可是这些形式却并不是推理的唯一和最好的手段；并且亚里士多德也并不是利用这些形式本身来找到它们的，而是通过观念的明显符合这一原始途径找到的；而我们凭借数学证明中的自然秩序所得到的关于它们的知识，不求助于任何三段论还表现得更好。推论就是假定着一些中介观念的一种一定的联系，而从一个已提出作为真的命题，引出另一个作为真的命题；例如，从人们在来世将受惩罚，推论出他们在这里是能自作决定的。其联系如下：人们将受惩罚而上帝是施行惩罚者；因此这惩罚是公正的；因此那受惩罚者是有罪的；因此他本来是能够以别的方式行事的；因此他是有自由的；最后因此他是有自行决定的能力的。这联系在这里比之用五六个错综复杂的三段论看得还更清楚，在用那么些三段论的情况下，这些观念将被移位、重复和嵌进一些人为的形式中去。问题是要知道在三段论中一个中介观念和两端观念有什么样的联系，而这正是没有任何三段论能加以显示的。是心灵才能察觉这些观念,这样用一种并列的方式安排起来,而这是用它自己的眼光来察觉的。那么三段论有什么用呢?它在经院中有用,在那里人们毫无羞耻地否认显然可见地相符合的观念之间的符合。因此人们在寻求真理或教导那些真诚求知的人们时是绝不搞三段论的。也很显然,这样一种秩序:

人——动物——生物

也就是:人是一种动物,而动物是生物,因此人是生物,比之于三段论的这种秩序:

动物——生物。人——动物。人——生物。

也就是:动物是生物,人是一种动物,因此人是生物,是更为自然的。诚然,三段论可以有助于来发现借助于修辞学的华丽辞藻掩盖下的虚妄性,而我从前也曾认为三段论是必要的,至少对于防范那种花言巧语掩盖下的诡辩是必要的;但在更严格的考察之后,我发现只要把那些结论所依据的观念,和那些多余的观念分开,并把它们安排成一种自然的秩序,以显示出其前后不一贯就可以了。我曾认识一个人,完全不知道三段论的那些规则,却能立即觉察出一篇很长的巧伪而貌似有理的言辞中的弱点和虚妄处,而另外一些受过逻辑的全部精巧技术训练的人却让它骗过了;我相信在我的读者之中很少有人会不认识这样的人的。如果不是这样,那么那些君主们在有关他们的王位和他们的尊严的事情上,就不会不在最重要问题的讨论中运用三段论,可是人人都认为这样用是一件可笑的事情。在亚洲,在非洲,在美洲,在那些独立不依于欧洲人的民族中,任何人都几乎从来没有听说过三段论。最后,归根到底算起来,这些经院的形式也并不会少犯些错误;人们也罕见被这种经院的办法弄得哑口无言，更罕见为它所说服和战胜的。他们顶多承认他们的对手比自己更精巧，但他们还是仍然深信自己的道理是正当的。而如果人们能够在三段论中包含谬误推理，那么这种谬误就能用三段论之外的其他方法来加以发现。可是我并不是主张人们抛弃三段论，也不是要人们被剥夺了能有助于理智的任何手段。有些眼睛是需要戴眼镜的；但那些戴眼镜的人不应该说没有眼镜就什么人也看不清楚。这样就会过于贬低自然来抬高一种技术了，他们也许是受惠于这种技术的。除非是他们碰到和这样一些人所经验的完全相反的情况，这些人眼镜用得过多或过早了，视觉就因此被弄得如此模糊，以致不求助于眼镜就再也不能看东西了。

德　您关于三段论无用这一点的推理是充满着大量坚实而美好的意见的。也应该承认三段论的经院的形式世上是很少用的，并且如果认真地要那样用起来也太冗长，太麻烦了。可是，您相信吗？我主张，三段论形式的发明是人类心灵最美好，甚至也是最值得重视的东西之一。这是一种**普遍的数学**，它的重要性还没有被充分认识；并且我们可以说，其中包含着一种**不谬性的技术**（un art d'infaillibilité），只要是我们知道并且能够很好地加以运用的话，这不是永远能办得到的。然而要知道，所谓**形式的论证**（les argumens en forme），我理解为不仅是指在学院中所用的那种经院式的论证方式，而是指凭形式的力量得出结论，并且不需要补充任何项目的一切推理；所以一种堆垛（sorites），即另一种避免了重复的三段论的链，甚至一篇开列得很好的账目，一种代数的演算，一种无穷小的分析，在我看来都差不多是形式的论证，因为它们的推理的形式都是已预先经过推证了的，以致我们靠得住不会受骗弄错。而欧几里得的那些证明也往往就差不多是形式的论证；因为当他看起来在作省略三段论推理时，那被省略和似乎缺了的命题，是用注在边上的引证作了补充的，那里就让人有办法找到那命题是已经证明了的；这就大大地缩短了而又丝毫不减弱力量。他所用的这些戾换(inversions)、组合和理由的划分，只是一些适合于数学家和他们所处理的题材的特殊种类的论证形式，而他们借助于逻辑的普遍形式证明了这些特殊形式。还有，要知道有一些正确的非三段论的结论，也不能严格地用任何三段论来证明而不稍稍改变其名词的；而这些名词的改变本身就使结论成为非三段论的。这样的推论有好多种，如在别的之外就有 a recto ad obliquum①；例如：耶稣基督是上帝；因此耶稣基督的母亲是上帝的母亲。还有那高明的逻辑学家们称为关系的戾换的，例如这个推论：如果大卫是所罗门的父亲，则无疑所罗门是大卫的儿子。而这些结论也仍然可以用通常的三段论本身所依据的那些真理来加以证明的。三段论也并不仅仅是直言的，而是还有假言的，其中也包括选言的。我们可以说直言三段论有简单的和复杂的。简单的直言三段论就是人们通常算的那些，也就是按照各个格中的各个式的那些；而我发现四个格每个各有六个式，所以一共有 24 个式。第一格中通常的四个式，无非是所有、没有、有些这三个记号所指意义的结果。而我为了毫不省略起见加上的两个，无非是从属于全称命题之下的特称命题。因为从这通常的两个式，即：所有 B 是 C，所有 A 是 B，因此所有 A 是 C；还有：没有 B 是 C，所有 A 是

① 拉丁文，意即："由正到歪"，或"由直到曲"。

B,因此没有A是C,我们可以作出这两个外加的式,即:所有B是C,所有A是B,因此有些A是C;还有:没有B是C,所有A是B,因此有些A不是C。因为没有必要来推证那特称命题和证明它的结论:所有A是C,因此有些A是C;以及没有A是C,因此有些A不是C,虽然我们也可以用同一性命题结合第一格中已被接受的式来加以证明如下:所有A是C,有些A是A,因此有些A是C;还有:没有A是C,有些A是A,因此有些A不是C。这样一来,第一格外加的两个式,用这一格通常的头两个式,插进特称命题就得到证明了,这特称命题本身又可以用同一个格的其余两个式来加以证明。用同样的方式,第二格也可以加上两个新的式。这样,第一格和第二格各有六个式;第三格是历来就都有六个式的;人们给了第四格五个式,但我们发现它据同样的增加的原则也有六个式。但必须知道逻辑的形式并不强迫我们采取通常所用的这种命题的次序,而我同意您的意见,先生,下列这另一种安排是更好的,即:所有A是B,所有B是C,因此所有A是C,这在用那种堆垛时就特别会是这样,这种堆垛就是这样的三段论的一条链。因为要是还有这样一个三段论:所有A是C,所有C是D,因此所有A是D,我们可以把这两个三段论作成一条链,而避免了重复,说:所有A是B,所有B是C,所有C是D,因此所有A是D,这里我们看到,所有A是C这个无用的命题被省略了,而两个三段论所要求的这同一个命题的无用的重复被避免了;因为这个命题以后就无用了,而这条链,当其力量靠用这两个三段论一劳永逸地加以证明了之后,则没有这同一个命题也就是一个完全的论证并且在形式上也是正确的。还有无数其他更复杂的链,不仅因为有更多的简单三段论进入其中，而且还因为作为其构成要素的那些三段论彼此之间更加不同，因为我们可以加入其中的不仅有简单直言的，而且还有连接的(copulatifs)，也不仅是直言的，而是还有假言的；又不仅是完全的三段论，也还有省略三段论，其中被认为显然自明的命题是被省略了的。所有这一切，再加上非三段论的推论和命题的移位，以及大量的转折和想法由于心灵要求简短的自然倾向以及由于语言在质词的运用中部分地表现出来的那些特性而掩盖了这些命题——所有这些结合起来就将造成一条推理的链，它表现着一位演说者的全部论证本身，只是剔除和剥掉了它的装饰而还原为逻辑的形式，不是以经院的方式，但对于依照逻辑的规律来认识其力量永远是足够的，这种逻辑的规律，无非就是健全理智(le bon sens)的规律被安排成秩序并书写成文了而已，它和健全理智的规律的区别，也不过就像一种乡土风俗习惯，本来未书写成文的，现在书写成文了，这时和它原来未书写成文时的区别一样，只除了它既经书写成文并能更好地一下看出，就提供了更多的光明，使它能被推进和应用；因为自然的健全理智，要是没有技术的帮助，在作某些推理的分析时，有时对认识那些推论的力量会有点困难，例如就难于发现其中所包含的就真理来说是正确的但通常很少用的某个式。但一个逻辑学家，如果要人不用这样一些推理的链，或者他自己想不用这些，认为永远应该把一切复杂的论证都还原为它们实际所依据的那些简单的三段论，那就会像我已对您说过的那样，好比一个人向商人买了点东西，硬逼着商人要一个一个给他计数，就像扳着手指头来数数，或数城市大钟的钟点那样；这样，要是他不会别样算法，或要是他不是扳着手指头就不知道五加三等于八，那就表明他的愚蠢；或者如果他知道这些简便算法而不想用它或不许别人用它，那就表明是一种任意胡闹。他也就像一个人，不要人运用已经证明了的定理和公理，认为永远应该把一切推理都还原为这些中介的定理所实际依据的、能看出观念的直接联系的那些最初原则。

在解释了逻辑形式照我认为人们应采取的方式的用途之后，我来谈谈您的一些考虑。我看不出，先生，怎么您会以为三段论只能用来看出在单独一个例子中证据之间的联系。说心灵永远很容易看出结论，这是不会这样的，因为人们有时看到(至少在别人的推理中)，那结论中首先是有可怀疑之处的，要是没有看到那推证的话。通常人们用一些例子来证实这些结论的正确，但这办法不是永远十足可靠的，虽然有一种技术来挑选例子，这些例子要是那结论不正确就不会被发现是真的。我不相信在管理得很好的经院中会允许毫无羞耻地否认观念间显然的符合，我也没有看到人们用三段论来表明这种符合。至少这不是它唯一和主要的用途。人们会比所想的更经常地发现(在考察那些作者的谬误理论时)，他们是违犯了逻辑规则，而我自己就有这样的经验，有时在和一些有善意的人进行争论甚至笔头的争论时，只有用形式的论证把推理中的混乱消除了才开始让人了解了自己的意思。在一些深思熟虑的问题上想照经院哲学那样的方式来论证无疑会是可笑的，因为这种推理方式冗长得令人讨厌和非常麻烦，也因为这好像是扳着手指头来数数。可是，在那些有关人生、国家、拯救的最重要的深思熟虑问题上，人们常常让自己被权威的分量、被雄辩的微光、被举得不恰当的例子、被一些错误地假定被省略的命题是自明的那种省略推理，以及甚至被一些错误的结论弄得晕头转向，这一点只能说太确实了，以致一种严格的逻辑，但和经院中的逻辑是不一样的另一码事，对他们只能说是太必要了，除了别的之外，就有必要用它来决定哪一边是最显得正确的。此外，平常人并不知道人为的逻辑，却也还是能很好进行推理，甚至有时比受过逻辑训练的人还进行得更好，从这一点并不能证明逻辑无用，也正如我们不能因为看到有些人并没有学过读书写字，也不知道怎样用笔和筹码，在通常场合却能很好计算，甚至还能纠正另一个学过计算，但可能疏忽或弄混了数字或符号的人犯的错误，就证明人为的算术无用一样。的确三段论也可能变成诡辩，但三段论本身的规律正可用来认清这些诡辩；三段论也并不能使人转变信仰，甚至也并不永远能说服人，但这是因为那些区别的滥用以及那些没有被很好理解的名词把它们的应用弄得太冗长，甚至要是把它推到极端的话就变得令人难以忍受。

这里我只剩下要来考虑和补充您提出的那个论证了，那就是您用来作为一个不用逻辑学家的形式也很明白的推理的例子的。上帝惩罚人（这是一件被假定的事实）；上帝公正地惩罚他所惩罚的（这是人们可以当作已经得到推证了的一条理性真理）；因此上帝公正地惩罚了人（这是一条三段论的结论，被非三段论地扩充为 a recto ad obliquum[①]），因此人是公正地受惩罚的（这是一种关系的戾换，但由于其自明而被省略了的）；因此人是有罪的（这是一个省略三段论，这里省略了这样一个命题，它其实只是一个定义：凡

① 见上第589页注①。

是公正地受惩罚的是有罪的)；因此人本来是能够以别的方式行事的(这里省略了这个命题：凡是有罪的，是能够以别的方式行事的)；因此人曾是自由的(这里又省略了：凡是本来能够以别的方式行事的曾是自由的)；因此(据自由的定义)他是曾有自行决定的能力的；这是需要证明的。我还注意到这因此本身其实既包含着那省掉未说的命题(即凡是自由的是有自行决定的能力的)，又可用来避免名词的重复。而在这意义下，就什么也没有省略掉，并且那论证在这方面可以被当作是完全的。我们看到这论证是一条三段论的链，是完全符合逻辑的；因为现在我不想来考虑这推理的实质内容，在这方面也许是有些意见可提或可以要求作些阐明的。例如，当一个人不能够以别的方式行事时，在有些情况下他也可以在上帝面前是有罪的，好比他如果为了有某种借口不能援助他的邻人却就因此很高兴的话。总起来说，我承认经院式的论证形式通常是不适当的，不充分的，处理得不好的，但我同时要说，没有什么比依照真正的逻辑的形式论证的技术更重要的了，这就是说，就内容实质说是充分的，就推论的次序和结论的力量说是明白的，或者是本身自明的，或者是先已证明了的。

§5. 斐 我曾认为在概然性方面，三段论是更少用处或者毋宁说绝对没有任何用处的，因为它只推进单单一个推论论证①。

---

① 原文为 argument topique，亚里士多德的《正位篇》(*les Topiques*)I.，1，100ª27 以下，说明“argument topique”是指 ὁ διαλεκτικὸς συλλογισμὸς或 ὁ ἐξ ενδόξων συλλογιζόμενος，即“辩证的三段论”或“从概然的出发进行推理的三段论”，以区别于 ἀπόδειξις，即基于和引回最初的必然真理的证明。

又参阅第二卷第二十一章§66“德”(2)注(第 207 页注②)，及第四卷第一章§1“德”注(第 414 页注②)。

但我现在看到永远必须切实地来证明那在推论论证本身之中的可靠的东西,即在其中所发现的概然性,并看到结论的力量是在于形式之中。§6.可是,如果说三段论对于作判断是有用的,我还是怀疑它们能用于作发明,即找到证据和作新的发现。例如,我不相信欧几里得书上第一卷第47个命题的发现,当归功于通常的逻辑的规则,因为人们是首先认识了它然后才能以三段论的形式来加以证明。

德 把三段论的链以及一切我称为形式论证的也都包括在三段论之列,我们可以说,那不是本身自明的知识,是通过推论的结论而得来的,这些推论的结论只有当它们具有适当的形式时才是正确的。刚才说的那个命题,就是说直角三角形斜边的平方等于另两边的平方之和,在证明这个命题时,是把那大的正方形分成几块,并把两个小的正方形也分成几块,而发现两个小正方形的各块都可以在那大正方形里面找到,并且既不多也不少。这是相等的形式上的证明,而各块的相等也是用有正确形式的论证来证明的。古代人的分析,照巴波①说是取其所要求解决的,然后从之引出结论,直至达到某种给定的或已知的东西。我曾指出,为了达到这个结果,那些命题必须是可相互换位的,以便那综合的证明能通过分析的途径又倒回到相反方向去,但这永远是引出结论。可是这里指出这一点是好的,即在天文学或物理学的假说中,这种逆转是不行的;但成功也并不证明假说的真实性。的确它使之成为概然的,但由于这种概然性似乎显得违反了逻辑上教人的真的也可以从假

① 见前第四卷第十二章§4"德"注(第547页注③)。

的引出这一条规则，人们会说逻辑规则在概然问题上将完全没有什么作用。我回答说，真的会是从假的所引出的结论，这是可能的，但并不是永远概然的，尤其当一个简单的假说为许多真理提供理由时是这样；这是很罕见并且很难碰到的。我们可以和卡尔唐①一起说，概然的逻辑有和必然真理的逻辑不一样的结论。但这些结论的概然性本身应该是用必然真理的逻辑的结论来加以证明的。

§7. 斐　您似乎是在为普通逻辑作辩护，但我看得清楚您所提出的是属于一种更高级的逻辑的，普通逻辑对于它来说，就好比初级的 ABC 对于学者的广博学识一样；这使我记起贤明的虎克②的一段话，他在他的名叫《教会政治》一书的第一卷 §6. 中认为，如果人们能够提供一些对知识和推理技术的真正帮助，这在我们这个算是开明的时代是不大为人所知并且人们也不大为它费心的，那么在判断的成熟可靠方面，用了这些帮助的人们和现在的人们之间就会有很大的区别，正如现在的人们和那些无知的傻瓜之间的区别一样大。我希望我们的谈话能给一些人以机会，来发现这位具有如此透辟精神的伟大人物所说的这些对技术的真正帮助。这将不是一些模仿者，像牲畜跟着脚印走老路那样的(imitatorum

① 见第一卷第一章开始处的注(第 33 页注④)。

② Richard Hooker，1553—1600，在他所作的《教会政治的法律》(*Laws of Ecclesiastical Polity*)一书中，企图维护新教君主和国会所建立的那种对英国教会的主教制形式的统治，而反对长老会派对此的攻击。为此目的，他在该书的头两卷中提出了一些基本原则作为解决所争论的问题，特别是关于一般法律本性问题的哲学基础。洛克和莱布尼茨所引的这一段，见该书第一卷第六章 §3。见牛津大学 1841 年版《虎克著作集》两卷本的第一卷第 164 页。

servum pecus[①])。但我敢说,在这个时代是有一些人有这样的判断力和这样广阔的心灵,以致能够找出一些新的途径来促进知识的,如果他们愿意费心把思想转向这一方面的话。

德　您已经和已故的虎克先生一起很好指出,先生,世人不大在这方面用功夫;否则我相信是有并且已经有过一些人能在这方面获得成功的。不过必须承认,我们现在是有一些重大的帮助的,不论在数学或在哲学方面都一样,在这方面您那位卓越的朋友的《人类理智论》就不是最小的。我们将来看看是否有办法从之得益。

§8. 斐　我还得对您说,先生,我本来曾认为在三段论的规则中是有一种显然可见的错误的;但从我们在一起谈话以来您已使我迟疑起来了。可是我还是要向您提出我的困难。人家说,"任何三段论的推理,如果不包含至少一个全称命题,就不能有结论"。但似乎只有特殊事物才是我们的推理和我们的知识的直接对象;它们只涉及观念的符合不符合,这些观念每一个都只有一种特殊的存在并且只代表一件单个的事物。[②]

德　只要您想到事物的相似性,您就想到了某种不止于此的东西,而普遍性无非就在于此。您也永远不会提出任何论证,其中没有用到普遍真理的。可是指出这一点是好的,即人们是把(就

① 拉丁文,意即:"模仿者,供人役使的牲畜",见贺拉西 Epist.(《书信》)1,19,19。

② 这里是洛克的经验论中唯名论观点的鲜明表现。这种观点只承认单个或特殊事物的存在,而否认普遍性的实在性,从而也只承认对单个事物的认识而否认对普遍性的理性认识的可靠性。这也正是洛克这种经验论观点的片面性和局限性所在。莱布尼茨对这种观点的反驳是抓住了经验论固有的弱点的,但他自己的观点则是唯心主义的,同时他的唯理论观点总的说来也陷于另一方面的片面性。

形式方面说)特称命题包括在全称命题之下的。因为虽然的确只有过单单一位使徒圣彼得,我们却可以说,凡曾是使徒圣彼得的都曾不认他的主。这样,这个三段论:圣彼得曾不认他的主,圣彼得曾是一个门徒,因此有些门徒曾不认他的主(虽然只有特称命题),是被看作具有全称肯定命题的,而它的式将是第三格中的 Darapti。①

斐 我还想告诉您,我本来觉得把三段论的两个前提的位置换一下,说所有 A 是 B,所有 B 是 C,因此所有 A 是 C,比之于说所有 B 是 C,所有 A 是 B,因此所有 A 是 C,似乎更好些。但照您所说的看来,这样似乎也差不多,而两者是被算作同一个式的。如您所指出那样,和通常不同的那种安排法更适合于作成多个三段论构成的一条链,这总始终是真的。

德 我完全同意您的意见。可是人们似乎曾认为像第一格和第二格的大前提那样从全称命题开始,是更适合于教授法的;而且现在还有些讲课者有这种习惯。但像您提出的那样那联系是显得更清楚。我以前曾注意到亚里士多德可能是有一种特殊的理由要照通常那种排法。因为他不说 A 是 B 而习惯于说 B 在 A 中。而照这种说法,则您所需求的那种联系本身在他就出现在通常所接

---

① Darapti 即第三格第一式,参阅第四卷第二章§1“德”注(第 423 页注②)。

照通常的办法,这里“彼得”作为中词,而“门徒”是结论中的主词,小前提必须换位,这样全称肯定命题“圣彼得曾是一个门徒”就变成了特称肯定命题“有些门徒曾是圣彼得”,从之就直接可得出特称肯定的结论“有些门徒曾不认他的主”。这样第三格的 Daraptj 式就变成了第一格的 Darii 式。这里前提之所以为全称是因为“彼得”构成他所属的整个的类,其实也就是把“彼得”看成只包含单个分子的“类”。关于“彼得不认主”,见《马太福音》第二十六章第六十九节以下。

受的那种排法中了。因为他将不说B是C,A是B,因此A是C,而是这样说:C在B中,B在A中,因此C在A中。例如,不说:矩形是等角形(即各角相等的),正方形是矩形,因此正方形是等角形,亚里士多德不改变命题的位置,而把中间位置保留给中词,用把名词的位置倒过来的办法来说这些命题,他会说:等角形是在矩形之中,矩形是在正方形之中,因此等角形是在正方形之中。而这种说法是不应加以轻视的,因为实际上谓词是在主词之中,或者说谓词的观念是包含在主词的观念之中的。例如,等角形是在矩形之中的,因为矩形是所有的角都是直角的图形,而所有的直角都是彼此相等的,因此在矩形的观念中就有一个所有的角都相等的图形的观念,而这就是等角形的观念。通常的说法毋宁是对个体来说的,但亚里士多德的说法则更多的是就观念或共相来说的。因为说所有的人是动物,我是想说所有的人是包含在所有的动物之中的;但我同时也理解为动物的观念是包含在人的观念之中的。动物比人包含着更多的个体,但人则包含更多的观念或更多的形式性[①];一个有更多的例子,另一个有更大程度的实在性;一个有更大的外延,另一个有更多的内含。我们也可以真正地说,全部三段论都可以用 de continente et contento[②] 即包含者和被包含者的理论来加以证明,这和全体与部分的理论是不一样的;因为全体永远是大于部分的,但包含者与被包含者有时是相等的,如在可相互换位的命题的情况就是这样。

---

① formalités,经院哲学名词,即指本质。

② 拉丁文,意即:"包含者和被包含者"。

§9. 斐 我开始对逻辑形成了和以往我对它的观念完全不同的另一种观念。我本来把它当作是一种学者的游戏，而我现在看到它照您所理解的那样好像是一种普遍的数学。但愿上帝保佑人们能把它加以推进，使它成为某种胜过它现在所处状况的东西，以便我们能找到虎克所说的那种对理性的真正帮助，这将使人们提高到远远超出当前状况之上。而理性是非常需要这种帮助的一种功能，它的范围是十分有限的，并且它在很多方面对我们是有缺陷的。这就是(1)因为往往那些观念本身就是我们所缺乏的。§6. 然后(2)这些观念往往又是模糊和不完全的；反之在它们是明白清楚的场合，如在数的情况，我们就不会发现不可克服的困难，也不会陷入任何矛盾。§7. (3)困难也往往来自我们缺乏中介观念。我们知道，在代数这种重大的工具和人类机智的显著证据被发现以前，人们看到古代数学家们的许多推证都很惊讶。§12. 也有这种情况，(4)人们在一些假的原则的基础上来建立〈理论〉，这就可能陷入困难，在这里理性只有进一步把事情弄乱而远不是把事情搞清楚。§13. 最后，(5)那些意义不确定的名词，使理性为难。

德 我不知道我们是否如您所想那样缺乏那么多观念，这是说，清楚的观念。至于混乱的观念，或毋宁说影像，或者要是您喜欢，可以说印象，如颜色、滋味等等，这是许多小观念的一种结果，这些小观念本身是清楚的，但我们不能清楚地察觉到，这样的观念有无数是我们所缺乏的，这些观念对别的生物比对我们更适合。但这些印象也毋宁只是有助于产生一些本能和建立起一些经验的观察，而不是为理性提供材料，除非是它们伴随着清楚的知觉。因此主要是我们缺乏对这些被混乱观念掩盖着的清楚观念的知识，阻碍了我们，而甚至当一切都清楚地陈列在我们感官或我们心灵面前时，那必须考虑的事物的繁多，有时也把我们搅浑。例如，当有一千发的一堆炮弹放在我们眼前时，显然，为了能够很好地想着这很多的一堆东西的数目和特性，把它们像在仓库里所干的那样安排或各种形状是很有用的，为的是对它们可以有清楚的观念，并且甚至将它们加以固定，这样就可以省去麻烦，不必屡次地来数它们。也正是考虑的东西的繁多，使得在关于数本身的科学中也有一些极大的困难，因为人们在其中找一些简便的办法，而有时不知道自然对所涉及的情况是否在它夹缝中有这样的办法。例如，表面看起来还有什么比素数的概念更简单的吗？所谓素数就是指除了1和本数之外不能被任何其他数所整除的整数。可是人们还在寻找一种确实而容易的标志，以便用不着把小于所给定素数的平方根的所有〈各个本身也是〉素数的除数都来试一试，就能确定地认识这些素数。有大量的标志，可以使人不必作很多计算就知道某个数不是素数，但人们要求要有一种标志，既是容易的，又当一个数是素数时就能使人确定地知道它是素数。也正是这使得代数学至今还是如此不完善，虽然没有什么比它所用的那些观念更为人所知的了，因为这些观念无非是指一般的数；因为公众至今还没有办法来求出超过四次的任何方程的无理根（只除了一种极受限制的情况），①而刁

① 在莱布尼茨的时代，如正文所说，二次、三次、四次方程都被化为纯方程，而超过四次的更高次方程的化法，还是个未解决的问题，数学家们为此费了很多工夫，直到挪威的著名数学家阿贝尔(N. H. Abel，1802—1829)才证明了(1824)五次及任何更高次的方程一般都不可能以根式来求解。

方廷①、斯齐比翁·费利②以及路易·费拉利③各自用来求解二次、三次和四次方程的方法，目的是把它们化为一次方程，或者是把带从方程④化为纯方程，这些方法彼此都是完全不同的，就是说，用来解某一次方程的方法和用来解另一次方程的方法差一次。因为二次方程化为一次的，只要消去那第二项就行了。三次方程的得到解决是因为把未知数分成几部分，由此就幸好得到了一个二次方程。而在四次或双二次的方程中，是在方程的两边加上某种东西，以使得两边都能开方；而又幸好发现要得到这个结果，只需要一个三次方程就行了。但所有这一切都只是幸运或机遇和技术或方法的一种混合。而在探索后两种即三次和四次方程的解法时，人们并不知道它是否能成功。在五次或六次即双三次的方程方面要获得成功，也还需要某种别的技巧；而虽然笛卡尔曾认为，他在解四次方程中所用的方法，即把四次方程看作另外两个二次方程所产生的结果（但这方法归根到底也并没有超出路易·费拉利的方法），在解六次方程中也会得到

① Diophantus，约325—409，亚历山大里亚学派的著名希腊数学家，在其《算术》一书中曾给出了解一次和二次方程的方法。

② Scipion du Fer，或 Scipione del Ferro 或 Ferri，约1465—1525，意大利数学家，约在1505年曾发现了一个三次方程的特例的解法。

③ Louis de Ferrare 即 Ludovico 或 Luigi Ferrari，1522—1562或1565，意大利数学家，曾发现解三次方程的公式的证明，和解四次方程的方法。

④ “带从方程”原文为 équation affectée，疑是指具有低次项的方程。如费拉利解 $x^4+ax^3+bx^2+cx+d=0$ 时，就是设法先消去 ax^3，而如果 ax^3，bx^2，cx 都消去则得纯方程。我国古代称解纯三次方程为开立方，而称解一般三次方程为“开带从立方”，故姑且将“équation affectée”译为“带从方程”。

成功，却并没有被发现是这样。这种困难使人看到即使最明白、最清楚的观念也并不始终总是给我们所要求的一切和从它们能得出的一切。这也使人断定，代数要成为发明的技术还差得很远，因为它本身也还需要一种更一般的技术；而我们甚至可以说，那种普遍语文(la specieuse en général[①])即关于符号的技术对此是一种了不起的帮助，因为它有助于解放想象力。看了刁方廷的算术和阿波罗纽及巴波的几何学书籍，我们毫不怀疑古代人在这方面已有了一些东西。韦达[②]曾对此加以扩大，不仅要求的未知数而且连已知数也用一般的字母符号来表示，在计算方面作了欧几里得在推理方面所已做的事；而笛卡尔则把这种计算扩大应用于几何学，用方程来表示线。可是即使在我们现代的代数学发现以后，布依奥先生[③]，无疑是一位卓越的几何学家，我在巴黎也曾认识的，也看到阿基米德关于螺线的证明只感到很惊奇，而不能理解这位伟大人物怎么会想到把这曲线的切线作为圆的度量。而圣·文生的格里高利神父[④]似乎猜到了这一点，断定这是由螺线和抛物线的类似而达到的。但这条途径只是一种特例，而我所想到并且成功地与公众分享的那种通过微分法来进行的新的

---

① 参阅第三卷第二章§1“德”(第302页注①)，及三卷九章§19—21“德”(第390页注①)等处。

② 见前第四卷第七章§6“德”注(第489页注①)。

③ Bouillaud(Ismael Bullialdus)即 Ismael Boulliau，1605—1694，法国的数学家和天文学家，曾对某些星的光的变化首先提出过一种解释。

④ Grégoire de Saint-Vincent，1584—1667，法兰德斯的几何学家，曾大力从事于探求化圆为方的问题。

无穷小演算①,则给了人一种一般的方法,在这里,这种就螺线所作的发现就只是一种游戏和最容易的事情的一种试样,就像我们以前在有关曲线长度问题方面所曾发现的几乎所有东西一样。这种新的演算之所以有好处,其理由还在于它在笛卡尔排除在他的几何学之外的那些问题上解放了想象力,笛卡尔排除这些问题的借口是说它们最经常地会引向力学去,但骨子里是因为它们和他的演算不一致。至于那些由于名词的含糊而产生的错误,那是要靠我们去加以避免的。

斐 也还有一种情况是不能用理性的,但这里也是不需要理性并且观察的眼光比理性还更有价值的。这就是在直觉知识方面的情况,这里观念之间和真理之间的联系是直接被看到的。对那些无可怀疑的公则的知识就是这样,而我总倾向于认为,这是天使现在所具有,也是达到完美程度的正义的人的心灵在未来状态下对于现在为我们认识所不及的千百种事物所具有的显明性的程度。§15.但基于中介观念的推证,则给人一种推理知识。这是因为中介观念和两端观念的联系是必然的,并且通过明证的并列而被看到的,就好像一根尺子,我们用来量一下这件衣服,又量一下那件衣服,以使人看出它们是一样长的。§16.但如果那联系只是概然的,则判断只给人一种意见。

① "微分法",原文为 différences,这词在现代是指"差分法",但在莱布尼茨的时代是指"微分法"。"无穷小演算"原文为"calcul des infinitésimales",也就是指莱布尼茨所发明的微分。关于他自己对他发明微积分一事的论述,可参考他的 Historia et origo calculi differentialis(《微分的历史和起源》),载 Gerhardt 编《莱布尼茨数学著作集》Ⅱ.1〔第五卷〕,392—410;Dutens 编的《莱布尼茨全集》第三卷有大量有关莱布尼茨和牛顿关于微积分发明权问题的争论的材料。

德 单只上帝才有只具有直觉知识这种好处。但那些幸福的灵魂,不论如何脱离了这粗鄙的身体,以及那些精灵本身,不论他们何等崇高,尽管他们具有一种比起我们的来无比地更为直觉的知识,并且往往一眼就能看出我们靠推论的力量在花了许多时间精力以后才能找出的东西,他们在他们的道路上也当碰到困难的,否则他们就会没有作出发现这种愉快了,这是最大的愉快之一。并且永远应该承认也有无数真理对他们也是掩盖着的,或者是完全掩盖着,或者是一时掩盖着,须要他们靠推论的力量才能达到,也要靠推证或者甚至往往还靠猜测。

斐 〔那么这些精灵也就只是比我们更完善些的动物了,这就好像您和那位月亮上的皇帝一起说过的,一切也都和这里地上一样。〕

德 我要说不是完全这样,而是就事物的根底来说是这样,因为圆满性的方式和程度是无限地变化多端的。可是那根底是到处同样的,这在我是一条基本公则,并且支配着我的全部哲学的。而我只是照我们所清楚认识的事物的方式来设想那些不认识或混乱地认识的事物;这使得哲学成为非常容易的,而我确认为是应该这样。但如果说这种哲学就根底来说是最简单的,而就表现样式方面来说则也是最丰富的,因为自然可以使它们无限地变化多端,正如它也使之具有所能想象的一切富饶、秩序和装饰一样。就是因为这样,我认为没有什么精灵,不论他如何崇高,会没有无数更高的精灵在他之上。可是虽然我们比这许多精灵性的存在物低得多,我们却有这种好处,就是在这地球上并不显然受控制,在这里我们是毫无争议地占有头等地位的;而且不论我们陷于怎样的无知状态，我们却有这样的愉快，没有看到什么超过我们之上的。而如果说我们这样是虚荣，我们也可以像恺撒那样认为，宁愿在一个小村镇当头头，也不愿在罗马当第二把手。此外，我这里说的只是这些心灵的自然知识，而不说那种有福的面见上帝[①]，也不说上帝愿赐给他们的那种超自然之光。

§19. 斐 由于每个人都或者对自己或者对别人来运用理性的推理，对于那四种论证来作些思考将不是无用的，人们习惯于用这论证来把别人拉到自己的意见这边来，或者至少是使别人处于一种折服状态，以阻止他们进行辩驳。第一种论证可以叫做argumentum ad verecundiam，[②]当人们引用那些由于知识、地位、权力或其他而获得权威的人的意见时就是这样；因为当别人不立即顺从它时，就会被谴责为虚荣浮夸，甚至被责为傲慢无耻。§20. 还有(2)argumentum ad ignoratiam[③]，这就是迫使对方承认那证据，否则就要他指出一个更好的来。§21. 还有(3)argumentum ad hominem，[④]当人们以一个人自己说过的话来逼迫他时就是这样。§22. 最后还有(4)argementum ad judicium[⑤]，这就是应用从某种

---

① vision béatifique，这是宗教神学上用的名词，用以指圣者和天使在天上直接面见上帝，这被认为是他们的主要幸福。这种观点本起源于柏拉图所宣扬的对理念的"超理性"的直觉知识，新柏拉图主义者斐罗、普洛提诺等进一步发展为对于上帝的神秘的出神状态的直观，中世纪基督教的一些神秘主义神学家特别宣扬这套观点。一些哲学上的唯心主义者也借此来宣扬一种"超理性"、实即反理性的而似乎是最确定、最完满的绝对知识。

② 拉丁文，意即："借口谦恭的论证"，洛克原书中译作"剽窃名言"。

③ 拉丁文，意即："利用无知的论证"，洛克原书中译作"利用无知"。

④ 拉丁文，意即："以子之矛攻子之盾的论证"，洛克原书中译作"穷迫他说"。

⑤ 拉丁文，意即："明辨事理的论证"，洛克原书中译作"准事酌理"。

知识或概然性的源泉得出的证据〈来进行论证〉；而这是所有论证中唯一能使我们前进和对我们有所教益的；因为假使我出于恭敬而不敢反驳，或者我没有什么更好的可说，或者我自相矛盾了，也并不因为这些您就是对的。我可以是谦逊的，无知的，弄错了的，而您可能也是弄错了的。

德　在说起来是对的和真正要来相信的东西之间，无疑必须加以区别。可是，大部分的真理是可以大胆公开地坚持的，有些反对一种意见的偏见却必须遮遮掩掩。利用无知(ad ignorantiam)的论证在一些要作出推定的情况下是对的，在这种场合，坚持一种意见直到那相反的得到证明为止，是有道理的。以子之矛攻子之盾(ad hominem)的论证有这样的效果，即它表明这一个或另一个论断是假的，而对手不论采取何种方式总是错了的。我们还可以提出人们所用的其他一些论证，例如那可叫做 ad vertiginem① 的论证，当人们像下列这样推理时就是这种论证：如果不接受这一证据，我们就无法在所论之点上达到确定性，这是被人看作荒谬的。这种论证在某些情况下是对的，好比有人若想否认那些原始的直接的真理，例如任何东西都不能同时既是又不是，或我们自身存在②，因为如果他有理，那就会没有任何办法来认识任何东西。但当我们定下某些原则，并想加以坚持，因为否则已被接受的某种学说的整个系统将会倒塌时，这论证却不是决定性的；因为在那必须用来支持我们的知识的东西，和可用来作为我们已被接受的学说

① 拉丁文，意即："兜圈子"〈的论证〉。

② E 本无"ou que nous existons nous mêmes"("或我们自身存在")一句，译文从 G 本。

或我们的实践的基础的东西之间，必须加以区别。在法学家们那里有时就用一种类似的推理来为他们根据其他被控犯有同样弄妖术罪的人的供词而对那些被认为弄妖术的人定罪或刑罚的做法进行辩护，因为他们说：如果这一论证倒台了，那我们怎么来使他们服罪呢？而有时在刑事问题上，某些作者以为在较难使人服罪的事情上，比较薄弱的证据也可以被当作充足的。但这不成一个理由。这只是证明必须更加仔细小心，而不是说我们应该更加轻忽地就相信，除非是在一些极端危险的犯罪案件中，例如在大逆不道的事情上，这种考虑是有分量的，不是为了给一个人定罪，而是为了防止他为害；这样，在判决中，在法律和习惯许可的场合，就可以有一种中道，不是在有罪与无罪之间的中道而是在定罪与免罪之间的中道。在德国，若干时期以来人们也用一种类似的论证来为铸造坏钱币文过饰非；因为（他们说）如果要遵守规定的规则的话，我们要铸钱就不能不有所损失。因此就应该允许降低成色。但除了应该只减轻重量而不是降低成色或成分来更好地避免作假骗人之外，人们是把一种并非必要的做法当作必要的；因为既没有上天的命令也没有人间的法律要强迫那些既无矿产也没有机会有许多银条子的人来铸造钱币；而将钱求钱，这是一种很坏的做法，它自然会带来腐化堕落。那么（他们说）怎么来实施我们铸钱的王家特权呢？答案是很容易的。你就满足于用好银子少铸点钱币吧，即使受点损失也罢，要是你认为铸钱造币对你很重要的话，因为你既无必要也无权利以坏货币来充斥世界。

§23. 斐　在关于我们的理性和其他人的关系方面说了一点之后，让我们再就它和上帝的关系再来说一点，这种关系使我们在那反理性的和超理性的之间作了区别。属于第一类的是一切和我们明白而清楚的观念不相容的东西；属于第二类的是一切这样的想法，它的真实性或概然性是我们看不出能借助于理性从感觉或反省演绎出来的。因此如不止一位上帝存在是反理性的，而死人复活是超理性的。

德　关于您对超理性的所下的定义，我觉得有点意见要提，至少要是您把它和这话的公认用法联系起来的话；因为我觉得照这定义所暗示的方式，它一方面走得太远了而另一方面又走得不够远；而如果我们遵照着它，则凡是我们所不知道的以及我们在当前状况下没有能力认识的东西就会都是超理性的了，例如，某一恒星比太阳大些或小些，还有维苏威火山在哪一年将会爆发喷火，这些事实的知识超出我们的范围，并不是因为它们是超乎我们的感官的；因为我们要是有更完善的器官并且对其环境情况有更多了解的话，是将能很好地对它作出判断的。也有一些困难，是超乎我们现在的功能，但并不是超乎一切理性的；例如，世上没有一位天文学家能够不用握笔在手就计算出在一个 pater① 的空间的一次日月食的细节，可是也许有些精灵，对他们来说这简直不过是一种儿戏。因此，所有这些事情，假定有对事实更多的了解，更完善的器官和更高级的心灵的话，都可能被弄成借助于理性得以认识或可行的。

斐　要是我把我的定义理解为不仅是对我们的感觉或反省，

① 拉丁文，这词的通常意义是指“父亲”，也指天上之“父”即“上帝”，或神话中的众神之王尤比德(Jupiter)。这里所谓“一个 pater 的空间”也就是指“广阔无垠的空间”的意思。

而是也对所有其他可能的被创造心灵的感觉或反省而言，那您这反驳就失效了。

德 如果您这样理解，您是对的。但将还有另一个困难，这就是：照您的定义就将没有什么是超理性的了，因为上帝将永远能够给办法用感觉和反省来把握不论什么真理；正如事实上那些最大的神秘事情由于上帝的作证对我们也就变成被认识的了，这种作证是我们通过可信性的动机(les motifs de crédibilité)而认识到的，我们的宗教就以这种动机为基础。而这些动机无疑是依赖于感觉和反省的。因此问题似乎不在一件事实的存在或一个命题的真实性是否能从理性所用的原则，也就是从感觉和反省，或者说从外感官和内感官演绎出来，而在于一个被创造的心灵是否能够认识这事实的如何或这种真实性的先天理由；所以我们可以说那超理性的也是很能被把握的，但它是不能通过被创造的理性的途径和力量而被理解的，不论这理性多么伟大和崇高。这是单只保留给上帝来理解的，正如使它成为事实也单只属于他一样。

斐 这种考虑我觉得是对的，我也正是希望人家这样来理解我的定义的。这同一种考虑也使我更坚信我现在所持的意见，即把理性和信仰对立起来的说法，尽管有很大权威，也是不恰当的，因为我们是用理性来核实我们所当信仰的。[①] 信仰是一种坚决的同意，而得到应有方式的规范的同意，只能是根据正当理由来给

① 这里照G本，原文为"car c'est par la raison que nous vérifions ce que nous devons croire"。E本和J本此句均作："car c'est par la raison que nous devons croire"。("因为我们应该凭理性来信仰。")

予。因此那种并无任何相信的理由就相信的人，可能是爱他的幻想，但他并不是真的在追求真理，也不是合法地服从他神圣的主，主要是他运用那些功能的，主以那些功能丰富了他，为的是保他不犯错误。否则，如果他走在正路上，那是碰巧；而如果他走了邪路，那是由于他的错误，对此他是要对上帝负责的。

德　我非常赞赏，先生，您要把信仰建立在理性的基础上；要不然为什么我们会认为基督教圣经比可兰经或婆罗门教的古籍好呢？我们的神学家们以及其他一些有学问的人也都曾认识到这一点的，也正是这一点使得我们有如此美好的有关基督教真理的作品，并且有这么多美好的证据被提出来反对那些异教徒以及古代和近代的其他不信神的人们。明智的人们也始终怀疑那样一些人的主张，他们以为在涉及信仰的事情上是不必费心考虑理由和证据的；其实这是不可能的事情，除非信仰就只意味着背诵或重复，以及无所用心地听之任之，就像很多人所干的那样，以及甚至就像有些民族的性格那样，他们比其他民族更其如此。这就是为什么十五和十六世纪的有些亚里士多德派哲学家，他们的残余在那以后很久还继续存在（如我们从已故的诺德先生①的信及《诺德集》中可以看出的），曾想主张有两种对立的真理，一种是哲学的，另一种是神学的，在利奥十世主持下的最后一次拉特兰会议②曾有理

① Gabriel Naudé，1600—1653，著名法国学者，初曾为法王路易十三的医生，后主要从事于文化及图书馆事业。《诺德集》（*Naudenna*）是从他的谈话中抽出的一些逸闻的集子。

② 拉特兰（Latéran）是罗马天主教的大本营，这是指 1512 年 12 月 19 日在教皇利奥十世主持下的第五次拉特兰宗教会议。

由加以反对，正如我认为已曾指出过的那样。① 前些时在赫尔姆斯台特，在神学家但以理·霍夫曼(Daniel Hoffmann)和哲学家高乃伊·马丁(Corneille Martin)之间也曾引起过一场完全类似的争论，不过有这点区别，这位哲学家是要把哲学和启示相调和，而这位神学家则想抛弃哲学不用。而儒勒公爵(le Duc Jules)，这位大学的创立者，则宣布支持哲学家②。的确，在我们的时代一位有最崇高地位的人士也说过，在信仰问题上必须挖掉眼睛才能看得清楚，而德尔都良③在有个地方也说过：这是真的，因为它是不可能的；这是必须信仰的，因为它是荒谬的。但如果说这样说法的人

① 参阅《神正论》前言，§§7、8、11。这里所说的“亚里士多德派哲学家”，分为两派，是按照其创始人对亚里士多德的不同解释而形成的。一派称“亚历山大派”，是照公元200年前后，阿发洛地西亚(Aphrodisias)的亚历山大(Alexandre)的解释，另一派称“阿威罗伊派”，是照伊斯兰哲学家阿威罗伊(Averroes，1124—1198，即伊本·鲁世德)的解释。两派都否认个人灵魂不死，也都主张“双重真理”说，因而在1512年的“拉特兰会议”上被定为“异端”。十五、十六世纪主张这种“双重真理”说的人中，最主要的是意大利哲学家彭波那齐(Pietro Pomponazzi 1462—1525)。他属于“亚历山大派”，也被控为“异端”，他曾企图为这种“双重真理”说找一种更深的基础，认为理性有双重的本性，即思辨的和实践的，思辨的理性提供了哲学的基础，实践的理性则提供了神学和伦理学的基础。这种“双重真理”说在当时是企图为哲学摆脱传统宗教神学的束缚寻找理论根据，因而具有反封建的进步意义的。

② 参阅《神正论》，前言§13. 关于这场争论，从1598延至1601年，可参阅Pünjer，Gesch. d. Christ. Religionsphilosophie(彭耶：《基督教宗教哲学史》)第一卷，第132—141页，以及托马修：《论霍夫曼的争论》(G. *Thomasius*：*De controversia Hofmanniana*，*Erlangen*，1844)等专著。本书德译者夏尔许米特注认为儒勒公爵是Henry Julius，是那位大学创立者儒勒公爵的儿子和继承人，他曾审阅了这场争论的文件，并作出决定，要保护哲学家而反对他的对手，这些对手就在国外大肆散布恶毒诽谤他的流言飞语，对他进行攻讦。

③ Tertullien，160—240，基督教早期的著名“教父”，生于迦太基。这里所引的他的话，见于他的*De carne christi*(《论基督的肉体》)，第五章。莱布尼茨在其《神正论》前言§50，也引了这段话。

心意是好的，这种说法总是过头的，并且可能造成危害的。圣保罗就说得更正确些，他说上帝的智慧在人面前是疯狂；这是因为人们只是照他们极其有限的经验来判断事物，而凡是和这经验不合的在他们就显得是荒谬的。但这种判断是非常冒失的，因为有无数自然事物，要是别人对我们说起的话，我们也会当它们是荒谬的，就像有人说我们的河面上盖着冰，那位暹罗国王就觉得是荒谬的一样。但自然本身的秩序，既不是什么形而上学的必然性，就只是基于上帝的乐意，所以是可以由于神意的高超理由而远离这种秩序的[①]，虽然他也完全只应根据正确的证据行事，这种证据只能来自上帝本身的作证，对此，当其得到恰当证实时，我们是应该绝对恭顺服从的。

第十八章　论信仰和理性以及它们各别的界限

§1. 斐　可是让我们适应大家已接受的说法，并忍受人们在某种意义下把信仰和理性区别开来吧。但把这意义解释清楚，并确立这两者之间的界限，这是恰当的；因为这些界限的不确定，确实已在世上产生了很大的争论，并且也许甚至引起了巨大的混乱。至少很显然，除非到了把这些界限加以决定，人们的争论是徒然的，因为在就信仰进行争论时，就必须运用理性。§2. 我发现每一教派，当他们认为能从理性得到帮助时，是都喜欢用理性的；可是

① 参阅第四卷第六章末的注(第 483 页注①)。

一旦理性用不上了，他们就喊叫起来，说这是信仰的事，是超乎理性之上的。可是对方有人插手来和他讲理时将也可以用同样的口实，除非能指出为什么在一种显得类似的情况下这对他是不允许的。我设想，理性在这里就是发现从知识得来的命题的确定性或概然性，这些知识是我们用我们的自然功能，也就是通过感觉和反省已获得的；而信仰则是给予一种基于启示的命题的同意，基于启示也就是基于一种上帝的异乎寻常的传递，使这种启示为人所认识。§3.但一个受到上帝的灵感的人并不能把任何新的简单观念传给别人，因为他只使用语词或其他一些记号，这些记号在我们心中唤起的是习惯与之相联系的一些简单观念，或它们的组合；而不论圣保罗被带到第三重天感到眼花缭乱时接受了怎样的新观念，他就此所能说的一切也不过"是眼睛未曾看见，耳朵未曾听见，人心也未曾想到的。"①假定木星上有生物，具有六种感官，并假定上帝以超自然的方式给了我们中间的一个人对这第六种感官的观念，他也不能用语言使得在别人心中产生这些观念。因此必须把原始的启示和传说的启示加以区别。前者是上帝直接在心灵中造成的一种印象，对它我们是不能固定任何界限的；后者只是通过通常途径传递来的，并且不会给人新的简单观念。§4.的确，我们能用理性发现的那些真理，也可以通过一种传说的启示传给我们，就好像上帝曾愿把那些几何定理传给人们一样，但这不是像我们具有其从观念的联系得出的推证的真理一样确定的。这就好比诺亚

① 《哥林多前书》，第二章第九节。

对于那洪水①有比我们从摩西的书中得到的更确定的知识一样；也好比有人看到摩西实际写了这书，并看到他行奇迹，证实他得到了灵感，这人的可靠性就比我们的大一样。§5. 正是这一点使得启示也不能违反理性的明证，因为即使当启示是直接的和原始的时，也必须明明知道我们把它归之于上帝并没有弄错，并且我们确是理解了它的意义；而这种明证绝没有比我们的直觉知识更大的了；因此，任何命题，当它和这种直接知识矛盾地对立时，都不应作为神圣的启示来接受。否则世界上就再没有什么真和假的区别，也没有什么衡量可信和不可信的标准了。来自上帝、这位我们自身的存在的仁慈造物主的一件事物，既被作为真的加以接受，这事物却当推翻我们知识的基础，并把我们的全部功能弄成无用，这是不能设想的。§6. 而那些只是间接地或通过口头或通过书面的传说而具有启示的人，就更加需要理性来加以保证了。§7. 可是这一点始终是真的，即那些超乎我们的自然功能所能发现的之外的事物，是本当属于信仰的事，如反叛天使的堕落，死人的复活之类。§9. 正是在这里，我们必须单只听从启示。而甚至对于一些概然的命题，一种显明的启示将决定我们不承认其概然性。

德　如果您把信仰只看做那基于可信性的动机（如人们所称那样）的，并把它和那直接决定心灵的内心的恩情（la grâce interne）分开，那么先生，您所说的一切都是无可争议的。必须承认有很多判断是比那些依赖于这些动机的判断更加明显的。有些比

① 参阅《创世记》第六至八章。

别的更进一步，而甚至有很多人从来就不知道这些判断，更没有对它们进行过考量，而因此他们甚至连可以被当作一种概然性的动机的也没有。但圣灵的内心的恩情直接以一种超自然的方式补充了它，而正是这造成了神学家们恰当地称为神圣信仰的。诚然，上帝除了他使人相信的是基于理性，是绝不会给人信仰的；否则他就会毁灭了认识真理的手段，并为狂信打开了大门；但并不必要所有具有这种神圣信仰的人都认识这些理由，更不必他们都永远有这些理由在眼前。否则那些头脑简单的人和白痴，至少在今天，将绝不会有真的信仰了，而最开明的人在他们最需要信仰的时候也将会没有信仰，因为他们也并不能永远记得那些信仰的理由。在神学中运用理性这个问题，曾经最是争论不休的，既在索西奴斯派[①]和那些在一般意义下可称为天主教徒的人之间争论，也在改革派和福音派[②]——如在德国，对那些很多人不适当地叫做路德派的，人们宁愿这样称呼——之间争论。我记得有一天曾读过一个索西奴斯派的斯特格曼[③]（不同于约书亚·斯特格曼[④]，他自己也曾写

① les Sociniens，追随十六世纪意大利神学家 Faustus Socinus 的教义者，他们否定三位一体，基督的神性，魔鬼的人格，人类的原罪等。

② 这里所说的“改革派”(les Reformés)是指天主教本身一些主张作适当改良的派别，而不是指将天主教改为新教的各派；“福音派”(les Evangeliques)则指“路德派”等新教派别。

③ Stegmannus. 莱布尼茨在《神正论》前言 § 16 中也提到他，是叫 Christopher Stegmann，是 Joachim Stegmann 的最小弟弟，Joachim 写过许多数学和神学著作，死于 1632 年。Christopher 写过一部作品叫 Dyas philosophica，也许就是这里莱布尼茨所说的“形而上学”。

④ Joshua Stegmann，1588—1632，一位德国路德派教士，在莱比锡等地当过教授，写过很多神学著作。莱布尼茨在《神正论》前言 § 62 也提到过他。

书反对过索西奴斯派)的一部形而上学,这书就我所知还未印出来;另一方面一位萨克森的神学家凯斯勒①曾写过一部逻辑和其他一些哲学作品明确反对索西奴斯派。我们可以一般地说,索西奴斯派在排斥一切不符合自然秩序的东西方面走得太远了,甚至当他们并不能绝对证明其不可能性时也是这样。但他们的敌手有时也走得太远,而把那奥秘甚至推到了矛盾的边缘;在这方面他们其实危害了他们所要尽力维护的真理,而我很惊讶有一天看到法布利神父②,他此外曾是他那修道会中最高明的人之一,在他的《神学大全》中竟在神圣事物方面否认(如其他有些神学家还在做的那样)这条大原则,即:"两件事物与一第三件事物相同的,它们彼此也相同。"这是没有想一想就让对手去得分,并且剥夺了一切推理的确定性。毋宁应该说这条原则没有用好。这同一位作者在他的哲学中排斥了司各脱③派放在被创造事物中的实质上的区别,因为这些区别据他说会颠覆矛盾原则;而当人们反驳他说必须承认这些区别在上帝中时,他回答说是信仰命令这样的。但信仰怎么可能命令任何颠覆了这样一条原则的事呢?要是没有这条原则,则一切信任、肯定或否定都将是徒然的了。

---

① Keslerus 即 Andreas Kessler,1595—1643,一位德国路德派教士,曾在耶拿等地读书,后来在爱森纳赫、柯堡等地当牧师,写过许多著作反对索西奴斯派。莱布尼茨在《神正论》前言 § 16 中也提到他。

② Honoré Fabri,1607—1688,法国数学家,哲学家,是一位耶稣会士,曾在耶稣会在里昂办的学校中教授哲学和数学,后来当了罗马教廷的秘书处长。莱布尼茨把他看做是他当时最杰出的人之一,在其著作中曾屡次以称赞的口吻提到他,并曾与他多次通信。他所作的《神学大全》(*Summula Theologiae*),1669 年出版于里昂。

③ Duns Scot,约 1274—1308,英国著名经院哲学家,和托玛斯阿奎那相敌对的。

因此，两个同时真的命题，必然地应该不会是完全相矛盾的；而如果A和C不是同一个东西，则相同于A的B，就必须和相同于C的B不是一样看待。尼古拉·维德尔[①]，日内瓦的然后是德芬特(Deventer)的教授，先前曾发表过一本书叫做Rationale Theologicum[②]，约翰·穆赛乌斯[③]，耶拿(这是在图林吉的一所福音派的大学)的教授，则就同一题材即关于理性在神学中的运用写了另一本书反对维德尔。我记得先前曾对它们进行过考虑，并曾指出，那主要的争论曾被一些偶然插入的问题搅乱了，例如要问什么是一个神学的结论，以及是否对它当用构成它的名词来判断，还是当用证明它的方法来判断，并因此是否奥康[④]说的这话是有道理的，即对于同一结论的知识，不论用什么方法来证明它，都是相同的。[⑤] 而他老是抓住其他很多更不重要的、只是有关于名词的琐屑问题不放。可是穆赛乌斯自己也同意，那些理性的原则，凡具有

---

① Nicolas Vedel，或 Nicolaus Vedelius，死于1642年，是一位德国的加尔文派教士，曾在日内瓦教授哲学，又在德芬特教授神学和希伯来文，最后在法兰克尔教神学直到去世。参阅《神正论》前言§§20、67。

② 拉丁文，意即《神学的理性化》，1628年发表于日内瓦。

③ Johannes Musaeus，1613—1681，德国路德派教士，曾在耶拿教授历史和神学，是他那时代最重要的路德派神学家之一，并被公认为十分博学。参阅《神正论》前言§§20、67。

④ William of Occam 或 Okam，生年不详，死于1347年，著名的英国唯名论哲学家，对唯名论学说作了发展，接近于“概念论”。

⑤ 照G本原文，作“quel moyen qu'on employe”etc.；E本和J本均作“que le moyen qu'on emploie”etc；若照后者，则此句当译作：“对于同一个结论的知识，和用来证明它的方法是相同的”。夏尔许米特的德译本此处从E本和J本，并加注说：“换句话说，我们在推理中是必然在兜圈子的”。究竟以何者为正确，须核查奥康的原文，但迄今尚未能找到，故存疑。

一种逻辑的必然性那样必然的，也就是说，它的对立面是蕴涵着矛盾的，应该而且能够在神学中被可靠地应用；但他有理由否认那仅只具有物理的必然性的（也就是说，基于对在自然中所实行者的归纳的，或基于自然法则的，这种法则可以说是属于神的制定的），就足以用来拒绝相信一种奥秘或一种奇迹；因为改变事物的通常过程是取决于上帝的。因此，照自然的秩序，我们可以肯定同一个人不能同时既是母亲又是童贞女，或者一个人的身体是不能不落于感官的范围内的，虽然两者的相反情况在上帝是可能的。维德尔似乎也同意这种区别。但人们有时对于某些原则是否逻辑地必然的，还是仅只物理地必然的，是有争论的。和索西奴斯派关于单个的本质不增多时实体是否能增多的争论就是这样的；和茨温格利[①]派关于一个物体是否只能在一个地方的争论也是这样。然而必须承认，每当逻辑的必然性未得证明时，我们只能在一命题中假定一种物理的必然性。可是我觉得还剩下一个问题，是我刚才所说到的几位作者都未加充分考察的，这问题如下：假定一方面我们发现了一段圣经上的经文的字面意义，另一方面又发现看起来很像有一种逻辑的不可能性，或者至少有一种公认的物理的不可能性，试问是否认字面的意义还是否认哲学的原则较为合理呢？肯定有些地方背弃字面意义是并不造成困难的，如当圣经上把双手给予上帝和把愤怒、懊悔以及其他各种人类的感情归之于上帝时就是这样；否则就得自

① Ulrich Zwingli，1484—1531，瑞士的宗教改革家，与路德在德国从事宗教改革约略同时，他在瑞士也进行了宗教改革，主张废除教士的独身制及废除弥撒等。他死后，他的信徒就分别与加尔文派及路德派合并了。

列于神人同形同性论者一边，或者和英国的某些热狂者一样了，他们相信，那希律[1]，当耶稣基督叫他狐狸时，就真的变成狐狸了。正是在这里，那些解释的规则就有作用了，如果它们没有提供什么驳倒字面意义以有利于哲学原则的东西，并且此外如果字面意义也没有什么把某种不圆满性归之于上帝，或在虔信的实践方面带来危险的东西，则依照字面意义是更可靠甚至也更合理的。我刚才提到的这两位作者还就凯克尔曼[2]企图做的事进行了争论，凯克尔曼曾想用理性来证明三位一体，正如雷蒙·鲁勒[3]先前也曾想做过的一样。但穆赛乌斯也十分公平地承认，如果改革派作者的证明是有效、正确的，那就没有什么话说，并且主张在关于这一点上圣灵的光可以被哲学所照亮，这也当是有道理的。他们也还曾争论过这个著名的问题：那些对新约或旧约的启示并不知道，而怀着一种自然的虔敬的思想感情死去的人，是否能以此得救和得到对他们的罪孽的赦免？我们知道，亚历山大里亚的克莱门，殉道者尤斯丁以及金口约翰在某种方式

---

① Hérode，当系指 Hérode Antipas，他在公元前 4 年至公元 39 年为犹太人的王。据《圣经》所说，耶稣在死前受审时曾被彼拉多送给希律去审，希律又送回给彼拉多。参阅《路加福音》第二十三章。

② Bartholemew Keckermann，1573—1609，德国学者，曾在海德堡教授希伯来文，后在但泽的大学预科教授哲学，曾为教学编了许多书，把各门科学都表现得很有系统。《神正论》前言 § 59 也提到他。

③ Raymond Lulle 或 Lully，1234 或 1235—1315，西班牙作家和炼金术士，以其 Ars Magna(《大技术》)闻名。曾致力于以理性来证明三位一体，这种思想和奥古斯丁有密切联系。他也企图证明基督教的理论具有内在固有的合理性，以反对阿威罗伊主义者的论断。

下是倾向于这一点的[1]，而我从前甚至曾向贝利松[2]先生指出，罗马教会的许许多多杰出的博士，远远不是谴责那些并非顽固不化的新教徒，甚至愿意拯救那些异教徒，并且主张，我刚才所讲的那种人，可以通过一种悔悟的行动而得到拯救，所谓悔悟，就是基于仁慈之爱（l'amour de bienveillance）的忏悔，由于这种爱，人们爱上帝超乎一切事物之上，因为这种圆满性使上帝成为至高无上地可爱的。这就使得人们以后要来全心全意地使自己符合他的意志和仿效他的圆满性，以使得我们能更好地和他相结合，因为上帝不拒绝赐恩于抱着这样思想感情的人显得是正确的。不说爱拉斯谟[3]和路德维柯·斐微斯[4]，我提出了雅各·贝

---

① 亚历山大里亚的克莱门（Clément d'Alexandrie，生于约 150—160，死于约 220），基督教会早期的博士，三世纪时最重要的护教者之一；殉教者尤斯丁（Justin Martyr，生于约 114，约 165 年殉教）为《为基督教辩护》一书的作者，也是一个著名的护教者；金口约翰（Jean Chrysostome，因其以雄辩闻名，称为"金口"，约 347—407），也是基督教的著名教父之一。克莱门和尤斯丁都是作为受过希腊哲学训练的思想家进入基督教会的，他们把希腊哲学看做是上帝所赐予以准备更好地信基督教的礼物。金口约翰也受过希腊修辞学、演说术的训练，他也认为希腊文化是来自上帝的。这些情况自然使他们有以理性来论证基督教义的倾向。

② Paul Fontanier-Péllison，1629—1693，法国学者，最初学法律，后来弃而从事于文学，曾被任命为路易十四的史官。他本来是新教徒，为担任这史官职务就不得不改信天主教。他曾和莱布尼茨有大量通信，讨论宗教和神学问题。Dutens 编的和 Foucher de Careil 编的莱布尼茨著作集中都收集了这些通信，后者尤为完备。这里所提到的这信，见 Dutens 本的第一卷，第 634—681 页，Foucher de Careil 本的第一卷，第 55—66 页。

③ Didier Erasme 或 Erasmus，1467—1536，荷兰的作家和哲学家，文艺复兴时期最大的人文主义者之一，著有《愚神礼赞》等。

④ Juan Ludvicus Vives，1492—1540，西班牙的学者和哲学家，人文主义者，反对经院哲学，主张依靠经验和理性直接研究自然，为近代资产阶级哲学的先驱之一。

瓦·安德拉达[①]的意见,他是葡萄牙的博士,在他那当时是非常著名的,他曾是出席特棱特宗教会议[②]的神学家之一,他甚至曾说过,那些不同意这一点的人,就使上帝成为最高度残酷无情的了(neque enim, inquit,immanitas deterior ulla esse potest[③])。贝利松要想在巴黎找到这本书竟很困难,这正是一种标志,表明在自己的时代很受重视的作者往往在后世被忽视。也正是这一点使培尔先生认为很多人都只是根据安德拉达的敌手钦尼兹[④]的证据来引用他的话。这是很可能的;但就我来说,我在引用他的话之前是读过他的书的。他和钦尼兹的争论使他在德国很出名,因为他曾写书支持耶稣会士们反对这位作者,而人们在他的书中发现了涉及这个著名修道会的起源的一些特别的东西。我曾注意到有些新教徒,把在我刚在所说的问题上依照他的意见的人就叫做安德拉达派。有一些作者,曾根据这同样的一些原则写书讲亚里士多德的得救而得到书籍检查官们的许可。柯留斯[⑤]用拉丁文写的和

① Jaques Payva Andradius 或 Diego Payva d'Andrada,1528—1575,葡萄牙神学家,出身于葡萄牙一个最大的贵族家庭。在其著作中也曾支持茨温格利和爱拉斯谟关于异教徒也能得救的意见,因而常被新教徒所引用。

② Concile de Trente,1545—1563 年在意大利特棱特城举行的一次著名的宗教会议,这次会上因面临新教徒的挑战决定了对天主教作一些改革。

③ 拉丁文,大意是:"他说,不要使他越来越残酷"。

④ Martin Chemnitz,或 Chemnitius,1522—1586,德国路德派的神学家,曾被看做是紧接路德之后的时期最能干的神学家,对路德教的教义和组织曾作出比其他任何人都大的贡献。

⑤ Francesco Collio—拉丁名 Collius(原书各版本均作 Collins 系误植,?—1640),意大利神学家,在其 *De animabus paganorum*(《论异教徒的灵魂》)中讨论了异教徒得救的问题。

拉·莫特·勒·维耶[①]用法文写的论异教徒的得救的书是大家都很熟悉的。但有一位法兰切斯柯·蒲齐[②]，则走得太远了。圣·奥古斯丁，虽然很高明和敏锐深入，却陷入了另一极端，甚至对未受洗死去的婴儿也要罚罪[③]，而经院哲学家们放弃了这种观点显得是有道理的；虽然一些在别的方面也很高明的人，有些还是有巨大功绩的，但在这方面脾气有点愤世嫉俗，他们曾想复活这位教父的这种学说，并且也许更有过之。这种精神对于许多过于激烈的博士和被差到中国去传教的耶稣会士们之间的争论可能也有影响，这些耶稣会士曾婉转地暗示说古代的中国人也有过他们时代的真正宗教和真正的圣者，而孔子的学说并没有丝毫属于偶像崇拜或无神论的东西，在罗马的人们不要对一个最伟大的民族未经了解就想加以谴责是更有道理的。对我们来说好在上帝比人更慈善。我认识有些人，认为用严厉的想法就表明他们的热心，他们想象着别人要是不采取他们的意见就不会相信原罪，但正是在这一点上他们弄错了。而并不因此那些认为异教徒或其他缺乏通常帮助者也能得救的人，就应该把这仅仅归之于自然的力量（虽然也许有些教父曾持这种意见），因为我们可以主张，上帝在赐恩给他们

---

① François de la Mothe le Vayer，1588—1672，法国作家和哲学家，曾做路易十四的教师，这里所提到的书是指他的 Dela vertu des paiens（《论异教徒的德性》），1642初版于巴黎。

② Francesco Pucci，拉丁名 Puccius，死于1660，意大利神学家。他最初接受很多新教观点，并曾采取索西奴斯派“异端”观点，后来又变成天主教徒。他主张任何人凭理想的自然力量或对造物主的自然信仰，即使不知道耶稣基督，也都能得救。并企图引用圣经和教父们的言论来论证他的观点。

③ 奥古斯丁的著作中许多处都表明了这种观点。他认为由于人生而具有“原罪”，若未经受洗以“赎罪”，则虽是婴儿死去也当因“原罪”而受罚，只是受罚最轻就是了。

激起一种悔悟行为的同时，在他们死之前，哪怕只是最后的时刻，也以明示的或非明示的但永远是超自然的方式，也给予他们为得救所必需的一切信仰之光和一切感恩的热情。那些改革派在维德尔那里就是这样来解释茨温格利的意见的[①]，他在关于异教的有德之人的得救这一点上，曾和罗马教会的博士们一样明确地说过。这种学说也丝毫不因此而与彼雷基[②]派或半彼雷基派有什么共同之点，我们知道茨温格利和彼雷基派是差得很远的。而既然人们和彼雷基派相反地教人说在一切具有信仰的人方面都有一种超自然的神恩（在这一点上三种公认的宗教都是一致的，也许只除了那些巴戎[③]的门徒），并且甚至承认接受了洗礼的婴儿也或者具有信仰，或者至少具有近似信仰的运动，那么同样承认，至少在死亡问题上，那些具有善良意志，而没有幸运像通常情况那样在基督教中受教育的人们也是这样，就不是什么很异乎寻常的事。但最明智的态度是在知道得如此之少的问题上什么也不要决定，而只满足于一般的判断：上帝所做的没有不是充满了善和正义的：melius est dubitare de occultis quam litigare de incertis[④]。（奥古斯丁，

① 茨温格利见前注。在他的《论天道》(*De Providential*)一文中，茨温格利提出一条原则，认为承认真正的神并且过有道德的生活的异教徒，像苏格拉底、塞涅卡那样的人，虽不信基督教也是能得救的。他把这原则也扩充到一切并不知道福音的人。

② Pelagius，五世纪英国教士，他所创立的“异端”教派否认“原罪”，主张人的意志自由和人依靠自己的力量得救。

③ Claude Pajon，1626—1685，法国的新教神学家。他主张：在改信宗教的活动中，圣灵并不直接地或不可抗拒地作用于人心，而是灵魂自身主动地让自己为在圣经上所发现的真理的有效词句所说服，圣灵的影响是和这种词句密切联系着的。他的观点是路德派和天主教改革派都反对的。

④ 拉丁文，意即：“对隐秘的事物犹疑比对不确定的事物进行争论要好些”。

Lib. 8. Genes. ad lit. C. 5. ）

第十九章　论狂信

§1. 斐　〔但愿所有神学家和圣·奥古斯丁本人都能永远实行这一段中所表明的公则。〕但人们以为独断的精神是他们热心于真理的一种标志，而这却完全相反。人们的爱真理，其实只是和爱考察使人认识其为真理的那些证据成正比的。而当人匆忙作判断时，他总是受一些不那么真诚的动机所推动的。§2. 爱支配人的精神，并非产生狂信的最少常见的一种动机，而对自己的梦想的某种满意心情，是它的另一动机。§3. 狂信这个名称，是用来指那些想象着一种并非根据于理性的直接启示的人们的缺点的。§4. 我们可以说理性是一种自然的启示，上帝是它的作者，正如它是自然的作者一样，同样地我们也可以说启示是一种超自然的理性，也就是说，是由直接发自上帝的一些发现的一种新基础所扩大了的理性。但这些发现假定着我们有办法来辨别它们，这就是理性本身；而想要废除理性以让位于启示，这就好比要挖掉眼睛以便通过望远镜来更好地看木星的卫星。§5. 狂信的根源就在于一种直接的启示是比一种漫长而辛苦的推理更舒适和更简捷的，而这种推理又并不总是跟随着幸运地得到成功。我们看到在一切时代都有一些人，他们的忧郁和虔诚相混合，再加上把自己想得很好，这就使他们相信自己和别人全不一样地和上帝有一种亲密的关系。他们以为上帝曾把这许给他们，并且相信他们是上帝比别的民族都更偏爱的民族。§6. 他们的幻想就变成了一种神光照耀和一种神圣的权威，而他们的计划就是来自上天的一种断然无误的指引，那是他们不得不遵从的。§7.这种看法曾产生巨大的结果并引起巨大的祸害，因为一个人，当他依照自己的冲动，并且关于一种神圣权威的意见是由我们的倾向所支持时，就更激烈地行事。§8.要把他从这方面拉开是很困难的，因为这种并无证据的自诩的确定性讨好了人的虚荣心和对异常事物的爱。那些狂信者把他们的意见比之于视觉和感觉。他们看到神圣的光就像我们在中午时看到太阳光一样，用不着理性的微光来把它向他们显示。§9.他们确信是由于他们确信，而他们的深信是对的是由于它是很强烈的，因为这就是他们那种比喻式的语言还原所得的结果。§10.但由于有两种知觉，即对命题的知觉和对启示的知觉，我们就可以问他们：那显明性是在哪里呢？如果是在对命题所看到的方面，那启示又有什么好处呢？那么就须在对启示的感觉方面。但他们怎么能看到这是上帝在作启示，而不是一种鬼火，在使他们绕着"这是一个启示，因为我强烈地相信它，而我相信它是因为它是一个启示"这样一个圈子打转呢？§11.还有什么比把想象作向导更适于跌进错误的泥坑的吗？§12.圣·保罗在他迫害基督徒的时候是有很大热情的，而他还是弄错了。我们知道魔鬼也曾有过殉道者，而如果只要确是深信就够了，那我们就会分不清撒旦的诱惑和圣灵的感应。§14.因此是理性使人认识启示的真理性。§15.而如果是我们的信念证明了它，那就是我刚才所说的那种兜圈子。那些接受了上帝的启示的圣者，是有一些外在的标志来使他们深信那内心之光的真实性的。摩西看到荆棘被火烧着却没有烧毁，并听到一个声音在荆棘里呼叫，而当上帝差他去埃及解救他的兄弟们时，又用杖变蛇的奇迹进一步使他坚信他的使命。① 基甸由一位天使来差他去把以色列人从米甸人的压迫下解救出来。可是他要求给一个证据以深信这使命确是上帝给他的。② §16. 可是我不否认上帝有时也就用圣灵的直接影响和援助,而并不用任何伴随着这种影响的异常标志,来启迪人的心灵,以使他们了解某些重要的真理或使他们行善事。但就是在这些情况下我们也还是有理性和圣经,这两种用来判断这些启迪的不谬的规范,因为如果它们和这些规范相符合,我们就至少可以不冒任何风险把它们看做是上帝的感应,尽管这也许并不是一种直接的启示。

德 L'Enthousiasme(狂信)开始时本来是个好名词。正如le sophisme③ 本来是表示一种智慧的运用一样,l'Enthousiasme原意是指在我们之中有一种神性。Est Deus in nobis。④ 苏格拉底曾以为有一种神或灵异(démon)给他内心的劝告⑤,所以狂信也是一种神圣的本能。但人们既把他们的情感、幻想、梦境乃至愤怒变成了某种神圣的东西,狂信就开始指一种被归因于某种神性的力量影响的心灵的扰乱,人们设想为在那些受这种力量所侵袭的人身上的,因为那些占卜的巫师和巫婆,当他们的神附

---

① 见旧约《出埃及记》第三章、第四章。

② 见旧约《士师记》第六章。

③ 来自希腊文,原义可译作"智术",后来一般即指"诡辩",正如古希腊的"智者"后来就被作为诡辩家(sophistes)一样。

④ 见奥维德:《行事录》(Ovid: *Fasti*),6.5:"Est Deus in nobis, agitante illo。"意即:"上帝在我们之中活动着"。

⑤ 苏格拉底自称心中有一种声音,在他犹疑时就会告诉他当怎样或不当做什么,他称之为 δαιμῶεν,即"灵异"或"神托","守护神"。见柏拉图《申辩篇》,可参看《古希腊罗马哲学》,1957 年三联版,第 148—151 页。

身的时候，都显出一种精神错乱，就像味吉尔诗中说的柯梅的女巫[①]那样。以后人们就把它归之于那些毫无根据地相信自己的运动来自上帝的人，同一位诗人所讲的尼苏斯[②]，感到自己受一种莫名其妙的内心冲动所推动要去从事一场危险的事业，在那里他和他的朋友一起死去，他用这样充满一种合理的怀疑的词句向他的朋友提出：

Di ne hunc ardorem mentibus addunt,

Euryale, an sua cuique Deus fit dira cupido?[③]

他还是随着这种本能行事，虽然他并不知道它是来自上帝还是来自一种想自我突出的不幸的欲望。但如果他获得成功了，他就不会不在另一种情况下授权自己这样做，并相信自己是受某种神圣的力量所推动。今天的狂信者相信那些指导他们的教条也是从上帝接受来的。战栗教徒[④]是深信这一点的，而他们的第一位有系

---

① la Sybille de Cumes，或 Cumaen Sibyl，参阅味吉尔：Æneid，6，49。"Et rabie fera corda tument."（"她们由于精神失常而狂暴发怒。"）柯梅是古代希腊一个殖民地的名称，那里的女巫在古代是很著名的。这种女巫或"女先知"被认为是能作预言，传达阿波罗的神谕的。

② Nisus，见味吉尔的 Æneid 第九卷，尼苏斯是一个特洛伊青年，和欧里亚尔(Euryale)结成生死友谊，在一次夜袭中，这两个朋友英雄地死去。他们的名字就成了生死不渝的朋友的同义语。

③ 见味吉尔：Æneid 9，184—185，大意是："上帝啊！不要使他们思想上增添什么崇敬，欧里亚尔，是吗？是否让他们各自有一个上帝？"

④ les Trembleurs，英语 Quakers，是英国的公谊会或教友会（the Society of Friends）会员的绰号。他们最典型的学说就是认为每个人心中都有一种"内在的光"，即圣灵的直接启示，"这光照亮了每一个人"。伏尔泰的《哲学通信》头四封信（上海人民出版社 1962 年版第 1—17 页）都谈的是这一派信徒。

统的作者巴克雷[1]，以为在他们自身之中就发现某种光，是凭它自身就使人认识的。但为什么把什么也没有使人看见的东西叫做光呢？我知道，有一些属于这种精神状态的人，看到一种火花和甚至某种更光亮的东西，但当他们的心灵发热时被激起的这种有形体的光的影像，并不给心灵以光。有些白痴，有了被搅动的想象力，就也形成一些他们以前没有的概念；他们处于一种能说些照他们的意思是很美好的或至少是很生动的东西的状态；他们自己赞赏也使别人赞赏这种被当作灵感的丰饶状态。他们的这种好处大部分来自情感所激起的一种强烈的想象力和一种可喜的记忆力，能很好地记得由于别人给他们读或讲而使他们熟悉的那些先知书中的说法。安东内特·德·布利尼翁[2]把她具有很流利地说话和写文章的能力用作她的神圣使命的一种证据。而我认识一个幻想家是把他具有能一整天高声说话和祈祷而既不疲倦也不口干的才能作为他的神圣使命的根据。有一些人，在实行了禁欲或经过了一种忧愁状态之后，感到了一种灵魂的平静和安慰，这使他们着了迷，而他们尝到了这样的甜头，就相信这是圣灵的一种效果。的确，我们在对上帝的伟大和善的考虑、在他的意志的完成、在德行的实践中所感到的满足，是上帝的一种恩惠，并且属于最大的恩惠之列；但这并不永远是一种需要新的超自然帮助的恩惠，如很多这

---

① Robert Barclay，1648—1690，英国公谊会信徒，著有 An Apology for the True Christian Divinity(《为真正的基督的神性辩护》)。

② Antoinette de Bourignon，1616—1680，一个狂信者，她的宗教学说在她生前和死后一个短时期内在荷兰和苏格兰曾引起相当大的轰动，但不久之后就已完全被人忘却了。

类好人所以为的那样。我们看到不久前有一位小姐,在所有别的事情上都很聪明,她从年轻时起就相信自己和耶稣基督说话并且以一种十分奇特的方式是他的妻子。她母亲听说了这事也有点投入狂信,但那女儿既开始得早也走得更远得多。她的满足和喜悦是无可名状的,她的智慧表现在她的行为上,而她的精明表现在她的言谈中。可是事情竟弄到这样的地步,她居然接受人家写给吾主〈耶稣〉的信,并且当她接到这些信时就加以答复和封印寄回,这答复有时显得也很恰当,并且始终是很合情理的。但最后她停止收这些信了,怕的是引起太大的轰动。要是在西班牙她就会是另一位圣·帖烈撒①。但并不是所有具有类似幻想的人都同样行事。有些人就谋求成立宗派,甚至引起了骚乱;而英国就提供了这样的一个奇怪的例证②。当这些人凭真诚信仰行事时,要改变他们是很困难的;有时他们的全部计划被推翻才把他们改正过来,但这往往已太迟了。有一个不久前才死的幻想家,他相信自己是不死的,因为他年纪很大又很健康,而他并未读过一个英国人不久前发表的书(他要使人相信耶稣基督又来到世上使真正的信者免于肉体的死亡),却多年来就已抱着和这书差不多一样的想法;但当他感觉到自己要死了时,就又甚至怀疑整个宗教了,因为它和他的

① Sainte Thérèse d'Avila,1515—1582,西班牙圣衣院修女会(Carmelite)的改革家,以其神秘的幻想著名。她的改革也为全世界圣衣院修女中的大部分所采纳。她写有《自传》等作品,也被看做西班牙最好的作家之一。

② 据英译本注认为这里是指十七世纪英国革命时期的"独立派"。他们主张宗教信仰完全是个人的理性和良心的事,要摆脱国家或其他势力对宗教的控制,因此也和公谊会信徒以及当时其他一些狂信者有某种类似。按"独立派"是英国资产阶级革命时期代表中小资产阶级的较激进派别,著名诗人弥尔顿被认为是它的一个思想代表。

怪诞想法不合。西里西亚人基林·库尔曼①，是一个有知识明事理的人，但后来陷入了两种同样危险的幻想，一种是狂信，另一种是炼金术，他在英国、在荷兰，甚至在君士坦丁堡都曾引起轰动，最后想到要去莫斯科，并在那里参与了反对内阁的一些阴谋活动，那是苏菲公主(la Princesse Sophie)在那里统治的时期，结果被处火刑，而死得也不像一个深信他所曾说教的东西的人。这些人自己彼此之间的分歧也该进一步使他们相信他们自称的内心证据并不是神圣的；并且必须有其他的标志来加以证明。例如拉巴第派②就和安东内特小姐不一致，而威廉·潘③虽然在他旅行德国——对此他曾发表作品予以记述——时曾有过计划，想在以这种证据

① Quirin Kuhlmann(原文作 Kulman)，1651—1689，在18岁时由于一场大病，精神错乱，就对原来的研究失去兴趣，自称有一种方法，不必用通常程序就能知道一切，认为"圣灵"是他唯一的老师，并自视为圣者。在莱顿，读了神秘主义哲学家波墨(Boehme)的作品，就立即成为一个狂信的信徒。据说他曾想和安东内特·布利尼翁结婚，但由于"不可触犯的贞节"使她拒绝了。库尔曼在1675年离开荷兰后据说曾到英国、法国和土耳其旅行。在君士坦丁堡，他于1678年8月1日写了一封信给土耳其苏旦穆哈默德四世，预言土耳其人都要改信基督教，并想使苏旦同意他的观点。未能达到所希望的目的，他就去俄国要建立"真正上帝的王国"，受到彼得大帝的反对，经短期审讯后被希腊正教的大主教判为异端处以火刑。据说是一个路德派的教士建议把他活活烧死的。

② 由 Jean de Labadie，1610—1674，所建立的一个神秘主义宗派，拉巴第本来是罗马天主教徒，后来成为新教徒，加入改革派教会，最后又分裂出来自成宗派。他的学说在很多点上近似再浸礼派。拉巴第及其门徒曾想和布利尼翁取得和解，但布利尼翁不同意，认为他们的意见完全相反，永远无法一致。

③ William Penn，1644—1718，英国公谊会信徒，1671—1672到荷兰和德国作传教旅行，其间在 Embden 建立了一个公谊会团体，并成了伊丽莎白公主(笛卡尔的《哲学原理》就是献给她的)的亲密朋友，多次旅行中所写的书信有关于他的"内心之光"的学说的充分论述。1677年又再次到大陆旅行，并在1694年发表了《我在荷兰和德国旅行日记》。他也是美国独立前宾夕法尼亚州的建立者和统治者，这州名就是由他的姓氏来的，这是1681年英国国王查理二世特许给他的。

为根据的人们之间建立起一种了解，也并没有显出已获得成功。真的说来，但愿这些好人是明智的并且和谐一致地行动；没有什么比这更能使人类更好和更幸福的了，但必须他们本身真正是属于好人之列，也就是说，是仁善的，并且是比较温和和合情合理的；反之今天被称为虔信者的那些人总被人责为严酷、倨傲、固执，这样的简直太多了。他们的分歧表明至少他们的内心证据还需要一种外部的证实才能叫人相信，并且他们也还须有一些奇迹才有权被看做先知和受了灵感的人。可是也许有一种情况是这些灵感本身就带有它们的证据的。这就是它们如果用对某种异常知识的重要发现真正照亮了心灵，这些发现要是没有任何外来的帮助就将是超出具有它们的人的力量之外的。雅可布·波墨①，这位卢萨斯(Lusace)的著名鞋匠，他的著作在条顿哲学家的名义下被从德文译成其他一些文字，并且实际上对于这样条件的一个人来说也有些伟大和美好的东西，要是他知道造金子，如有些人所深信那样，或者如福音作者圣约翰所曾做的那样，如果我们相信一首赞美他的颂歌所说的话：

Inexhaustum fert thesaurum

Qui de virgis fecit aurum,

Gemmas de lapidibus,②

---

① 见前第三卷第二章 § 1“德”注(第 306 页注②)。

② 拉丁文，大意是：

取之不尽的宝藏，

哪一位贞女从石头中

炼出了金子，宝石。

参阅 L. Gautier，Œuvres Poétiques d'Adam de St.-Victor(高底埃：《圣·维克多的亚当诗集》).1858，巴黎版，第一卷，第 229 页。

那我们就会有某种理由给这位非凡的鞋匠以更多的信任。而如果安东内特·布利尼翁小姐曾给那位在汉堡的法国工程师伯特朗·拉·柯斯特[①]提供了那种科学方面的光，这他认为是从她接受来的，正如他把他那关于化圆为方的书献给她时所表明的那样(在这书中，暗指着安东内特和伯特朗，他把她叫做A，代表神学，把他自己叫做B，代表数学)，那我们就会不知说什么好了。但我们没有看到过这种性质的重大成功的例子，也更没有看到这样一些人说得很详细的那些预言曾得到应验的。波尼亚多娃[②]、德拉比修斯[③]和其他人的那些预言，那位好人孔梅纽斯在他的Lux in tenebris[④]中所发表，并曾促使扰乱皇帝祖传国土的，都被发现是假的，而那些相信了这些预言的人都遭了不幸。特兰西尔伐尼亚的君主拉柯

① Bertrand de Lacoste，一位法国工程师，生于十七世纪初，曾在布兰登堡公爵军队中任炮兵军官，后来退居汉堡，从事于研究数学，特别是研究化圆为方问题，在这方面发表过两本书，1677年又出了该书的一个法兰德斯文译本，把它献给安东内特·布利尼翁，对她和她的教义，他一度曾非常崇拜；但由于未能使她对他的数学研究同样感兴趣，最后他就转而强烈地反对她和她的学说，甚至鼓动汉堡的居民起来把她赶出这城市，还专门写书来反对她。

② Christine Poniatowa或Poniatovia，1610—1644，一位波兰贵族的女儿，著名的狂信者，在1627—1628年自称得了神示，预见对福音教会的迫害不久将结束。1629年一月间得了一场昏睡病，别人以为她死了，终于又醒过来，宣称她的预见结束了，使命完成了。因其预言未实现，最后忧闷而死。她写出了自称得之于天的启示。

③ Nicolas Drabitius或Drabicius，约1587—1671，波希米亚—摩拉维亚的牧师，因皇帝反对新教的敕令被迫隐居匈牙利。1638年自称得到上帝启示，预言奥地利皇室将在1657年覆灭，又预言叫特兰西尔伐尼亚(Transylvania)的君主乔治二世拉柯斯基(George II Rakoczy)去打波兰会得胜利，结果两个预言都未应验，乔治的军队大败，奥地利皇室则以国事罪将他逮捕处死，并砍了他的头和右手，和他的书一起加以焚毁。

④ Comenius见前第四卷第七章§5“德”注(第487页注①)。Lux in tenebris(《黑暗中的光明》)发表于1650年。

斯基被德拉比修斯怂恿着去打波兰，结果全军覆没，这使他最后丧失了国土和生命；而那可怜的德拉比修斯，很久以后，在他八十岁的时候，终于因皇帝的命令被砍了头。可是我不怀疑，今天还有一些人，在匈牙利纷乱的现状下使这些预言不适当地复活起来，他们没有考虑这些所谓的预言是说的他们那时代的事；在这点上他们所干的就有点像那样一个人，他在布鲁塞尔受炮轰之后散发了一份传单，其中有从安东内特小姐的书中抄来的一段话，她曾不愿来这城市，因为（如果我记得不错）她曾梦见这城市在着火，但这炮轰是在她死后很久发生的。我曾认识一个人，他在以宁维格（Nimwegue）和约结束的那次战争期间去到法国，在孟多西埃勋爵[①]和彭波纳勋爵[②]面前絮聒孔梅纽斯所发表的那些预言的有根据；而他将会被人相信他自己就是受了灵感的（我想），要是碰上他在一个和我们的一样的时期提出了他那些命题的话。这不仅使人看出这种刚愎自用的毫无根据，而且也使人看出其危险。历史充满了这些假的或被误解的预言的坏结果，正如我们在莱比锡的著名教授，已故的雅可布·托马修斯[③]先生以前公开发表的一篇学识丰富、观点明确的论文《De officio viri boni cir-

① Charles de Sainte—Maure，Montausier 侯爵，后升公爵，1610—1690，路易十四曾于1668年将当时七岁的王太子的教育托付给他。

② Simon Arnauld，Pomponne 或 Pompone 侯爵，1618—1699，是路易十四时任法国驻瑞典大使，并订立宁维格和约者。

③ Jacob Thomasen，拉丁名 Thomasius，1622—1684，曾任莱比锡大学哲学教授多年，也是首先在德国建立关于哲学史的科学研究的人。他是莱布尼茨的第一位哲学教师，也是莱布尼茨学位论文答辩的主持人，与莱布尼茨始终彼此尊重，对莱布尼茨也很有影响，莱布尼茨在著作中也多次提到他，并常和他通信。

ca futura contingentia》①中可以看到的那样。可是的确，这种深信有时也产生好的结果并且对一些大事很有用处；因为上帝也可以利用错误来确立或支持真理。但我不认为可以很容易地允许我们利用一些虔诚的欺骗来达到一种好的目的。至于说到宗教的教条，我们并不需要新的启示；只要人家给我们提出一些有益的规则以使我们不得不遵守就够了，即使提出这些规则的人并没有行任何奇迹也可；而耶稣基督虽然足备着奇迹，他有时也还是拒绝行奇迹来取悦这个要求证验的邪恶的民族，同时他只宣扬德性和那已经用自然理性并由先知们所教导了的东西。②

第二十章　论错误

§1. 斐　在充分说了使我们认识或猜测真理的一切办法之后，让我们再来说一说我们的错误和坏的判断。既然人们之间有这么许多意见分歧，那么他们一定是常常犯错误的。犯错误的原因可以归结为这四种：(1)缺乏证明；(2)缺少运用证明的技巧；(3)缺乏利用证明的意愿；(4)衡量概然性的尺度不正确。§2. 当我说缺乏证明时，我所指的还包括那些我们要是有办法和适当机

---

① 拉丁文，意即：《论善良的人面对可能的将来的职责》。

② 参阅第四卷第十八章§13及注（第583页注①）。莱布尼茨虽然承认奇迹是可能有的，并且在有充足和适当的证据的情况下是实际有的，但他从哲学的观点还是把奇迹看做是例外和相对地不重要的，而像这里这样着重的是认为基督教的本质在于它的道德内容，这种内容是内在地合理性的并且符合自然的。这也表明他的哲学虽然是唯心主义，包含着僧侣主义的，但和那些宣扬盲目信仰的宗教观点有所区别，还是表现出他的理性主义的精神。

会就能够找到的证明；但正是这种证明最经常为我们所缺乏。那些一生只在谋求糊口度日的人的状况就是这样；他们对世界上经过的事情所知之少，就也像永远走同一条道的一匹驮货的马对全国地图所能熟悉的程度一样。他们也许需要语言文字、阅读、谈话、对自然的观察和技术的实验。§3.然而所有这一切都和他们的状况不适合，那么我们就将说绝大多数人都只是由盲目的偶然机遇导致幸福和不幸的吗？他们就得甚至在有关永恒祸福方面也委身于流行的意见和国内权威的引导吗？或者他们是否由于生在这一国度而不是在另一国度就将永久不幸呢？可是必须承认，并没有什么人是如此忙于谋生，竟至再也没有一点时间来想一想自己的灵魂，和使自己有点关于宗教方面的修养的，要是他对宗教也像对那些比较不那么重要的事情那样尽心竭力的话。

德 假定人们不是永远处于使自己有修养的状态，和不能有见识地放弃为一家人谋生的操心来追求困难的真理，以致不得不遵循在他们之中具有权威的意见，我们也将永远必须断定，在那些具有真正的宗教信仰而并无这方面的证明的人那里，内心的恩情将会补充可信性动机的缺欠；而仁爱也还使我们断定，对于那些具有善良意志而在最危险的错误的浓重黑暗中长大的人，上帝将会给他们做他的善和正义所要求的一切，虽然也许是以一种我们所不知道的方式。我们有关于这样一些人的在罗马教会中得到称赞的历史，他们得到正式的复活，以便不缺乏一切有益的帮助。但上帝能够用圣灵的内心作用来帮助灵魂而并不需要一个这样大的奇迹；而对人类来说很好和令人安慰的是，要使自己处于和上帝有恩情的状态，只需要善良但真诚而严肃的意志就够了。我承认，要是没有上帝的恩情，是连这样的善良意志也不会有的，因为一切自然的或超自然的善都从他来；但只要有意志就总是够了的，而上帝竟能要求一种比这更容易的更合理的条件，那是不可能的。

§4. 斐 有一些人是十分舒适，足以具有一切适于弄清他们的怀疑的方便条件的，但他们却受到充满奇技淫巧的种种阻碍而没有这样干，这些是很容易察觉的，不必在这地方来一一加以展示。§5. 我宁愿来说一说这样一些人，他们缺乏技巧来利用那些可以说就在他们手边的证明，并且不能坚持作一长串的推论，也不能来衡量一切有关情况。有一些人只会用单单一个三段论，也有一些只能用两个。不在这地方来决定这种缺点究竟来自灵魂本身的还是器官的自然差别，或者是否由于缺乏锻炼来磨炼这些自然功能。这里我们只要说它是显然可见的就够了，并且我们只消从王宫或交易所走到救济院或贫民窟就能看清这种情况。

德 并不是只有穷人才有所需，有些富人比他们还更缺乏，因为这些富人要求太多，并且自愿地投身于一种贫乏状态，这阻碍了他们去专心从事于重大的考虑。榜样在这里起了很大作用。人们总想照着和自己同等的人的样子，这就迫使人们在行事上不要显得有一种乖张别扭的神气，而这样一来就很容易使自己变得和他们一样了。要同时满足理性和习俗是很困难的。至于说到缺乏才能的人，也许数目并不如您所想那样多，我认为健全理智加上专心致志就能足够对付一切并不要求敏捷的事了。我假定了健全理智，因为我不相信您会硬要那些贫民窟里的居民去追求真理。的确并没有很多人不能达到这一点，要是我们知道达到这一点的办法的话，而不论在我们的灵魂之间有怎样的原始差别（正如我相信实际上是有的),始终可以确信一个灵魂总可以达到和另一个一样远的程度(不过也许不是一样快),只要它们得到了应有的引导。

§6. 斐 另有一类人,只是缺乏意愿。强烈地迷恋于享乐,经常只专心于有关自己的荣华富贵的事,一种一般的怠惰或粗心大意,一种对研究和沉思的特殊厌恶,这些都阻碍了他们去认真地想到真理。甚至有些人还怕一种完全公正无私的研究会不利于更适合他们的偏见和打算的那些意见。我们知道有些人就不愿看一封他们以为带来坏消息的信,而很多人回避结算自己的账目或了解自己财产的状况,怕知道他们但愿永远不知道的事情。有些人有很大收入,全部用来供养身体,却丝毫不想办法来改善理智。他们非常操心来使自己显得永远服饰称身华丽,却毫不在乎地忍受自己的灵魂披着偏见和错误的破衣烂衫,以致赤身露体,也就是显得反常的无知。且不说他们应有的对来世的关心,就是对他们在此世所过的生活所当关心知道的事,他们也同样忽视。而奇怪的是那些把权力和权威看做由自己的出身或命运而得的一种封赠的人,往往把它们粗心大意地交给那些在地位上低于他们,但在知识上超过他们的人;因为瞎子非常需要明眼人的引导,不然就会掉进沟里,而没有什么奴役比理智上的奴役更坏的了。

德 对于人们有关他们真正利益的事的忽视,没有比这更明显的证据了,这就是不关心去认识和实践那适合于健康的事,健康是我们最大的善之一;而尽管那些大人物也和别人同样和更加感到这种忽视的坏结果,他们却并不回头。至于有关信仰方面的事,很多人把会导致讨论信仰的那些思想都看做是魔鬼的诱惑,他们认为能克服它的最好办法,无过于使心灵转向完全另一回事。那些只爱享乐或迷恋于专门干某一件事的人,就惯于忽视其他的事务。一个赌徒,一个猎人,一个酒徒,一个浪子,以及甚至一个爱好无聊玩物的人,都会丧失他的财产家业,因为没有费心谋求作一安排或给管事的人说一说。有些人就像那何诺留斯[①]皇帝那样,有人告诉他说罗马丢失了,他以为说的是他那也叫做罗马的母鸡,而这比那真事还叫他更恼火[②]。最好希望那些有权力的人能有与之相称的知识,但当科学、艺术、历史、语言的详细知识不具备时,则一种健全而受过锻炼的判断力,一种对同等地巨大和一般的事物的知识,总之一句话就是 Summa rerum[③],也可能就够了。而正如奥古斯都皇帝有一个关于国家的力量和需要的摘录,他叫做 breviarum imperii[④] 的那样,人们也可以有一个关于人的利害相关的事的摘录,当可叫做 enchiridion sapientiae[⑤],如果人们想要对他们最关重要的事有所关心的话。

§7. 斐 最后,我们的大部分错误来自我们所采取的衡量概然性的不正确尺度,或者是尽管有明显理由而迟迟不下判断,或者是尽管有相反的概然性却下了判断。这些不正确的尺度是(1)在于可疑的命题被当作了原则;(2)在于被接受了的假说;(3)在于权威。§8. 我们通常是以符合于我们看做无可争议的原则来判断真

① Honorius,395—423 的西罗马帝国皇帝,最昏庸的末代皇帝之一。

② 这逸事见于乔凡尼·巴蒂斯塔·伊纳爵(Giovanni Batista Egnazio,1473—1553)的 De Romanis principibus(《论罗马人的君主》)Lib III,威尼斯,1516,近第一卷之末。

③ 拉丁文,意即:“诸事的总结”。

④ 拉丁文,意即:“国事简录”。

⑤ 拉丁文,意即:“记录各种知识的袖珍笔记本”。

理的，这就使我们轻视别人的见证，甚至我们感官的见证，要是它们是或显得和这些原则相反的话；但在以如此的确信来加以傲视之前，应该以高度的精确性先来对它们加以考察。§9. 儿童接受了由他们的父母、保姆、老师以及其他周围的人教给他们的那些命题，而那些命题既在他们心中生了根，就被当作是神圣的，就好像上帝亲自放在灵魂中的乌陵和土明[①]那样。§10. 凡是和这种内心的神谕抵触的，人们就难以忍受，而只要是和它一致的，最大的荒谬也吞咽下去了。这一点以我们在各种不同的人中所看到的极端固执表现出来，他们把一些直接对立的意见都当作信条强烈地加以相信，尽管它们常常是两边同等地荒谬的。拿一个有正常理智但深信这样一条公则的人来看，这公则就是说：一个人应该相信他的同道中人们所相信的，如在维滕堡（Wittenberg）或在瑞典人们所教导的那样，什么禀性他不会有，来毫无困难地接受圣体共在（Consubstantiation）的理论，并相信同一样东西同时既是肉又是面包呢？

德 很显然，先生，您对福音派[②]承认我们的主的身体实在出现在圣体[③]中的那种观点并不十分了解。他们千百次地解释过，他们并不想说面包和酒与耶稣基督的肉和血成为同一实体（Consubstantiation），更不是说肉和面包一起是同一样东西。他们只是

---

① Urim et thumin，见旧约《利未记》第八章第八节。

② les Evangeliques，即指路德派。

③ l'Eucharistie，也作"圣餐物"，即指基督教会中做弥撒举行"领圣餐"仪式时，用来当作耶稣的肉和血的面包和酒，特别是指面包。关于"圣体"，天主教和新教各派有各种各样的观点，曾争论不休。

教导说，在接受那可见的象征的同时，人们以一种不可见的和超自然的方式接受了救主的身体，而它并不包含在面包里面。而那出现(présence)，他们并不理解为指地方或可以说空间性的，也就是说受出现的身体的长宽高所决定的；所以凡是感官所能与之反对的都和它毫不相干。而为了使人看清人们理性所推出的那些不合适的东西和它并不相涉，他们宣布他们所理解的身体的实体是并不在广延或空间的维中的；而他们并不难承认，耶稣基督的光荣的身体，仍保持某种通常的在一定地方的出现，不过是适合他的状况在他所在的崇高的地方，和这里所说这种圣礼上的出现是完全不同的，或者和他以之统治教会的那种奇迹般的出现也是不同的，这使他不是到处都作为上帝，而只是在他愿意是这样的地方就是这样；这是一种比较有节制的观点，所以要表明他们的学说的荒谬性，就必须证明身体的全部本质只在于广延性，和单单以此来衡量的东西，这一点就我所知是没有任何人证明过的。这整个困难也同样涉及那样一些改革派，如遵守高卢信条和比利时信条的，遵守森多米尔(Sendomir)大会宣言的，这大会由两派的人组成，一派信奥格斯堡信条(la Confession Augustane)，一派信瑞士信条(la Confession Helvétique)，这宣言是和为特棱特宗教会议所决定的萨克森信条(la Confession Saxone)一致的；也涉及参加在波兰国王弗拉地斯拉斯(Vladislas)的权威下召开的托恩会议(le Colloque de Thorn)的那些改革派的信仰誓约，以及加尔文和贝萨①的

① Theodore de Bèze 或 Beza，1519—1605，加尔文的门徒和继承人，继加尔文之后为法国和瑞士加尔文派教会的首领。

固定学说，他们曾最清楚和最强烈地宣布，那些象征是实际提供了它们所代表的东西，并且我们就变成了耶稣基督的身体和血的实体本身的分有者。而加尔文，在驳斥了那些满足于一种思想或印记的比喻式的分有和满足于一种信仰上的结合的人之后，又加上说，为了确立它的实在性，我们不论说什么都不会是足够强有力，和为他所不准备同意的，只要人们避免了一切有关地点的划界和空间范围的扩张方面的东西；所以似乎归根到底他的学说也就是梅朗克统①甚至路德的学说（如加尔文自己在他一封信中所推想的），只除了在路德所满足的对象征的知觉这条件之外，他还要求信仰的条件，以排除不配者的分有。我发现在加尔文的作品中有成百处对这种实在的共有圣体都这样肯定，甚至在并无如此必要的家信中也是这样，因此我看不出有什么理由怀疑是作假。

§11. 斐 〔如果我是照通俗的意见说到这些先生，我请您原谅。而我现在记起曾经指出过英国国教会的非常高明的神学家们也是主张这种实在的分有的。但是让我们从确立的原则过渡到被接受的假说吧。那些承认这只是假说的人，却也仍然以差不多对可靠原则一样的热情来加以支持，并且轻视那相反的概然性。一位有学问的教授，看到他的权威被一个驳斥了他的假说的新手顷刻之间就推翻，这在他是受不了的；他的权威，我说，那是时行了三十或四十年，是熬了许多夜才得来的，是用很多希腊文和拉丁文支撑着的，是受到一种一般的传统和一把可敬的胡子所确证的。人

---

① Melancthon，1497—1560，德国的宗教改革家，路德的朋友，奥格斯堡信条（见本段上文）的编纂者之一，他后来一生效力于建立新教各派乃至与天主教的联合。

家可以用来说服他说他的假说错了的所有论证，都很少能够在他心中取得优势，就像那北风努力要迫使旅人脱掉他的斗篷一样，那风刮得越厉害，他就把斗篷裹得越紧。

德　事实上哥白尼派就已在他们的敌手方面感受到，被承认为假说的假说，也照样还是以一种强烈的热情得到支持的。而笛卡尔派对他们的带槽形的微粒和第二元素的小球①，也就好像是欧几里得的定理一样地肯定；而对我们的假说的热情，似乎只是我们要使自己受到尊敬那种情欲的一种结果。的确，那些谴责伽利略的人，曾相信大地的静止不止是一个假说，因为他们断定它是符合于圣经也符合于理性的。但以后人们已察觉到至少理性是不再支持它了；至于圣经，法布利神甫②，这位圣彼得的秘书处长，卓越的神学家和哲学家，就在罗马发表了一篇对欧斯塔奇奥·第维尼③的观察的辩护辞，第维尼是著名的光学家，他毫不扭扭捏捏地宣称，人们只是暂时地理解圣经经文中所说的一种太阳的真正运动的，而哥白尼的观点如果被发现是证实了的，则将毫无困难把它像味吉尔的这段话一样来加以解释：

terraeque urbesque recedunt.④

可是在意大利，在西班牙，甚至在皇帝的祖传的国家，人们还是照

① 参阅笛卡尔《哲学原理》第三部分§48以下。这些是笛卡尔关于宇宙形成的“旋涡”理论的一部分。又关于“第二元素的小球”或“工球体”参阅本书“序言”第11段。

② 见第四卷第十八章§1—7“德”注(第617页注②)。

③ Eustachio Divini，约1620—约1660，意大利的力学家、光学家和天文学家，以善于制作光学仪器，特别是望远镜著名，被认为是一本企图驳斥惠更斯的关于土星的理论的拉丁文小书的作者，但这书很可能其实是法布利作的。

④ 拉丁文，意即：“大地城堡都隐退”。见味吉尔 *Æneid*. 3.72。

样继续压制哥白尼的学说，这对那些民族有很大的损害，要是他们能享受到一种合理的、哲学的自由，他们的精神是可以提高到作出一些更美好的发现的。

§12. 斐 好胜心实在如您所说显得是爱假说的源泉；但它还扩展得比这更远得多。世界上最大的概然性对于要使一个贪心的人和使一个有野心的人看到他的不正确也将毫无用处；而一个情人将十分容易让自己受他情妇的欺骗，的的确确是我们很容易地相信了我们所愿信的，并且照味吉尔所指出的：

qui amant ipsi sibi somnia fingunt.①

就是说，使人们用了两种逃避的办法，当那些最显然的概然性打击我们的情欲和偏见时就来逃避它们。§13. 第一种是想着，在别人提出反驳我们的那些论证中，可能掩盖着某种诡辩。§14. 第二种是假定我们可以事先提出完全一样好，或甚至更好的论证来打败对手，要是我们曾有找到这些论证所必需的方便、技巧或帮助的话。§15. 这些用来防卫自己免受制服的办法有时是好的，但当问题已充分得到阐明，并且已把一切都计算进去了时，这些办法也是些诡辩；因为在那样以后，就有办法来知道，就全体来说，概然性是在哪一边。像这样，就没有什么余地来怀疑，动物究竟是由一位有心智的原动者所指挥的运动形成的，还是由于原子的一种偶然的协同动作而形成的；就正如没有人会有世界上最少的一点犹疑，怀疑构成一篇可理解的言辞的那些印刷字母，究竟是由一个专心致志的人把它们排在一起的，还是由一种乱七八糟的混合放在一起

---

① 拉丁文，意即："他们自己都喜欢做梦"，见味吉尔 *Eclog*. 8,108。

的一样。因此我认为，在这些场合，是不由我们迟延不予同意的；但当概然性较不明显时我们是可以这样做的，并且我们也可以甚至满足于较适合于我们倾向的较弱的证据。§16. 我觉得，一个人倾向于他看到较少概然性的一边，这就真的来说是不行的；知觉、认识和同意并不是任意武断的；正如当我的心灵转向它时，看到或不看到两个观念的符合，是不由我做主的一样。可是我们却可以随意地停止我们研究的进程；要不然无知和错误就在任何情况下都不可能是一种罪过了。我们就是在这一点上行使我们的自由。诚然在我们并无任何利害关系的一些场合，我们就持普通的意见，或最初来到的观点，但在祸福攸关之点上，心灵就更严肃认真地致力于来衡量概然性，而我想在这种情况下，也就是说，当我们有所注意时，我们在决定自己愿取哪一边方面是无可选择的，要是在双方之间有完全显然可见的差别的话，而这时将是最大的概然性决定我们的同意。

德　我归根到底是同意您的意见的，并且在以前我们谈到自由问题时已充分说明过这一点了。我那时曾指出，我们绝不是相信我们所愿信的，而是相信我们所看到最显然的；并指出，可是我们也能通过把注意力从一个不喜欢的对象转向另一个使我们喜欢的对象，而间接地使我们相信我们所愿信的；这就使得我们由于优先看到所偏爱一边的理由而最终相信它是最为概然的了。至于说到那些我们并无多大利害关系，以及我们根据一些轻微的理由就接受下来的意见，其所以如此是因为我们既看不到有什么与之相反的东西，就发觉使我们偏向于它的意见，和对立的意见比起来也是一样或有过之而无不及，这对立的意见在我们的知觉中并没有什么为着它的东西，只觉得双方都有很多理由，因为0与1之间或2与3之间的差，是和9与10之间的差一样大的，而我们察觉到这种好处，并没有想到要加以考察，这种考察对于下判断还是必要的，但并没有什么迫使我们去这样做。

§17. 斐 我打算指出的最后一种衡量概然性的不正确尺度，就是被不正确地理解的权威，由它而陷入无知和错误的人，比其他那些尺度所造成的合在一起还多。我们看到有多少人，他们的看法除了自己的朋友或同行、同党、同国的人们所接受的意见之外，就没有其他的根据呢？这样一种学说是可敬的古代所赞成的；它是执著过去若干世纪的通行护照来到我这里的；别的人们都信奉它；这就是为什么我接受它得免于犯错误的理由。照这样的规则来选择意见，就会和抛钱打卦看正反面来决定采取什么意见一样无根据。而除了所有的人都会犯错误之外，我认为要是我们能看到促使学者和党派首领们行事的秘密动机的话，就会发现那往往不是什么纯粹的对真理之爱，而是完全另一回事。至少可以肯定，没有什么意见是如此荒谬，竟不能以此为根据来加以采取，因为几乎没有什么错误意见会无人赞同的。

德 可是必须承认在很多场合我们是无法避免服从权威的。圣·奥古斯丁曾写过一本 De Utilitate Credenti① 的很好的书，在这个问题上值得一读，至于说到大家所接受的意见，它们有它们自己的接近于法学家们称为推定(presomption)的那种东西；而虽然我们并不是永远没有证据也非遵照它们不可，我们却也同样无权

① 拉丁文，意即：《论信仰的益处》。

在没有相反证据的情况下在别人心中来摧毁它们。这就是不允许毫无理由地改变任何东西。关于从一种意见的赞成者的大多数得出的证据，从已故的尼柯尔先生发表了他的有关教会的书以来就曾进行了很大的争论①，但能从这论据所得出的一切，当问题是涉及证明一种理由而不是确证一件事实时，只能归结为我刚才所说的。而正如一百匹马并不比一匹马跑得更快，尽管它们能拉得更多，一百个人比之于单单一个人也是同样；他们并不能进行得更正确，但他们能工作得更有成效；他们并不能判断得更好，但他们将能提供更多的材料使判断在其中得以施行锻炼。这就是谚语 plus vident oculi quam oculus. ②所说的意思。我们在那些大会上就看到这种情形，在会上真正大量的考虑被提到了桌面上，其中也许会漏掉一件两件，但往往冒一种风险就是在对所有这些考虑作出结论时没有采取最好的一边，要是没有高明的人负责来对它们加以安排和衡量的话。就是因为这样，有些罗马教会方面的精明神学家，看到这教会的权威，也就是说那具有最崇高尊严并且最为多数人所支持的教会的权威，在推理的问题上并不能确实可靠，就把它归结为仅仅是在传统的名义下对事实的确证。这就是亨利·霍尔顿③的意见，他是英国人，是苏尔邦的博士，一本叫做《信仰的分

① 见第四卷第十五章§5“德”注(第558页注①)。

② 拉丁文，意即：“几只眼睛比一只眼睛看见的更多”。

③ Henry Holden，1596—1662，是英国的一位罗马天主教的教士，在苏尔邦毕业后就在那里任神学教授。在1647年他曾向英国下议院提出请愿，要求对天主教徒实行宽容，只要他们发誓忠顺。他的《神圣信仰分析》(*Divinae Fidei Analysis*)是简明叙述与意见问题有区别的天主教信条的，1652年出版于巴黎，附有一篇讨论宗教分裂问题的论文。

析》的书的作者。在这书中,依照勒林斯的文生①的 Commonitorium② 的原则,他主张在教会中并不能作出新的决定,而参加宗教会议的主教们所能做的一切就只是确证学说在他们的主教管区内被接受这一事实。这原则,只要我们停留在一般性上,是看起来像很不错的;但当我们来看事实时,就发现不同的国家长期以来就接受了不同的意见;而即使在同一个国家,尽管有阿尔诺的反对感觉不到的变化的论据,人们也还是从一个极端走向另一个极端;此外人们也往往不限于确证事实而是夹杂着判断。这骨子里也是格莱斯特③的意见,他是巴伐利亚的一位有学问的耶稣会士,是另一本《信仰的分析》的作者,这书是得到他那修道会的神学家们的赞同的,他认为教会可以通过制定新的信条来对争论作出判决,因为圣灵的帮助对它是允许的,虽然人们最通常地竭力掩盖这观点,尤其是在法国,好像教会只是说明了已确立的学说似的。但说明或者是一种已被接受的陈述,或者是一种新的陈述,是人们认为从已被接受的学说中得出来的。实际做法最通常是和第一种意义相反,而就第二种意义说,所确立的那新的陈述,除了是一个新的信条之外又还能是什么呢?可是我并不赞成人们在宗教问题上轻视古

① St. Vincent de Lerins,死于约 450 年,出身是高卢人,早期天主教的一位"圣徒"。他的 *Adversus profanas omnium novitates Haereticorum Commonitorium*(《反对一切叛教的新贵族的指令》),写于 434 年,强烈主张传统的权威,反对一切宗教和学说上的革新,在其中第二章提出了著名的检验正统天主教信仰的三重标准,即"到处相信,永远相信,和所有的人都相信的"。

② 即指上一注中文生的著作。

③ Jac. Grester,1561—1625,一位博学的耶稣会士,曾多年在英果尔斯塔特(Ingolstadt)任哲学和神学教授。他著作很多,虽很博学,但缺乏批判能力。

代；我甚至认为我们可以说，上帝曾保持使那些真正的万国宗教会议迄今未犯一切与健全学说相反的错误。此外，那种宗教偏见是一件很奇怪的事。我曾看到有些人热情地抱着一种意见，唯一的理由就在于它是他们那团体中人所接受的，或甚至仅仅因为它是和他们所不喜欢的一种宗教或一个民族中的一个人的意见相反的，虽然这问题和宗教信仰或人民利益几乎并没有什么联系。他们也许并不知道那才真正是他们的热情的源泉；但我知道他们第一回一听到一个某某人已写了这样或那样的东西的消息，就会找遍图书馆和搜索枯肠绞尽脑汁以求找到点什么来反驳它。那些在大学里为学位论文进行答辩的人以及那些在敌手面前寻求自我突出的人，往往也是这样搞法。但对于那些为各宗派，甚至在新教之中的各宗教的信条书中所规定，人们往往不得不发誓来信奉的学说，我们又将怎么说呢？有些人认为这对我们来说只意味着有义务发愿信奉这些书或信条汇编中所包含的圣经中所讲的东西；在这一点上别的人们和他们的说法却相反。而在罗马教会方面的宗教团体中，人们不满足于他们的教会中已确立的学说，还对那些宣教的人规定了更狭的限制；如耶稣会会长克劳德·阿夸维瓦①（如果我没有弄错）禁止在他们的学校中教授的那些命题就可以为证。（顺便说一说，）把那些为历次宗教会议、历任教皇、各主教、各修道院长、各神学院等所决定和谴责的命题作一系统的搜集汇编是好的，这对教会史会很有用处。我们可以在教授一种意见和坚持一种意见之间加以区别。世界上没有任何誓言也没有任何禁令能强

① Claudius Aquaviva，1543—1615，于1581—1615年间任耶稣会会长。

迫一个人继续保持同样意见的,因为观点本身是不随人意的;但他可以而且应该不去教一种被看做危险的学说,除非他觉得良心迫使他非这样做不可。在这种情况下,他就当真诚地公开宣布,并且当他负有教授责任时就离开他的岗位;不过要假定他能够这样做而不冒一种极端的危险,会迫使他不名誉地离职。我们几乎看不出有什么其他办法来调和公众和个人的权利;一方面是应该要禁止自己断定为坏的事情,而另一方面则不能推卸自己的良心所要求尽的责任。

§18. 斐 这种公众与个人之间以及不同派别的公众意见之间的对立,是一种不可避免的坏事。但这些对立本身往往只是表面上的和只是在公式提法上的对立。为了对人类公平起见,我也不得不说,并没有如通常所设想那样多的人陷入了错误;这不是说我认为他们坚持了真理而是因为事实上对于那些喧嚣不已的学说他们绝对没有什么积极的意见,而对所说的事情上那些最表面的观念既未考察也没有存在心中,他们就决心紧紧依附他们的党派,就像那些当兵的毫不考察他们所保卫的事业一样;而如果一个人的生活表明他对宗教毫无真诚的考虑,那他只要有手和舌头随时准备着支持大家的意见,就足以使自己在那些能对他提供支持的人中成为可称许的了。

德 您对人类所说的这种公平话,并不成其为对它的称赞;而人们真诚地遵循他们的意见,比之于为利害关系计而加以伪装,将是更可原谅的。可是在他们的行事中,也许有比您所让人理解的更多的真诚。因为虽对其因由并无任何认识,他们也能通过一般地和有时是盲目的,但常常是具有良好信心地遵从他们曾一度承认其权威的其他人的判断，而达到一种默示的信仰(foi implicite)。的确，他们在其中所看到的利害关系，也有助于这种遵从，但这并不妨碍他们最终形成了意见。在罗马教会中人们就满足于这种差不多是默示的信仰，也许是没有任何归因于启示的信条被断定是绝对基本的，和被看做必然的 necessitate medii①，也就是说，相信它是得救的绝对必要条件。它们全都是 necessitate praecepti②，凭这种必然性，人们在那里教人要服从教会，如他们所说那样，以及要对在那里所提出的一切必须给予全部应有的注意，这一切全都是要受死罪的惩罚的。但这必然性，照这教会中那些最有学问的博士的意见，都只要求一种合情合理的顺从，而并不强迫绝对同意。可是贝拉明红衣主教(Le Cardinal Bellarmin)自己就认为没有什么比那种服从一种已确立的权威的儿童的信仰更好的了，并且他以赞许的口吻讲到了一个临死的人所讲的话，他用这样一种兜圈子的说法逃避了魔鬼，这话是人们常常听他重复背诵的，就是：

我相信教会所相信的一切，
教会相信我所相信的。

第二十一章　论科学的分类

§1. 斐　现在我们的进程已到结束，并且理智的一切作用都

① 拉丁文，意即："中介的必然性"。
② 拉丁文，意即："命令规定的必然性"。

已得到阐明了。我们的计划不是要进入我们的知识的细节本身。可是，在结束之前，在这里通过对科学的分类的考虑来对知识作个一般的回顾，也许是适宜的。凡能进入人类理智的领域的，或者是事物自身的本性；或者某次是作为原动者趋向于他的目的的特别是趋向于他的幸福的人；或者第三，是获得和沟通知识的各种手段。而这样科学就分为三种。§2.第一种是物理学或自然哲学，它不仅包括物体及其属性如数和形，而且也包括精神，上帝本身以及天使。第二种是实践哲学或伦理学，它教人获得良好和有用的事物的办法，并且不仅给自己提出对真理的认识，而且还有正当的事的实践。§4.最后第三种是逻辑学或关于记号的知识，因为λόγος[①]本意指言语。而我们需要我们观念的记号(signes)以便能够彼此沟通思想和把它们记录下来以供自己所用。也许如果我们清楚地和尽可能细心地考虑到这最后一种科学是涉及观念和语词的，我们将会有和我们迄今所见到的那不同的一种逻辑和一种批评。而这三种，即物理学、伦理学和逻辑学，就好像理智世界的三大领域，彼此完全分开并且各自有别的。

德 这种分类在古代人那里就已经是很有名的了；因为在逻辑学名下，他们如您所做的那样还包括了一切有关于言语和我们思想的解释的：artes dicendi[②]。可是这里面是有困难的；因为关于推理、判断、发明的科学，和那关于语词的语源学以及语言的用法的知识是显得很有区别的，语言用法是一种不确定和武断的东

---

① 希腊文，通常即音译为“逻各斯”，或译作“道”，“逻辑”(logique)一词本从此词变化而来。

② 拉丁文，意即：“论断的技术”。

西。还有，在解释语词时我们就不得不侵入那些科学本身，就像在词典中所表现的那样；而另一方面，在处理科学时我们又不能不同时给那些名词下定义。但在这种科学分类中所发现的主要困难是：每一部分都似乎吞没了全体。首先，伦理学和逻辑学就都落入了物理学的范围，要是把物理学的范围作为像您刚才所说那样一般地来看的话；因为在谈到精神，也就是具有理智和意志的那些实体，以及把这理智深入说明到底时，您就会把全部逻辑学都放进去了；又在说明关于精神的学说中属于意志的东西时，就必须谈到善与恶、福与祸，那只要您把这学说推进到足够充分的地步，就可以把全部实践哲学都包括进去了。反过来，一切也都可以作为有助于我们的幸福的东西而包括进实践哲学之中。您知道人们有道理地把神学看做一门实践的科学，而法学以及医学也都同样是这样的科学；这样，关于人类幸福或关于我们的善恶的学说，当我们想把有助于理性所提出的目的的一切手段充分加以说明时，就将会把所有这些知识都吸收进去。就是这样，茨温格在他那有关人生的系统汇编①中就把一切都包括了进去，这本书贝耶林克②曾把它打乱了照字母顺序重新加以排列。而在词典中把一切材料都照字母顺序加以处理时，那关于语言的学说（这您和古代人一样是把它放在逻辑学中的），也就是说，在那论理的（discursive）〈科学〉中，

① 即指 Zwinger 的《人生的舞台》（*Theatrum vitae humanae*），见第四卷第十六章 §11“德”注（第 573 页注①）。

② Laurent Beyerlinck 或 Beierlynck，原书作 Beyerling，1578—1627，是一位佛兰德斯的学者，曾任 Vaulx 的诗学和修辞学教授。曾把茨温格的《人生的舞台》加以修改补充，并改照字母顺序排列重新出版。

又把别的两门科学的领土侵吞了。因此您那百科全书的三大领域就继续不断地在打仗，因为每一个总是在侵犯另两个的权利。唯名论者曾认为，有多少真理就有多少特殊的科学[①]，这些科学以后照着人们的安排而构成了一些整体；另外一些人则把我们知识的全体比之于一个海洋，它本是一整片，只是由武断的界线而被分成加尔多尼亚海[②]、大西洋，埃塞俄比亚海[③]、印度洋。通常发现，同一条真理，可以按照它所包含的名词，同样也按照它所依赖的中词或原因，和按照它可能有的推论和结果，而放在几个不同的地方。一个简单的直言命题只有两个名词；但一个假言命题就可以有四个，且不说那些复杂的陈述语句了。一件值得记载的重大历史事实，可以放在世界通史的编年史中和放在它所发生的那个国家的国别史中，也可以放在一个有关人物的生平历史中。而假定其中牵涉到某种很美好的道德条规，某种战争的战略，对那些有助于生活的方便或人的健康的技术有用的某种发明，则这同一件历史事实就将和它所涉及的科学或技术联系起来，并且我们甚至可以在这门科学的两个地方提到它，即在这门学科的历史中，为的是来讲它的实际成长过程，也在那些条规中，作为举的例子来确证或阐明这些条规。例如，在红衣主教克西美尼(Ximénes)的生平中人们就很适当地讲到，一个摩尔人的妇女单用按摩就治好了他的几乎

---

① 照一些极端唯名论者的观点，一切共相都只是抽象名称而不是实在的东西，因此我们只有对个别或特殊的事物才有真正的知识，或真理，并从而主张有多少特殊的真理就有多少门科学。

② Calédonien，本为苏格兰古称，疑即指北海。

③ Æthiopique，疑即指红海。

已经无望了的消耗热，这事就也值得在医学系统中占一席之地，既可在消耗热的一章中讲到，也可以在讲包括这些锻炼方法在内的一种医学上的养生法时讲到；而且这种观察还有助于更好地发现这种病症的原因。但我们还可以在医学的逻辑中谈到它，这里涉及找出治疗法的技术，又可以在医学史中讲到它，为的是使人看出这些治疗方法是怎样来到人们的认识中的，这往往是借助于一些简单的经验方法和甚至是一些江湖方术。贝维洛维克①曾写过一本很漂亮的书，讲古代医学，全部是取材于非医学家的作者的，他要是一直讲到那些近代的作者，就会使他的作品更美好了。我们从那里看到，同一条真理，按照它可能具有的不同关系，可以放在很多不同的地方。而那些搞图书分类编目的人，对有些书就往往不知该往哪里放，因为两三个地方都同样适合，就煞费踌躇。但现在让我们只来谈谈一般的学说，而把特殊的事实、历史和语言撇在一边。我发现对一切学说的真理有两种主要的处理法，其中每一种各有其价值，而把它们结合起来将是很好的。一种是综合的和理论的，把那些真理照证明的顺序加以排列，像数学家们所做的那样，这样就每个命题都来在它所依赖的那些命题之后。另一种处理法是分析的和实践的，从人的目的开始，也就是从那些善开始，善的最高点就是幸福，并顺次寻求用以得到这些善或避免相反的

① Jan Van Beverwyck，拉丁名 Beverovicius，1594—1647，一位著名的荷兰医生，医学教授，也曾任 Dordrecht 市长等多种公职。他曾致力于简化治病处方的方法，并曾发表过很多著作，配有铜版插图，和荷兰著名诗人卡茨(Jakob Cats)所配的诗，当时曾很轰动，其中之一就是莱布尼茨这里所指的 Idea medicinae veterum(《古老的医学观念》)Lugd. Bat.，1657。

恶的种种手段。这两种方法在一般的百科全书中有其地位，同时有些人在各门特殊科学中也曾实行这些方法；因为那几何学本身，欧几里得是作为一门科学综合地加以处理的，别的有些人也曾作为一门技术来处理，却又还可以在这种形式下以推证的方式来处理，这种形式甚至可表现出某种发明；好比有人提出要来度量一切种类的平面图形，并从直线图形开始，想着我们可以把它们分割成几个三角形，而每个三角形是一个平行四边形的一半，平行四边形又可以化为矩形，矩形的度量是很容易的。但在按照所有这两种处理法一起来编写百科全书时，我们可以采取参照的措施来避免重复。这两种处理法应该结合上第三种按照名词的处理法，这其实只是一种索引，或者是按有系统地分类性质的，把名词按照一定的范畴来加以排列，这将是对一切概念[①]都共同的；或者是按照学者们大家接受的语言照字母顺序排列。而这种索引，对于一起找到一个名词以足可注意的方式出现于其中的所有命题，是必需的；因为照前两种途径，各条真理是照它们的起源或照它们的用途排列的，那些相关于同一名词的真理，是不能全都在一起找到的。例如对于欧几里得，当他教人如何平分一角时，就不允许在这里加上如何三等分一角的办法，因为这样就必须讲到那圆锥截线，在这地方是还不能有关于圆锥截线的知识的。[②] 但索引可以而且应该指

---

① G本作“notions”（“概念”），E本作“nations”（“民族”）。

② 按欧几里得继承了柏拉图的传统，认为只有直线与圆是完善的图形，因此作图时规定只许用直尺和圆规，在这样的规定下，三等分角就成了一个难题，为所谓古希腊三大难题之一。到十九世纪才发现，用圆规直尺三等分任意一角是不可能的，但若准许用双曲线，则此问题可以解决。“圆锥截线”（sections coniques）即包括椭圆，双曲线、抛物线之总称。

出有关同一题材的各个重要命题所在的地方。而在几何学上我们还缺少这样一种索引，这种索引是有很大用处的，甚至可以使发明变得容易起来，并推进这门科学，因为它将解除记忆之劳并常可使我们免于吃那种重新去找本已找到了的东西的苦头。而这些索引，在其他一些推理技术比较无能为力的科学中，还以更强有力的理由有其用处，尤其在医学中是极端必需的。但作出这样一些索引的技术，也不是轻而易举的。而在考虑这三种处理法时，我发觉很奇怪的是，它们正相当于您所重新提出的那种古代分类法，即把科学或哲学分为理论的、实践的和伦理的，或分为物理学、伦理学和逻辑学。因为综合的处理法相当于理论的，分析的相当于实践的，而那种按照名词的索引的处理法，相当于逻辑学；所以这种古代的分类法也完全能行，只要把它照我刚才对这些处理法所解释的来理解，也就是说，不是作为各自不同的科学，而是作为同一些真理的不同安排，就我们断定把它们加以重复是适当的这一范围而言。还有一种把科学按照学科和专业来分的民事的分类法(division civile)。在大学里和在图书编目方面就用这种分类法；而德劳德[①]和他的后继者李本纽斯[②]，曾给我们留下了最庞大但并不是

① Georg Draud，拉丁名 Draudius，1573—1630 或 1635，德国的目录学家，曾在马堡大学学习，做过校对等工作。他是最早企图编纂一本范围广泛的系统的书目的。他在 1611 年所编写出版的图书目录是到他那时已印出的图书最完备的一本目录。

② Martin Lipenius，1630—1692，德国博学的目录学家，他在 1679 至 1685 年间先后出版了法学、医学、哲学、神学四本图书目录，都是照书名而不是照作者姓名的字母顺序编排的。

最好的图书目录，他们不是照格斯纳①的《汇编》(*Pandectes*)的方法，那是完全照系统分类的，而是满足于用题材的大分类法(差不多就像图书馆的一样)，按照(如人们所称的)四大学科，即神学、法学、医学和哲学，然后把每一学科的书名按照书名中所包含的主要名词的字母顺序加以排列；这就使这些作者大为轻松了，因为他就不需要去看这书也不必懂书中所讲的问题，但这对别人就没有足够的用处，除非是注出这些书参考其他同类意义的那些书；因为且不说他们造成的大量错误，我们看到往往同一件事被叫做不同的名称，例如，observationes juris，miscellanea，conjectanea，electa，semestria，probabilia，benedicta②，以及许多其他类似名目；法学家们的这样一些书只意味着罗马法的一些杂拌。这就是为什么对资料作系统分类的处理法无疑是最好的，而我们可以把它和很充分的、照字母顺序排列的名词和作者的索引结合起来。按照四大学科的那种已为人们所接受的民事的分类法并不是可轻视的。神学处理永恒的幸福以及与之相关的一切，是就其依赖于灵魂和良心的范围内而言的。这就好像是一种相关于人们所说是 de foro interno③ 以及用那些看不见的实体和心智的法学。法学是以政府

① Conrad Gesner 1516—1565，德国学者，因其博学，有"德国的普林尼"之称。他所编纂的古今图书总目录，包含着所知的一切现存或已散失，已发表或仅宣告了的希伯来文、希腊文、拉丁文的书籍目录，并有许多评论。第一部是照作者姓名字母的顺序编排的，第二部共分 21 卷，是照题材安排的，其中医学的一卷因作者认为太不完备始终未发表。

② 拉丁文，词义顺次为："法律上的观察，杂录的，猜测的，选择的，掺半的，概然的，祝颂的。"

③ 拉丁文，意即："属于内心的"。

和法律为对象，它的目标也是人的幸福，而这是就我们可以用外部的、感觉得到的东西来促进它的范围内来说的；但它主要地只是相关于依赖精神的本性的东西，而并不深深进入物质性事物的细节，物质性事物的本性是它所假定的，为的是用它们作为手段。这样它就立即摆脱了很大的一点，就是有关人的身体的健康、强壮和完善的问题，而把这一点让给医学学科去处理。有些人曾不无理由地认为，我们可以在其他学科之外再加上经济学学科，它包括数学和力学的技术，以及一切有关人的生计以及生活的方便等方面的细节，其中将包括农学和建筑学。但人们把不包括在那三个被称为较高级的学科中的一切都留给哲学学科。这种做法很坏，因为这并没有给那些属于这第四门学科的人什么办法，来像教其他学科的人所能做的那样，通过实践使自己完善起来。这样，也许除了数学之外，人们就把哲学学科只看作其他学科的一种引论。① 这就是为什么人们希望青年人学习历史和说话的技术，以及初步学点神学和自然法学，这是和在形而上学或精神学（Pneumatique）、伦理学和政治学名义下所讲的神圣的法和人类的法彼此独立的；还稍稍学一点物理学，以供年轻医生之用。这就是依照教授科学的学者的团体和专业所作的科学的民事分类法，且不说那样一些人的专业，他们是用他们的言辞之外的其他方式为公众工作的，并且是应该受真正的学者的指导的，要是知识的尺度得到很好理解

① 这里所说的“哲学学科”是广义的，相当于所谓“人文科学”或“文科”。欧洲从中世纪以来在很长时期内，在大学中都习惯于分为神学、法学、医学、哲学四科或四个“学院”，而以文科或“哲学”作为其他各科的“引论”，即作为其他较高级专业课程的预备课程。

的话。甚至在较高贵的手工技术中,知也曾经是和行很好地结合起来的,并且将能更进一步这样做。正如事实上在医学上人们就是把它们结合在一起的,不仅从前在古代人那里是如此(那时医学家也同时是外科医生和药剂师),而且今天,尤其在那些化学家们那里也是这样。这种实践与理论的结合在战争方面,在那些教所谓体操的人那里也可以看到,正如在画家或雕刻家以及音乐家和其他若干种类的精通艺术的人(virtuosi)那里也可看到一样。而如果所有这些专业和技术乃至手艺的原则,是在哲学家们或某种其他能够这样的学科的学者那里实践地被教授,这些学者就将真正成为人类的导师。但文化和青年教育的现状,以及因此政治的现状方面许多事情都得改变。而当我考虑到从一两个世纪以来人们在知识上已取得了多么大的进步,并且在使自己更为幸福方面多么容易进展到无比地更远时,我毫不失望〈而预期〉在一个更太平的时期,在上帝为了人类的善可能降生的某一位伟大君主的统治下,人们将会达到很大的改进①。

① 莱布尼茨经常谋求一些君主的同情和帮助,来促进科学事业的发展,例如他就曾向波兰的国王、俄国的沙皇彼得大帝以及奥国皇帝等等建议,在各该国首都建立科学院。据说也曾向我国清朝的康熙皇帝提过类似的建议。特别对于彼得大帝,他曾希望他能成为"俄国的梭仑"。由于欧洲当时的统治者正忙于彼此争权夺利的战争,他的企图大都以失败告终,只是经过许多周折最终在柏林建立了一所科学院,他本人被任命为第一任院长。

图书在版编目(CIP)数据

人类理智新论(上、下册)/(德)莱布尼茨(Leibniz,G.W.)著;陈修斋译.—北京:商务印书馆,1982.11(2025.8重印)
(汉译世界学术名著丛书)
ISBN 978-7-100-02010-7

Ⅰ.①人… Ⅱ.①莱… ②陈… Ⅲ.①认识论—研究 ②感觉论—研究 Ⅳ.①B017 ②B516.22

中国版本图书馆CIP数据核字(2010)第061427号

汉译世界学术名著丛书
人类理智新论
(上、下册)
〔德〕莱布尼茨 著
陈修斋 译

商务印书馆出版
(北京王府井大街36号 邮政编码100710)
商务印书馆发行
北京中科印刷有限公司印刷
ISBN 978-7-100-02010-7

1982年11月第1版 开本850×1168 1/32
2025年8月北京第9次印刷 印张22½
定价:98.00元